Betriebswirtschaftliche Probleme multinationaler Truppenteile

Europäische Hochschulschriften
Publications Universitaires Européennes
European University Studies

Reihe V
Volks- und Betriebswirtschaft

Série V Series V
Sciences économiques, gestion d'entreprise
Economics and Management

Bd./Vol. 2807

PETER LANG
Frankfurt am Main · Berlin · Bern · Bruxelles · New York · Oxford · Wien

Martin Faust

Betriebswirtschaftliche Probleme multinationaler Truppenteile

PETER LANG
Europäischer Verlag der Wissenschaften

Die Deutsche Bibliothek - CIP-Einheitsaufnahme

Faust, Martin:

Betriebswirtschaftliche Probleme multinationaler
Truppenteile / Martin Faust. - Frankfurt am Main ; Berlin ;
Bern ; Bruxelles ; New York ; Oxford ; Wien : Lang, 2002
(Europäische Hochschulschriften : Reihe 5, Volks- und
Betriebswirtschaft ; Bd. 2807)
Zugl.: Erlangen, Nürnberg, Univ., Diss., 2001
ISBN 3-631-37839-4

D 29 (n 2)
ISSN 0531-7339
ISBN 3-631-37839-4

www.peterlang.de

Vorwort

Als Folge fundamentaler sicherheitspolitischer Veränderungen und ausgeprägter finanzieller Engpässe der nationalen Verteidigungshaushalte hat sich die militärische Multinationalität innerhalb des NATO-Bündnisses in den letzten Jahren deutlich intensiviert. Dieser Trend kommt insbesondere in der zunehmenden Tendenz zur Aufstellung dauerhafter, auf niedriger Ebene multinational gemischter Truppenteile zum Ausdruck. Diese werden ergänzt durch temporär gebildete multinationale Ad-hoc Truppenteile. Auch die Streitkräfte der deutschen Bundeswehr sind zunehmend in multinationale Truppenteile eingebunden. Besonders betroffen ist das deutsche Heer.
Die in den Streitkräften feststellbare Entwicklung hin zur Multinationalität geht einher mit einem auch in erwerbswirtschaftlichen Betrieben und Unternehmen zunehmenden Trend zur multinationalen Ausrichtung.

Die vorliegende Arbeit will dazu beitragen, die sich aus der Multinationalität ergebenden Herausforderungen und Probleme zu identifizieren, um hierdurch eine zielgerichtete Problemlösung zu unterstützten. Dabei werden die multinationalen Truppenteile als Betrieb betrachtet. Dieser wird unter Anwendung betriebswirtschaftlicher Kriterien analysiert. Diese Methode der Analyse ermöglicht die Übertragung der Arbeitsergebnisse auf erwerbswirtschaftliche multinationale Unternehmen und Betriebe.
Die Arbeit gewinnt vor dem Hintergrund der Aufstellung europäischer Streitkräfte zum einen und vor dem ungebrochenen Trend der durch Neugründung, Zusammenschluß oder Übernahme gebildeten erwerbswirtschaftlichen multinationalen Unternehmen zum anderen an besonderer Aktualität.

Die Arbeit wurde im Jahre 2001 von der Wirtschafts- und Sozialwissenschaftlichen Fakultät der Friedrich-Alexander Universität zu Erlangen-Nürnberg angenommen. Literatur konnte bis zur Jahresmitte des Vorjahres berücksichtigt werden.

Mein besonderer Dank gilt meinem akademischen Mentor, Herrn Oberst d. R. Professor Dr. Dr. h.c. Oswald Hahn, der mich mit dem Thema der Dissertation betraut hat, der mich stets tatkräftig und beratend unterstützt hat, welcher jedoch die Vollendung der Arbeit nicht mehr miterleben durfte. In diesen Dank und diese Erinnerung schließe ich Herrn Professor Dr. Werner Rausch mit ein, der die Arbeit ursprünglich als Zweitkorrektor betreut hatte, den aber das gleiche Schicksal wie Professor Dr. Hahn ereilte.

Danken möchte ich auch den Herren Professoren Dr. Wolfgang Männel und Dr. Jürgen Singer, die den erfolgreichen Abschluß des Promotionsvorhabens durch Ihren Einsatz als Doktorvater und Erstkorrektor sowie als Zweitkorrektor ermöglicht haben.

Mein Dank gebührt insbesondere den Herren General a.D. Dr. Günter Kießling, Generalmajor a.D. Dr. Johannes Gerber sowie Oberst i.G. Dipl.-Kfm. Friedrich K. Jeschonnek, welche mich allzeit mit fachlich fundiertem Rat, mit inhaltlichen Erörterungen und mit regem Meinungsaustausch unterstützt, und die mich in kritischen Zeiten begleitet haben.

Meiner lieben Gattin Kimberly und unseren Kindern Miriam und Alexander danke ich für die stete Unterstützung und unendliche Geduld. In diesen Dank schließe ich meine Eltern, Frau Sieglinde Faust und Herrn Dr. Wolfgang Faust, meine Brüder, Dr. Dominik Faust, Dipl.-Ing. Falko Faust und Studienreferendar Daniel Faust, sowie meine Patentante Frau Rosa-Maria Martin und Herrn Aloisius Illini mit ein. Besonders danken möchte ich meinem Vater für unzählige Stunden des Korrekturlesens, für viele kreative Ideen und für ständige kritische Reflektion.

Schließlich gilt mein Dank all den vielen, mich bei der Recherche und bei der inhaltlichen Ausarbeitung der vorliegenden Arbeit unterstützenden Personen und Institutionen.

Würzburg, im Frühjahr 2001 Martin Faust

Inhaltsübersicht

Inhaltsverzeichnis

Abkürzungsverzeichnis

A	
AAP	Allied Administrative Publication
Abb.	Abbildung
Abs.	Absatz
Abt.	Abteilung
ABWL	Allgemeine Betriebswirtschaftslehre
ACE	Allied Command Europe
a. D.	außer Dienst
AGAB	Arbeitsgruppe Aufwandsbegrenzung im Betrieb
AJP	Allied Joint Publication
AMF (L)	Allied Mobile Force (Land)
AMilA	Allgemeines Militärisches Ausdauertraining
ANBw	Amt für Nachrichtenwesen der Bundeswehr
Anl.	Anlage
AR	Aufwandsbegrenzung und Rationalisierung
ARRC	ACE Rapid Reaction Corps
Art.	Artikel
AStudÜbBw	Amt für Studien und Übungen der Bundeswehr
ATP	Allied Tactical Publication
Aufl.	Auflage
AWACS	Airborne Warning and Control System
AWOL	Absent without Leave
B	
BBC	Binationales Beratungskomitee
BBesG	Bundesbesoldungsgesetz
BCS	Bataillon de Commandement et de Soutien
Bd.	Band
BGBl.	Bundesgesetzblatt
BM	Bundesminister (der Verteidigung)
BMVg	Bundesministerium der Verteidigung
BQG	Bataillon de Quartier Général
BudFin	Budget/Finance
BVerwG	Bundesverwaltungsgericht
bzw.	beziehungsweise
C	
C3I	Command, Control, Communication and Intelligence
ca.	zirka
CD	Compact Disc
CENTAG	Central Army Group
CG	Commanding General
CINC	Commander in Chief
CJTF	Combined Joint Task Force
CNN	Cable News Network, Incorporation
COMARRC	Commander ARRC
COS	Chief of Staff
CPM	Communication Presse Marketing GmbH
CSG	Command Support Group

CTcon	CTcon Unternehmensberatung GmbH

D

DC	District of Columbia
DDO	Dienstältester Deutscher Offizier
DFGFA	Deutsch-Französische Gruppe / Groupement Franco-Allemand
d. h.	das heißt
Dipl.-Kfm.	Diplom-Kaufmann
DM	Deutsche Mark
DPA	Deutsche Presseagentur
DPKO	Department of Peace-keeping Operations der UN-HQ
Dr.	Doktor
d. R.	der Reserve
DV	Datenverarbeitung

E

E-3A	AWACS-Flugzeug der NATO
E-3D	AWACS-Flugzeug der britischen Royal Air Force
EADS	European Aeronautic Defence and Space Company NV, Amsterdam
EDV	Elektronische Datenverarbeitung
em.	emeritiert
ESG	Elektroniksystem- und Logistik-Gesellschaft mbH
et al.	et alii
etc.	et cetera
EU	Europäische Union
EUROLONGTERM	Studiengruppe der Europäischen Union
e.V.	eingetragener Verein
EVG	Europäische Verteidigungsgemeinschaft
EXFOR	Extraction Force

F

F	France
f.	folgende
FAWEU	Forces Answerable to WEU
FB	Flexible Budgetierung
FIM	Immediate Mechanised Force
FiZBw	Fachinformationszentrum der Bundeswehr
FlaRak	Flugabwehr-Raketen
FmEloAufkl	Fernmelde- und Elektronische Aufklärung
FN	Fußnote
FüAkBw	Führungsakademie der Bundeswehr
FüZBw	Führungszentrum der Bundeswehr
Fü H, L, M, S	Führungsstab des Heeres, der Luftwaffe, der Marine, der Streitkräfte

G

G1, 2, 3, 4, 5, 6	(Generalstabsoffizier des) Führungsgrundgebietes 1, 2, 3, 4, 5, 6
GASP	Gemeinsame Außen- und Sicherheitspolitik
GE	Germany
GECONSFOR	German Contingent SFOR
gem.	gemäß

GG	Grundgesetz
GmbH	Gesellschaft mit beschränkter Haftung
GO	Governmental Organization
GTK	Gepanzertes Transportfahrzeug

H

H.	Heft
HA	Heeresamt
h. c.	honoris causa
HDv	Heeresdienstvorschrift
HFüKdo	Heeresführungskommando
HNS	Host Nation Support
HQ	Headquarters
Hrsg.	Herausgeber
HTW	Heereseinheitliche Taktische Weiterbildung
HUKdo	Heeresunterstützungskommando
HVOrg Ausl.	Heeresverbindungsorganisation Ausland
HVK	Hauptverteidigungskräfte

I

IBuK	Inhaber der Befehls- und Kommandogewalt
ID	Infantry Division
i.d.R.	in der Regel
IFOR	(International Peace) Implementation Force
i. G.	im Generalstabsdienst
InfDiv	Infantry Division
InFeSpähS	Internationale Fernspähschule
In H	Inspekteur des Heeres
io	Management Zeitschrift Industrielle Organisation
IO	Interne Optimierung
i. S.	im Sinne
IT	Informationstechnologie
i.V.m.	in Verbindung mit

J

Jg.	Jahrgang
JRTC	Joint Readiness Training Center
JWP	Joint Warfare Publication

K

Kap.	Kapitel
Kdr.	Kommandeur
KFOR	Kosovo Force
KG	Kommandierender General
KLK	Kommando Luftbewegliche Kräfte
KLR	Kosten- und Leistungsrechnung
KLV	Kosten- und Leistungsverantwortung
KonKRKLw	Konzept für die Krisenreaktionskräfte der Luftwaffe
KoReZBw	Kostenrechnungszentrale der Bundeswehr
KRK	Krisenreaktionskräfte
KSEABw	Koordinierungsstab für Einsatzaufgaben der Bundeswehr
KSK	Kommando Spezialkräfte

KtgtFhr	Kontingentführer
k. u. k.	kaiserliche und königliche
KVP	Kontinuierliches Verbesserungsprogramm
L	
LANDCENT	Allied Land Forces Central Europe
LANDJUT	Allied Land Forces Schleswig-Holstein and Jutland
Lw	Luftwaffe
M	
MAD	Militärischer Abschirmdienst
MAS	Military Agency for Standardization
MC	Military Commitee
MechDiv	Mechanized Division
MG	Maschinengewehr
MGO	Militärische Grundorganisation
MHB	Multinational Helicopter Battalion
Mio.	Millionen
mir	Management International Review
MND (C)	Multinational Division (Central)
MND (S)	Multinational Division (South)
MND (SE)	Multinational Division (South-East)
MNC (NE)	Multinational Corps (North-East)
MNK (NO)	Multinationales Korps (Nord-Ost)
MNT	Multinationaler Truppenteil
Mrd.	Milliarden
MS	Mutual Support
MT	Market Testing
MTW	Mannschaftstransportwagen
N	
NAEWF	NATO Airborne Early Warning Force
NatBefh i.E.	Nationaler Befehlshaber im Einsatzland
NATO	North Atlantic Treaty Organization
NCF	NATO Composite Force
NL	Netherlands
NOG	Nongovernmental Organization
NORTHAG	Northern Army Group
Nr.	Nummer
NVA	Nationale Volksarmee
O	
o. A.	ohne Autor
OCCAR	Organisme Conjoint de Coopération en Matière d'Armement
o. Jg.	ohne Jahrgang
o. O.	ohne Ort
OPCOM	Operational Command
OPCON	Operational Control
OpLESK	Operative Leitlinie für Einsätze der Streitkräfte
o. S.	ohne Seite
OSZE	Organisation für Sicherheit und Zusammenarbeit in Europa

P/Q

PfF	Partnerschaft für den Frieden
PfP	Partnership for Peace
Pkt.	Punkt
POL	Poland
PPSD	Poste de Protection et de Securité de la Défense
Pub.	Publication
Prof.	Professor
PSE	PfP-Stabselement
PzDiv	Panzerdivision
PzGrenDiv	Panzergrenadierdivision

R

rer. mil.	rerum militarum
rer. pol.	rerum politicarum
RNT	Rein nationaler Truppenteil
ROE	Rules of Engagement

S

S 1, 2, 3, 4, 5, 6	(Stabsoffizier des) Führungsgrundgebietes 1, 2, 3, 4, 5, 6
S.	Seite
SACEUR	Supreme Allied Commander Europe
SAS	Special Air Service
SfAR	Sonderbeauftragter für Aufwandsbegrenzung und Rationalisierung
SFOR	(International Peace) Stabilization Force
SG	Soldatengesetz
SHAPE	Supreme Headquarters Allied Powers Europe
SKA	Streitkräfteamt
SLVO	Soldatenlaufbahnverordnung
soc. oec.	socialium oeconomicarumque
SOP	Standing Operating Procedures
Sp.	Spalte
SSU	Support Supply Unit
STAN	Stärke- und Ausrüstungsnachweis
STANAG	Standardization Agreement
STANAVFORCHAN	Standing Naval Force Channel
STANAVFORLANT	Standing Naval Force Atlantic
STANAVFORMED	Standing Naval Force Mediterranean
SWP	Stiftung Wissenschaft und Politik

T

T7	Tauglichkeits- bzw. Verwendungsgrad 7
Tab.	Tabelle
TACOM	Tactical Command
TACON	Tactical Control
TDv	Technische Dienstvorschrift
TOA	Transfer of Authority
TrÜbPl	Truppenübungsplatz

U

u.a.	und andere
Uffz	Unteroffizier
UK	United Kingdom
UN	United Nations
UN-HQ	United Nations Headquarters
UNPROFOR	United Nations Protection Force
USA	United States of America
usw.	und so weiter
u.v.m.	und viele(s) mehr
UZwbGBw	Gesetz über die Anwendung unmittelbaren Zwanges und die Ausübung besonderer Befugnisse durch Soldaten der Bundeswehr und zivile Wachpersonen

V/W/X/Y/Z

vgl.	vergleiche
VMBl.	Ministerialblatt des Bundesministeriums der Verteidigung
VN	Vereinte Nationen
VWA	Verwaltungs- und Wirtschaftsakademie
WBO	Wehrbeschwerdeordnung
WDO	Wehrdisziplinarordnung
WEU	Westeuropäische Union
WOW	Wirtschafts- und Organisationswissenschaften
WPflG	Wehrpflichtgesetz
z. B.	zum Beispiel
ZDv	Zentrale Dienstvorschrift
ZInFü	Zentrum Innere Führung

Abbildungsverzeichnis

Seite

Tabellenverzeichnis

Anhangsverzeichnis

1 Einleitung

Das letzte Jahrzehnt des vergangenen Jahrhunderts/Jahrtausends war geprägt von einer weltweit festzustellenden Fülle von Veränderungen. Insbesondere in Europa läßt[1] sich ein Wandel von über Jahrzehnte bestandenen Strukturen konstatieren.

Die Beendigung des Kalten Krieges, die Auflösung einer bipolaren Welt, die Wiedervereinigung Deutschlands, der Zusammenbruch der ehemaligen Sowjetunion, das Autonomie- und Nationalstreben osteuropäischer Staaten und Bevölkerungsgruppen, die Zunahme ethnisch, national, ökonomisch, religiös oder kulturell motivierter Konfliktformen sowie die weltweite Ausweitung und Intensivierung von Kriminalität und Terrorismus stellen einen sicherheitspolitischen Umbruch in Europa dar, der die geostrategische Lage in Europa im allgemeinen sowie das Aufgaben- und Verantwortungsspektrum der Bundesrepublik Deutsch-land im besonderen grundlegend geändert hat.[2]

An die Stelle der konkreten Bedrohung durch den Ost-West-Konflikt ist eine Vielfalt neuer sicherheitspolitischer Instabilitäten, Risiken und Gefährdungen getreten. Die Ereignisse im Kosovo, in Tschetschenien und Osttimor sind diesbezüglich deutliche Beispiele der jüngsten Vergangenheit. Mit der neuen sicherheitspolitischen Lage hat sich auch der Sicherheitsbegriff erweitert: internationale Stabilität wird zum wesentlichen Begriffsinhalt.[3] Sicherheit ist damit nicht mehr auf Landes- und Bündnisgrenzen beschränkt. Aus diesem Grund hat sich das militärische Auftragsspektrum von der Verteidigung nationalen Territoriums insbesondere um die internationale Krisen- und Konfliktprävention und -bewältigung sowie um humanitäre Einsätze erweitert.

Die Bewältigung dieses Auftragsspektrums ist alleine durch die Streitkräfte einer oder einiger weniger Nationen nicht zu leisten. Deshalb sowie wegen der Verringerung des Umfanges der einzelnen nationalen Streitkräfte in Europa[4] wird ein kollektives militärisches Sicherheits- und Stabilitätsmanagement im Bündnisrahmen wichtiger denn je.[5] Nicht zuletzt aus diesem Grund hat sich die NATO nach Osten geöffnet.[6] Dem Erfordernis verstärkter militärischer Zusammenarbeit im Bündnis wird aber insbesondere durch die Aufstellung neuer multinationaler Truppenteile im Bereich der Landstreitkräfte entsprochen.

Die Multinationalität in der NATO hat sich damit bei den Landstreitkräften wesentlich intensiviert: War sie während des Kalten Krieges vor allem durch ein im Rahmen der Vorneverteidigung existierendes Nebeneinander nationaler Korps geprägt, welche im Verteidigungsfall durch einen multinationalen NATO-Stab geführt wurden, bildet sich heute militärische Multi-

[1] Die vorliegende Arbeit verwendet die vor der Reform gültigen Rechtschreibregeln.

[2] Siehe zu sicherheitspolitischen und geostrategischen Momentaufnahmen des zurückliegenden Jahrzehntes insbesondere der Bundesrepublik Deutschland beispielsweise *BMVg* (Bestandsaufnahme), S. 13f., *BMVg* (Tour), S. 1-9, *BMVg* (Weißbuch 94), S. 23-26, *Gerner* (Sicherheitspolitik), S. 48f., *Gottschalk* (Strategie), S. 11-14 und 24f., *Naumann* (Europa), S. 8f., *Schnell* (Lage), S. 34-41 und *Thiele* (Neuorientierung), S. 19-24. Siehe zur aktuellen sicherheits- und geopolitischen sowie geostrategischen Situation und Position Deutschlands *Brill* (Lage), S. 413-424, *Souchon* (Zentren), S. 9f., *Vad* (Position), S. 10f. und ausführlich *Vad* (Schwelle). Zu einem Abriß der weltweiten sicherheitspolitischen und geostrategischen Entwicklung seit 1990 siehe beispielsweise *BMVg* (Weißbuch 94), S. 27-38, *Brill* (Interessen), S. 637-648, *Delp* (Grenzen), S. 69-81, *Gottschalk* (Strategie), S. 12, *SWP* (Umfeldkonstellation), Teil B, Bd. 1 sowie *Stupka* (Analyse), S. 23-48.

[3] Während das BMVg unter dem Begriff „international" die ganze Welt subsumiert (Dies erfolgt durch die Verwendung des Terminus „Weltfrieden" (*BMVg* (Bestandsaufnahme), S. 12.).), konkretisiert der NATO-Generalsekretär den Begriffsinhalt geographisch auf den euro-atlantischen Raum. (Siehe hierzu *Solana* (Schritt), S. 6.)

[4] Innerhalb der NATO hat sich die Summe der Soldaten der einzelnen Mitgliedsstaaten im Zeitraum von 1985 bis 1997 von 5,4 Millionen auf ca. 4 Millionen reduziert. (Siehe hierzu ausführlich *Lutz* (Lage), S. 130.)

[5] Der NATO kommt hier neben anderen internationalen Sicherheitsinstitutionen bzw. –organisationen (beispielsweise EU, OSZE, UN und WEU) eine zentrale Rolle zu.

[6] Siehe zur NATO-Osterweiterung ausführlich *Hubatschek* (Erweiterung), S. 323-334.

nationalität auf einer niedrigeren Ebene ab.[7] Die derzeit bestehenden multinationalen Truppenteile sind bereits auf Großverbands- bzw. Korpsebene dauerhaft multinational gemischt. In Einzelfällen geht die multinationale Mischung von Truppenteilen herunter auf Einheits- bzw. Kompanieebene, in Ausnahmen gar bis auf die Ebene der Teileinheit bzw. des Zuges. Die heutigen multinationalen Truppenteile sind darüber hinaus von einem wesentlich erweiterten Auftragsspektrum geprägt.

Das deutsche Heer ist nahezu komplett in die existierenden multinationalen Truppenteile der NATO eingebunden. Damit steht das Heer nicht nur vor der Aufgabe, das gesamte Spektrum militärischer Aufgaben erfüllen zu müssen, es steht insbesondere vor der Herausforderung, dieses Auftragsspektrum unter den Bedingungen der Multinationalität erfüllen zu können.[8]

---

[7] Vgl. *Fischer* (Schichttorte), S. 32, *Hansen* (Umwälzung), S. 182 und *Klein* (Nationalarmee), S. 97.

[8] Siehe hierzu Willmann (Operationsführung), S. 89.

2 Problemstellung, Zielsetzung, wissenschaftstheoretische Einordnung und Vorgehen

2.1 Problemstellung[9]

Die Tendenz zur Multinationalität in Streitkräften ist insbesondere bei den Landstreitkräften durch die Aufstellung dauerhafter, auf niedriger Ebene multinational gemischter Truppenteile unverkennbar. Dabei können die Aufstellung dieser Truppenteile sowie die Entscheidung einzelner Staaten, sich an diesen multinationalen Truppenteilen mit nationalen Truppenanteilen[10] zu beteiligen, im wesentlichen auf zwei Gründe zurückgeführt werden. Zum einen stehen sämtliche Nationen immer stärker in der Zwangslage, die verfügbaren Finanzmittel rationeller als bisher einzusetzen. Zum anderen bestärken politische Gründe die Entscheidung zur Multinationalität.

Die Begrenztheit der Mittel ist die entscheidende Rahmenbedingung für die Gestaltung aller Lebensbereiche. Sie zwingt generell zu wirtschaftlichem Denken und Handeln. Aus diesem Grund stehen auch Streitkräfte stets vor der Herausforderung, die politischen Ziele und Vorgaben in optimaler Weise mit den begrenzt zur Verfügung stehenden Mitteln in Einklang zu bringen. An der Schwelle zum 21. Jahrhundert wird diese Herausforderung insbesondere durch eine deutlich veränderte sicherheitspolitischen Lage geprägt, welche wiederum eine deutliche Erweiterung des militärischen Auftragsspektrums notwendig macht. Die einzelnen Staaten sind heute jedoch noch viel weniger, als sie es früher waren, in der Lage, nationale Streitkräfte zu unterhalten, welche dieses neue, qualitativ stark herausfordernde und umfangreiche Auftragsspektrum ohne Unterstützung durch die Streitkräfte anderer Staaten bewältigen können. Die Mittelbeschränkung zwingt somit die einzelnen Staaten, ihre äußere Sicherheit durch Arbeitsteilung im Bündnis im allgemeinen und im Rahmen multinationaler Truppenteile im besonderen zu erhalten bzw. zu erlangen.[11]

Staatspolitische Motivationen sind für die Aufstellung von und für die Beteiligung an multinationalen Truppenteilen wirtschaftspolitischen Gründen meist übergeordnet. Diese Priorisierung staatspolitischer Gründe läßt sich in jedem Falle für die Bundesrepublik Deutschland konstatieren. Die Demonstration kollektiver und solidarischer militärischer Handlungsfähigkeit und –bereitschaft, die Förderung einer europäischen Sicherheits- und Verteidigungsidentität sowie des europäischen Integrationsprozesses sind Beispiele solcher politischer Gründe.[12] An der Haltung der USA läßt sich besonders gut die Priorität staatspolitischer Gründe für die Entscheidung zugunsten einer multinationalen militärischen Krisenbewältigung nachweisen, etwa in Bosnien und im Kosovo. Hier hätten die USA die militärischen Einsätze aufgrund des

---

[9] Die Problemstellung dieser Arbeit war eine zweifache. Zum ersten galt es, die originäre Aufgabe der Dissertation, nämlich ihre Thematik, die betriebswirtschaftlichen Probleme multinationaler Truppenteile, zu behandeln. Zum zweiten stellte sich bei der Erstellung der Promotionsarbeit das nicht unerhebliche Problem, zur themenbezogenen und kritischen Zuarbeit und Zusammenarbeit bereite Gesprächspartner zu finden.

[10] Wenn in den folgenden Ausführungen von „nationalen Truppenanteilen" gesprochen wird, sind damit diejenigen nationalen Truppenteile gemeint, welche in multinationalen Truppenteilen eingebunden sind.

[11] Auch im zivilen bzw. erwerbswirtschaftlichen Bereich ist die Tendenz zum Zusammenschluß bzw. zur Fusion zu multinationalen Betrieben bzw. Unternehmen (Weil sie ein und den selben Erfahrungsgegenstand beschreiben, werden die Begriffe „Betrieb", „Unternehmen" und „Unternehmung" (Vgl. *Schäfer* (Unternehmung), S. 80.) sowie „zivil" und „erwerbswirtschaftlich" in den folgenden Ausführungen dieser Arbeit fortan synonym verwendet: Es wird grundsätzlich von erwerbswirtschaftlichen Unternehmen gesprochen.) unübersehbar. So betrug das weltweite Fusionsvolumen im ersten Quartal des Jahres 2000 1,17 Trillionen US $. (Siehe hierzu *Francis/Peterson/Shay* (Mergers), o. S.)

[12] Siehe zu den politischen Zielen multinationaler Truppenteile ausführlich Kapitel 4.1.1 *(Politische Ziele)*.

Umfanges und der Qualität ihrer Streitkräfte auch ohne multinationale Zusammenarbeit durchführen und meistern können. Trotzdem entschieden sie sich aus staatspolitischen Gründen gegen einen rein nationalen Einsatz.

Staatspolitische und wirtschaftspolitische Gründe, die zur Bildung multinationaler Truppenteile beitragen, können aber auch zu Widersprüchen führen. Offenkundig ist, ohne diese Behauptung näher zu untersuchen, daß multinationale Strukturen aufwendiger sind als rein nationale.[13]
Darüber hinaus erweist sich die vielerorts propagierte Zauberformel der Multinationalität[14] als ein Konzept, das in der Form multinationaler Truppenteile nicht frei von Problemen ist.[15] „Harten" Problembereichen (diese betreffen beispielsweise persönliche Ausrüstung, Bewaffnung, Fahrzeuge, Munition, Fernmeldemittel usw.) stehen „weiche" Problembereiche (zum Beispiel Ausbildung, Kultur, Sprache, Vorschriften, u.v.m.) gegenüber. Diese Vielfalt an Problemen wirkt sich auf die Einsatzbereitschaft, auf die Effektivität und auf die Effizienz der multinationalen Truppenteile aus.[16] Für ihre Identifikation, ihre Analyse und ihre Lösung binden sie zudem Personal, Material sowie Zeit[17] und verursachen damit Kosten. Nüchtern und mit aller Offenheit und Klarheit ist herauszustellen, daß im Vergleich mit rein nationalen Truppenteilen die betriebswirtschaftlichen Probleme multinationaler Truppenteile lediglich einer betriebswirtschaftlichen Suboptimierung zuzuführen sind.[18]

Die Streitkräfte aller Nationen konkurrieren in zunehmendem Maße mit anderen staatlichen Aufgabenträgern um knappe Ressourcen, insbesondere um Finanzmittel. Dies wirkt sich unmittelbar auf den jeweiligen nationalen Verteidigungshaushalt aus: Die Schere zwischen Finanzmittelbedarf und –deckung[19] öffnet sich immer mehr.[20] Aus diesem Grund wird der wirtschaftliche Aspekt[21] und werden damit auch betriebswirtschaftliche Probleme[22] zum dominierenden Problemfeld innerhalb der Streitkräfte.[23] Für die Streitkräfte kommt es deshalb darauf

---

[13] Siehe hierzu beispielsweise *Hahn* (Unwirtschaftlichkeit), S. 98.

[14] Anfang der neunziger Jahre galt Multinationalität innerhalb der NATO als die Zauberformel der Zukunft, (Siehe hierzu ausführlich *Hallerbach* (Zauberformel), S. 21-23.) sie wurde gar als Allheilmittel für zukünftige militärische und politische Probleme beurteilt. (Vgl. *Palmer* (Multinationalität), S. 1.) Auch Mitte der neunziger Jahre wertete man Multinationalität verschiedentlich als Trumpfkarte. (Vgl. *Clement* (Trump Card), S. 41.) Heute hat sich Multinationalität für das Heer der Bundeswehr zum Markenzeichen entwickelt. (Vgl. *Willmann* (Markenzeichen), S. 9.)

[15] Auf das Erfordernis einer wissenschaftlichen Bearbeitung betriebswirtschaftlicher Probleme militärischer Bündnisse wurde bereits vor zwanzig Jahren hingewiesen. (Siehe hierzu *Hahn* (Ansätze), S. 280.)

[16] Vgl. *AStudÜbBw* (Standardisierung), S. 37. Der Inhalt der aus dem Jahre 1995 stammenden zitierten Feststellung ist heute militärisches Allgemeinwissen.

[17] Dies wurde bereits im Jahre 1982 festgestellt und dokumentiert. (Vgl. *Cooling/Hixon* (Combined), S. 349.)

[18] Diese Verpflichtung ergibt sich schon aus der Verantwortung des Staates zur Information und Transparenz gegenüber dem Geldgeber der Bundeswehr, (Vgl. *Weilbach* (Transparenz), S. 224.) dem Steuerzahler.

[19] Siehe hierzu beispielsweise *Faust* (Beschaffung), S. 46, *Hahn* (Finanzierungsnot), S. 6 und *Scharping* (Rede), S. 7.

[20] Die weltweiten Militärausgaben sind im Zeitraum von 1985 bis 1997 von 1.210,5 Mrd. US $ auf knapp 804 Mrd. US $ gefallen. (Siehe hierzu ausführlich *Lutz* (Lage), S. 128f.)

[21] Siehe zum wirtschaftlichen Aspekt in Streitkräften ausführlich *Hahn* (Aspekt), S. 473-478 und insbesondere zum betriebswirtschaftlichen Aspekt in Streitkräften *Hahn* (Probleme), S. 22.

[22] Auf die generelle Bedeutung betriebswirtschaftlicher Probleme für die deutschen Streitkräfte wurde von Wissenschaftlern und Militärs bereits vor Jahrzehnten öffentlich hingewiesen. (Siehe hierzu beispielsweise und ausführlich *Hahn* (Probleme), S. 13-62.) Bedeutend für die Optimierung der Streitkräftestrukturen sind betriebswirtschaftliche Probleme allemal, gehört die Ökonomie neben der Politik, der Technologie, der Demographie und der Ökologie doch zu den wesentlichen Bestimmungsfaktoren von Sicherheit und damit auch von Streitkräften. (Vgl. *Meyer* (Streitkräfte), S. 22.)

[23] So gehört die Kosteneffektivität der Streitkräftestrukturen innerhalb der NATO nach Worten des ehemaligen Bundesministers der Verteidigung Volker Rühe zu den wichtigsten Prinzipien einer strukturellen Streitkräftegestaltung. (Vgl. *Rühe* (Perspektiven), S. 12.) Damit wird zwar gezeigt, daß innerhalb des Militärs immer mehr ökonomisch gedacht wird bzw. gedacht werden muß. (Siehe hierzu auch *Naumann* (Grußwort), S. 5.)

an, ihre Strukturen, und damit auch die ihrer (multinationalen) Truppenteile, sowie ihre Leistungserbringung unter betriebswirtschaftlichen Gesichtspunkten ständig zu überprüfen und zu optimieren.

2.2 Zielsetzung

Die vorliegende Arbeit soll die in multinationalen Truppenteilen auftretenden Problemfelder und deren Einzelprobleme identifizieren und sie in die Systematik der Betriebswirtschaftslehre der Streitkräfte[24] einordnen. Auf diese Weise soll gleichzeitig das Optimierungspotential multinationaler Truppenteile aufgezeigt werden.
Darüber hinaus ist ein Ziel dieser Arbeit, multinationale Truppenteile betriebswirtschaftlich zu beurteilen. Als Beurteilungsgrundlage wurde dabei die Gegenüberstellung mit vergleichbaren rein nationalen Truppenteilen gewählt. Es soll auch geprüft werden, welche betriebswirtschaftlichen Auswirkungen sich für die Bundeswehr durch die Beteiligung an multinationalen Truppenteilen ergeben.
Schließlich geht es darum, die optimale Struktur bzw. Ausgestaltung von multinationalen Truppenteilen zu identifizieren. Als optimal gilt die Struktur eines Truppenteiles dann, wenn in ihm die politisch gewollte Multinationalität sinnvoll, effektiv und effizient – im Sinne einer Minimierung betriebswirtschaftlicher Probleme - praktiziert werden kann.
Mit der Erstellung der vorliegenden Arbeit soll im übrigen die Notwendigkeit der Berücksichtigung betriebswirtschaftlicher Grundsätze bei der Entscheidung, der Aufstellung und der Gestaltung multinationaler Truppenteile unterstrichen werden. Damit wird auch deutlich, daß sich die Militärökonomie im besonderen, und die Betriebswirtschaftslehre im allgemeinen, von einer rein nationalen Betrachtung hin zu einer internationalen Betrachtung entwickeln muß.

2.3 Wissenschaftstheoretische Einordnung

Die Wissenschaftstheorie ist eine Metadisziplin, deren Erfahrungsobjekt die Wissenschaft insgesamt ist bzw. die verschiedenen Einzelwissenschaften sind.[25] Die Betriebswirtschaftslehre wird vom Autor als anwendungsorientierte Wissenschaft verstanden. Gleiches gilt damit für die Betriebswirtschaftslehre der Streitkräfte als spezielle Betriebswirtschaftslehre.[26] Das

---

Auch das Bundeswehrkonzept der sogenannten „Aufwandsbegrenzung und Rationalisierung" (AR) ist mit seinen unterschiedlichen Instrumenten ein Indiz hierfür. Jedoch gewinnt der betriebswirtschaftliche Aspekt im Führungsprozeß der militärischen Führer der unterschiedlichen Ebenen noch nicht seit allzu langer Zeit an steigender Bedeutung. (Siehe hierzu *Gerber* (Entwicklung), S. 1f., *Hahn* (Militärbetriebslehre), S. 25 und S. 36-38, *Huber* (AGAB), S. 152 sowie *Uhl* (Prüfstand), S. 237.) Zudem wurden zwar bereits vor zwei Jahrzehnten die Möglichkeiten zu einer effizienten Erziehung zu wirtschaftlichem Denken und Handeln in den deutschen Streitkräften analysiert, (Siehe hierzu ausführlich *Stork* (Erziehung), S. 1-28.) eine Bewußtseinsänderung zu wirtschaftlicher Erfüllung militärischer Aufträge wird – auch aus den Reihen der Bundeswehr – jedoch heute noch angemahnt (Vgl. *Hubbert/Uhl* (Controlling), S. 236.): betriebswirtschaftliche Grundkenntnisse existieren bei Führungs- und Funktionspersonal in der Regel nur ungenügend, (Vgl. *Schimkus/Walther* (Führungsinstrument), S. 220.) weshalb kaufmännisches Gedankengut flächendeckend in den militärischen Führungs- und Entscheidungsprozeß integriert werden muß. (Vgl. *CTcon (Bericht)*, S. 3.) Immerhin macht die Absichtserklärung des derzeitigen Verteidigungsministers Rudolf Scharping, er wolle die Bundeswehr zukünftig stärker unternehmerisch betrachten (Vgl. *Geis* (Scharping), S. 2.) und betriebswirtschaftlich ausrichten, (Vgl. *DPA* (Denkverbote), S. 1.) Hoffnung.

[24] Siehe zu einer Erläuterung des Unterschiedes zwischen einer Betriebswirtschaftslehre der Streitkräfte und einer Betriebswirtschaftslehre für Streitkräfte beispielsweise *Hahn* (Militärbetriebslehre), S. 39f.

[25] Vgl. *Schanz* (Methodologie), S. 1.

[26] Siehe zu einer Einordnung der Betriebswirtschaftslehre der Streitkräfte in die Wissenschaften *Kirchhoff* (Militärökonomik), S. 534f. und in die Betriebswirtschaftslehre *Hahn* (Militärökonomie), S. 85-87 sowie *Kirchhoff* (Betriebswirtschaftslehre), S. 470.

Erfahrungsobjekt, das heißt der Bereich der Wirklichkeit, der in einer wissenschaftlichen Arbeit betrachtet wird,[27] sind in der vorliegenden Arbeit die Streitkräfte. Als Erkenntnisobjekt, das durch gedankliche Isolierung aus dem Erfahrungsobjekt gewonnen wird,[28] werden multinationale Truppenteile definiert.[29] Mit der aufgrund der Identifikation und Systematisierung betriebswirtschaftlicher Probleme durchgeführten Beurteilung multinationaler Truppenteile wird in dieser Arbeit unter Anwendung betriebswirtschaftlicher Kriterien ein pragmatisches Wissenschaftsziel verfolgt.

2.3.1 Stand der Lehre

Die Betriebswirtschaftslehre der Streitkräfte in Deutschland hat einen langen Weg hinter sich.[30] Als deren Begründer gelten Johannes Gerber, Oswald Hahn[31] sowie Günter Kirchhoff.[32] Ihre wissenschaftlichen Veröffentlichungen sind Meilensteine und gleichzeitig Standardwerke der Nachkriegszeit zur Betriebswirtschaftslehre der Streitkräfte.

Moderne Verteidigung[33] bedarf der Wissenschaft, sie bedarf aber vor allem wissenschaftlicher Beiträge aus dem Bereich der Streitkräfte.[34] Diese Notwendigkeit hat die Bundeswehr erkannt. Die Schaffung zweier Pflichtwahlfächer zur Sicherheits- und Militärökonomie an der Universität der Bundeswehr in München[35] ist diesbezüglich eine wichtige und signalsetzende Maßnahme. Die hierdurch erreichte Intensivierung betriebswirtschaftlicher Lehrinhalte innerhalb der deutschen Streitkräfte trägt mit dazu bei, daß der Anteil der wirtschaftswissenschaftlich ausgebildeten Soldaten in den letzten Jahren angestiegen ist.[36] Gleichwohl gibt es insbesondere vor dem Hintergrund der Einführung der sogenannten „Kosten- und Leistungsverantwortung" (KLV) weitere Grundlagenarbeit zu leisten, damit die Wahrnehmung betriebswirtschaftlicher Zusammenhänge in den deutschen Streitkräften weiter intensiviert wird.[37]

---

[27] Vgl. *Thommen* (Unternehmensführung), S. 31.

[28] Vgl. *Thommen* (Unternehmensführung), S. 3.

[29] Aus dem Erfahrungsobjekt Streitkräfte, die insbesondere mit Hilfe des Identitätsprinzips der Wirtschaftlichkeit zum betriebswirtschaftlichen Erkenntnisobjekt werden, (Vgl. *Wißkirchen* (Kostenwirksamkeitsuntersuchungen), S. 24; siehe hierzu auch ausführlich *Hahn* (Erkenntnisobjekt), S. 99-117.) lassen sich multinationale Truppenteile gedanklich isolieren und rechnen dann ebenfalls zu den betriebswirtschaftlichen Erkenntnisobjekten.

[30] Siehe zu einer ausführlichen Darstellung des Weges von der Militärökonomie bis zur Betriebswirtschaftslehre der Streitkräfte in Deutschland *Hahn* (Militärbetriebslehre), S. 26-40, *Kirchhoff* (Militärökonomik), S. 534-541 sowie insbesondere für die Bundeswehr *Gerber* (Erlebnisse), S. 459-511 und *Gerber* (Einsichten), S. 9-32. Zu einem historischen Abriß der weltweiten Entwicklung der Militärökonomie siehe beispielsweise *Kapstein* (Economy), S. 13-38 in Verbindung mit *Frey* (Ökonomik), S. 666-672, *Gerber* (Bilanz), S. 14-19 und *Köllner* (Economics), S. 796-801.

[31] Der Initiator und Betreuer der vorliegenden Arbeit, Oberst der Reserve, Universitätsprofessor em. Dr. rer. pol. Dr. soc. oec. h. c. Dipl.-Kfm. Oswald Hahn, verstarb kurz vor Abschluß der Dissertation. Der ursprüngliche Zweitgutachter der Arbeit, Universitätsprofessor Dr. Heinz Rausch, starb ebenso unerwartet einige Wochen zuvor.

[32] Vgl. *Einhorn* (Vorwort), S. 7.

[33] Unter Verteidigung soll in diesem Zusammenhang nicht eine Gefechtsart, sondern eine politische Aufgabe verstanden werden.

[34] Dieses unumstößliche Faktum war bereits vor über dreißig Jahren aktuell und gipfelte seinerzeit sogar in der Forderung nach der Einführung eines akademischen Grades „Dr. rer. mil." (Vgl. *Schreiber* (Dr. rer. mil.), S. 85.)

[35] Vgl. *Kirchhoff* (Korrespondenz). Dabei werden an der Fakultät für Wirtschafts- und Organisationswissenschaften zum einen Verteidigungsökonomik und zum anderen Militärökonomie und Streitkräftemanagement gelesen. (Siehe hierzu ausführlich. o. A. (WOW), S. 1-3.) Entsprechend finden sich dort immer häufiger wissenschaftliche Arbeiten mit militärökonomischen Themen. An der Bundeswehruniversität in Hamburg widmet man sich der Betriebswirtschaftslehre der Streitkräfte dagegen überhaupt nicht. (Vgl. *Hasse* (Korrespondenz).)

[36] Siehe hierzu ausführlich *Krause* (Schub), S. 170.

[37] Siehe zu einer aktuellen Beurteilung der Ausprägung betriebswirtschaftlichen Denkens in der Bundeswehr ausführlich *Krause* (Schub), S. 169-184.

2.3.2 Stand der Forschung

Die Forschung auf dem Gebiet der Betriebswirtschaftslehre der deutschen Streitkräfte ist noch nicht in dem Maße ausgeprägt, wie es der Umfang der betriebswirtschaftlichen Probleme und die Erfordernis betriebswirtschaftlichen Handelns in den Streitkräften der Bundeswehr notwendig machen würde.[38] Vergleicht man den innerhalb der Bundeswehr durchgeführten Forschungsumfang auf dem Gebiet der Betriebswirtschaftslehre der Streitkräfte mit dem des zivilen Bereiches, läßt sich in letzterem eine weit intensivere Forschungstätigkeit feststellen.[39] Insbesondere streitkräftebezogene betriebswirtschaftliche Dissertationen werden größtenteils nach wie vor durch nicht oder nicht mehr aktive Soldaten (Soldaten der Reserve oder im Ruhestand) verfaßt. Hier gibt es weiteres Optimierungspotential.

2.3.3 Zur Verfügung stehende Unterlagen

Vor dem im Juli 1990 in London stattgefundenen NATO-Gipfel und der dort von den Staats- und Regierungschefs des Bündnisses verabschiedeten Londoner Erklärung zu einer neu strukturierten NATO[40] sowie vor dem 1991 in Rom verabschiedeten neuen Strategiekonzept der NATO, worin manifestiert wurde, daß sich eine zukünftig verkleinerte NATO bei den Landstreitkräften verstärkt auf multinationale Korps abstützen werde,[41] standen zur Thematik multinationaler Truppenteile bzw. Streitkräfte insbesondere in der Bundesrepublik Deutschland nur sehr eingeschränkt Unterlagen und Dokumente zur Verfügung.
Im Gegensatz zu den Vereinigten Staaten von Amerika, die in der Zeit des Zweiten Weltkrieges und danach vielfältige Erfahrungen mit multinationalen Einsätzen sammeln konnten, beschränken sich die Erfahrungen der Bundesrepublik Deutschland in der Nachkriegszeit bis zum Ende des Kalten Krieges großteils auf den multinationalen Friedensbetrieb innerhalb der NATO. Infolgedessen wurde Multinationalität in den Streitkräften im allgemeinen und in deren Einsätzen im besonderen in den Vorschriften der Bundeswehr, in innerhalb der Bundeswehr angefertigten und von ihr in Auftrag gegebenen Ausarbeitungen (Erfahrungsberichte, Grundsatzpapiere, Jahrgangsarbeiten, Weisungen, Studien etc.) sowie in der militärischen und sicherheitspolitischen Fachliteratur (Monographien, Artikel, Studien usw.) nur eingeschränkt behandelt.

---

[38] Wie wenig sich das Engagement auf dem Gebiet der Betriebswirtschaftslehre der Streitkräfte innerhalb von Bundeswehr und Wissenschaft in den zurückliegenden Jahren entwickelt hat, zeigt im Vergleich *Hahn* (Erkenntnisobjekt), S. 111-117 und *Hahn* (Militärbetriebslehre), S. 34-38.

[39] Betrachtet man die Jahrgangsarbeiten der Generalstabsoffizierslehrgänge der Bundeswehr (Von 179 Absolventen des Generalstabs-/Admiralstabslehrganges im Jahre 1996 gehörten 80 Soldaten der Bundeswehr an, die übrigen waren Streitkräfteangehörige anderer Nationen. Acht Jahrgangsarbeiten der deutschen Teilnehmer können dem Bereich der Wirtschaftswissenschaften zugeordnet werden: eine der Allgemeinen Volkswirtschaftslehre, eine der Allgemeinen Betriebswirtschaftslehre, sechs Arbeiten lassen sich in den Bereich der Betriebswirtschaftslehre der Streitkräfte einordnen. Das sind deutlich unter zehn Prozent.), die Diplomarbeiten der Studenten der Bundeswehruniversitäten sowie Abschlußarbeiten anderer Lehreinrichtungen der Bundeswehr, kommt man unweigerlich zu dem Ergebnis, daß die vergebenen wissenschaftlichen Arbeiten auf dem Gebiet der Betriebswirtschaftslehre der Streitkräfte deutlich unterrepräsentiert sind - auch wenn es immer wieder in das Gebiet der Betriebswirtschaftslehre der Streitkräfte einordenbare Forschungs- oder besser Bearbeitungsaufträge gibt, so etwa beim Amt für Studien und Übungen der Bundeswehr oder in der Industrieanlagen-Betriebsgesellschaft mbH. Der im Jahre 1966 an Professor Dr. Kirchhoff vom BMVg vergebene Forschungsauftrag zur Entwicklung einer militärischen Betriebsführungslehre/Militärökonomik wurde 1993 zwar erneut verlängert und existiert damit weiter, eine finanzielle Unterstützung des Forschungsauftrages ist hiermit jedoch nicht verbunden. (Vgl. *Kirchhoff* (Gespräch).)

[40] Siehe hierzu ausführlich *NATO* (London), S. 32f.

[41] Vgl. *NATO* (Concept), S. 32, *Wilde* (Multinational), S. 26 und *Wittmann* (Konzept), S. 19.

Erst seit einigen Jahren beschäftigen sich militärinterne und –externe Fachleute vermehrt und intensiver mit dem Thema multinationaler Truppenteile bzw. Streitkräfte.[42]
Bedingt durch den anhaltenden Trend zum Zusammenschluß bzw. zur Fusion zu multinationalen Unternehmen,[43] existieren auch im erwerbswirtschaftlichen Bereich immer mehr Unterlagen, die sich mit der Thematik erwerbswirtschaftlicher multinationaler Unternehmen beschäftigen.
Die dieser Arbeit zur Verfügung gestandenen auswertbaren Quellen entstammen zum ersten den einzelnen nationalen Streitkräften selbst. Hierunter zählen unter anderem offizielle Führungsunterlagen (zum Beispiel Vorschriften, Weisungen, Grundsatzpapiere usw.), interne Ausarbeitungen (Jahrgangsarbeiten, Studien, Erfahrungsberichte etc.),[44] Veröffentlichungen (Weißbücher, Redemanuskripte, Internet usw.) sowie Gespräche und Korrespondenzen. Eine zweite Quellenkategorie bilden in- und ausländische Monographien und Veröffentlichungen in Periodika von Angehörigen der Streitkräfte, von Wissenschaftlern unterschiedlicher Disziplinen (den Schwerpunkt bildet die Betriebswirtschaftslehre), von Fachjournalisten und anderen Autoren. Zu dieser Kategorie zählen auch Sammelwerke, Dissertationen und Habilitationsschriften. Eine dritte Quelle bilden Publikationen staatlicher Institutionen (beispielsweise Deutscher Bundestag, Bundessprachenamt etc.), nationaler (Studien und Berichte von durch die Streitkräfte beauftragten Dritten) und internationaler Organisationen (NATO, UN usw.) sowie erwerbswirtschaftlicher Unternehmen (interne Firmenberichte, Untersuchungen von Unternehmensberatungen usw.). Die vierte Kategorie schließlich bilden sonstige Quellen (Gespräche, Korrespondenzen, Gesetze, eigene Erfahrungen und selbst erstellte Unterlagen, Redemanuskripte etc.).

2.4 Vorgehen

2.4.1 Vorgehensschritte

Die grundsätzlichen Ausführungen der Kapitel 1 *(Einleitung)* und 2 *(Problemstellung, Zielsetzung, wissenschaftstheoretische Einordnung und Vorgehen)* dienen der Hinführung zum und der Vorbereitung auf den inhaltlichen Schwerpunkt bzw. Hauptteil der vorliegenden Arbeit. Dabei geht es zunächst um eine einleitende Darstellung des sicherheitspolitischen Umfeldes multinationaler Truppenteile. Daraus entwickelt sich die Problemstellung, aus dieser leitet sich die Zielsetzung der vorliegenden Arbeit ab. Es erfolgt eine Darstellung der gewählten Vorgehensweise und der angewendeten Beurteilungskriterien.

Kapitel 3 *(Begriffsdefinitionen und Abgrenzung des Untersuchungsgegenstandes)* definiert die wesentlichen Bestandteile der Themenstellung, stellt insbesondere die multinationalen Truppenteile mit Beteiligung der Bundeswehr vor und steckt den Bearbeitungsrahmen ab.

In Kapitel 4 *(Angestrebter Nutzen multinationaler Truppenteile)* wird versucht, den mit der Aufstellung von bzw. mit der Beteiligung an multinationalen Truppenteilen angestrebten Nutzen aufzuzeigen. Dies erfolgt in Ermangelung bewertbarer Nutzengrößen anhand von Nutzensurrogaten. Als solche finden Ziele, Vorteile und Chancen multinationaler Truppenteile Verwendung.

---

[42] Diesbezüglich wurde innerhalb des deutschen Heeres im Jahre 1994 durch die „Weisung Ziele und Grundsätze der Internationalen Zusammenarbeit des Heeres" ein dokumentierter konzeptioneller und systematisierter Anfang gemacht. (Siehe hierzu ausführlich *BMVg* (Zusammenarbeit).)

[43] Siehe zu diesem Trend FN 11.

[44] Sicherheitsgefährdende Informationen nichtoffener Quellen der Streitkräfte fanden aus Geheimhaltungsgründen keine Berücksichtigung.

Den inhaltlichen Schwerpunkt der vorliegenden Arbeit stellen die Kapitel 5 *(Betriebswirtschaftliche Beurteilung multinationaler Truppenteile bezüglich des Zielsystems sowie des konstitutionellen und institutionellen Rahmens)*, 6 *(Betriebswirtschaftliche Beurteilung multinationaler Truppenteile bezüglich Führung und Organisation)* und 7 *(Betriebswirtschaftliche Beurteilung multinationaler Truppenteile bezüglich ihrer betrieblichen Funktionsbereiche)* dar. Dabei soll durch Auswertung der verfüg- und nutzbaren Quellen untersucht werden, wo in multinationalen Truppenteilen generell betriebswirtschaftliche Problembereiche und Einzelprobleme auftreten. Diese werden in die Systematik der Betriebswirtschaftslehre der Streitkräfte eingeordnet. Gleichzeitig wird untersucht, wie multinationale Truppenteile bei Gegenüberstellung mit vergleichbaren rein nationalen Truppenteilen unter betriebswirtschaftlichem Aspekt zu beurteilen sind.[45] Schließlich soll auch geprüft werden, welche betriebswirtschaftlichen Auswirkungen sich für die Bundeswehr durch die Beteiligung an multinationalen Truppenteilen ergeben.
Im Rahmen der Untersuchungen der Kapitels 5, 6 und 7 finden die *Beurteilungskriterien* des gleichnamigen Kapitels 2.4.2 Anwendung.

Kapitel 8 *(Gesamtbeurteilung)* faßt wesentliche Ergebnisse der vorangegangenen Ausführungen zusammen und bezieht den in Kapitel 4 *(Angestrebter Nutzen multinationaler Truppenteile)* dargestellten angestrebten Nutzen in die betriebswirtschaftliche Beurteilung multinationaler Truppenteile ein. Hier wird gefragt, ob der mit der Aufstellung von bzw. mit der Beteiligung an multinationalen Truppenteilen angestrebte Nutzen eine Inkaufnahme betriebswirtschaftlicher Defizite rechtfertigt.
In diesem Zusammenhang wird schließlich versucht, die Frage nach der unter betriebswirtschaftlichen Gesichtspunkten optimalen Struktur multinationaler Truppenteile zu beantworten.

Die Arbeit schließt mit den Thesen des Kapitels 9 *(Schlußbemerkungen)*.

2.4.2 Beurteilungskriterien

Für den thematischen Schwerpunkt der vorliegenden Arbeit, der Beurteilung multinationaler Truppenteile unter betriebswirtschaftlichem Aspekt, gilt es, ein adäquates Beurteilungskriterium zu finden.
Bei streitkräftebezogenen Beurteilungen kamen lange Zeit keine betriebswirtschaftlichen Kriterien zur Anwendung.[46] Militärische Stärke und Kampfkraft waren zur Auftragserfüllung entscheidend und deshalb die vornehmlichen Beurteilungskriterien.[47] Für sich alleine sind beide jedoch für die vorliegende Arbeit unzweckmäßig. Aus diesem Grund sollen Kriterien Verwendung finden, die eine betriebswirtschaftliche Aussage zu dem in den jeweiligen Punkten der Kapitel 5, 6 und 7 behandelten betriebswirtschaftlichen Teilbereichen ermöglichen. Dafür war es erforderlich, mögliche Kriterien zu finden, diese auf ihre Brauchbarkeit zu untersuchen, ihre Anwendbarkeit auf die Streitkräfte zu prüfen und schließlich ein geeignetes Kriterium auszuwählen.[48]

---

[45] Siehe zum Vergleich als unverzichtbares Instrument der Wissenschaft beispielsweise *Kießling* (Zivilcourage), S. 162 und *Löffelholz* (Repetitorium), S. 889.

[46] Siehe zur Problematik ökonomischer Beurteilungen von Streitkräften ausführlich *Noll* (Beurteilung).

[47] Vgl. *Schreiber* (Beurteilung), S. 3.

[48] Der für die vorliegende Arbeit vollzogene Prozeß der Auswahl eines geeigneten betriebswirtschaftlichen Beurteilungskriteriums kann aus Platzgründen nicht dargestellt werden. Festzuhalten aber ist, daß die Auswahl eines zur Beurteilung militärischer Streitkräfte und deren Truppenteile bzw. der von den Streitkräften und ihren Angehörigen erbrachten Leistungen geeigneten betriebswirtschaftlichen Kriteriums in der Vergangenheit immer wieder im Mittelpunkt militärischer und wissenschaftlicher Diskussionen stand. Aus der Fülle der in der

Als Ergebnis dieses Prozesses werden in der vorliegenden Arbeit die Kriterien „Effektivität", „Kosten" und „Effizienz" als Maßstab zur Beurteilung verwendet - auch wenn sich in der betriebswirtschaftlichen Fachliteratur bisher noch keine einheitliche Definition und Abgrenzung der Begriffe der „Effektivität" und der „Effizienz" herausgebildet haben.[49]

Unter Effektivität soll im folgenden die Wirksamkeit bzw. der Grad der Erfüllung vorgegebener Ziele bzw. Aufgaben verstanden werden.[50] Die einzelnen Ziele bzw. Aufgaben beziehen sich in dieser Arbeit dabei auf die jeweiligen, in den Kapitel 5, 6 und 7 untersuchten betriebswirtschaftlichen Teilbereiche der multinationalen Truppenteile. Mit der Einbeziehung des Kriteriums der Effektivität wird insbesondere der Notwendigkeit Rechnung getragen, neben einer betriebswirtschaftlichen Beurteilung auch eine Beurteilung unter militärischen Gesichtspunkten durchzuführen.

Bezüglich des Kostenbegriffes gilt die allgemeine Begriffsdefinition der Betriebswirtschaftslehre.[51] Kosten sind damit leistungsbedingter, bewerteter Güterverzehr.[52] Eine Erfassung konkreter Kostenmengen ist dabei in der vorliegenden Arbeit aufgrund mangelhaft verfügbarer Kostendaten nicht möglich.[53] Die nachfolgenden Ausführungen beschränken sich deshalb auf die Identifizierung derjenigen Bereiche, in denen in multinationalen Truppenteilen im Vergleich zu rein nationalen Truppenteilen grundsätzlich zusätzliche Kosten auftreten.[54] Dabei finden sowohl direkte und indirekte als auch intangible Kosten Berücksichtigung.[55]

Vergangenheit und Gegenwart propagierten *Beurteilungskriterien und –verfahren* werden im Anhang 1 dieser Arbeit einige Beispiele aufgeführt.

[49] Vgl. *Scholz* (Effektivität), Sp. 533 und *Witte* (Effizienz), Sp. 163. Siehe zu unterschiedlichen Definitionen von Effizienz sowie zur inhaltlichen Abgrenzung vom Begriff der Effektivität beispielsweise *Becker/Nauhauser* (Efficient), S. 4, *Bohr* (Effizienz), Sp. 855-869, *Gomez/Zimmermann* (Unternehmensorganisation), S. 58-60, *Grabatin* (Effizienz), S. 17f. sowie *Sage* (Systems), S. 1366-1369 und für den Bereich öffentlicher Unternehmen und Verwaltungen *Reding* (Effizienz), Sp. 277-282. Auch innerhalb der Militärökonomie gibt es unterschiedliche Definitionen von Effizienz; so versteht ein Autor darunter beispielsweise Leistungswirksamkeit, (Vgl. *Thom* (Effizienz), S. 202.) ein anderer definiert sie als Kostenwirksamkeit. (Vgl. *Köppl* (Effizienz), S. 209.)

[50] Siehe zu diesem Begriffsinhalt aus dem erwerbswirtschaftlichen Bereich *Althaus* (Unternehmensberatung), S. 75, *Scholz* (Effektivität), Sp. 533 und *Witte* (Effizienz), Sp. 163 sowie aus dem militärischen Bereich *Hoffmann* (Wirkung), S. 796 und *Hofmann* (Efficiency), S. 1430. Siehe zu den Problemen und Grenzen von Effektivitäts- bzw. Wirksamkeitsuntersuchungen im Militär *Dupuy* (Effectiveness), S. 555-557, *Hofmann* (Efficiency), S. 1435-1437, *Honig* (Effectiveness), S. 1684f. und *Leichthammer* (Wahl), S. 25f.
Wirksamkeiten lassen sich nicht in Geldeinheiten messen, sondern werden durch nicht-monetäre Indikatoren, zum Beispiel physikalische oder technische Größen ausgedrückt. (Siehe zu streitkräftebezogenen Beispielen von Wirksamkeitskriterien *Wißkirchen* (Kostenwirksamkeitsuntersuchungen), S. 41.)

[51] Zwar existiert kein einheitlicher betriebswirtschaftlicher Kostenbegriff, (Vgl. *Coenenberg* (Kostenrechnung), S. 172) jedoch hat sich insbesondere in der wissenschaftlichen Literatur allgemein der auf SCHMALENBACH zurückgehende wertmäßige Kostenbegriff (Vgl. *Schmalenbach* (Kostenrechnung), S. 6.) durchgesetzt. (Vgl. *Budäus* (Kostenrechnung), S. 1162, *Haberstock* (Kostenrechnung), S. 26-28, *Rehkugler* (Kostenbegriffe), Sp 2322 und *Weber* (Grundbegriffe), S. 6-8.)

[52] Siehe hierzu beispielsweise *Coenenberg* (Kostenrechnung), S. 39 und 172, *Hahn* (ABWL), S. 180 und *Hummel* (Kostenbegriffe), S. 65f. Zu den einzelnen Ausprägungen des Begriffs der Kosten siehe ausführlich *Heinen* (IBL), S. 1165-1171 und zu den Problemen und Grenzen von Kostenuntersuchungen im Militär *Leichthammer* (Wahl), S. 23f.

[53] Seitens der Bundeswehr wurden dem Autor keine konkreten Daten für einen Kostenvergleich zur Verfügung gestellt. Auf allen Ebenen (Siehe hierzu am Beispiel des BMVg *Hoepner* (Korrespondenz) und *Wichert* (Korrespondenz), des Streitkräfteamtes *Dunkel* (Korrespondenz) und *Frorath* (Gespräch) sowie des Amtes für Studien und Übungen der Bundeswehr *Wolleder* (Gespräch).) scheute man eine öffentliche bzw. eine veröffentlichte Kostentransparenz und einen aussagefähigen Kostenvergleich. Selbst der Bundesrechnungshof erkannte diesbezüglich kein berechtigtes öffentliches Interesse. (Vgl. *Brauer* (Korrespondenz).) Kostentransparenz und -vergleich werden jedoch von der sogenannten „Arbeitsgruppe Aufwandsbegrenzung im Betrieb" (AGAB) für eine wirtschaftliche Betriebsführung der Bundeswehr als zwingend notwendig erachtet. (Vgl. *Huber* (AGAB), S. 159.)

[54] Der Mangel an konkreten Kostendaten ist der Qualität von Kostenanalysen und –vergleichen grundsätzlich nicht abträglich, wie beispielsweise die auch im Bereich der Streitkräfte erfolgreich angewandten Kosten-

Effizienz wird generell als Verhältnis zwischen Input und Output verstanden.[56] Problematisch stellt sich dabei die Effizienzmessung dar, weil dem Output vielfach keine quantitativen Größen direkt zugeordnet werden können. Aus diesem Grund wird die Qualität als Maßstab des Outputs herangezogen. Dabei wird ein absoluter Qualitätsbegriff zugrunde gelegt.[57] Dies bedeutet, daß die Qualität als Maß für die Güte des untersuchten Bereiches angesehen wird. Qualität bestimmt sich dabei als Grad der Abweichung bzw. der Übereinstimmung zwischen dem angestrebten und dem erreichten Ziel und ist damit dem Begriff der „Effektivität" synonym. Im Vergleich zum Output läßt sich der Input grundsätzlich relativ leicht quantifizieren: er wird in Form der jeweils anfallenden Kosten ermittelt. Dabei gilt die vorher gemachte Einschränkung bezüglich der konkretisierten Kostendaten.
Der generelle Begriffsinhalt der Effizienz als Input-Output-Verhältnis wird damit in der vorliegenden Arbeit konkretisiert und als Verhältnis zwischen Effektivität und Kosten definiert.[58]

Für die betriebswirtschaftliche Beurteilung der nachfolgenden Ausführungen der Kapitel 5, 6, 7 und 8 werden den Beurteilungskriterien „Effektivität", „Kosten" und „Effizienz" die folgenden Symbole zugeordnet (s. Abb. 1).

Abb. 1: *Symbole der Beurteilungskriterien*

Symbole der Beurteilungskriterien multinationaler Truppenteile (MNT)			
Et (MNT, x)	Effektivität des betriebswirtschaftlichen Teilbereiches x eines MNT		
K (MNT, x)	Kosten des betriebswirtschaftlichen Teilbereiches x eines MNT		
Ez (MNT, x)	Effizienz des betriebswirtschaftlichen Teilbereiches x eines MNT		
Symbole der Beurteilungskriterien rein nationaler Truppenteile (RNT)			
Et (RNT, x)	Effektivität des betriebswirtschaftlichen Teilbereiches x eines RNT		
K (RNT, x)	Kosten des betriebswirtschaftlichen Teilbereiches x eines RNT		
Ez (RNT, x)	Effizienz des betriebswirtschaftlichen Teilbereiches x eines RNT		
Symbole der Kriterien, die bei der Beurteilung der Beteiligung an multinationalen Truppenteilen aus Sicht der Bundeswehr verwendet werden			
K (GE, x)	Kosten des betriebswirtschaftlichen Teilbereiches x eines rein deutschen Truppenteiles		
K (MNT, GE, x)	Der von der Bundeswehr in einem MNT zu tragende Kostenanteil des betriebswirtschaftlichen Teilbereiches x		
Ez (GE, x)	Effizienz des betriebswirtschaftlichen Teilbereiches x aus Sicht der Bundeswehr		
Symbole der betriebswirtschaftlichen Teilbereiche x			
Z	Zielsystem	*BW*	Betriebsmittelwirtschaft
R	Konstitutioneller und institutioneller Rahmen	*LW*	Leistungswirtschaft
		IW	Informationswesen
F	Führung	*FW*	Finanzwirtschaft
O	Organisation	*RW*	Rechnungswesen
PW	Personalwirtschaft		

schätzmodelle zeigen. (Siehe zu Erfahrungen mit Kostenschätzmodellen in den Streitkräften beispielsweise *Honig* (Cost). S: 656f. und *Madauss* (Erfahrungen), S. 280-302.)

55 Im Gegensatz zu den direkten Kosten stehen indirekte Kosten nicht in einem unmittelbaren Ursache-Wirkungs-Verhältnis mit der Zielerreichung, weshalb ihre Erfassung und Bewertung grundsätzlich problematisch ist. Diese Problematik existiert auch für intangible Kosten, die per Definition entweder nicht quantifizierbar oder nicht bewertbar sind. (Siehe zur Begriffsbestimmung direkter und indirekter Kosten beispielsweise *Haberstock* (Kostenrechnung), S. 57, *Hummel* (Kostenbegriffe), S. 73-76 und *Möller/Schoenfeld* (Kostenrechnung), S. 46 sowie zu intangiblen Kosten *Wißkirchen* (Kostenwirksamkeitsuntersuchungen), S. 50f.) Siehe zu streitkräftebezogenen Beispielen der drei genannten Kostenkategorien zum Beispiel *Paulus* (Kostenexplosion), S. 67, *Weber* (Lastenteilung), S. 177 sowie *Wißkirchen* (Kostenwirksamkeitsuntersuchungen), S. 50-53 und 61.

56 Vgl. *Scholz* (Effektivität), Sp. 533 und *Witte* (Effizienz), Sp. 163.

57 Siehe zur Definition des Begriffs der „absoluten Qualität" sowie zu anderen Definitionsansätzen des Qualitätsbegriffs *Müller-Böling* (Qualitätsmanagement), Sp. 3626f.

58 Siehe hierzu beispielsweise auch *Hofmann* (Efficiency), S. 1430.

Die einzelnen multinationalen Truppenteile weisen durch die verschiedenen Gestaltungsmöglichkeiten[59] jeweils eine individuelle Ausgestaltung auf. Jeder der dargestellten multinationalen Truppenteile hat damit einen eigenen Charakter: Aufgaben, Struktur, Ausstattung usw. unterscheiden sich. Damit sind auch die betriebswirtschaftlichen Probleme der einzelnen multinationalen Truppenteile nicht einheitlich. Sie können sich insbesondere bezüglich ihrer Ausprägung voneinander unterscheiden.[60] Neben der Identifikation und Systematisierung der in multinationalen Truppenteilen auftretenden Einzelprobleme findet deshalb in den folgenden Ausführungen der Kapitel 5, 6, und 7 auch die Ausprägung der Probleme in Abhängigkeit von der jeweiligen Ausgestaltung des multinationalen Truppenteiles Berücksichtigung. Dabei wird nach dem Organisationsprinzip (Framework-, Integrations- und Lead-Nation-Prinzip),[61] nach der Anzahl der am multinationalen Truppenteil beteiligten Nationen (zwei oder mehr als zwei), nach der Ebene der multinationalen Mischung (Korpsebene oder tiefere Ebene) und nach der Ausprägung der in der Vergangenheit praktizierten Zusammenarbeit (ausgeprägt oder unregelmäßig bis nicht vorhanden) unterschieden. Auf diese Weise soll nicht nur eine differenzierte betriebswirtschaftliche Beurteilung der identifizierten Probleme ermöglicht werden, sondern es soll auch die Suche nach der optimalen Ausgestaltung multinationaler Truppenteile vorbereitet werden.

Bei der im Kapitel 8 durchgeführten *Gesamtbeurteilung* wird insbesondere der im Kapitel 4 dargestellte *angestrebte Nutzen* als Beurteilungskriterium miteinbezogen. Da sich der Nutzen von Streitkräften und ihrer Truppenteile nur sehr eingeschränkt monetär messen läßt,[62] werden als Indikatoren zur Beschreibung des militärisch bewirkten Nutzens ersatzweise Nutzensurrogate verwendet. Als solche Surrogate finden in der vorliegenden Arbeit die mit der Aufstellung von und mit der Beteiligung an multinationalen Truppenteile verfolgten Ziele, Vorteile und Chancen Verwendung. Der angestrebte Nutzen multinationaler Truppenteile wird dann erreicht, wenn die verfolgten Ziele erfüllt werden, wenn die angestrebten Vorteile eintreten und wenn die verfolgten Chancen realisiert werden.

[59] Siehe hierzu Kapitel 3.1.2.3 *(Formen, Arten und Ausprägungen militärischer Multinationalität).*
[60] Siehe hierzu Kapitel 3.1.2.3.3 *(Ausprägungen militärischer Multinationalität).*
[61] Siehe hierzu Abb. 5 *(Organisationsprinzipien multinationaler Truppenteile).*
[62] Siehe hierzu auch *Singer* (Milizsystem), S. 128 und ausführlich Weber (Lastenteilung), S. 83-85.

3 Begriffsdefinitionen und Abgrenzung des Untersuchungsgegenstandes

3.1 Begriffsdefinitionen

Im folgenden werden die Begriffe der „betriebswirtschaftlichen Probleme", der „Multinationalität" und der „multinationalen Truppenteile" inhaltlich definiert und erläutert.

3.1.1 Betriebswirtschaftliche Probleme[63]

Innerhalb der Streitkräfte auftretende Probleme binden, wie bereits in Kapitel 2.1 *(Problemstellung)* dargestellt, für ihre Identifikation, ihre Analyse und ihre Lösung Personal, Material und Zeit - und verursachen damit Kosten. Vor dem Hintergrund knapper Haushaltsmittel und dem daraus erwachsenden Erfordernis des wirtschaftlichen Handelns werden diese Probleme über die Kostenkomponente zu betriebswirtschaftlichen Problemen.

Betriebswirtschaftliche Probleme in den Streitkräften lassen sich drei Kategorien zuordnen. So treten innerhalb der Streitkräfte erstens Probleme auf, die sich mühelos in die Systematik der Betriebswirtschaftslehre der Streitkräfte einordnen lassen und damit zu betriebswirtschaftlichen Problemen werden. Hierunter fallen zum Beispiel mangelnde Kompatibilität von technischem Gerät und von Vorschriften, unterschiedliche Ziele des Primats der Politik einzelner Nationen usw. Es gibt zweitens Tatbestände, die zunächst nicht als problematisch empfunden werden und deshalb nicht als Problem bezeichnet werden, die aber durchaus ein Problem, insbesondere ein betriebswirtschaftliches Problem darstellen, wie beispielsweise unterschiedliche Wehrsysteme, unterschiedliche nationale Feiertage, Differenzen in der Besoldung vergleichbarer Dienstgrade verschiedener Nationen etc. Zum dritten existieren originäre betriebswirtschaftliche Probleme, wie Kostensteigerungen, Finanzierungsengpässe, Effizienzverluste usw.

Es läßt sich an dieser Stelle festhalten, daß sich sämtliche Probleme von Streitkräften primär oder sekundär als betriebswirtschaftliche Probleme betrachten lassen - unabhängig davon, in welchem konkreten Bereich der Streitkräfte sie auftreten.[64]

---

[63] Auch wenn sich während der Bearbeitung des Themas der vorliegenden Arbeit immer wieder deutlich gezeigt hat, daß es im Rahmen der unmittelbaren Zusammenarbeit mit Angehörigen der Streitkräfte außerordentlich hilfreich war, nicht von Problemen, sondern von Herausforderungen zu sprechen, wird der Begriff der Probleme im Fortgang der Arbeit bewußt beibehalten - insbesondere auch deshalb, um zu zeigen, daß mit der bestehenden bzw. mit der beschriebenen jeweiligen Situation Negatives und Nachteiliges verbunden ist, das es konsequent zu lösen bzw. zu beheben gilt. Die Verwendung des Terminus „Herausforderung" kann zwar arbeitsmotivierend sein, birgt aber die Gefahr, daß sie verschönernd und verharmlosend wirkt und deshalb die Brisanz der jeweiligen Situation nicht adäquat wiedergibt.

[64] Diese Tatsache wurde einem breiten Publikum aus Militär und Wissenschaft im Rahmen des vom 04. bis 06. April 1979 am Lehrstuhl für Allgemeine, Bank- und Versicherungsbetriebswirtschaftslehre an der Friedrich-Alexander-Universität Erlangen-Nürnberg abgehaltenen wissenschaftlichen Kongresses „Betriebswirtschaftslehre und Streitkräfte" deutlich. (Siehe zu dem genannten Kongreß ausführlich *Gerber/Hahn* (Betriebswirtschaftslehre).)

3.1.2 Multinationalität

3.1.2.1 Begriff

Multinationalität bezieht sich innerhalb der vorliegenden Arbeit auf das Militär und beschreibt damit die militärische Zusammenarbeit von mindestens zwei Nationen bzw. von deren Streitkräften.[65]

Ähnliche und oft synonym verwendete Begriffe wie „Internationalität",[66] „Transnationalität", „Supranationalität",[67] „Multilateralität",[68] „Integration",[69] „Combined"[70] etc.[71] werden im Terminus der Multinationalität subsumiert, der in der vorliegenden Arbeit konsequent im Sinne obiger Definition verwendet wird.

Binationalität wird damit als eine Unterform der Multinationalität verstanden. Die innerhalb der Bundeswehr praktizierte begriffliche Klassifizierung zwischen national, bi- und multinational[72] kann lediglich dazu dienen, die Ausprägung der Multinationalität im Falle der Zusammenarbeit von nur zwei Nationen bzw. von deren Streitkräften mit Hilfe des Begriffs „Binationalität" auf einen Blick deutlich zu machen.[73] In der vorliegenden Arbeit findet eine Trennung zwischen Bi- und Multinationalität insofern nicht statt, als auch von der Bundeswehr als binational bezeichnete Truppenteile Gegenstand der Untersuchung sind.

---

[65] Vgl. *Mittler* (Stichworte), S. 137 und *Stelz* (Multinationalität), S. 663.

[66] Innerhalb der Bundeswehr wird der Begriff „Multinationalität" nahezu synonym zum Begriff der Internationalität verwendet. Beide drücken eine Zusammenarbeit zwischen der Bundesrepublik Deutschland bzw. ihren Streitkräften und anderen Nationen bzw. deren Streitkräften aus. Jedoch wird im Fall der multinationalen Zusammenarbeit die Zusammenarbeit mit anderen Nationen in NATO und WEU verstanden, während die internationale Zusammenarbeit die Zusammenarbeit mit anderen Nationen in VN, OSZE und anderen internationalen Organisationen definiert. (Siehe hierzu *HDv 100/900*, Stichworte „Internationale Zusammenarbeit" und „Multinationale Zusammenarbeit", o. S.)

[67] Siehe zu einer begrifflichen Abgrenzung zwischen den Begriffen „Multinationalität" und „Supranationalität" beispielsweise *Allmeyer-Beck* (k. u. k. Armee), S. 235f. und *Delp* (Grenzen), S. 86f.

[68] Siehe zu einer zum Begriff „multinational" synonymen Verwendung des Begriffes „multilateral" beispielsweise *Gildersleeve* (Strategy), S. 115f. und *o. A.* (Vorläufer), S. 217.

[69] Siehe zu einer zum Begriff „multinational" synonymen Verwendung des Begriffes „integriert" beispielsweise *o. A.* (Vorläufer), S. 209 und *Wehrbeauftragte* (Jahresbericht 1997), S. 37. Die beiden Begriffe „Multinationalität" und „Integration" lassen sich folgendermaßen voneinander abgrenzen: Während die Multinationalität im Militär auf ein Zusammenwirken mehrerer Nationen im Bereich ihrer Streitkräfte unter Wahrung der nationalen Identität abzielt, zielt die Integration auf die Überwindung nationaler Souveränitäten ab. (Siehe hierzu auch ausführlich *Kießling* (Integration), S. 91-106.) Diese Begriffsabgrenzung macht deutlich, daß es auch in multinationalen Truppenteilen integrierte Strukturen geben kann. Der Begriff der Integration beschreibt als Strukturprinzip den Grad der institutionellen Zusammenarbeit innerhalb multinationaler Truppenteile. (Vgl. *Dau* (Aspekte), S. 1.)

[70] Siehe zu einer zum Begriff „multinational" synonymen Verwendung des Begriffes „combined" *Silva* (Konzept), S. 16, *Gijsbers* (Thesis), S. 5 und *Ose* (Bundeswehr), Fußnote S. 52.

[71] Auch im erwerbswirtschaftlichen Bereich finden sich derartige synonyme Begriffsverwendungen. Sie traten in der Vergangenheit im Rahmen der Betriebswirtschaftslehre insbesondere bei der Klassifizierung von Unternehmen auf, (Siehe hierzu beispielsweise *Albach* (Unternehmung), S. 14, *Hoenig* (Multinational), S. 6, *Kandlbinder* (Unternehmen), S. 249 und *Piehl* (Multinational), S. 21f.) verschwinden aber durch die zunehmende Etablierung einer Internationalen Betriebswirtschaftslehre immer mehr zugunsten klarer begrifflicher Abgrenzungen.

[72] Siehe hierzu beispielsweise die Gliederung und nationale Ausgestaltung der Korpskommandos in der HDv 100/100. (Vgl. *HDv 100/100*, Nr. 212.)

[73] An dieser Stelle muß die Frage gestellt werden, warum dann bei der Zusammenarbeit von drei Nationen bzw. deren Streitkräften nicht konsequenterweise von Trinationalität, bei vier Nationen von Quadrinationalität usw. gesprochen wird.

3.1.2.2 Multinationalität in den deutschen Streitkräften

Multinationalität im Sinne einer multinationalen Zusammenarbeit mit verbündeten oder befreundeten Armeen ist für die Streitkräfte Deutschlands kein neues Konzept – weder für die Streitkräfte der Bundeswehr[74] noch für die deutschen Streitkräfte der Rechtsvorgänger der Bundesrepublik Deutschland.

So besiegten beispielsweise in der Schlacht bei Waterloo im Jahre 1815 preußische und britische Truppen unter Blücher und Wellington die französischen Streitkräfte unter Napoleon[75] oder arbeiteten das preußische und das türkische Militär Ende des 19. Jahrhunderts im Rahmen einer gemeinsamen Heeres- und Marineentwicklung zusammen.[76] Beim Niederschlag des Boxeraufstandes in China 1900 kämpften deutsche Soldaten unter anderem zusammen mit britischen, französischen, italienischen, japanischen und US-amerikanischen Truppen.[77] Während des Ersten Weltkrieges kamen insbesondere Truppenteile des Heeres der sogenannten „k. u. k. (kaiserliche und königliche) Armee" Österreich-Ungarns, deren Angehörige fünf und mehr verschiedenen Nationen entstammten,[78] und deutsche Truppenteile auf verschiedensten Kriegsschauplätzen unter gemeinsamem Oberkommando zum Einsatz.[79] Im Zweiten Weltkrieg kämpfte die Wehrmacht zusammen mit den Streitkräften unter anderem Italiens, Rumäniens und Ungarns.

Nach dem Zweiten Weltkrieg waren die Streitkräfte der deutschen Bundeswehr von Beginn ihrer Existenz an in ein Bündnissystem integriert. Die multinationale Zusammenarbeit innerhalb dieses Bündnisses, der NATO, beschränkte sich im wesentlichen auf zwei Bereiche: auf eine multinationale Infrastruktur und auf eine multinationale Kommandostruktur. Multinationalität wurde damit vor allem innerhalb der Stäbe praktiziert. Innerhalb der Streitkräftestruktur des Bündnisses waren multinationale Einsatzverbände der Seestreitkräfte sowie multinationale Luftverteidigung die Komponenten mit der ausgeprägtesten Form der Multinationalität. Bei den Landstreitkräften blieben Korps und Division rein nationale Elemente. So bestanden die beiden multinationalen Heeresgruppen NORTHAG (Northern Army Group) und CENTAG (Central Army Group) aus nationalen Bausteinen auf Korpsebene, die im Einsatzfall nebeneinander kämpfen sollten.[80] Eine Ausnahme bildete das 1962 aufgestellte multinationale Korps LANDJUT (Allied Land Forces Schleswig-Holstein and Jutland), dessen deutsche und dessen dänische Division sowie dessen Korpstruppen zur Vorneverteidigung zwischen Fehrmarn und Hamburg eingesetzt worden wären.[81] Auch die 1960 aufgestellte bewegliche Eingreiftruppe im Allied Command Europe (ACE), die sogenannte „ACE Mobile Force Land" (AMF(L)), zählte mit einer Gesamtstärke von zirka 5.000 Soldaten (in etwa Brigadestärke) aus acht Nationen zu den multinationalen Truppenteilen der NATO unterhalb der Korpsebene.[82]

An dieser Stelle soll der gescheiterte Versuch, im Rahmen der Europäischen Verteidigungsgemeinschaft (EVG) eine gemeinsame Streitmacht aus sechs Kontingenten unterschiedlicher

---

[74] Die Bundeswehr besteht aus Streitkräften und Bundeswehrverwaltung. (Vgl. Art. 87a, b *GG*.)
[75] Vgl. *McJoynt* (Combined), S. 581.
[76] Vgl. *Jung* (Zusammenarbeit), S. 81.
[77] Vgl. *McJoynt* (Combined), S. 581. Hierbei fiel der berühmt gewordene Ausspruch des britischen Oberbefehlshabers: „Germans to the front!". (Zitiert in: *Grove* (China), S. 13.)
[78] Siehe zur k. u. k. Armee beispielsweise und ausführlich *Allmeyer-Beck* (k. u. k. Armee), S. 235-248 und *o. A.* (Vorläufer), S. 209-218.
[79] Vgl. *Kennedy* (Mächte), S. 396.
[80] Siehe zu dem vorangegangenen Abschnitt *Ose* (Bundeswehr), S. 49f.
[81] Vgl. *Dienste* (Erfahrungen), S. 5.
[82] Vgl. *NATO* (Handbuch), S. 193. Siehe zu Auftrag, Gliederung und Übungstätigkeiten der AMF (L) ausführlich *Schulze* (AMF), S. 23-26.

Nationen zu bilden, kurz erläutert werden. Die EVG wurde 1950 von Frankreich vorgeschlagen, um zum einen die sich abzeichnende militärische Aufrüstung der Bundesrepublik Deutschland durch militärische Bindung zu kontrollieren und um zum anderen eine Mitgliedschaft Deutschlands in der NATO zu verhindern. Die Streitkräfte der EVG sollten sich aus nationalhomogenen Truppenteilen, den sogenannten Grundeinheiten zusammensetzen, welche bei den Landstreitkräften die Division, in den Luftstreitkräften der fliegende Verband und in den Seestreitkräften die Flottille sein sollte.[83] Multinationalität begann damit erst oberhalb der Grundeinheiten. Jedoch war beabsichtigt, alle Soldaten der EVG-Armee einem einheitlichen inneren Gefüge zu unterstellen. So sollte es beispielsweise in folgenden Bereichen Einheitlichkeit geben: Disziplinarwesen, Grußordnung, Militärstrafrecht, Uniform, Laufbahn- und Beförderungsbestimmung, Besoldung, Vorschriften usw. Die Ausbildung der europäischen Streitkräfte wäre einem europäischen Generalstab oblegen, die Truppenführung den Stäben der EVG-Armee, die aber ihrerseits in operativer Hinsicht dem Obersten Hauptquartier der Alliierten Mächte in Europa, dem NATO-Hauptquartier SHAPE (Supreme Headquarters Allied Powers Europe) unterstehen sollten. Die EVG scheiterte, weil die nationalen Kontingente der EVG-Armee ihre nationale Identität und die Nationen ihre Militärhoheit und damit einen wesentlichen Teil ihrer nationalen Souveränität verloren hätten. 1954 lehnte das französische Parlament den EVG-Vertrag ab, womit auch das Ziel einer multinationalen europäischen Armee ad acta gelegt wurde.[84]

Militärische Multinationalität heute hat eine neue Qualität. Für nahezu alle Bereiche der Streitkräfte der Bundeswehr hat die Zusammenarbeit mit Angehörigen fremder Streitkräfte im alltäglichen Dienstbetrieb zugenommen.[85]
Multinationale Zusammenarbeit findet vor allem, aber nicht mehr ausschließlich – und hier liegt ein erster Qualitätsunterschied zur Multinationalität zurückliegender Zeit - mit Streitkräften von Bündnispartnern aus NATO und WEU statt, sondern auch mit Streitkräften ehemaliger Warschauer Pakt Staaten.
Die neue Qualität von Multinationalität zeigt sich am deutlichsten an den heutigen multinationalen Truppenteilen. Diese sind mehr als die während des Kalten Krieges zur Verteidigung des an der Nahtstelle zwischen Ost und West befindlichen Frontstaates Bundesrepublik Deutschlands nebeneinander gestellten nationalen Truppenteile; sie sind mehr als die traditionelle Form der Bündnisarmee. Die multinationalen Truppenteile der heutigen Zeit beenden die Existenz des Korps als die militärisch höchste rein nationale Ebene – der zweite wesentliche Qualitätsunterschied. Multinationalität wird innerhalb des Heeres in Ausnahmefällen bis herunter auf die Ebene der Teileinheit praktiziert. In der Luftwaffe und in der Marine geht die Multinationalität teilweise bis hinunter zur Ebene „Waffensystem“ und „Schiff“ bzw. „Boot“.[86] Darüber hinaus haben die multinationalen Stäbe teilweise auch in Friedenszeiten Befehlsgewalt über die ihnen unterstehenden Truppenteile.[87] Des weiteren wird militärische Software (beispielsweise Vorschriften, Standing Operating Procedures (SOPs), Stabsdienstordnungen usw.) multinational, das heißt unter der Beteiligung aller vertretenen Nationen erstellt. Auch die militärische Hardware (wie Waffen, Fahrzeuge, Fernmeldemittel etc.) muß den Anforderungen multinationaler Zusammenarbeit genügen.
Die heutigen multinationalen Truppenteile unterscheiden sich des weiteren von denen früherer Jahrzehnte durch neue Aufgaben und neue Kategorien. Bezüglich ihrer Aufgaben müssen

---

[83] Siehe zu einer Definition der Begriffe „Division“, „fliegender Verband“ und „Flottille“ *Mittler* (Stichworte), S. 56f. und 69f.
[84] Siehe zu dem vorangegangenen Abschnitt ausführlich *Faust* (GASP), S. 8f., *Gerber* (Bündnisstrukturen), S. 171, *Meier-Dörnberg* (EVG), S. 56-67, *Forschungsamt* (Verteidigung), S.40f. und 58-61 sowie *Ottmer* (Geschichte), S. 24-27.
[85] Vgl. *Jeschonnek* (Zusammenarbeit), S. 504.
[86] Vgl. *Bagger* (Schrittmacher), S. 11.
[87] Siehe zu den verschiedenen Unterstellungsverhältnissen Abb. 6.

sich die Streitkräfte und ihre Truppenteile neben der Landesverteidigung[88] auf eine Palette von möglichen Einsatzformen im Rahmen der NATO oder anderer Organisationen wie den UN, der EU, der WEU oder der OSZE einstellen[89] - das Auftragsspektrum reicht von der Kriegsverhinderung bis zum globalen Krisenmanagement. Für die Erfüllung dieser neuen Aufträge bedarf es im Vergleich zu den für reine Verteidigungsaufgaben konzipierten Truppenteile des Kalten Krieges wesentlich flexiblerer und dynamischerer Truppenteile. Dies stellt konsequenterweise erhöhte Ansprüche an die militärische Effektivität der multinationalen Truppenteile. Auch die Zuordnung der Truppenteile zu unterschiedlichen Kategorien (präsente Krisenreaktionskräfte/KRK, weitgehend mobilmachungsabhängige Hauptverteidigungskräfte/HVK sowie Militärische Grundorganisation/MGO der Streitkräfte; s. Abb. 2)[90] stellt an die Effektivität der heutigen multinationalen Truppenteile neue Anforderungen.

Abb. 2: *Streitkräftekategorien*[91]

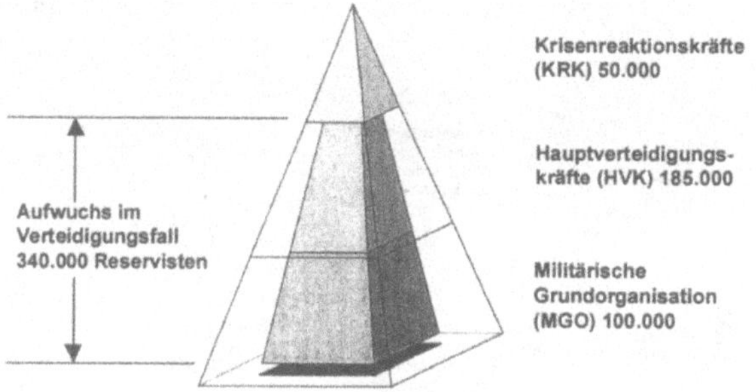

Ein letztes Qualitätsmerkmal der heute praktizierten Multinationalität in Truppenteilen ist die Tatsache, daß die multinationale Zusammenarbeit in Truppenteilen nicht mehr an der Ostgrenze Deutschlands endet. Dies wird neben der NATO-Osterweiterung insbesondere durch die Beteiligung Polens am Multinationalen Korps Nordost deutlich. Zu diesem Merkmal der neuen Multinationalität, der Aufnahme von Streitkräfteelementen ehemaliger Warschauer Pakt Staaten, läßt sich streng genommen auch die Übernahme von ehemaligen NVA-Soldaten als Berufs- oder Zeitsoldaten durch die Bundeswehr zählen.[92]

[88] Siehe zu dem Aufgabenkatalog der Bundeswehr *BMVg* (Bericht 98), S. 18 und *Bundesregierung* (Bundeswehr), S. 34 und zu den möglichen Einsatzarten *Gottschalk* (Strategie), S. 30. Siehe insbesondere zu den Kernaufgaben der Bundeswehr *BMVg* (Sprechzettel), S. 2.

[89] Siehe zu den Mitgliedschaften der Bundesrepublik Deutschland in den genannten Institutionen bzw. Organisationen und den sich daraus für die Bundeswehr ergebenden Verpflichtungen und möglichen Einsätzen ausführlich *BMVg* (Weißbuch 94), S. 47-74. Eine Übersicht über die Einbindung der einzelnen Staaten in die verschiedenen Institutionen bzw. Organisationen der sogenannten Europäischen Sicherheitsstruktur findet sich in *Bundesregierung* (Bundeswehr), S. 14f. und *Bundesregierung* (NATO), S. 18f.

[90] Vgl. *BMVg* (Weißbuch 94), S. 93. Siehe zu einer Beschreibung der Kategorien beispielsweise *HA* (Zivil), S. 13f. und *Millotat* (Heer), S. 393.

[91] Entnommen aus *BMVg* (Bestandsaufnahme), S. 22. Eine Übersicht über die 26 Kampfbrigaden des deutschen Heeres und ihre Zuordnung zu den Streitkräftekategorien KRK und HVK findet sich im Anhang 2.

[92] Von der Bundeswehr wurden insgesamt 3.207 Offiziere, 7.639 Unteroffiziere und 207 Mannschaften der ehemaligen NVA als Berufs- oder Zeitsoldaten übernommen. (Vgl. *BMVg* (Weißbuch 94), S. 16.) Siehe zur sogenannten Armee der Einheit beispielsweise *BMVg* (Reservisten), S. 20-24 und ausführlich *Schönbohm* (Armeen). Mit der Übernahme und Integration von Personal und Material der ehemaligen NVA sah sich die Bundeswehr teilweise mit ähnlichen Ausgangsproblemen konfrontiert, (Siehe hierzu beispielsweise *Coll-*

3.1.2.3 Formen, Arten und Ausprägungen militärischer Multinationalität

Man unterscheidet innerhalb der militärischen Multinationalität verschiedene Formen und Arten sowie unterschiedliche Ausprägungen der militärischen multinationalen Zusammenarbeit.

3.1.2.3.1 Formen militärischer Multinationalität

Die Formen der militärischen Multinationalität im Sinne einer multinationalen Zusammenarbeit im Militär reichen von relativ lockeren Bindungen im Rahmen zeitlich begrenzter Kooperation bzw. Zusammenarbeit, über periodisch wiederkehrende (s. Abb. 3) bis zur dauerhaften Zusammenarbeit (s. Abb. 4).[93] Die Bundeswehr arbeitet derzeit mit über 120 Ländern militärisch bzw. militärpolitisch – in unterschiedlichster Form - zusammen.[94]

Abb. 3: *Zeitlich begrenzte und periodisch wiederkehrende multinationale Zusammenarbeit*[95]

Die dauerhafte multinationale Zusammenarbeit läßt sich anhand der folgenden Abbildung veranschaulichen.

---

mer/Meyer (Integration), S. 64-73.) wie sie auch in den heutigen multinationalen Truppenteilen vorhanden sind. In der Lösung der Probleme gab es allerdings insofern weit weniger Schwierigkeiten, als die ehemaligen NVA-Soldaten nunmehr uneingeschränkt der Befehlsgewalt und das Material der uneingeschränkten Verfügungsgewalt der Bundeswehr unterstanden. Dies machte langwierige Lösungsprozesse überflüssig.

[93] Hier unterscheiden sich die Formen der multinationalen Zusammenarbeit der erwerbswirtschaftlichen Unternehmen (Siehe hierzu *Korndörfer* (ABWL), S. 126.) nicht von denen des Militärs.

[94] Vgl. *BMVg* (Bericht 98), S. 11 und *Vad* (Schwelle), S. 9. Ergänzende Ausführungen finden sich beispielsweise in *BMVg* (Zusammenarbeit), S. 20-32.

[95] Siehe zu einer detaillierten Übersicht über die *zeitlich begrenzte und periodisch wiederkehrende multinationale Zusammenarbeit* den gleichnamigen Anhang 3.

Abb. 4: *Dauerhafte multinationale Zusammenarbeit*[96]

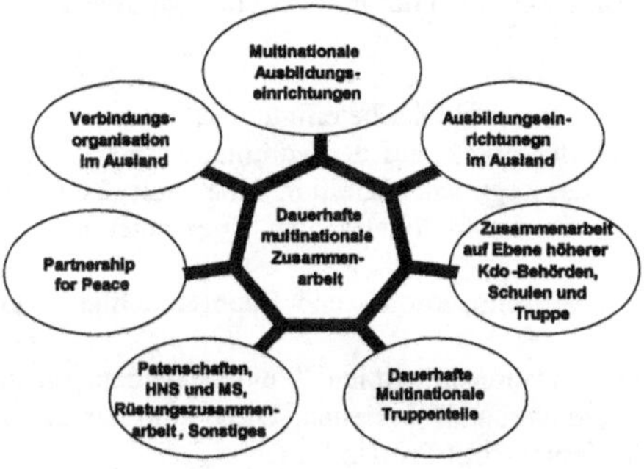

3.1.2.3.2 Arten militärischer Multinationalität

Die Arten der multinationalen Zusammenarbeit bzw. Zusammenschlüsse[97] im Militär umfassen Zusammenarbeit bzw. –schlüsse der horizontalen und der vertikalen Ebene sowie Zusammenarbeit bzw. –schlüsse anorganischer Art.[98]
Horizontalität erhält die Selbständigkeit der einzelnen Truppenteile. Sie findet sich zum Beispiel in militärischen Bündnissen wie der NATO oder bei multinationalen Truppenteilen, bei denen Truppenteile gleicher Größe verschiedener Nationen zu einem multinationalen Truppenteil der nächst höheren Ebene zusammengefaßt werden, die Selbständigkeit der nationalen Truppenteile aber erhalten bleibt.
Vertikale Zusammenschlüsse bedeuten beispielsweise, daß ein Truppenteil einer Nation in einen größeren Truppenteil einer anderen Nation bzw. in einen multinationalen Truppenteil integriert wird. Der integrierte Truppenteil verliert dabei seine Selbständigkeit, die betroffene Nation transferiert einen Teil ihrer Souveränität.[99]
Anorganische Zusammenschlüsse entstehen zum Beispiel durch die gleichzeitige Mischung andersnationaler Truppenteile verschiedener Teilstreitkräfte oder durch den Zusammenschluß von Streitkräfteanteilen verschiedener Nationen, die geographisch weit voneinander getrennt sind.

3.1.2.3.3 Ausprägungen militärischer Multinationalität

Bezüglich der Ausprägung der militärischen Multinationalität gibt es keine einheitlichen Strukturen. Es existieren mehrere Kriterien, die die Ausprägung der Multinationalität beschreiben.

[96] Siehe zu einer detaillierten Übersicht über die *dauerhafte multinationale Zusammenarbeit* den gleichnamigen Anhang 4.

[97] Hier sind die konstitutionellen bzw. die institutionellen Zusammenschlüsse gemeint, die im erwerbswirtschaftlichen Bereich von funktionellen Zusammenschlüssen abgegrenzt werden. (Siehe hierzu ausführlich *Schäfer* (Unternehmung), S. 62.)

[98] Siehe hierzu auch *Gerber* (Betriebslehre), S. 30f., *Gerber* (Bündnisstrukturen), S. 170 und *Gerber* (Grundlagen), S. 17f. Siehe hierzu aus dem Bereich der Zusammenschlüsse erwerbswirtschaftlicher Unternehmen *Korndörfer* (ABWL), S. 126f., *Krantz* (Unternehmen), S. 91-97 und *Küting/Schubert* (Unternehmenszusammenschlüsse), S. 21-41.

[99] Vgl. *Delp* (Grenzen), S. 21.

Im folgenden wird die Ausprägung der Multinationalität von Truppenteilen einer tiefergehenden Betrachtung unterzogen. Andere Formen der militärischen Multinationalität werden nicht berücksichtigt.

Zunächst unterscheidet man nach der Anzahl der beteiligten Nationen.
Des weiteren läßt sich bezüglich der Ebene, auf der Multinationalität praktiziert wird, differenzieren: Korps, Division, Brigade, Regiment, Bataillon, Kompanie, Zug usw.
Weiterhin ist zu unterscheiden, ob die multinationalen Truppenteile der NATO oder der WEU[100] zugeordnet werden.
Auch eine Differenzierung nach Krisenreaktions- und Hauptverteidigungskräften ist zu berücksichtigen.
Es lassen sich zudem drei Organisationsprinzipien[101] unterscheiden, (s. Abb. 5) die sich grundsätzlich auf die Ebene „Großverband" beziehen. Diese sind das Lead-Nation-Prinzip, das Integrations-Prinzip und das Framework-Prinzip.[102]

Abb. 5: *Organisationsprinzipien multinationaler Truppenteile*[103]

Lead-Nation-Prinzip Hierbei wird der multinationale Großverband von einer Nation geführt. Führungs- und Einsatzgrundsätze, Ausbildung sowie Logistik werden in nationaler Verantwortung der Lead-Nation wahrgenommen. Auch der Stab ist grundsätzlich national zusammengestellt, wobei bestimmtes Personal des Stabes jedoch ausgetauscht werden kann. Die Beteiligung anderer Nationen im Stab ist demnach sehr gering, kann im Einsatzfall jedoch aufgestockt werden. Die Korpstruppen werden durch die Lead-Nation gestellt, die restlichen Truppenteile bzw. -anteile durch die beteiligten Nationen. Zwar ist die Zusammenarbeit der beteiligten Streitkräfte bereits im Frieden eng, jedoch vollzieht sich Multinationalität erst im Einsatz, und zwar durch Abgabe von Truppenteilen (Division) anderer Nationen unter das Korpskommando. Im Frieden verbleiben die unterstellten Divisionen unverändert im nationalen Führungsstrang, weshalb es sich im Frieden bei den nach dem Lead-Nation-Prinzip organisierten multinationalen Großverbänden tatsächlich um nationale Großverbände handelt, in deren Korpsstäben lediglich einige Soldaten einer anderen Nation Dienst leisten.[104] Die Multinationalität ist bei diesem Prinzip am geringsten ausgeprägt. Eine Nation dominiert, es wird jedoch von einer Durchgangsstation zu einer tieferen bzw. intensiveren Form der Multinationalität gesprochen.[105] Das II. GE/US Korps und das V. US/GE Korps sind nach dem Lead-Nation-Prinzip organisierte multinationale Truppenteile.
Integrations-Prinzip Hier wird der multinationale Großverband von einem multinational zusammengesetzten Stab geführt. Innerhalb des Stabes sind die Dienstposten in der Regel anteilig – dem Beitrag an Truppenteilen der Nationen an dem Großverband entsprechend – festgelegt; man spricht auch von der Balance der Proportionen der beteiligten Truppensteller. Die Spitzendienstposten des Stabes werden in der Regel auf die einzelnen Nationen nach dem Rotationsprinzip aufgeteilt. Der Kommandierende General besitzt bereits im Frieden Befugnisse zur Führung

[100] Hier spricht man von sogenannten „Forces Answerable to WEU" (FAWEU), also von multinationalen Truppenteilen, die der WEU für humanitäre oder friedensunterstützende Einsätze zugeordnet werden. (Vgl. *Martin* (Eurokorps), S. 524.)

[101] Gelegentlich wird anstelle von Organisationsprinzipien auch vom Grad der institutionellen Zusammenarbeit bzw. Integration gesprochen. (Vgl. *Dau* (Aspekte), S. 1.) Es ist erstaunlich, welch unterschiedliche Definitionen der Organisationsprinzipien multinationaler Truppenteile und damit auch Zuordnungen multinationaler Truppenteile zu den einzelnen Organisationsformen existieren. (Siehe hierzu beispielsweise *BMVg* (Film), S. 20f. und *Vogel* (Korps), S. 478-480.) Im BMVg treten sie sogar innerhalb einer Abteilung, nämlich Fü H III 1, auf. (Siehe hierzu *BMVg* (Film), S. 20f. und *Stelz* (Multinationalität), S. 663f.)

[102] In mancher Literatur der US-Army existieren andere Begriffe, die den Sachverhalt aber synonym beschreiben. Die Begriffspaare sind: Lead-Nation-Prinzip – Minimale Integration, Integrations-Prinzip - Volle Integration sowie Framwork-Prinzip – Partielle Integration. (Siehe hierzu beispielsweise und ausführlich *Henderson/Vassaur* (Corps), S. 18-27.)

[103] Erstellt in Anlehnung an *BMVg* (Film), S. 20f., *BMVg* (Stichworte), S. 7f. und *Delp* (Grenzen), S. 91.

[104] Es wird deshalb auch von „Quasi"-multinationalen Truppenteilen gesprochen. (Vgl. *Vogel* (Korps), S. 478.)

[105] Vgl. beispielsweise *Bagger* (Statement), o. S.

[106] Siehe zu den verschiedenen Unterstellungsverhältnissen Abb. 6.

der nationalen Anteile. Führungs- und Einsatzgrundsätze sowie Ausbildungsziele werden entweder von der NATO übernommen oder unter Anlehnung an NATO-Grundsätze neu entwickelt. Die Korpstruppen sind multinational. Die zugeordneten nationalen oder multinationalen Truppenteile können im Frieden nach dem Prinzip des Operational Control oder Operational Command[106] unterstellt werden bzw. sind es bereits. Die truppendienstliche Führung bleibt jedoch solange national, bis diesbezüglich entsprechende rechtliche Weiterentwicklungen realisiert werden. Nach dem Integrations-Prinzip organisiert sind das EUROKORPS, das I. D/NL Korps sowie das Multinationale Korps Nordost.
Misch- bzw. Framework-Prinzip Der Rahmen (Frame) des multinationalen Großverbandes wird von einer Nation gestellt. Diese ist für Führung, Verwaltung und logistische Unterstützung des Stabes verantwortlich. Sie stellt aus diesem Grund auch den größten Teil der Dienstposten des Stabes und besetzt die Spitzendienstposten. Die Arbeitsverfahren innerhalb des Stabes werden entweder von der NATO übernommen oder von der Framework-Nation im Rahmen sogenannter SOPs (Standing Operating Procedures) festgelegt. Die anderen am multinationalen Großverband beteiligten Nationen sind innerhalb des Stabes nach einem vereinbarten Schlüssel vertreten. Eine fixierte Relation zwischen dem Beitrag an Truppenteilen am Großverband und dem Anteil an den Spitzendienstposten des Stabes existiert nicht. Das ARRC ist nach dem Framework-Prinzip organisiert.

Weiterhin gibt es Differenzierungen bezüglich der multinationalen Unterstellungsverhältnisse bzw. –regelungen. Eine Übersicht über die innerhalb der NATO existierenden Unterstellungsverhältnisse zeigt in der Reihenfolge abnehmender Befugnisse nachfolgende Abbildung.[107]

Abb. 6: *Unterstellungsverhältnisse (In der Reihenfolge abnehmender Befugnisse)*

Full Command Full Command umfaßt alle Bereiche der militärischen Führung und Administration und ist bis dato nur innerhalb nationaler Streitkräfte gegeben.
Operational Command / OPCOM Operational Command überträgt einem militärischen Führer die Befugnis, unterstellten Führern Aufträge zu erteilen oder Aufgaben zuzuweisen, Truppenteile zu dislozieren, die Unterstellung von Kräften neu zu regeln sowie je nach Notwendigkeit Operational Control und bzw. oder Tactical Control selbst auszuüben oder zu übertragen. Operational Control schließt administrative oder logistische Zuständigkeiten nicht automatisch ein. OPCOM bedeutet keine Übertragung truppendienstlicher Befugnisse.[108]
Operational Control / OPCON Operational Control überträgt einem militärischen Führer die Befugnis, ihm unterstellte Kräfte so zu führen, daß er bestimmte, i. d. R nach Art, Zeit und Raum begrenzte Aufträge oder Aufgaben erfüllen kann, Truppenteile zu dislozieren sowie Tactical Control entweder selbst auszuüben oder zu übertragen. Operational Control beinhaltet nicht die Befugnis, den gesonderten Einsatz von Teilen der Truppenteile anzuordnen; auch administrative oder logistische Befugnisse sind nicht automatisch eingeschlossen.
Tactical Command / TACOM Tactical Command überträgt einem militärischen Führer die Befugnis, den ihm unterstellten Kräften Aufträge zu erteilen, die für die Erfüllung seiner, ihm von einer übergeordneten Führungsebene erteilten Aufträge notwendig sind.
Tactical Control / TACON Tactical Control bedeutet die ins Detail gehende und im allgemeinen örtliche Führung von Bewegungen oder taktischen Maßnahmen, welche für die Durchführung der erteilten Aufträge oder Aufgaben erforderlich sind.
Coordinating Authority Coordinating Authority erteilt einem militärischen Führer oder einer beauftragten Person die Befugnis, bestimmte Aufgaben oder Tätigkeiten zu koordinieren, an deren Durchführung Streitkräfte von mehreren Staaten (oder mehrere Teilstreitkräfte oder mehrere Truppenteile) beteiligt sind. Der Beauftragte ist zwar befugt, eine Beratung zwischen den Beteiligten zu fordern, er kann aber keine Einigung erzwingen.

[107] Siehe zu den folgenden Unterstellungsverhältnissen *AAP-6*, S. 2-0-2 und 2-T-1, *BMVg* (Film), S. 43, *MC 57/3*, Nr. 202 und 213-215, *Whitford/Young* (Authorities), S. 48 sowie *ZDv 1/50*, Nr. 210-215.
[108] Vgl. *Dau* (Aspekte), S. 2.

Anmerkung: **Besteht die übertragene Befehlsbefugnis des militärischen Führers über die multinationalen Truppenteile nicht bereits im Frieden, so wird sie für den Einsatz mit dem sogenannten Transfer of Authority (TOA) vollzogen.[109]**

Schließlich finden sich innerhalb der multinationalen Truppenteile vier verschiedene Stufen der Standardisierung.[110] Diese Standardisierungsstufen beschreiben das innerhalb der NATO existierende Niveau der personellen, technologischen, organisatorischen, verfahrensmäßigen sowie anderer Standards und beschreiben damit in diesen Bereichen den Grad der Vereinheitlichung. (s. Abb. 7)

Abb. 7: *Stufen der Standardisierung*

Kompatibilität / Compatibility Kompatibilität bezeichnet die Fähigkeit mehrerer Geräte oder Teile von Ausrüstungen oder Material, in gleicher Umgebung oder im gleichen Gerät bzw. unter gleichen Rahmenbedingungen zu funktionieren oder zu bestehen, ohne sich gegenseitig zu stören.
Interoperabilität / Interoperability Interoperabilität bezeichnet die Fähigkeit von Systemen, Truppenteilen oder Streitkräften, sich gegenseitig durch Leistungen unterstützen zu können sowie die Zusammenarbeit durch diese ausgetauschten Leistungen effektiver zu machen.
Autauschbarkeit / Interchangeability Autauschbarkeit beschreibt einen Zustand, bei dem mehrere Teile physische und funktionelle Eigenschaften besitzen, die ihre Leistung und Lebensdauer gleich macht und die es ihnen ermöglicht, daß sie gegenseitig ohne Änderung der Teile selbst oder benachbarter Teile ausgetauscht werden können.
Gleichheit / Commonality Gleichheit beschreibt einen Zustand, in dem Gruppen von Personen, Organisationen oder Nationen gleiche Grundsätze, Verfahren oder Ausrüstung verwenden.

3.1.3 Multinationale Truppenteile

3.1.3.1 Truppenteile

Truppenteil ist die allgemeine Bezeichnung für Einheiten, Verbände und Großverbände, deren Struktur festgelegt ist.[111] Die Bundeswehr unterscheidet aktive, teilaktive und nichtaktive Truppenteile.

Weil Truppenteile ab der Ebene Verband Stäbe besitzen, sind auch die Stäbe der Truppenteile Untersuchungsgegenstand dieser Arbeit. Darüber hinaus wird die Ebene der Teileinheit[112] in diese Arbeit einbezogen, soweit diese Gliederungsform multinational vorhanden ist. In der vorliegenden Arbeit werden nur aktive Truppenteile berücksichtigt.

---

[109] Der Zeitpunkt der Unterstellung bzw. des TOA ist abhängig von der Streitkräfteklasse, dem ein Truppenteil zugeordnet ist und bzw. oder von der jeweiligen nationalen politischen Billigung. (Vgl. *ZDv 1/50*, Nr. 210.)

[110] Siehe zu den folgenden Standardisierungsstufen ausführlich *AAP 6*, o. S., *BMVg* (Konzept), Anlage 1 und *Böckmann* (Aspekte), S. 2.

[111] Unter einer „Einheit" versteht man die unterste militärische Gliederungsform, deren Führer Disziplinargewalt hat. Die Grundform der Einheit im Heer ist die Kompanie. Unter „Verband" wird die gliederungsmäßige und bzw. oder zeitlich begrenzte Zusammenfassung mehrerer Einheiten verstanden. Die Größenordnung eines Verbandes geht von Bataillons- bis Regimentsstärke. Ein Verband hat einen Stab. Ein Großverband bezeichnet die Zusammenfassung verschiedener Truppenteile ab der Brigade aufwärts, z. B. Division, Korps. Auch ein Großverband hat einen Stab bzw. wird von einer Kommandobehörde (Divisionskommando) oder von einer höheren Kommandobehörde (Korpskommando) geführt. (Vgl. *Mittler* (Stichworte), S. 40, 59, 82f., 203 und 208 sowie *ZDv 1/50*, Nr. 108f. und 111-116.)

[112] Teileinheit bezeichnet jede Gliederungsform unterhalb der Einheit, deren Führer keine Disziplinargewalt hat. (Vgl. *Mittler* (Stichworte), S. 169 und *ZDv 1/50*, Nr. 110.)

3.1.3.2 Multinationale Truppenteile[113]

Die einzelnen multinationalen Truppenteile lassen sich bezüglich der Genetik bzw. bezüglich des Lebenszyklus[114] in die Phase der Gründung oder in die Phase der Umstrukturierung[115] einordnen. Wird der multinationale Truppenteil durch Zusammenfassung bereits existierender nationaler Truppenteile gebildet, liegt eine Umstrukturierung vor. Wird der multinationale Truppenteil komplett neu aufgestellt, das heißt, werden keine vorher bestehenden Elemente verwendet, liegt eine Neugründung vor. Die Übergänge zwischen beiden Formen sind jedoch insofern fließend, als oftmals beide Formen der Aufstellung eines multinationalen Truppenteils gleichzeitig vorliegen. Im übrigen ist es strittig, ob man bei der Bildung eines multinationalen Truppenteils aus bestehenden nationalen Komponenten nicht generell von einer Neugründung sprechen kann.

Multinationale Truppenteile sind entweder vorübergehende (explizit und ausschließlich für bestimmte, i. S. von zeitlich begrenzten Aufgaben bzw. Einsätzen zusammengestellte Truppenteile, sogenannte Ad-hoc-Truppenteile) oder dauerhafte (dauerhaft in die Streitkräftestruktur mehrerer Nationen eingebundene Truppenteile) Zusammenschlüsse von Truppenteilen mindestens zweier Nationen. Der Schwerpunkt der vorliegenden Arbeit liegt auf den auf Dauer angelegten multinationalen Truppenteilen.

Wenn in den folgenden Ausführungen von „nationalen Truppenanteilen" gesprochen wird, sind damit diejenigen nationalen Truppenteile gemeint, welche in multinationalen Truppenteilen eingebunden sind.

3.2 Die multinationalen Truppenteile mit Beteiligung der Bundeswehr

Die folgenden Ausführungen dieses Kapitels stellen die multinationalen Truppenteile der Land-, Luft- und Seestreitkräfte dar, an denen die deutschen Streitkräfte mit Truppenanteilen beteiligt sind.

---

[113] Weil in multinationalen Truppenteilen die nationalen Angehörigen nie ihre Zugehörigkeit zu ihren nationalen Streitkräften verlieren, werden multinationale Truppenteile von erwerbswirtschaftlichen multinationalen Betrieben differenziert. (Vgl. *Hahn* (Militärbetriebslehre), S. 340, FN 156.) Eine einheitliche Begriffsdefinition multinationaler Unternehmen existiert in der betriebswirtschaftlichen Literatur nicht. (Siehe zu einzelnen Definitionen beispielsweise *Becker* (Unternehmungen), S. 1, *Hahn* (Bankwirtschaft), S. 350, *Nolte* (Multinational), S. 8f., *Pausenberger* (International), Sp. 1052f., *Perlitz* (International), Sp. 1856, *Sell* (International), S. 101, *Sieber* (International), S. 52 und 53-56, *UN* (Multinational), S. 4-6 sowie *Welge* (Multinational), S. 3 und zu einer Darstellung der existierenden Definitionsvielfalt *Hoenig* (Multinational), S. 5-8 und *Weber* (Intenational), S. 10.) Siehe zu den verschiedenen Theorien multinationaler Unternehmungen ausführlich *Stein* (Theorien), S. 49-151.

[114] Siehe zu den genetischen Erscheinungen auf der Ebene der Truppenteile ausführlich *Hahn* (Militärbetriebslehre), S. 320-323.

[115] Es läßt sich hier durchaus auch von einer Organisationsentwicklung sprechen. (Siehe zu einer entsprechenden Definition *Thom* (Organisationsentwicklung), S. 201.) Die auf dauerhafte Zusammenarbeit angelegten multinationalen Truppenteile der heutigen Zeit mit ihrer neuen Qualität an Multinationalität stellen de facto die Einführung einer neuen bzw. die deutliche Änderung der bestehenden Streitkräftestruktur der Bundeswehr dar. Man kann deshalb bei der Betrachtung der Genetik der Streitkräfte durchaus auch von einer Innovation sprechen. (Siehe zur Thematik der Innovation innerhalb der Bundeswehr ausführlich *Gerber* (Innovation), S. 31-55.)

3.2.1 Heer

Die heutigen multinationalen Strukturen des deutschen Heeres gelten lediglich als Zwischenschritt.[116] Im folgenden werden die multinationalen Truppenteile mit Beteiligung des deutschen Heeres kurz aufgeführt, eine detaillierte Übersicht findet sich im Anhang 6 *(Multinationale Beteiligung des deutschen Heeres)*.

Das deutsche Heer ist mit Truppenteilen bzw. –anteilen an multinationalen Truppenteilen unterschiedlichster Ebenen beteiligt. Dabei sind auf Großverbandsebene meist nur der Stab sowie die Korps- und Divisionstruppen ständig multinational gemischt. Die zugeordneten bzw. unterstellten Truppenanteile bleiben in der Regel rein national strukturiert und bleiben bis zum TOA, dem grundsätzlich ein Regierungsbeschluß der beteiligten Nationen vorausgeht, unter rein nationaler Führung. Das nach dem TOA geltende Unterstellungsverhältnis erreicht maximal OPCOM; FULL COMMAND bleibt den einzelnen Nationen vorbehalten.

3.2.1.1 Korpsebene

Die multinationalen Truppenteile auf Korpsebene mit deutschen Truppenanteilen sind das ARRC, das Eurokorps, die beiden Deutsch-US-amerikanischen Korps, das I. Deutsch-Niederländische Korps sowie das Multinationale Korps Nordost.

Das ARRC (ACE Rapid Reaction Corps) ist der größte Baustein der Krisenreaktionskräfte der NATO. Bisher beteiligen sich 13 Nationen mit insgesamt zehn nationalen und multinationalen Divisionen am ARRC. (s. Abb. 8) COMARRC ist dem SACEUR bereits im Frieden mit OPCOM unterstellt. Mit zwei Ausnahmen bleiben die dem ARRC zugeordneten Truppenanteile im Frieden unter nationaler Führung und Kontrolle und werden nur für den Einsatz unterstellt; COM-ARRC hat jedoch Coordinating Authority über die einzelnen nationalen Divisionen. Nach dem TOA führt COMARRC im Einsatz bis zu vier Divisionen mit OPCOM. Die Entscheidung, welche Division unterstellt wird und zum Einsatz kommt, wird von den beteiligten Regierungen getroffen und erfolgt erst im Zuge der für den konkreten Einsatz durchgeführten (Contingency-) Planungen. Dem ARRC bereits im Frieden nach OPCOM unterstellt sind die beiden HQ der Multinationalen Divisionen Mitte bzw. Central und Süd bzw. South (MND (C) und MND (S)). Auch die Korpstruppen des ARRC sind multinational, es dominiert hier der Anteil der Framework-Nation Großbritannien.
Das Eurokorps (s. Abb. 8) wurde auf der Grundlage der Beschlüsse des Deutsch-Französischen Gipfels von La Roche am 22. Mai 1992 zunächst mit deutscher und französischer Beteiligung aufgestellt. 1993 trat Belgien dem Eurokorps bei, 1994 Spanien und 1996 folgte Luxemburg. Der Kommandierende General (KG) des Eurokorps ist dem sogenannten „Gemeinsamen Komitee" nach OPCOM unterstellt. Ihm wird im Einsatzfall über die unterstellten Truppenanteile OPCOM übertragen. Bis dorthin bleiben diese Truppenanteile in jeder Hinsicht national unterstellt. Innerhalb des Stabes sind Deutsch und Französisch die offiziellen Gebrauchssprachen; es folgen Niederländisch und Spanisch als dritte und vierte Sprache. Das Eurokorps ist theoretisch, das heißt nach einer von den einzelnen nationalen Regierungen für einen konkreten Einsatz erfolgten vollständigen Unterstellung sämtlicher nationalen Truppenanteile mit ca. 86.000 Soldaten, 800 Panzern, 1.100 gepanzerten Fahrzeugen, 500 Artilleriegeschützen und 38 Mehrfachraketenwerfern das derzeit größte und kampfstärkste Korps in Europa.

---

[116] Vgl. *Bagger* (Heer), S. 42 und *Meyers* (Grundsätze), S. 6.

Die enge militärische Zusammenarbeit zwischen Deutschland und den USA führte 1993 zur Bildung zweier multinationaler Korps, einem deutsch und einem US-amerikanisch geführten Korps, dem II. GE/US Korps mit Stab in Ulm und dem V. US/GE Korps mit Stab in Heidelberg. (s. Abb. 8) Beide Korps gehören zu den Hauptverteidigungskräften im Einsatzbereich der Central Region und sind COMLANDCENT unterstellt. Die jeweilige Korrespondenznation stellt lediglich ein kleines Verbindungskommando im Lead-Nation-Stab, so daß jedes Führungsgrundgebiet mit Ausnahme von G1 einen deutschen bzw. US-amerikanischen Offizier in der Abteilung hat. Deutschland und die USA stellen im Einsatzfall jeweils eine Division zu dem von der anderen Nation geführten Korps. Beide Divisionen verbleiben im Frieden unter nationaler Führung und Kontrolle. Nach dem TOA werden die nationalen Truppenanteile der jeweiligen Lead-Nation bzw. dem entsprechenden Korps im Unterstellungsverhältnis OPCON unterstellt.

Nach zweijährigen Verhandlungen wurde 1994 die Aufstellung des I. D/NL Korps (s. Abb. 8) beschlossen, das Teile des ehemaligen I. Korps der Bundeswehr mit den verbleibenden Teilen des niederländischen Heeres verschmolz. Das Korps ist Teil der Hauptverteidigungskräfte der NATO und untersteht im Einsatz COMLANDCENT in Form von OPCOM. Es umfaßt im Frieden ca. 40.000 Soldaten. Offizielle Befehls- und Arbeitssprache im multinationalen Bereich des I. D/NL Korps ist Englisch. Die dem Korps assignierten nationalen Großverbände, der Stab sowie die in die Führungsunterstützungsbrigade eingegliederten Korps-truppen sind dem KG für bestimmte Aufgaben bereits im Frieden in Form von OPCON unterstellt; im Einsatzfall erfolgt ein Wechsel zu OPCOM. Ein deutscher KG hat damit beispielsweise Inspektionsrecht über nahezu das komplette niederländische Heer.

Aus dem zur Landesverteidigung Norddeutschlands und Dänemarks 1962 aufgestellten Korps LANDJUT, dem ältesten multinationalen Korps der NATO, entstand im September 1999 das aus dänischen, deutschen und polnischen Truppenanteilen bestehende Multinationale Korps Nordost mit Hauptquartier im polnischen Stettin (Szczecin) an der Oder. (s. Abb. 8) Das Korps gehört zu den Hauptverteidigungskräften der NATO. Im Frieden bleiben die unterstellten nationalen Verbände in der nationalen Kommandostruktur. Arbeitssprache des Korpsstabes ist Englisch.

3.2.1.2 Divisionsebene

Auf Divisionsebene existiert derzeit nur ein multinationaler Truppenteil mit deutschem Truppenanteil. An der MND (C) (Multinationale Division Central) beteiligen sich Deutschland, Belgien, die Niederlanden und Großbritannien mit jeweils einer Brigade. HQ MND (C) untersteht COMARRC bereits im Frieden nach OPCOM. Die einzelnen nationalen Brigaden werden bis zum TOA national geführt. Sie unterstehen dem COMMND (C) dann nach OPCOM. Die MND (C) ist luftbeweglich und nicht nur ein Großverband der NATO, sondern auch eine FAWEU. Die MND (C) kann sowohl selbständig als auch im Rahmen des ARRC eingesetzt werden.

Abb. 8: *Multinationale Beteiligung des deutschen Heeres auf Korpsebene*[117]

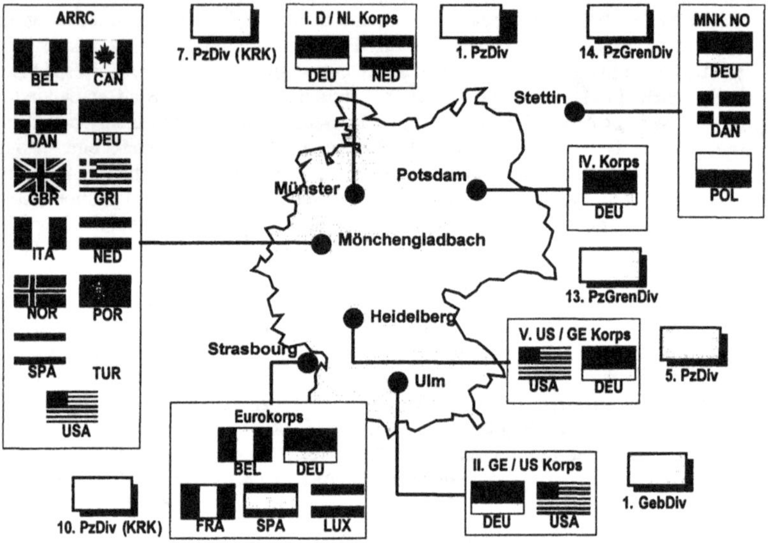

Legende:

BEL:	*Belgien*	*FRA:*	*Frankreich*	*LUX:*	*Luxemburg*	*POR:*	*Portugal*
CAN:	*Canada*	*GBR:*	*Großbritannien*	*NED:*	*Niederlande*	*SPA:*	*Spanien*
DAN:	*Dänemark*	*GRI:*	*Griechenland*	*NOR:*	*Norwegen*	*TUR:*	*Türkei*
DEU:	*Deutschland*	*ITA:*	*Italien*	*POL:*	*Polen*	*USA:*	*Vereinigte Staaten von America*

3.2.1.3 Brigadeebene

Auf Ebene der Brigade lassen sich im wesentlichen vier multinationale Truppenteile mit deutscher Beteiligung aufführen.

Die bereits 1960 aufgestellte ACE Mobile Force Land (AMF (L)) entspricht der Stärke einer Brigade und umfaßt Truppenanteile aus 13 Nationen. Im Frieden existiert nur der multinationale Stab. Das Einsatzkontingent wird erst für den konkreten Einsatz modular, auf den Auftrag ausgerichtet strukturiert. COMAMF (L) untersteht dem SACEUR nach OPCOM. Die für den Einsatz zugeordneten Truppenanteile werden dem COMAMF (L) nach dem TOA OPCOM oder OPCON unterstellt. Die AMF (L) gehört als einziger multinationaler Großverband zu den Immediate Reaction Forces der NATO und stellt damit einen schnellen Einsatzverband für den Kommandobereich Europa dar.

1988 wurde die Aufstellung der Deutsch-Französischen Brigade (D/F-Brigade) beschlossen. Seit 1993 ist die zu den Krisenreaktionskräften gehörende D/F-Brigade dem Eurokorps unterstellt und kann deshalb im gesamten Aufgabenspektrum des Eurokorps eingesetzt werden. Die D/F-Brigade umfaßt zur Zeit je etwa 2.700 Soldaten aus beiden Nationen. Die Brigade

[117] Entnommen aus *BMVg* (Bestandsaufnahme), S. 49.

gilt als Keimzelle für das Eurokorps sowie als Versuchsfeld für Multinationalität auf der Ebene unterhalb der Division.[118]

Auf der Brigadeebene ist auch die als „Command Support Group" (CSG) bezeichnete Deutsch-Niederländische Führungsunterstützungsbrigade des I. D/NL Korps einzuordnen.

Die sogenannte „Composite Force" der NATO (NCF) ist ein Truppenteil ohne eigenes Hauptquartier. Dieses wird erst nach einem Regierungsbeschluß aufgestellt. Erst dann werden auch die zugeordneten Truppen aus Deutschland, Norwegen und den USA unterstellt. Bis zur Entscheidung für ihren Einsatz bleibt die NCF ein lediglich auf dem Papier existierender multinationaler Truppenteil, der für das Krisenmanagement und für die Bündnisverteidigung im Raum Nordnorwegen vorgesehen ist.

3.2.1.4 Bataillonsebene und tiefere Ebenen

Auf der Bataillonsebene ist an multinationalen Truppenteilen beispielsweise das Stabs- und Versorgungsbataillon des Eurokorps (Bataillon de Quartier Général / BQG) einzuordnen, das sich jeweils aus einer belgischen, einer deutschen, einer französischen und einer spanischen Kompanie sowie aus einem multinationalen Stab zusammensetzt. Das BQG wird immer von einem französischen Oberstleutnant geführt, dessen Stellvertreter grundsätzlich ein Deutscher ist. Deutschlands Anteil am BQG umfaßt 198 von 671 Soldaten.
Zur Bataillonsebene zählen auch das Versorgungsbataillon der D/F-Brigade (Bataillon de Commandement et de Soutien / BCS) und das Stabs- und Versorgungsbataillon des I. D/NL Korps (Support Supply Unit / SSU).

Auf der Ebene der multinationalen Kompanien finden sich insbesondere die im Einsatzfall gebildete Sicherungskompanie des BQG, die Stabskompanie der D/F-Brigade sowie die Stabs- und Versorgungskompanie, die Ausbildungs- und die Instandsetzungskompanie des Versorgungsbataillons der D/F-Brigade.

Dauerhafte multinationale Mischung wird darüber hinaus vereinzelt auch auf Zug- und Gruppenebene praktiziert, so zum Beispiel in Instandsetzungszügen des BCS.

3.2.2 Luftwaffe

Multinationalität in der Luftwaffe ist traditionell sehr ausgeprägt und hat seine Wurzeln in verschiedensten Bereichen, beispielsweise in der Verwendung gleicher Waffensysteme durch die deutsche Luftwaffe und die Luftstreitkräfte verbündeter oder bzw. und befreundeter Nationen,[119] in Englisch als gemeinsamer Sprache des internationalen Luftraumes, in einem weltweit verbundenen Luftraumkontrollsystem mit einheitlichen Abläufen usw.
Die Verbände der Luftverteidigung, nämlich Jagdgeschwader, Flugabwehrraketenverbände und Führungsgefechtsstände sind im Rahmen des multinationalen Luftverteidigungssystems der NATO bereits im Frieden unterstellt.[120] So erhalten die Kampfverbände ihre täglichen Einsatzbefehle aus der multinationalen NATO-Struktur und arbeiten im Alltagsdienst auf der Grundlage von NATO-Operationsplänen und –Einsatzgrundsätzen.[121] Multinationalität wird

[118] Siehe zu dem vorangegangenen Abschnitt *Ose* (Bundeswehr), S. 50.
[119] Siehe zu den praktizierten Formen von Multinationalität in der deutschen Luftwaffe beispielsweise *Mende* (Luftstreitkräfte), S. 225f. und *Sasse* (Luftstreitkräfte), S. 134.
[120] Vgl. *BMVg* (Stichworte), S. 6.
[121] Siehe zu dem vorangegangenen Abschnitt *Meyers/Vad* (Multinationalität), S. 34.

im Bereich der Luftverteidigung teilweise bis herunter auf Geschwader- und Staffelebene praktiziert.[122]

Bei den Verbänden des Luftangriffs ist die Situation anders. Diese Verbände werden der NATO lageabhängig und erst nach politischer Entscheidung unterstellt.[123]

Sowohl Luftverteidigungs- als auch Luftangriffskräfte haben HVK- und KRK-Bestandteile, wobei die Krisenreaktionskräfte der Luftwaffe auch zur Landes- und Bündnisverteidigung eingesetzt werden.[124]

Der multinationale NATO E-3A Verband in Geilenkirchen ist Bestandteil der NATO Airborne Early Warning (NAEW) Force, die dem NATO-Oberbefehls-haber Europas (SACEUR) unterstellt ist, und dem noch ein rein englischer Verband (NATO E-3D) untersteht.[125] Der E-3A Verband war der erste multinationale fliegende Truppenteil der NATO.[126] In ihm kommt das von 12 Nationen entwickelte, finanzierte, genutzte und geführte luftgestützte Frühwarn- und Führungssystem AWACS zum Einsatz. Der seit 1982 einsatzbereite Verband wird abwechselnd von einem deutschen und einem US-amerikanischen Brigadegeneral geführt. Sowohl die AWACS-Besatzungen als auch das Bodenpersonal, wie beispielsweise die Flugsicherung, sind multinational gemischt.[127] Deutschland stellt insgesamt 166 Soldaten bzw. 31 Prozent des Personals der Luftfahrzeugbesatzungen.[128] Die Arbeitssprache ist Englisch.[129]

3.2.3 Marine

Multinationalität gilt innerhalb der deutschen Marine als täglich geübte Praxis.[130] Sie wird insbesondere begünstigt durch das Operationsgebiet der Marine, der überwiegend internationalen See.[131]

Die deutsche Marine arbeitet seit ihrer Gründung im Jahr 1956 in enger multinationaler Zusammenarbeit[132] mit den anderen Seestreitkräften des NATO-Bündnisses zusammen.[133] Die vier ständigen maritimen Einsatzverbände der NATO sind multinationale Einsatzverbände, die täglich und rund um die Uhr im Einsatz sind. 1967 wurde die deutsche Marine Mitglied des ersten multinationalen Marineverbandes der NATO.[134] Damit sind deutsche Schiffe und Boote seit Jahrzehnten Bestandteil der multinationalen maritimen Einsatzverbände der NATO, gleichwohl haben sich das Auftragsspektrum und die geographischen Schwerpunkte dieser Verbände verändert.[135]

---

[122] Vgl. *Mende* (Multinationalität), S. 65.

[123] Vgl. *Martin* (Luftwaffe), S. 34.

[124] Siehe zu den Krisenreaktionskräften der Luftwaffe ausführlich *BMVg* (Konzept).

[125] Vgl. *Delp* (Grenzen), S. 120, *Ehmann* (Warning), S. 74 und *Office* (NAEWF), S. 1.

[126] Vgl. *Office* (E-3A), S. 1.

[127] Siehe zu dem vorangegangenen Abschnitt *Moniac* (Streit), S. 6f.

[128] Vgl. *Bagger* (Statement), S. 2 und *Delp* (Grenzen), S. 120.

[129] Vgl. *Office* (AWACS), o. S.

[130] Weil es zwischen der im Heer praktizierten Multinationalität einerseits und der Multinationalität der Luftwaffe und der Marine andererseits deutliche Unterschiede gibt – Luftwaffe und Marine sind durch die stark technikbezogenen Aufträge sowie durch die standardisierten und jahrzehntelang eingeübten Einsatzgrundsätze im Gegensatz zum Heer in multinationalen Truppenteilen und Einsätzen in der Regel lediglich mit Verfahrensproblemen konfrontiert -, wird bei der Betrachtung der Teilstreitkräfte eine klare Differenzierung bei der Beurteilung der Multinationalität gefordert. (Siehe hierzu beispielsweise *Codner* (Together), S. 18 und *ZInFü* (Impulsseminar), S. 4 und 6.)

[131] Siehe zu dem vorangegangenen Abschnitt *Burkhardt* (Merkmale), S. 1f.

[132] Bereits 1964 wurde innerhalb der NATO erstmals eine Schiffsbesatzung multinational gemischt. Siehe zu diesem Experiment, insbesondere zu den Ergebnissen ausführlich *Kölln* (Ricketts), S. 12-19.

[133] Siehe zu den Formen der heutigen multinationalen Zusammenarbeit der deutschen Marine ausführlich *BMVg* (Dimension), S. 1-4.

[134] Vgl. *Langen* (Marineverbände), S. 667.

[135] Siehe hierzu ausführlich *Boehmer* (Marine), S. 16f. und *Horten* (Flotte), S. 8.

Die deutsche Marine nimmt strukturell keine Unterscheidung zwischen Krisenreaktions- und Hauptverteidigungskräften vor. Die jeweilige Zuordnung zu HVK oder KRK erfolgt entsprechend des für Seestreitkräfte typischen Rotationszyklus aus Ausbildung, Einsatz und Instandsetzung, so daß alle Einheiten der Marine sowohl den Status HVK als auch KRK durchlaufen, wobei sie ihren jeweiligen Flottillen zugeordnet bleiben.[136] Für die Krisenreaktion können zwei Einsatzgruppen und damit rund 40 Prozent der Marineeinheiten gleichzeitig verfügbar gemacht werden.[137]

Bereits im Frieden stellt die deutsche Marine permanent jeweils eine Fregatte/einen Zerstörer bzw. eine Minenabwehreinheit für die ständigen Einsatzverbände der NATO im Atlantik (STANAVFORLANT - Standing Naval Force Atlantic; gebildet 1967), im Mittelmeer (STANAVFORMED - Standing Naval Force Mediterranean; gebildet 1992) und in der europäischen Nordregion (STANAVFORCHAN - Standing Naval Force Channel; gebildet 1973)[138] ab. In diesem Rahmen sowie im Rahmen regelmäßig konstituierter multinationaler Marineverbände beteiligen sich die deutschen Seestreitkräfte jährlich an zirka 60 multinationalen Übungen und Manövern.[139]

Im Einsatzfall werden je nach politischer Intention, Aufgabe, erwarteter Bedrohung und Operationsgebiet Einsatzgruppen zusammengestellt, wobei in der Regel einzelne (schwimmende und fliegende) Einheiten zu multinationalen Verbänden abgestellt werden. Diese Einheiten werden dann den zuständigen Befehlshabern, meist NATO-Befehlshabern, unterstellt.[140] Der Befehlshaber der deutschen Flotte ist in Personalunion selbst NATO-Befehlshaber.[141]

3.3 Abgrenzung des Untersuchungsgegenstandes

Die vorliegende Arbeit konzentriert sich bezüglich des Untersuchungsgegenstandes auf die dauerhaft gebildeten, aktiven multinationalen Truppenteile mit Beteiligung des deutschen Heeres. Soweit relevant und verfügbar, finden teilweise aber auch Tatbestände und Beispiele aus dem Bereich der multinationalen Luft- und Seestreitkräfte sowie der temporären multinationalen Truppenteile Eingang in die vorliegende Arbeit. Ergänzend werden gelegentlich themenbezogene Sachverhalte aus multinationalen Stäben, multinationalen Ad-hoc-Truppenteilen (z. B. IFOR, SFOR und KFOR), aus multinationalen Truppenteilen ohne Beteiligung der Bundeswehr (beispielsweise aus dem Golfkrieg) sowie aus multinationalen Truppenteilen aus der Zeit vor der Gründung der Bundeswehr (z. B. k. u. k. Armee) verwendet.

---

136 Siehe zu dem vorangegangenen Abschnitt *BMVg* (Operationen), S. 2.

137 Vgl. *BMVg* (Stichworte), S. 6.

138 Siehe zu einer Übersicht über die von den einzelnen Nationen den drei ständigen multinationalen maritimen Einsatzverbänden der NATO zur Verfügung gestellten Truppenteile beispielsweise *Bagger* (Statement), Anlage 2. Im Jahr 1999 erweiterte die NATO die Zahl der ständigen Einsatzverbände mit MCMFORDMED auf vier. (Vgl. *BMVg* (Bestandsaufnahme), S. 24 und *Ropers* (Rolle), S. 12.)

139 Vgl. *Vogel* (Korps), S. 477.

140 Siehe zu den beiden vorangegangenen Abschnitten *Projektgruppe* (Marine), S. 4f.

141 Vgl. *Weyher* (See), S. 73.

4 Angestrebter Nutzen multinationaler Truppenteile

Weil sich der Nutzen von Streitkräften und ihrer Truppenteile nur sehr eingeschränkt monetär messen läßt,[142] werden als Indikatoren zur Beschreibung des militärisch bewirkten Nutzens ersatzweise Nutzensurrogate verwendet. Als solche Surrogate finden im folgenden die mit der Aufstellung von und mit der Beteiligung an multinationalen Truppenteilen verfolgten Ziele, Vorteile und Chancen Anwendung. Es wird dabei zunächst lediglich vom angestrebten Nutzen gesprochen. Dieser wird erst dann zum tatsächlichen, erreichten Nutzen, wenn die verfolgten Ziele erfüllt werden, wenn die angestrebten Vorteile eintreten und wenn die erwarteten Chancen realisiert werden.

4.1 Verfolgte Ziele[143] multinationaler Truppenteile

Die Ziele und damit die Gründe für die Bildung der heutigen multinationalen Truppenteile liegen vor allem im politischen Bereich;[144] andere Ziele,[145] wie etwa militärische Optimierungsgründe, spielen eher eine untergeordnete Rolle.[146] Wegen des existierenden Primats der Politik[147] läßt sich von den politischen Zielen auch von Oberzielen sprechen. Damit werden die militärischen Ziele zu Zwischenzielen reduziert.[148]
So wie es keine Universalstruktur der einzelnen multinationalen Truppenteile gibt, so gibt es auch keinen einheitlichen Zielkatalog.[149]

4.1.1 Politische Ziele

Für die an multinationalen Truppenteilen beteiligten Nationen ist und bleibt oberstes politisches Ziel die Erhaltung der inneren und äußeren Sicherheit der eigenen Nation sowie die der

---

[142] Siehe hierzu auch *Singer* (Milizsystem), S. 128 und ausführlich Weber (Lastenteilung), S. 83-85.

[143] Siehe zum Zielbegriff in der Betriebswirtschaftslehre beispielsweise *Hamel* (Zielsystem), Sp. 2634-2636 und *Heinen* (Entscheidungslehre), S. 27f.

[144] Für die Aufstellung des I. D/NL Korps gab es keinen einzigen militärischen, sondern ausschließlich politische Gründe. (Vgl. *Steinaecker* (Vortrag), S. 5.)

[145] Multinationale Truppenteile lassen sich als eine Form des Betriebszusammenschlusses betrachten. Mit der Aufstellung von bzw. mit der Beteiligung an multinationalen Truppenteilen wird jedoch nicht ausschließlich eine Verbesserung der Position gegenüber Dritten (vor allem potentielle gegnerische Streitkräfte) angestrebt, wie dies bei Betriebszusammenschlüssen im erwerbswirtschaftlichen Bereich der Fall ist, (Siehe hierzu *Gerber* (Militärökonomie), S. 407, *Hahn* (ABWL), S. 570 und *Küting/Schubert* (Unternehmenszusammenschlüsse), S. 16-20. Siehe zu den theoretischen Erklärungsansätzen für die Existenz bzw. Bildung von erwerbswirtschaftlichen multinationalen Unternehmen beispielsweise *Becker* (Unternehmungen), S. 25-110 und *Sell* (International), S. 104-110.) sondern diese Maßnahme dient insbesondere der Verbesserung der eigenen nationalen Position (intern: Steigerung der Leistungsfähigkeit; extern: Vorteile gegenüber um Finanzmittel konkurrierende nationale Einzelhaushalte des Bundes) gegenüber existierenden Situationen der Vergangenheit.

[146] Vgl. *Kohl* (Golfkrieg), S. 28.

[147] Der Primat der Politik beschreibt in der heutigen Zeit den Grundsatz der Unterordnung der militärischen Führung unter die politische Führung bzw. Entscheidung. (Vgl. *Mittler* (Stichworte), S. 167.) Dieses Unterordnungsprinzip gilt in unterschiedlicher Ausprägung in allen Nationen, mit denen Deutschland im Rahmen multinationaler Truppenteile zusammenarbeitet.

[148] Siehe zum Begriffssystem der Ober- und Zwischen- bzw. Unterziele beispielsweise *Hahn* (ABWL), S. 43-45.

[149] Teilweise decken sich die im folgenden dargestellten Ziele bzw. Gründe mit den hinter der Bildung von militärischen Allianzen stehenden Zielen bzw. Gründen. Sie werden deshalb im Anhang 7 *(Gründe für die Bildung bzw. für den Beitritt zu einer militärischen Allianz)* kurz dargestellt.

Mitgliedsstaaten des Bündnisses.[150] Diese Zielsetzung wird im Rahmen des neuen Sicherheitsverständnisses auf internationale Stabilität und Sicherheit erweitert.
Durch diejenigen multinationalen Truppenteile, an denen ausschließlich europäische Streitkräfte beteiligt sind, wird ein militärisches Instrument bzw. ein Baustein einer gemeinsamen Außen- und Sicherheitspolitik der EU (GASP)[151] geschaffen. Multinationale Truppenteile sollen damit, dem Vertrag von Maastricht entsprechend, eine europäische Sicherheits- und Verteidigungsidentität fördern,[152] zu einem entscheidenden Instrument innereuropäischer Friedens- und Stabilitätssicherung werden sowie zur Förderung des zwischenstaatlichen Verständnisses und des europäischen Integrationsprozesses beitragen.[153] Gleichzeitig dienen sie der Stärkung des europäischen Pfeilers innerhalb der NATO,[154] was insbesondere der jahrzehntelangen Dominanz der USA entgegenwirken soll.[155]
Die Fortsetzung und Intensivierung der Einbindung vor allem deutscher Streitkräfte in multinationale Streitkräftestrukturen dient der Rückversicherung gegen eine zu große deutsche militärische Eigenständigkeit.[156] Generell soll durch multinationale Truppenteile einer Renationalisierung der Sicherheitspolitik einzelner europäischer Staaten vorgesorgt werden.[157]
Die Bildung eines multinationalen Korps (MNK (NO)) unter Einbeziehung eines ehemaligen Ostblockstaates gilt als geostrategisches Kalkül Deutschlands.[158] Dieser Schritt ist zudem nicht nur im Zusammenhang mit der NATO-Erweiterung,[159] sondern auch vor dem Hintergrund einer Förderung von Reformprozessen und einer Heranführung junger Demokratien an die westlichen Institutionen bzw. Organisationen EU und WEU zu sehen.[160] Polen selbst verfolgt damit einen Anstieg des internationalen Einflusses und der sicherheitspolitischen Stabilität.[161] Geostrategische Ziele waren im übrigen auch der Grund für eine Beteiligung Spaniens am Eurokorps.[162]
Eine wesentliche Zielsetzung der Aufstellung multinationaler Truppenteile ist insbesondere im Falle einer politisch-militärischen Bedrohung durch Außenstehende, diesen gegenüber die Bündnissolidarität mit gefährdeten Mitgliedern und die unmißverständliche Bereitschaft zum gemeinsamen Handeln glaubhaft zu demonstrieren.[163]
In einigen Fällen sollen multinationale Truppenteile zudem einen Beitrag zur Vergangenheitsbewältigung leisten.[164]

---

[150] Siehe hierzu für die Bundesrepublik Deutschland *BMVg* (Film), S. 18, *BMVg* (Stichworte), S. 4, *Scharping* (Kosovo), S. 116 und *Willmann* (Operationsführung), S. 88.

[151] Siehe zur Gemeinsamen Außen- und Sicherheitspolitik (GASP) beispielsweise *Faust* (GASP), S. 16f.

[152] Vgl. *BMVg* (Weißbuch 94), S. 61 und *NATO* (Konzept), Nr. 61.

[153] Vgl. *BMVg* (Stichworte), S. 4 und 9 sowie *Delp* (Grenzen), S. 7.

[154] Vgl. *o. A.* (Amerikaner), S. 6 und *Rosenberger* (Auftrag), S. 536.

[155] Vgl. *Gerber* (Entwicklung), S. 12.

[156] Vgl. *Palin* (Forces), S. 5 und *Dienste* (Erfahrungen), S. 5. Zudem sollte innerhalb Europas der Prozeß der Akzeptanz und Gewöhnung an ein wiedervereintes Deutschland beschleunigt, und sollten die Ängste vor Deutschland beseitigt werden. (Vgl. *BMVg* (Stichworte), S. 4, *Jaunin* (Question), S. 3 und *Robinson* (Case), S. iii.)

[157] Vgl. *Dienste* (Erfahrungen), S. 7, *Palin* (Forces), S. 5, *Weher* (See), S. 72 und *Willmann* (Operationsführung), S. 79. Dies gilt insbesondere für das wiedervereinte Deutschland. (Vgl. *Schmidt* (Präsenz), S. 15 und *Rose* (Richtung), S. XIII.)

[158] Vgl. *Dienste* (Erfahrungen), S. 4 und 41. Siehe hierzu auch *Brill* (Lage), S. 241.

[159] Vgl. *Nicoll* (Troops), S. 5 und *Safranmüller* (Nordost), S. 721.

[160] Vgl. *BMVg* (Reservisten), S. 9, *BMVg* (Weißbuch 94), S. 53 und *Presseforum* (Multinationalität), S. 6.

[161] Vgl. *Kaminski* (Polen), S. 80f.

[162] Vgl. *Crespo* (Eingliederung), S. 105.

[163] Vgl. *Bagger* (Statement), S. 1, *Dienste* (Erfahrungen), S. 5, *Martin* (Luftwaffe), S. 34 und *NATO* (Konzept), Nr. 61.

[164] Vgl. *Steinaecker* (Vortrag), S. 2. Auch der damalige Bundeskanzler Dr. Kohl sprach bei der Indienststellung des I. D/NL Korps im Jahr 1995 von Deutschland und den Niederlanden als „Gefangene der Vergangenheit". (*Dienste* (Erfahrungen), S. 13.) Siehe zum Beispiel des MNK (NO) bzw. Polens *Sachau* (Nordost), S. 20 und *Seydak* (NATO), S. 6.

Die Bundesrepublik Deutschland strebt im übrigen durch die Beteiligung deutscher Großverbände in multinationalen Korps einen Einflußgewinn bis hin zur Erlangung einer Schlüsselrolle innerhalb von NATO, OSZE, UN und WEU an.[165] Umgekehrt verfolgen insbesondere Großbritannien und die USA das Ziel des Erhalts (sicherheits-)politischer Einflußnahme sowie des gegenseitigen Einflußausgleiches auf dem europäischen Kontinent und innerhalb der NATO.[166]

Die Bildung der beiden deutsch-amerikanischen Korps soll die US-amerikani-sche Truppenpräsenz in Europa sichern und soll helfen, vorhandene Akzeptanzprobleme der US-Army in Deutschland zu beheben.[167] Darüber hinaus soll innerhalb der weltweiten Sicherheitsarchitektur einer Vernachlässigung des transatlantischen Verbundes entgegengewirkt werden.[168] Schließlich dienen die beiden Korps dazu, die europäischen und US-amerikanischen Streitkräfte weiter zu verklammern.[169]

Nach dem Ende des Kalten Krieges wurde in vielen NATO-Mitgliedsstaaten von der jeweiligen Bevölkerung eine sogenannte „Friedensdividende" eingefordert – vornehmlich, um die nationalen Verteidigungshaushalte zu entlasten. Dies führte zu spürbaren Abrüstungen bei Truppenstärke und Materialumfang der einzelnen nationalen Streitkräfte. Die Einbindung in multinationale Truppenteile stellt deshalb auch einen Schutzmechanismus gegen nationale Abrüstungsforderungen dar.[170]

Schließlich wurde mit der Entscheidung für die Bildung von in die NATO-Kommandostruktur eingebundenen multinationalen Truppenteilen einer Anfang der neunziger Jahre auftretenden und durchaus ernst zu nehmenden Diskussion über die Auflösung der NATO entgegengetreten.[171]

4.1.2 Militärische Ziele[172]

Durch die Bildung multinationaler Truppenteile soll im Bereich der Ausrüstung und der Bewaffnung vor allem in den Phasen der Entwicklung und der Beschaffung eine Arbeitsteilung erreicht werden. Gleichzeitig wird hierdurch eine intensivere Rationalisierung und Standardisierung im Bereich des Wehrmaterials angestrebt.[173] Dadurch soll eine Verbesserung der technischen Zusammenarbeit erreicht werden,[174] wovon man sich insbesondere auch eine Optimierung der erheblich reduzierten nationalen Streitkräftekontingente verspricht.[175]

Vor allem die Streitkräfte aus den Mitgliedsstaaten des ehemaligen Warschauer Paktes streben im Rahmen multinationaler Truppenteile an, die eigene materielle und immaterielle Ausstattung sowie die eigenen Standards zu heben.

---

[165] Vgl. *Dienste* (Erfahrungen), S. 19 und *Gottschalk* (Strategie), S. 26. Deutschland kann sicherheitspolitisch nunmehr auf drei „Klavieren spielen", nämlich auf dem nationalen, dem europäischen und dem atlantischen. (Vgl. *Mitrofanoff* (L'eurocorps), S. 30.)

[166] Vgl. *Gijsbers* (Thesis), S. 46 und *Palin* (Forces), S. 11f.

[167] Vgl. *Bagger* (Element), S. 14, *Dienste* (Erfahrungen), S. 3 und 5 sowie *o. A.* (Amerikaner), S. 6.

[168] Vgl. *BMVg* (Weißbuch 94), S. 43 und 54, *Presseforum* (Multinationalität), S. 3 sowie *Vad* (Schwelle), S. 3.

[169] Vgl. *BMVg* (Weißbuch), S. 88 und *Henderson/Vassaur* (Corps), S. 5.

[170] Vgl. *Dienste* (Erfahrungen), S. 8 und 19. Siehe insbesondere für Großbritannien *McInnes* (NATO), S. 8 und 21.

[171] Dies gilt insbesondere für das ARRC. (Vgl. *McInnes* (NATO), S. 8.)

[172] Mit militärischen Zielen sind in diesem Zusammenhang nicht die im Rahmen eines Einsatzes zu bekämpfenden Objekte gemeint.

[173] Vgl. *BMVg* (Weißbuch 94), S. 62f.

[174] Vgl. *Gijsbers* (Thesis), S. 4.

[175] Vgl. *BMVg* (Stichworte), S. 4.

Kleineren Partnern (zum Beispiel Belgien, Dänemark, Luxemburg und den Niederlanden)[176] soll durch die Einbindung in multinationale Truppenteile ermöglicht werden, auch auf solchen militärischen Ebenen (Korpsebene) präsent zu sein, die innerhalb der eigenen nationalen Streitkräfte nicht mehr existieren, um auf diesem Weg auch weiterhin an dieser Führungsebene teilhaben zu können.[177]
Durch die Eingliederung französischer Truppenanteile in multinationale Truppenteile soll wieder eine verstärkte Einbindung Frankreichs in die militärische Organisation der NATO erreicht werden.[178]
Mit dem in die Krisenreaktionskräfte der NATO eingebundenen Eurokorps wird innerhalb der NATO eine Relativierung der bisherigen militärischen Dominanz der transatlantisch ausgerichteten Briten und ihrer Streitkräfte angestrebt.[179]
Ganz offen werden multinationale Truppenteile teilweise als Zwischenziele auf dem Weg zum Ziel der Bildung einer europäischen Armee betrachtet.[180] Einzelne multinationale Truppenteile, wie das I. D/NL Korps, dienen deshalb auch als Versuchsträger für die militärische Multinationalität in Europa.[181]
Deutschland verfolgt zudem mit der Einbindung des deutschen Heeres in sämtliche multinationale Großverbände der NATO-Landstreitkräfte das Ziel der Mitbestimmung bei der Konzipierung dieser multinationalen Truppenteile.[182]
Eher vereinzelt findet sich die Zielsetzung, durch multinationale Truppenteile flexiblere Sicherheitsstrukturen zu schaffen.[183]
Schließlich soll das Engagement in multinationale Truppenteile einen militärischen (und politischen) Vertrauensbeweis in die Streitkräfte (und in die Politik) der anderen beteiligten Nationen erwirken, was wiederum der Stärkung der Kohäsion sowohl innerhalb des NATO-Bündnisses als auch innerhalb des jeweiligen multinationalen Truppenteils dient.[184]

4.2 Angestrebte Vorteile und Chancen multinationaler Truppenteile

Die mit der Aufstellung von bzw. mit der Beteiligung an multinationalen Truppenteilen angestrebten Vorteile und Chancen sind politischer, militärischer, finanzieller und sonstiger Art.

4.2.1 Politische Vorteile und Chancen

Politisch vorteilhaft kann sich die Einbindung nationaler Truppenanteile in multinationale Truppenteile für die beteiligten Nationen insofern auswirken, als dadurch oftmals die Legitimität eines militärischen Einsatzes in den Augen der öffentlichen Meinung erhöht wird.[185] Dies läßt sich vor allem auch deshalb erreichen, weil militärische Einsätze multinationaler

---

[176] Auch die Streitkräfte Schwedens sollen bis zum Jahr 2001 auf die Hälfte reduziert werden, weshalb bereits über eine Abkehr von der Neutralitätspolitik und der Allianzfreiheit sowie über ein dauerhaftes multinationales Engagement diskutiert wird. (Siehe hierzu ausführlich *kum* (Schweden), S. 8.)
[177] Vgl. *Carver/Franks* (Corps), S. 30, *Clement* (Finanznot), S. 15, *Gijsbers* (Thesis), S. 62 und *Palin* (Forces), S. 12f.
[178] Vgl. *Dienste* (Erfahrungen), S. 40 und *Leimbacher* (Zusammenarbeit), S. 199.
[179] Vgl. *o. A.* (Eurokorps), S. 8.
[180] Vgl. *Bagger* (Heer), S. 42, *BMVg* (Stichworte), S. 9, *Gilles* (GASP), S. 18 und *Steinaecker* (Heer), S. 103.
[181] Vgl. *Bagger* (Heer), S. 42.
[182] Vgl. *Bagger* (Heer), S. 41.
[183] Vgl. *Bühl* (Eurokorps), S. 12. Angesichts der in den Kapiteln 5, 6 und 7 dieser Arbeit noch auszuführenden Fülle von Problemen kann dieses Ziel nur äußerst langfristig angelegt sein.
[184] Vgl. *Dienste* (Erfahrungen), S. 5 und *Weik* (Heer), S. 9.
[185] Vgl. *BMVg* (Stichworte), S. 5 und *Henderson/Vassaur* (Corps), S. 5.

Truppenteile alle beteiligten Nationen unter eine gemeinsame Verantwortung sowie unter gleiches Risiko stellen.[186]
Den Staaten des ehemaligen Ostblockes bietet eine Einbindung in multinationale Truppenteile über die dadurch demonstrierte politische und militärische Solidarität zudem die Chance, dauerhafte sicherheitspolitische Stabilität zu importieren.[187]
Allen an multinationalen Truppenteilen beteiligten Staaten wird im übrigen durchaus auch ein bestimmtes Maß an gegenseitiger sicherheitspolitischer Kontrolle ermöglicht.[188]
Insbesondere den kleinen Nationen bietet sich durch die multinationale Mischung von Truppenteilen aus großen und kleinen bzw. politisch einflußreichen und weniger einflußreichen Nationen die Chance, das eigene politische Gewicht durch die militärische Verbindung mit einer großen Nation zu erhöhen.[189]
Schließlich lassen sich multinationale Truppenteile unter Umständen auch hinsichtlich der politischen Zielsetzung der Vereinigung Europas als Katalysator nutzen.[190]

4.2.2 Militärische Vorteile und Chancen

Durch die Möglichkeit der Mischung und der Bündelung militärischer Fähigkeiten besteht in multinationalen Truppenteilen die Chance zur Steigerung der Leistungsfähigkeit,[191] weil den taktischen Planern und Führern durch diese Mischung und Bündelung ein vielfältiges militärisches Instrumentarium zur Verfügung gestellt werden kann, das ihre militärische und taktische Kreativität und Flexibilität erhöhen[192] und – wenn erfolgreich umgesetzt und angewandt – den Gefechtswert und die Kampfkraft steigern kann.[193]
Auch die in multinationalen Truppenteilen vorhandene Ausrüstungs- und Sprachvielfalt kann in bestimmten Einsatzsituationen durchaus vorteilhaft sein. So ist beispielsweise die Beherrschung der in Einsatzgebieten vorherrschenden Landessprache beim Umgang mit Bevölkerung, Gefangenen, Überläufern, Unterhändlern usw. vorteilhaft zu beurteilen.[194]
Soweit die Einbindung nationaler Truppen in multinationale Truppenteile mit einer Stationierung außerhalb des eigenen Staatsgebietes einhergeht, besteht für einige Nationen die Chance zur Lösung des Problems ungenügender eigener militärischer Infrastruktur, insbesondere bei Kasernen, Unterkünften und Übungsplätzen.[195]
Darüber hinaus können durch eine zielgerichtete Zusammensetzung der multinationalen Truppenteile die in einzelnen Nationen bestehenden Lücken militärischer Fähigkeiten geschlossen werden.[196] Auch bietet sich die Chance, den Standardisierungsprozeß auf dem Gebiet des Wehrmaterials zu stimulieren.[197]

---

[186] Vgl. *BMVg* (Weißbuch 94), S. 59.
[187] Vgl. *BMVg* (Film), S. 28. Für Polen siehe insbesondere *Seydak* (NATO), S. 5.
[188] Vgl. *Kölln* (Ricketts), S. 13.
[189] Siehe hierzu beispielsweise *AP* (Troops), S. 2.
[190] Vgl. *Klein* (Nationalarmee), S. 28 und *Rühe* (Sicherheit), S. 10.
[191] Vgl. *BMVg* (Stichworte), S. 6. Diese Steigerung der Leistungsfähigkeit stellt zunächst eher eine Zielsetzung als einen Vorteil dar.
[192] Dies wird insbesondere für die immer mehr in den Vordergrund tretenden freien Operationen zunehmend wichtiger. (Siehe hierzu *Willmann* (Operationsführung), S. 85.)
[193] Vgl. *Gijsbers* (Thesis), S. 72 und *McInnes* (Corps), S. 7.
[194] Vgl. *Buch* (Korrespondenz).
[195] Als Beispiel wird in diesem Zusammenhang explizit Großbritannien genannt. (Vgl. *Palin* (Forces), S. 12.)
[196] Vgl. *BMVg* (Weißbuch 94), S. 99. Die Chance, daß nicht mehr jede Nation jede militärische Fähigkeit benötigt, läßt sich jedoch nur unter der Voraussetzung eines politisch und militärisch uneingeschränkten Funktionierens der multinationalen Truppenteile realisieren.
[197] Vgl. *Seitz* (Obstacles), S. 5.

Weil mögliche Folgen einer Reduzierung des nationalen personellen und materiellen Verteidigungsumfanges[198] - wie etwa ein Verlust bestimmter operativer Fähigkeiten - durch multinationale Truppenteile abgefedert werden können, erlauben multinationale Truppenteile in gewissen Grenzen eine Herabsetzung des nationalen personellen und materiellen Präsenzumfanges insbesondere im Bereich der Hauptverteidigungskräfte.[199]
Vorteilhaft wirkt in multinationalen Truppenteilen auch der tägliche berufliche Kontakt der Soldaten verschiedener Nationen. Hierdurch können einzelne nationale Streitkräfte beispielsweise operative, organisatorische und logistische Arbeitsmethoden von solchen Mitgliedern des multinationalen Truppenteils erlernen, die diesbezüglich bereits modernere bzw. weiterentwickelte Methoden anwenden.[200]
Durch die in multinationalen Truppenteilen vorhandene militärische und kulturelle Verschiedenartigkeit der Soldaten läßt sich das Kreativitätspotential aller Führungs- und Arbeitsebenen wesentlich steigern, was sich insbesondere bei notwendigen Problemlösungen oder auch beim sogenannten „Kontinuierlichen Verbesserungsprogramm" (KVP) der Bundeswehr als vorteilhaft erweisen kann.[201]
Insbesondere beim Lead-Nation-Prinzip können durch Entsendung von Verbindungsoffizieren militärische Vorteile in der Form realisiert werden, daß Kenntnisse über die Stabsarbeit und Verfahrensabläufe der anderen Nation bzw. der anderen Nationen gewonnen werden können, die bei späteren multinationalen Einsätzen einen reibungsloseren Ablauf ermöglichen und die helfen, die Interessen und Belange des eigenen nationalen Kontingentes besser einbringen zu können und verwirklichen zu lassen.[202] Generell bieten alle multinationalen Truppenteile die Möglichkeit zur ständigen Überprüfung und Beurteilung der Leistungsfähigkeit zur multinationalen Zusammenarbeit,[203] was insbesondere im Hinblick auf zukünftige multinationale Ad-hoc-Einsatztruppenteile bzw. –verbände von Vorteil ist.
Vereinzelt wird durch die Bildung multinationaler Truppenteile auch die Möglichkeit einer Steigerung des individuellen soldatischen Leistungsniveaus und der Leistungsmotivation, insbesondere der militärischen Führer, gesehen. Diese ergebe sich durch eine im Rahmen der täglichen multinationalen Zusammenarbeit hervorgerufenen positiven Rivalität.[204]
Die alltägliche multinationale Zusammenarbeit ermöglicht zudem den gegenseitigen Austausch von Erfahrungen[205] und Kenntnissen und kann damit zu einer gegenseitigen Wertschöpfung führen.[206] Hierdurch wiederum können eigene Wissens- und Erfahrungslücken geschlossen sowie Ausbildungen, Vorschriften usw. entsprechend angepaßt bzw. weiterentwickelt werden. Es ist zudem davon auszugehen, daß sich Angehörige eines multinationalen Truppenteils in multinationalen Ad-hoc-Strukturen eines Einsatzes eher zurechtfinden, da ihnen die grundsätzlichen Besonderheiten multinationaler Zusammenarbeit nicht mehr fremd sind.[207]
Für die USA ergibt sich durch die Existenz multinationaler Truppenteile ohne US-amerikanische Beteiligung die Chance zu einer Entlastung bei der Wahrnehmung weltweiter Militäreinsätze.[208]

---

198 So hat sich innerhalb der NATO die Summe der Soldaten der einzelnen Mitgliedsstaaten im Zeitraum von 1985 bis 1997 von 5,4 Millionen auf ca. 4 Millionen reduziert. (Siehe hierzu ausführlich *Lutz* (Lage), S. 130.)

199 Vgl. *Meyers/Vad* (Multinationalität), S. 33.

200 Dies gilt beispielsweise für Spanien innerhalb des Eurokorps, (Vgl. *Candil-Muñoz* (Eurocuerpo), S. 8.) aber auch für Polen innerhalb des MNK (NO).

201 Siehe hierzu auch *Jung* (ABWL), S. 281.

202 Vgl. *Kohl* (Golfkrieg), S. 16.

203 Dies wird beispielsweise von den britischen Streitkräften für ihre Beteiligung am ARRC und an der MND (C) so gesehen. (Vgl. *Boyd* (Force), S. 20.)

204 Vgl. *Urbach* (Führerausbildung), S. 29.

205 Vgl. *Jung* (Zusammenarbeit), S. 84.

206 Vgl. *Cocozza* (Multinational), S. 1, *Schultze-Rhonhof* (Tapfer), S. 17 und *Stupka* (Analyse), S. 136.

207 Derartige Strukturen finden sich etwa beim multinationalen SFOR-Einsatz. (Vgl. *Neubauer* (Eurokorps), S. 8)

208 Vgl. *Bender* (Aufbau), S. 241. Dies gilt insbesondere seit der 1999 stattgefundenen strategischen Neuausrichtung der NATO, die durch den Wandel vom Verteidigungs- zum Ordnungsbündnis nunmehr ihren Aufgaben-

Schließlich wird in multinationalen Truppenteilen vereinzelt auch die Chance zur Steuerung von Abrüstungsprozessen gesehen.[209]

4.2.3 Finanzielle Vorteile und Chancen

Multinationale Truppenteile bieten die Chance, sich im Rahmen von Aufgaben- und Rollenteilung - dem sogenannten „Multinational Task Sharing“ - sowie von Poolbildung[210] gegenseitig ergänzen zu können. Dies wiederum ermöglicht, daß nicht mehr sämtliche Fähigkeiten des militärischen Einsatzspektrums national vorgehalten und ständig modernisiert werden müssen.[211] Das kann in Grenzen sogar einen Truppenabbau zulassen.[212] Insgesamt könnten die einzelnen nationalen Haushalte durch Aufgaben- und Rollenteilung sowie durch Poolbildung entlastet werden.[213] Gleiches gilt für einen Truppenabbau. Aufgaben- und Rollenteilung sowie Poolbildung lassen unter Umständen auch Spezialisierungen in einem Ausmaß zu, die einer Leistungssteigerung innerhalb des entsprechenden Spezialgebietes dienlich sind.[214]
Langfristig besteht durchaus eine Chance, durch gemeinsame Materialplanung und Rüstung nationale Haushalte zu entlasten.[215] Dies wäre ein weiterer Beitrag, notwendige militärische Fähigkeiten mit knappen finanziellen Ressourcen in Deckung zu bringen. Gleiches gilt für gemeinsame Ausbildung, insbesondere Hochwertausbildung[216] - hierzu zählt beispielsweise die Ausbildung von Strahlflugzeugführern und von Hubschrauberpiloten.
Europäische multinationale Truppenteile zeugen von Konsequenz bei der Realisierung einer europäischen gemeinsamen Außen- und Sicherheitspolitik. Dieses Zeugnis kann dazu beitragen, daß der US-amerikanische Kongreß weiterhin oder gar mehr Gelder als bisher für eine transatlantische Verteidigung bewilligt, was letztendlich die nationalen europäischen Verteidigungsetats entlasten helfen kann.[217]
Für manche Nationen können sich Vorteile durch Finanz- und Rüstungshilfen ergeben. Solche erhielten beispielsweise Griechenland und die Türkei von der NATO.[218] Diese Entscheidung

---

schwerpunkt im Krisenmanagement – auch außerhalb der Bündnisgrenzen - definiert hat. (Siehe hierzu *Cragg* (Konzept), S. 20 und ausführlich *Theiler* (Wandel), S. 86-93.) Siehe zum neuen strategischen Konzept des NATO-Bündnisses ausführlich *NATO* (Konzept), S. D7-D13.

209 Vgl. *Dienste* (Erfahrungen), S. 3.

210 Unter Poolbildung wird die Erfüllung einer Aufgabe bzw. Teilaufgabe durch multinationale Truppenteile verstanden; Aufgabenteilung bedeutet einerseits den Aufgabenverzicht und andererseits die Übernahme der Aufgaben, auf die andere Nationen verzichten. (Vgl. *BMVg* (Film), S. 26.) Die Aufgabenteilung kann bis zum Verzicht auf eine Teilstreitkraft gehen. (Vgl. *Volk* (Arbeitsteilung), S. 3f.) Rollenteilung bezeichnet den Verzicht auf Strukturelemente zur Erfüllung einer Aufgabe. So verfügt Deutschland zwar nicht über eigene Kernwaffen, die Bundeswehr stellt aber Trägermittel und Personal für deren Einsatz zur Verfügung. (Vgl. *Delp* (Grenzen), S. 89.)

211 Vgl. *Abrial* (Rolle), S. 272, *Bagger* (Statement), S. 2, *BMVg* (Stichworte), S. 4 und *BMVg* (Weißbuch 94), S. 59.

212 Siehe zur Truppenreduzierung als Form betriebswirtschaftlicher Schrumpfung ausführlich *Hahn* (Schrumpfung), S. 95-98.

213 Vgl. *Hahn* (Wehrwirtschaft), S. 289 und *Schnell* (Lage), S. 41. Dieser finanziellen Chance steht der deutliche Nachteil gegenüber, daß hierdurch eine tiefe gegenseitige Abhängigkeit entsteht – insbesondere dann, wenn militärische Kernfähigkeiten betroffen sind. Grenzen finden sich vor allem auch dann, wenn die nationale Mitsprache gefährdet, die Möglichkeit zur Sammlung von Erfahrungen eingeschränkt und der für die Landesverteidigung notwendige Mindestumfang nicht mehr gewährleistet wird. (Siehe zu einer kritischen Beurteilung auch *Codner* (Together), S. 43 und *Carstens* (Multinationalität), S. 9.)

214 Vgl. *Ellinger* (Spezialisierung), S. 110.

215 Vgl. *AStudÜbBw* (Standardisierung), S. 7 und *BMVg* (Stichworte), S. 5. Siehe hierzu auch ausführlich *Elias* (Rüstung), S. 17-19 und *Hartley/Sandler* (Economics), S. 234f.

216 Vgl. *Bagger* (Statement), S. 2.

217 Robert Hunter, der damalige US-Botschafter zur NATO erklärte 1995: „... je mehr sich die europäischen Allianzpartner selbst helfen, desto wahrscheinlicher ist es, daß der Kongreß für eine transatlantische Verteidigung Gelder bewilligt.“ (Zitiert in: *McGregor* (Grenzen), S. 2.)

218 Vgl. *Schultze-Rhonhof* (Tapfer), S. 47.

wurde durch die Beteiligung griechischer und türkischer Truppenanteile am ARRC maßgeblich beeinflußt. Ähnliches ist für Polen durch die Mitgliedschaft im MNK (NO) zu erwarten.

4.2.4 Sonstige Vorteile und Chancen

Die mit der Bildung multinationaler Truppenteile einhergehende Stationierung ausländischer Streitkräfte auf deutschem Hoheitsgebiet hat auch volkswirtschaftliche Vorteile.[219] In diesem Zusammenhang darf nicht unerwähnt bleiben, daß sich Polen neben der NATO-Mitgliedschaft auch durch die Einbindung in das Multinationale Korps Nordost eine große Anziehungskraft für ausländisches Kapital verspricht.[220]
Durch die in multinationalen Truppenteilen notwendig werdenden Angleichungen von militärischer Hardware (beispielsweise Führungs- und Informationssysteme) und Software (Gesetze, Vorschriften, Verfahren etc.) können multinationale Kooperationsprozesse in nichtmilitärischen Bereichen initiiert werden.[221] Weiterhin läßt sich der im Bereich des Militärs auf dem Gebiet der multinationalen Zusammenarbeit, insbesondere der multinationalen Truppenteile gemachte Erfahrungsschatz, die daraus gezogenen Lehren sowie die darauf aufbauenden wissenschaftlichen Erkenntnisse, für erwerbswirtschaftliche multinationale Unternehmen [222] nutzbringend aus- und verwerten.
Als vorteilhaft stellt sich auch das den Soldaten durch den täglichen Dienst in multinationalen Truppenteilen ermöglichte Kennenlernen anderer Völker und deren Kulturen heraus. Dies bedeutet nicht nur eine individuelle Bereicherung, sondern bietet auch die Chance für einen Beitrag zur Völkerverständigung.[223]
Vorteile und Chancen vor allem im gesellschaftlichen, politischen und volkswirtschaftlichen Bereich ergeben sich durch die militärische Einbindung im Rahmen des MNK (NO) insbesondere für Polen.[224]
Als Vorteil und Chance multinationaler Truppenteile betrachten schließlich vor allem die USA die Ausbreitung der englischen Sprache innerhalb Europas, die insbesondere durch das MNK (NO) Richtung Osten forciert wird.[225] Ähnlich vorteilhaft wird die Ausbreitung kultureller, intellektueller und sonstiger Inhalte beurteilt. Man verspricht sich hiervon Vorteile, die von zukünftigen besseren Absatzmärkten bis zu stabilerer Sicherheitslage reichen.[226]

4.3 Zusammenfassung

Ziele und Gründe für die Bildung der heutigen multinationalen Truppenteile liegen vor allem im politischen Bereich (Oberziele). Militärische Ziele (Zwischenziele) sind zwar existent, treten aber hinter die politischen Ziele zurück. Es existieren übergeordnete Ziele, über die bei den beteiligten Nationen in der Regel Einigkeit herrscht und die generell die Befürwortung und Bildung multinationaler Truppenteile begründen. Daneben gibt es untergeordnete Ziele, bezüglich derer sich die beteiligten Nationen zum Teil unterscheiden. Diese Ziele begründen

---

[219] 1990 betrugen die Löhne und Gehälter der in den alten Bundesländern bei den Alliierten beschäftigten deutschen Arbeitnehmer zirka 4,4 Mrd. DM. (Siehe hierzu sowie zu den volkswirtschaftlichen Aspekten der Stationierung ausländischer Truppen in Deutschland ausführlich *SWP* (Stationierung), S. 24-26.) Siehe zu detaillierten Zahlen der aus Deutschland abgezogenen alliierten Truppen *Bundesregierung* (Truppen), S. 9-11.
[220] Vgl. *Seydack* (NATO), S. 6.
[221] Vgl. *BMVg* (Film), S. 18.
[222] Siehe zur weiteren Handhabung der Begriffspaare „zivil – erwerbswirtschaftlich" sowie „Betrieb – Unternehmen" FN 11 in dieser Arbeit.
[223] Vgl. *Frank* (Bundeswehr), S. 14 und *Rühe* (Armee), S. 14.
[224] Vgl. *Kaminski* (Polen), S. 80.
[225] Vgl. *Schultze-Rhonhof* (Tapfer), S. 42.
[226] Siehe hierzu *Gildersleeve* (Strategy), S. 19f.

jeweils die Aufstellung von bzw. die Beteiligung an einem konkreten multinationalen Truppenteil. Insgesamt betrachtet existieren für die einzelnen multinationalen Truppenteile keine identischen Zielkataloge bzw. –strukturen.
Multinationale Truppenteile bieten gegenüber rein nationalen Truppenteilen Vorteile und Chancen politischer, militärischer, finanzieller und sonstiger Art. Diese Vorteile und Chancen sind für die einzelnen multinationalen Truppenteile bzw. für deren nationalen Truppenanteile weitgehend identisch.
Vom Grad der Realisation der verfolgten Ziele, der angestrebten Vorteile und der erwarteten Chancen hängt ab, inwieweit der angestrebte Nutzen zum tatsächlichen Nutzen wird.

5 Betriebswirtschaftliche Beurteilung multinationaler Truppenteile bezüglich des Zielsystems sowie des konstitutionellen und institutionellen Rahmens

5.1 Zielsystem[227]

Die innerhalb des Zielsystems auftretenden Probleme umfassen zum einen den Bereich der Zielkonflikte und zum anderen den Prozeß der Zielerreichung.

5.1.1 Zielkonflikte

Existierende Zielkonflikte schränken jede Form der Zusammenarbeit ein, fehlt dieser in solchen Fällen doch eine gemeinsame Grundlage zur Leistungserbringung.[228] Zielkonflikte stellen für die Zusammenarbeit in multinationalen Truppenteilen damit generell einen Verlust an Effektivität dar.[229] Die gemeinsame Leistungserbringung bleibt unter Effektivitätsgesichtspunkten solange defizitär, solange existierende Zielkonflikte nicht gelöst sind. Divergierende und konfliktionäre Ziele müssen deshalb harmonisiert werden. Dieser Prozeß kostet Zeit und bindet Personal. Hierdurch werden Kosten verursacht.
Effektivitätsreduzierende und kostensteigernde Zielkonflikte treten in multinationalen Truppenteilen sowohl zwischen den Nationen bzw. zwischen den nationalen Truppenanteilen als auch innerhalb der einzelnen Nationen bzw. innerhalb der nationalen Truppenanteile auf.

5.1.1.1 Zielkonflikte zwischen den beteiligten Nationen bzw. ihren Truppenanteilen

Zielkonflikte zwischen den an den einzelnen multinationalen Truppenteilen beteiligten Nationen bzw. ihren Truppenanteilen lassen sich auch als inter-Nationen Zielkonflikte bezeichnen.

5.1.1.1.1 Zielkonflikte auf politischer Ebene

Über die Beurteilung der politischen Notwendigkeit multinationaler Truppenteile herrscht zwischen den Mitgliedsstaaten der einzelnen multinationalen Truppenteile Konsens.[230] Gleichwohl gibt es unterschiedliche nationale Prioritäten innerhalb des politischen Zielkataloges. Zudem verfolgen einzelne Nationen durch die Aufstellung von und durch die Beteiligung an bestimmten multinationalen Truppenteilen immer ureigene nationale Ziele, die sich bei anderen Nationen nicht oder nicht mit dem entsprechenden Stellenwert finden, was durchaus zu Zielkonflikten führen kann.

---

[227] Die Behandlung der Thematik „Zielsysteme" erwerbswirtschaftlicher multinationaler Unternehmen in der betriebswirtschaftlichen Literatur, insbesondere die Zusammensetzung der Zielsysteme und die Gewichtung einzelner Ziele, gilt als noch unvollständig. (Vgl. *Eilenberger* (Multinational), S. 57.) Eine Abhandlung zum genannten Thema findet sich beispielsweise bei *Rühli* (Zielsystem), Sp. 2315-2331.

[228] Gemeinsame, einvernehmlich formulierte Ziele sind Grundlage für Bündnisse und Koalitionen. (Vgl. *OpLESK*, Nr. 339) Gleiches gilt damit für multinationale Truppenteile.

[229] Die Nachteile von Ziel- bzw. Interessenkonflikten militärischer Partner hat bereits Moltke schriftlich festgehalten. (Siehe hierzu *Moltke* (Schriften), S. 469.)

[230] Vgl. *Gijsbers* (Thesis), S. 97.

So stehen beispielsweise einer abgestimmten Sicherheitspolitik zwischen den in multinationalen Truppenteilen engagierten Nationen in zunehmendem Maße nationale Partikularinteressen entgegen,[231] was bereits auf der den einzelnen Truppenteilen vorgeschalteten Führungs- und Entscheidungsebene, nämlich auf der Ebene der Politik zu Zielkonflikten führt.[232]
Konfliktpotential liegt auch zwischen einer angestrebten gleichgewichtigen nationalen Einflußnahme innerhalb der multinationalen Truppenteile und dem Ziel der einzelnen Nationen, die eigene Einflußnahme zu maximieren, was im Streben mach dem größtmöglichen Umfang der nationalen Truppenanteile deutlich zum Ausdruck kommt.[233] Die Bildung bzw. die Einbindung in weitere multinationale Truppenteile ohne die Beteiligung solcher Nationen, die bereits in andere multinationale Truppenteile eingebunden sind, bedeutet die bewußte Manifestierung konkurrierender Truppenteile[234] und hat ebenfalls die Maximierung der eigenen nationalen Einflußnahme auf internationalem Parkett zum Ziel – hier jedoch auf der sicherheitspolitischen Ebene[235] - und steht damit gleichfalls einer angestrebten gleichgewichtigen Einflußnahme entgegen.
Darüber hinaus bedeutet die Multinationalität von Truppenteilen und die damit verbundene Möglichkeit der gegenseitigen sicherheitspolitischen Kontrolle eine wechselseitige Abhängigkeit der beteiligten Nationen, was wiederum deren Ziel politischer Autonomie einschränkt.[236] Das gemeinsame Ziel einer multinationalen Zusammenarbeit in Truppenteilen sowie die individuellen nationalen Ziele des Erhaltes von Souveränität sind damit nahezu unvereinbar, was insbesondere dadurch deutlich wird bzw. dazu führt, daß in vielen Bereichen nationale Unterstellungsverhältnisse bewußt erhalten bleiben.[237] Dies dient zwar dem Erhalt nationaler Souveränität, schränkt aber die Flexibilität und Effektivität der Führung des multinationalen Truppenteiles ein.[238]
Auch bleibt die gemeinsame Absicht der Stärkung der Kohäsion zwischen den Angehörigen der beteiligten Nationen durch nationale Zielsetzungen und Politik oftmals unerreichbar, wie das Beispiel der politischen Differenzen zwischen der Türkei und Griechenland zeigt, die beide Truppenkontingente für das ARRC zur Verfügung stellen.[239]
Gerade in den nach dem Lead-Nation-Prinzip aufgebauten multinationalen Truppenteilen, wie den beiden deutsch-amerikanischen Korps, ist militärische Multinationalität eher durch lockere Bindung realisiert. Hierdurch wird das Ziel echter multinationaler Zusammenarbeit in einem Truppenteil nur unvollkommen erreicht.[240] Im V. GE/US Korps beispielsweise wird diese Zielsetzung von den USA überhaupt nicht angestrebt, weil es die Auftragslage des US-amerikani-schen Korpsanteils nicht zuläßt.[241]
Das beispielsweise durch den Aufbau des Eurokorps verfolgte Ziel der Bildung eines europäischen Pfeilers innerhalb der NATO hat insbesondere in der Zeit der Aufstellung des Korps zu

---

231 Siehe insbesondere zu einer ausführlichen Darstellung und zu einer Analyse der unterschiedlichen nationalen Positionen Deutschlands, Frankreichs, Großbritanniens und der USA zur Sicherheitspolitik *Vetter* (Rolle), S. 4-31 sowie *Jessen* (Interessen), S. 19 und 24-27.

232 Vgl. *Codner* (Together), S. 30 und *Palin* (Forces), S. 31.

233 Vgl. *Dienste* (Erfahrungen), S. 20.

234 Vgl. *Dienste* (Erfahrungen), S. 3.

235 So sollte 1991 die Abgabe einer italienischen Brigade in die 3. britische Division als britisch-italienisches Gegenstück zum Eurokorps sicherheitspolitischen Signalcharakter haben. (Vgl. *Dienste* (Erfahrungen), S. 21.)

236 Vgl. *Codner* (Together), S. 29 und *Dienste* (Erfahrungen), S. 11.

237 Dies gilt auch für die Bundeswehr. (Vgl. *Dienste* (Erfahrungen), S. 19.)

238 Siehe hierzu insbesondere die Kapitel 6.1.2.5.2 *(Befugnisse)* und 6.2.3.2.3 *(Oberkommando)*. Dort wird insbesondere die Problematik mangelhafter Befugnisse des Oberkommandierenden dargestellt.

239 Vgl. *Vetter* (Rolle), S. 43. Die Türkei und Griechenland verweigern sogar gemeinsame ARRC-Übungen (Vgl. *Dienste* (Erfahrungen), S. 27) oder ziehen sich aus solchen zurück. (Siehe hierzu *Becatoros* (Greece), S. 11.) Im Zuge der Öcalan-Affäre haben sich die Differenzen zwischen den beiden Staaten zeitweise gar zu einer offenen und aggressiven Gegnerschaft entwickelt. (Vgl. *Kuhn* (Zukunft), S. 8.)

240 Vgl. *Dienste* (Erfahrungen), S. 18.

241 Vgl. *Huhle* (Korps), S. 33.

Differenzen innerhalb des Bündnisses geführt[242] und damit die angestrebte Kohäsion zwischen den NATO-Partnern zumindest zeitweise gefährdet. So urteilte die Öffentlichkeit in den USA über das Eurokorps als Ausdruck der Entfremdung Europas von den USA.[243] Die Aufstellung der zwei deutsch-amerikanischen Korps diente somit insbesondere auch der Schaffung eines transatlantischen Gegengewichts zum Eurokorps.[244]

Die von den USA noch im Jahre 1995 verfolgten Ziele, nämlich deutschen Einfluß durch eine entsprechend gestaltete westeuropäische Sicherheitsarchitektur gering zu halten[245] sowie eine deutsch-französische sicherheitspolitische Kooperation zu unterbinden, standen im starken Widerspruch zu den gerade von Deutschland verfolgten Zielen einer Steigerung des sicherheitspolitischen Einflusses und einer verstärkten militärischen Zusammenarbeit mit Frankreich.[246] Darüber hinaus war die Absicht der USA, die deutschen Streitkräfte in vorgegebene multinationale Strukturen einzubinden, mit der für Deutschland notwendigen Souveränität in der Freiheit der Entscheidung unvereinbar.[247] Diesem Ziel Deutschlands widersprach auch die von Großbritannien verfolgte Absicht, die deutschen Streitkräfte in angelsächsische Mantelverbände einzugliedern. [248]

Die Zielsetzung Frankreichs, seinen Einfluß innerhalb der NATO durch die Einbindung in multinationale Truppenteile zu stärken, ohne sich aber tiefer in die NATO-Kommandostrukturen zu integrieren, geht mit dem Wunsch des Bündnisses, Frankreich militärisch stärker in die NATO einzubinden, nicht konform.[249]

Bezüglich möglicher Einsätze multinationaler Truppenteile gibt es zwischen den beteiligten Nationen auf politischer Ebene seit jeher Differenzen,[250] wie das Beispiel ARRC zeigt.[251] Auch gegen einen möglichen Balkaneinsatz des Eurokorps im Rahmen von IFOR gab es 1995 politische Vorbehalte seitens der USA.[252] Die Bereitschaft Dänemarks wiederum, der Türkei im Falle einer sicherheitspolitischen Auseinandersetzung militärisch beizustehen,[253] widerspricht der zurückhaltenden Position Deutschlands. Diese Zurückhaltung liegt vor allem in den in der Türkei festgestellten Menschenrechtsverletzungen begründet. Die differierenden Positionen Dänemarks und Deutschlands betreffen grundsätzliche Einsatzfragen des damaligen Korps LANDJUT und übertragen sich heute auf das Multinationale Korps Nordost.

Gemeinsames Ziel der Sicherheitsarchitektur in Europa und der an multinationalen Truppenteilen beteiligten Nationen ist die Gewährleistung der Sicherheit - insbesondere in Europa.

---

[242] Die Kritik reichte vom „Trojanischen Pferd ... zum Raub der Allianz" bis zur „Cliquenbildung". (Zitiert in: *Dienste* (Erfahrungen), S. 32.)

[243] Vgl. *Dienste* (Erfahrungen), S. 34. Zudem fürchtete man die Einschränkung des Einflusses in Europa und den Verlust der Rolle als Führungsmacht im Bündnis. (Vgl. *Schneider* (Eurowehr), S. 2.)

[244] Vgl. *Leuerer* (Stationierung), S. 131.

[245] Vgl. *Schmidt* (Präsenz), S. 15.

[246] Vgl. *Dienste* (Erfahrungen), S. 36 und 38.

[247] Vgl. *Dienste* (Erfahrungen), S. 38 und 40. Siehe hierzu auch *Mey* (Bedeutung), S. 31f.

[248] Vgl. *Dienste* (Erfahrungen), S. 38.

[249] Vgl. *Dienste* (Erfahrungen), S. 40. Siehe hierzu auch *Bühl* (Weg), S. 473, *Clement* (Frankreich), S. 10, *Moniac* (Lot), S. 4f., *o. A.* (Probleme), S. 4 und *Vetter* (Rolle), S. 17.

[250] Der II. Golfkrieg führte insbesondere zwischen Deutschland und den USA zu politischen Differenzen. Die USA warfen Deutschland damals vor, die Notwendigkeit eines multinationalen Einsatzes im Irak zu verneinen und sich hinter der eigenen Verfassung zu verstecken, um den Einsatz deutscher Truppen zu verhindern. (Siehe hierzu ausführlich *Watson* (Germany), S. 192-194.) Wie problematisch nationale Sondervorbehalte für den Einsatz im Zusammenhang mit multinationalen Truppenteilen sind, erkannte man bereits Anfang der fünfziger Jahre. (Siehe hierzu *Müller-Hillebrand* (Europaarmee), S. 166.)

[251] Vgl. *McInnes* (Corps), S. 16 und 46. Es besteht seit langem der Verdacht, daß mangelnder politischer Konsens das ARRC zu einem Großverband für Konflikte niedriger Intensität degradieren wird, das Korps also nicht im entferntesten im Rahmen seines ursprünglich vorgesehenen Auftragsspektrums eingesetzt werden kann und wird. (Vgl. *Dienste* (Erfahrungen), S. 23 und 46.)

[252] Vgl. *Dienste* (Erfahrungen), S. 34. Selbst innerhalb des Eurokorps existieren unterschiedliche Auffassungen über die Verwendung des Korps. (Siehe hierzu beispielsweise *Mayer* (Reservist), S. 18 und *Schultze-Rhonhof* (Tapfer), S. 33f.)

[253] Vgl. *AP* (Danish), S. 8.

Dabei gibt es aber unterschiedliche Vorstellungen bezüglich der Frage, wo ein geostrategischer Schwerpunkt gelegt werden soll. So beurteilen beispielsweise Spanien, Frankreich und Italien die Dislozierung multinationaler Truppenteile in der Südflanke Europas für ungenügend und steuern eigene bzw. zusätzliche multinationale Sicherheitsarrangements an.[254]

Ausgeprägte Zielkonflikte existieren insbesondere auch zwischen der Forderung nach einheitlicher Bewaffnung und technischer Ausstattung einerseits sowie nationalen rüstungswirtschaftlichen Interessen andererseits.[255]

Schließlich droht die US-amerikanische Zielsetzung, die englische Sprache mit Hilfe multinationaler Truppenteile nach Osteuropa hin auszubreiten, um damit der eigenen Industrie Kooperationspartner und Absatzmärkte zu erschließen, zu Lasten deutscher Handels- und Wirtschaftsbeziehungen mit Osteuropa zu gehen.[256]

5.1.1.1.2 Zielkonflikte auf militärischer Ebene

Weil die nationalen Streitkräfte ihrem jeweiligen Primat der Politik unterliegen, setzen sich die zwischen den einzelnen Nationen bestehenden politischen Zielkonflikte auf der militärischen Ebene fort.[257] Diese militärischen inter-Nationen Zielkonflikte betreffen alle betriebswirtschaftlichen und militärischen Teilbereiche, die in den folgenden Kapiteln 5.2 bis 7 behandelt werden. Das Konfliktpotential ergibt sich dabei im wesentlichen aus Ziel- und Interessendivergenzen zwischen den beteiligten Nationen bezüglich Zieldefinition, Zielhierarchie, Festlegung von Zeit- und ggf. Mengendimension sowie Überprüfung der Zielerreichung.

5.1.1.2 Zielkonflikte innerhalb einer Nation bzw. ihres Truppenanteiles

Die innerhalb einer der an multinationalen Truppenteilen beteiligten Nation bzw. ihrem Truppenanteil auftretenden Zielkonflikte lassen sich auch als intra-Nationen Zielkonflikte bezeichnen. Diese Zielkonflikte treten entweder ausschließlich bei einer Nation auf, oder sie haben für alle beteiligten Nationen gleichermaßen Gültigkeit.

5.1.1.2.1 Zielkonflikte auf politischer Ebene

Als Zielkonflikt erweisen sich die angestrebten Einsparungen in den nationalen Verteidigungsetats, denen die durch das Engagement in multinationalen Truppenteilen entstehenden Kostensteigerungen und finanziellen Verpflichtungen gegenüberstehen. Sie führen zu fundamentalen Diskussionen über die grundsätzliche Befürwortung einer Beteiligung an multinationalen Truppenteilen.[258]

Auch in einem weiteren Punkt erweisen sich die beiden Ziele der Etablierung multinationaler Truppenteile und der Kostenreduzierung innerhalb der nationalen Verteidigungsetats als konfliktionär: Obwohl durch multinationale Truppenteile internationale Aufgabenteilung ermöglicht wird, wollen die einzelnen Nationen auf wichtige und spezielle Funktionsbereiche nicht

---

[254] Vgl. *Faust* (Einsatzbereit), S. 2 und *Dienste* (Erfahrungen), S. 27.

[255] Diese nationalstaatlichen Konkurrenzen existieren sowohl zwischen den Staaten Europas als auch zwischen den europäischen Staaten und den USA. Hierbei geht es unter anderem darum, den USA die Monopolstellung über Schlüsseltechnologien streitig zu machen. (Siehe hierzu ausführlich *Codner* (Together), S. 29 und *Dienste* (Erfahrungen), S. 50f.)

[256] Vgl. *Schultze-Rhonhof* (Tapfer), S. 60.

[257] Siehe hierzu beispielsweise *Bolle* (Eisenhower), S. 18-20 und *Willmann* (Eurokorps), S. 277.

[258] Diese Diskussion wurde über das ARRC mit besonderer Ausprägung in Großbritannien geführt. (Vgl. *McInnes* (Corps), S. 29.)

verzichten.[259] Hierdurch lassen sich die mit der Aufstellung multinationaler Truppenteile erhofften bzw. angestrebten Einsparungen in den nationalen Haushalten nur noch sehr eingeschränkt realisieren.
Ein besonderer, bis dato noch nicht abschließend geklärter politisch-militärischer Zielkonflikt läßt sich in Großbritannien konstatieren. Hier galt Anfang der neunziger Jahre militärisches Engagement innerhalb der NATO als so unnötig wie nie zuvor in der Geschichte Großbritanniens. Gleichzeitig ging man damals jedoch, und geht man mit dem ARRC auch noch heute, eine militärische Verpflichtung ein, die Großbritannien enger an die NATO bindet.[260] Hier ist man in Großbritannien in Sorge bzw. stellt sich die Frage nach der uneingeschränkten Verfügbarkeit britischer Streitkräfte im Falle notwendig werdender, rein britischer Einsätze. Solche militärischen Einsätze sind für Großbritannien aufgrund seiner führenden Stellung im „Commonwealth of Nations“ nicht auszuschließen, wie der Falklandkrieg gezeigt hat. Für diejenigen multinationalen Truppenteile, an denen britische Streitkräfte beteiligt sind, entsteht aus diesem intra-Nationen Zielkonflikt ein Unsicherheitsfaktor bezüglich der Verfügbarkeit der britischen Truppenanteile und damit auch bezüglich der Einsatzbereitschaft des betroffenen multinationalen Truppenteiles.
Auch innerhalb der öffentlichen Meinung zeigen sich Zielkonflikte. So wird die Frage, ob die deutschen Streitkräfte die Reduzierung der Streitkräfte anderer Nationen durch die Bildung multinationaler Truppenteile kompensieren sollen, in der öffentlichen Meinung Deutschlands keineswegs übereinstimmend befürwortend beantwortet.[261] Mögliche Auswirkung einer mehrheitlich veränderten Auffassung in der Öffentlichkeit gehen bis zur Handlungsunfähigkeit multinationaler Truppenteile.[262]

5.1.1.2.2 Zielkonflikte zwischen politischer und militärischer Ebene

Bei der Entscheidung über das Engagement in dauerhaften multinationalen Truppenteilen wurden in manchen Nationen, so zum Beispiel in Großbritannien, die höhere militärische Führungsebene nicht bzw. nur peripher einbezogen.[263] In solchen intra-Nationen Fällen kommt deutlich ein Mißverhältnis zwischen politischer (Multinationalität) und militärischer (Einsatzfähigkeit) Schwerpunkt- und Zielsetzung zum Ausdruck. Mögliche Folgen hiervon sind in Unverständnis und Mißstimmung begründete Motivationsverluste, die sich auf die individuelle Leistungsbereitschaft[264] und damit in letzter Konsequenz auch negativ auf die multinationale Zusammenarbeit auswirken können.
Die politische Entscheidung über das Engagement in multinationalen Truppenteilen nimmt im übrigen grundsätzlich in Kauf, daß zur Realisierung des angestrebten Nutzens in vielerlei Hinsicht militärische Erfordernisse und Ziele - wie beispielsweise Einsatzbereitschaft, Effektivität und Funktionalität[265] - unberücksichtigt bleiben oder vernachlässigt werden.[266]

---

[259] Vgl. *McInnes* (Corps), S. 32f.
[260] Siehe zu dem vorangegangenen Abschnitt *McInnes* (Corps), S. 34 und 46.
[261] Vgl. *Mey* (Bedeutung), S. 32.
[262] Vgl. *McGregor* (Multinationalität), S. 14.
[263] Vgl. *McInnes* (Corps), S. 28.
[264] Siehe zum Zusammenhang zwischen Motivation einerseits sowie Leistungsbereitschaft und Leistung andererseits ausführlich *Singer* (Milizsystem), S. 322-327. Siehe zum Zusammenhang zwischen Motivation und Arbeitsproduktivität *Hahn* (Span), S. 2511.
[265] Siehe hierzu auch *Dienste* (Erfahrungen), S. 39.
[266] Vgl. *Dienste* (Erfahrungen), S. 3. Dieser Sachverhalt wird ausführlich in den Kapiteln 5, 6 und 7 belegt.

5.1.1.2.3 Zielkonflikte auf militärischer Ebene

Jede Nation hat ihren eigenen Katalog an militärischen Zielkonflikten.[267] Dieser wird erweitert durch diejenigen militärischen Zielkonflikte, die sich aus der in Truppenteilen praktizierten Multinationalität ergeben. Wie im Bereich der inter-Nationen Zielkonflikte umfaßt das militärische intra-Nationen Konfliktpotential alle in den folgenden Kapiteln 5.2 bis 7 beschriebenen betriebswirtschaftlichen und militärischen Bereiche. Hierbei ergibt sich das Konfliktpotential auf dem Gebiet militärischer Multinationalität im wesentlichen ebenfalls aus Unterschieden bezüglich Zieldefinition, Zielhierarchie, Festlegung von Zeit- und ggf. Mengendimension sowie Überprüfung der Zielerreichung.

5.1.2 Zielerreichung

Mit der Aufstellung multinationaler Truppenteile werden verschiedene, insbesondere politische Ziele verfolgt.[268] Militärisches Ziel bei der Umsetzung der politischen Vorgabe zur Aufstellung multinationaler Truppenteile ist insbesondere die Herstellung der Einsatzbereitschaft, die es im Rahmen einer ständigen Qualitätssicherung zu halten und zu optimieren gilt.
Vor der Erreichung dieser Ziele steht die Überwindung bzw. die Lösung der effektivitätsreduzierenden Zielkonflikte. Hierbei erweist sich insbesondere der Wille bzw. die Bereitschaft der beteiligten Nationen als Engpaß- und damit als Unsicherheitsfaktor.[269] In jedem Fall stellt die Lösung der Zielkonflikte einen zeit-, personal- und damit kostenintensiven Prozeß dar.
Hinzu kommt, daß die Realisation von Zielen in multinationalem Rahmen immer auf Interessensdurchsetzungsprozessen und damit auf Kompromissen der Entscheidungs- und Einflußträger beruht.[270] Dies schmälert im Falle der Zielerreichung für die einzelne Nation regelmäßig den möglichen Gesamtnutzen, denn im Rahmen eines Kompromisses müssen eigene Ziele naturgemäß teilweise oder komplett sowie temporär oder dauerhaft aufgegeben werden.[271]
Weiterhin ist die Zielerreichung in multinationalen Truppenteilen unter den Aspekten „Zeit", „Qualität" und „Quantität" im Vergleich zu rein nationalen Truppenteilen nicht mehr schwerpunktmäßig von der eigenen nationalen Leistung abhängig, sondern zusätzlich von Leistungsfähigkeit, -bereitschaft und -grad der Truppenanteile anderer Nationen. Dies gilt für die militärische Zielerreichung gleichermaßen wie für die politische.[272]
Schließlich ist die Kontrolle der Zielerreichung bzw. des Grades der Zielerreichung durch die Faktoren der Kontrollmöglichkeiten bzw. des Kontrollinstrumentariums[273] und der zur Verfügung stehenden Informationen mit zusätzlichen Unsicherheitsfaktoren behaftet.

---

[267] Siehe zu den Zielkonflikten in Streitkräften ausführlich *Hahn* (Militärbetriebslehre), S. 68-73.

[268] Siehe hierzu Kapitel 4.1 *(Verfolgte Ziele multinationaler Truppenteile)*.

[269] Vgl. *Moniac* (Europäer), S. 4 und *Steinaecker* (Heer), S. 101.

[270] Vgl. *Bernhardt* (Stettin), S. 33 und *Schauer* (Interoperabilität), S. 132.

[271] Der bereits auf nationaler Ebene vorhandene ausgeprägte Bedarf zur Harmonisierung der von den Beteiligten vertretenen Auffassungen über Ziele, Teilziele, Mittelansätze und Methoden vervielfacht sich naturgemäß auf der multinationalen Ebene. (Vgl. *Gottschalk* (Strategie), S. 26.)

[272] So gibt es beispielsweise bezüglich des Faktors Zeit unterschiedliche nationale Schwerpunktsetzungen, was die Geschwindigkeit der Ausstattung multinationaler Truppenteile mit neuem nationalen kampfentscheidenden Großgerät betrifft. (Vgl. *Dienste* (Erfahrungen), S. 45.)

[273] Hier sind beispielsweise rechtliche Faktoren oder die Anzahl von zu beteiligten Instanzen zu nennen.

5.1.3 Betriebswirtschaftliche Beurteilung des Zielsystems

5.1.3.1 Effektivität

Die Ausprägung der in multinationalen Truppenteilen auftretenden Zielkonflikte reicht von Zielkonkurrenz bis zur Zielantinomie.[274] Generell gefährden Zielkonflikte die Kohäsion multinationaler Truppenteile.[275] Darüber hinaus wird ihnen insbesondere auf strategischer Ebene das Element der Überraschung und der flexiblen, schnellen Reaktion entzogen.[276] Insgesamt schmälert sich damit ihre Effektivität.[277] Zur Reduktion der Effektivität trägt auch die Tatsache bei, daß die Zielerreichung in multinationalen Truppenteilen nicht nur von der Leistung der eigenen, sondern zusätzlich von der Leistung anderer Nationen abhängig ist.
In Zusammenfassung der Ausführungen des Kapitels 5.1 *(Zielsystem)* muß die als *Et (MNT, Z)* bezeichnete Effektivität des Zielsystems multinationaler Truppenteile durch die vorhandenen Zielkonflikte sowie durch die während des Prozesses der Zielerreichung auftretenden Probleme im Vergleich zur Effektivität rein nationaler Truppenteile (*Et (RNT, Z)*) als reduziert beurteilt werden. Es gilt:

Et (MNT, Z) < Et (RNT, Z)

Die Höhe des Effektivitätsverlustes ist dabei abhängig von den Effektivitätsreduktoren, deren Ausprägung wiederum insbesondere mit zunehmender Zahl der an einem multinationalen Truppenteil beteiligten Nationen und mit dem praktizierten Organisationsprinzip steigt. (s. Tab. 1)

Tab. 1: *Effektivitätsreduktoren im Bereich des Zielsystems*

Effektivitätsreduktoren	Ausprägung in Abhängigkeit von ...									Existenz		
	... Organisationsprinzip			... Anzahl der Nationen		... Ebene der Mischung		... Zusammenarbeit in der Vergangenheit		vorhanden in Anpassungsphase	dauerhaft vorhanden	
	FW	Integr.	LN	2	>2	Korps	<Korps	ausgeprägt	unregelmäßig bis nicht vorhanden		gleichbleibend	abnehmend
Zielkonflikte	++	+++	++	++	+++	++	++	++	+++	X		X
Probleme bei der Zielerreichung	++	+++	++	++	+++	++	++	++	+++	X		X

Legende: FW: Framework-Prinzip
Integr.: Integrations-Prinzip
LN: Lead-Nation-Prinzip
Ausprägungsgrade: (+=schwach, ++=mittel, +++=stark)

[274] Diese Spannweite an Auswirkungen ist aus dem erwerbswirtschaftlichen Bereich bekannt. (Siehe hierzu *Hamel* (Zielsystem) Sp. 2641.)
[275] Vgl. *Faria/Freeman/Hess* (Combined), S. 7 und *Gijsbers* (Thesis), S. 9.
[276] Vgl. *Naumann* (Vortrag).
[277] Vgl. *Delp* (Grenzen), S. 16. Grundsätzlich ist festzustellen, daß jede Form der multinationalen Zusammenarbeit gefährdet ist, an den ungelösten Ziel- bzw. Interessenskonflikten zu scheitern.

5.1.3.2 Kosten

Die Bewältigung der aufgezeigten Zielkonflikte und die Harmonisierung bzw. Anpassung divergierender Ziele ist in multinationalem Rahmen grundsätzlich ein mühsamer, arbeits- und zeitaufwendiger und damit kostenintensiver Prozeß,[278] denn neben der Einbeziehung sämtlicher politischer und militärischer Ebenen der einzelnen Nationen muß die oftmals innerhalb der individuellen Nationen vorhandene Bürokratie[279] bewältigt werden. Die Bewältigung der Zielkonflikte bindet damit Personal[280] und kostet Geld.[281] Der Umfang von benötigter Zeit, eingebundenem Personal und notwendigen Finanzmitteln und damit auch der Umfang der verursachten Kosten ist dabei ebenfalls von der im jeweiligen Truppenteil vorhandenen Ausgestaltung der Multinationalität abhängig. Wie die Ausführungen des Kapitels 5.1 *(Zielsystem)* gezeigt haben, liegen die Kosten des Zielsystems in multinationalen Truppenteilen (*K (MNT, Z)*) insgesamt über den Kosten vergleichbarer rein nationaler Truppenteile (*K (RNT, Z)*). Es gilt:

$$K\ (MNT,\ Z) > K\ (RNT,\ Z)$$

5.1.3.3 Effizienz

Die Effizienz als das in dieser Arbeit definierte Verhältnis zwischen Effektivität und Kosten liegt in multinationalen Truppenteilen im Bereich des Zielsystems unter der Effizienz vergleichbarer rein nationaler Truppenteile. Die als *Ez (MNT, Z)* bezeichnete Effizienz des Bereiches „Zielsystem" sinkt dabei in Abhängigkeit von der Ausgestaltung der im jeweiligen Truppenteil vorhandenen Multinationalität.
Der zu konstatierende Effizienzverlust im Bereich des Zielsystems ist dabei nicht auf einen generellen Vergleich zwischen multinationalen und rein nationalen Truppenteilen beschränkt. Er ergibt sich insbesondere aus Sicht der Bundeswehr: Bei einer Gegenüberstellung eines rein deutschen Truppenteiles (zum Beispiel Korps) mit einem multinationalen Truppenteil der gleichen Ebene, an dem sich das deutsche Heer mit Truppenanteilen beteiligt, stellt diese Beteiligung im Vergleich zu rein deutschen Truppenteilen einen Effizienzverlust im Bereich des Zielsystems dar.
Es gilt damit insgesamt:

1.

$$[Et\ (MNT,\ Z)\ /\ K\ (MNT,\ Z)] < [Et\ (RNT,\ Z)\ /\ K\ (RNT,\ Z)],\ also:$$
$$Ez\ (MNT,\ Z) < Ez\ (RNT,\ Z).$$

2.

$$Ez\ (MNT,\ Z) < Ez\ (GE,\ Z)$$

---

[278] So dauerte beispielsweise die Überarbeitung der Vereinbarungen zwischen dem deutschen und dem niederländischen Verteidigungsminister (datiert 30.03. 1993 bzw. 22.04. 1994 und 06.10. 1997) sowie zwischen dem deutschen Heeresinspekteur und dem niederländischen Oberbefehlshaber des Heeres (datiert 22.04. 1994 und 06.10. 1997) dreieinhalb Jahre.
Oft erschweren und verzögern Diskussionen Entscheidungsprozesse, müssen nationale Sonderpositionen berücksichtigt werden, müssen zusätzliche Experten hinzugezogen werden, müssen die gleichen Sachverhalte für mehrere Truppenteile neu bzw. separat verhandelt werden usw. (Vgl. *Burger/Jeschonnek* (Zusammenarbeit), S. 97.)

[279] Diese gilt in vielen Nationen besonders für den Verständigungsprozeß zwischen Korpsebene und Verteidigungsministerium. (Vgl. *Dienste* (Erfahrungen), S. 50.)

[280] Das Heer war bereits 1993 in über 250 multinationalen Gremien vertreten, die sich mit multinationaler Zusammenarbeit zu beschäftigen und damit auch mit Zielkonflikten auseinanderzusetzen hatten. (Vgl. *Burger/Jeschonneck* (Zusammenarbeit), S. 97.)

[281] Vgl. *o.A.* (Probleme), S. 4.

5.2 Konstitutioneller und institutioneller Rahmen

5.2.1 Konstitutioneller Rahmen

Die rechtliche Einbindung der multinationalen Truppenteile stellt ihren konstitutionellen Rahmen dar. Die hier auftretenden Probleme sind vor allem in einer uneinheitlichen, ungelösten und unverbindlichen Rechtslage begründet. Neben dem Problembereich der nationalen Rechte zeigt sich die Problematik insbesondere auf dem Gebiet der Vertragsgrundlagen.[282]

5.2.1.1 Nationales Recht

Die einzelnen nationalen Streitkräfte sind in ihr jeweiliges nationales Rechtssystem eingebunden, aus dem sie grundsätzlich nicht entpflichtet werden können. Einzelne nationale Rechtsinhalte regeln zwar normativ denselben Sachverhalt, sind jedoch untereinander oft unvereinbar und entwickeln sich deshalb für eine effektive Zusammenarbeit in multinationalen Truppenteilen zum Problem. Andere Rechtsnormen finden sich nur in bestimmten Nationen, sind aber trotzdem bzw. insbesondere aus diesem Grund einer effektiven Zusammenarbeit abträglich.[283]

5.2.1.1.1 Nationale Rechtsnormen

Hierzu zählt in multinationalen Truppenteilen insbesondere der gesetzlich normierte Einsatzvorbehalt der nationalen Truppenanteile durch die einzelnen Staaten. So ermöglicht zwar das Urteil des Bundesverfassungsgerichtes von 1994 mittlerweile bewaffnete Auslandseinsätze der deutschen Streitkräfte auch außerhalb von Verteidigungseinsätzen[284] und implementiert damit den notwendigen rechtlichen Handlungsrahmen für die deutschen Truppenanteile multinationaler Truppenteile zu gemeinsamen Einsätzen im Rahmen des internationalen Krisenmanagements. Dennoch bedürfen entsprechende Einsätze nach wie vor eines vor-herigen konstitutiven Zustimmungsbeschlusses des Deutschen Bundestages.[285] Diese im nationalen deutschen Recht begründete Einsatzhürde der deutschen Streitkräfte läßt grundsätzlich auch die Einsatzbereitschaft der betroffenen multinationalen Truppenteile ungewiß bleiben. Flexible und verzugslose Einsätze im Rahmen des internationalen Krisenmanagements werden damit erheblich erschwert. Verzögerter Einsatzbeginn aber gefährdet grundsätzlich den Einsatz- bzw. Leistungserfolg – und die eigenen Leistungsträger, die Soldaten. In diesem Zusammenhang darf der generelle Einsatzvorbehalt der einzelnen Staaten nicht unberücksichtigt bleiben, die mit ihrem Vetorecht dem Einsatz ihrer nationalen Truppenanteile an multinationalen

---

[282] Siehe zu dem vorangegangenen Abschnitt *Codner* (Together), S. 23.

[283] Siehe zu dem vorangegangenen Abschnitt auch *Codner* (Together), S. 23.

[284] Siehe zur Legitimation von Auslandseinsätzen deutscher Streitkräfte durch das Urteil des Bundesverfassungsgerichtes vom 12.07. 1994 in Verbindung mit Art. 24 Abs. 2 *GG* und Art. 87a Abs. 2 *GG* ausführlich *Schultz* (Auslandsentsendung).

[285] Vgl. *Wassenberg* (Eurokorps), S. 161. In Ausnahmefällen, nämlich dann, wenn Gefahr im Verzug ist, das heißt wenn ein Abwarten der parlamentarischen Entscheidung die militärische Wehrfähigkeit oder die Bündnisfähigkeit der Bundesrepublik Deutschland gefährden würde, kann der bewaffnete Einsatz insbesondere von Spezialkräften der deutschen Streitkräfte, zum Beispiel für Evakuierungsoperationen des „Kommandos Spezialkräfte", auch ohne die vorherige Zustimmung des Deutschen Bundestages erfolgen. (Vgl. *Bundestag* (KSK), Fragen 50-53.). Gleiches gilt für rein humanitäre Einsätze. (Vgl. *Wassenberg* (Eurokorps), S. 222.)

Truppenteilen jederzeit widersprechen können, und die damit den Gesamteinsatz des multinationalen Truppenteiles vermeiden oder beenden können.[286]
Auch die im Grundgesetz Deutschlands normierte Trennung der Bundeswehr in Streitkräfte und Wehrverwaltung wirkt sich in multinationalen Truppenteilen negativ auf die Effektivität der Zusammenarbeit aus.[287]

5.2.1.1.2 Unterschiede nationaler Rechtsnormen

Als problematisch für eine effektive Zusammenarbeit in multinationalen Truppenteilen stellen sich neben den in einzelnen Staaten existenten individuellen und für andere Nationen untypischen Rechtsnormen insbesondere die Unterschiede solcher nationaler Rechte dar, die zwar den gleichen Bereich betreffen, diesen aber normativ unterschiedlich regeln. Hierzu zählen insbesondere die unterschiedlichen nationalen Wehrrechte. Differenzen beispielsweise bezüglich des Disziplinarwesens, des Wehrbeschwerderechtes und der Beteiligungsrechte verhindern im jeweiligen multinationalen Truppenteil die Einführung und Anwendung eines für alle beteiligten nationalen Truppenanteile einheitlich geltenden Rechts.[288] Hierzu wären – äußerst kostenintensiv - nationale Gesetze zu ändern.[289] Dies würde jedoch einen gravierenden Eingriff in über Jahrzehnte gewachsene nationale Rechtsstrukturen und –kulturen bedeuten, und kann sich für einzelne Staaten gar zu einem Einschnitt in das Souveränitätsprinzip entwickeln. Aus diesem Grund ist in multinationalen Truppenteilen auch zukünftig nicht von einer entsprechenden Einheitlichkeit nationaler Wehrrechte auszugehen. Die Folge uneinheitlicher gesetzlicher Normen ist eine Ungleichbehandlung von Soldaten verschiedener Nationen. In der Truppe münden die vorhandene Rechtsunsicherheit sowie die teilweise empfundene Ungerechtigkeit deshalb in der starken Forderung nach Rechtsharmonie der nationalen Wehrrechte.[290] Mögliche Folgen der auf uneinheitliche nationale Wehrrechte zurückzuführenden Ungleichbehandlungen sind individuelle oder gar kollektive Leistungszurückhaltung bzw. –verweigerung.[291]
Neben dem Wehrrecht behindert in multinationalen Truppenteilen eine Vielzahl weiterer nationaler Rechtsnormen die effektive Zusammenarbeit. Hierzu zählen zum Beispiel Differenzen in den individuellen nationalen Haushaltsrechten[292] und in den nationalen Rechtsnormen der Schutzaufgaben, wie beispielsweise Betriebs- und Umweltschutz,[293] allgemeine Sicherheitsbestimmungen sowie Arbeitsplatzsicherheit.[294] Die rechtliche Problematik des gemeinsamen Wachdienstes in multinationalen Truppenteilen beginnt sich zwar zu entschärfen,[295] ist aber noch lange davon entfernt, zufriedenstellend und einheitlich gelöst zu sein.[296] Schließlich bedürfen durch nationales Steuerrecht verursachte Probleme ebenso der Lösung wie grundlegende Unterschiede in den nationalen Übungsbestimmungen.[297]

---

[286] Siehe zu dieser Problematik auch Kapitel 6.2.3.2.2 *(Oberbefehl)* sowie *Fleck* (Verbände), S. 135 und *Wassenberg* (Eurokorps), S. 166.
[287] Vgl. *Wagner* (Verwaltung), S. 91. Siehe hierzu auch Kapitel 7.5.3 *(Haushaltsführung)*.
[288] Siehe hierzu sowie zu den Ausführungen dieses Abschnitts auch die Kapitel 6.1.3.3.2.4 *(Disziplinarwesen)*, 6.1.3.4.2 *(Beteiligungsrechte)*, 6.1.3.4.3 *(Beschwerderecht)* und 6.2.2.2.1 *(Rechtsgrundlagen)*.
[289] Allein für das Ziel einer gemeinsamen truppendienstlichen Führung im I. D/NL Korps wären 14 deutsche Bundesgesetze zu ändern. (Siehe hierzu ausführlich *BMVg* (Katalog).)
[290] Siehe hierzu beispielsweise *BMVg* (Film), S. 27 und *ZInFü* (Impulsseminar), S. 7-9.
[291] Vgl. *Jacobs* (Logistik), S. 30.
[292] Vgl. *Timmermann* (Grenzen), S. 27.
[293] Vgl. *Böckmann* (Aspekte), S. 5 und *Jacobs* (Logistik), S. 31.
[294] Vgl. *Wessling* (Gespräch) und *Wehrbeauftragte* (Einzelbericht 1996), S. 4.
[295] Dies wurde durch eine Änderung des „Gesetzes über die Anwendung unmittelbaren Zwanges und die Ausübung besonderer Befugnisse durch Soldaten der Bundeswehr und zivile Wachpersonen" (UZwbGBw) erreicht. (Siehe hierzu beispielsweise *Dau* (Aspekte), S. 4 und *Heinen* (Grenzen), S. 17.)
[296] Siehe hierzu *Dau* (Aspekte), S. 4 und *Heinen* (Grenzen), S. 18f.
[297] Vgl. *BMVg* (Stichworte), S. 13.

Bei langfristiger Betrachtung wird die Problematik der unterschiedlichen nationalen Rechte gar als derart nachhaltig und ausgeprägt beurteilt, daß sie die dauerhafte Existenz multinationaler Truppenteile gefährden kann.[298]

5.2.1.2 Vertragliche Grundlagen

Die vertraglichen Grundlagen multinationaler Truppenteile sind sowohl Gegenstand als auch Ursache von Problemen.

5.2.1.2.1 Rechtsform

Bereits die Frage nach der Notwendigkeit einer eigenen Rechtsform sowie nach deren Ausgestaltung birgt in multinationalen Truppenteilen Konfliktpotential und bedarf der Lösung.[299] Während die Truppe bzw. die Streitkräfte eine eigene Rechtspersönlichkeit nationenübergreifend für notwendig erachten,[300] verneint die deutsche Bundeswehrverwaltung diese Notwendigkeit.[301] Strittig sind darüber hinaus Detailfragen zur Ausgestaltung der Rechtsform. Hierzu zählt beispielsweise die Frage, welche Rechtsform in Frage kommt - eine Rechtsform des Völkerrechts oder eine Rechtsform des öffentlichen oder gar des privaten Rechts einer der beteiligten nationalen Rechtsordnungen.[302] Auch die Frage, ob der gesamte multinationale Truppenteil eigene Rechtspersönlichkeit haben sollte bzw. haben müßte, oder ob dies für den Stab bzw. für das Hauptquartier ausreichend ist, gilt es zu klären.[303] Schließlich ist generell strittig, ob Dritte diese eigenen Rechtspersönlichkeiten dann auch anzuerkennen haben.[304]

5.2.1.2.2 Hoheitsrechte

Die Übertragung von Hoheitsrechten ist wegen des damit verbundenen nationalen Souveränitätsverzichtes innerhalb der militärischen multinationalen Zusammenarbeit generell ein sensibles Thema und gewinnt insbesondere innerhalb multinationaler Truppenteile an Aktualität und Bedeutung.[305] In den vertraglichen Grundlagen der einzelnen multinationalen Truppenteile wird die Thematik vor allem durch die Fragen der individuellen und kollektiven Unterstellungsverhältnisse konkretisiert. Die Problematik der Unterstellung zeigt sich dabei in der Befehlsbefugnis Vorgesetzter gegenüber einzelnen andersnationalen Untergebenen sowie gegenüber kompletten andersnationalen Truppenanteilen.[306] Das genannte Problem wird in dieser Arbeit an späterer Stelle ausführlich behandelt.[307] Festzuhalten bleibt, daß generell Uneinigkeit darüber herrscht, ob eine Übertragung der Befehlsgewalt auf andersnationale Führer eine verfassungswidrige Übertragung von Hoheitsrechten darstellt.[308] Die zur Lösung der

---

298 Vgl. *Wehrbeauftragte* (Jahresbericht 1997), S. 37.

299 Vgl. *Wassenberg* (Eurokorps), S. 224.

300 Siehe hierzu beispielsweise *Clerc* (Praxis), S. 17.

301 Siehe hierzu *Stein* (Rechtsformen), S. 149f. Gleichwohl wird die Vorteilhaftigkeit der Rechtsfähigkeit multinationaler Truppenteile erkannt. (Siehe hierzu *Kirchhof* (Befehlsgewalt), S. 161f.)

302 Siehe hierzu *Stein* (Rechtsformen), S. 147 und 150.

303 Vgl. *BMVg* (Stichworte), S. 13, *Stein* (Rechtsformen), S. 147 und *Wassenberg* (Eurokorps), S. 224.

304 Vgl. *Stein* (Rechtsformen), S. 147.

305 Siehe hierzu beispielsweise *Fleck* (Wehrrecht), Fragen 5a und b.

306 Die Brisanz der Problematik liegt in multinationalen Truppenteilen in den Folgen nicht eindeutig geklärter Unterstellungsverhältnisse bzw. Befehlsbefugnisse: Militärisches Handeln wird dadurch erheblich verzögert, der Einsatzerfolg damit insgesamt gefährdet. (Vgl. *Wieland* (Vorgesetzte), S. 134.)

307 Siehe die Kapitel 6.1.2.5.2 *(Befugnisse)*, 6.1.3.4.1 *(Gehorsam)* und 6.2.3.2.3 *(Oberkommando)*.

308 Vgl. *Wassenberg* (Eurokorps), S. 222. Unstrittig dagegen ist, daß ein ausländischer Vorgesetzter grundsätzlich Hoheitsrechte ausübt, wenn er andersnationalen bzw. deutschen Soldaten Befehle oder Weisungen erteilt.

Problematik in der Bundeswehr eingeführte „Anweisung auf Zusammenarbeit" gilt zwar als verfassungsgemäß,[309] sie wird aber unter dem Gesichtspunkt der Effektivität der Führung multinationaler Truppenteile durchaus strittig beurteilt.[310]

5.2.1.2.3 Vertragsinhalte

Bei der Ausgestaltung der Vertragswerke der einzelnen multinationalen Truppenteile gilt es insbesondere, sich inhaltlich zu einigen. Dieser Einigungsprozeß wird vor allem durch die bereits geschilderte Problematik der Eigentümlichkeiten und der Unterschiede der jeweiligen nationalen Rechte deutlich erschwert. Darüber hinaus gilt es, sich in unterschiedlichsten Bereichen auf einheitliche Normen zu verständigen. Die Rechtsausbildung der Soldaten,[311] die Interpretation hinsichtlich des Inhaltes und der Erfüllung kriegsvölkerrechtlicher Verpflichtungen[312] sowie Versicherungs- und Haftungsfragen[313] sind in diesem Zusammenhang nur einige Beispiele von vielen. Problematisch stellen sich schließlich aufenthaltsrechtliche[314] und statusrechtliche[315] Fragen dar. Für die Bundeswehr ergibt sich durch die Einbindung des Heeres in eine Vielzahl multinationaler Truppenteile insbesondere das Problem der großen Anzahl von Vertragspartnern. Gibt die Bundeswehr im Rahmen jedes Vertrages nur zehn Prozent ihrer Interessen auf, droht ihr insgesamt ein irreparabler Identitätsverlust.[316] Die Vertragsgestaltung ist ein sehr kostenintensiver Prozeß, welcher sich im übrigen durch regelmäßig notwendige inhaltliche Überprüfungen und Anpassungen wiederholt.

5.2.1.2.4 Sonstige Probleme

Hinsichtlich der vertraglichen Grundlagen multinationaler Truppenteile treten drei weitere Probleme auf, die es zu berücksichtigen gilt.
Zum ersten entstehen durch die in den einzelnen multinationalen Truppenteilen individuell verhandelten Vertragsausgestaltungen normative Insellösungen. Diese sind für die einzelnen nationalen Streitkräfte durchaus geeignet, daß ihre Soldaten im Vergleich untereinander einen uneinheitlichen Rechtsstatus erhalten. Dies gilt insbesondere für die Soldaten des deutschen Heeres. Insgesamt gefährden die normativen Insellösungen der einzelnen multinationalen Truppenteile die Effektivität der jeweiligen nationalen Streitkräfte.[317]

(Vgl. *Wieland* (Vorgesetzte), S. 138.) Im Ergebnis wird hierdurch deutsche Hoheitsgewalt reduziert. (Vgl. *Wieland* (Vorgesetzte), S. 140.) Diese Übertragung von Hoheitsrechten bzw. Reduzierung von Hoheitsgewalt hat ihre verfassungsmäßigen Grenzen in Art. 79 III GG i.V.m. Art. 20 GG: Ein - nicht konkretisierter - Kern an Wehrhoheit der deutschen Streitkräfte ist demzufolge in substantieller Verfügungsgewalt der Bundesrepublik Deutschland zu erhalten. (Vgl. *Schröder* (Integration), S. 271f.)

[309] Vgl. *Wassenberg* (Eurokorps), S. 222.

[310] Vgl. *Dau* (Aspekte), S. 3 und *Heinen* (Grenzen), S. 14.

[311] Siehe hierzu beispielsweise *Fleck* (Wehrrecht), Frage 16c und 18.

[312] Siehe hierzu beispielsweise *Fleck* (Wehrrecht), Frage 8.

[313] Vgl. *Domininghaus* (Gespräch) und *o. A.* (Einmalig), S. 146. Dies wird beispielsweise bei Verwundung und Tod nach der Behandlung durch andersnationales Sanitätspersonal relevant. (Vgl. *Hanke* (Gespräch) und *Mejlholm* (Brigade), S. 31.)

[314] Siehe hierzu beispielsweise *Fleck* (Verbände), S. 136-138 sowie *Wassenberg* (Eurokorps), S. 210-212 und 223f.

[315] Siehe hierzu beispielsweise *Fleck* (Verbände), S. 138-140, *Fleck* (Wehrrecht), S. 27-31, *Heinen* (Grenzen), S. 19 und *Wassenberg* (Eurokorps), S. 213f.

[316] Vgl. *Domininghaus* (Gespräch).

[317] Siehe zu dem vorangegangenen Abschnitt *Fleck* (Verbände), S. 141, *Reitsma* (GE/NL), S. 27 und *Rose* (Eurokorps), S. 458.

Zum zweiten stellt sich die Frage nach der Sanktionierbarkeit von vertragswidrigem Verhalten nationaler Truppenanteile bzw. ihrer Angehörigen.[318] Bereits die mangelhafte gegenseitige nationale Verantwortlichkeit begründet diese Problematik.[319] Sie ist für multinationale Truppenteile im übrigen dann besonders ausgeprägt, wenn ihnen eine eindeutige vertragliche Legitimation fehlt. Ein solcher Mangel wird beispielsweise dem Eurokorps attestiert.[320] Mangelnde Sanktionierbarkeit wirkt sich negativ auf die Effektivität des multinationalen Truppenteiles aus.

Schließlich tragen in multinationalen Truppenteilen offene, in den Vertragsgrundlagen ungeklärte Fragen rechtlichen Inhalts zu einer weiterhin existenten Rechtsunsicherheit bei. Eine derartige Frage ist etwa, ob nationale Truppenanteile eines multinationalen Truppenteiles auf dem Hoheitsgebiet eines Mitgliedsstaates Polizeiaufgaben, beispielsweise Schutz vor Plünderungen bei Naturkatastrophen, durchführen dürfen.[321]

5.2.2 Institutioneller Rahmen

Die multinationalen Truppenteile sind je nach den von ihnen zu erfüllenden Aufträgen entweder der NATO, der EU, der OSZE, der WEU, der UN oder aber mehreren dieser internationalen Organisationen bzw. Institutionen zugeordnet.[322] Im Falle von Mehrfachzuordnungen ergeben sich für den betreffenden multinationalen Truppenteil auch mehrere potentielle Auftraggeber. Hieraus wiederum folgt insbesondere das Problem konkurrierender Zugriffskompetenzen.[323] So hat beispielsweise die WEU gegenüber der NATO theoretisch prioritäre Zugriffskompetenz auf das Eurokorps.[324] Für Polen ergibt sich zudem die Problematik, daß es nunmehr zwar der NATO, nicht aber der WEU angehört. Sollte das MNK (NO) einmal unter der politischen Kontrolle des WEU-Rates eingesetzt werden, wäre Polen zwar zur Teilnahme an diesem Einsatz berechtigt, nicht aber zur politischen Kontrolle.[325] Dies könnte durchaus dazu führen, daß Polen in diesem Fall seine Bereitschaft zur Teilnahme eines Einsatzes des MNK (NO) zurückzieht, was wiederum den kompletten Einsatz des Korps gefährden würde.

5.2.3 Betriebswirtschaftliche Beurteilung

Die sich im konstitutionellen und im institutionellen Rahmen der multinationalen Truppenteile darstellende, uneinheitliche, ungelöste und unverbindliche Rechtslage hat negative Auswirkungen auf die Effektivität multinationaler Truppenteile. (s. Tab. 2) Da dieser Rahmen lediglich die Grundlage für die Existenz und für die Leistungserbringung der multinationalen Truppenteile bildet, treten diese Auswirkungen meist nicht unmittelbar auf. Sie zeigen sich vielmehr über die Effektivität der in den einzelnen militärischen und betriebswirtschaftlichen Aufgaben- und Funktionsbereichen praktizierten multinationalen Zusammenarbeit und Leistungserbringung, deren Defizite in den folgenden Ausführungen der Kapitel 6 und 7 noch ausführlich dargestellt werden. Die genannten Effektivitätsverluste lassen sich auch in Zukunft nur unvollständig reduzieren. (s. Tab. 2)

---

[318] Siehe hierzu auch *Fleck* (Wehrrecht), Frage 5c und 7 sowie *Stein* (Rechtsnormen), S. 149.

[319] Ein solcher Verantwortlichkeitsmangel zeigt sich zum Beispiel im Verhältnis zwischen einem andersnationalen Vorgesetzten und dem deutschen Parlament. (Vgl. *Wieland* (Vorgesetzte), S. 137.)

[320] Vgl. *Wassenberg* (Eurokorps), S. 222.

[321] Vgl. *Domininghaus* (Gespräch).

[322] Siehe hierzu Anhang 6 (*Multinationale Beteiligung des deutschen Heeres).*

[323] Vgl. *Magenheimer* (Streitkräfte), S. 566. Siehe zur Rivalität sowie zu weiteren Problemen der Zusammenarbeit zwischen den genannten Organisationen ausführlich *Hojberg* (Unzahl), S. 30-35.

[324] Siehe zu dem vorangegangenen Abschnitt *Wassenberg* (Eurokorps), S. 19 und 222.

[325] Vgl. *Clement* (Frankreich), S. 10.

Tab. 2: *Effektivitätsreduktoren im Bereich des konstitutionellen und institutionellen Rahmens*

Effektivitätsreduktoren	Ausprägung in Abhängigkeit von ...									Existenz		
	... Organisationsprinzip			... Anzahl der Nationen		... Ebene der Mischung		... Zusammenarbeit in der Vergangenheit		vorhanden in Anpassungsphase	dauerhaft vorhanden	
	FW	Integr.	LN	2	>2	Korps	<Korps	ausgeprägt	unregelmäßig bis nicht vorhanden		gleichbleibend	abnehmend
Unterschiede im nationalen Recht	++	+++	++	++	+++	++	+++	++	+++	X	X	
Defizite der vertraglichen Grundlagen	+++	+++	+++	++	+++	++	+++	++	+++	X	gleichbleibend bis abnehmend	
Probleme im Bereich des institutionellen Rahmens	++	++	++	++	+++	++	+++	++	+++	X	X	

Legende: *FW:* *Framework-Prinzip*
Integr.: *Integrations-Prinzip*
LN: *Lead-Nation-Prinzip*
Ausprägungsgrade: (+=schwach, ++=mittel, +++=stark)

Wie in den Ausführungen des Kapitels 5.2 deutlich wurde, stellt der *konstitutionelle und institutionelle Rahmen* in multinationalen Truppenteilen einen bei einer Gegenüberstellung mit rein nationalen Truppenteilen höheren Kostenfaktor dar.
Folgekosten treten dabei als direkte, insbesondere aber als indirekte und intangible Kosten auf. (s. Tab. 3) Hingegen handelt es sich bei der Harmonisierung und Anpassung der nationalen Rechte sowie bei der Erstellung, Überprüfung, Anpassung und Optimierung der vertraglichen Grundlagen meist um direkte Kosten. Gleichwohl lassen sich auch indirekte Kosten konstatieren. Solche treten beispielsweise auf, wenn durch die nationalen gesetzgebenden Organe nationale Gesetze zu ändern sind.

Tab. 3: *Kostentreiber im Bereich des konstitutionellen und institutionellen Rahmens*

Kostentreiber	Kostenkategorie			Ausprägung in Abhängigkeit von ...									Existenz		
	direkte	indirekte	intangible	... Organisationsprinzip			... Anzahl der Nationen		... Ebene der Mischung		... Zusammenarbeit in der Vergangenheit		vorhanden in Anpassungsphase	dauerhaft vorhanden	
				FW	Integr.	LN	2	>2	Korps	<Korps	ausgeprägt	unregelmäßig bis nicht vorhanden		gleichbleibend	abnehmend
Folgekosten der Effektivitätsverluste im Bereich des konstitutionellen und institutionellen Rahmens	X	X	X	++	+++	++	++	+++	+++	+++	++	+++	X		X
Harmonisierung und Anpassung der nationalen Rechte	X	X	X	+++	+++	+++	++	+++	+++	+++	++	+++	X		

Erstellung, Überprüfung, Anpassung und Optimierung der vertraglichen Grundlagen	X	X	X	+++	+++	+++	+++	+++	+++	+++	++	+++	X		X

Legende: FW: Framework-Prinzip
Integr.: Integrations-Prinzip
LN: Lead-Nation-Prinzip
Ausprägungsgrade: (+=schwach, ++=mittel, +++=stark)

Die Effizienz als das in dieser Arbeit definierte Verhältnis zwischen Effektivität und Kosten liegt damit in multinationalen Truppenteilen im Bereich des konstitutionellen und institutionellen Rahmens (*Ez (MNT, R)*) wegen der festgestellten Effektivitätsdefizite und Kostensteigerungen unter der Effizienz vergleichbarer rein nationaler Truppenteile (*Ez, (RNT, R)*). Es gilt somit:

$$Et\ (MNT, R) < Et\ (RNT, R),$$

$$K\ (MNT, R) > K\ (RNT, R),$$

$$Ez\ (MNT, R) < Ez\ (RNT, R) \text{ und}$$

$$Ez\ (MNT, R) < Ez\ (GE, R).$$

5.3 Zusammenfassung

In multinationalen Truppenteilen läßt sich in den beiden Bereichen „Zielsystem" sowie „konstitutioneller und institutioneller Rahmen" eine Reihe von Effektivitätsreduktoren und Kostentreibern identifizieren, die in ihrer Ausprägung so hoch sind, daß festzuhalten ist: Die Effektivität in multinationalen Truppenteilen liegt in den genannten Bereichen unter der Effektivität vergleichbarer rein nationaler Truppenteile. Für die Kosten gilt diese Feststellung umgekehrt analog.

Die Ausprägung der identifizierten Effektivitätsreduktoren und Kostentreiber variiert entsprechend der vorhandenen Ausgestaltung des jeweiligen multinationalen Truppenteiles: Sie nimmt mit steigender Anzahl der beteiligten Nationen, mit sinkender Ebene der multinationalen Mischung sowie in Abhängigkeit vom vorhandenen Organisationsprinzip (Framework-, Lead-Nation- und Integrations-Prinzip) und von der in der Vergangenheit praktizierten multinationalen Zusammenarbeit zu. Die Effektivitätsreduktoren und Kostentreiber sind dabei zum Teil nur in der Phase der Aufstellung der multinationalen Truppenteile vorhanden, vielfach jedoch bleiben sie auch nach der Aufstellungsphase entweder in gleichbleibender oder in abnehmender Höhe dauerhaft vorhanden. Die festgestellten Kosten treten dabei sowohl als direkte und indirekte als auch als intangible Kosten auf.

Auch für die Effizienz, als das in der vorliegenden Arbeit definierte Verhältnis zwischen Effektivität und Kosten, läßt sich feststellen: Sie liegt in multinationalen Truppenteilen in den Bereichen „Zielsystem" sowie „konstitutioneller und institutioneller Rahmen" unter der Effizienz vergleichbarer rein nationaler Truppenteile. Dieser Effizienzverlust wird in Zukunft ebenfalls nur unvollständig reduzierbar sein.

6 Betriebswirtschaftliche Beurteilung multinationaler Truppenteile bezüglich Führung und Organisation

6.1 Führung

Die Führung ist innerhalb jeder Betriebsform von zentraler Bedeutung. Weil Führung zielgerichtet (regelnd und steuernd) auf Menschen, Prozesse und Organisationen einwirkt,[326] ist sie generell nie frei von Problemen. Durch Multinationalität eines Betriebes bzw. eines Betriebsverbundes jedoch werden im Bereich der Führung sowohl im zivilen[327] als auch im militärischen Bereich[328] traditionell zusätzliche Probleme induziert.

6.1.1 Begriff

Die Begriffe „Führen" bzw. „Führung" werden in der Militärgeschichte und damit auch in der Militärliteratur weder einheitlich noch eindeutig gebraucht.[329] In der vorliegenden Arbeit wird militärische Führung als zielgerichtetes, steuerndes und regelndes Einwirken auf Individuen, Gruppen, Prozesse und Organisationen verstanden.[330] Führung wird dabei in zwei Bereiche und in drei Ebenen differenziert. Die Bereiche der Führung beinhalten einerseits die Personalführung, unter der allgemein die Führung von Soldaten verstanden werden soll. Andererseits umfaßt Führung auch die Führung des „Wirtschaftsbetriebes Streitkräfte".[331] Die Personalführung beinhaltet somit die Führung von unterstellten Soldaten in allen militärischen Gliederungsformen (von einzelnen Soldaten über Truppenteile bis zu militärischen Dienststellen). Die Betriebsführung umfaßt sowohl die Führung eines Teilbetriebes bzw. des Gesamtbetriebes (von der Kompanie über die jeweilige Teilstreitkraft bis zu den Streitkräften)[332] als auch die Hilfsorgane der Führung (die Führungsgrundgebiete, die Abteilungen von militärischen Dienststellen und des Verteidigungsministeriums usw.).
Die drei Ebenen der militärische Führung sind die strategische (politische und militärstrategische), die operative und die taktische Ebene.[333]
In der vorliegenden Arbeit werden unter dem Begriff der „Führung" grundsätzlich sowohl die beiden Führungsbereiche als auch die drei Führungsebenen subsumiert.

Von der in der Bundeswehr verwendeten Systematik des Begriffes des „Führungssystems" (Führungsorganisation, -mittel und -verfahren)[334] wird in der vorliegenden Arbeit insofern abgewichen, als im Kapitel 6.1 *(Führung)* lediglich die Führungsverfahren behandelt werden.

---

[326] Siehe zum Begriff der Führung im Militär *HDv 100/900*, o. S. und *Mittler* (Stichworte), S. 73.
[327] Vgl. *Schmeisser* (Herausforderung), S. 159 und *Welge* (Führung), Sp. 1533.
[328] Vgl. *Dienste* (Erfahrungen), S. 22 und *McInnes* (Corps), S. 23.
[329] Vgl. *Rosen* (Führung), Sp. 1449. Siehe zur Historie und zu Inhalten des Begriffs „Führung" ausführlich *Hahn* (Militärbetriebslehre), S. 257-260 und *Knichel* (Führung), S. 5-34.
[330] Die Definition der HDv 100/900, die den Begriff der „Führung" inhaltlich auf Menschen beschränkt, wird damit bewußt um die Komponenten „Prozesse" und „Organisation" erweitert.
[331] Siehe zur Abgrenzung der Begriffe „Betrieb" und „Unternehmung" *Hahn* (ABWL), S. 7 und *Hahn* (Militärbetriebslehre), S. 43f. Streitkräfte lassen sich deshalb in die Betriebstypologie einordnen, weil sie sich als organisatorische oder zielgerichtete Institution, in der über kanppe Mittel disponiert, in der also gewirtschaftet wird, umschreiben lassen. (Vgl. *Hahn* (Militärbetriebslehre), S. 5, FN 44 und *Singer* (Milizsystem), S. 28.) Streitkfäfte werden dabei den Gewährleistungsbetrieben zugeordnet. (Vgl. *Hahn* (Militärbetriebslehre), S. 43 und *Singer* (Milizsystem), S. 29.)
[332] Der Führer eines Teilbetriebes bzw. des Gesamtbetriebes wird damit automatisch auch zum Personalführer.
[333] Siehe zu den drei Führungsebenen und ihren Aufgaben ausführlich *HDv 100/100*, Nr. 102, 404f., 407 und 410, *HDv 100/900*, o. Nr., *Hahn* (Militärbetriebslehre), S. 260 sowie *Palin* (Forces), S. 15.
[334] Siehe hierzu auch *HDv 100/900*, o. Nr.

Die Führungsorganisation wird im folgenden Kapitel 6.2 *(Organisation)*, die Führungsmittel werden im Kapitel 7.4 *(Informationswesen)* berücksichtigt.

6.1.2 Der Führer bzw. die Führungskraft

In Fortsetzung der Definition des Begriffs der „Führung“ umfaßt der Begriff des „Führers“ in der vorliegenden Arbeit sowohl den Personalführer, also den Truppenführer, als auch den im Bereich der Betriebsführung eingesetzten Fachmann, den Führergehilfen. Dabei konzentriert sich die Arbeit mit Schwerpunkt auf die Offiziere des Heeres. Die Unteroffiziere mit und ohne Portepee sowie die Führer der Teilstreitkräfte Luftwaffe und Marine bleiben damit weitestgehend unberücksichtigt.

6.1.2.1 Herkunft

Die gesellschaftliche und soziale Herkunft der Offiziere und des Offiziersnachwuchses erweisen sich bei einem Vergleich zwischen verschiedenen Nationen durchaus als unterschiedlich.[335] Die Herkunft hat regelmäßig Auswirkungen auf das Führungsverhalten.[336] Herkunftsunterschiede können sich deshalb innerhalb multinationaler Truppenteile sowohl auf die Effektivität der Zusammenarbeit innerhalb des multinational gemischten Führerkorps als auch auf die Effektivität der Führung unterstellter eigener und andersnationaler Soldaten auswirken.

In den Streitkräften Spaniens beispielsweise rekrutiert sich der Offizier aus der höheren gesellschaftlichen Klasse. Der Beruf des Offiziers genießt damit eine große gesellschaftliche Anerkennung. Das innere Gefüge der spanischen Streitkräfte wird - bedingt durch die unterschiedliche Herkunft ihrer Soldaten - auch heute noch von einem strikten Klassensystem bestimmt, in dem den Offizieren und Unteroffizieren streng abgegrenzt die Mannschaften gegenüberstehen. Die oft als patriarchalisch eingestufte Haltung der Führer war in der Vergangenheit häufig Ursache für überzogene Härte; Mißhandlungen von Soldaten waren traurige Höhepunkte einer Vielzahl von Mißständen.[337]
Das deutsche Offizierskorps ist heute ein Spiegelbild der Gesellschaft.[338] Herkunftsbezogene Prioritäten sind damit nicht mehr ausgeprägt. Im Gegenteil, die soziale, kulturelle und religiöse Herkunft der deutschen Soldaten, und damit auch die des deutschen Führerkorps, wird immer unterschiedlicher.[339] In der deutschen Öffentlichkeit rangiert der Beruf des Soldaten, insbesondere der des Offiziers, im Vergleich zur Popularität anderer (akademischer) Berufe im übrigen mit an unterster Stelle.[340]
In Großbritannien rekrutiert sich das Offizierskorps seit der Abschaffung der Wehrpflicht im Jahre 1960 vornehmlich wieder aus der gesellschaftlichen Ober- und der oberen Mittelschicht -

---

335 Vgl. *Donohue/Jones/Wong* (Leadership), S. 1462.

336 Vgl. *Bald* (Offizier), S. 25. Siehe hierzu auch Kapitel 6.1.3.2 *(Führungsverhalten)*. Siehe zum Zusammenhang zwischen nationaler Herkunft und nationalem Führungsverhalten von Managern erwerbswirtschaftlicher multinationaler Unternehmen *Bartlett/Ghoshal* (International), S. 65-68, *Hofstede* (Management), S. 315, *Keller* (Führung), Sp. 1285-1295 und *Nagel* (Herkunft), Sp. 1855.

337 Siehe zu dem vorangegangenen Abschnitt ausführlich *Fechner* (Eurokorps), S. 606 und *Fechner* (Königstreu), S. 280.

338 Vgl. *Heine* (Spiegelbild), S. 701.

339 Vgl. *Wehrbeauftragte* (Jahresbericht 1996), S. 34.

340 Siehe hierzu auch *Royl* (Lernort), S. 273. In Rußland rangiert der Beruf des Offiziers in einer Liste von 12 Berufen gar an letzter Stelle. (Vgl. *Zhilin* (Officers), S. 3.) In Deutschland findet sich der Offiziersberuf in einer das Ansehen von insgesamt 18 Berufen untersuchenden Übersicht an drittletzter Stelle. (Vgl. *o. A.* (Ansehen), S. 15.)

entsprechend ausgeprägt ist die gesellschaftliche Stellung und Anerkennung des Offiziersberufs. Das britische Offizierskorps gilt als erstaunlich homogen. Auch geht man innerhalb des Offizierskorps taktvoll miteinander um. Dies ist im Umgang mit Unteroffizieren und insbesondere mit Mannschaften nicht immer der Fall. Hier kommen die Unterschiede bezüglich Herkunft und Erziehung deutlich zum Ausdruck.[341]

Die unterschiedliche gesellschaftliche und soziale Herkunft von Offizieren, Unteroffizieren und Mannschaften in den Streitkräften einiger Nationen läßt durchaus einen Zusammenhang mit dem jeweiligen nationalen Führungsverhalten erkennen. Innerhalb multinationaler Truppenteile besteht deshalb die Möglichkeit, daß das in den eigenen Streitkräften gewohnte und selbstverständliche Führungsverhalten auf die Geführten anderer Nationen sowie auf den Umgang mit andersnationalen Führern übertragen wird. Hier besteht ein Konfliktpotential, das in seinen Auswirkungen die Effektivität der Führung multinationaler Truppenteile beeinträchtigen kann, was sich wiederum auf die Leistung des Truppenteiles auswirken kann. Dies ist ein nicht zu vernachlässigender betriebswirtschaftlicher Aspekt.[342] Es kommt deshalb darauf an, die herkunftsbedingten Unterschiede nationaler Führungsverhalten durch Personalauswahl und –ausbildung entsprechend zu harmonisieren. Dabei stellt insbesondere die Ausbildungskomponente einen weiteren Kostenfaktor dar.

6.1.2.2 Auswahl

In diesem Zusammenhang interessieren sowohl die Auswahl für die verschiedenen Phasen der Offizierslaufbahn als auch die Auswahl für konkrete Verwendungen in multinationalen Truppenteilen.[343]
Die Auswahl derjenigen Soldaten, die zum Offizier ausgebildet werden, die Auswahl der Offiziere, die zum Stabsoffizier und zum Generalstabsoffizier ausgebildet werden sowie die Auswahl für Spitzendienstgrade und –verwendungen haben insofern betriebswirtschaftliche Auswirkungen, als verschiedene nationale Auswahlkriterien[344] auch über die fachliche und persönliche Qualität des einzelnen Führers, und damit über seine Führungseffektivität entscheiden. Wird dieser Führer in multinationalen Truppenteilen eingesetzt, wirkt sich der nationale Auswahlprozeß letztendlich auch auf die Effektivität der Führung des jeweiligen multinationalen Truppenteiles aus.

Bereits bei der Rekrutierung von qualifiziertem Führernachwuchs gibt es in einigen Nationen feststellbare Schwierigkeiten. So besteht zum Beispiel für die französische Armee nach dem Wegfall der Wehrpflicht die Herausforderung darin, jedes Jahr 800 neue Offiziersanwärter zu gewinnen.[345] Andere Armeen, die die Wehrpflicht ebenfalls abgeschafft haben, wie beispielsweise die USA oder die Niederlanden, sehen sich mit der gleichen Problematik konfrontiert.[346] Hier existiert die Gefahr des Kompromisses auf Kosten von Qualität.[347] Die Folgen dieses Qualitätsverlustes zeigen sich in Form von Leistungsdefiziten bzw. –ein-schränkungen

---

[341] Siehe zu dem vorangegangenen Abschnitt *Millotat* (Spannungsfelder), S. 92f.

[342] Siehe zur Problematik unterschiedlichen *Führungsverhaltens* das gleichnamige Kapitel 6.1.3.2.

[343] Siehe zur Bedeutung der Auswahl von Führungskräften in erwerbswirtschaftlichen multinationalen Unternehmen ausführlich *Krantz* (Unternehmen), S. 173-194, *Kumar* (Personalmanagement), S. 8f., *Macharzina/Wolf* (Personalfunktion), S. 56 sowie *Schöllhammer* (Personalwesen), Sp. 1866 und 1869-1871.

[344] Siehe zu den unterschiedlichen Auswahlprinzipien für militärische Führer ausführlich *Dunnigan* (War), S. 314-316.

[345] Vgl. *Kapfer* (Vortrag), S. 2. Auch die Bundeswehr sieht sich mit rückläufigen Bewerberzahlen konfrontiert. Die Gewinnung qualifizierten Führernachwuchses wird insbesondere durch die Konkurrenzsituation mit dem zivilen Arbeitsmarkt weiter verschärft. (Vgl. *BMVg* (Bestandsaufnahme), S. 167.)

[346] Vgl. *Brozowski* (Einzelbericht), S. 1, *Douma* (Gespräch) und *CG* (Guidance 98), S. 15.

[347] Vgl. *Dunnigan* (War), S. 317.

bereits im nationalen Rahmen. Das Problem setzt sich aber in multinationalen Truppenteilen mit größerer Wirkung fort, weil sich die Leistungsdefizite nunmehr auf die militärische Leistungsfähigkeit und Effektivität mehrerer Nationen übertragen.

Die Auswahlkriterien für die Zulassung zur Offiziersausbildung sind innerhalb der einzelnen Nationen in den Schwerpunkten ziemlich ähnlich: ein bestimmtes Niveau an schulischer Vorausbildung – in der Regel Abitur bzw. Hochschulreife -, körperliche Leistungsfähigkeit und charakterliche Eignung.[348] Jedoch gibt es zwischen den Nationen teilweise erhebliche Unterschiede bezüglich der geforderten bzw. der akzeptierten Ausprägung der geforderten Voraussetzungen. So sollen etwa in der Bundeswehr nach der vor einigen Jahren vollzogenen Einführung des Tauglichkeitsgrades T7 für Mannschaftsdienstgrade auch Unteroffiziersdienstgrade in bestimmten Verwendungen mit diesem Tauglichkeitsgrad Dienst leisten dürfen.[349] Dies hat zur Folge, daß die entsprechende Laufbahngruppe im internationalen Vergleich nicht nur unter dem Gesichtspunkt der Ausbildung, sondern auch bezüglich der körperlichen Leistungsfähigkeit völlig inhomogen wird. Effektive Führungsverwendungen der Betroffenen erscheinen dadurch mehr als fraglich – von der multinational wirkenden Vorbildfunktion ganz abgesehen. In diesem Zusammenhang gilt es zu berücksichtigen, daß es innerhalb der deutschen Bundeswehr bei der Auswahl der Offiziere zur Ausbildung zum Stabsoffizier und zum Generalstabsoffizier keine auf zukünftige Verwendungen in multinationalen Truppenteilen bezogenen Auswahlkriterien gibt.[350] Auch dies wirkt sich nachteilig auf die Effektivität der Führung multinationaler Truppenteile aus. Hier gilt es, einen optimierten Auswahlkatalog zu implementieren.

Einige Nationen, wie Frankreich, Großbritannien und die USA, haben in der Vergangenheit das preußisch-deutsche Generalstabssystem analysiert und daraus teilweise Elemente übernommen - obwohl anderen Nationen nur schwer zu vermitteln ist, daß es in der Bundeswehr zwar Offiziere im General- und Admiralstabsdienst gibt, aber keine General- oder Admiralstabslaufbahn.[351] Der deutsche Offizier beginnt seine Ausbildung zum Generalstabsoffizier[352] nach erfolgreicher Auswahl im Alter von Mitte dreißig. Er ist dann etwa zehn Jahre jünger als viele seiner ausländischen Kameraden, die erst viel später eine vergleichbare Ausbildung erhalten. Nach deutscher Auffassung hat sich dieser frühe Auswahlprozeß bewährt, gleichwohl gibt es gegenüber dieser Praxis insbesondere in den multinationalen Truppenteilen Vorbehalte durch andere Nationen.[353] In diesen Vorbehalten steckt Konfliktpotential, das in seiner schärfsten Form innerhalb der Truppenteile und Stäbe bis zur Isolation des deutschen Generalstabsoffiziers führen kann.[354] Zeitliche Verlängerung des Führungsprozesses sowie Leistungs- und Effektivitätseinbußen der geführten Truppenteile und Stabsabteilungen sind betriebswirtschaftlich relevante Konsequenzen.

---

[348] Siehe zu einem weitestgehend auch heute noch gültigen Vergleich der Auswahlkriterien zwischen den Streitkräften Belgiens, Frankreichs, Großbritanniens, den Niederlanden, Österreichs, Polens und den USA ausführlich *Beuningen* (Ausbildung), S. 569-574.

[349] Vgl. *Neuer* (Gespräch). „T7" steht für Tauglichkeits- bzw. Verwendungsgrad 7 und bedeutet „Verwendungsfähig für bestimmte Tätigkeiten des Grundwehrdienstes unter Freistellung von der Grundausbildung." (§ 8 a II.1 *WPflG*)

[350] Siehe zum Auswahlprozeß für die Generalstabs-/Admiralstabsausbildung *Millotat* (Generalstabssystem), S. 21f.

[351] Siehe zur Entwicklung des deutschen Generalstabsoffiziers von der eigenständigen Generalstabslaufbahn in Reichswehr und Wehrmacht hin zum bloßen Generalstabsdienst in der Bundeswehr ausführlich *Model* (Generalstabsoffizier).)

[352] Im folgenden wird wegen der Schwerpunktsetzung des Untersuchungsgegenstandes auf das Heer nur noch vom Generalstabsoffizier und nicht mehr vom Admiralstabsoffizier gesprochen.

[353] Siehe zu dem vorangegangenen Abschnitt ausführlich *Millotat* (Generalstabsdienst), S. 108f., 115 und 121f. sowie *Millotat* (Generalstabssystem), S. 15, 24f. und 71-73.

[354] Vgl. *Millotat* (Spannungsfelder), S. 93.

Da in multinationalen Truppenteilen für die Erfüllung von Führungsaufgaben spezifische Anforderungen gestellt und Handlungskompetenzen erforderlich werden,[355] sind in solchen Truppenteilen neben den über die Laufbahn entscheidenden Auswahlkriterien insbesondere die Kriterien für die Auswahl von für Verwendungen in multinationalen Truppenteilen vorgesehenen Führern von Bedeutung.[356]
Zwar existieren insbesondere auf dem Gebiet der Betriebswirtschaftslehre ausgeprägte Kataloge von Auswahlkriterien sowie Auswahlverfahren für Führungspersonal in multinationalen und interkulturellen Verwendungen,[357] in der Bundeswehr gibt es einen entsprechenden, gar institutionalisierten Auswahlprozeß jedoch bisher nicht bzw. nur in Ansätzen.[358] Die Folgen eines Einsatzes von für eine Verwendung in multinationalen Truppenteilen ungeeignetem Führungspersonal sind Effektivitätsverluste in der Führung sowie in der Leistung des bzw. der Geführten. So hat beispielsweise die Wehrbeauftragte des Deutschen Bundestages bereits 1996 angemahnt, daß deutsches Führerpersonal ohne ausreichende Eignung und Befähigung zum I. D/NL Korps versetzt wird, weil es das BMVg abgelehnt hat, englische Sprachkenntnisse zu einem Auswahlkriterium für die Zuversetzung zu machen. Die Sprachausbildung erfolgt erst nach der Zuversetzung. Durch diese Praxis fehlen die betreffenden Soldaten im Dienstablauf;[359] ihre Arbeit bleibt liegen oder muß von Kameraden übernommen werden. Die betriebswirtschaftlichen Auswirkungen dieses Fehlens der Betroffenen in ihrer Funktion als Führer oder Führergehilfe[360] sind insbesondere ein zeitlich verlängerter Führungsprozeß, ein arbeits- und zeitintensiver Mehraufwand für die einspringenden Soldaten sowie eine Bindung von Ausbildungspersonal - insgesamt eine Kostenintensivierung. Dem stehen bei der Implementierung und Durchführung eines entsprechenden Auswahlverfahrens ebenfalls nicht unerhebliche Kosten gegenüber.

6.1.2.3 Ausbildung

Die Ausbildung des Führerkorps muß unter multinationalem Gesichtspunkt zum einen sicherstellen, daß die Führer verschiedener Nationen aufgrund gleicher bzw. ähnlicher Ausbildungsinhalte reibungslos und effektiv zusammenarbeiten. Zum anderen müssen sie Führungsfunktionen im multinationalen Rahmen effektiv wahrnehmen können, das heißt unterstellte Soldaten und Truppenteile anderer Nationen wirksam führen können. Hierzu sind verschiedene ausbildungsabhängige und ausbildungsunabhängige Schlüsselqualifikationen notwendig.
Zu den ausbildungsabhängigen Schlüsselqualifikationen zählen vor allem Fremdsprachenkenntnisse, Kenntnisse über die unterschiedlichen Komponenten von Führungsverhalten und –verfahren anderer Nationen sowie über diverse militärische Fachbereiche der anderen Streitkräfte (organisatorische, technische, taktische und andere Kenntnisse). Die wesentliche ausbildungsunabhängige Schlüsselqualifikation ist die Bereitschaft zur multinationalen Zusammenarbeit.[361]

---

355 Vgl. *Thomas* (Gutachten), S. 30. Siehe hierzu für erwerbswirtschaftliche multinationale Unternehmen ausführlich *Heymann/Schuster* (Führungskräfte), S. 89f. und *Hummel/Jochmann* (Personalmanagement), S. 150.

356 Siehe zur großen Bedeutung der richtigen Auswahl von in erwerbswirtschaftlichen multinationalen Unternehmen oder im Ausland eingesetzten Führungskräften *Kumar/Steinmann* (Auslandseinsatz), S. 202.

357 Siehe zu Auswahlkriterien und -verfahren ausführlich *Heymann/Schuster* (Führungskräfte), S. 89f., *Krantz* (Unternehmen), S. 186-194 und *Thomas* (Gutachten), S. 35-37.

358 So unterstützt der Psychologische Dienst der Bundeswehr bei der Personalauswahl für multinationale Truppenteile bzw. in multinationalen Truppenteilen nur im Einzelfall und nur auf Antrag. (Vgl. *Weber* (Korrespondenz).)

359 Siehe zu dem vorangegangenen Abschnitt *Wehrbeauftragte* (Einzelbericht 1996), S. 8. Die Problematik hat sich bis dato keinesfalls gebessert, (Siehe hierzu *Elbers* (Kommando), S. 12.) auch wenn in den neuen Vertragsgrundlagen des I. D/NL Korps gefordert wird, daß nur Personal mit entsprechenden Fremdsprachenkenntnissen zuversetzt werden soll. (Vgl. *Agreement I. D/NL Korps*, Art. 15 (2).)

360 Der Sprachlehrgang dauert drei Monate. (Vgl. *Bert* (Gespräch).)

361 Siehe zu dem vorangegangenen Abschnitt auch *Willmann* (Operationsführung), S. 15 und 84.

6.1.2.3.1 Fremdsprachenausbildung

Die Fremdsprachenausbildung wird bewußt an die Spitze der Schlüsselqualifikationen gestellt,[362] denn alle militärische fachliche Qualifikation nützt nichts, wenn der einzelne Führer sie nicht mündlich und schriftlich in fremder Sprache entfalten kann.[363]
Die Anforderungsprofile der Sprachkenntnisse für den Führer sind je nach Verwendung und Führungsebene unterschiedlich. Englisch als Fremdsprache[364] ist dabei unerläßlich, denn insbesondere bei der Zusammenarbeit der multinationalen Truppenteile mit NATO, WEU, UN und anderen internationalen Organisationen wird während Übung und Einsatz die englische Sprache benutzt.[365] In zunehmendem Maße aber wird darüber hinaus eine zweite und dritte Fremdsprache erforderlich.[366] Die Problematik ergibt sich dabei aus mehreren Punkten. Zum ersten gibt es einen Unterschied zwischen der umgänglichen Alltagssprache und dem militärischen Fachvokabular. Wer sich beispielsweise auf Englisch unterhalten kann, kann noch nicht automatisch in einem englischsprachigen Umfeld arbeiten.[367] Zweitens existiert innerhalb der einzelnen Sprachen durchaus ein unterschiedlicher Sprachgebrauch. Gerade im Englischen gibt es beispielsweise zwischen dem britischen, dem nordamerikanischen und dem kanadischen Englisch deutliche Unterschiede.[368] Drittens sind militärische Fachtermini zum einen oftmals innerhalb eines Landes inhaltlich mehrfach belegt, und zum anderen haben sie in verschiedenen Ländern nicht immer dieselbe Bedeutung.[369] Viertens kann man bezüglich der

---

[362] Die Bedeutung der Fremdsprachenbeherrschung sowie die sich daraus ergebende Fremdsprachenproblematik sind auch in erwerbswirtschaftlichen multinationalen Unternehmen hinlänglich bekannt. (Siehe hierzu beispielsweise *Herrmann/Winterhoff-Spark* (Sprache), Sp. 1875.)

[363] Die Sprachproblematik ist auch in erwerbswirtschaftlichen multinationalen Unternehmen von zentraler Bedeutung. (Siehe hierzu beispielsweise *Harbig* (Global), S. 88, *Hedlund* (Multinational), S. 11 und *Quack* (Kooperationen), S. 44.)

[364] Hier ergibt sich ein deutlicher Vorteil für diejenigen Nationen, deren Muttersprache Englisch ist. Umgekehrt stellt dies insbesondere für Mitgliedstaaten des ehemaligen Ostblocks eine Hürde dar. So hat beispielsweise Polen große Probleme, für das MNK (NO) ausreichend englischsprechende Offiziere zu finden. (Vgl. *Wiatr* (Vortrag), S. 9.)

[365] Vgl. *Neubauer* (Eurokorps), S. 8 und *Olshausen* (Eurokorps), S. 105. Englisch ist aber auch die Sprache der nationalen Verbindungsoffiziere und der Luftwaffe; zudem wurden und werden zum Beispiel im I-FOR/SFOR-Einsatz alle Feindnachrichten auf Englisch verfaßt. (Vgl. *Faust* (IFOR/SFOR), o. S. und *Müller* (Gespräch).)

[366] Dies gilt insbesondere deshalb, weil es in manchen multinationalen Truppenteilen mehrere offizielle Amts- bzw. Arbeitssprachen gibt, wie beispielsweise im Eurokorps, nämlich Deutsch und Französisch. Hier fehlt jedoch die gemeinsame Operationssprache, weshalb die Erstellung der Operationspläne sowie die Befehlsgebung in Deutsch, Französisch und Englisch erfolgen. Der Führungsvorgang dauert damit wesentlich länger als in einem rein nationalen Korps. (Vgl. *Kopp/Strachwitz* (Einbußen), S. 525.) Gleichzeitig bedeutet dies für einige Nationen, wie zum Beispiel für Spanien, daß sie in dem multinationalen Truppenteil, dem sie angehören, mit drei Fremdsprachen konfrontiert werden. Der notwendige Ausbildungsbedarf und das mögliche sprachbedingte Fehlerpotential sind in solchen Fällen sehr ausgeprägt.
Bei Ad-hoc-Einsätzen, in denen der Korpsstab des Eurokorps unter Umständen Truppenteile weiterer Nationen führen muß, dürfte die offizielle Arbeitssprache mit großer Wahrscheinlichkeit Englisch sein. (Vgl. *Olshausen* (Eurokorps), S. 106.)

[367] So konnten sich lediglich 64 Prozent der im Rahmen einer im Jahre 1995 im I. D/NL Korps durchgeführten Erhebung befragten deutschen Soldaten in englischer Sprache verständlich machen; der Anteil der Offiziere an den befragten Soldaten betrug 16 Prozent. (Vgl. *Frantz/Huber/Klein* (Befragung), S. 6 und 16.) Bezüglich einer richtigen Unterhaltung oder gar fachlicher Arbeit muß jedoch von deutlich niedrigeren Werten ausgegangen werden.

[368] Die Unterschiede bestehen bezüglich Aussprache, Schreibweise und Wortschatz. (Vgl. *Elbe* (Geist), S. 141.) Gleiches gilt auch für die französische Sprache, wo wallonisches Französisch (belgische Soldaten des Eurokorps) und französisches Französisch (französische Soldaten des Eurokorps) Unterschiede aufweisen. (Vgl. *Pfrengle* (Gespräch).)

[369] Vgl. *Gijsbers* (Thesis), S. 12 und *Sohst* (Gespräch). Siehe hierzu auch *Faust* (1866), S. 13. Ist schon eine gemeinsame Sprache mit eindeutig definierten Begriffen für das wissenschaftliche Arbeiten im militärischen Bereich notwendig, (Vgl. *Fritz* (Arbeiten), S. 397.) so gilt insbesondere für das militärische Führen: Führen kann nur, wer klare Begriffe verwendet. (Vgl. *Millotat* (Begriffe), S. 9) Beispiele für militärische Begriffe,

englischen Sprache zwar innerhalb des deutschen Führerkorps bei den Offiziersanwärtern von einer gewissen generellen schulischen Vorbildung,[370] sowie bei den Offizieren von einem mehr oder weniger vorhandenen beruflichen Erfahrungsschatz ausgehen. Bezüglich einer weiteren Sprache ist das Potential an vorgebildeten Offiziersanwärtern und Offizieren jedoch als gering einzustufen.[371] Zum fünften ist ab einer gewissen individuellen Grenze eine Verbesserung der Beherrschung einer Fremdsprache gar nicht mehr oder nur noch sehr eingeschränkt möglich.[372] Optimale Fremdsprachenbeherrschung wird damit nur in den seltensten Fällen erreichbar sein. Sechstens entwickelt sich innerhalb der einzelnen multinationalen Truppenteile und Stäbe regelmäßig ein eigener Sprachmix, der zwar von den Angehörigen verstanden wird, welcher aber für Außenstehende oft unverständlich bleibt.[373] Zum siebten schließlich muß der einmal erworbene Fremdsprachenschatz ständig aufgefrischt und ergänzt werden.
Die Notwendigkeit der fehlerfreien Beherrschung einer Fremdsprache nimmt in dem Maße zu, je zeitkritischer geführt werden muß[374] und je tiefer die Führungsebene ist.[375] Im Frieden ist meist genug Zeit für Übersetzungen durch Dritte, für Korrekturen usw. Die beispielsweise durch Übersetzung eines vollständigen Divisionsbefehls verursachte Verzögerung wird auf fünf bis sechs Stunden beziffert.[376] Im Einsatz gibt es diese Zeit nicht oder nur sehr begrenzt.[377] Für die Führungsebenen läßt sich festhalten: Weder der Kompaniechef, der seine Truppen unmittelbar – und meist mündlich[378] - führt, noch der Zug- und Truppführer, noch

die von verschiedenen Nationen mit unterschiedlichem Inhalt belegt sind, gibt es viele. Zwei bereits als klassisch geltende Beispiele heutiger multinationaler Truppenteile sind die Definitionen der Begriffe „Verzögerung" (Eurokorps) und „flexible Dienstzeit" (I. D/NL Korps). (Vgl. *Sohst* (Gespräch.) Ein historisches Beispiel für die Notwendigkeit einer einheitlichen Sprachregelung findet sich auf Seiten der alliierten Streitkräfte im II. Weltkrieg. (Vgl. *Bolle* (Eisenhower), S. 17 und *McCloughry* (War), S. 110.) Hier wurde im Stab eine besondere Gruppe geschaffen, die sich schwerpunktmäßig mit diesem Problem zu beschäftigen hatte. (Vgl. *Eisenhower* (Kreuzzug), S. 303.)

370 So hatten in Bayern zirka 30 Prozent der im Abiturjahrgang 1999 geprüften Abiturienten „Englisch" als Leistungskurs belegt. (Vgl. *LBY* (Englisch), S. F 3.)

371 Von Angehörigen der US-Army werden die Deutschkenntnisse ihres Führerkorps als „peinlich" beurteilt. (*Higgens/ Mullen* (Pillars), S. 52.)

372 Vgl. *Kölln* (Ricketts), S. 16.

373 Diese Form der Insellösung ist besonders innerhalb des I. D/NL Korps. (Vgl. *Boden* (Gespräch).) und der D/F-Brigade (Vgl. *Messner* (Brigade), S. 50.) aufgetreten. Folgenreich ist diese Problematik bei der Führung unterstellter bzw. nachgeordneter Truppenteile. (Vgl. *Hofer* (Gespräche.).)

374 Für den militärischen Führer geht es darum, eindeutige, kurze und klar formulierte Befehle zu geben, bei denen der Befehlsempfänger mit seinem Hörverstehen verzugslos und unmißverständlich erkennen kann, was gemeint ist. Wer in einer ungewohnten Sprache befehlen muß, zögert beim Sprechen, weil er bemüht ist, korrekte Sätze zu bilden. Dem Befehl fehlt es nicht nur an Klarheit, der Befehlsgebende verliert auch an Autorität. Die Befehlsausführung wird dann insgesamt nicht zielorientiert ausfallen. (Siehe zu dem vorangegangenen Abschnitt die Ergebnisse des 1964/65 durchgeführten Experimentes einer multinationalen U-Bootbesatzung, dargestellt in: *Kölln* (Ricketts), S. 16.)

375 Vgl. *Allorant* (Gespräch) und *Kopp/Strachwitz* (Einbußen), S. 525.

376 Vgl. *Llobell* (Interoperabilidad), S. 4.

377 Der multinationale Einsatz IFOR/SFOR im ehemaligen Jugoslawien hat gezeigt, daß im Falle erforderlicher direkter und sofortiger Befehlsgebung ausgeprägte Fremdsprachenkenntnisse für den Einsatzerfolg unerläßlich sind. (Vgl. *Castillero* (Experienca), S. 10 und 16.) Diese Tatsache wird beispielsweise durch das bereits erwähnte Experiment einer multinationalen U-Bootbesatzung bestätigt: Sprachschwierigkeiten sind gleichbedeutend mit großen Sicherheitsrisiken, wenn Befehle ohne Zögern befolgt werden müssen. (Vgl. *Kölln* (Ricketts), S. 13.) Ein noch weiter zurückliegendes Beispiel gibt die Niederschlagung des Boxeraufstandes in China 1900/01 durch eine multinationale Streitmacht. (Vgl. *Grove* (China), S. 29f.)

378 Das frei gesprochene Wort gilt mit als das wichtigste Führungsmittel. (Vgl. *Stockfisch* (Führung), S. 66.) Der IFOR/SFOR-Einsatz hat gezeigt, daß die Anwendung der alten militärischen Regel, wo immer möglich mit mündlichen Befehlen zu führen, in multinationalen Truppenteilen durch die Sprachschwierigkeiten zu erheblichen Verlusten an Inhalt und Präzision des Befehls führen und damit bei der Befehlsausführung gefährliche Irrtümer und Versagen verursachen können. (Vgl. *Brüggemann* (Streitkräfte), S. 21 und *Neubauer* (Einsatz), S. 13f.)

der Kommandierende General kann es sich leisten, aufgrund von Fremdsprachproblemen mißverstanden zu werde.[379]
Auch wenn die Fremdsprachenausbildung des deutschen Führerkorps im Vergleich zu anderen Nationen als solide beurteilt wird,[380] reichen die sprachlichen Ausbildungskomponenten der Ausbildung zum Offizier an der Offiziersschule des Heeres, während des Studiums, bei der Generalstabsausbildung[381] und der Vorbereitung auf integrierte Verwendungen[382] sowie innerhalb der Truppe[383] für den Führer heutiger multinationaler Truppenteile bei weitem nicht aus.[384] Dies gilt bereits bezüglich der Beherrschung einer Fremdsprache und wird bei der Erfordernis, mehrere Fremdsprachen beherrschen zu müssen, um ein Vielfaches gesteigert. Eine erheblich intensivierte Fremdsprachenausbildung sollte damit insbesondere für den deutschen Führer zu einem bedeutenden Ausbildungsschwerpunkt werden.[385] Dies wiederum bedeutet eine deutlich gesteigerte Zeit- und Personal- und damit Kostenintensität. Festzuhalten bleibt zudem, daß es niemals zu einer optimalen Fremdsprachenbeherrschung sämtlicher Führer kommen wird.[386] Die Defizite bei der Fremdsprachenausbildung und -beherrschung werden damit immer ein großes Potential für fachliche und persönliche Mißverständnisse darstellen.[387] Insgesamt gilt, daß im multinationalen Rahmen sowohl die Zusammenarbeit zwischen den Führern als auch die Führung an sich durch die Sprachprobleme grundsätzlich und deutlich zeitintensiver[388] und damit kostenintensiver als im rein nationalen Rahmen sind - und es auch bleiben werden. Die in multinationalen Truppenteilen vorhandenen Sprachprobleme beeinträchtigen die militärische Effektivität und damit auch die der Führung deutlich und nachhaltig.[389]

Eine multinationale Sprachenausbildung an einer von mehreren Nationen getragenen Ausbildungsstätte könnte die Kosten für diese Ausbildung zwar nur unerheblich senken, denn der möglichen Einsparung bei Lehrpersonal und Infrastruktur stehen die beispielsweise durch Reisekosten, Auslandszulagen, Teilnahmegebühren, zwischenstaatliche Kostenerstattung usw. verursachten Mehrkosten gegenüber. Vor dem Hintergrund einer notwendigen Beherr-

---

[379] Aus diesem Grund kann die Einschränkung, daß zumindest das Key-Personal fremdsprachenbeherrschend sein soll, (Vgl. Reinhardt (NATO), S. 25.) auch nur für die multinationalen Stäbe der höchsten Ebene Gültigkeit haben. Innerhalb der multinationalen Truppenteile niedrigerer Ebenen und außerhalb von Stäben reicht dies nicht aus. Hier ist Fremdsprachenbeherrschung auch auf der Mannschafts- und Unteroffiziersebene absolut zwingend. (Siehe hierzu auch *Sachau* (Nordost), S. 21.)

[380] Das britische, das französische und das US-amerikanische Heer kennen in ihrer Führerausbildung keine obligatorische Fremdsprachenausbildung. Diese findet nur in Vorbereitung auf konkrete Verwendungen bzw. auf freiwilliger Basis statt. (Siehe hierzu ausführlich *Urbach* (Führerausbildung), S. 18f.) Polen schickt die Teilnehmer des Generalstabslehrganges auf einen halbjährigen Sprachlehrgang. (Vgl. *Wiatr* (Vortrag), S. 5.) Frankreich legt seinen Schwerpunkt in seiner Sprachausbildung eher auf Kommunikationssprachen und –instrumente, wie beispielsweise Informatik. (Vgl. *Kapfer* (Vortrag), S. 8.)

[381] Zwar beinhaltet die Generalstabsausbildung eine sechsmonatige Sprachausbildung am Bundessprachenamt in Hürth, (Vgl. *Millotat* (Generalstabssystem), S. 22.) doch sind derzeit nur 3,7 Prozent der Offiziersstellen Generalstabs- und Admiralstabsstellen. (Vgl. *Millotat* (Generalstabssystem), S. 20.) Hieraus wird deutlich, wie viele bzw. wie wenige Offiziere in den Genuß dieser Ausbildung kommen.

[382] Siehe zur Sprachenausbildung des deutschen Führerkorps ausführlich *Urbach* (Führerausbildung), S. 10f. und 12.

[383] Siehe zum Beispiel der verbandsinternen Sprachenausbildung innerhalb der D/F-Brigade *Urbach* (Führerausbildung), S. 16f.

[384] Siehe hierzu auch *Wehrbeauftragte* (Einzelbericht 1996), S. 8. Dies bestätigt insbesondere im Hinblick auf den Einsatz der seinerzeitige Chef des Stabes der MND (SE) der SFOR in Mostar, der deutsche Brigadegeneral Neubauer. (Vgl. *Neubauer* (Einsatz), S. 14.)

[385] Siehe hierzu auch *Neubauer*. Neubauer (Einsatz), S. 14.

[386] Vgl. *Elbe* (Geist), S. 141. Dies liegt auch daran, daß für die Sprachausbildung in der Bundeswehr keine ausreichenden Ausbildungskapazitäten vorhanden sind. (Vgl. *BMVg* (Film), S. 27 und *Hedderich/ Köhler/Spier* (Gespräch).)

[387] Vgl. *Higgens/Mullen* (Pillars), S. 49 und 51.

[388] Vgl. *Elbe* (Geist), S. 141.

[389] Das hat auch das BMVg erkannt. (Vgl. *BMVg* (Film), S. 27.)

schung von Fremdsprachen und den bei einem Versäumnis einer forcierten Fremdsprachenausbildung weiterhin existent bleibenden Effektivitätsverlusten kommt es trotzdem darauf an, eine optimierte Lösung der Fremdsprachenausbildung zu finden. Eine solche könnte eine multinationale NATO-Sprachakademie sein. Denkbar wären auch Out-sourcing-Lösungen an zivile Firmen oder der Einsatz von qualifizierten ehemaligen Soldaten oder Soldaten der Reserve.

6.1.2.3.2 Ausbildung von Führungsverhalten und -verfahren

Zur Sicherstellung einer effektiven Führung muß den in multinationalen Truppenteilen eingesetzten Führern im Rahmen der nationalen Führerausbildung Führungsverhalten und –verfahren der Streitkräfte anderer Nationen gelehrt werden,[390] wie insbesondere der multinationale Einsatz im Golfkrieg gezeigt hat.[391] In der Bundeswehr wird dies mit Schwerpunkt während der Generalstabsausbildung auf dem Weg des Austausches mit ausländischen Akademien getan,[392] was jedoch den umfangreichen Bedarf an entsprechend ausgebildeten Stabsoffizieren nicht sicherstellen kann. Es vernachlässigt zudem die Erfordernis, auch entsprechend ausgebildete Offiziere unterhalb des Dienstgrades Major zur Verfügung zu haben.[393] Das Heer der Bundeswehr ist in einer Vielzahl von multinationalen Truppenteilen mit einer entsprechend großen Anzahl verschiedener Nationen präsent. Jede dieser Nationen hat bestimmte Eigenheiten auf dem Gebiet von Führungsverhalten und –verfahren, wie im Kapitel 6.1.3 *(Die Führung bzw. der Führungsprozeß)* deutlich dargelegt wird. Mit sämtlichen Nationen auf diesem Gebiet vertraut zu werden, erscheint sehr schwierig. Aber selbst, wenn dies lediglich für eine oder nur für einige wenige Nationen angestrebt wird – dabei muß eine entsprechende Qualität erreicht werden, die auf allen Ebenen eine effektive Zusammenarbeit sicherstellt -, bedeutet dies eine nicht unerheblich zeit- und personalintensive und damit kostenintensive Ausbildungskomponente. Wegen der Kostenintensität dieser Ausbildung erscheint es deshalb wahrscheinlich, daß der bezüglich Führungsverhalten und –verfahren spezieller Nationen ausgebildete und spezialisierte deutsche Führer – gerade wenn es sich um Länder handelt, deren Bindung an die NATO in der Vergangenheit entweder nicht sehr ausgeprägt (Frankreich) oder gar nicht existent (Polen) war – verstärkt Laufbahnverwendungen innerhalb des entsprechenden multinationalen Truppenteils erhält, und er aufgrund seiner Expertise und Spezialkenntnisse unter Umständen länger in diesem Truppenteil eingesetzt wird als andere Kameraden.[394] Diese auf seiner Spezialisierung beruhende berufliche Sackgasse kann für den betroffenen Offizier auf lange Sicht durchaus Laufbahnnachteile bedeuten.[395]

---

390 Vgl. *Kühr* (Zusammenarbeit), S. 833f. Hierunter fallen auch und insbesondere die informellen Verhalten und Verfahren; ohne Kenntnis und Verständnis für dergleichen kann ein multinationaler Truppenteil nicht geführt werden. (Vgl. *Morsink* (Vergleich), S. 28f.)

391 Vgl. *Bohnert* (Erfahrungen), S. 39. Wie wichtig und wie erfolgsentscheidend in multinationalem Rahmen die Kenntnis insbesondere der Führungsverfahren anderer Nationen ist, wird beispielsweise in der historischen Schlacht von Waterloo im Jahre 1815 deutlich. (Siehe hierzu ausführlich *Wells* (Waterloo), S. 69 und 73.)

392 Zwar gibt es in der Bundeswehr im Rahmen der Ausbildung zum Offizier der Bundeswehr die Möglichkeit zur Teilnahme an zusätzlichen Aubildungsprogrammen bei ausländischen Streitkräften mit dem Ziel der Heranführung an die Arbeit in multinationaler Umgebung, diese stehen aber nur den leistungsfähigsten Offiziersanwärtern offen. (Vgl. *Meyer* (Heer), S. 37.)

393 Im Mittelpunkt steht dabei der Kompaniechef. (Vgl. *Meyer* (Heer), S. 36.) Diesbezüglich ist die Handhabung im niederländischen Heer weiter fortgeschritten. Dort nehmen Offiziere im Dienstgrad Oberleutnant und Hauptmann regelmäßig an der deutschen Heereseinheitlichen Taktischen Weiterbildung (HTW) teil. (Vgl. *Oltmanns* (GE/NL), S. 13.)

394 Vgl. *Steinaecker* (Gespräch). Gleiches gilt für Fremdsprachenkenntnisse. Hier kommt hinzu, daß der Betreffende im Vergleich zu schlechter qualifizierten Kameraden häufiger in den Auslandseinsatz gehen muß. (Vgl. *Müller* (Gespräch).)

395 Vgl. *Hedderich/Köhler/Spier* (Gespräch) und *Wessling* (Gespräch). Bei dieser Problematik gilt folgender Zusammenhang: Je früher die Spezialisierung erfolgt, desto enger werden die Laufbahnchancen. Siehe zur Prob-

Insbesondere im Hinblick auf mögliche Einsätze multinationaler Truppenteile müssen die Führer der multinationalen Truppenteile und die Führer der nationalen Truppenanteile sowie deren zukünftiger Nachwuchs in der Lage sein, den politischen Willen ihrer Regierungen auch in unsicheren Situationen umsetzen zu können. Politisches Verhalten, Verhandlungstaktik, Gesprächsführungsstrategien sowie psychologische Schulungen werden im multinationalen Umfeld daher zu wichtigen Ausbildungsbestandteilen des Führerkorps der höheren Ebene.[396] Insbesondere für die Bundeswehr bedeutet dies eine um zusätzliche Inhalte ergänzte und damit eine verlängerte Ausbildung des Führerkorps, was wiederum eine Zunahme der Zeit- und Personal- und damit der Kostenintensität der Ausbildung zur Folge hat.

6.1.2.3.3 Fachliche Ausbildung

Für eine effektive Führung multinationaler Truppenteile muß deren Führerkorps mit den fachlichen Eigenheiten der anderen Nationen vertraut sein.[397] Hier sind im Prinzip alle militärischen Bereiche relevant: Führung, Organisation, Personal, Wehrmaterial usw.[398] Nur wer die Möglichkeiten und Grenzen sämtlicher nationaler Truppenkontingente eines multinationalen Truppenteils kennt, kann sie auch effektiv einsetzen.[399] Hier gilt wie für alle anderen Ausbildungskomponenten: Ausbildung kostet Zeit, sie benötigt Ausbildungspersonal und –mittel, und sie bindet den Auszubildenden in der Ausbildung. Letzteres bedeutet, daß seine Aufgaben von anderen Soldaten übernommen werden müssen. Zudem bedarf die Ausbildung einer regelmäßigen Überprüfung; schließlich sind Fort- und Weiterbildungen unabdingbar. Insgesamt stellt damit auch die fachliche Ausbildung der für multinationale Verwendungen vorgesehenen Führer eine zusätzliche Kostenkomponente dar.

6.1.2.3.4 Sonstige Ausbildungskomponenten

Die militärische Führerausbildung soll die Führer der verschiedenen Ebenen insbesondere auf die besonderen Belastungen der Führung (extreme Anstrengungen, Entbehrungen, Verantwortung für Tötung) und die möglichen Risiken für den Führer und für die Geführten (Gefangenschaft, Verletzung und Tod) vorbereiten.[400] Diese Vorbereitung ist innerhalb der einzelnen nationalen Streitkräfte durchaus unterschiedlich. So verliert die Thematik von Verwundung und Tod innerhalb der Bundeswehr erst seit einigen Jahren langsam von ihrem Tabustatus.[401] Andere Nationen, wie beispielsweise Frankreich, Großbritannien und die USA, welche seit Jahrzehnten internationale Krisen- und Kriegseinsätze durchführen, akzeptieren die möglichen negativen Folgen, die militärische Einsätze für Soldaten bedeuten können. Dies führt insbesondere vor dem Hintergrund des erweiterten Aufgabenspektrums und der damit einhergehenden gestiegenen Einsatzwahrscheinlichkeit im Rahmen des internationalen militärischen

lematik eines durch den Einsatz in einem erwerbswirtschaftlichen multinationalen Unternehmen bzw. durch einen Auslandseinsatz verursachten Karriereknicks *Fritz* (Wiedereingliederung), S. 140. und *Huber/Wagner* (Auslandsentsendung), S. 213f.

396 Vgl. *Bohnert* (Erfahrungen), S. 38f. und *Scharping* (Bildung), S. 116.

397 Deshalb wird beispielsweise in der D/F-Brigade der deutsche Kompaniechef zusätzlich zum deutschen Cheflehrgang auf den französischen Cheflehrgang geschickt; auf Zugführer- und Stabsoffizierebene wird versucht, ähnlich zu verfahren. (Vgl. *Neubauer* (D/F), S. 345f. und *Willmann* (Eurokorps), S. 288f.)

398 Im Bereich des I. D/NL Korps wird bereits jährlich eine gemeinsame G2-Ausbildung bis herunter auf Brigadeebene durchgeführt. (Vgl. *Oltmanns* (GE/NL), S. 13, *Schmitt* (Gespräch) und *CG* (Guidance 98), S. 8.)

399 Vgl. *Saint* (CINC), S. 74.

400 Vgl. *Ackermann* (Führung), S. 6 und *Steiger* (Führung), S. 319.

401 Siehe hierzu *Beck* (Vortrag), S. 9 und ausführlich *Hofmann* (Kriegseinsatz) sowie *ZInFü* (Tod) und *ZInFü* (Gefangenschaft). Auf das Thema des Tötens dagegen wird das deutsche Führerkorps nach wie vor nur unzureichend vorbereitet. (Siehe zu dieser Thematik beispielsweise *Vad* (Berufsbild), S. 44f.)

Krisenmanagements letztendlich zu einem nicht unbedeutenden und nicht folgenfreien Qualitätsunterschied zwischen Führern verschiedener Nationen. Denn ein Führer, der mit dem Risiko des Einsatzes seines Lebens und des Lebens der von ihm Geführten durch Ausbildung und Einsatz vertraut ist, führt ganz anders, als ein Führer, dem diese Ausbildung und Erfahrung fehlt. Unterschiedliche Qualifikationen der in multinationalen Truppenteilen eingesetzten Führer jedoch können die Effektivität des Truppenteiles deutlich reduzieren.

Für eine effektive Führung bedarf es in jedem Fall einer interkulturellen Ausbildung[402] derjenigen Führer, die in multinationalen Truppenteilen eingesetzt werden.[403] Nur dadurch ist sicherzustellen, daß der jeweilige Führer mit den national bedingten kulturellen[404] Eigenheiten von Geführten, von anderen Führern und von Vorgesetzten vertraut ist, und auf kulturellen Mißverständnissen beruhende Konflikte vermieden werden können.[405] Dies stellt eine weitere Ausbildungskomponente dar, die Zeit[406] und Personal bindet, und die damit Kosten[407] verursacht. Wird diese Ausbildung jedoch versäumt oder wird sie vernachlässigt, sind Führungs-

---

402 Vgl. *Bühl* (Erfahrungen), S. 52 und *Scharping* (Bildung), S. 116. Siehe zu Zielen, Inhalten und Methoden dieser Ausbildung ausführlich *Layes/Kammhuber/Thomas* (Kompetenz), S. 126-130 und 141-143. Die Wichtigkeit einer solchen interkulturellen Ausbildung ist in erwerbswirtschaftlichen multinationalen Unternehmen längst er- und bekannt und wird beispielsweise in Form von interkulturellen Workshops aller Belegschaftsgruppen praktiziert. (Siehe hierzu beispielsweise *Bittner* (Interkulturell), S. 507 und *DaimlerChrysler Aerospace* (Geschäftsbericht 98), S. 30.) Auch existieren im wissenschaftlichen Bereich neben ausgeprägter Literatur (Siehe hierzu beispielsweise *Engelhard* (Interkulturell), *Hoffmann/Kumar* (Cross-cultural), S. 343-363, *Kumar* (Interkulturell), S. 684-692 und *Papmehl/Schuppert/Walsh* (Interkulturell).) Universitätslehrstühle, die sich dieser Thematik in Lehre und Forschung intensiv widmen, so zum Beispiel der Lehrstuhl für Betriebswirtschaftslehre, insbesondere Internationales Management der Wirtschafts- und Sozialwissenschaftlichen Fakultät der Friedrich-Alexander-Universität Erlangen-Nürnberg sowie an der Friedrich-Schiller-Universität Jena der Lehrstuhl für Interkulturelle Wirtschaftskommunikation der Philosophischen Fakultät und der Lehrstuhl für Allgemeine Betriebswirtschaftslehre, Internationales Management der Wirtschaftswissenschaftlichen Fakultät.

403 Dies wird beispielsweise in der US-Army seit Mitte der sechziger Jahre konsequent praktiziert, wenn auch nicht schwerpunktmäßig in Vorbereitung auf einen Einsatz in multinationalen Truppenteilen, sondern wegen der Stationierung im Ausland. (Siehe hierzu ausführlich *Thomas* (Gutachten), S. 40-42.) Die Notwendigkeit einer interkulturellen Ausbildung in der Bundeswehr wird auch vom Bundesminister der Verteidigung erkannt und betont. (Vgl. *BMVg* (Film), S. 26 und *Scharping* (Zukunft), S. 12.) Gleiches gilt für die Niederlande. (Vgl. *Jacobs* (RNLA), S. 404.)

404 Unter Kultur werden hier die Wahrnehmungs-, Denk- und Verhaltensformen einzelner Personengruppen verstanden. (Vgl. *Layes/Kammhuber/Thomas* (Kompetenz), S. 8.) Neben der zivilen gibt es damit auch eine militärische (Führungs-) Kultur.

405 Siehe hierzu auch *Mannhardt* (Kompetenz), S. 36.

406 Eine interkulturelle Ausbildung wird sowohl vor und während einer multinationalen Verwendung als auch vor und nach der Verwendungsrückkehr in rein nationale Truppenteile empfohlen. (Vgl. *Layes/ Kammhuber/Thomas* (Kompetenz), S. 120.) Lehrgänge zur Entwicklung interkultureller Kompetenz werden seit einiger Zeit am Zentrum Innere Führung angeboten. (Vgl. *FüAkBw* (Beteiligung), S. 22.) Darüber hinaus wird eine Aufnahme dieser Ausbildungskomponente in die Offiziersausbildung gefordert. (Siehe hierzu *Mannhardt* (Kompetenz), S. 37.) Siehe zu Inhalten und Methoden interkultureller Ausbildungen in erwerbswirtschaftlichen multinationalen Unternehmen beispielsweise *Rosenstiel* (Ausland), S. 836 und *Wirth* (Auslandseinsatz), S. 183-192.

407 Innerhalb der Bundeswehr ist in diesem Zusammenhang sicherlich die Ausbildung von Generalstabsoffizieren an einer ausländischen Führungsakademie am kostenintensivsten. Diese Kosten werden nochmals durch notwendig werdende Kompensationsmaßnahmen gesteigert, die dann anfallen, wenn der deutsche Offizier die Generalstabsausbildung ausschließlich im Ausland absolviert, der betreffende Offizier also nicht an der FüAkBw ausgebildet wird - wie es derzeit immer häufiger angedacht wird. Solche Kompensierungsmaßnahmen sind erforderlich, um sicherzustellen, daß allen deutschen Generalstabsoffizieren die gleichen deutschen Ausbildungsinhalte gelehrt werden und sie auf diese Weise zum einen effektiv zusammenarbeiten können und zum anderen in bestimmten Funktionen austauschbar sind. Werden solche Maßnahmen, d. h ergänzende nationale Aus- und Weiterbildungen nicht durchgeführt, können diese Generalstabsoffiziere im Vergleich zu ihren Kameraden national und multinational nur eingeschränkt verwendet werden. (Vgl. *Millotat* (Generalstabssystem), S. 29.)

fehler oder -mängel prognostizierbare Konsequenzen, die die Führung als solche und damit auch die Leistung der Geführten an Effektivität verlieren lassen.[408]

6.1.2.3.5 Ausbildungsunabhängige Schlüsselqualifikationen

Zu den ausbildungsunabhängigen Schlüsselqualifikationen des militärischen Führers zählen vor allem die Bereitschaft, im multinationalen Rahmen zu arbeiten, sowie eine positive Grundeinstellung, sich den dabei auftretenden Problemen und Herausforderungen zu stellen.[409] Dem Willen und der Fähigkeit zu Kooperation, Offenheit, Toleranz, Verständnis und gegenseitigem Respekt kommen dabei eine wesentlich wichtigere Rolle zu, als dies im rein nationalen Rahmen für den Aufbau eines harmonischen und effektiven inneren Gefüges innerhalb des Führerkorps und innerhalb des nachgeordneten Bereiches der Fall ist. Problematisch würde dieser Sachverhalt insbesondere dann, wenn die notwendige Bereitschaft zur Zusammenarbeit fehlen oder gar in offene oder versteckte Sabotage münden würde.[410] In diesem Fall würde Führung spürbar verzögert, fehlerhaft, ineffektiv oder sogar lahmgelegt.
Die notwendige positive Grundeinstellung zum multinationalen Gedanken muß deshalb auf allen Führungsebenen positiv beeinflußt werden. Dies erfolgt in unterschiedlichster Form der Information und des persönlichen Erlebens.[411] Hier entstehen weitere Kosten.[412]

6.1.2.3.6 Zusammenfassung

Damit sichergestellt werden kann, daß die Führer verschiedener Nationen zum einen aufgrund gleicher oder zumindest ähnlicher Ausbildungsinhalte reibungslos und effektiv zusammenarbeiten, und zum anderen Führungsfunktionen in multinationalem Rahmen effektiv wahrnehmen können, ist die Führerausbildung organisatorisch und inhaltlich auf die Erfordernisse der Führung von und in multinationalen Truppenteilen anzupassen.[413] Bereits dieser Anpassungsprozeß der nationalen Führerausbildung, der sich sinnvollerweise regelmäßig wiederho-

---

[408] Ärger und Zorn werden in diesem Zusammenhang von Psychologen prognostiziert. Da die multinationale Zusammenarbeit aber befohlen ist, kann der verärgerte Führer – gleiches gilt unabhängig von Dienstgrad und – stellung für alle Soldaten - seine Arbeit nicht beenden bzw. einstellen, was wiederum zu einem von Angst, Resignation, Mißtrauen oder Abneigung erfüllten Arbeitsklima führen kann. Dies wiederum verhindert dauerhaft eine effektive multinationale Zusammenarbeit. (Vgl. *Layes/ Kammhuber/Thomas* (Kompetenz), S. 14.)

[409] Vgl. *Donohue/Jones/Wong* (Leadership), S. 1462, *Eitner* (Bereich), S. 273, *Gijsbers* (Thesis), S. 12 und *Meyer* (Aufgaben), S. 252. Siehe hierzu am Beispiel erwerbswirtschaftlicher multinationaler Unternehmen *Schrempp* (Geleitwort), S. VI.

[410] Dies läßt sich in multinationalen Truppenteile immer wieder feststellen. (Vgl. *Müller* (Gespräch).) Siehe hierzu auch *Allorant* (Gespräch), *Bert* (Gespräch), *Sohst* (Gespräch) und *Vuagnat* (Erfahrungen), S. 58.

[411] Vgl. *Urbach* (Führerausbildung), S. 12.

[412] So beträgt beispielsweise die Teilnahmegebühr für einen US-amerikanischen Feldwebeldienstgrad an einem Seminar zur Förderung multinationalen Verständnisses 495 DM; Reise- und Unterkunftskosten fallen zusätzlich an. (Vgl. *Moye* (Culture), S. 1.)

[413] Vgl. *Millotat* (Denken), S. 38 und *Scharping* (Bildung), S. 114. Diese Anpassung wurde im deutschen Heer – wenn auch nur in Teilen - vor kurzem vollzogen. So trägt nunmehr die Aus-, Fort- und Weiterbildung der Stabsoffiziere an der FüAkBw in den Bereichen Fremdsprachen und multinationale Führung den heutigen multinationalen Rahmenbedingungen verstärkt Rechnung. (Vgl. *Meyer* (Heer), S. 38.) Als ausreichend können diese Maßnahmen noch nicht bezeichnet werden. (Vgl. *Ostermeyer* (Dimension), S. 147.) Siehe zu der neu gestalteten Stabsoffiziersaus-, -fort- und -weiterbildung der Bundeswehr ausführlich *Weigold* (Rechnung), S. 578-582.
Die Notwendigkeit der Ausbildungsanpassung gilt explizit auch für die beiden anderen Teilstreitkräfte der Bundeswehr. (Siehe zur Marine *Boehmer* (Marine), S. 18.). Auch in der US-Army wird am US-Army Command and General Staff College seit 1998 verstärkt Wert auf eine Führerausbildung gelegt, die die operative Führungsqualität bei multinationalen Operationen erhöhen soll. (Siehe hierzu ausführlich *Moilanan* (Leaders), S. 58-67.) Dabei geht es jedoch lediglich um die operative Führung im Gefecht; die (Betriebs-)Führung eines auf Dauer angelegten multinationalen Truppenteils spielt hier keine Rolle.

len sollte,[414] ist kostenintensiv. Insbesondere aber bedeutet die Durchführung der Führerausbildung durch eine Verlängerung der Ausbildung bzw. durch die Doppelbelastung von nationaler und multinationaler Ausbildung,[415] durch die Notwendigkeit des ständigen Umlernens bei Versetzungen in andere multinationale Truppenteile[416] sowie durch die erforderliche höhere Qualifikation des Ausbildungspersonals eine dauerhafte Steigerung der Ausbildungskosten des Führerkorps. Hier sind nicht nur die Kosten der Ausbildung zu berücksichtigen,[417] vielmehr darf nicht vernachlässigt werden, daß der Auszubildende in der Zeit seiner Ausbildung für eine Führungsverwendung nicht zur Verfügung steht, und er damit durch einen anderen Soldaten ersetzt werden muß. Hinzu kommt, daß auch Angehörigen der Reserve in die auf Führung in multinationalen Truppenteilen ausgerichtete Ausbildung einbezogen werden müssen.

Ein bezüglich der Ausbildung homogenes deutsches Führerkorps[418] kann schon heute nicht mehr realisiert werden. Gleiches gilt entsprechend für das in den einzelnen multinationalen Truppenteilen eingesetzte Führerkorps.[419] Der Einsatz in unterschiedlichen multinationalen Truppenteilen macht aus Kostengründen eine Schwerpunktsetzung insbesondere bei den Ausbildungsinhalten Fremdsprache und Führungsverhalten und –verfahren anderer Nationen erforderlich. Damit aber sind die Führer nicht mehr austausch- bzw. ersetzbar; es entstehen Insellösungen. Gerade während eines Einsatzes jedoch ist es wichtig, daß ein reibungs- und verzugsloser Führeraustausch und –ersatz vollzogen werden kann, will man die Effektivität der Führung sowie den Erfolg des Einsatzes nicht gefährden.[420] Hier spielt nicht nur die inhomogene Qualifikation des Führerkorps eine Rolle. Zu berücksichtigen ist auch, daß der Geführte dem neu in der Verwendung Dienst leistenden Führer nur noch eingeschränkt einen Vertrauensvorschuß[421] in dessen Arbeit gewähren kann, darf er doch nicht mehr grundsätzlich davon ausgehen, daß der Führer ausreichend ausgebildet ist.[422] Ein inhomogen ausgebildetes nationales und multinational eingesetztes Führerkorps sowie eingeschränktes Vertrauen in die Führung durch die Geführten reduzieren die Effektivität der Führung deutlich.

Bezüglich der Ausbildung von für in multinationalen Truppenteilen vorgesehenen Führern gibt es offensichtliche Grenzen - zum einen, was eine Angleichung der nationalen Ausbildungsinhalte betrifft, und zum anderen, was gemeinsames Ausbilden betrifft.
Eine Angleichung der verschiedenen nationalen Ausbildungsinhalte wird durch das Festhalten an eigenen nationalen Führungsverhalten und –verfahren erschwert, wenn nicht sogar unmöglich gemacht.[423] Hierzu trägt auch die unterschiedliche Ausstattungen an Waffen und Gerät

[414] Vgl. *Beuningen* (Ausbildung), S. 569 und *Weigold* (Rechnung), S. 582.
[415] Vgl. *Sachau* (Nordost), S. 19.
[416] Vgl. *Lube* (Luftwaffe), S. 13.
[417] Hierunter fallen zum Beispiel Ausbildungspersonal, Ausbildungsmaterial wie Gerät und Infrastruktur, (Vgl. *Stecher* (Ausbildung), S. 67.) Reise- und Unterbringungskosten usw.
[418] Auf die Wichtigkeit eines homogenen nationalen sowie multinationalen Führerkorps wurde bereits vor über drei bzw. vier Jahrzehnten hingewiesen. (Siehe hierzu *Gerber* (Stäbe), S. 157. und *Larminat* (Armee), S. 516.)
[419] Dies wird insbesondere durch den IFOR/SFOR-Einsatz bestätigt. (Siehe hierzu beispielsweise *Chatelier* (Interview), S. 6.)
[420] Dieser Notwendigkeit wurde im preußisch-deutschen Generalstabssystem Rechnung getragen, bei dem über die durch gleiche Ausbildung erreichte Homogenität der Führer sichergestellt war, daß im Falle des Ausfalles eines Soldaten ein anderer Kamerad verzugslos einspringen konnte, ohne daß die Führungseffektivität darunter litt. (Vgl. *Millotat* (Generalstabsdienst), S. 121.) Das BMVg erkennt durchaus, daß die Insellösungen der einzelnen multinationalen Truppenteile die Handlungsfähigkeit der Truppenteile und seiner Führer im Kern in Frage stellen. (Vgl. *BMVg* (Film), S. 27.)
[421] Vgl. *Steiger* (Führung), S. 322.
[422] Dies bestätigte 1997 der damalige Bundesminister der Verteidigung, indem er konstatierte, daß Ausbildung und Können des Führerkorps in den letzten Jahren deutlich gelitten haben. (Vgl. *Rühe* (Führung), S. 5.)
[423] Hieran scheitert auch die gegenseitige Anerkennung von Laufbahnlehrgängen. (Vgl. *Hedderich/ Köhler/Spier* (Gespräch).)

bei. Im übrigen werden die Streitkräfte keiner Nation von sich aus auf bewährte Ansichten, Methoden und Inhalte verzichten.[424]

Gemeinsame Führerausbildung insbesondere im institutionalisierten Rahmen wird durch die gleichen Gründe erschwert. Diese werden ergänzt durch nationale Differenzen bezüglich Ausbildungsmethoden, Ausbildungsorganisation, Ausbilderqualifikation etc.[425] Ausnahmen sind mit Einschränkungen vorstellbar und existieren bereits: beispielsweise die Nutzung von Simulatoren und Übungsplätzen durch mehrere Nationen. Auch bei einzelnen Truppengattungen gibt es erfolgreiche Ausnahmemöglichkeiten, wie das Beispiel der Internationalen Fernspähschule in Pfullendorf zeigt. Bei gemeinsam entwickelten Waffensystemen, wie dem neuen Panzerabwehrhubschrauber Tiger ist eine effektive gemeinsame Ausbildung ebenfalls möglich.[426] Auch Führerausbildungen innerhalb des multinationalen Truppenteils selbst sind sicherlich durchführbar, können aber nur eine Ergänzung darstellen, denn zum einen soll der einzelne Führer nach der Versetzung in den jeweiligen Truppenteil unverzüglich Verantwortung übernehmen. Zum anderen geht das erworbene Know-how mit einer Wegversetzung aus dem Truppenteil wieder verloren; der Nachfolger muß dann ebenfalls erst ausgebildet werden. Schließlich sind auch für bestimmte Aufgaben gemeinsame Ausbildungen durchführbar, wie etwa die Ausbildung von UN- oder OSZE-Beobachtern.

Während der Ausbildung, insbesondere der gemeinsamen Ausbildung von für in multinationalen Truppenteilen vorgesehenen Führern Grenzen gesetzt sind, kann und sollte eine entsprechende Führerfort- und -weiterbildung stärker als bisher in multinationalem Rahmen erfolgen.[427]

6.1.2.4 Anforderungen

An den militärischen Führer werden konkrete persönliche und fachliche Anforderungen gestellt, die sich zunächst auf den Dienst innerhalb der Streitkräfte der eigenen Nation beziehen. Diesbezüglich hat jede Nation eigene Vorstellungen und Schwerpunkte. Bestimmte Anforderungen sind jedoch identisch und finden sich in allen nationalen Anforderungskatalogen. So hat das Ziel der deutschen Offiziersausbildung, nämlich den professionellen, körperlich leistungsfähigen, verantwortungsbewußten, couragierten und engagierten Offizier,[428] sicherlich auch in anderen Nationen Gültigkeit.

Doch nationale Unterschiede sind existent. Einen vermeintlich international gültigen soldatischen Ehrenkodex[429] beispielsweise gibt es längst nicht mehr, wie die weltweiten Diskussionen über eine allgemeine Gültigkeit von Werten und über die Verbindlichkeit von Moral deutlich machen.[430] Die Folge davon ist, daß Ethik privatisiert wird, das heißt, ethische Maß-

[424] Vgl. Dienste (Erfahrungen), S. 48 und Urbach (Führerausbildung), S. 21. Siehe für die Bundeswehr *BMVg* (Film), S. 26.

[425] Vgl. *Urbach* (Führerausbildung), S. 21f.

[426] So wird es eine gemeinsame Ausbildung der Tiger-Piloten in Frankreich und der Tiger-Mechaniker in Deutschland geben. (Vgl. *Kapfer* (Vortrag), S. 11.)

[427] Als erfolgreiches Beispiel sei hier das NATO Defense College in Rom aufgeführt.

[428] Vgl. *Albert* (Blick), S. 3. Siehe hierzu auch *Willmann* (Leadership), S. 33. Der Anforderungskatalog an den Offizier der US-Army entspricht dem Idealtyp des militärischen Führers schlechthin. (Siehe hierzu ausführlich *Grange* (Vortrag), S. 1-16.) Auf die Nachfrage des Autors, wie hoch der Prozentsatz eines Jahrganges sei, der dieser utopischen Vision an Anforderungen gerecht werde, mußte Generalmajor Grange eingestehen, daß er unter 50 Prozent liegt.

[429] Vgl. *Vad* (Berufsbild), S. 45. Einen solchen gemeinsamen Ehrenkodex gab es vor Jahrzehnten noch. (Vgl. *Elbe* (Berufsauffassung), S. 424.) Grundsätzlich unterscheiden sich die nationalen Wertevorstellungen voneinander. (Siehe hierzu auch *OpLESK*, S. 17.)

[430] Siehe hierzu beispielsweise *Ulrich/Wieland* (Unternehmensethik), S. 10. Siehe zu einer anhand zahlreicher Kriterien durchgeführten Dokumentation und Darstellung des Wertewandels in Europa, insbesondere in der Bundesrepublik Deutschland und in Frankreich *Köcher/Schild* (Wertewandel).

stäbe werden willkürlich, beliebig und individuell festgelegt.[431] So wird beispielsweise Loyalität in vielen Armeen weniger gegenüber dem Auftrag gesehen als gegenüber dem aktuellen Vorgesetzten.[432] Soweit es hier innerhalb des einzelnen multinationalen Truppenteils keine Einheitlichkeit und keinen Konsens gibt,[433] sind effektivitätseinschränkende Konflikte vorprogrammiert.[434]

Für multinationale Verwendungen gelten weitere Anforderungen an Persönlichkeit und Fachkompetenz des Führers.
Da jeder Führer zukünftig damit rechnen muß, Verwendungen in multinationalen Truppenteilen und Stäben[435] zu erhalten, macht dies im Führerkorps insbesondere das Verständnis des Wesens, der Besonderheiten und der Probleme multinationaler Zusammenarbeit notwendig.[436] Dies wiederum fordert von den Angehörigen des Führerkorps grundsätzlich die Unterstützung des multinationalen Gedankens und die Fähigkeit zum häufig notwendig werdenden Kompromiß.[437] Wichtig wird in diesem Zusammenhang auch die Fähigkeit, die eigene Kultur sowie fremde Kulturen zu reflektieren und gegenseitige Toleranz zu entwickeln.[438] Persönliche Einstellungen und subjektive Normen, die sich der Multinationalität entgegenstellen und die einer effektiven täglichen Arbeit abträglich sind oder diese gar sabotieren, haben innerhalb eines professionellen Führerkorps keinen Platz. Mitwirkung und Kooperation garantieren zwar keinen Arbeitserfolg, sie sind aber unerläßliche Voraussetzung für ihn.[439]
Einsatzerfahrungen haben gezeigt, daß die Effektivität der Zusammenarbeit im multinationalen Rahmen neben fachlicher Kompetenz insbesondere durch die Persönlichkeit der jeweili-

---

[431] Diese Diskussion wurde für den militärischen Bereich beispielsweise 1998 während einer Tagung der FüAkBw und der Clausewitz-Gesellschaft geführt. (Siehe hierzu ausführlich *Brüggemann* (Anforderungen), S. 8f.) Zum gesellschaftlichen Wertewandel und seinen Bezug zu den Streitkräften nahmen auch die Wehrbeauftragte und der Inspekteur des Heeres Stellung. (Vgl. *InH* (Weisung), S. 2 und *Marienfeld* (Studien), S. 28.) Siehe zum Verfall des soldatischen Wertesystems in der Bundeswehr ausführlich *Heine* (Spiegelbild), S. 701-703 und *Leese* (Triumpf), o. S.
Innerhalb der Streitkräfte der USA gibt es seit einiger Zeit ausgeprägte Diskussionen um die moralische und ethische Legalität sexueller Beziehungen zwischen den Angehörigen verschiedener Laufbahngruppen. (Vgl. *AP* (Affair), S. 3.) Diese Diskussion hat eine neue Qualität durch die Clinton-Lewinsky-Affäre erhalten, in welcher der Präsident der USA, der zugleich Oberkommandierender der US-Streitkräfte ist, für sich andere ethische und moralische Maßstäbe in Anspruch genommen hat, als er es als Oberkommandierender von seinen Soldaten fordert und durchsetzt.
Der Werteverfall innerhalb der Streitkräfte wird insbesondere beim Führernachwuchs deutlich. Berichte über Drogenmißbrauch und –handel, Autodiebstahl und –hehlerei, sexuellen Mißbrauch von Kadetten und Kindern usw. an der US Naval Academy sprechen für sich. (Siehe hierzu ausführlich *Jacobi* (Einzelbericht), S. 1-6.)
[432] Vgl. *Brüggemann* (Streitkräfte), S. 21 und *Neubauer* (Einsatz), S. 14.
[433] Die Existenz unterschiedlicher nationaler Wertvorstellungen und ihre Auswirkungen auf die multinationale Zusammenarbeit erkennt auch das BMVg. (Siehe hierzu beispielsweise *OpLESK*, Nr. 342.) Eine Darstellung des Zusammenhangs zwischen individuellen Wertvorstellungen und der Kostenstruktur eines erwerbswirtschaftlichen Unternehmens findet sich beispielsweise in *Wieland* (Erfolgsfaktor), S. 532f.
[434] Siehe hierzu am Beispiel der Bundeswehr *Knabe* (Wertewandel), S. 19. Im Umkehrschluß läßt sich festhalten: Konsens über Werte führt zu Höchstleistungen. (Vgl. *Stockfisch* (Führung), S. 86.)
[435] Hier sind nicht nur die dauerhaften multinationalen Truppenteile, sondern in Anbetracht des geänderten Auftragsspektrums insbesondere auch die für konkrete Einsätze gebildeten multinationalen Ad-hoc-Truppenteile gemeint.
[436] Dies gilt wegen des ausgeprägten multinationalen Engagements insbesondere für das Führerkorps der Bundeswehr. (Vgl. *Gruber u.a.* (Entwurf), S. 42 und *Hansen* (Anforderungen), S. 80f.) Aber auch die US-Army hat erkannt, daß sich ihre Offiziere diesbezüglich anpassen müssen. (Siehe hierzu ausführlich *Becker* (Combined), S. 25-29.)
[437] Vgl. *Brüggemann* (Streitkräfte), S. 21, *Bühl* (Erfahrungen), S. 53, *Neubauer* (Einsatz), S. 14, *Sachau* (Vortrag), S. 1 und *Willmann* (Leadership), S. 34.
[438] Vgl. *Keller* (Berufsbild), S. 374. Interkulturelle Sozialkompetenz gehört in erwerbswirtschaftlichen multinationalen Unternehmen längst zum Anforderungskatalog des Managements. (Siehe hierzu ausführlich *Kiechl* (Respekt), S. 22-25.)
[439] Vgl. *Oettle* (Führung), S. 29. Siehe hierzu auch *Driftmann* (Führung), S. 5.

gen Führer[440] außerordentlich begünstigt wird.[441] Entsprechend sind die Anforderungen an den multinational eingesetzten Führer bei der Besetzung der Führungspositionen anzupassen. Dies stellt jedoch einen nicht zu unterschätzenden Engpaßfaktor dar, der in seiner betriebswirtschaftlichen Konsequenz einerseits zielorientiertere Auswahl und intensivere Ausbildung bedeutet, und der andererseits bei Versäumnis zu Ineffektivität der Führung und damit auch der Leistung der Geführten führt.
Auf die Notwendigkeit der Anpassung der Ausbildung und damit der Anpassung der fachlichen Anforderungen des militärischen Führerkorps sowie auf die damit verbundenen betriebswirtschaftlichen Aspekte wurde bereits im vorangegangenen Kapitel 6.1.2.3 *(Ausbildung)* eingegangen. Nicht (an multinationale Erfordernisse) angepaßte Anforderungsprofile können aus betriebswirtschaftlicher Sicht zu suboptimalen Stellenbesetzungen oder gar zu Fehlbesetzungen führen.[442]

6.1.2.5 Aufgaben und Befugnisse

6.1.2.5.1 Aufgaben

Durch die seit 1994 legitime Teilnahmemöglichkeit deutscher Soldaten an internationalen Einsätzen[443] wird dem Führerkorps der deutschen Bundeswehr ermöglicht, im Vergleich zum Führerkorps der Streitkräfte anderer Nationen das gleiche Auftragsspektrum zu erfüllen. Im internationalen Vergleich gibt es damit grundsätzlich keine Unterschiede bezüglich des von den Führern zu erfüllenden Auftragsspektrums.

Dennoch kennt der deutsche Generalstabsoffizier bezüglich der von ihm zu erfüllenden Aufgaben eine Besonderheit, die es in den Streitkräften anderer Nationen nicht gibt. Der deutsche Generalstabsoffizier ist meist in wechselnder Verwendung Truppenführer und Führergehilfe. In letztgenannter Funktion bleibt er Angehöriger des Führerkorps und damit integraler Bestandteil der Betriebsführung. Seine Hauptaufgabe in dieser Funktion ist die Beratung seines Vorgesetzten in allen Angelegenheiten – mit dem Recht auf Gehör. Der deutsche Generalstabsoffizier hat damit eine Stellung, die ihn nicht nur aus dem Kreis der anderen deutschen Stabsoffiziere heraushebt, denn alle Stabsoffiziere beraten zwar ihre Vorgesetzten, wenn sie dazu aufgefordert werden. Der deutsche Generalstabsoffizier jedoch berät seine Vorgesetzten in allen Angelegenheiten und ist zudem befugt, sie zur Entscheidung und zur Tat zu drängen. Er hat darüber hinaus die Pflicht, abweichende Auffassungen vorzutragen.[444] In den Armeen anderer Nationen jedoch ist der Kraft eigenen Rechts beratende Generalstabsoffizier unbekannt. Weder britische noch französische noch US-amerikanische Führer würden einen Generalstabsoffizier mit der Aufgabe der Beratung und mit dem Recht auf Gehör dulden. Der aufgrund seiner Aufgabe in der Bundeswehr geltende herausgehobene Status des deutschen Ge-

---

[440] Siehe zu einem detaillierten Anforderungskatalog an die individuelle Persönlichkeit von multinationalen Führern ausführlich *Thomas* (Gutachten), S. 36.

[441] Vgl. *Gijsbers* (Thesis), S. 9. Siehe hierzu am Beispiel der multinationalen Evakuierungsoperation „Amaryllis" in Ruanda 1994 *Jahnson/Uro* (Amaryllis), S. 25 und FN 122 sowie am Beispiel des II. Golfkrieges *Gijsbers* (Thesis), S. 13 und *Powell* (Journey), S. 722. Hier hat auch die Koalitionskriegsführung der Alliierten im II. Weltkrieg Beispielcharakter. (Siehe hierzu *Bolle* (Eisenhower), S. 16f.)

[442] Vgl. *Hofmann* (Anforderungsprofile), S. 49. Im erwerbswirtschaftlichen multi- bzw. internationalen Bereich werden die durch eine Fehlbesetzung und durch die damit notwendig werdende Neubesetzung einer exponierten Führungsstelle entstehenden Kosten auf zirka eine Mio. US $ beziffert. (Siehe hierzu *Child/Faulkner* (Cooperation), S. 181.)

[443] Siehe zur Legitimität der Auslandsentsendung der Bundeswehr unter besonderer Berücksichtigung des Urteils des Bundesverfassungsgerichtes von 1994 ausführlich *Schultz* (Auslandsentsendung).

[444] Siehe zu dem vorangegangenen Abschnitt *Millotat* (Generalstabssystem), S. 26.

neralstabsoffiziers hat im multinationalen Bereich wenig Gültigkeit. Hier steckt ein nicht zu unterschätzendes effektivitätsreduzierendes Konfliktpotential, denn nicht jeder deutsche Generalstabsoffzier ist bereit, auf diese Aufgabe bzw. auf dieses Recht zu verzichten – gerade wenn er in der Bundeswehr bereits gehobene Dienstposten innehatte.[445] Das erläuterte Konfliktpotential kann effektivitätshemmende Auswirkungen auf die multinationale Zusammenarbeit innerhalb der Führung und damit auch auf die Leistung multinationaler Truppenteile haben.

6.1.2.5.2 Befugnisse

Zwar hat der deutsche Offizier wie dargestellt als Generalstabsoffizier besondere Pflichten und Rechte, gleichwohl unterliegt das deutsche Führerkorps im Vergleich zu den militärischen Führern anderer Streitkräfte bei der Auftragsausführung und damit bezüglich seiner Befugnisse immer häufiger engster politischer Anbindung. Die Handlungsspielräume werden dabei so weit eingeengt, daß Verhalten und Vorgehen durch Einsatzrichtlinien oftmals bis ins Detail festgelegt werden.[446] Den Primat der Politik kennen andere Nationen zwar auch, deren Streitkräfte unterliegen derart ausgeprägten, permanenten Einschränkungen jedoch nicht bzw. nur im Einzelfall.[447] Der aufgezeigte Unterschied führt oft zu Unverständnis innerhalb des Führerkorps multinationaler Truppenteile. Er ist zudem geeignet, den Führungsprozeß deutlich zu verlängern und damit seine Effektivität entsprechend zu reduzieren.

Wiederum eine Besonderheit der Bundeswehr ist die höhere Gewichtung der Dienststellung gegenüber dem Dienstgrad, was zur Folge hat, daß dienstgradniedere Offiziere Vorgesetzte von im Dienstgrad höheren Offizieren sein können.[448] Dieser Sachverhalt ist in den Streitkräften anderer Nationen undenkbar.[449] Was innerhalb der Bundeswehr funktioniert, führt im multinationalen Bereich regelmäßig zu Friktionen.[450]

Unter rechtlichem Gesichtspunkt werden die Befugnisse multinationaler Führer noch kontrovers diskutiert.[451] Es wird jedoch deutlich, daß die in Truppenteilen realisierbare Multinationalität ihre rechtlichen Grenzen bei der Übertragbarkeit der Befehls- und Kommandogewalt auf den militärischen Führer erreicht. Fraglich ist zum Beispiel, wie die D/F-Brigade ihren Auftrag erfüllen können soll, wenn nicht ein deutscher Vorgesetzter einem französischem Untergebenen – und umgekehrt – Befehle mit dem Anspruch auf Gehorsam erteilen kann, weil er diesen Gehorsam soweit erforderlich nicht selbst und unmittelbar durchsetzen kann. Das Ordnungsprinzip der militärischen Über- und Unterordnung ist auch in multinationalen Truppenteilen unverzichtbar. Es muß deshalb Ersatz für die herkömmlichen Befehls- und Gehorsamsstrukturen gefunden werden, die die Funktionsfähigkeit des Truppenteils gewährleis-

---

[445] Siehe zu dem vorangegangenen Abschnitt ausführlich *Millotat* (Spannungsfelder), S. 91-93.

[446] Siehe zu dem vorangegangenen Abschnitt *Millotat* (Generalstabssystem), S. 32 und 68.

[447] So behielt sich beispielsweise im Kosovo-Konflikt der US-amerikanische Präsident die Autorisierung der Bekämpfung bestimmter Ziele vor. Hier wurden die Lehren aus dem Vietnamkrieg gezogen. Frankreich und Großbritannien sind diesbezüglich viel flexibler, was nicht nur den Führungsprozeß beschleunigt und damit die Effektivität der Führung steigert, sondern auch die Resultate der Zielbekämpfung verbessert. (Siehe zu dem vorangegangenen Abschnitt *Dole* (CNN).)

[448] Siehe hierzu § 3 *VorgV*.

[449] Siehe zu dem vorangegangenen Abschnitt *Millotat* (Generalstabssystem), S. 34. Dort wird in der Regel ein vorläufiger Dienstgrad verliehen, um die Dienstgraddifferenz zu neutralisieren.

[450] So war beispielsweise der Posten des G4 der D/F-Brigade zeitweise durch einen deutschen Major i. G. besetzt, dessen Stellvertreter ein französischer Oberstleutnant war. Dies führte regelmäßig zu Problemen. (Vgl. *Allorant* (Gespräch).)

[451] Eigentlich stehen die Diskussionen noch am Anfang. (Vgl. *Dau* (Aspekte), S. 3f. und 5.) Siehe zu der stattfindenden Diskussion beispielsweise auch *Kirchhof* (Befehlsgewalt), S. 152-163.

ten.[452] In diesem Zusammenhang ist festzustellen, daß es durchaus strittig ist, ob die in der Bundeswehr eingeführte „Anweisung auf Zusammenarbeit“[453] ausreichende rechtliche Grundlage sein kann, um multinationale Truppenteile effektiv führen zu können.[454]

In der Praxis gibt es bezüglich der rechtlichen Regelung von Befehlsbefugnissen im Frieden in Abhängigkeit vom jeweiligen Organisationsprinzip der multinationalen Truppenteile Insellösungen.[455] Diese sind innerhalb der nationalen Streitkräfte sowohl einer einheitlichen Ausbildung als auch einer einheitlichen Führung mehr als abträglich.[456] Vielfach wird gefordert, daß den multinationalen Führern bereits im Frieden die Befugnisse zugestanden werden sollen, die ihrer Verantwortung im Einsatz entsprechen und die meist noch nationalen Führern vorbehalten sind.[457] Fest steht, daß die Trennung von nationalen und multinationalen Befugnissen eine effektive Führung im multinationalen Bereich behindert.[458]
Im Einsatz ergeben sich die Befugnisse der Führer im wesentlichen aus den Unterstellungsregelungen. Bis auf das sogenannte „FULL COMMAND“ schränken alle anderen Unterstellungsregelungen die Handlungsfreiheit des jeweiligen Führers ein, was durchaus hemmende und effektivitätseinschränkende Wirkung auf die Operationsführung hat.[459] Insbesondere im Bereich der Einsatzunterstützung, vor allem in der Logistik gelten die Befugnisse als unzureichend.[460] Bei Einsätzen des Heeres außerhalb deutschen Hoheitsgebietes setzt die Bundeswehr immer einen sogenannten „Nationalen Deutschen Befehlshaber im Einsatzland“ ein, der die nationalen Interessen nicht nur gegenüber dem Einsatzland, sondern auch gegenüber dem Befehlshaber des jeweiligen multinationalen Truppenteils wahrnimmt.[461] Dies trägt ebenfalls dazu bei, daß multinationale Operationsführung durch die eingeschränkten Befugnisse des Führers grundsätzlich Effektivitätsverluste im Vergleich zur rein nationalen Operationsführung aufweist.[462]

---

452 Siehe zu dem vorangegangenen Abschnitt *Dau* (Aspekte), S. 2f.

453 Siehe hierzu ausführlich *ZDv 1/50*, Nr. 30.

454 Vgl. *Dau* (Aspekte), S. 3 und *Heinen* (Grenzen), S. 14.

455 Siehe hierzu auch *Dienste* (Erfahrungen), S. 49 und *Whitford/Young* (Authorities), S. 40. Die verschiedenen, innerhalb der einzelnen multinationalen Truppenteile geltenden Unterstellungsverhältnisse und Befugnisse sind im Anhang 6 *(Multinationale Beteiligung des deutschen Heeres)* dieser Arbeit aufgeführt. Wie weit die Übertragung nationaler Angelegenheiten in multinationalen Truppenteilen teilweise geht, wird im I. D/NL Korps sichtbar: Dort wurde seinerzeit der niederländische stellv. KG vom deutschen Inspekteur des Heeres offiziell zum „Beauftragten für Reservistenarbeit“ sowie zum „Bevollmächtigten für Aufwandsbegrenzung und Rationalisierung im Betrieb“ ernannt. (Vgl. *Oltmanns* (GE/NL), S. 16.)

456 Vgl. *Palin* (Forces), S. 48.

457 Vgl. *Bagger* (Heer), S. 42., *Meyers* (Grundsätze), S. 6, *Palin* (Forces), S. 76 sowie *Stelz* (Multinationalität), S. 664 und 666.

458 Vgl. *Codner* (Together), S. 20, *Gerz* (Plädoyer), S. 468 und *Palin* (Forces), S. 17.

459 Dies wurde für das ARRC im Rahmen des IFOR-Einsatzes deutlich bestätigt. (Vgl. *Walker* (Prüfstand), S. 16. und *Whitford/Young* (Authorities), S. 36.) Von einer Arbeitsgruppe unter Beteiligung Belgiens, Dänemarks, Deutschlands, Frankreichs, Großbritanniens, Kanadas, der Niederlande und der USA wurde festgestellt, daß TACOM und TACON für eine erfolgreiche Operationsführung absolut unzureichend sind. (Vgl. *Whitford/Young* (Authorities), S. 37.)

460 Vgl. *Carstens* (Multinationalität), S. 10, *Dischert* (Logistik), S. 343, *Mejlholm* (Brigade), S. 28, *Murphy* (Logistics), S. 1543, *Rode* (Logistik), S. 121, *Seland* (Study), S. 73 und *Vries* (Forderungen), S. 81. Siehe hierzu auch *Willmann* (Operationsführung), S. 29.

461 Vgl. *Millotat* (Denken), S. 38.

462 Siehe zur Notwendigkeit ausreichender und klarer Befugnisse zur Vermeidung von Effektivitätsverlusten am Beispiel erwerbswirtschaftlicher multinationaler Unternehmen *Child/Faulkner* (Cooperation), S. 176.).

6.1.3 Die Führung bzw. der Führungsprozeß

6.1.3.1 Begriff

Obwohl die Armeen dieser Welt seit Jahrhunderten Erfahrungen auf dem Gebiet der Führung haben, existiert weder eine einheitliche Führungslehre noch eine einheitliche Führungstheorie.[463] Aus diesem Grund gibt es international betrachtet auch keine Einheitlichkeit bezüglich des Begriffs der „Führung" bzw. bezüglich seiner Inhalte. Damit unterscheiden sich auch Führungsverhalten und –verfahren im internationalen Vergleich. Diese Unterschiede sind das Ergebnis historischer Prozesse, welche in den Streitkräften der einzelnen Nationen verschieden verlaufen sind.[464] Vor allem die nationalen Führungsverfahren werden zusätzlich von der technologischen Entwicklung sowie von der Veränderung des Kriegsbildes und der Einsatzformen beeinflußt.

6.1.3.2 Führungsverhalten

Das Führungsverhalten findet seinen Ausdruck insbesondere im angewandten Führungsstil.[465] Neben den individuellen, personenbedingten Führungsstilen der einzelnen Führer gibt es nationalitätsbedingte Unterschiede zwischen praktizierten Führungsstilen der Führer.[466] Die Anwendung unterschiedlicher Führungsstile hat jedoch dort seine Grenzen, wo sie zu einer unterschiedlichen Behandlung der Geführten führt[467] und wo sie die Effektivität der Führung einschränkt; dies ist vor allem dann der Fall, wenn sie unvereinbar neben- bzw. gegeneinander stehen.[468]

Der Offizier der deutschen Bundeswehr wird so ausgebildet, daß er als Truppenführer sowohl Führer als auch Ausbilder und Erzieher sein kann.[469] Der Führungsstil der Bundeswehr ist stark geprägt von den Prinzipien der Konzeption der Inneren Führung sowie der Auftragstaktik. Zum deutschen Führungsstil gehört auch, daß der einzelne Führer seine Autorität durch Vorbild, Leistung und Fürsorge gewinnt.[470] Insbesondere im Generalstabsdienst ist der militärische Führer in alternierenden Verwendungen Truppenführer und Führergehilfe. Auch in der zweitgenannten Funktion ist er Mitglied des Führerkorps, nimmt also am Führungsprozeß teil. Als Führergehilfe ist er erster Berater des Truppenführers mit Anspruch auf Gehör; wenn nötig drängt er seinen Führer zu Entscheidung und Tat[471] – auch dies ist ein typisches Merkmal deutschen Führungsstils. Die Bundeswehr vertritt deutlich den Standpunkt, daß sie an den Grundsätzen und Merkmalen des deutschen Führungsstils festhalten will,[472] erkennt aber gleichzeitig die Notwendigkeit, in multinationalen Truppenteilen diesbezüglich ein Mindest-

---

[463] Vgl. *Rosen* (Führung), Sp. 1451. Siehe hierzu auch *HDv 100/100*, Nr. 402.

[464] Vgl. *Millotat* (Generalstabssystem), S. 7.

[465] Führungsverhalten wird zum Führungsstil, wenn das Verhalten vom Führer auf typische Weise und beständig zum Ausdruck gebracht wird. (Vgl. *Driftmann* (Führung), S. 17.)

[466] Es existiert eine Vielzahl von im Militär praktizierten Führungsstilen, die in der Realität selten in reiner Form vorkommen. Siehe zu einer Darstellung unterschiedlicher Führungsstile beispielsweise *Gabler* (Lexikon), Bd. 3, S. 1222f., *Hahn* (Militärbetriebslehre), S. 299, *Kirchhoff* (Führung), S. 297, *Lohse* (Führung), S. 48f. sowie *ZDv 10/1*, Anl. 13.

[467] Vgl. *Lohse* (Führung), S. 33.

[468] Vgl. *Bolle* (Eisenhower), S. 23.

[469] Siehe hierzu ausführlich *Behme* (Ausbildung), S. 3-5 und 18.

[470] Vgl. *Naumann* (Führen), S. 18.

[471] Vgl. *Millotat* (Generalstabsdienst), S. 118 und *Millotat* (Spannungsfelder), S. 91.

[472] So wird man auf keinen Fall den wesentlich robusteren Führungsstil anderer Nationen, insbesondere den des ehemaligen Warschauer Paktes übernehmen. (Vgl. *Bagger* (Schrittmacher), S. 11 und *Bagger* (Statement), o. S.)

maß an Einheitlichkeit zu wahren.[473] Soweit andere Nationen in dieser Sache ebenfalls nicht kompromißbereit sind, ist hier durchaus effektivitätseinschränkendes Konfliktpotential zu erkennen.

Besonders deutlich wird der Unterschied der Führungsstile bei einem Vergleich der Armeen von NATO-Mitgliedsländern und Streitkräften des ehemaligen Warschauer Paktes.[474] Die Streitkräfte Polens beispielsweise praktizieren nach eigenen Angaben seit Jahrzehnten den autokratischen Führungsstil, der nicht nur Selbständigkeit in Denken und Entscheiden, sondern auch Initiative einschränkt.[475] Dies hat Auswirkungen auf die Qualität des Führens, wird hierdurch doch der übervorsichtige, inflexible, bürokratische, unselbständige, angepaßte, insgesamt also der ineffektive Führer gefördert.[476] Es zeigen sich aber auch Auswirkungen auf das Verhältnis zwischen Führer und Geführten: Es fehlt vor allem das Vertrauen des Geführten in seine Führer bzw. in die Führung.[477] Wer jedoch kein Vertrauen hat, besitzt eine deutlich eingeschränktere Leistungsbereitschaft. Insgesamt ist festzuhalten, daß wirkungsvolles Führen in den polnischen Streitkräften durch den gewohnten autokratischen Führungsstil deutlich erschwert wird.[478] Daß sich dies insbesondere auf das MNK (NO) auswirken kann bzw. wird, ist der polnischen Armee durchaus bewußt; man weiß dort auch, daß das Umlernen, das Akzeptieren und das Gewöhnen an einen anderen Führungsstil sowie der Mentalitätswechsel lange Zeit in Anspruch nehmen werden.[479]

Der französische Führungsstil ist stark hierarchisch und autoritär geprägt[480] und mit kolonialen und imperialen Führungstraditionen befrachtet.[481] Die Trennung zwischen Offizieren, Unteroffizieren und Mannschaften findet beispielsweise auch beim Essen statt.[482] Die kommenden Generationen des französischen Führerkorps sollen nach den Plänen der französischen Armeeführung einen Führungsstil erlernen und anwenden, der auf einem tief verankerten Sinn für Ethik und einem starken Verantwortungsbewußtsein beruht.[483] Wie weit die französische Armee von dieser Zielsetzung noch entfernt ist, zeigte sich beispielsweise beim Eurokorps während der Übung „Pegasus 95" und bei der MND (SE) in Mostar während des I-FOR/SFOR-Einsatzes 1996/97. Hier wurden vereinzelt französische Mannschaftsdienstgrade durch eigene Unteroffiziersdienstgrade wegen Fehlverhaltens körperlich gezüchtigt. Dies

[473] Vgl. *BMVg* (Film), S. 26. Die Notwendigkeit eines einheitlichen Führungsstils für die Effektivität von Führung ist seit Jahrzehnten bekannt. (Vgl. *Pfeiffer* (Führung), S. 621 und 630.)

[474] Vgl. *Malat* (Zusammenarbeit), S. 297.

[475] Vgl. *Wiatr* (Vortrag), S. 9f.

[476] Im Einsatz hängt der Führungserfolg insbesondere vom selbständig und lagegerechten Handeln der Führer ab. (Vgl. *Poeppel* (Führungsstil), S. 191.)

[477] Vgl. *Wiatr* (Vortrag), S. 11.

[478] Die Vorteilhaftigkeit des auf personaler Autorität beruhenden Führungsstils im Vergleich zu dem auf formaler Autorität beruhenden Führungsstils findet sich anhand kriegsgschichtlicher Beispiele eindrucksvoll bei *Gizewski* (Autorität), S. 264-274. Hier wird gleichzeitig auch die Unvereinbarkeit der beiden Führungsstile deutlich.

[479] Vgl. *Wiatr* (Vortrag), S. 11.

[480] Vgl. *Allorant* (Gespräch) und *Schneider* (Eurowehr), S. 7.

[481] Vgl. *Dienste* (Erfahrungen), S. 32 und *o. A.* (Einmalig), S. 131. Siehe zu einem ausführlichen Vergleich zwischen den Managementstilen französischer und deutscher Manager erwerbswirtschaftlicher Unternehmen *Pateau* (Managementstile), S. 151-170.

[482] Dies beinhaltet nicht nur eine räumliche Trennung, sondern bezieht sich auch auf das Essen selbst: So ist es zum Beispiel den Offizieren im Unterschied zu den Mannschaften gestattet, zum Mittagessen Wein und Bier zu trinken. (Vgl. *Faust* (BQG), o. S. und *o. A.* (Einmalig), S. 143.)
Dem Autor wurde während seiner Dienstzeit beim BQG im Eurokorps vom französischen Bataillonskommandeur befohlen, im in der Innenstadt befindlichen Hotel für Offiziere Quartier zu nehmen. Es sei in der französischen Armee nicht üblich, daß Offiziere eine Stube im Kompaniegebäude beziehen, in dem auch Unteroffiziere und Mannschaften untergebracht sind. Der Autor hat nach deutschen Führungsgrundsätzen gehandelt – der Platz des Führers ist bei seinen Männern. Dies führte im Bataillon zunächst zu Unstimmigkeiten. (Vgl. *Faust* (BQG), o. S.)

[483] Vgl. *Alorant* (Gespräch) und *Kapfer* (Vortrag), S. 8.

wurde überraschenderweise ohne Widerspruch akzeptiert, was durchaus einen Rückschluß auf die akzeptierte Selbstverständlichkeit dieses Führungsstils innerhalb des französischen Heeres zuläßt.[484]
Auch kennt das französische Heer keinen mitverantwortlichen Berater, wie ihn der deutsche Generalstabsoffizier in der Funktion des Führergehilfen darstellt. Deshalb gibt es regelmäßig Unverständnis und effektivitätsreduzierende Friktionen zwischen französischen und deutschen Führern und Führergehilfen.[485]

Obwohl durch israelische und US-amerikanische Studien belegt ist, daß ein auf Vertrauen und Delegation beruhender Führungsstil im Einsatz viel effektiver als ein autoritärer Führungsstil ist,[486] ist der Lernprozeß im US-amerikanischen Führerkorps, mehrheitlich den auf Vertrauen und Delegation beruhenden Führungsstil zu praktizieren, noch nicht abgeschlossen.[487] Die Begründung hierfür ist einfach: Weil diesbezüglich oftmals die Unterstützung von oben fehlt, ist die Anwendung des autoritären Führungsstils für die eigene Karriere risikoärmer und wird deshalb noch wesentlich häufiger angewandt.[488]
Bei einem Vergleich zwischen den Generalstabsoffizieren der Bundeswehr und denen der Streitkräfte der USA ist festzuhalten, daß ein US-amerikanischer Führer einen ihn beratenden Generalstabsoffizier mit Recht auf Gehör keinesfalls dulden würde. Noch häufig ist der rauhe und Grobheit nicht scheuende militärische Führer in der US Armee zu finden. Auf das individuelle Führungsverhalten ihrer Vorgesetzten stellen sich Dienstgradniedere sehr schnell ein.[489]

Auf den in der britischen Armee angewandten Führungsstil wurde bereits an früherer Stelle hingewiesen: So taktvoll der Umgang innerhalb des britischen Offizierskorps untereinander ist, so regelmäßig fehlt es an Takt beim Umgang mit Unteroffizieren und Mannschaften. Gerade in multinationalen Verwendungen erwarten britische Führer von andersnationalen Soldaten die uneingeschränkte Akzeptanz ihres „Way of Life"; insbesondere im Umgang mit US-amerikani-schen Soldaten kommt es regelmäßig und traditionell zu Reibungen.[490]
Auch innerhalb des britischen Führerkorps gehört es im übrigen nicht zum praktizierten Führungsstil, sich von beratenden Generalstabsoffizieren in der Führung hemmen zu lassen.[491]
Wie weiter oben bereits dargestellt, wird das innere Gefüge der spanischen Streitkräfte auch heute noch von einem strikten Klassensystem bestimmt, in dem den Offizieren und Unteroffizieren streng abgegrenzt die Mannschaften gegenüberstehen. Falsch verstandener Stolz[492] macht diese Trennung nach wie vor unüberwindbar. Die als patriarchalisch geltende Haltung der Führer ist häufig Ursache für überzogene Härte; Mißhandlungen von Soldaten sind traurige Höhepunkte einer Vielzahl von Mißständen.[493]
Obwohl der spanische Offizier in seinen eigenen Streitkräften meist nur Befehlsausführender ist, von dem wenig Eigenständigkeit gefordert und deshalb noch selten vorhanden ist, findet

---

[484] Vgl. *Faust* (BQG), o. S. und *Faust* (IFOR/SFOR), o. S. Das Schlagen von Soldaten durch Vorgesetzte gilt im französischen Recht als legitim und korrekt. (Vgl. *FüAkBw* (Beteiligung), S. 16.)
[485] Vgl. *Millotat* (Generalstabsdienst), S. 28.
[486] Siehe hierzu ausführlich *Kirkland* (Styles), S. 61-72.
[487] Vgl. *Kirkland* (Styles), S. 68 und *Powell* (Journey), S. 88.
[488] Vgl. *Kirkland* (Styles), S. 69f.
[489] Siehe zu dem vorangegangenen Abschnitt ausführlich *Millotat* (Spannungsfelder), S. 91f.
[490] Vgl. Millotat (Spannungsfelder), S. 93. Dies kann der Autor durch die Verwendungen bei MND (SE) und MND (N) während des IFOR/SFOR-Einsatzes bestätigen. Gleichwohl ist festzuhalten, daß gerade die britischen Spezialkräfte, insbesondere der britische Special Air Service (SAS) einen außerordentlich professionellen Umgang mit den Angehörigen der Spezialkräfte anderer Nationen pflegen. Hier tauchen im Führungsstil begründete Differenzen nicht einmal ansatzweise auf. (Vgl. *Faust* (IFOR/SFOR), o. S. und *Faust* (InFeSpähS), o. S.)
[491] Siehe hierzu auch *Millotat* (Spannungsfelder), S. 92.
[492] Vgl. *o. A.* (Einmalig), S. 131.
[493] Siehe zu dem vorangegangenen Abschnitt ausführlich *Fechner* (Eurokorps), S. 606.

er sich als Stabsoffizier innerhalb des Stabes des Eurokorps teilweise nur schwer mit der Rolle des reinen Sachbearbeiters zurecht – Positionen wie die eines Abteilungsleiters werden seinen Vorstellungen vom Beruf des Offiziers eher gerecht. Im übrigen weisen die deutsche und die spanische Ausbildung zum Generalstabsoffizier wesentliche inhaltliche Unterschiede auf.[494]

Die Streitkräfte der Niederlande pflegen einen ganz eigenen Führungsstil bzw. eine eigene Führungsmentalität. Diese beruht auf weniger klar abgegrenzten Strukturen, einer Vielzahl an informellen Wegen, funktionaler Disziplin (im Gegensatz zur formalen Disziplin der Bundeswehr) sowie auf dem Hinterfragen bereits getroffener Entscheidungen, wobei die betreffende Angelegenheit meistens nicht einmal in die eigene Zuständigkeit fällt. Dies ist ein für deutsche Führer völlig unverständliches Verhalten.[495] Auf äußere Disziplin soll innerhalb der niederländischen Streitkräfte jedoch zukünftig verstärkt Wert gelegt werden.[496]

Soweit die Führer der einzelnen nationalen Streitkräfte vor Verwendungen in multinationalen Truppenteilen nicht auf die Besonderheiten der von anderen Nationen praktizierten Führungsstile adäquat vorbereitet werden, besteht insbesondere gleich nach der Übernahme einer multinationalen Führungsfunktion die nicht zu unterschätzende Gefahr eines sogenannten „Eingangsschocks", der die Leistungseffektivität der Führer und damit die Führungseffektivität erheblich mindern kann.[497] Aber auch nach der Übernahme der Führungsfunktion besteht die Gefahr des Effektivitätsverlustes der Führung weiter, nämlich dann, wenn die Eigenheiten andersnationaler Führungsstile entweder bezüglich Inhalt und Konzept untereinander unvereinbar sind, oder wenn die einzelnen Führer nicht bereit sind, ihr Führungsverhalten aufeinander abzustimmen bzw. an den Arbeitsweisen ihrer Führergehilfen zu orientieren.[498] Wesentlich für eine effektive Führung in multinationalen Truppenteilen ist zudem, daß durch entsprechenden Führungsstil eine dauerhafte Führungsatmosphäre geschaffen wird, die einen freien Meinungsaustausch zuläßt und gegenseitige Kritik aushält.[499]

Bei der Behandlung des Führungsverhaltens darf die Problematik der Informationszurückhaltung bzw. der selektiven Informationsweitergabe innerhalb des multinationalen Führerkorps nicht vernachlässigt werden. Hier existiert ein großes Potential für Effektivitätsverlust innerhalb multinationaler Truppenteile.[500]

Wie gezeigt, praktizieren die in multinationalen Truppenteilen vertretenen Streitkräfte durchaus voneinander abweichende Führungsstile, die in Teilbereichen unvereinbar sind. Bei dem Versuch der Angleichung bzw. der Übernahme andersnationaler Führungsstile existieren nationale Vorbehalte.[501] Hier besteht ein Konfliktpotential, das die Führung multinationaler Truppenteile beeinträchtigen kann bzw. wird, wenn es zu keiner übereinstimmenden Lösung

---

494 Siehe zu dem vorangegangenen Abschnitt *Faust* (BQG), o. S. und *Pfrengle* (Gespräch).

495 Vgl. *Brüggemann* (Streitkräfte), S. 21 und *Elbers* (Kommando), S. 12. Siehe zur niederländischen Führungsmentalität auch ausführlich *Janssen* (Bi), S. 562-564. Die Bewertung niederländischer Soldaten des I. D/NL Korps, in der Bundeswehr herrsche ein rauherer Führungston und es würde eher autoritär als nach der Auftragstaktik geführt, (Vgl. *Frantz/Huber/Klein* (Befragung), S. 23.) überrascht angesichts des niederländischen Führungsstils nicht.

496 Vgl. *Morsink* (Vergleich), S. 23 und 29.

497 Siehe zu einer Untersuchung des sogenannten „Entry Shocks" in erwerbswirtschaftlichen multinationalen Unternehmen ausführlich *Feldman/Tompson* (Shock), S. 345-362.

498 Vgl. *Millotat* (Generalstabsdienst), S. 121. Der Zusammenhang zwischen effektiver und effizienter Führung sowie situativer Anpassung des Führungsstils wird aus dem zivilen Führungsbereich bestätigt. (Siehe hierzu *Ströbe* (Überblick), S. 82.)

499 Vgl. *Gijsbers* (Thesis), S. 39.

500 Siehe zur Bedeutung von Information als wichtigem Führungsmittel in Streitkräften *Steiger* (Führung), S. 322. Siehe zur Problematik mangelhafter Information im I. D/NL Korps *Bosch* (Untersuchung), S. 19f.

501 Vgl. *Millotat* (Generalstabsdienst), S. 121.

kommt. Insgesamt bedeutet dies einen Effektivitätsverlust sowohl der Führung des Truppenteils als auch seiner Geführten. Eine Angleichung, Annäherung oder gar Vereinheitlichung der in multinationalen Truppenteilen vorhandenen verschiedenen nationalen Führungsstile verursachen einen außerordentlich hohen Zeit- und Personalaufwand auf unterschiedlichsten Ebenen. Dies stellt einen weiteren Kostenfaktor dar, der auch zukünftig nicht vollständig zu eliminieren ist.[502]

Festzuhalten bleibt im übrigen, daß die Bundeswehr nicht daran interessiert sein kann, in einzelnen multinationalen Truppenteilen auf den auf den Grundsätzen der Kooperation beruhenden Führungsstil zu verzichten. Zum einen gilt er in der Ausgestaltung eines beratend-partizipativen Führungsstils als optimaler Führungsstil.[503] Zum anderen besteht die Gefahr der Bildung von Insellösungen innerhalb der multinationalen Truppenteile, was die Handlungsfähigkeit des deutschen Heeres im Kern in Frage stellen würde.[504] Hier ist also neben der Effektivität der multinationalen Truppenteile auch die des deutschen Heeres gefährdet.

6.1.3.3 Führungsverfahren

Bezüglich der einzelnen nationalen Führungsverfahren existiert eine ungeheure Vielfalt und Komplexität. Diese innerhalb der multinationalen Truppenteile alle zu berücksichtigen, ist nicht nur sehr schwierig, sondern bedarf auch eines großen Zeit- und Personalaufwandes.[505] Dabei sind neben den Unterschieden zwischen den Nationen[506] insbesondere auch die innerhalb der einzelnen Nationen existierenden funktionsbezogenen bzw. fachspezifischen Auslegungen zu berücksichtigen.[507] Mit einer institutionalisierten Reglementierung von Führungsverfahren in den einzelnen multinationalen Truppenteilen ist aber noch nicht sichergestellt, daß es auch zu einer reibungslosen Anwendung der Verfahren kommt. Die angepaßten bzw. übernommenen Führungsverfahren müssen erst einmal gegenseitig akzeptiert und erlernt werden; schließlich gilt es, sie unter Erfolgszwang und Zeitdruck erfolgreich anzuwenden.[508] Deshalb wird es im multinationalen Bereich immer Reibungsverluste und Effektivitätsreduzierungen geben.[509]
Insbesondere bei multinationalen Truppenteilen mit Beteiligung ehemaliger Warschauer Pakt Staaten gibt es bezüglich der Führungsverfahren einen großen Koordinierungsbedarf sowie einen intensiven Ausbildungs- und Lernbedarf.[510] Sowohl die Ausbildung als auch die Koordinierung sind zeit- und personalaufwendige Prozesse.

---

[502] Hier seien beispielsweise die sogenannten „Team-Building-Seminare" des I. D/NL Korps angeführt. (Siehe zu einer Darstellung über Inhalte, Ziele, notwendige Vorbereitungen usw. dieser Seminare ausführlich *Janssen* (Bi), S. 560f.)
[503] Vgl. *Hahn* (Militärbetriebslehre), S. 299.
[504] Vgl. *BMVg* (Film), S. 27.
[505] Vgl. *Happach* (Vortrag), S. 2.
[506] Vgl. *Janssen* (Bi), S. 559.
[507] Vgl. zu dem vorangegangenen Abschnitt *Jentzsch* (Wandel), S. 36f.
[508] Vgl. *Sachau* (Nordost), S. 20f.
[509] Dies gilt insgesamt für die Führung in multinationalen Truppenteilen. (Vgl. *Reinhardt* (NATO), S. 25.)
[510] Vgl. *Malat* (Zusammenarbeit), S. 297.

6.1.3.3.1 Äußere Führung[511]

Um eine effektive und erfolgreiche Gefechtsführung multinationaler Truppenteile sicherstellen zu können,[512] bedarf es eines einheitlichen Denkens und Handels[513] und damit eines Mindestmaßes an Gleichartigkeit bei den Führungs- sowie bei den operativen und taktischen Einsatzgrundsätzen.[514]

6.1.3.3.1.1 Führungsprinzip der Auftragstaktik[515]

Die Auftragstaktik bzw. das Führen durch Auftrag ist grundlegendes Führungsverfahren bzw. –prinzip in der Bundeswehr.[516] Sie ist der Befehlstaktik deutlich überlegen.[517] Dennoch findet sie in den Streitkräften der einzelnen Nationen nicht einheitlich Anwendung. Vor allem in den Streitkräften der Mitgliedsstaaten des ehemaligen Warschauer Paktes – hier interessieren vor dem Hintergrund des MNK (NO) vor allem die polnischen Streitkräfte – ist die Auftragstaktik noch ungewohnt. Dort wird insbesondere ein wichtiges Prinzip der Auftragstaktik, das Denken des Auftragsempfängers in Zusammenhängen und in der nächsthöheren Führungsebene („Welche Absicht hat der Auftraggeber?"), weder erwartet noch gefördert.[518] Aber auch in westlichen Streitkräften ist man von einer mehrheitlichen Ausbildung und Anwendung der Auftragstaktik noch weit entfernt. Dies gilt zum Beispiel für die US-amerikanischen Streitkräfte[519] und für die Streitkräfte der Niederlande.[520] Die Bundeswehr hält trotz der Einbindung in multinationale Truppenteile auch zukünftig an der Auftragstaktik fest.[521] Gleichwohl wird ihre konsequente Anwendung im Friedensbetrieb durch zunehmende Bürokratisierung[522]

---

[511] Unter „äußerer Führung" wird in der vorliegenden Arbeit die Führung des Betriebes bzw. seiner Teilbetriebe, im Zusammenhang mit dem Militär also die strategische, taktische und operative Führung der Streitkräfte und ihrer Truppenteile verstanden. Demgegenüber umfaßt die „innere Führung" die Führung der Betriebsangehörigen – der Soldaten.

[512] Kriegs- und Einsatzerfahrungen zeigen, daß es zu schwerwiegenden Mißverständnissen kommen kann, wenn die Einsatzgrundsätze im multinationalen Rahmen nicht angeglichen sind. (Vgl. *Müller-Hillebrand* (Europaarmee), S. 167.)

[513] Vgl. *BMVg* (Film), S. 27.

[514] Vgl. *Dienste* (Erfahrungen), S. 47, *Ose* (Bundeswehr), S. 52 und *Schneider* (Eurowehr), S. 6f. Dies gilt nicht nur für das Heer, sondern auch für die anderen Teilstreitkräfte. (Siehe hierzu am Beispiel der Marine *Boehmer* (Marine), S. 18f.)

[515] Dieses militärische Führungsprinzip entspricht dem zivilen Führungsprinzip des Führens mit Zielvorgaben, dem sog. „Management by Objectives". (Siehe hierzu ausführlich *BMVg* (Stichworte), o. S.) Während die Befehlstaktik das Verhalten des Ausführenden genau festlegt, gewährt die Auftragstaktik dem Auftragsempfänger für die Zielerreichung einen – abgesteckten – Handlungsspielraum. (Siehe zur Auftragstaktik ausführlich *BMVg* (A-Z), o. S., *Eckert* (Entscheidung), S. 109 und *Hughes* (Auftragstaktik), S. 328-333.)

[516] Vgl. *Brüggemann* (Anforderungen), S. 7 und *HDv 100/100*, Nr. 302f.

[517] Vgl. *Hahn* (Militärbetriebslehre), S. 300 und ausführlich *Walter* (Auftrag), S. 19-21. Dies hat auch der I-FOR/SFOR-Einsatz klar bestätigt. (Vgl. *Neubauer* (Einsatz), S. 14.)

[518] Vgl. *Brüggemann* (Streitkräfte), S. 20. und *Scotti* (Polen), S. 11. Selbständiges Entscheiden und Handeln wird allgemein gefürchtet, weshalb die polnischen Streitkräfte selbst von einem schwierigen Prozeß des Umlernens ausgehen. (Siehe hierzu ausführlich *Wiatr* (Vortrag), S. 10f.)

[519] Vgl. *Brüggemann* (Anforderungen), S. 7. Zwar kennt man im Heer der USA die Auftragstaktik („mission-oriented command") als solche, oft wird sie aber mit der „mission-order" (Einsatzbefehl) gleichgesetzt, wodurch das Führungsprinzip auf eine einzige Komponente reduziert wird, was regelmäßig dazu führt, daß eben nicht die Auftragstaktik, sondern die Befehlstaktik Verwendung findet. (Siehe hierzu *Hughes* (Auftragstaktik), S. 332 und ausführlich *Silva* (Auftragstaktik), S. 6-9.)

[520] Zwar wird dort die Auftragstaktik sehr hoch eingeschätzt, sie wird aber während Übungen und im Einsatz nicht angewandt. (Vgl. *Morsink* (Vergleich), S. 29 und *CG* (Guidance 98), S. 18.) Auch in den französischen Streitkräften existiert das Führungsprinzip der Auftragstaktik, es wird jedoch im Alltag nur selten benutzt. (Vgl. *Pfrengle* (Gespräch).)

[521] Vgl. *Bagger* (Statement), o. S.

[522] Dies wurde beispielsweise innerhalb des I. D/NL Korps auf allen Führungsebenen regelmäßig festgestellt. (Vgl. *Morsink* (Vergleich), S. 10.) Siehe zu Gründen von Bürokratie und ihre Auswirkungen auf die Auftragstaktik *Walter* (Auftrag), S. 21.). Die ungenügende Anwendung der Auftragstaktik in der Bundeswehr

sowie im Einsatz durch die immer enger werdende Anbindung der Truppenführer durch die politische Führung[523] deutlich eingeschränkt.[524] Diese Einschränkung wirkt sich auch auf die Effektivität der Führung der multinationalen Truppenteile aus.

Die Bedeutung der Auftragstaktik nimmt im Vergleich zur Befehlstaktik vor dem Hintergrund des neuen Aufgabenspektrums deutlich zu. Insbesondere Einsätze im Rahmen des internationalen Krisenmanagements machen flexibles, dynamisches und schnelles Führen notwendig. Die Führungsfähigkeit multinationaler Truppenteile hängt damit wesentlich davon ab, ob und wie weit die Auftragstaktik innerhalb der multinationalen Truppenteile zum einheitlichen grundsätzlichen Führungsverfahren bzw. -prinzip gemacht werden kann.[525] Diese Angleichung bzw. Vereinheitlichung bedarf in den Streitkräften der betroffenen Nationen eines Umlernprozesses innerhalb des Führerkorps. Dieser Prozeß wiederum ist zeit- und personal- und damit kostenintensiv. Bis dieser Umlernprozeß vollzogen ist,[526] ist davon auszugehen, daß die Effektivität der Führung in multinationalen Truppenteilen weiter eingeschränkt bleibt.

6.1.3.3.1.2 Operative und taktische Einsatzgrundsätze

Eine Gleichartigkeit der nationalen operativen und taktischen Einsatzgrundsätze gibt es im internationalen Vergleich nicht. In den sechziger Jahren sprach man von den am Sicherheitsgedanken hängenden französischen, den am Material haftenden schwerfälligen US-amerikanischen, den schematisch britischen und den kühnen, alles auf die Entscheidung vereinigenden deutschen Einsatzgrundsätzen.[527] Dies gilt in dieser Form heute nicht mehr. Gleichwohl gibt es auch heute noch deutliche Differenzen, die in ihrer Auswirkung bei der Gefechtsführung einen erhöhten Koordinierungs- und Planungsaufwand nach sich ziehen, den Zeitbedarf der Führung deutlich erhöhen[528] und damit insgesamt die Effektivität der Führung einschränken.

Differenzen zeigen sich oft bereits an der unterschiedlichen Zielsetzung einer Operation, oder an der Frage, wie die Operation in Grundzügen durchzuführen ist – so beispielsweise zu beobachten im I. D/NL Korps.[529]

Beispiele aus dem Eurokorps sind ebenfalls vielfältig vorhanden.[530] So erwarten beispielsweise die nationalen Truppenführer - bedingt durch ihre nationalen Führungs- und Einsatzgrundsätze - bei der Befehlsgebung zum Angriff Unterschiedliches: Den einen (Führer der französischen Truppenanteile) muß das genaue Antreten zum Anmarsch aus dem Verfügungsraum grundsätzlich befohlen werden, für die anderen (Führer der deutschen Truppenanteile) ist der Befehl für den Angriffsbeginn ausreichend. Als Folge gibt es im ersten Fall die Klage über die Einschränkung der Handlungsfreiheit (deutsche Führer), im zweiten Fall den Vorwurf ungenauer Führung (französische Führer). Beides schmälert die Effektivität der Führung.

---

tragstaktik *Walter* (Auftrag), S. 21.). Die ungenügende Anwendung der Auftragstaktik in der Bundeswehr wurde bereits vor 20 Jahren von einer Kommission unter dem Vorsitz von General a. D. de Maizière angemahnt. (Vgl. *BMVg* (Kommission), S. 15.)

[523] Siehe hierzu *Millotat* (Generalstabsdienst), S. 119, *Millotat* (Generalstabssystem), S. 32 und 68 sowie *Schultze-Rhonhof* (Tapfer), S. 251f.

[524] Dies hat sich in der Bundeswehr insbesondere im Rahmen des IFOR-Einsatzes gezeigt. (Vgl. *Müller* (Gespräch) und *Vad* (Vortrag), S. 9.)

[525] Siehe zu dem vorangegangenen Abschnitt ausführlich *Morsink* (Vergleich), S. 10 und 29f. Siehe hierzu auch *Willmann* (Leadership), S. 34.

[526] Hier spielt nicht nur die Zeit eine Rolle, sondern insbesondere die Bereitschaft der Führer zur Akzeptanz und zur Umsetzung der Auftragstaktik. Beides setzt konkrete fachliche und persönliche Eigenschaften voraus. (Vgl. *Walter* (Auftrag), S. 21.)

[527] Vgl. *Rendulic* (Führung), S. 528.

[528] Vgl. *Kopp/Strachwitz* (Einbußen), S. 525.

[529] Vgl. *Gijsbers* (Thesis), S. 81. Bezüglich der nationalen Einsatzgrundsätze gibt es im I. D/NL Korps weiterhin Harmonisierungsbedarf. (Vgl. *Jeurissen* (Gespräch) und *CG* (Guidance 98), S. 5.)

[530] Siehe zu den folgenden Beispielen *Kopp/Strachwitz* (Einbußen), S. 525.

In der belgischen Armee dient ein Vorbefehl lediglich der Vorabinformation. Die Ausführung muß gesondert befohlen werden. In der Bundeswehr enthält bzw. erlaubt der Vorbefehl dagegen bereits erste Maßnahmen der Durchführung. Dieser Unterschied in den nationalen Einsatzgrundsätzen verursacht häufig Mißverständnisse. Auch hier treten im Führungsprozeß Effektivitätsverluste auf, die durch einen erhöhten Koordinierungsaufwand kompensiert werden müssen.

Während eines Angriffes nehmen belgische und spanische Streitkräfte vor dem Überschreiten der Ablauflinie eine Art „Stellung vor dem Angriffsbeginn" ein, während deutsche Kräfte die Ablauflinie möglichst aus der Bewegung überschreiten. Auch dieser Unterschied führt zu erhöhtem Planungs- und Koordinierungsaufwand.

Unter der Verzögerung eines feindlichen Angriffs verstehen deutsche und französische Soldaten grundsätzlich Verschiedenes. Während französische Führer den Gegner beobachten und ablenken, liegt der Schwerpunkt deutscher Führer in der Abnützung des Feindes, was auch einen Gegenangriff bedeuten kann.[531]

Selbst bezüglich des Kräfteansatzes gibt es nationale Unterschiede. Hier neigen etwa Franzosen und Belgier weniger zum Risiko als deutsche Führer.[532]

Als Beispiel aus der MND (C) sollen die zwischen den vier nationalen Brigaden bestehenden Unterschiede bezüglich der Grundsätze luftbeweglicher Einsätze aufgeführt werden.[533]

Vergleicht man die Grundsätze der Gefechtsfeldorganisation des deutschen, des niederländischen und des US-amerikanischen Heeres, sind auch hier deutliche Unterschiede der nationalen Einsatzgrundsätze erkennbar.[534] Derart klare Unterschiede lassen sich ebenfalls im Bereich der Einsatzunterstützung, insbesondere in der Logistik und im Sanitätsdienst konstatieren.[535]

Besonders deutlich wird die Verschiedenartigkeit der nationalen Einsatzgrundsätzen vor allem im Einsatz. So sah sich beispielsweise das im Rahmen des multinationalen IFOR/SFOR-Einsatzes im ehemaligen Jugoslawien aus deutschen, französischen, italienischen und spanischen Heeresfliegeranteilen gebildete multinationale Hubschrauber-Bataillon (MHB) mit einer Fülle nationaler Besonderheiten konfrontiert. Diese betrafen im Bereich der Einsatzgrundsätze kritische Schlüsselkomponenten wie zum Beispiel Flughöhen, meteorologische Limits usw.[536]

Mit den derzeitigen sicherheitspolitischen Bedingungen und dem geänderten Auftragsspektrum hat sich auch das strategische und operative Konzept der NATO verändert. An die Stelle der Vorneverteidigung tritt im Rahmen der Landes- und Bündnisverteidigung das Prinzip der militärstrategischen Gegenkonzentration. Hinzu kommt das immer wichtiger werdende weltweite Krisen- und Konfliktmanagement. Für beide Auftragsschwerpunkte müssen die militärischen Kräfte beweglich sein und flexibel geführt werden können. Das Führungstempo wird

---

[531] Vgl. *Dienste* (Erfahrungen), S. 47, *o. A.* (Einmalig), S. 134 und *Pfrengle* (Gespräch). Die Führer des spanischen Heeres sind mit der Gefechtsart der Verzögerung als solche zwar vertraut, ihnen ist jedoch die damit verbundene Möglich- bzw. Notwendigkeit der Beweglichkeit weitgehend unbekannt. (Vgl. *Eurokorps* (Pegasus 96), S. 15.)

[532] Deutsche Heeresführer greifen auch einen gleich starken Feind an, wenn die Umstände stimmen, während die Führer des belgischen und französischen Heeres dies grundsätzlich nur bei eigener Überlegenheit tun. (Siehe hierzu am Beispiel der Franzosen *Eurokorps* (Pegasus 96), S. 19.) Bedingt durch die über Jahrzehnte dauernde militärische Isolation haben die spanischen Führer oftmals noch Probleme bei dem Verstehen der Idee einer NATO-Operation. Im Eurokorps gilt zudem, daß zwar alle nationalen Streitkräfte den Einsatzgrundsatz „Feuer und Bewegung" kennen, der Grundsatz „Sperren ergänzen Feuer und Bewegung" ist aber für viele neu. (Siehe zum vorangegangenen Abschnitt *Faust* (BQG), o. S. und *Pfrengle* (Gespräch).)

[533] Siehe hierzu ausführlich *Palin* (Forces), S. 61f.

[534] Siehe hierzu ausführlich *Gijsbers* (Thesis), 81f.

[535] Siehe hierzu beispielsweise *Diller* (Sanitätsdienste), S. 27 und *Smith* (Logistics), S. 33. Im Sanitätsdienst werden sie zum Beispiel in unterschiedlichen medizinischen Vorsorge- und Versorgungsstandards deutlich. Beispiele aus der Logistik sind im Bereich der Instandsetzung differierende Abnahme- und Prüfverfahren und im Bereich der Versorgung unterschiedliche Mindest- und Meldebestände in der Bevorratung.

[536] Siehe zu dem vorangegangenen Abschnitt *Braun/Cavatore* (Interoperabilität), S. 13f.

sich durch offensive Operationen deutlich erhöhen.[537] Gleichzeitig wird es immer mehr darauf ankommen, frei zu operieren. Dies erfordert von den Führern aller Nationen, insbesondere aber von den deutschen Führern, einen neuen Ansatz im operativen und taktischen Denken: Weg von der statischen hin zur dynamischen Operationsführung.[538] Für den einzelnen Führer gilt zudem, das gesamte Spektrum militärischer Operationen unter den Bedingungen der Multinationalität zu beherrschen.[539] Der deutsche Führer hat sich damit nicht nur auf die Einsatzgrundsätze anderer Nationen einzustellen, er hat auch die eigenen Grundsätze an die neuen Aufgaben anzupassen.

Die Differenzen in den nationalen taktischen und operativen Einsatzgrundsätzen kosten in der Truppenführung sehr viel Zeit.[540] Sie schmälern die Effektivität der Führung und haben damit auch Auswirkungen auf die geführten Soldaten und Truppenteile. Aus operativer Hinsicht sind multinationalen Truppenteilen damit deutliche Grenzen gesetzt.[541] Seminare, die die aufgezeigte Problematik kompensieren sollen, und die mit dem Ziel der Kenntnisvermittlung und der Verständnisgewinnung andersnationaler Einsatzgrundsätze durchgeführt werden,[542] kosten Geld und Zeit und binden insbesondere das Führerpersonal.
Eine Angleichung der nationalen Einsatzgrundsätze ist grundsätzlich nicht nur schwierig,[543] sondern beansprucht darüber hinaus ebenfalls sehr viel Zeit. Sie bindet zudem weiteres Führer- und Ausbilderpersonal.

6.1.3.3.1.3 Führungsvorgang

Der Führungsvorgang als solcher ist im nationalen Vergleich ziemlich einheitlich – ein sich wiederholender Prozeß aus Lagefeststellung, Planung (mit Entscheidungsvorbereitung meist in Form der Beurteilung der Lage, Entschluß und Plan), Befehlsgebung und Kontrolle.[544] Gleichwohl gibt es nationale Unterschiede innerhalb der einzelnen Vorgangs- bzw. Tätigkeitskomponenten. So sind beispielsweise die mit den einzelnen Komponenten verknüpften Aktionen und Handlungsstränge oft sehr unterschiedlich.[545] Es ist davon auszugehen, daß diese nationalen Eigenarten des Führungsvorganges in multinationalen Truppenteilen nicht allen Führern bekannt sind – geschweige denn, daß sie von allen gleichermaßen beherrscht werden.[546]

---

[537] Siehe zu dem vorangegangenen Abschnitt ausführlich *Millotat* (Denken), S. 38.
[538] Während sich die statische Operationsführung des Kalten Krieges auf die grenznahe Vorneverteidigung fest zugewiesener Gefechtsstreifen beschränkte, gewinnen in der dynamischen Operationsführung zwei Aspekt an Bedeutung: die Gefechtsart des Angriffes sowie der Einsatz auch außerhalb des Bündnisgebietes.
[539] Siehe zu dem vorangegangenen Abschnitt ausführlich *Moniac* (Generale), S. 13f. und *Willmann* (Operationsführung), S. 1. Die vom Inspekteur des Heeres erkannte Notwendigkeit des Wandels der Einsatzgrundsätze hin zur dynamischen und flexiblen Operationsführung wird als solche auch in der US-Army erkannt. (Vgl. *Miller* (Corps), S. 30.) Gleiches gilt für die britische Armee. (Vgl. *Lilleyman* (Future), S. 24.)
[540] Vgl. *Kopp/Strachwitz* (Einbußen), S. 527.
[541] Vgl. *Bagger* (Statement), o. S.
[542] Diese werden zum Beispiel innerhalb des Eurokorps regelmäßig durchgeführt. (Vgl. *Kopp/Strachwitz* (Einbußen), S. 527.)
[543] Keine der nationalen Streitkräfte wollen eigene Grundsätze aufgeben. (Vgl. *Hedderich/Köhler/Spier* (Gespräch).)
[544] Der Führungsvorgang der Bundeswehr heißt nunmehr Führungsprozeß. (Vgl. *HDv 100/900*, o. Nr. und *Mittler* (Stichworte), S. 75.) In dieser Arbeit wird jedoch weiterhin von Führungsvorgang gesprochen. Siehe zum Inhalt des Führungsvorganges der Bundeswehr ausführlich *HDv 100/200*, Kap. 6 und Anl. 11 sowie *Mittler* (Stichworte), S. 75).
[545] Dies hat sich auch während des multinationalen IFOR/SFOR-Einsatzes gezeigt. (Vgl. *Neubauer* (Einsatz), S. 13.)
[546] Vgl. *Kopp/Strachwitz* (Einbußen), S. 524.

Bereits bei der Beurteilung der Lage zeigen sich nationale Unterschiede.[547] Die am Beginn der Beurteilung der Lage stehende Auswertung des Auftrages gilt als Schlüssel zum zielgerichteten Entschluß.[548] Schon in dieser Phase gibt es im internationalen Vergleich feststellbare Abweichungen.[549]

Auch bei der eigentlichen Lagebeurteilung läßt sich bei einer Gegenüberstellung der einzelnen nationalen Streitkräfte keine Einheitlichkeit feststellen. So wurde zum Beispiel im Rahmen von IFOR/SFOR das für die NATO-Soldaten existierende Bedrohungspotential für die Soldaten von den Streitkräften der einzelnen Nationen unterschiedlich beurteilt. Während die US-amerikanischen Soldaten ständig mit Splitterschutzweste, Gefechtshelm und Koppeltragesystem ausgerüstet zu sein hatten und in ihrer Freizeit zudem das Lager nicht verlassen durften, war es Soldaten anderer Nationen erlaubt, sich zum einen ohne die Schutzausstattung zu bewegen, und zum anderen die Kaserne bzw. das Lager zu verlassen. Besonders auffällig wurde der Unterschied in Sarajevo: Hier war es den unter COMARRC-Kommando stehenden US-amerikanischen Soldaten erlaubt, in der Stadt einzukaufen sowie Alkohol zu trinken. Den unter EUCOM-Kommando stehenden US-amerikanischen Soldaten war beides strikt verboten. In der Eagle Base in Tuzla, dem Hauptquartier der MND (N), mußten die US-amerikanischen Soldaten ständig die komplette Schutzausstattung tragen, während die Verbindungsoffiziere der anderen Nationen dies nicht taten. Die genannten Beispiele führten nicht nur zu Unstimmigkeiten zwischen den Soldaten der USA, sondern auch zwischen US-amerikanischen Soldaten und denen anderer Nationen.[550] Die Ursache dieser Unstimmigkeiten liegt in der unterschiedlichen Beurteilung der Lage[551] - in diesem Fall der Bedrohungsanalyse – durch die einzelnen nationalen Führer. Folglich unterschieden sich auch die daraus gezogenen Entschlüsse und die gegebenen Befehle bezüglich des notwendigen Schutzes der eigenen Truppe („Force Protection").[552]

Bei einem Vergleich der französischen und deutschen Methode der Feindlagebeurteilung fällt auf, daß sich die französischen Führer nicht eindeutig auf eine vermutete Feindabsicht festlegen, während am Ende der Feindlagebeurteilung in der Bundeswehr in der Regel eine konkrete vermutete Absicht des Feindes steht. Dieser Unterschied wirkt sich in der Phase der Möglichkeiten des Handelns insofern aus, als sich der Kräfteansatz in der deutschen Lösung auf die als wahrscheinlich beurteilte Feindabsicht bezieht, wohingegen die französische Lösung diejenige Handlungsmöglichkeit zum Entschluß vorschlägt, welche gegenüber allen Feindmöglichkeiten die meisten Vorteile und die wenigsten Nachteile und Risiken aufweist. Insgesamt gilt der methodische Ablauf der französischen Lösung als aufwendiger.[553]

Kern des Führungsvorganges ist die Entschlußfassung. Entschlüsse lassen sich aber nur von dem Führer fassen, der auch dazu befugt ist. Diese Befugnis ist für die Führer derjenigen Streitkräfte, die nach dem Prinzip der Befehlstaktik führen, deutlich eingeschränkt.[554] Hier ist die bereits in Kapitel 6.1.3.3.1.1 *(Führungsprinzip der Auftragstaktik)* erläuterte Problematik der Führungsprinzipien Auftragstaktik versus Befehlstaktik zu berücksichtigen. Da die einzelnen nationalen Streitkräfte kein einheitliches Führungsprinzip haben,[555] existieren in mul-

---

[547] Vgl. *Mornard* (Multinationality), S. 4.

[548] Vgl. *Taktikzentrum* (Auswertung), S. 404.

[549] Dabei fällt die Fähigkeit des deutschen Offiziers zur umfassenden Auftragsauswertung besonders auf. (Vgl. *Neubauer* (Einsatz), S. 13.).)

[550] Siehe zu dem vorangegangenen Abschnitt *Faust* (IFOR/SFOR), o. S. und ausführlich *Kretchik* (Disparities), S. 73-78. Diesen Unstimmigkeiten wurde auch öffentlich Luft gemacht. (Siehe hierzu zum Beispiel *Johnson* (Leserbrief), S. 14.)

[551] Wie wichtig eine einheitliche Lagebeurteilung ist, hat auch die 1994 stattgefundene multinationale Evakuierungsoperation „Amaryllis" in Ruanda gezeigt. (Siehe hierzu *Jahnson/Uro* (Amaryllis), S. 40.)

[552] Vgl. *Kretchik* (Disparities), S. 74.

[553] Siehe zu dem vorangegangenen Abschnitt ausführlich *Sauvant* (Vergleich), S. 5-10 und 15.

[554] Siehe hierzu ausführlich *Eckert* (Entscheidung), S, 17-21.

[555] Vgl. *Eckert* (Entscheidung), S. 17.

tinationalen Truppenteilen auch Effektivitätsverluste bei der Entschlußfassung.[556] Dadurch besteht die Gefahr, daß Entschlüsse entweder nicht oder zu zurückhaltend bzw. zu zögerlich oder gar falsch gefällt werden.
Ein Vergleich der Phase der Entschlußfassung zwischen französischer und deutscher Lösung zeigt, daß der Entschluß zwar aus den gleichen inhaltlichen Bausteinen entwickelt wird. Die Art jedoch, wie diese Bausteine untereinander in Beziehung gesetzt und bewertet werden, ist grundsätzlich verschieden.[557]

Die Kontrollphase des Führungsvorganges hat große Bedeutung für den Erfolg des Führungsvorganges, soll sie doch den bestmöglichen Grad der Zielerreichung sicherstellen. Auch sie wird innerhalb multinationaler Truppenteile durch Sprachprobleme, Fragen rechtlicher Befugnisse, Kompetenzschnittstellen, militärfachliche Unkenntnis, unterschiedliche Führungsverfahren usw. deutlich erschwert.[558]

Ein Gesamtvergleich der deutschen mit der US-amerikanischen Anwendung des Führungsvorganges macht deutlich, daß die deutsche Lösung weit weniger aufwendig ist.[559] Betrachtet man dagegen das I. D/NL Korps, wird man erkennen, daß die niederländischen Streitkräfte die Regeln des deutschen Führungsvorganges zwar übernommen haben,[560] in der Anwendung jedoch kommt es noch zu den Führungsvorgang verzögernden Reibungsverlusten.[561]

Zusammenfassend kann festgestellt werden, daß es in einem multinationalen Truppenteil bezüglich des Führungsvorganges nicht nur gilt, Klarheit zu schaffen, sondern es kommt auch darauf an, Einigkeit zu erzeugen.[562] Insgesamt bleibt festzuhalten, daß der Führungsvorgang in einem multinationalen Truppenteil vor allem sehr viel Zeit kostet, wodurch der Zeitdruck im Einsatz noch verstärkt wird.[563] Der Zeitverlust wirkt sich nachteilig auf die Effektivität der Führung aus, denn ständiges Ziel des Führungsvorganges ist Zeitgewinn.[564] Der stark erhöhte Zeitdruck wiederum und das sich daraus ergebende deutlich erhöhte Fehlerpotential können negative Folgen für die Leistung der geführten Truppen haben. Beides beeinflußt die Gesamteffektivität des multinationalen Truppenteiles.

---

[556] Dies gilt sowohl für die Entscheidungsfindung als auch für die Entschlußfassung. (Vgl. *Gruber u.a.* (Entwurf), S. 57.)
[557] Siehe zu dem vorangegangenen Abschnitt ausführlich *Sauvant* (Vergleich), S. 10-12.
[558] Vgl. *Schütt* (Kontrolle), S. 28.
[559] Siehe hierzu ausführlich *Mullen/Higgens* (Pillars), S. 48f.
[560] Vgl. *Reitsma* (GE/NL), S. 23 und *Steinaecker* (Heer), S. 103.
[561] Vgl. *Morsink* (Vergleich), S. 28.
[562] Vgl. *Neubauer* (Einsatz), S. 13.
[563] Vgl. *Hofer* (Gespräch) und *Kopp/Strachwitz* (Einbußen), S. 524.
[564] Vgl. *HDv 100/200*, Nr. 627.

6.1.3.3.2 Innere Führung[565]

6.1.3.3.2.1 Führungstechnik der Delegation

Die Delegation als Übertragung von Kompetenz und Verantwortung auf nachgeordnete Bereiche oder Soldaten ist untrennbar mit dem Führungsprinzip der Auftragstaktik verbunden. Sie wirkt damit unmittelbar im Bereich der inneren Führung und mittelbar im Bereich der äußeren Führung. Darüber hinaus sind Delegation und autoritärer Führungsstil in der Regel unvereinbar.[566]
In dem Maße, wie es zwischen den Streitkräften der einzelnen Nationen Unterschiede bezüglich des ausgebildeten und des praktizierten Führungsstils sowie bezüglich der Anwendung des Führungsprinzips der Auftragstaktik gibt, werden in den einzelnen Streitkräften auch Kompetenz und Verantwortung unterschiedlich delegiert. Besonders auffällig sind hier erneut die polnischen Streitkräfte. Bis dato fehlt dort das für eine Delegation notwendige gegenseitige Vertrauen, weshalb Delegation von Führungsverantwortung entweder noch gar nicht oder erst in rudimentären Ansätzen vorhanden ist.[567]

Für die Führung in multinationalen Truppenteilen stellt unterschiedlich praktizierte Delegation aus mehreren Gründen einen Effektivitätsverlust der Führung dar. Versagte Delegation bedeutet zum einen Vertrauensentzug, welcher wiederum die persönliche Leistungsbereitschaft verringert. Fehlende bzw. nicht ausreichende Delegation verwehrt den unterstellten Führern und Soldaten zum anderen einen fachlichen und persönlichen Erfahrungsgewinn, was dauerhaft das Leistungsniveau und das Verantwortungsbewußtsein des Führerkorps mindert. Nicht praktizierte Delegation bedeutet des weiteren eine Überlastung des- bzw. derjenigen, der/die eine Delegation versäumt bzw. versäumen.[568] Mögliche Konsequenzen reichen von einem verzögerten bzw. verlängerten Führungsprozeß bis zu gravierenden Fehlentscheidungen.[569] Wer mangelhaft delegiert, indem er beispielsweise Entscheidungen ausschließlich aufgrund eigener Erfahrungen und eigenen Wissens trifft, nutzt die Sachkompetenz der unterstellten Spezialisten nicht. Dies kann ebenfalls zu schweren Fehlentscheidungen führen. Schließlich ist Delegation – insbesondere die Delegation von Entscheidungsaufgaben - Voraussetzung für eine erfolgreiche und effektive Anwendung der Auftragstaktik.[570]

6.1.3.3.2.2 Konzeption der Inneren Führung

Eine verbindliche Definition des Begriffs der „Konzeption der Inneren Führung" existiert nicht.[571] Weil die Innere Führung eine nationale deutsche Konzeption ist,[572] wird in dieser

---

565 Analog zur Begriffsdefinition der „äußeren Führung" wird die „innere Führung" in dieser Arbeit allgemein als die Führung von Betriebsangehörigen, in den Streitkräften also die Führung von Soldaten verstanden. Dieser Begriffsinhalt unterscheidet sich damit von der Konzeption der Inneren Führung, welche im Kapitel 6.1.3.3.2.2 *(Konzeption der Inneren Führung)* behandelt wird.

566 Vgl. *Schulte* (Mensch), S. 143.

567 Vgl. *Scotti* (Polen), S. 11 und *Wiatr* (Vortrag), S. 11.

568 Vgl. *Ackermann* (Führung), S. 6.

569 Die Geschichte hat gezeigt, daß mangelhafte Delegation vielfach die Ursache für ein Versagen auf dem Schlachtfeld war. (Vgl. *Brunner* (Parallelen), S. 69.)

570 Siehe hierzu auch *Witt* (Delegation), S. 192.

571 Siehe hierzu *Buck* (Führung), S. 347f., *Kießling* (Zivilcourage), S. 162 und *Kießling* (Widerspruch), S. 146-148.

572 Die Konzeption der Inneren Führung gilt als eine spezielle Führungsphilosophie der Bundeswehr. (Vgl. *Diefenbach* (Alibi), S. 5 und *Hoffmann* (Führung), S. 5.)

Arbeit unter Innerer Führung die „zeitgemäße soldatische Menschenführung in der Bundeswehr“[573] verstanden.
Die Innere Führung der deutschen Streitkräfte ist eine vom Grundgesetz ausgehende, in den 50er Jahren entwickelte Konzeption mit den Zielen, innerhalb der Bundeswehr die Wertvorstellungen des Grundgesetzes zur Grundlage soldatischen Lebens und Handelns zu machen sowie die Eingliederung der Bundeswehr in die staatliche und gesellschaftliche Ordnung zu bewirken.[574] Oberster Zweck der Inneren Führung ist die Effektivitätssteigerung der deutschen Streitkräfte.[575]
Zentraler Begriff der „Konzeption der Inneren Führung“ ist der „Staatsbürger in Uniform“; die Verwirklichung dieses idealistischen Leitbildes ist ein dynamischer, nie abgeschlossener Prozeß.[576] In der heutigen Zeit gilt es, die Konzeption an das neue Auftragsspektrum, an das multinationale Umfeld und an die gegenwärtigen gesellschaftlichen Änderungen anzupassen.[577]

Bei den Streitkräften anderer Nationen gilt die deutsche Konzeption der Inneren Führung zwar als Qualitätsprodukt, ein Exportartikel jedoch ist sie nicht.[578] In den einzelnen nationalen Truppenanteilen der multinationalen Truppenteile gibt es deshalb durchaus unterschiedliche Akzeptanzgrade bzw. Auffassungen zur Inneren Führung.[579] Vielfach wird Innere Führung mit mangelnder Disziplin sowie mit Ächtung von Stil, Form und Tradition gleichgesetzt.[580] So behandeln die durch imperiale und koloniale Traditionen geprägten französischen Streitkräfte alles sehr zurückhaltend, was mit Innerer Führung zu tun hat.[581] Die Mehrheit der US-amerikanischen Soldaten versteht die Konzeption als solche bzw. ihre Notwendigkeit erst gar nicht.[582] Für die spanischen Streitkräfte ist Innere Führung ein Fremdwort.[583] In den niederländischen Streitkräften gibt es in Teilkomponenten durchaus Übereinstimmungen mit der Inneren Führung der Bundeswehr. Gleichwohl existieren auch gravierende Abweichungen. So kennt man beispielsweise die innerhalb der Streitkräfte durchgeführte Politische Bildung überhaupt nicht.[584]
Trotz der bestehenden nationalen Unterschiede bezüglich Kenntnis, Akzeptanz und Anwendung der Konzeption der Inneren Führung wird die Bundeswehr innerhalb der multinationalen Truppenteile an ihr festhalten[585] – bei aller gebotenen Notwendigkeit der inhaltlichen Anpassung.

Unter betriebswirtschaftlichem Aspekt sind die bestehenden Unterschiede durchaus relevant. Um die Konzeption der Inneren Führung den Streitkräften anderer Nationen vorzustellen und sie damit vertraut zu machen, ist von seiten der Bundeswehr ein nicht unerheblicher Ausbil-

---

[573] *Kießling* (Führung), S. 64.
[574] Vgl. *Hoffmann* (Führung), S. 3 und *Morsink* (Vergleich), S. 8.
[575] Vgl. *Kießling* (Führung), S. 64.
[576] Vgl. *Stockfisch* (Führung), S. 108.
[577] Siehe zu dem vorangegangenen Abschnitt *Beck* (Rezept), S. 32 und 39 sowie *Diefenbach* (Alibi), S. 11.
[578] Vgl. *Fromelt* (Führung), S. 31. Oft ist die Konzeption als solche auch komplett unbekannt. (Vgl. *Eisele* (Vortrag).)
[579] Vgl. *Wehrbeauftragte* (Einzelbericht 1996), S. 2.
[580] Vgl. *Vad* (Berufsbild), S. 45.
[581] Vgl. *o. A.* (Einmalig), S. 143. Siehe hierzu auch *Bühl* (Erfahrungen), S. 51 und *Dienste* (Erfahrungen), S. 14 und 32. Aus diesem Grund gibt es beispielsweise in der D/F-Brigade im täglichen Dienstbetrieb regelmäßig Probleme zwischen Deutschen und Franzosen. (Vgl. *Steinaecker* (Vortrag), S. 7.)
[582] Vgl. *Abenheim* (Partner), S. 18 und *Kölln* (Ricketts), S. 17f.
[583] Vgl. *Fechner* (Königstreu), S. 280.
[584] Vgl. *Morsink* (Vergleich), S. 29 und *CG* (Guidance 98), S. 5.
[585] Vgl. *Bagger* (Schrittmacher), S. 11 und *Bagger* (Statement), o. S.

dungsaufwand notwendig,[586] der sich zudem durch die Personalrotation ständig wiederholen muß, soweit er nicht zum Ausbildungsgegenstand innerhalb der einzelnen nationalen Streitkräfte wird. Zudem kann es bei einer weiterhin fehlenden bzw. mangelhaften Akzeptanz und Anwendung der Konzeption der Inneren Führung im multinationalen Bereich zu Ungleichbehandlungen von unterstellten – insbesondere deutschen[587] - Soldaten kommen, was in seiner letzten Konsequenz abnehmende Leistungsbereitschaft nach sich zieht. Der oberste Zweck der Inneren Führung, nämlich die Effektivitätssteigerung der Streitkräfte, wäre damit nicht erreicht.

6.1.3.3.2.3 Wehrbeauftragte/r

Die Konzeption der Innere Führung ist eng mit dem Amt des/der Wehrbeauftragten des Deutschen Bundestages verbunden – ebenfalls eine Besonderheit der Bundeswehr. Der/die Wehrbeauftragte ist ein Hilfsorgan der Parlamentskontrolle über die Streitkräfte und eine besondere Petitionsinstanz für die Soldaten. Ihm/ihr obliegt die Kontrolle der Einhaltung der Grundrechte der Soldaten und der Grundsätze der Inneren Führung.[588]

Im gleichen Maße, wie es bei anderen Nationen bezüglich der Konzeption der Inneren Führung unterschiedliche Grade von Kenntnis und Akzeptanz gibt, existieren diese Unterschiede auch bezüglich eines parlamentarischen Kontrollinstrumentes.[589] Innerhalb der multinationalen Truppenteile gelten deshalb die zur Inneren Führung gemachten Anmerkungen für die/den Wehrbeauftragte/n analog.
Der/die Wehrbeauftragte[590] selbst sieht innerhalb der multinationalen Truppenteile die Gefahr, daß dort die Rechte der deutschen Soldaten einer parlamentarischen Kontrolle entzogen werden könnten, weil es dem/der Wehrbeauftragten nicht bzw. nur eingeschränkt möglich ist, ausländische Vorgesetzte zu kontrollieren und von ihnen verlangen zu können, gegebenenfalls erkannte Mängeln abzustellen.[591] Hinzu kommt die fehlende Verantwortlichkeit ausländischer Vorgesetzter gegenüber dem deutschen Parlament.[592] Der/die Wehrbeauftragte sieht deshalb innerhalb der multinationalen Truppenteile einen ausgeprägten Bedarf der Zusammenarbeit mit den Ombudsleuten anderer Nationen[593] – unter betriebswirtschaftlichen Gesichtspunkten eine weitere zu berücksichtigende arbeits-, personal- und zeitintensive und damit kostenintensive Komponente. Die Realisation der Idee der Schaffung einer/eines europäischen Wehrbeauftragten[594] dürfte weitere betriebswirtschaftliche Probleme verursachen.

---

[586] Diese Ausbildungen werden vornehmlich in Lehrgängen und Seminaren am Zentrum Innere Führung der Bundeswehr durchgeführt. (Vgl. *Beck* (Rezept), S. 35, *Diefenbach* (Alibi), S. 11 und *Oelrich* (Konzeption), S. 26.)

[587] Vgl. *Wehrbeauftragte* (Einzelbericht 1996), S. 2.

[588] Siehe zu dem vorangegangenen Abschnitt *Mittler* (Stichworte), S. 221 und *Reeb* (Integration), S. 48f.

[589] Siehe hierzu beispielsweise *Bühl* (Erfahrungen), *o.A.* (Einmalig), S. 131 und 134 sowie *Schneider* (Eurowehr), S. 7. Gleichwohl kennen andere Nationen Kontrollinstanzen, beispielsweise in Form von Ombudsleuten wie der „Inspector General" der Streitkräfte der USA oder der „Inspecteur Generaal" der niederländischen Streitkräfte. (Beide sind keine Politiker, sondern Militärs.) Siehe zur politischen Kontrolle der französischen Streitkräfte ausführlich *Venesson* (Kontrolle), S. 29-40, *Cailleteau* (Kontrolle), S. 53-63 und *Klein* (Vertrauen), S. 50-53.

[590] Die Wehrbeauftragte Claire Marienfeld war die erste Frau in diesem Amt.

[591] Vgl. *Wehrbeauftragte* (Einzelbericht 1996), S. 10. Siehe hierzu auch *Dienste* (Erfahrungen), S. 50.

[592] Vgl. *Heinen* (Grenzen), FN 19, S. 15.

[593] Vgl. *Marienfeld* (Interview), S. 9 und *Wehrbeauftragte* (Jahresbericht 1996), S. 34.

[594] Vgl. *Vt* (Wehrbeauftragter), S. 58.

6.1.3.3.2.4 Disziplinarwesen

Bezüglich des Disziplinarwesens werden im folgenden die Komponenten „Dienstaufsicht" (a), „Beurteilung" (b) und „Disziplinarrecht" (c) näher betrachtet.

a) Dienstaufsicht Da Beurteilungen und Disziplinarrecht auch von der Qualität der Dienstaufsicht abhängen,[595] soll an dieser Stelle kurz auf die Dienstaufsicht eingegangen werden. Die Dienstaufsicht dient innerhalb der inneren Führung - analog zur Kontrollphase des Führungsvorganges der äußeren Führung - einer bestmöglichen Zielerreichung.[596] Die dargestellten Schwierigkeiten der Kontrolle in multinationalen Truppenteilen gelten deshalb auch für die Dienstaufsicht. Um in multinationalen Truppenteilen eine effektive Dienstaufsicht zu erreichen, muß ständig mit den genannten Schwierigkeiten umgegangen werden. Dies verursacht einen hohen Zeit- und Personalaufwand. Da Dienstaufsicht untrennbar mit dem praktizierten Führungsstil verbunden ist,[597] sind in diesem Zusammenhang auch die oben dargestellten Probleme unterschiedlicher nationaler Führungsstile zu berücksichtigen. Gleiches gilt für das praktizierte Maß an Delegation.[598] Schließlich muß in multinationalen Truppenteilen beachtet werden, daß die Notwendigkeit zur persönlichen Präsenz des Dienstaufsichtführenden[599] deutlich höher als in rein nationalen Truppenteilen sein muß, will man im unterstellten – andersnationalen - Bereich Unsicherheiten und Mißtrauen vorbeugen.[600] Mangelhafte Dienstaufsicht hat nicht nur Auswirkungen auf Beurteilungen und Disziplinarmaßnahmen, sie schmälert auch die Effektivität der Truppe, weil sie Fehler, Mängel, Mißstände und Schwachstellen nicht aufdeckt.[601]

b) Beurteilung Die Beurteilungssysteme der einzelnen in den multinationalen Truppenteilen vertretenen Nationen haben zwei Gemeinsamkeiten. Zum ersten basieren sie auf menschlichen Urteilen, Vorurteilen und Meinungen und sind deshalb subjektiv. Zum zweiten dienen sie der Personalführung und haben in diesem Zusammenhang nicht nur Einfluß auf den beurteilten Soldaten (Ausbildungen, Verwendungen, Beförderungen etc.), sondern auch auf die Effektivität der Truppe (z. B. durch den Grad der Arbeitsmotivation und der Berufszufriedenheit des Beurteilten sowie durch die Qualität der Laufbahn-, Status-, Verwendungsplanungs- und Stellenbesetzungsentscheidungen).[602]
Nationale Unterschiede gibt es beispielsweise bezüglich Beurteilungszeitraum und Merkmalskatalog, Wertungsskalen, Gewichtungen, Stellungnahmen zu zukünftigen Verwendungen und Beförderungen, Wege der Eröffnung, Möglichkeiten des Ein- bzw. Widerspruches

---

[595] Dienstaufsicht beinhaltet unter anderem die Überwachung des Verhaltens von unterstellten Soldaten. (Vgl. *Lohse* (Führung), S. 55, *Schütt* (Kontrolle), S. 4 und *Stockfisch* (Führung), S. 68.) Siehe zum Zusammenhang von Dienstaufsicht und Disziplinarmaßnahmen auch *Walther* (Teil), S. 635.

[596] Vgl. *Schütt* (Kontrolle), S. 6.

[597] Vgl. *Höhn* (Technik), S. XII und 18 sowie *Schütt* (Kontrolle), S. 16.

[598] Vgl. *Höhn* (Technik), S. XVI und 78.

[599] Siehe zum Zusammenhang zwischen Leistungsmotivation und im Rahmen der Dienstaufsicht erfolgenden persönlicher Begegnung *Kellet* (Motivation), S. 559 und *Kießling* (Dienstaufsicht), S. 240f.

[600] Vgl. *Schütt* (Kontrolle), S. 28 und 29. Der Vorgesetzte muß durch seine unmittelbare Präsenz ständig zeigen, daß er nicht nur für die Soldaten seiner eigenen Nation da ist, sondern daß er am Dienst und am Wohlbefinden der ihm unterstellten Soldaten sämtlicher Nationen interessiert ist.
Siehe zum Zusammenhang zwischen Vertrauen und Effektivität der Führung in erwerbswirtschaftlichen multinationalen Unternehmen *Krystek* (Vertrauen), S. 560f.

[601] Vgl. *Höhn* (Technik), S. XXIII und 196, *Kießling* (Dienstaufsicht), S. 242 sowie *Poeppel* (Führungsstil), S. 190.

[602] Siehe zu dem vorangegangenen Abschnitt *Ritter* (Beurteilung), S. 1f. Siehe hierzu auch *Trump* (Beurteilung), S. 32f. und 79. Siehe zu Problemen der Personalbeurteilung und Leistungsbewertung in erwerbswirtschaftlichen multinationalen Unternehmen *Festing/Weber/Weller* (Personalmanagement), S. 744 und *Schöllhammer* (Personalwesen), Sp. 1873f.

usw.[603] Teilweise gibt es innerhalb der nationalen Streitkräfte nochmals Unterschiede zwischen den Beurteilungen der Angehörigen der einzelnen Laufbahnen und Dienstgradgruppen. Zwar werden die nationalen Beurteilungsverfahren bzw. –systeme immer wieder überarbeitet und angepaßt,[604] aber auch im neuen Beurteilungssystem der Bundeswehr fehlen wesentliche Beurteilungsmerkmale, die auf die Besonderheiten des Dienstes in multinationalen Truppenteilen ausgerichtet sind, beispielsweise interkulturelle Kompetenz usw. Gleiches gilt für den Katalog der Verwendungsmöglichkeiten.

Unter betriebswirtschaftlichen Gesichtspunkten ergeben sich bezüglich Beurteilungen in multinationalen Truppenteilen folgende effektivitätsreduzierende Probleme: Zum ersten berücksichtigt das aktuelle Beurteilungssystem der Bundeswehr, wie bereits festgestellt, die fachliche und persönliche Eignung des einzelnen Soldaten für eine Verwendung in einem multinationalen Truppenteil nur ungenügend. Dies hat insofern Auswirkungen, als es durch eine fehlerhafte Auswahl zu nicht optimierten Stellenbesetzungen kommen kann bzw. wird, die zum einen mangelhafte fachliche Leistung des betroffenen Soldaten nach sich ziehen, und die sich dadurch zum anderen auf die gesamte Leistung des Truppenteils auswirken können. Zum zweiten ergeben sich immer dann Kompetenzprobleme, wenn Vorgesetzte Untergebene aus anderen Nationen zu beurteilen haben. Neben rechtlichen Fragen der Beurteilungsbefugnis gilt es hier, den Grundsatz der Unteilbarkeit der Beurteilungsverantwortung zu berücksichtigen.[605] Die Praxis, in multinationalen Truppenteilen Beurteilungen unter Zuhilfenahme mehrerer Beurteilungsbeiträge verschiedener Vorgesetzter zu erstellen,[606] stellt nicht nur einen Verstoß gegen diesen Grundsatz und dem Grundsatz einer transparenten Beurteilung[607] dar, sie bedeutet auch einen Mehraufwand an Arbeit für die Betroffenen,[608] die dadurch für andere Führungsaufgaben nicht mehr zur Verfügung stehen. Im übrigen bedarf eine Beurteilung grundsätzlich genauer Kenntnisse über die nationalen Eigenheiten der jeweiligen Streitkräfte. Bei der Anzahl der teilweise in multinationalen Truppenteilen vertretenen Nationen ist dies nicht zufriedenstellend zu gewährleisten. Hier besteht wiederum die Gefahr einer ungenauen oder gar falschen Beurteilung, die sich zum einen negativ auf die berufliche Zukunft des Beurteilten auswirken kann, und die zum anderen durch eine geminderte Berufszufriedenheit Einfluß auf die Arbeitsmotivation und damit letztendlich auf die Leistung des Betroffenen und hierdurch auf die Effektivität des gesamten Truppenteils haben kann.

Ein weiteres Problem liegt in der Sprache. Soweit andersnationale Vorgesetzte in den Beurteilungsprozeß involviert sind, ist regelmäßig der Sprachendienst zu einer Übersetzung der Beurteilung bzw. des Beurteilungsbeitrages heranzuziehen. Dabei[609] gibt es oft Unsicherheiten darüber, ob die Übersetzung auch das ausdrückt, was der Autor tatsächlich aussagen wollte. Hier lauern sowohl ein Unsicherheitsfaktor als auch weiteres Konfliktpotential.

c) Disziplinarrecht Das Disziplinarrecht würdigt besondere Leistungen durch förmliche Anerkennungen und ahndet Dienstvergehen durch Disziplinarmaßnahmen.[610]

---

603 Siehe hierzu beispielsweise und ausführlich *Ritter* (Beurteilung), S. 26-29 und *Samson* (Vergleich), S. 894.

604 So sind in der Bundeswehr seit dem 01.01. 1999 nach elfjähriger Anwendung der alten Beurteilungsbestimmungen die neuen Bestimmungen verbindlich. (Siehe zum neuen Beurteilungssystem *Schlieder* (Eignung), S. 787-794.)

605 Vgl. *Trump* (Beurteilung), S. 76 und *Walz* (Verantwortung), S. 180.

606 Dies geschieht beispielsweise in den Korpsstäben des Eurokorps (Vgl. *Allorant* (Gespräch) und *Pfrengle* (Gespräch).) und des I. D/NL Korps. (Vgl. *Bert* (Gespräch) und *Domininghaus* (Gespräch).) Hier ist grundsätzlich auch die Problematik der unterschiedlichen Ausbidung, Erfahrung, Befähigung und Wertmaßstäbe der einzelnen nationalen Vorgesetzten bezüglich der Erstellung von Beurteilungen zu berücksichtigen. (Siehe zu diesem Problem auch *Trump* (Beurteilung), S. 48 und 66.)

607 Siehe zur Bedeutung dieses Grundsatzes für die individuelle und kollektive Leistung sowie für das Betriebsklima *Trump* (Beurteilung), S. 78f.

608 Dies ist insbesondere dann der Fall, wenn dabei Übersetzungen durch den Sprachendienst erforderlich werden. (Vgl. *Boden* (Gespräch).)

609 Vgl. *Boden* (Gespräch).

610 Vgl. §1 (1) *WDO*.

In multinationalen Truppenteilen bleiben disziplinare Angelegenheiten nationale Zuständigkeiten,[611] die als Hoheitsrechte nicht auf andersnationale Vorgesetzte übertragen werden können.[612] Dies kommt zwar nationalen Interessen entgegen, ist aber geeignet, innerhalb der Truppe effektivitätsreduzierende Unstimmigkeiten zu verursachen. Grund hierfür ist etwa die unterschiedliche disziplinare Würdigung gleicher Vergehen innerhalb der Streitkräfte der einzelnen Nationen. So werden zum Beispiel in den deutschen und belgischen Streitkräften Dienstvergehen individuell bestraft, wohingegen in der französischen Armee zum einen nach einem festen Strafkatalog und zum anderen in der Regel strenger bestraft wird.[613] Wenn beispielsweise ein deutscher und ein französischer Soldat beim Wachdienst einschlafen, wird der Deutsche mit einem in der Dienstzeit abzuleistenden Zellenaufenthalt bestraft, während dem Franzosen der Wochenendausgang gestrichen wird.[614] Solange in multinationalen Truppenteilen kein einheitlicher Katalog für Straf- bzw. Disziplinarmaßnahmen entwickelt wird, wird sich immer Unzufriedenheit bei den Streitkräften derjenigen Nationen breit machen, deren Soldaten härter bestraft werden. Unzufriedenheit der Bestraften überträgt sich innerhalb des Kameradenkreises leicht. In solchen Fällen nimmt nicht nur die Leistungsbereitschaft des Disziplinierten ab, sondern auch die des nationalen Truppenanteiles und damit die Effektivität des gesamten multinationalen Truppenteiles. Bei den Anerkennungsmöglichkeiten des Disziplinarrechtes gilt das Gesagte umgekehrt analog.[615]
Als problematisch wird in multinationalen Truppenteilen schließlich die Unteilbarkeit der Disziplinarverantwortung beurteilt. Während die Disziplinargewalt im nationalen Bereich bei Abwesenheit oder Ausfall auf den Stellvertreter übergeht,[616] ist diese Möglichkeit durch die oben beschriebene Gesetzeslage in multinationalen Truppenteilen immer dann nicht gegeben, wenn der Vertretene und sein Vertreter unterschiedlichen Nationen angehören. Hier sind weitere Effektivitätseinbußen in der Führung zu erwarten.

6.1.3.4 Pflichten und Rechte des Geführten

6.1.3.4.1 Gehorsam

Gehorsam bedeutet nach deutschem Recht die nach besten Kräften vollständig, gewissenhaft und unverzüglich vollzogene Ausführung der Befehle von Vorgesetzten.[617] Abhängig vom praktizierten Führungsprinzip – Auftrags- bzw. Befehls-taktik – wird eine unterschiedliche Qualität von Gehorsam vorausgesetzt. Diese ist im Falle der Auftragstaktik höher, bei der Befehlstaktik ist sie niedriger.[618] Auch der Führungsstil hat Einfluß auf die Qualität des Gehorsams. Während autoritärer Führungsstil kritiklosen Gehorsam unterstützt,[619] wird im anderen Fall mitdenkender Gehorsam notwendig.[620] So wie innerhalb der einzelnen nationalen Trup-

---

[611] Siehe hierzu beispielsweise *Convention I. D/NL Korps*, Art. 6 (2).
[612] Vgl. *Dau* (Aspekte), S. 4 und *Winkler* (Probleme), S. 154f. Hierfür wären Änderungen nationaler Gesetze notwendig. (Vgl. *Domininghaus* (Gespräch).)
[613] Vgl. *Bahu* (Brigade), S. 41.
[614] Siehe zu dem vorangegangenen Abschnitt *o. A.* (Einmalig), S. 146. Häufig liegt das deutsche Strafmaß im internationalen Vergleich niedriger als in anderen Streitkräften. (Vgl. *Kölln* (Ricketts), S. 16f.)
[615] Die Anerkennungsmöglichkeiten in den deutschen Streitkräften galten bereits vor Jahrzehnten beispielsweise im Vergleich zu denen der Franzosen als sehr eingeschränkt. (Vgl. *Saint-George* (Wehrdisziplinarrecht), S. 193.) Hieran hat sich wenig geändert. (Vgl. *Faust* (BQG), o. S.)
[616] Vgl. *Walz* (Verantwortung), S. 179.
[617] Vgl. § 11 (1), S. 1f. *SG*.
[618] Vgl. *Stockfisch* (Führung), S. 75.
[619] Hier ist oft – und beabsichtigt - die Furcht vor Strafe Motivation für den Gehorsam. (Vgl. *Kölln* (Ricketts), S. 17.) In der französischen Armee wird über Befehle grundsätzlich nicht diskutiert, sie werden ausgeführt. (Vgl. *o. A.* (Einmalig), S. 143.)
[620] Dieser wird in der Bundeswehr ausgebildet. (Vg. *Naumann* (Führen), S. 20.)

penanteile der multinationalen Truppenteile unterschiedliche Führungsprinzipien und –stile Anwendung finden, zeigen sich dort auch Unterschiede in der Qualität des Gehorsams. Dies hat insbesondere dann betriebswirtschaftliche Auswirkungen, wenn sich in den multinationalen Truppenteilen bei der Befehlsausführung eine niedere Qualität des Gehorsams zum gemeinsamen Nenner entwickelt.

Problematisch wird in multinationalen Truppenteilen immer die nationale Bindung des einzelnen Soldaten bleiben.[621] Wenn beispielsweise zwei Vorgesetzte unterschiedlicher Nationen bewußt oder unbewußt widersprüchliche bzw. gegensätzliche Befehle geben,[622] wird der Befehlsempfänger im Zweifel immer seinem nationalen Vorgesetzten folgen. Hier steigt die Brisanz der Problematik mit der Führungsebene.[623] Während derartige Differenzen auf Zugebene noch wenig Auswirkungen haben, sind die Folgen zum Beispiel bei Differenzen zwischen dem Kommandeur des multinationalen Truppenteiles und dem einer anderen Nation angehörenden Stellvertreter von weitreichender Bedeutung. In jedem Fall wird die Effektivität des Truppenteils durch die verursachten Loyalitätskonflikte stark eingeschränkt.[624]

Schließlich interessiert unter dem Gesichtspunkt der Effektivität multinationaler Truppenteile der Anspruch auf Gehorsam sowie dessen Durchsetzbarkeit. Wie soll ein multinationaler Truppenteil seinen Auftrag erfüllen können, wenn nicht zum Beispiel ein deutscher Vorgesetzter einem französischen Untergebenen einen Befehl mit Anspruch auf Gehorsam erteilen kann, den er nicht auch selbst und unmittelbar durchsetzen kann?[625] Dieser Befehl degeneriert eher zur unverbindlichen Bitte.[626] In der Praxis versucht man, diese Problematik mit Hilfe der sogenannten „Anweisung auf Zusammenarbeit“ zu lösen.[627] Dabei werden beispielsweise in der D/F-Brigade namentlich französische Vorgesetzte benannt, deren Weisungen – nicht Befehlen – durch deutsche Soldaten Folge zu leisten ist. Rechtsgrundlage für die Befolgung dieser Weisungen bildet die Grundpflicht des Soldaten zum treuen Dienen des § 7 SG.[628] Auf die Zweifelhaftigkeit der Effektivität der „Anweisung auf Zusammenarbeit“ für die Durchsetzbarkeit von Gehorsam wurde bereits in Kapitel 6.1.2.5.2 *(Befugnisse)* hingewiesen. Denkt man zusätzlich bei der Durchsetzung von Gehorsam nicht nur an den Alltagsdienst, sondern insbesondere an Ausnahmesituationen, wie beispielsweise an die Aufrechterhaltung bzw. Wiederherstellung der militärischen Ordnung durch einen multinationalen militärischen Ordnungsdienst bzw. Militärpolizei, wird deutlich, wie notwendig es ist, innerhalb multinationaler Truppenteile Befehle auch ohne namentliche Festlegung von zur Weisung Befugten sowie mit Gewalt durchsetzen zu können.[629] Gleiches gilt für Einsätze, in denen Führer und Geführte naturgemäß ständig wechseln. Hier wirkt die gegenwärtige Rechtslage effektivitätshemmend.

---

[621] Dies ergibt sich schon aus dem auf die eigene Nation geleisteten Eid bzw. Gelöbnis und der sich daraus ergebenden Treueverpflichtung und wechselseitigen Bindung. (Vgl. *Royl* (Konflikt), S. 105.) Dennoch gibt es Diskussionen, ob innerhalb multinationaler (UN-) Truppenteile aufgrund des nationalen Eides eine multinationale Treue- und Tapferkeitspflicht begründet werden kann. (Siehe zu diesen Diskussionen beispielsweise *Scheffler* (Eid), S. 61-70 und *Walz* (Eid), S. 51-60.) Siehe zu den Soldateneiden verschiedener Nationen ausführlich *Brammer* (Eid), S. 58-63.

[622] So kommt es durch die gängige Regelung andersnationaler Stellvertreter zu einer Doppelunterstellung. Dadurch sind die Kompetenzen des multinationalen und des nationalen Vorgesetzten gegenüber dem gemeinsamen Untergebenen nie exakt abgrenzbar, was oft automatisch zu widersprüchlichen Weisungen führt. (Vgl. *Steinaecker* (Vortrag), S. 12.)

[623] Der Begriff der Führungsebene bezieht sich hier auf die Führung verschiedener Gliederungsformen.

[624] Siehe hierzu auch *Wieland* (Vorgesetzte), S. 141.

[625] Vgl. *Dau* (Aspekte), S. 2.

[626] Vgl. *Heinen* (Grenzen), S. 22.

[627] Zusammenarbeit bedeutet hier gegenseitige Unterrichtung, Beratung und Unterstützung in allen Angelegenheiten, deren Erledigung durch den gemeinsamen militärischen Dienst erforderlich wird. (Vgl. *Hepp* (Brigade), S. 50.)

[628] Vgl. *Dau* (Aspekte), S. 3.

[629] Siehe hierzu ausführlich *Heinen* (Grenzen), S. 12-26.

Ein der Öffentlichkeit weitgehend unbekanntes Beispiel von multinationalem Ungehorsam auf höchster Ebene war die Gehorsamsverweigerung des dem KG des ARRC vom SACEUR gegebenen Befehls, im Kosovo die Landung russischer Truppen auf dem Flugplatz von Pristina durch den Einsatz von Hubschraubern zu verhindern.[630]

6.1.3.4.2 Beteiligungsrechte

Beteiligungsrechte geben den Untergebenen in der Bundeswehr die gesetzlich gesicherte Möglichkeit, sich an Entscheidungsprozessen zu beteiligen. Dabei können die Soldaten auf der Grundlage des Soldatenbeteiligungsgesetzes durch Anhörungs-, Vorschlags- und Mitbestimmungsrechte auf die Dienstgestaltung Einfluß nehmen. Repräsentiert werden die Soldaten durch Vertrauenspersonen, Versammlungen von Vertrauenspersonen, Personalvertretungen und Koalitionen (Berufsverbände und Gewerkschaften).[631]
Innerhalb der multinationalen Truppenteile existieren gravierende Unterschiede hinsichtlich der Beteiligungsrechte der Soldaten, wie zum Beispiel hinsichtlich der Mitsprache im Entscheidungsprozeß oder im täglichen Dienstbetrieb oder hinsichtlich der Wahrnehmung gewerkschaftlicher Rechte.[632] Die deutschen Soldatenbeteiligungsrechte sind wesentlich weitreichender als beispielsweise bei Franzosen, Spaniern oder US-Amerikanern.[633] So lehnt etwa die französische Armee die Institution einer Vertrauensperson grundsätzlich ab.[634] Dagegen wird die Ausprägung der Beteiligungsrechte in den niederländischen Streitkräften von deutschen Soldaten als ungewöhnlich hoch bzw. weitgehend beurteilt.[635]
Die bestehenden Unterschiede bzw. die fehlende Einheitlichkeit der nationalen Beteiligungsrechte führen zur Ungleichbehandlung von Soldaten.[636] Diese Ungleichbehandlung betrifft nicht nur die Soldaten unterschiedlicher Nationen innerhalb eines multinationalen Truppenteils (zum Beispiel deutsche und französische Soldaten im Eurokorps), sondern sie kann durch die Bildung von Insellösungen auch zu Ungleichbehandlungen von Soldaten der gleichen Nation führen (beispielsweise bei einem Vergleich deutscher Soldaten des Eurokorps mit solchen des I. D/NL Korps).[637] Ungleichbehandlungen ziehen Motivationsverlust nach sich, der in seinen möglichen Folgen bis zur offenen oder versteckten Arbeitsverweigerung führen kann. An dieser Stelle sei ausdrücklich darauf hingewiesen, daß die Beteiligung an Entscheidungsprozessen dort seine natürliche Grenze hat bzw. haben sollte, wo die Auftragserfüllung gefährdet ist.

---

[630] Die negative Vorbildfunktion dieses Beispiels wird deutlich, wenn man die Resonanz auf diesen Vorfall betrachtet: Soldaten äußern öffentlich Mißfallen darüber, daß dieser Fall ohne Konsequenzen blieb, wohingegen Fälle von zwischennationalem Ungehorsam auf niederer Ebene hart bestraft werden. (Siehe hierzu beispielsweise *Trig* (Leserbrief), S. 16.)

[631] Vgl. *Gerz* (Einflußnahme), S. 115.

[632] Vgl. *BMVg* (Film), S. 27. Siehe hierzu auch ausführlich *FüAkBw* (Beteiligung), S. 6-22. Auch erwerbswirtschaftliche multinationale Unternehmen sehen sich mit dem Problem unterschiedlicher nationaler Mitbestimmungsrechte konfrontiert. (Siehe hierzu am Beispiel der EADS *sup* (Boing), S. 16.)

[633] Vgl. *Bagger* (Statement), o. S. Insbesondere im Eurokorps kommt es deshalb mit Franzosen und Spaniern zu erheblichen Problemen in der Zusammenarbeit. (Vgl. *ZInFü* (Impulsseminar), S. 8.)

[634] Vgl. *Bühl* (Erfahrungen), S. 51. Siehe hierzu am Beispiel der D/F-Brigade *FüAkBw* (Beteiligung), S. 10f. In der französischen Armee soll der Führer die Vertrauensperson der Geführten sein. (Vgl. *Allorant* (Gespräch).)

[635] Vgl. *BMVg* (Film), S. 27. Siehe hierzu auch *FüAkBw* (Beteiligung), S. 13. Im I. D/NL Korps gibt es zwar ein „Binationales Beratungskomitee" (BBC), dieses dient aber lediglich der Vermeidung von Benachteiligungen von Soldaten aufgrund ihres Geschlechts, ihrer Nationalität oder ihres Status. (Vgl. *BBC* (Geschäftsordnung).)

[636] Vgl. *BMVg* (Film), S. 27.

[637] Auf die Gefahr der Schmälerung der Beteiligungsrechte deutscher Soldaten innerhalb multinationaler Truppenteile weist auch die Wehrbeauftragte hin. (Vgl. *Wehrbeauftragte* (Einzelbericht 1996), S. 10.)

6.1.3.4.3 Beschwerderecht

Das Beschwerderecht gibt dem Soldaten die Möglichkeit, sich bei unrichtiger Behandlung durch Vorgesetzte, Kameraden oder Dienststellen zu wehren. Die einzelnen nationalen Streitkräfte haben ihre eigenen Beschwerderechtssysteme. Diese sind nicht auf andere Nationen übertragbar.[638] Damit scheidet in multinationalen Truppenteilen beispielsweise eine Anwendung der deutschen Wehrbeschwerdeordnung (WBO) gegen andersnationale Vorgesetzte aus. Auch dem/der Wehrbeauftragten sind hier die Hände gebunden. Beschwerden deutscher Soldaten gegen andersnationale Vorgesetzte muß in multinationalen Truppenteilen deshalb im Rahmen der Dienstaufsicht- und Fürsorgepflicht nachgegangen werden.[639] Diese Lösung ist für die betroffenen Soldaten meist nicht zufriedenstellend.[640] Zusätzlich zu der realen bzw. vermeintlichen Falschbehandlung durch Dritte tritt bei den betroffenen Soldaten Unzufriedenheit auf, die sich unweigerlich auf ihre Leistungsbereitschaft und damit auf die Effektivität der Truppe auswirken wird. Zudem erscheint die Stabilität der inneren Ordnung des multinationalen Truppenteils gefährdet, wenn durch ein unzulänglich praktizierbares Beschwerderecht bestehende Mängel und Fehler nicht aufgedeckt und Schäden nicht beseitigt werden können. Die/der Wehrbeauftragte zweifelt in diesem Zusammenhang an, ob ein multinationaler Truppenteil auf längere Sicht führbar bleibt, wenn in ihm unterschiedliche Wehrrechtsordnungen gelten.[641]

6.1.4 Betriebswirtschaftliche Beurteilung der Führung

6.1.4.1 Effektivität

Die Effektivität der Führung multinationaler Truppenteile sei als *Et (MNT, F)* bezeichnet. Die Effektivität der Führung rein nationaler Truppenteile wird analog als *Et (RNT, F)* bezeichnet. Im folgenden wird zunächst zwischen der Effektivität der Führer bzw. der Führungskraft und der Effektivität des Führungsprozesses differenziert. Beide werden jedoch anschließend unter dem Oberbegriff der „Effektivität der Führung“ subsumiert.

6.1.4.1.1 Effektivität der Führer

Die Effektivität der Führer bzw. der Führungskräfte läßt sich in erwerbswirtschaftlichen Unternehmen grundsätzlich im Rahmen eines Effektivitätssystems anhand eines ausgeprägten Merkmalekataloges feststellen. Mit einem derartigen Katalog sind jedoch die Möglichkeiten der Zusammensetzung von Merkmalen bzw. Variablen sowie die Gewichtung der einzelnen Merkmale bzw. Variablen äußerst vielfältig und zudem nur sehr schwer meßbar.[642] Auf die Aufstellung eines derartigen und komplexen Kataloges wird deshalb in dieser Arbeit verzichtet.

In Zusammenfassung der vorherigen Ausführungen des Kapitels 6.1 *(Führung)* läßt sich jedoch folgendes feststellen: Die nationalen Unterschiede bezüglich Herkunft, Auswahl, Ausbildung, Anforderungen, Aufgaben und Befugnisse der Führer beeinträchtigen die Effektivität der Führer, (s. Tab. 4) denn sie verursachen sowohl nachhaltige Probleme bei der Zusammen-

---

[638] Vgl. *Dau* (Aspekte), S. 4 und *Domininghaus* (Gespräch).

[639] Gleiches gilt für Beschwerden andersnationaler Soldaten gegen deutsche Vorgesetzte. (Vgl. *Norhausen* (Gespräch).)

[640] Vgl. *Wehrbeauftragte* (Einzelbericht 1996), S. 4.

[641] Vgl. *Wehrbeauftragte* (Jahresbericht 1997), S. 37.

[642] Siehe zu verschiedenen Effizienzvariablen *Witte (Effizienz)*, Sp. 165f.

arbeit innerhalb des multinational eingesetzten Führerkorps als auch bei der Führung der unterstellten Truppen.
Negativen Einfluß auf die Effektivität der Führer haben zudem die mangelhafte Vorbereitung – entscheidend sind hier Auswahl und Ausbildung - der nationalen Führer auf multinationale Führungsaufgaben sowie die eingeschränkten Befugnisse der Führer bei der Ausübung multinationaler Führerfunktionen. (s. Tab. 4)
Einfluß auf die Effektivität der Führer hat schließlich auch, inwieweit die einzelnen nationalen Führer in ihren Führerverwendungen austauschbar sind.[643] Ein solcher Austausch ist in multinationalen Truppenteilen - und deren Stäben – durch den unterschiedlichen Ausbildungsstand nur begrenzt möglich. Eine Kontinuität der Führung wird dadurch erschwert. Dies wirkt sich insbesondere in Einsätzen negativ aus.
Insgesamt liegt die Effektivität der Führer in multinationalen Truppenteilen unter der Effektivität vergleichbarer rein nationaler Truppenteile.[644] Sie sinkt dabei im jeweiligen Truppenteil in Abhängigkeit von der vorhandenen Ausgestaltung der Multinationalität.[645] (s. Tab. 4) Dieser Effektivitätsunterschied wird auch zukünftig nur unvollkommen zu eliminieren sein.[646] (s. Tab. 4)

6.1.4.1.2 Effektivität des Führungsprozesses

Die Effektivität des Führungsprozesses hängt maßgeblich von der Effektivität der Führer ab. Deren Effektivitätsdefizite wurden bereits festgestellt und dargelegt. Die Führungseffektivität wird darüber hinaus von der realisierten Einheitlichkeit der innerhalb der multinationalen Truppenteile praktizierten Führungsverfahren und den auftretenden Unterschieden der Führungsverhalten beeinflußt.[647] (s. Tab. 4) Schließlich haben auch die beschriebenen Effektivitätsverluste im Bereich der Geführten negative Auswirkungen auf die Führungseffektivität. (s. Tab. 4)
Insgesamt muß die Führungseffektivität in multinationalen Truppenteilen bei einer Gegenüberstellung mit vergleichbaren rein nationalen Truppenteilen als deutlich niedriger beurteilt werden.[648] Sie sinkt dabei in Abhängigkeit von der im jeweiligen Truppenteil vorhandenen Ausgestaltung der Multinationalität. (s. Tab. 4) Im übrigen gilt auch hier: Der Effektivitätsunterschied läßt sich in Zukunft nur unvollkommen reduzieren.[649] (s. Tab. 4)

---

[643] Vgl. *Rosen* (Führung), Sp. 1456. Die Wahrscheinlichkeit des Führerausfalls ist im Einsatz extrem hoch. (Vgl. *Naumann* (Führen), S. 18.) Um so wichtiger wird in multinationalen Truppenteilen die problem- und verzugslose Austauschbarkeit der Führer - insbesondere auch deshalb, um Gefährdungen für die geführten Truppenteile zu vermeiden. (Vgl. *Lube* (Luftwaffe), S. 12.)

[644] Dies hat auch das BMVg erkannt. (Siehe hierzu *BMVg* (Film), S. 26.)

[645] Die konkrete Ausgestaltung des multinationalen Truppenteiles wird in den folgenden Ausführungen der Kapitel 6, 7 und 8 stets durch die Kriterien „Organisationsprinzip", „Anzahl der beteiligten Nationen", „Ebene der multinationalen Mischung" und „in der Vergangenheit praktizierte Zusammenarbeit" charakterisiert. (Siehe zu diesen und zu weiteren Kriterien auch Kapitel 3.1.2.3.3 *(Ausprägungen der Multinationalität)*.)

[646] Hier gilt folgender Zusammenhang: Will man die Effektivität der Streitkräfte von morgen beurteilen, gilt die Qualität der Ausbildung von heute als bester Indikator. (Vgl. *Anderson* (Zukunft), S. 7.) Die heutige Qualität der Ausbildung bezüglich multinationaler Führungsverwendungen wurde bereits deutlich dargestellt.

[647] Vgl. *BMVg* (Film), S. 26.

[648] Dies wird auch vom BMVg erkannt. (Siehe hierzu *BMVg* (Film), S. 26.)

[649] Betrachtet man die Probleme multinationaler Führung aus Vergangenheit und Gegenwart, wird man feststellen, daß die grundsätzlichen Probleme immer die gleichen und immer vorhanden geblieben sind. (Vgl. *Happach* (Führung), S. 105.) Dies wird sich auch in Zukunft nur schwer bzw. gar nicht ändern. Damit läßt sich die zukünftige Führungseffektivität multinationaler Truppenteile klar prognostizieren.

Tab. 4: *Effektivitätsreduktoren im Bereich der Führung*

Effektivitätsreduktoren	Ausprägung in Abhängigkeit von ...									Existenz		
	... Organisationsprinzip			... Anzahl der Nationen		... Ebene der Mischung		... Zusammenarbeit in der Vergangenheit		vorhanden in Anpassungsphase	dauerhaft vorhanden	
	FW	Integr.	LN	2	>2	Korps	<Korps	ausgeprägt	unregelmäßig bis nicht vorhanden		gleichbleibend	abnehmend
Nationale Defizite und im internationalen Vergleich Unterschiede bzgl. Herkunft, Auswahl und Anforderungen an den militärischen Führer	++	+++	++	++	+++	++	+++	++	+++	X		X
Nationale Defizite und im internationalen Vergleich Unterschiede bzgl. Führerausbildung	++	+++	++	++	+++	++	+++	++	+++	X	X	
Im internationalen Vergleich Unterschiede bzgl. Aufgaben und Befugnisse, Defizite bzgl. Befugnisse multinational eingesetzter Führer	++	+++	++	++	+++	++	+++	++	++	X		X
Im internationalen Vergleich Unterschiede bzgl. Führungsverhalten	+	++	+	+	++	++	+++	+	++	X		X
Im internationalen Vergleich Unterschiede bzgl. Führungsverfahren im Bereich Äußere und Innere Führung	++	+++	+	++	+++	++	+++	++	+++	X	gleichbleibend bis abnehmend	
Im internationalen Vergleich Unterschiede bzgl. Rechte der Geführten	++	+++	+	++	+++	++	+++	++	+++	X	X	

Legende: *FW:* *Framework-Prinzip*
Integr.: *Integrations-Prinzip*
LN: *Lead-Nation-Prinzip*
Ausprägungsgrade: (+=schwach, ++=mittel, +++=stark)

In Zusammenfassung der erfolgten Beurteilung der Effektivität der Führungskräfte und der Effektivität des Führungsprozesses läßt sich für die Effektivität der Führung insgesamt festhalten: Mit zunehmender Ausgestaltung der Multinationalität in Truppenteilen sinkt die Effektivität der Führung des multinationalen Truppenteiles. (s. Tab. 4) Es gilt:

$$Et\ (MNT,\ F) < Et\ (RNT,\ F)$$

6.1.4.2 Kosten

Wie die Ausführungen des Kapitels 6.1 *(Führung)* gezeigt haben, sind die als *K (MNT, F)* bezeichneten Kosten der Führung in multinationalen Truppenteilen bei einer Gegenüberstellung mit den Kosten vergleichbarer rein nationaler Truppenteile (*K (RNT, F)*) feststellbar höher. Sie steigen dabei in Abhängigkeit von der im jeweiligen multinationalen Truppenteil vorhandenen Ausgestaltung der Multinationalität. (s. Tab. 4) Es gilt:

$$K\ (MNT,\ F) > K\ (RNT,\ F)$$

Einflußkomponenten auf die Kostenstruktur sind dabei zunächst die durch den Effektivitätsverlust der Führung verursachten Folgekosten. (s. Tab. 5) Hierzu zählen an direkten Kosten beispielsweise die durch ungenügende Befugnisse, durch mangelhafte und unterschiedliche nationale Ausbildung, durch verschiedene nationale Führungsverfahren, durch Überschneidung von Aufgaben und Kompetenzen sowie durch die Involvierung aller beteiligten Nationen erforderlich werdenden Mehr- und Mehrfacharbeiten. Als Beispiel für indirekte Kosten soll die logistische Versorgung der geführten Truppenteile genannt werden, die durch einen zeitlich verlängerten Führungsprozeß ebenfalls deutlich verzögert wird, und die steigende Gefahr des Verlustes von Wehrmaterial im Einsatz. Als intangible Kosten können individuelle Arbeitsunzufriedenheit sowie steigende Gefährdung der Soldaten im Einsatz aufgeführt werden.

Ein weiterer Kostentreiber sind insbesondere die notwendig werdenden zusätzlichen, auf Verwendungen in multinationalen Truppenteilen vorbereitenden Ausbildungen der Führer und die damit verbundenen Anpassungsmaßnahmen der existierenden nationalen Ausbildungen. (s. Tab. 5) Bereits die Anpassung der Ausbildung ist außerordentlich zeit- und arbeitsaufwendig und bindet nicht unerheblich viel Personal. Gleiches gilt entsprechend für die Durchführung der Ausbildung. Als direkte Kosten fallen sowohl bei der Anpassung als auch bei der Durchführung der Ausbildung vor allem erhöhte Personal- und Materialkosten an. Als Beispiel für intangible Kosten soll die während der Ausbildung oftmals notwendig werdende Trennung von der Familie genannt werden.

Die in multinationalen Truppenteilen erhöhten Kosten der Führung werden sich auch zukünftig nur unvollständig reduzieren lassen, das heißt, sie werden in der Summe immer über denen vergleichbarer rein nationaler Truppenteile liegen. (s. Tab. 5)

Tab. 5: *Kostentreiber im Bereich der Führung*

Kostentreiber	Kosten-kategorie			Ausprägung in Abhängigkeit von ...									Existenz		
	direkte	indirekte	intangible	... Organisationsprinzip			... Anzahl der Nationen		... Ebene der Mischung		... Zusammenarbeit in der Vergangenheit		vorhanden in Anpassungsphase	dauerhaft vorhanden	
				FW	Integr.	LN	2	>2	Korps	<Korps	ausgeprägt	unregelmäßig bis nicht vorhanden		gleichbleibend	abnehmend
Folgekosten der Effektivitätsverluste im Bereich der Führung	X	X	X	++	+++	++	++	+++	++	+++	++	+++	X		X
Organisatorische und inhaltliche Anpassung der Führerausbildung	X	X	X	++	+++	++	++	+++	++	+++	++	+++	X		
Durchführung der angepaßten Führerausbildung	X	X	X	++	+++	++	++	+++	++	+++	++	+++	X	X	

Legende: FW: Framework-Prinzip; LN: Lead-Nation-Prinzip
Integr.: Integrations-Prinzip; Ausprägungsgrade: (+=schwach, ++=mittel, +++=stark)

6.1.4.3 Effizienz

Die Effizienz als das in dieser Arbeit definierte Verhältnis zwischen Effektivität und Kosten liegt in multinationalen Truppenteilen im Bereich der Führung (*Ez (MNT, F)*) unter der Effizienz vergleichbarer rein nationaler Truppenteile (*Ez (RNT, F)*). Sie sinkt in Abhängigkeit von der im jeweiligen Truppenteil vorhandenen Ausgestaltung der Multinationalität. Es gilt:

$$[Et\,(MNT, F) / K\,(MNT, F)] < [Et\,(RNT, F) / K\,(RNT, F)], \text{ also:}$$
$$Ez\,(MNT, F) < Ez\,(RNT, F).$$

Für eine Beurteilung der Effizienz der Führung multinationaler Truppenteile aus Sicht der Bundeswehr sind drei Fälle zu unterscheiden.
Hierzu wird zunächst von einer bestimmten, im Bereich der Führung anfallenden Kostensumme eines Truppenteiles (beispielsweise Korps) der Bundeswehr ausgegangen; diese wird als *K (GE, F)* bezeichnet. Hierbei handelt es sich um die in einem rein nationalen Truppenteil anfallenden Kosten der Führung *K (RNT, F)*, die durch die Verwendung nationaler Kostendaten der Deutschen Bundeswehr zu *K (GE, F)* konkretisiert wurden.
Durch die Aufstellung eines multinationalen Truppenteiles der gleichen Ebene (Korps) bzw. durch die Beteiligung an einem solchen Truppenteil reduzieren sich für die Bundeswehr der Personalumfang und der Materialbestand auf dieser Truppenteilebene auf die deutschen Stabsanteile und auf die deutschen Truppenanteile des multinationalen Truppenteiles. Entsprechend erfolgt aus der Sicht der Bundeswehr auf den ersten Blick zunächst eine Reduzierung der personellen und materiellen Betriebskosten im Bereich der Führung.
Jedoch wird für die Bundeswehr die durch den verminderten Personalumfang und Materialbestand im Bereich der Führung zunächst erreichte Kostenreduktion durch zusätzliche Kostenkomponenten wie beispielsweise Ausbildungskosten, Kosten für die Stationierung im Ausland, Kosten für Mehr- und Mehrfacharbeit, Standardisierungskosten für Führungsmittel etc. wieder geschmälert. Die in multinationalen Truppenteilen für die Bundeswehr im Bereich der Führung tatsächlich anfallenden Kosten werden nunmehr als *K (MNT, GE, F)* bezeichnet.
Liegen die Kosten der Führung eines rein deutschen Truppenteiles *K (GE, F)* über den für die Bundeswehr im Bereich der Führung anfallenden Kosten eines vergleichbaren multinationalen Truppenteiles *K (MNT, GE, F)*, läßt sich durch die Beteiligung an dem konkreten multinationalen Truppenteil für die Bundeswehr insgesamt eine Kosteneinsparung feststellen (1. Fall). Ist die Kostendifferenz *[K (GE, F) – K (MNT, GE, F)]* gleich null (2. Fall), existiert für die Bundeswehr im Bereich der Führung weder eine Kostensteigerung noch eine Kosteneinsparung. Übersteigen die für die Bundeswehr im Bereich der Führung anfallenden Kosten eines multinationalen Truppenteiles *K (MNT, GE, F)* die Kosten der Führung eines vergleichbaren rein deutschen Truppenteiles *K (GE, F)*, lassen sich für die Bundeswehr im Bereich der Führung keine Kosten einsparen (3. Fall), obwohl der deutsche Personalumfang und der Materialbestand des multinationalen Truppenteiles bei einer Gegenüberstellung mit einem vergleichbaren rein deutschen Truppenteil reduziert sind.[650]

Wird nun im folgenden die im Kapitel 6.1.4.1 *(Effektivität)* nachgewiesene Effektivitätsreduktion multinationaler Truppenteile angenommen und der jeweiligen Kostensituation gegenübergestellt, ergeben sich für die Beurteilung der Effizienz der Führung aus Sicht der Bundeswehr folgende drei Fälle:

1. Fall:
Der erste Fall geht davon aus, daß sich im Bereich der Führung aus Sicht der Bundeswehr in multinationalen Truppenteilen im Vergleich zu rein deutschen Truppenteilen Kosten einsparen lassen. Darüber hinaus gilt für den Führungsbereich die bereits festgestellte generelle Effektivitätsreduktion multinationaler Truppenteile. Für eine Beurteilung der Effizienz der Führung aus Sicht der Bundeswehr ergeben sich hieraus zwei Unterfälle:
Die Effizienz im Führungsbereich des multinationalen Truppenteiles *Ez (MNT, F)* liegt nur dann über der Effizienz vergleichbarer rein deutscher Truppenteile *Ez (GE, F)*, wenn die festgestellten Effektivitätsverluste von den Kosteneinsparungen überkompensiert werden (Fall 1a). Im umgekehrten Fall, wenn also die Effektivitätsverluste die realisierten Kosteneinsparungen übersteigen (Fall 1b), ist eine Reduktion der Effizienz zu konstatieren.

---

[650] Daß ein Personalabbau nicht gleichbedeutend mit einer Reduzierung der Personalkosten ist, zeigt deutlich eine Statistik des BMVg: Während sich der Personalbestand von 486.825 Soldaten im Jahre 1989 auf 330.914 Soldaten im Jahre 1998 reduziert hat, stiegen die Personalkosten im gleichen Zeitraum von 23,1 Mrd. DM auf 23,9 Mrd. DM. (Siehe hierzu *BMVg* (Management), o. S.)

Fall 1a:

Wenn:
$Et\ (MNT, F) < Et\ (RNT, F)$ und
$K\ (GE, F) > K\ (MNT, GE, F)$ und
$[Et\ (RNT, F) - Et\ (MNT, F)] < [K\ (GE, F) - K\ (MNT, GE, F)]$,

dann gilt:
$Ez\ (MNT, F) > Ez\ (GE, F)$.

Fall 1b:

Wenn:
$Et\ (MNT, F) < Et\ (RNT, F)$ und
$K\ (GE, F) > K\ (MNT, GE, F)$ und
$[Et\ (RNT, F) - Et\ (MNT, F)] > [K\ (GE, F) - K\ (MNT, GE, F)]$,

dann gilt:
$Ez\ (MNT, F) < Ez\ (GE, F)$.

2. Fall:

Im zweiten Fall wird im Bereich der Führung weiterhin von einer Effektivitätsreduktion multinationaler Truppenteile ausgegangen. Darüber hinaus wird angenommen, daß sich für die Bundeswehr durch die Beteiligung an einem multinationalen Truppenteil im Bereich der Führung keine Kosten einsparen lassen. In diesem Fall liegt die Effizienz der Führung in einem multinationalen Truppenteil *Ez (MNT, F)* aus Sicht der Bundeswehr unter der Effizienz eines vergleichbaren rein deutschen Truppenteils *Ez (GE, F)*.

Wenn:
$Et\ (MNT, F) < Et\ (RNT, F)$ und
$K\ (GE, F) = K\ (MNT, GE, F)$,

dann gilt:
$Ez\ (MNT, F) < Ez\ (GE, F)$.

3. Fall:

Im letzten Fall gilt für den Bereich der Führung erneut die bereits bekannte Annahme der Effektivitätsreduktion multinationaler Truppenteile. Nunmehr wird jedoch für die Bundeswehr von einer, durch die Beteiligung an einem multinationalen Truppenteil verursachten Kostensteigerung im Führungsbereich ausgegangen. Aus Sicht der Bundeswehr ergibt sich in multinationalen Truppenteilen im Führungsbereich damit ebenfalls ein Effizienzverlust im Vergleich zu rein deutschen Truppenteilen.

Wenn:
$Et\ (MNT, F) < Et\ (RNT, F)$ und
$K\ (GE, F) < K\ (MNT, GE, F)$,

dann gilt:
$Ez\ (MNT, F) < Ez\ (GE, F)$.

Aus Sicht der Bundeswehr steigt somit die Effizienz im Bereich der Führung durch die Beteiligung an bzw. durch die Aufstellung von multinationalen Truppenteilen nur in einem einzigen Fall, nämlich dann, wenn sich im Bereich der Führung bei Gegenüberstellung mit vergleichbaren rein deutschen Truppenteilen Kosten einsparen lassen, und diese Kosteneinsparungen die feststellbaren Effektivitätsverluste multinationaler Truppenteile überkompensieren. (s. Fall 1a) In allen anderen Fällen ist ein Effizienzverlust zu konstatieren. Dieser nimmt bezüglich seiner Ausprägung in der Reihenfolge der Fälle 1b, 2 und 3 deutlich zu.

6.2 Organisation

6.2.1 Begriff

Bezüglich der Organisation existieren verschiedene wissenschaftliche Theorien und Ansätze.[651] Selbst für den Begriff der „Organisation" kennt man - auch innerhalb des militärischen Sprachgebrauches - ein breites Spektrum an Bedeutungen.[652] In der Bundeswehr sind Begriffsdefinitionen ebenfalls nur mangelhaft vorhanden.[653]
In der vorliegenden Arbeit wird für die folgenden Ausführungen des Kapitels 6.2 *(Organisation)* der instrumental-betriebswirtschaftliche Organisationsbegriff zugrunde gelegt.[654]

Die Effektivität der Organisation hängt in multinationalen Truppenteilen im wesentlichen von der Ausprägung bzw. von dem Grad der innerhalb der Truppenteile realisierten (Ergebnis) – und realisierbaren (Gestaltung) – Einheitlichkeit sowie von der Effektivität der Aufbau- und der Ablauforganisation der Truppenteile ab.[655] Die genannten Bereiche sollen im folgenden näher untersucht werden.

6.2.2 Grad der Einheitlichkeit

Voraussetzung für ein effektives Zusammenarbeiten in multinationalen Truppenteilen, insbesondere aber für die Sicherstellung des operativen Zusammenwirkens dieser Truppenteile auf dem Gefechtsfeld,[656] ist – in Abhängigkeit vom praktizierten bzw. angestrebten Organisationsprinzip - ein höchstmöglicher Grad an Einheitlichkeit.[657] Hierunter fällt nicht nur die Standardisierung der Betriebsmittel bzw. des Wehrmaterials (Hardware), sondern hierzu zählt insbesondere die Angleichung bzw. Vereinheitlichung[658] von Sprache und Ausbildungen (Personal) sowie von Grundsätzen, Verfahren und Vorschriften (Software).[659]

---

[651] Vgl. *Hahn* (Militärbetriebslehre), S. 273.

[652] Vgl. *Gerber* (Betriebslehre), S. 114 und *Skinner* (Organization), S. 2061.

[653] Zwar behandelt beispielsweise die ZDv 1/50 Grundbegriffe zur militärischen Organisation, (Siehe hierzu *ZDv 1/50.*) auch gibt es Weisungen für die Organisation und die Kommandostruktur der Teilstreitkräfte, (Siehe für das Heer *BMVg* (Organisation).) jedoch fehlt eine Definition des Begriffes der „Organisation". Diese findet sich auch nicht in der HDv 100/900 – Führungsbegriffe. (Siehe hierzu *HDv 100/900.*)

[654] Siehe zu einer Abgrenzung zwischen instrumental-soziologischem und instrumental-betriebswirschaft-lichem Begriffsinhalt der Organisation *Hahn* (ABWL), S. 391-393.

[655] Siehe hierzu auch *Hansen* (Armies), S. 48 und *MC* 317, o. S.

[656] Vgl. *Bühl* (Ansatz), S. 615f. und *Paschall* (Standardization), S. 2540.

[657] Dieser Forderung entspricht auch der Schematismusgrundsatz für Organisationen. (Siehe hierzu *Gerber* (Betriebslehre), S. 119.)

[658] Standardisierung umfaßt verschiedene Grade der Einheitlichkeit, nämlich die Bandbreite von der bloßen Angleichung bis zur kompletten Vereinheitlichung. (Vgl. *Loew* (Standardisierung), S. 879.)

[659] Dies wurde seinerzeit bereits für die geplante EVG deutlich (Vgl. *Meier-Dörnberg* (EVG), S. 64.) und wird heute auch grundsätzlich vom BMVg erkannt. (Vgl. *HDv 100/400*, Nr. 5003.) Siehe hierzu ausführlich zum Beispiel *Sasse* (Luftstreitkräfte), S. 134. Die Notwendigkeit zur Einheitlichkeit ist aus dem Bereich erwerbswirtschaftlicher multinationaler Unternehmen seit langem bekannt. (Siehe hierzu beispielsweise *Leksell* (Multinational), S. 142 und *Quack* (International), S. 74-78.)

Standardisierung bezieht sich sowohl auf militärische Hard- als auch auf Software.[660] Es existieren vier Stufen der Standardisierung (Kompatibilität, Interoperabilität, Austauschbarkeit und Gleichheit). Diese wurden bereits unter Punkt 3.1.2.3.3 (*Ausprägungen militärischer Multinationalität*) in Abb. 7 (*Stufen der Standardisierung*) dargestellt.

Im Rahmen multinationaler Truppenteile sind bezüglich der Einheitlichkeit zur Beurteilung der Effektivität folgende Fragen von Interesse: Wie ausgeprägt sind die bestehenden nationalen Unterschiede und wie stark wirken sie sich auf die Effektivität des multinationalen Truppenteiles aus, das heißt, wie stark ist der Anpassungsbedarf? Wie zeit-, personal-, arbeits- und damit kostenintensiv ist die Vereinheitlichung bzw. Anpassung? Wie weit ist die Vereinheitlichung möglich, das heißt, inwieweit bleibt Ineffektivität trotz Anpassung bzw. Anpassungsanstrengungen bestehen?

6.2.2.1 Personal

6.2.2.1.1 Sprache

Die effektivitätsreduzierende Problematik der Sprache und die Notwendigkeit einer einheitlichen Sprache in multinationalen Truppenteilen - hier sind sowohl die einheitliche Beherrschung einer gemeinsamen (Fremd-)Sprache als auch eine einheitliche Fachterminologie gemeint - wurden bereits in Kapitel 6.1.2.3.1 *(Fremdsprachenausbildung)* behandelt. Was dort für das Führerkorps beschrieben wurde, gilt grundsätzlich für alle Dienstgrade.
Innerhalb der einzelnen multinationalen Truppenteile ist die Sprachproblematik um so ausgeprägter, je mehr Muttersprachen vertreten sind, je mehr Nationen vertreten sind, die in der Vergangenheit nicht oder weniger intensiv in der englischsprachig geprägten NATO präsent waren (zum Beispiel Polen, Spanien, Frankreich), und je tiefer die Gliederungsebene ist, auf der Multinationalität praktiziert wird. Mit dem Grad der Ausprägung der Sprachproblematik steigt der Effektivitätsverlust der multinationalen Truppenteile und damit die Notwendigkeit der gegenseitigen Fremdsprachenbeherrschung. Generell gilt: Die Sprachenproblematik und die Notwendigkeit einer einheitlichen und einheitlich beherrschten Sprache haben für alle multinationalen Truppenteile Gültigkeit.
Die für die Erreichung einer auch nur annähernd zufriedenstellenden Spracheinheitlichkeit notwendig werdende Zeit-, Personal-, Arbeits- und damit Kostenintensität ist deutlich erkennbar. Darüber hinaus läßt sich festhalten, daß die Realisierbarkeit einer einheitlichen Sprache deutliche Grenzen hat. Diese liegen nicht zuletzt im begrenzten Potential fremdsprachenfähiger und –williger Soldaten, an den individuellen Lerngrenzen sowie an der begrenzten Ausbildungskapazität. Der in multinationalen Truppenteilen durch mangelnde Spracheinheitlichkeit verursachte Effektivitätsverlust wird damit auch zukünftig nur unbefriedigend zu korrigieren sein.

Wie aufwendig im multinationalen Rahmen die Vereinheitlichung der militärischen Fachterminologie ist, soll am Beispiel der NATO erläutert werden. Dort wird von der sogenannten „Military Agency for Standardization" (MAS) die AAP-6 (Allied Administrative Publication) „NATO Glossary of Military Terms and Definitions" herausgegeben, die jährlich aktualisiert wird. Dabei können von jedem Mitgliedsland sowie von verschiedenen NATO-Dienststellen Vorschläge für Begriffe und Definitionen gemacht werden. Diese müssen in englischer und französischer Sprache eingereicht werden und sind dann von einer französisch- bzw. englischsprechenden Expertengruppe zu standardisieren. Dieser Standardisierungsprozeß erfor-

---

660 Siehe hierzu *Schmidt-Petri* (Standardisierung), S. 168.

dert die Zustimmung beider Gruppen. Fehlt diese, wird eine Terminologie-Konferenz erforderlich, in deren Vorfeld die einzelnen Teilstreitkräfte der in den Expertengruppen vertretenen Nationen zugestimmt haben müssen. Einigt man sich schließlich, werden die entsprechenden Begriffe und Definitionen in Listen veröffentlicht, welche den nicht französisch- oder englischsprechenden Nationen zur Stellungnahme vorgelegt werden. Bei Zustimmung finden die Begriffe und Definitionen Eingang in das Glossary, bei Ablehnung werden sie nur in der Sprache abgedruckt, in der der Vorschlag unterbreitet wurde. Anträge auf Änderungen können jederzeit gestellt werden.[661] Das Beispiel macht deutlich, wie zeit-, personal-, arbeits- und damit kostenintensiv die Vereinheitlichung militärischer Fachterminologie in multinationalem Rahmen ist.

Wie groß die nationalen Unterschiede bei der Definition von Begriffen sind, und welche Auswirkungen sie auf die Effektivität multinationaler Truppenteile haben, zeigt folgendes Beispiel sehr deutlich. So mangelt es zwischen den Streitkräften der USA und der NATO bezüglich der Definitionen der unterschiedlichen Unterstellungsverhältnisse (siehe Abb. 6 *(Unterstellungsverhältnisse)*) an Einheitlichkeit. Während die Definition der USA mit der der NATO bei TACON noch übereinstimmt, weicht sie bezüglich OPCON deutlich ab. Eine Definition von OPCOM und TACOM fehlt gar völlig im Schrifttum der US-Streitkräfte. Der beschriebene Sachverhalt führte insbesondere während des multinationalen Streitkräfteeinsatzes im II. Golfkrieg zu erheblichen Führungsproblemen und Effektivitätsverlusten.[662] Uneinheitlichkeit zwischen den einzelnen NATO-Mitgliedsstaaten besteht beispielsweise auch bezüglich der sogenannten „Nichtartikel-5-Einsätze“ (Peace-Support Operations) der NATO.[663] Konkret existieren Differenzen darüber, welche möglichen Arten der Einsätze unter diesen Artikel fallen.[664] Dies wirkt sich insbesondere darauf aus, ob und wann die einzelnen Staaten ihre nationalen Streitkräfteanteile unter das Kommando eines multinationalen Führers stellen,[665] was wiederum Einfluß auf die Einsatzbereitschaft und auf die Effektivität des jeweiligen multinationalen Truppenteiles hat.
Ein weiteres Beispiel bietet das I. D/NL Korps. Dort gab es lange Zeit Unstimmigkeiten bezüglich der Definitionen der Begriffe „Training“ und „Exercise“.[666] Dies wirkte sich beispielsweise negativ auf die Übertragung von Befugnissen und auf die Gewährung von Haushaltsmitteln aus.[667]

6.2.2.1.2 Ausbildungen

Auf die Unterschiede der Ausbildungsinhalte der einzelnen nationalen Führerkorps wurde bereits in Kapitel 6.1.2.3 (*Ausbildung*) eingegangen.[668] Deutlich wurde dort auch gezeigt, wie notwendig die Anpassung nationaler Ausbildungen für eine effektive Führung in multinationalen Truppenteilen ist.[669] Der durch Ausbildungsunterschiede verursachte Effektivitätsver-

[661] Siehe zu dem vorangegangenen Abschnitt ausführlich *Jaeger* (AAP-6), S. 905f.
[662] Siehe zum vorangegangenen Abschnitt ausführlich *Young/Whitford* (Authorities), S. 37f.
[663] Gemeint sind hier diejenigen militärischen Einsätze, die nicht unter den Artikel 5 (Landes- und Bündnisverteidigung) des Nordatlantikvertrages fallen. (Siehe hierzu ausführlich *NATO* (Handbuch), Anhang VIII.)
[664] Möglich sind beispielsweise Conflict Prevention, Peace-Making, Peace-Keeping, Peace-Building, Peace-Enforcement, Humanitarian Aid usw. (Vgl. *Whitford/Young* (Authorities), S. 42.)
[665] Vgl. *Whitford/Young* (Authorities), S. 42f. und 45.
[666] Vgl. *CG* (Guidance 98), Nr. 32.
[667] Die mangelhafte Übersetzung des Begriffes „Exercise“ im Anhang des Vertragstextes von Rambouillet, in dem die Rechte einer im Kosovo einzusetzenden internationalen Friedenstruppe festgelegt werden sollten, trug auch nicht unerheblich dazu bei, daß die Legitimität der Entsendung einer internationalen Friedenstruppe öffentlich sehr konträr diskutiert wurde. (Siehe hierzu *Scharping* (Kosovo), S. 122.)
[668] Siehe zu einer vergleichenden Übersicht über Struktur und Inhalte der Führerausbildung von 40 ausländischen Streitkräften ausführlich *ANBw* (Ausbildung).
[669] Siehe hierzu beispielsweise auch *Böckmann* (Aspekte), S. 7.

lust steigt hauptsächlich mit dem innerhalb des multinationalen Truppenteils praktizierten Organisationsprinzip, mit der Anzahl der im jeweiligen Truppenteil vertretenen Nationen, mit der Anzahl der Nationen, die in der Vergangenheit nicht oder nicht sehr intensiv militärisch zusammengearbeitet haben, sowie mit der Komplexität der jeweiligen Ausbildungen. Es läßt sich jedoch grundsätzlich festhalten, daß mangelnde Einheitlichkeit der nationalen Ausbildungen in multinationalen Truppenteilen grundsätzlich zu Effektivitätsverlusten führt und damit generell einen Anpassungsbedarf der nationalen Ausbildungen begründet.
Für effektive multinationale Truppenteile ist jedoch nicht nur die Anpassung der Führerausbildung notwendig, auch die Ausbildung der Unterführer und der Mannschaften bedarf der Vereinheitlichung bzw. der Anpassung.[670] Die mit dieser Anpassung einhergehende Personal-, Arbeits-, Zeit- und Kostenintensität wurde in obigem Zusammenhang ebenfalls angesprochen. Die Möglichkeit der Anpassung bzw. Vereinheitlichung der nationalen Ausbildungen hat jedoch klare Grenzen.[671] Dies bedeutet, daß auch zukünftig - trotz Anpassungsanstrengungen - von einem durch mangelnde Einheitlichkeit nationaler Ausbildungen verursachten Effektivitätsverlust multinationaler Truppenteile auszugehen ist.

6.2.2.2 Software

In Anlehnung an die MAS der NATO werden im Kapitel 6.2 *(Organisation)* unter Software nicht die immateriellen Komponenten eines elektronischen Datenverarbeitungssystems (EDV) verstanden, sondern Rechtsgrundlagen, Grundsätze, Verfahren, Vorschriften etc.
Über den Bedarf der Vereinheitlichung militärischer Software zur Steigerung der Effektivität multinationaler Truppenteile herrscht allgemein Konsens.[672]
Bezüglich der nationalen Software gilt es jedoch oftmals nicht nur, eine Anpassung bzw. Vereinheitlichung untereinander zu erreichen, die Software ist regelmäßig auch der Software der NATO anzupassen - gerade bei solchen multinationalen Truppenteilen, deren Mitgliedsstaaten über lange Jahre bzw. Jahrzehnte von der NATO militärisch mehr oder weniger ausgeprägt isoliert waren, wie zum Beispiel Frankreich, Polen oder Spanien.[673]
Man könnte annehmen, daß eine Vereinheitlichung nationaler Software lediglich bis hinunter auf diejenige Ebene notwendig wird, auf der Multinationalität praktiziert wird. Betrachtet man beispielsweise die MND (C) mit ihren vier nationalen Brigaden, könnte man eine Vereinheitlichung der Software auf Divisionsebene für ausreichend halten. Dies gilt jedoch nur solange, wie eine Brigade nicht eine andere ablöst, eine Brigade nicht über eine andere angreift, Teile einer Brigade nicht einer anderen unterstellt werden, Divisionstruppen der Brigaden nicht unterstellt oder zur Zusammenarbeit angewiesen werden etc.[674] Dieses Beispiel macht deutlich, daß für die Vermeidung von Effektivitätsverlusten Vereinheitlichungen der militärischen Software bis auf die unterste Ebene notwendig werden.[675] Dies gilt mit Schwerpunkt für Einsatzgrundsätze, Verfahren und Vorschriften. Auch nationale militärstrategische Konzepte[676] und Rechtsgrundlagen sind hiervon betroffen.
Im folgenden wird kurz aufgezeigt, in welchen Bereichen der militärischen Software die gravierendsten Unterschiede zwischen den einzelnen Nationen bestehen und es aufgrund dessen zu Effektivitätsverlusten kommt, und wo es damit Bedarf zur Anpassung bzw. zur Vereinheitlichung gibt.

---

670 Vgl. *Böckmann* (Aspekte), S. 7.
671 Siehe hierzu Kapitel 6.1.2.3.6 *(Zusammenfassung)* und *Böckmann* (Aspekte), S. 7.
672 Siehe hierzu beispielsweise *BMVg* (Film), S. 26f.
673 Vgl. *Klein/Lippert* (Brigade), S. 6.
674 Siehe hierzu auch *Codner* (Together), S. 17.
675 Dies wird beispielsweise auch für den jüngsten multinationalen Truppenteil, dem MNK (NO), von dessen Chef des Stabes bestätigt. (Siehe hierzu *Sachau* (Nordost), S. 19.)
676 Siehe hierzu ausführlich *Codner* (Together), S. 24-32.

6.2.2.2.1 Rechtsgrundlagen[677]

Auf die Problematik nationaler Wehrrechte (Disziplinarwesen, Beschwerderechte, Beteiligungsrechte) sowie auf den Effektivitätsverlust bei mangelnder Anpassung derselben wurde bereits an früherer Stelle eingegangen.[678] Diese Thematik ist immerhin so wichtig, daß es im Zentrum Innere Führung der Bundeswehr regelmäßige Arbeitstermine zum Thema der Harmonisierung der europäischen Wehrrechtsordnungen gibt.[679] Aber auch aus der Truppe wird dieser Harmonisierungsbedarf regelmäßig zum Ausdruck gebracht, weil man dort mit den auf unterschiedliche nationale Rechtsordnungen (Wehrrecht und anderes Recht) zurückzuführenden bürokratischen und administrativen Hemmnissen sehr unzufrieden ist. Sie werden gar als Sand im Getriebe empfunden.[680]
Auch bezüglich der nationalen Normen zur Anwendung von Schutzaufgaben wie Betriebs- und Umweltschutz, Arbeitsplatzsicherheit, allgemeine Sicherheitsbestimmungen (beispielsweise Straßenverkehrsordnung) existiert Anpassungsbedarf,[681] will man vermeiden, daß deutsche Soldaten bei ihrer Dienstausübung entweder gegen deutsches Recht verstoßen oder aber gegenüber ihren ausländischen Kameraden eingeschränkt sind. Beides führt zu Problemen. Erstes Problem zieht Bestrafung nach sich, die als ungerecht empfunden werden kann bzw. wird, zweites führt zu Ungleichbehandlungen bei der Dienstausübung. Beides reduziert die Leistungsbereitschaft des bzw. der Soldaten.
Eine Harmonisierung der nationalen Wehrrechte und anderer Rechte gilt jedoch als unwahrscheinlich.[682] Hier gibt es gewaltige Hindernisse insbesondere seitens der südeuropäischen Nationen.[683] Bei der Vereinheitlichung nationaler Rechte gilt es zudem, der Gefahr der Bildung von Insellösungen entgegenzuwirken,[684] will man einen unterschiedlichen Rechtsstatus deutscher Soldaten vermeiden.
Es ist insgesamt davon auszugehen, daß dem Anpassungsbedarf der nationalen Wehrrechte und sonstiger Rechte in multinationalen Truppenteilen auch weiterhin nicht entsprochen werden wird bzw. werden kann.[685] Der durch die Unterschiede nationalen Rechts verursachte Effektivitätsverlust multinationaler Truppenteile wird damit in Zukunft erhalten bleiben.[686]

---

[677] Siehe hierzu auch Kapitel 5.2.1 *(Konstitutioneller Rahmen)*.
[678] Siehe hierzu die Kapitel 6.1.3.3.2.4 *(Disziplinarwesen)*, 6.1.3.4.2 *(Beteiligungsrechte)* und 6.1.3.4.3 *(Beschwerderecht)*. Siehe hierzu beispielsweise auch *Hundsdörfer* (Königsweg), S. 121, *Rose* (Eurokorps), S. 455 und 458 sowie *Wehrbeauftragte* (Jahresbericht 1997), S. 37.
[679] Siehe hierzu beispielsweise *ZInFü* (Impulsseminar).
[680] Als Beispiele werden Wachdienst, gegenseitige Nutzung andersnationaler Kraftfahrzeuge und Handwaffen, Beurteilungswesen, Umgang mit Verschlußsachen, Gefahrguttransport, Zuweisung und Verwaltung von Haushaltsmitteln, Zollprivilegien etc. aufgeführt. (Siehe hierzu ausführlich *ZInFü* (Impulsseminar), S. 7-9.) Die Notwendigkeit der Anpassung hat auch das BMVg erkannt. (Vgl. *BMVg* (Film), S. 27.)
[681] Vgl. *Wehrbeauftragte* (Einzelbericht 1996), S. 4.
[682] Allein für das Ziel einer gemeinsamen truppendienstlichen Führung im I. D/NL Korps wären 14 deutsche Bundesgesetze zu ändern. (Siehe hierzu ausführlich *BMVg* (Katalog).)
[683] Vgl. *ZInFü* (Impulsseminar), S. 12 und 13.
[684] Vgl. *Reitsma* (GE/NL), S. 27 und *Rose* (Eurokorps), S. 458.
[685] Vgl. *ZInFü* (Impulsseminar), S. 10.
[686] Hier fragte die frühere Wehrbeauftragte zurecht, wie auf lange Sicht multinationale Truppenteile geführt werden sollen bzw. können, wenn ihnen nationale Einheiten unterschiedlichen Rechts unterstellt sind. (Vgl. *Wehrbeauftragte* (Jahresbericht 1997), S. 37.)

6.2.2.2.2 Doktrinen bzw. Grundsätze

Unter Doktrinen werden in den folgenden Ausführungen militärische Grundsätze verstanden. Diese kommen im wesentlichen im militärischen Schrifttum (insbesondere Vorschriften) und in militärischen Verfahren zum Ausdruck.

Das Feld der Doktrinen gilt innerhalb der militärischen Software als der mit den größten Problemen behaftete Bereich – insbesondere bei multinationalen Truppenteilen mit wenig oder keiner NATO-Erfahrung, wie Frankreich, Polen und Spanien.[687] Die Unterschiede nationaler operativer und taktischer Einsatzgrundsätze wurden bereits im Kapitel 6.1.3.3.1 *(Äußere Führung)* anhand mehrerer Beispiele erläutert. Dort wurden auch der durch diese Unterschiede verursachte Effektivitätsverlust und die konsequenterweise notwendig werdende Anpassung der nationalen Einsatzgrundsätze deutlich gemacht.[688] Anpassungsbedarf gibt es aber nicht nur bei den Einsatzgrundsätzen, sondern auch bei den nationalen Führungsgrundsätzen wie Führungsstil (siehe Kapitel 6.1.3.2 *(Führungsverhalten)*), Führungsprinzip (siehe Kapitel 6.1.3.3.1.1 *(Führungsprinzip der Auftragstaktik)*) und Führungstechnik (siehe Kapitel 6.1.3.3.2.1 *(Führungstechnik der Delegation)*). Gleichartigkeit gilt als Mindestgrad der Einheitlichkeit militärischer Doktrinen.[689] Die Bemühungen, nationale Militärdoktrinen innerhalb multinationaler Truppenteile anzupassen bzw. zu vereinheitlichen, ist ein außerordentlich zeit-, personal-, arbeits- und damit insgesamt kostenintensiver Prozeß.

Gesteigert wird die Problematik der unterschiedlichen nationalen Doktrinen nochmals dadurch, daß einzelne Nationen ihre militärischen Doktrinen regelmäßig an gemachte Einsatzerfahrungen anpassen, wie dies beispielsweise bei den operativen und taktischen Einsatzgrundsätzen innerhalb der US-Army nach dem II. Golfkrieg der Fall war.[690] Der Wandel nationaler Doktrinen macht für den betroffenen multinationalen Truppenteil – im vorliegenden Beispiel die beiden deutsch-amerikanischen Korps - zumindest eine Überprüfung der bestehenden gemeinsamen Doktrinen notwendig. Dieser Prozeß bedeutet erneute Zeit-, Personal-, Arbeits-, und damit Kostenintensität. Bis zu einem erfolgreichen Abschluß dieses Überprüfungs- und eines gegebenenfalls notwendig werdenden Anpassungsprozesses besteht wiederum ein durch differenzierende nationale Doktrinen verursachter Effektivitätsverlust des betroffenen multinationalen Truppenteils.

---

[687] Vgl. *Dienste* (Erfahrungen), S. 47. Siehe hierzu auch ausführlich *Codner* (Together), S. 32f.

[688] Die Notwendigkeit der Anpassung nationaler Einsatzdoktrinen wurde bereits bei den alliierten Streitkräften im II. Weltkrieg deutlich. (Vgl. *Bolle* (Eisenhower), S, 23.) Gleiches gilt für den multinationalen Einsatz im II. Golfkrieg. (Vgl. *Nadel* (Command), S. 143.)
Siehe zur Notwendigkeit dieser Anpassung in den heutigen multinationalen Truppenteilen beispielsweise für das Verteidigungsministerium *BMVg* (Film), S. 27 und *BMVg* (Gemeinsam), S. 120, für die NATO *AJP-1A*, S. 2-6, für die britischen Streitkräfte *Boyd* (Future), S. 48, für das Eurokorps *Neubauer* (Eurokorps), S. 10, für das MNK (NO) *Sachau* (Nordost), S. 19, für die beiden deutsch-amerikanischen Korps *Mullen/Higgens* (Pillars), S. 47f., für die MND (C) *Borg* (Gedanke), S. 19, *Palin* (Forces), S. 62 und 75 und *Petermann* (Central), S. 25 sowie für das I. D/NL Korps *Gijsbers* (Thesis), S. 11, 44 und 99f. (Siehe zu einem ausführlichen Vergleich der deutschen, der niederländischen und der US-amerikanischen Doktrinen *Gijsbers* (Thesis), S. 51f., 58f., 65f. und 79-82.)
Die durch Unterschiede nationaler Doktrinen erzeugten Reibungsverluste können grundsätzlich sogar den Erfolg gemeinsamer, das heißt multinationaler Operationen in Frage stellen. (Vgl. *Riechmann* (Darstellung), S. I.) In der Jahrgangsarbeit des heutigen Kommandeurs der dem MNK (NO) unterstellten 14. PzGrenDiv wird dieser Zusammenhang durch einen internationalen Vergleich der Gefechtsart „Verteidigung" deutlich gemacht. In diesem Zusammenhang erscheint die Einschätzung mancher Militärs interessant, für die die Einheitlichkeit nationaler Doktrinen innerhalb des Warschauer Paktes sowie der damit erzielte Effektivitätsgewinn sogar als Grund für eine militärische Überlegenheit des Warschauer Paktes gegenüber der NATO galt bzw. gilt. (Siehe hierzu ausführlich *Podbielski/Thies* (Retrospect), S. 130f. und 133.)

[689] Vgl. *Dienste* (Erfahrungen), S. 47.

[690] Vgl. *Dienste* (Erfahrungen), S. 47.

6.2.2.2.3 Verfahren

Vereinheitlichte Verfahren vermeiden Reibungen, erleichtern die Arbeit sowie die Zusammenarbeit von Personal sowie das Zusammenwirken von Material und ermöglichen einen verzugslosen Personalwechsel.[691] Sie tragen damit zu einer deutlichen Effektivitätssteigerung bei – insbesondere in multinationalen Truppenteilen.[692] Umgekehrt führt mangelnde Einheitlichkeit von Verfahren über die dadurch verursachte Mehrfacharbeit,[693] durch Zeitverlust, Mißverständnisse usw. zu einem ebenso ausgeprägten Effektivitätsverlust. Die Vereinheitlichung bzw. Harmonisierung nationaler Verfahren – insbesondere in den Bereichen Führung, Aufklärung, Kampf sowie Kampf- und Einsatzunterstützung - ist deshalb in multinationalen Truppenteilen eine absolute Notwendigkeit.[694] Stellenweise gilt dabei Gleichheit der Verfahren als der Grad der Einheitlichkeit bzw. als die Stufe der Standardisierung, der bzw. die mindestens erreicht sein muß.[695]
Der Prozeß der Anpassung bzw. der Vereinheitlichung nationaler Verfahren stellt jedoch einen immensen Arbeits-, Zeit- und Personalaufwand dar.[696] Der Erfolg ist dabei keineswegs sichergestellt: Keine Nation wird in ihren Streitkräften ohne weiteres auf die eigenen, über Jahrzehnte gewachsenen und bewährten Verfahren verzichten.[697] Ohne erfolgreiche Anpassung bzw. Vereinheitlichung aber wird der Effektivitätsverlust weiter existent bleiben.

6.2.2.2.4 Vorschriften

Konsens gibt es auch bezüglich des Anpassungsbedarfes nationaler Vorschriften in multinationalen Truppenteilen zur Vermeidung von Effektivitätsverlusten.[698] Findet eine solche Anpassung nicht statt, besteht die Gefahr, daß vieles im täglichen Dienstbetrieb parallel auf mehreren nationalen Schienen entsprechend den nationalen Vorschriften läuft.[699] Die Mehrfacharbeit steigt dabei mit der Anzahl der im jeweiligen multinationalen Truppenteilen vertretenen Nationen. Generell entstehen durch die Unterschiede nationaler Vorschriften deutliche Reibungs- und damit Effektivitätsverluste.[700]
An dieser Stelle soll als Beispiel ein Vergleich einer US-amerikanischen mit einer britischen Vorschrift dienen. Interessanterweise wird von beiden Nationen unter „Multinational Operations" etwas anderes verstanden. Während die USA darunter generell militärische Aktionen verstehen, die von zwei oder mehreren Nationen im Rahmen einer Koalition oder einer Allianz durchgeführt werden, beschränkt sich das britische Verständnis nur auf die Koalition. „Multinationalität" nach dem Verständnis der vorliegenden Arbeit wird dagegen von beiden Nationen als „Combined" bezeichnet.[701] Auch wenn die Bundeswehr mit den Auswirkungen dieses unterschiedlichen Begriffsinhaltes unmittelbar nur im ARRC und der AMF (L) kon-

---

[691] Vgl. *Gerber* (Betriebslehre), S. 119f.
[692] Vgl. *ZInFü* (Impulsseminar), S. 6.
[693] Vgl. *Fröhling* (Gespräch).
[694] Vgl. *BMVg* (Film), S. 27 und *Bühl* (Sicherheit), S. 163.
[695] Vgl. *Palin* (Forces), S. 75.
[696] Allein innerhalb der NATO existieren mehrere hundert Einzelabkommen, sogenannte „Standardization Agreements" (STANAGs), die taktische und operative Verfahren für die multinationale Zusammenarbeit regeln. (Vgl. *Schauer* (Interoperabilität), S. 10.) Siehe zu Grundsätzen und Details der STANAG-Bearbeitung im Heer ausführlich *BMVg* (STANAG).
[697] Vgl. *Franke* (Logistik), S. 108 und *Jacobs* (Logistik), S. 31.
[698] Siehe beispielsweise für das I. D/NL Korps *Eiselsberg* (D/NL), S. 455, für die D/F-Brigade *Schulze* (D/F), S. 22 und für das Eurokorps *Schneider* (Eurowehr), S. 7.
[699] Vgl. *Messner* (Brigade), S. 50 und *Reitsma* (Vortrag), S. 2.
[700] Vgl. *Dienste* (Erfahrungen), S. 32.
[701] Siehe hierzu ausführlich *JWP 0-10*, S. 1-1 und 1-2. Gleichwohl findet sich im britischen Militär immer wieder eine synonyme Verwendung der Begriffe „combined" und „joint". (Vgl. *McJoynt* (Joint), S. 1381.) Der Begriff „Joint" beschreibt jedoch die Zusammenarbeit mehrerer Teilstreitkräfte.

frontiert werden würde bzw. wird, erscheint dieser Sachverhalt gerade für die Thematik der vorliegenden Arbeit interessant, macht er doch deutlich, daß nationale Unterschiede innerhalb von Vorschriften bereits bei den fundamentalen Begriffsinhalten auftreten. Dies zeigt sich auch am Beispiel der uneinheitlichen Anwendung des metrischen Systems. Während dieses international durchaus einheitlich Verwendung findet, gebrauchen es die USA in der Regel nicht. Hierdurch verursachte Umrechnungsfehler führten beispielsweise im Jahre 1999 zum Verlust eines 125 Mio. US $ teuren Satelliten der NASA.[702]

Als weiteres Beispiel seien die sogenannten „Rules of Engagement" (ROE) aufgeführt, die während eines militärischen Einsatzes über einen Katalog von Verhaltensmaßregeln einheitliche Aktionen und Reaktionen der militärischen Führer und ihrer Truppenteile sicherstellen sollen.[703] Auch wenn man sich in multinationalen Truppenteilen oft auf gemeinsame ROEs verständigen kann, gibt es regelmäßig unterschiedliche nationale Interpretationen einzelner Inhalte. So verwenden verschiedene nationale Streitkräfte zwar den Begriff der „Selbstverteidigung", das Verständnis der Anwendung von Selbstverteidigung unterscheidet sich jedoch grundsätzlich.[704]

Die Anpassung nationaler Vorschriften ist außerordentlich zeit-, personal-, arbeits- und kostenintensiv. So waren beispielsweise im Stab des Eurokorps vier Rechtsberater über den Zeitraum eines Jahres allein damit beschäftigt, die nationalen Fahrvorschriften zu harmonisieren.[705] Zwar dürfen nun nach entsprechender Ausbildung alle Soldaten die Fahrzeuge aller Nationen steuern, Einschränkungen gibt es aber nach wie vor. Denn die Regelung, daß auf der Ladefläche französischer Lastkraftwagen bis zu acht deutsche Soldaten transportiert werden dürfen, gilt nur, wenn diese Soldaten entsprechend geltendem deutschen Recht auf fest mit der Ladefläche verbundenen Sitzbänken angeschnallt werden können.[706]

Oftmals aber können die bestehenden Vorschriften nicht einmal innerhalb der multinationalen Truppenteile selbst angepaßt werden. Dieser Prozeß kann in solchen Fällen allenfalls in Abstimmung mit den Verteidigungsministerien der beteiligten Streitkräfte stattfinden – bei Tausenden von nationalen Vorschriften und Regularien ein extrem kostenintensiver Zeit-, Personal- und Arbeitsaufwand.[707]

Wichtig in diesem Zusammenhang ist, daß der Umfang der Vorschriften in multinationalen Truppenteilen im Vergleich zu rein nationalen Truppenteilen naturgemäß steigt. So muß beispielsweise sämtliches nicht-deutsches Wehrmaterial in die Technischen Dienstvorschriften (TDv) der Bundeswehr aufgenommen werden.

6.2.2.2.5 Sprache

Auch bei der militärischen Software spielt die Sprache unter betriebswirtschaftlichen Gesichtspunkten eine nicht unerhebliche Rolle, muß doch ein Vielzahl von Dokumenten in die im jeweiligen multinationalen Truppenteil geltende offizielle Sprache bzw. in die offiziellen Sprachen übersetzt werden. Oftmals werden auch Übersetzungen in zusätzliche Sprachen notwendig – im Eurokorps zum Beispiel in die englische Sprache. Dies kostet nicht nur Zeit und bindet Personal, dies birgt auch ein hohes Potential an möglichen Übersetzungs- und Verständnisfehlern sowie an Informationsverlusten.[708] In diesem Zusammenhang darf die Bedeutung der Einheitlichkeit der Zeichensprache (taktische Zeichen, Symbole etc.) und Abkürzun-

---

[702] Vgl. *AP* (Rechenfehler), S. J 8.
[703] Vgl. *BMVg* (A-Z), o. S.
[704] Vgl. *Codner* (Together), S. 23.
[705] Vgl. *o. A.* (Einmalig), S. 146.
[706] Vgl. *Faust* (BQG), o. S.
[707] Vgl. *Dienste* (Erfahrungen), S. 49f.
[708] Vgl. *Faria/Freeman/Hess* (Combined), S. 8.

gen nicht unberücksichtigt bleiben.[709] Auch sei hier auf die generelle Problematik hingewiesen, sich im Rahmen der Aufbauphase der Organisation auf eine bzw. auf mehrere offizielle Amtssprachen zu einigen.[710]

6.2.2.2.6 Standing Operating Procedures

Innerhalb der multinationalen Truppenteile wird versucht, nationale Rechtsgrundlagen, Doktrinen bzw. Grundsätze, Verfahren und organisatorische Abläufe sowie Vorschriften in sogenannten „Standing Operating Procedures" (SOPs) zu koordinieren,[711] um damit die Effektivität der multinationalen Zusammenarbeit zu steigern bzw. an die rein nationaler Truppenteile anzunähern.[712] Diese Koordination bedeutet jedoch nicht zwangsläufig eine Anpassung.
Der Prozeß der Aufstellung und der Implementierung von SOPs selbst ist außerordentlich aufwendig und zeitintensiv, hier gibt es viele Details zu berücksichtigen[713] Eine Effektivitätssteigerung tritt damit im übrigen weder sofort[714] noch dauerhaft ein.[715] Die SOPs müssen ständig im Rahmen von (aufwendigen) multinationalen Übungen auf ihre Zweckmäßigkeit überprüft und aktualisiert werden.[716] Ihre strikte, durch alle Nationen konsequent praktizierte Anwendung muß zudem ständig durchgesetzt werden.[717]
SOPs gelten nur für den jeweiligen multinationalen Truppenteil. Damit entstehen Insellösungen, die zwar zu einer Effektivitätssteigerung des einzelnen multinationalen Truppenteils beitragen können, die aber durch die nunmehr zwischen den multinationalen Truppenteilen bestehenden Unterschiede die Effektivität der einzelnen nationalen Teilstreitkräfte, zum Beispiel die des deutschen Heeres, beeinträchtigen.[718]

Beispiele für in allen multinationalen Truppenteilen immer wieder für Konflikte sorgende und in SOPs zu regelnde nationale Unterschiede betreffen Urlaubsregelungen, Wehrsold, Feiertagsregelungen, Dienstzeitausgleich, Essengewohnheiten, Länge der Mittagspause, Verpflegung, Uniform und Abzeichen, Formaldienst, gegenseitige Waffen- und Fahrzeugnutzung, Nationalhymnen, Nationalflaggen, Truppenflaggen, nationale Hoheitsabzeichen, Musik, Protokollarien, Eid, feierliches Gelöbnis, Disziplinarmaß, Truppenbetreuung, Sport, Dienstgrade, Beförderungs- und Auszeichnungsregelungen, mehrsprachige Landkarten, Gestaltung von

---

709 Vgl. *Pfrengle* (Gespräch) und *Riscassi* (Necessity), S. 34.

710 Jüngstes Beispiel aus dem politischen Bereich war der Disput über die offiziellen Sprachen bei informellen EU-Konferenzen. Hier bestand Deutschland als bevölkerungsreichstes Land auf Deutsch als dritte Arbeitssprache, was von der finnischen EU-Präsidentschaft jedoch abgelehnt wurde. (Siehe hierzu ausführlich *DPA* (Dolmetscher), S. VZS 4.) Ähnliche Probleme gab es beispielsweise auch bei der Aufstellung des Eurokorps, bzw. gibt es dort immer wieder bei der Anwendungspraxis der offiziellen Amtssprachen im täglichen Dienstbetrieb. So sprechen die Franzosen in Straßburg oftmals ausschließlich französisch, weil sie auf dem Standpunkt stehen, im eigenen Land auch die eigene Sprache zu sprechen – unabhängig davon, welche anderen offiziellen Amtssprachen innerhalb des Eurokorps bzw. seines Stabes existieren. Gleiches ist im Stab des I. D/NL Korps zu beobachten, wo man stark dazu neigt, deutsch zu sprechen. (Siehe zu dem vorangegangenen Abschnitt *Faust* (BQG), o. S. und *Faust* (D/NL), o. S.)

711 Vgl. *HDv 100/100*, Nr. 608 und *Schauer* (Interoperabilität), S. 130.

712 Vgl. *McGregor* (Multinationalität), S. 22f. SOPs gelten für multinationale Truppenteile gar als generelle Voraussetzung für eine multinationale Zusammenarbeit. (Siehe hierzu *Willmann* (Operationsführung), S. 83.)

713 Vgl. *Sachau* (Nordost), S. 21. Siehe hierzu auch *Reitsma* (GE/NL), S. 26.

714 Sicherheit bei der Anwendung wird, wenn überhaupt, erst über die Zeit erlangt - bei multinationalen Ad-hoc-Truppenteilen meist gar erst während des Einsatzes selbst. (Vgl. *HDv 100/100*, Nr. 609, Abs. 3.)

715 Untersuchungen in erwerbswirtschaftlichen Unternehmen zeigen, daß generelle Regelungen dem „Dienst nach Vorschrift" Vorschub leisten und der Flexibilität des Unternehmens abträglich sind. (Vgl. *Pfeiffer/Weiß* (Lean), S. 111, FN 113.)

716 Siehe hierzu beispielsweise für das I. D/NL Korps *Hofer* (Gespräch), *Oltmanns* (GE/NL), S. 11 sowie *Reitsma* (GE/NL), S. 26 und für das Eurokorps *Neubauer* (Eurokorps), S. 10 und *Willmann* (Eurokorps), S. 284.

717 Vgl. *Clerc* (Praxis), S. 17.

718 Vgl. *Fleck* (Verbände), S. 141.

Feiern, Alkohol im Dienst, Dienstsiegelführung, Wachdienst, Haarschnitt, Dienstzeitregelungen etc.[719].

Diese wenigen Beispiele machen bereits deutlich, daß in multinationalen Truppenteilen für einen harmonisierten und effektiven Dienstbetrieb viele Details einer Regulierung bedürfen. Je mehr Nationen dabei in einem nationalen Truppenteil vertreten sind, desto schwieriger wird die Regelung für jeden einzelnen der vielen Punkte. Entsprechend umfangreich sind die SOPs der einzelnen multinationalen Truppenteile - ohne daß sie jemals als vollständig oder abgeschlossen gelten können.

Anhang 8 *(SOP-Auszug)* soll veranschaulichen, wie umfangreich SOPs sein können. Um die Sprachproblematik zu verdeutlichen, werden dort sowohl die englische Sprache als auch die im Original verwendeten Abkürzungen beibehalten.

SOPs vollziehen in den multinationalen Truppenteilen zwar detaillierte Regelungen vielfältiger Punkte, sie sind aber durch die ihr zugrunde liegende Notwendigkeit zum Kompromiß nur bedingt geeignet, auf Dauer effektivitätseinschränkende Konflikte zu vermeiden.[720] Dies ist vor allem darin begründet, daß die von den Regelungen Betroffenen in der Phase der Kompromißfindung nicht beteiligt sind. Deshalb führen Unverständnis über die Regelungen sowie die in diesen Regelungen oftmals begründete empfundene Ungleichbehandlung auch immer wieder zu Beschwerden deutscher Soldaten bei dem Wehrbeauftragten.[721]

6.2.2.3 Hardware

In Anlehnung an die MAS der NATO werden im Kapitel 6.2 *(Organisation)* unter Hardware nicht die technischen Komponenten eines EDV-Systems verstanden, vielmehr ist damit das Wehrmaterial gemeint.[722]

Die Problematik mangelnder Einheitlichkeit des Wehrmaterials in multinationalen Truppenteilen tritt vor allem in den betrieblichen Verrichtungsfunktionen Beschaffung, Leistungserstellung, Logistik und Finanzierung auf und wird ausführlich in Kapitel 7.2 *(Betriebsmittelwirtschaft)* behandelt.

6.2.2.4 Zusammenfassung

In multinationalen Truppenteilen führt mangelnde Einheitlichkeit bei Personal (Sprache und Ausbildungen) und Software (Rechtsgrundlagen, Doktrinen bzw. Grundsätze, Verfahren und Vorschriften) zu erheblichen Effektivitätsverlusten.[723] Anpassungen bzw. Vereinheitlichun-

---

[719] Siehe zu den Beispielen des vorangegangenen Abschnitts beispielsweise *BMVg* (Film), S. 46, *Faust* (BQG), o. S., *Faust* (D/NL), o. S., *Forrester* (Interoperability), S. 7, *Fritze* (Wein), S. 243, *Hepp* (Brigade), S. 48-54, *Klein/Lippert* (Brigade), S. 7f., *Kölln* (Ricketts), S. 18, *Lorenz* (Austausch), S. 18, *Messner* (Brigade), S. 50, *o. A.* (Einmalig), S. 144-146, *Ose* (Bundeswehr), S. 55, *Rosenberger* (Auftrag), S. 538, *Schneider* (Eurowehr), S. 7, *Sommer* (Böblingen), S. 72f., *Sommer* (Brigade), S. 252, *Speker* (Binational), S. 16, *Steinaecker* (Zwischenbilanz), S. 16, *Stupka* (Analyse), S. 126f. und *Wehrbeauftragte* (Einzelbericht 1996), S. 4-8.

[720] Diese gipfeln in Eifersüchteleien und Mißgunst. (Vgl. *Schneider* (Eurowehr), S. 7.)

[721] Siehe hierzu beispielsweise *Wehrbeauftragte* (Einzelbericht 1996), S. 2-8. Neben dem offiziellen Schrifttum der früheren Wehrbeauftragten liegen dort zu dieser Thematik Unterlagen und Berichte vor, die der Öffentlichkeit jedoch wegen des Vertrauensschutzes von Petitionsvorgängen verwehrt bleiben müssen. (Vgl. *Nolte* (Korrespondenz).)

[722] Die synonyme Verwendung der Begriffe „Hardware" und „Betriebsmittel" ist auch im erwerbswirtschaftlichen Bereich nicht unüblich. (Siehe hierzu beispielsweise *Pfeiffer/Weiß* (Lean), S. 155.)

[723] Siehe hierzu auch *Codner* (Together), S. 14.

gen zur Behebung dieses Mangels[724] sind infolge bestehender nationaler Vorbehalte[725] und Rechtsgrundlagen sowie aufgrund der Abhängigkeit vom Willen und Engagement der einzelnen Nationen[726] nur eingeschränkt möglich. Gleichartigkeit als geforderter Mindestgrad an Einheitlichkeit[727] stellt zudem eine große Hürde dar. Der Prozeß der Anpassung bzw. Vereinheitlichung selbst dauert sehr lange.[728] Er ist im übrigen arbeits-[729] und personalintensiv[730] und damit kostenintensiv.

SOPs als ein mögliches Resultat des Vereinheitlichungsprozesses greifen nicht sofort. Sie bedürfen darüber hinaus einer regelmäßigen aufwendigen Überprüfung und Anpassung. Ihre Akzeptanz bei den Soldaten der einzelnen multinationalen Truppenteile ist weder vollständig noch dauerhaft sichergestellt. Sie schränken zudem die Initiative des Führerkorps durch übermäßige Reglementierung zusätzlich ein[731] und stellen damit in sich eine Effektivitätsgefährdung dar. Die gegenwärtige Praxis der Schaffung von separaten SOPs für jeden multinationalen Truppenteil birgt schließlich die Gefahr der Bildung von Insellösungen, welche sich innerhalb der Streitkräfte einer Nation schnell zur ausgeprägten Uneinheitlichkeit entwickeln können. Dies gilt wegen der starken Beteiligung in einer Vielzahl von multinationalen Truppenteilen insbesondere für das deutsche Heer. Es bedeutet zudem, daß auf deutschem Boden nicht nur unterschiedlich ausgebildete deutsche Soldaten arbeiten, welche ihren Dienst zudem auf der Grundlage unterschiedlicher militärischer Software leisten, sondern die unter Umständen gar unterschiedlichen Rechtsstatus erhalten.[732]

Ein Hilfsmittel zur Kompensation des durch mangelnde Einheitlichkeit verursachten Effektivitätsverlustes sind qualifizierte Verbindungskommandos bzw. Verbindungsoffiziere, die durch die Kenntnis der Eigenheiten mehrerer nationaler Streitkräfte dazu beitragen sollen, die bestehenden Unterschiede zu erkennen, zu verstehen und zu überbrücken.[733] Der hierdurch notwendige Personal- und Ausbildungsbedarf ist offensichtlich,[734] die Kapazität qualifizierter Verbindungsoffiziere ist zudem beschränkt.[735] Hier bieten die Aus- und Weiterbildung sowie der Einsatz von Soldaten der Reserve Potential zur Problemlösung.

---

[724] Vereinheitlichung bzw. Standardisierung von militärischer Soft- (und Hard-)ware gilt innerhalb multinationaler Truppenteile nicht nur als Voraussetzung für eine effektive und effiziente Zusammenarbeit in diesen Truppenteilen, (Vgl. BMVg (*Konzept*), S. 2.) sondern sie ist im Frieden sogar Schwerpunktaufgabe. (Vgl. *BMVg* (Zusammenarbeit), S. 6.)

[725] Vgl. *Millotat* (Generalstabsdienst), S. 121.

[726] Vgl. *Heinen* (Grenzen), S. 26.

[727] Vgl. *Dienste* (Erfahrungen), S. 47.

[728] Vgl. *Oltmanns* (GE/NL), S. 16, *Przemieniecki* (Acquisition), S. 347 und *Wilmink* (Interview), S. 29.

[729] Dies gilt insbesondere deshalb, weil dieser Prozeß in der Regel post festum, das heißt nachträglich durchgeführt werden muß. (Vgl. *Schäffer* (Standardisierung), S. 212. Siehe hierzu auch *Hundsdörfer* (Königsweg), S. 116.)

[730] Bereits im nationalen Bereich ist der Prozeß der Standardisierung durch die Notwendigkeit der Fülle der einzubeziehenden Dienststellen der Streitkräfte und der Bundeswehrverwaltung außerordentlich problematisch und aufwendig. (Vgl. *Schmidt-Petri* (Standardisierung), S. 169.) Im multinationalen Rahmen wird dieser Prozeß nochmals um ein Vielfaches gesteigert. So war beispielsweise das deutsche Heer bereits im Jahre 1989 an etwa 330 Arbeitsgruppen beteiligt, die zur Standardisierung innerhalb der NATO zirka 1.500 STANAGs und über 5.000 weitere Übereinkünfte und Vereinbarungen erarbeiteten. (Vgl. *Schmidt-Petri* (Standardisierung), S. 174.) Nun findet aber neben der Standardisierung innerhalb der NATO zusätzlich auch ein Vereinheitlichungsprozeß innerhalb der multinationalen Truppenteile statt. Die dadurch verursachte Doppelarbeit ist kaum zu übersehen. (Vgl. *Burger/Jeschonnek* (Zusammenarbeit), S. 97.)

[731] Vgl. *Riechmann* (Darstellung), S. 27.

[732] Siehe zu dieser Gefahr *ZInFü* (Impulsseminar), S. 11f.

[733] Vgl. *Carver/Franks* (Corps), S. 33, *Eurokorps* (Cobra 95), S. 9f., *Gijsbers* (Thesis), S. 12 und *Schauer* (Interoperabilität), S. 130. Dieses Hilfsmittel wird vielfach gar als Notwendigkeit gesehen. (Vgl. *Fritze* (Rahmenübung), S. 214. Bestätigt wird dies insbesondere durch den II. Golfkrieg. (Siehe hierzu ausführlich *Bohnert* (Erfahrungen), S. 17-19.)

[734] Siehe hierzu beispielsweise *Joint Pub 3-0*, S. VI-9.

[735] Engpaßfaktor ist hier erneut die Sprache. Im IFOR/SFOR-Einsatz beispielsweise mußten bzw. müssen die Verbindungsoffiziere bei der MND (SE) in Mostar Englisch und Französisch beherrschen. (Vgl. *Faust* (I-FOR/SFOR), o. S. und *Müller* (Gespräch).)

Die Problematik mangelnder Einheitlichkeit wird nochmals gesteigert durch die Notwendigkeit, neben der Einheitlichkeit innerhalb der NATO auch Einheitlichkeit zwischen den einzelnen multinationalen Truppenteilen zu schaffen.[736] Hinzu kommt die Notwendigkeit der Zusammenarbeit mit internationalen Organisationen bzw. Institutionen (zum Beispiel OSZE, UN, WEU) sowie die Tatsache, daß die meisten Einsätze teilstreitkräfteübergreifend durchgeführt werden,[737] was eine (vereinheitlichte) Zusammenarbeit mit anderen Teilstreitkräften anderer Nationen erforderlich macht.

Schlußfolgernd läßt sich festhalten, daß die Effektivität in multinationalen Truppenteilen aufgrund mangelnder Einheitlichkeit generell unter der vergleichbarer rein nationaler Truppenteile bleibt.[738]

6.2.3 Aufbauorganisation

6.2.3.1 Aufgabe

Die Aufgabe gilt als Ausgangspunkt für die Bildung der Aufbauorganisation.[739] Diesbezüglich[740] gibt es in multinationalen Truppenteilen bereits betriebswirtschaftliches Problempotential.

So ist zum ersten der Gesamtauftrag einzelner multinationaler Truppenteile durch die strategische Neuausrichtung innerhalb der NATO nicht mehr als beständiges Datum anzusehen.[741] Als mögliche Folge wäre die bestehende Organisationsstruktur einzelner betroffener Truppenteile unter großem Arbeits-, Personal- und Zeitaufwand und damit unter hohen Kosten zu ändern.

Zum zweiten sind einzelne nationale Truppenteile mehrfach multinational unterstellt, das heißt, sie gehören mehreren multinationalen Truppenteilen an und haben damit praktisch mehrere Aufgaben, die nicht gleichzeitig wahrnehmbar sind. Dies widerspricht nicht nur dem Grundsatz klarer Unterstellungsverhältnisse und dem Grundsatz der Vermeidung doppelter Unterstellungsverhältnisse,[742] sondern dies mindert insbesondere die Einsatzbereitschaft und die Effektivität des betroffenen multinationalen Truppenteils. So ist beispielsweise die Mehrfachassignierung der 1. (US) PzDiv unter das II. GE/US Korps und unter das ARRC (s. Anhang 6) insbesondere für die Einsatzbereitschaft des ARRC problematisch, weil dieses, bedingt durch sein Einsatzspektrum, sehr stark von der Lufttransportfähigkeit der zu der 1. (US) PzDiv gehörenden US Heeresfliegerbrigade abhängt.[743] Ähnlich zu sehen sind zum Beispiel die Mehrfachunterstellungen der 7. (GE) PzDiv sowohl unter das I. D/NL Korps als auch unter das ARRC (s. Anhang 6) oder der 11. (NL) Brigade (Airmobile) unter das I. D/NL Korps und unter die MND (C) (s. Anhang 6). Die Mehrfachunterstellungen haben grundsätzlich nicht nur Auswirkungen auf die Einsatzbereitschaft und auf die Effektivität der verschiedenen

---

[736] Die dadurch verursachte Doppelarbeit ist kaum zu übersehen. (Vgl. *Burger/Jeschonnek* (Zusammenarbeit), S. 97.)

[737] Vgl. *HDv 100/100*, Nr. 601, S. 2 und *Stupka* (Analyse), S. 128.

[738] Siehe hierzu beispielsweise auch *Codner* (Together), S. 14.

[739] Vgl. *Kosiol* (Aufbauorganisation), Sp. 174. Siehe zur Aufbauorganisation auch ausführlich *Hoffmann* (Aufbauorganisation), Sp. 208-221.

[740] Die Begriffe „Aufgabe" und „Auftrag" werden in diesem Zusammenhang synonym verwendet.

[741] Es gibt beispielsweise Überlegungen, das Eurokorps neben dem ARRC als zweites Rapid Reaction Corps zu beauftragen und vom HVK-Auftrag zu entbinden. (Vgl. *Hundsdörfer* (Königsweg), S. 119.)

[742] Siehe zu den beiden Organisationsgrundsätzen *Gerber* (Betriebslehre), S. 119.

[743] Vgl. *McInnes* (Corps), S. 43. Diese Abhängigkeit von der Lufttransportfähigkeit der US-Streitkräfte gilt im übrigen insbesondere für außereuropäische Einsätze für alle multinationalen Korps. (Vgl. *Palin* (Forces), S. 64.)

multinationalen Truppenteile, sie erfordern auch doppelten bzw. mehrfachen Planungs-, Organisations- und Übungsaufwand.[744]
Zum dritten haben die nationalen Truppenanteile einzelner multinationaler Truppenteile oftmals verschiedene nationale Aufträge.[745] Prägnantestes Beispiel sind die zu unterscheidenden HVK- bzw. KRK-Aufträge.[746] Meist ist diese mehrfache Auftragslage bekannt, womit sich der multinationale Truppenteil in seiner Organisation, in seiner Ausbildung usw. von vornherein darauf einstellen und Schwerpunkte bilden kann. Die Problematik jedoch, die sich aus der gleichzeitigen Präsenz von HV- und KR-Kräften in einem multinationalen Truppenteil ergibt, ist die Tatsache, daß eine volle Einsatzbereitschaft der HVK-Truppenteile in der Friedensausbildung nicht mehr erreicht wird,[747] und damit der multinationale Truppenteil als ganzer nie KRK-Einsatzbereitschaft haben kann. Regelmäßig kommen nationale Aufträge aber auch unerwartet, wodurch dem zugehörigen multinationalen Truppenteil der jeweilige nationale Truppenanteil entzogen und damit seine Einsatzbereitschaft eingeschränkt wird. Beispiele hierfür sind der Einsatz der Bundeswehr für den Katastrophenschutz, wie während des Oder-Hochwassers 1998 und während des Jahrhundert-Hochwassers in Bayern 1999, oder die Entsendung nationaler Truppenanteile in multinationale Ad-hoc-Truppenteile für den Einsatz, wie im Rahmen von IFOR/SFOR und KFOR.[748] Ein Beispiel ist auch die dem ARRC unterstellte 3. (UK) MechInfDiv, die in Großbritannien als Reserve für rein nationale Einsätze außerhalb der NATO - beispielsweise einem weiteren Falklandkrieg – vorbehalten wird.[749]
Des weiteren werden einzelne multinationale Truppenteile, wie beispielsweise das Eurokorps, durch die gleichgewichtige Zuordnung zu NATO und WEU mit einem besonders breiten Spektrum an Einsatzmöglichkeiten und Aufgaben konfrontiert,[750] was insbesondere den Organisations- und Ausbildungsaufwand erheblich steigert.
Schließlich sind innerhalb des multinationalen Truppenteiles während eines Einsatzes Differenzen über die nationale Aufgabenverteilung zu erwarten.[751] Solche Differenzen wird es aber nicht nur innerhalb eines multinationalen Truppenteiles, sondern auch zwischen den einzelnen multinationalen Truppenteilen geben, sollten davon gleichzeitig mehrere zum Einsatz kommen.[752]

---

744 Vgl. *Elbers* (Kommando), S. 12 und *Huhle* (Korps), S. 34.

745 Hierauf wies bereits im Jahre 1994 beispielsweise der britische Kommandeur des ARRC für die MND (C) hin. (Vgl. *Miller* (Anytime), S. 9.) Die Verfügbarkeit der nationalen Truppenteile bzw. -kontin-gente multinationaler Truppenteile für nationale Aufgaben ist in den Vertragsgrundlagen explizit festgelegt. (Siehe beispielsweise für das I. D/NL Korps *Convention I. D/NL Korps*, Art. 3 (2).)

746 So haben beispielsweise innerhalb des I. D/NL Korps die 1. (NL) MechDiv und die 7. (GE) PzDiv KRK-Aufträge, während die organisatorisch unterstellte 1. (GE) PzDiv HVK-Auftrag hat. Ähnliches gilt in den beiden deutsch-amerikanischen Korps. Zwar sind dort beide Korps für HVK-Aufträge vorgesehen, jedoch haben die US-amerikanischen Divisionen bzw. Teile daraus ständig weltweite Aufgaben im Rahmen des Krisenmanagements wahrzunehmen. (Siehe zum vorangegangenen Abschnitt *Steinaecker* (Heer), S. 101-103.)

747 Vgl. *Meyer* (Heer), S. 36.

748 Dies war beispielsweise in den vergangenen Jahren bei der 1. (US) PzDiv der Fall, die regelmäßig im Rahmen von IFOR/SFOR eingesetzt war bzw. ist. Betroffen hiervon sind sowohl das ARRC als auch das II. GE/US Korps.

749 Vgl. *McInnes* (Corps), S. 44.

750 Vgl. *BMVg* (Stichworte), S. 14.

751 So geschehen beispielsweise innerhalb der multinationalen Einsatzkräfte im II. Golfkrieg. (Vgl. *Kohl* (Golfkrieg), S. 11.) Im Eurokorps gibt es bereits vor einem Einsatz Uneinheitlichkeit. So favorisiert etwa Frankreich Einsätze des Eurokorps generell in südlicher Richtung, Deutschland dagegen bevorzugt solche in östlicher Richtung. (Vgl. *Wassenberg* (Eurokorps), S. 194.) Auch innerhalb des im Kosovo eingesetzten multinationalen NATO-Einsatzverbandes gab es nach Angaben des deutschen Nationalen Befehlshabers im Einsatzland Unstimmigkeiten bezüglich der Aufgabenverteilung: So versuchte der britische Oberkommandierende des multinationalen Einsatzverbandes, den deutschen Truppenanteil mit einer unbedeutenden Nebenrolle zu beauftragen. (Siehe hierzu ausführlich *Koelbl/ Szandar* (Krieg), S. 43.)

752 Siehe zu dieser Problematik am Beispiel eines gleichzeitigen Einsatzes von ARRC und Eurokorps *Dienste* (Erfahrungen), S. 34.

6.2.3.2 Organisation der Führung

Die Führungsorganisation stellt im allgemeinen die Stäbe der Streitkräfte in ihrer Über- und Unterordnung vom Ministerium bis auf Brigadeebene dar.[753] Dabei werden insbesondere die Kommandostruktur, die Unterstellungsverhältnisse und die Aufgaben von Führern und Stäben aufgezeigt.[754] Im folgenden werden einzelne Punkte der Führungsorganisation betrachtet, soweit sie für die Thematik der vorliegenden Arbeit relevant sind.

6.2.3.2.1 Führungsorganisation des deutschen Heeres[755]

Nach Art. 65a GG ist im Frieden der Bundesminister der Verteidigung (BM) Inhaber der Befehls- und Kommandogewalt (IBuK) über die Streitkräfte. Diese geht nach Art. 115b GG mit der Verkündigung des Verteidigungsfalles auf den Bundeskanzler über.
Die Führungsorganisation des Heeres besteht aus dem Führungsstab des Heeres (Fü H) als oberste nationale Führungsebene und höchste Kommandobehörde sowie aus dem darunter angesiedelten Heeresführungskommando (HFüKdo), dem Heeresamt (HA) und dem Heeresunterstützungskommando (HUKdo). Zusammen mit den Korpskommandos bilden diese drei die Höheren Kommandobehörden des Heeres. Der Organisationsbereich des Heeres umfaßt damit im wesentlichen[756] HFüKdo, HA und HUKdo und deren unterstellten Bereiche sowie die deutschen Heeresanteile in multinationalen Hauptquartieren, Stäben und Truppenteilen.
Der Inspekteur der Heeres (In H) ist sowohl Abteilungsleiter im BMVg als auch truppendienstlicher Vorgesetzter aller Soldaten im Organisationsbereich des Heeres. Er ist damit dem BM für die materielle und personelle Einsatzbereitschaft des Heeres verantwortlich.
In den stehenden multinationalen Truppenteilen aller Ebenen ist für den Frieden sowohl die Unterstellung des multinationalen Truppenteiles selbst als auch die Unterstellung seiner nationalen Truppenanteile individuell vertraglich geregelt.[757] Für die deutschen Stabsanteile multinationaler Stäbe ist sichergestellt, daß mit dem dort vorhandenen sogenannten „Dienstältesten Deutschen Offizier" (DDO) ein Instrument installiert ist, mit dem sie grundsätzlich über einen deutschen truppendienstlichen Vorgesetzten verfügen. Dieser wiederum untersteht truppendienstlich dem ranghöchsten deutschen Repräsentanten des jeweiligen Stabes, welcher seinerseits truppendienstlich dem Befehlshaber des HFüKdo untersteht. Die deutschen Truppenanteile multinationaler Truppenteile unterstehen truppendienstlich in der Regel dem HFüKdo. Eine Ausnahme hierzu ist das I. D/NL Korps, in welchem dem KG auch Teile der truppendienstlichen Führung über die deutschen Truppenanteile übertragen sind.
Auch bezüglich der Unterstellung im Einsatz (Landes- und Bündnisverteidigung einerseits und Krisenmanagement andererseits) gibt es für die stehenden multinationalen Truppenteile der verschiedenen Ebenen sowie für deren nationalen Truppenanteile keine einheitliche vertragliche Regelung.[758]

Werden deutsche Truppenteile für den Einsatz im Rahmen eines multinationalen Ad-hoc-Truppenteiles einer multinationalen Kommandobehörde bzw. einer Kommandobehörde einer anderen Nation unterstellt, werden die Befugnisse dieser Kommandobehörde jeweils individuell festgelegt.

---

[753] Vgl. *Mittler* (Stichworte), S. 74.
[754] Vgl. *HDv 100/900*, o. Nr. und *Mittler* (Stichworte), S. 74.
[755] Siehe zum folgenden Kapitel ausführlich *Millotat* (Heer), S. 392 und 394, *Ose* (Bundeswehr), S. 47-49, *Rosenbauer* (FüZBw), S. 16-18 und *Streubel* (HFüKdo), S. 35-38.
[756] Heeressoldaten im BMVg, anderer Teilstreitkräfte, der Bundeswehrverwaltung, der Rechtspflege und der Militärseelsorge sollen hier unberücksichtigt bleiben.
[757] Siehe hierzu die verschiedenen *Unterstellungsverhältnisse* der Abb. 6 i.V.m. mit Anhang 9.
[758] Siehe hierzu die verschiedenen *Unterstellungsverhältnisse* der Abb. 6 i.V.m. mit Anhang 9.

Die nationale deutsche Führung solcher militärischer Einsätze im Ausland findet im Frieden dabei auf vier Ebenen statt. (s. Abb. 9) Die erste Ebene bildet der BM, der für die Einsatzführung auf der zweiten Ebene über das Führungszentrum der Bundeswehr (FüZBw) und über den Koordinierungsstab für Einsatzaufgaben der Bundeswehr (KSEABw) verfügt. In letzterem sind sämtliche Führungsstäbe und zivilen Abteilungen des BMVg vertreten. Der BM führt unmittelbar. Dazu erteilt das FüZBw im Auftrag des BM Weisungen an das – meist teilstreitkräfteübergreifende – Leitführungskommando derjenigen Teilstreitkraft,[759] die mit der Durchführung des Einsatzes beauftragt ist (dritte Ebene) - im Falle des Heeres ist dies das Heeresführungskommando – und an sonstige beteiligte Dienststellen der Bundeswehr. Das HFüKdo führt und koordiniert Vorbereitung, Durchführung und Nachbereitung von nationalen und multinationalen Einsätzen des Heeres. Für den Einsatz sind dem HFüKdo hierzu HA und HUKdo unterstellt. Der Befehlshaber des HFüKdo untersteht im Einsatz unmittelbar dem BM. Die Führung umfaßt die jeweils für den Einsatz unterstellten Teile aus dem Organisationsbereich des Heeres. Diese nach dem Task-Force-Prinzip in einem Einsatzkontingent zusammengefaßten Einsatzkräfte werden durch den Kontingentführer (KtgtFhr), der in der Regel auch die Aufgaben des Nationalen Befehlshabers im Einsatzland (NatBefh i.E.) wahrnimmt (vierte Ebene), truppendienstlich sowie für die Einsatzaufgaben, die nicht an einen multinationalen Führer übertragen werden und damit in nationaler Verantwortung bleiben, geführt. (s. Abb. 9) Die Operationsführung selbst wird über den bündnisgemeinsamen Befehlsstrang sichergestellt. Die militärische Führungsorganisation im Einsatz im Ausland besteht damit aus einem nationalen und einem bündnisgemeinsamen Befehlsstrang.

Abb. 9: *Nationale Führungsorganisation bei Auslandseinsätzen*[760]

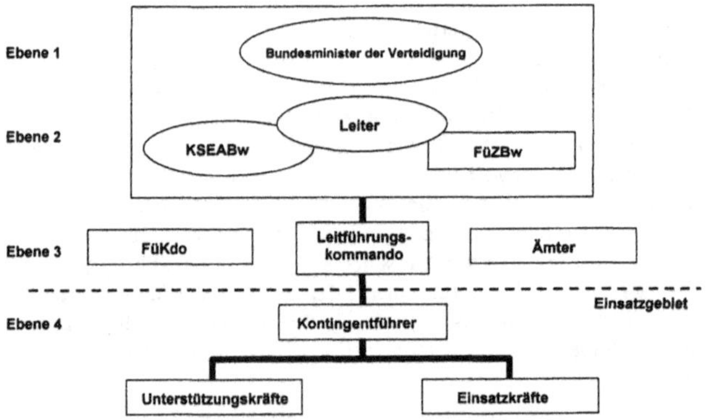

Kommt nicht ein multinationaler Ad-hoc-Truppenteil, sondern ein bereits existierender multinationaler Truppenteil zum Einsatz, und ist dessen militärischer Führer ein Deutscher,[761] umfaßt seine Führung je nach vertraglich festgelegtem Unterstellungsverhältnis (OPCOM, OPCON etc.) auch die andersnationalen Truppenanteile bzw. –kontingente des entsprechenden multinationalen Truppenteils.

759 Es gibt innerhalb der Politik Forderungen bzw. Vorschläge, die selbständigen Teilstreitkräfte als solche aufzulösen und durch eine Reihe von sogenannten „Kommandos" zu ersetzen, die durch den Chef eines neu zu bildenden Generalstabes geführt werden sollen. (Siehe hierzu ausführlich *RL* (Generalstabschef), S. 21f.)

760 Erstellt in Anlehnung an *BMVg* (Bestandsaufnahme), S. 26.

761 Dies kann in allen multinationalen Truppenteilen der Fall sein mit Ausnahme des ARRC, des V. GE/ US Korps, der MCF und des BQG des Eurokorps.

Um im multinationalen Einsatz die nationale Führungsfähigkeit der deutschen Truppenteile sicherstellen zu können, muß die Führungsorganisation mit zusätzlichen Kräften und Mitteln ausgestattet werden.[762] Hier findet sich sowohl eine weitere Kostenkomponente als auch Potential für Mehrarbeiten und zusätzliche Fehler, insgesamt also Potential für Effektivitätsverluste.

6.2.3.2.2 Oberbefehl

Die nationalen Anteile der multinationalen Truppenteile bleiben unter nationalem Oberbefehl. Sie sind damit nur dem Primat der Politik ihrer eigenen Nation unterworfen bzw. verantwortlich.[763] Hieraus ergeben sich mehrere effektivitätsreduzierende Problembereiche.

Eine Entscheidung über den Einsatz eines multinationalen Truppenteiles bzw. dessen nationaler Anteile bleibt den jeweiligen Regierungen vorbehalten.[764] Sowohl der Einsatz des multinationalen Truppenteiles als Ganzes als auch des einzelnen nationalen Truppenanteiles hängt damit davon ab, ob der souveräne Primat der Politik der beteiligten nationalen Streitkräfte dem Einsatz grundsätzlich zustimmt, und ob darüber hinaus Einigkeit über die Modalitäten, die Einsatzform und die Übertragung der Führungsverantwortung für die jeweilige Mission erreicht werden kann.[765] Dieser Prozeß ist nicht nur äußerst zeitraubend und arbeitsintensiv, sondern es bleibt damit unter Umständen auch lange offen, ob und wie der multinationale Truppenteil zum Einsatz kommt. Die operativen Planungen vor einem Einsatz werden dadurch erheblich beeinträchtigt.[766]

Die Einsatzbereitschaft des multinationalen Truppenteils hängt damit unter anderem wesentlich davon ab, ob die beteiligten Nationen ihr Versprechen zur Einsatzteilnahme einhalten.[767] Einsatzbereitschaft und Handlungsfähigkeit bleiben im übrigen auch nach dem Beginn des Einsatzes gefährdet, denn jede Nation kann ihren Anteil am jeweiligen multinationalen Truppenteil jederzeit aus dem Einsatz abziehen.[768] Das Gefährdungspotential für die Einsatzbereitschaft und Handlungsfähigkeit ist dabei insbesondere abhängig vom praktizierten Organisationsprinzip. So sind die beiden nach dem Lead-Nation-Prinzip organisierten deutsch-amerikanischen Korps ohne großen Schaden für die nationalen Korps-anteile innerhalb weniger Tage auflösbar.[769] Dagegen ist die MND (C) bei einer politischen Blockade von zwei ihrer vier nationalen Brigaden militärisch nicht mehr einsatzbereit.[770]

Die politische Verfügungsgewalt über Nuklearwaffen trägt innerhalb multinationaler Truppenteile ebenfalls zum Konfliktpotential auf der Ebene des Oberbefehls bei.[771]

Problematisch ist zudem die Praxis, seitens der politischen Führung insbesondere bei Einsätzen bis auf die untersten militärischen Führungsebenen hineinzubefehlen. Hierdurch wird der

---

[762] Dies hat auch das BMVg erkannt. (Siehe hierzu beispielsweise auch *HDv 100/200*, Nr. 482.)

[763] Siehe hierzu auch *OpLESK*, Nr. 348.

[764] Vgl. *Bühl* (Ansatz), S. 614, *Olshausen* (Eurokorps), S. 104 und *Willmann* (Eurokorps), S. 291.

[765] Vgl. *Neubauer* (Eurokorps), S. 7 sowie *Palin* (Forces), S. 18 und 57. Die Aufgabe von staatlicher Souveränität durch Unterstellung eigener nationaler Truppen unter einen Oberkommandierenden einer anderen Nation ist für die betroffenen Staaten grundsätzlich ein äußerst sensibles Thema. (Siehe hierzu *Whitford/Young* (Authorities), S. 38f.)

[766] Siehe hierzu am Beispiel des ARRC. (Vgl. *Walker* (Prüfstand), S. 14.)

[767] Vgl. *Palin* (Forces), S. 57. Dies gilt nicht nur für militärische Bündnisse, (Vgl. *Bergsmann* (Theorie), S. 243f.) sondern wegen der meist geringen Anzahl der beteiligten Nationen insbesondere für multinationale Truppenteile. (Vgl. *Delp* (Grenzen), S. 22.)

[768] Vgl. *Gerber* (Militärökonomie), S. 408 und *Kirchhof* (Befehlsgewalt), S. 154.

[769] Vgl. *Dienste* (Erfahrungen), S. 18.

[770] Vgl. *Dienste* (Erfahrungen), S. 25.

[771] Vgl. *Carver/Franks* (Corps), S. 35. Siehe hierzu auch *Gilles* (GASP), S. 14.

militärische Führungsprozeß deutlich verzögert und die Flexibilität und damit auch die Effektivität der Führung äußerst negativ beeinflußt.[772]
Schließlich sind die militärischen Führer einer Nation (beispielsweise Franzosen) dem parlamentarischen Kontrollorgan anderer Nationen (zum Beispiel dem Deutschen Bundestag) nicht verantwortlich.[773] Diese Verantwortung besteht nur gegenüber dem Primat der Politik der eigenen Nation. Damit aber sind Führer-entscheidungen und –handlungen nur gegenüber der eigenen Nation justitiabel. Fehlende Verantwortbarkeit birgt jedoch grundsätzlich die Gefahr von Führungsdefiziten.

6.2.3.2.3 Oberkommando

Die Problematik des Oberkommandos innerhalb multinationaler Truppenteile ist eine vierfache. Sie liegt zum einen in der Person des Oberkommandierenden[774] begründet, sie betrifft zum zweiten die multinationalen Befugnisse, zum dritten die Unterstellung des Oberkommandierenden und zum vierten die Stellvertretung.

Stärker als in den meisten anderen Organisationen und Berufen ist beim Militär die Führung persönlich und konkret:[775] es kann nur einer führen. Deshalb ist die Person des Oberkommandierenden in multinationalen Truppenteilen schon immer von besonderer Bedeutung.[776] Bei der Auswahl des Oberkommandierenden geht es primär um dessen Nationalität.[777] Persönlichkeit und Befähigung treten dahinter zurück.[778] Darüber entscheidet im wesentlichen die entsendende Nation. Gleichwohl werden diese Qualitäten von den zustimmungspflichtigen Nationen mitbeachtet.
Heute stehen bei der personellen Besetzung des Oberkommandos vor allem multinationale Ad-hoc-Truppenteile für konkrete Einsätze im Vordergrund.[779] Jedoch gibt es auch bei den auf Dauer angelegten multinationalen Truppenteilen effektivitätsreduzierendes Konfliktpotential bei der personellen Besetzung des Oberkommandos – sowohl im Einsatz[780] als auch im Frieden.[781] Dabei steigt das Konfliktpotential mit der Anzahl der beteiligten Nationen, mit der

---

[772] Vgl. *Palin* (Forces), S. 18. Dies praktizieren beispielsweise nicht nur die US-Amerikaner, bei denen sich der US-Präsident die Freigabe von bestimmten Zielen persönlich vorbehält, (Vgl. *Dole* (CNN).) auch Deutschland hat diesbezüglich bereits Erfahrungen gemacht. (Siehe hierzu zum Beispiel *Müller* (Gespräch), *Schultze-Rhonhof* (Tapfer), S. 251f. und *Vad* (Vortrag), S. 9.)

[773] Vgl. *Wehrbeauftragte* (Einzelbericht 1996), S. 10.

[774] Unter dem Begriff des Oberkommandierenden soll in diesem Zusammenhang in Abweichung zum militärischen Schrifttum generell der jeweilige oberste Führer verstanden werden, der einen bestimmten multinationalen Truppenteil kommandiert bzw. befehligt. Der Begriff umfaßt damit die multinationalen Führer aller militärischen Gliederungsebenen vom multinationalen Kompaniechef bis hinauf zum Kommandierenden General eines multinationalen Korps.

[775] Dies liegt darin begründet, daß die Verantwortung des militärischen Führers persönlich und unteilbar ist.

[776] So zum Beispiel auf Seiten der Alliierten im II. Weltkrieg. (Vgl. *Oppermann* (Oberbefehl), S. 7-13.)

[777] Siehe hierzu auch *Kießling* (Stäbe), S. 82. Einige US-amerikanische Politiker beispielsweise vertreten vehement den Standpunkt, daß US-amerikanische Soldaten niemals von Nicht-US-Amerikanern kommandiert werden dürfen. (Vgl. *Diamond* (Missions), S. 6.)

[778] Immer wieder zeigt sich, daß die Vernachlässigung persönlicher Eigenschaften bei der Auswahl des Oberkommandierenden eines multinationalen Truppenteiles die Leistungseffektivität des betroffenen Truppenteils negativ beeinflußt. (Siehe hierzu beispielsweise *Kießling* (Widerspruch), S. 401.)

[779] So zum Beispiel der II. Golfkrieg (Vgl. *Bohnert* (Erfahrungen), S. 19, *Powell* (Journey), S. 722 und *Schwarzkopf* (Hero), S. 313.), der IFOR/SFOR-Einsatz im ehemaligen Jugoslawien oder auch der KFOR-Einsatz im Kosovo.

[780] So wird beispielsweise der Befehlshaber des Eurokorps für eine WEU-Operation von der WEU bestimmt, was eine übereinstimmende Lösung der Entsendestaaten bezüglich seiner Person notwendig macht. (Vgl. *Bühl* (Ansatz), S. 614.)

[781] So gab es zum Beispiel zwischen Deutschland und den Niederlanden heftige Diskussionen über die erste Besetzung des Postens des KG des I. D/NL Korps. (Vgl. *Dienste* (Erfahrungen), S. 14.)

Gliederungsebene sowie mit den dem Oberkommandierenden gewährten multinationalen Befugnissen.

Die Problematik der Befugnisse multinationaler Oberkommandierender entspricht weitgehend der generellen Befugnisproblematik militärischer Führer in multinationalen Truppenteilen und wurde bereits in Kapitel 6.1.2.5.2 *(Befugnisse)* dargelegt. Festzuhalten ist, daß der multinationale Oberkommandierende nie die selben Befugnisse wie ein nur nationale Truppen kommandierender Führer erhalten kann, weil in den meisten multinationalen Truppenteilen dem Oberkommandierenden keine truppendienstlichen Befugnisse gewährt werden; zudem bleibt FULL COMMAND im Einsatz immer der nationalen Führung vorbehalten.[782] Dadurch werden die Möglichkeiten des Oberkommandierenden, den multinationalen Truppenteil im Frieden und im Einsatz effektiv und flexibel zu führen, deutlich eingeschränkt.[783] Dies führt bereits im Alltagsbetrieb zu erheblichem Konfliktpotential,[784] hat aber im Rahmen von Einsatzoperationen noch viel weiter reichende Auswirkungen auf die Effektivität.[785] Je größer die Befugnisse des multinationalen Oberkommandierenden sind, desto mehr wird zwar insbesondere die operative Führungsfähigkeit verbessert, desto ausgeprägter wird aber auch die Problematik für die unterstellten nationalen Truppenanteile.

Auch die Unterstellung des Oberkommandierenden birgt in einigen multinationalen Truppenteilen effektivitätsminderndes Konfliktpotential. So hat der KG des I. D/NL Korps mit dem deutschen Inspekteur des Heeres und dem Befehlshaber des niederländischen Heeres zwei direkte Vorgesetzte.[786] Dies widerspricht dem organisatorischen Grundsatz klarer und der Vermeidung doppelter Unterstellungsverhältnisse.[787] Sollten sich deren Weisungen widersprechen, müssen sie in einem gemeinsamen Steuerungsausschuß der beiden Verteidigungsministerien erst aufwendig harmonisiert werden.[788] Dies kostet Zeit, bindet Kräfte und hat damit deutlich negative Auswirkungen auf die Flexibilität und auf die Effektivität von Führung und Organisation. Im Eurokorps wird die Problematik durch die relativ hohe Anzahl der beteiligten Nationen nochmals gesteigert. Dort erhält der KG seine Weisungen von einem gemeinsamen Komitee, an dem neben Vertretern der nationalen Außen- und Verteidigungsministerien auch Politiker beteiligt sind.[789]

---

[782] Daran hat auch die integrierte Weisungs- und Kontrollbefugnis des neuen Abkommens des I. D/NL Korps nichts geändert. (Siehe hierzu ausführlich *Agreement I. D/NL Korps*, Anhang B.). Dem KG stehen nach wie vor lediglich Befugnisse nach OPCOM zu. (Vgl. *Dau* (Aspekte), S. 4f.)

[783] Bei der Beurteilung der Effektivität der Einsatzführung spielt auch der Zeitpunkt des TOA eine große Rolle. (Vgl. *Vad* (Vortrag), S. 6.) Diese erfolgt beispielsweise bei der MND (C) mit der Bereitstellung der nationalen Anteile im Sammelraum erst sehr spät, was sich negativ auf die operative Einsatzführung auswirkt. (Vgl. *Huysmann* (Traditionen), S. 316f.) Grundsätzlich sollte TOA mit dem Zeitpunkt des Zusammenführens aller nationalen Truppenanteile und nicht erst im Einsatzland erfolgen. (Vgl. *Pfrengle* (Eurotransitex), S. 706.)

[784] Siehe hierzu am Beispiel des I. D/NL Korps *ZInFü* (Impulsseminar), S. 9.

[785] Dies brachte 1996 der seinerzeitige KG des ARRC am Beispiel des IFOR-Einsatzes deutlich zum Ausdruck. (Siehe hierzu ausführlich *Walker* (Prüfstein), S. 15f.)

[786] Vgl. *Frantz/Huber/Klein* (Untersuchung), S. 14 und *MS* (Eifel), S. 7. Diese Konstellation entspricht einer typischen Matrix-Organisation bzw. einer mehrdimensionalen Organisation. Diese birgt in erwerbswirtschaftlichen nationalen und multinationalen Unternehmen grundsätzlich Konfliktpotential. (Vgl. *Argyris* (Probleme), S. 154f., *Grochla* (Grundlagen), S. 140, *Prahalad* (Mehrdimensional), S. 119 und *Scholz* (Matrix), Sp. 1307-1310. Siehe hierzu auch *Kirchhoff* (Grundlagen), S. 152 und *Staerkle* (Matrix), S. 395.) Dieses konkretisiert sich beispielsweise in Loyalitätskonflikten der Untergebenen, in bewußter Auslösung bzw. in Förderung von Konflikten zwischen den Matrix-Vorgesetzten durch die Untergebenen, in Unterbrechungen der Kommunikation sowie im Vorliegen kollektiver Verantwortlichkeit bei Fehlentscheidungen. (Vgl. *Gollwitzer* (Hierarchie), S. 204.) Die negativen Erfahrungen von Matrix-Strukturen in erwerbswirtschaftlichen multinationalen Unternehmen werden beispielsweise bestätigt in *Bartlett/Ghoshal* (International), S.222, *Hedlund* (Hierarchy), S. 214 und *Pausenberger* (International), Sp. 1060f.

[787] Siehe zu den beiden genannten Organisationsgrundsätzen *Gerber* (Betriebslehre), S. 119.

[788] Vgl. *Brüggemann* (Streitkräfte), S. 20 und *Frantz/Huber/Klein* (Untersuchung), S. 14.

[789] Vgl. *BMVg* (Stichworte), S. 10.

Der Zusammenarbeit des Oberkommandierenden mit seinem bzw. mit seinen andersnationalen Stellvertretern kommt besondere Bedeutung zu.[790] Mangelt es hier an einer engen und harmonischen Zusammenarbeit, können sich die auf der Ebene der Oberkommandierenden auftretenden Probleme sehr schnell auf die Effektivität der nationalen Anteile des Stabes und der geführten Truppenteile ausbreiten. Hat sich Disharmonie dort erst einmal etabliert, ist die multinationale Zusammenarbeit gefährdet.

Problematisch kann sich innerhalb eines multinationalen Stabes schließlich die nationale Interessenvertretung entwickeln, wie dies beispielsweise im Eurokorps innerhalb des deutschen Anteils geschehen ist. Im Eurokorps hat der KG keine nationale Verantwortung zu tragen.[791] Als nunmehr Deutschland den ersten KG stellte, verzichtete es auf den Posten eines stellvertretenden KG, weshalb die Aufgaben des Dienstältesten Deutschen Offiziers (DDO) als oberstem deutschen Vorgesetzten und zugleich oberstem Vertreter der Anliegen und Interessen deutscher Soldaten des Korpsstabes und der Korpstruppen auf einen deutschen Abteilungsleiter im Range eines Oberst i. G. zufielen. Dessen Stellung war jedoch gegenüber den nationalen stellvertretenden KGs deutlich zu schwach, was sich äußerst negativ auf die Stellung der deutschen Soldaten innerhalb des Eurokorps ausgewirkt hat.[792]

6.2.3.2.4 Stäbe

Die Effektivität multinationaler Truppenteile hängt insbesondere von der Organisation und von der Effektivität ihrer Stäbe ab.[793] Unter Stäben werden in den folgenden Ausführungen dieses Kapitels die Stäbe multinationaler Truppenteile vom Korpsstab bis hinunter zum Bataillonsstab zusammengefaßt. Zwar hat eine Kompanie keinen Stab mit den dazugehörigen Abteilungen, weil aber auch in den Kompanien Personal zur Vorbereitung und Unterstützung der Entschlußfassung militärischer Führer zusammengefaßt wird,[794] wird in die folgenden Betrachtungen auch die Kompanieführung multinationaler Kompanien einbezogen.

Obwohl die einzelnen multinationalen Stäbe in die innerhalb der NATO üblichen Führungsgrundgebiete bzw. Abteilungen 1 bis 6 und Spezialstabsabteilungen aufgeteilt sind, können die Stäbe nicht als einheitlich organisiert gelten. Während beispielsweise in einigen multinationalen Stäben der Oberkommandierende[795] von einer bestimmten Nation gestellt wird (ARRC: britischer KG, II. GE/US Korps: deutscher KG, V. US/GE Korps: US-amerikanischer KG, NCF: Kdr der 6. (NO) Div, BQG des Eurokorps: französischer Kdr), rotieren in den übrigen multinationalen Stäben die Spitzendienstposten (in der Regel der Oberkommandierende, also KG bzw. Kdr, sowie der stellv. KG bzw. Kdr, der Chef des Stabes, der G3 und der Leiter Presse und Öffentlichkeitsarbeit) in periodischen Abständen, wobei bestimmte Posten nicht von einer Nation gleichzeitig gestellt werden können. Die restlichen Dienstposten des Stabes werden üblicherweise in Abhängigkeit vom Truppenumfang der einzelnen nationalen Truppensteller anteilig aufgeteilt. Eine Ausnahme bilden die beiden deutsch-amerikanischen Korps. Hier sind sowohl im Frieden als auch im Einsatz lediglich Verbindungskommandos zum jeweiligen andersnational geführten Korpsstab abgestellt.

---

[790] Vgl. *Neubauer* (D/F), S. 338f.

[791] Vgl. *Bühl* (Ansätze), S. 615.

[792] Der beschriebene Umstand führte zu zahlreichen Beschwerden bei der Wehrbeauftragten. (Vgl. *Wehrbeauftragte* (Einzelbericht 1996), S. 5.)

[793] Vgl. *Palin* (Forces), S. 35.

[794] Für eine solche Personalzusammenfassung wird der Begriff des Stabes grundsätzlich erst ab der Ebene des Bataillons verwendet. (Siehe zur Definition des Begriffs „Stab" *BMVg* (A-Z), o. S.) Das US-amerikanische Militär verwendet den Begriff des „Stabes" dagegen bereits auf Einheitsebene. (Vgl. *Skinner* (Staff), S. 2538.)

[795] Siehe zum in dieser Arbeit verwendeten Begriffsinhalt des Oberkommandierenden FN 696.

Das organisatorische Aufbauprinzip, die Spitzendienstposten zwischen den beteiligten Nationen rotieren zu lassen, birgt in multinationalen Stäben in Abhängigkeit von der Ausprägung der nationalen Führer- und Führungsunterschiede durchaus Potential für einen Effektivitätsverlust in der Stabsarbeit, wie in den folgenden Ausführungen gezeigt werden wird.

6.2.3.2.4.1 Chef des Stabes

Auch die Funktion des Chef des Stabes begründet innerhalb multinationaler Stäbe effektivitätshemmendes Konfliktpotential. Dies liegt daran, daß die Rolle des Chef des Stabes in den einzelnen nationalen Streitkräften unterschiedlich definiert wird. So hat der Chef des Stabes in der deutschen Bundeswehr eine deutlich und gewollt dominierende Position,[796] wohingegen seine Rolle beispielsweise in den französischen Streitkräften von den Vorstellungen des jeweiligen Kommandeurs geprägt wird und damit ständig wechseln kann. Der deutsche Chef des Stabes hingegen ist und bleibt der erste Berater des Kommandeurs. Innerhalb multinationaler Stäbe fällt es deshalb vielen Soldaten anderer Nationen schwer, sich einem Chef des Stabes nach deutschem Verständnis anzuvertrauen.[797] Mangelndes Vertrauen jedoch bedeutet Leistungszurückhaltung und damit Effektivitätsverlust.
Zudem sind die nationalen Differenzen im Rollenverständnis des Chefs des Stabes durch das in multinationalen Stäben häufig praktizierte Rotationsverfahren einer Einheit und Kontinuität der Stabsarbeit abträglich.

Die beispielsweise bei der MND (SE) während des multinationalen IFOR/SFOR-Einsatzes im ehemaligen Jugoslawien vollzogene Praxis, dem deutschen Chef des Stabes zwei französische Stellvertreter an die Seite zu stellen, förderte zwar die Wahrung bzw. Mehrung des nationalen Einflusses, auch schaffte sie weitere hochdotierte Posten für die französische Armee. Darüber hinaus jedoch bedeutete sie eine deutlich erschwerte Koordination und Information innerhalb der Stabsarbeit,[798] wodurch das Organisationsprinzip der wirkungsvollen Koordination und Information klar verletzt wurde.[799] Auch in den auf Dauer angelegten multinationalen Truppenteilen kommen stellvertretende Chefs des Stabes zum Einsatz. Diese sind für die Wahrnehmung nationaler Aufgaben eines Chefs des Stabes verantwortlich.[800] Eine derartige Stellvertreterregelung trägt zu einem hohen Personalumfang und damit zu erhöhten Kosten multinationaler Stäbe bei.
Der Chef des Stabes selbst hat sowohl die multinationalen als auch die nationalen Aufgaben eines Chefs des Stabes wahrzunehmen. Letztere kann er nicht an einen andersnationalen Stellvertreter abgeben, womit sein zu bewältigender Arbeitsumfang im Vergleich zu einem rein deutschen Stab deutlich steigt.

6.2.3.2.4.2 Führungsgrundgebiete bzw. Abteilungen

Zwar sind die Führungsgrundgebiete bzw. Abteilungen und Spezialabteilungen in multinationalen Stäben, wie in Kapitel 6.2.3.2.4 *(Stäbe)* gezeigt, einheitlich aufgeteilt. Jedoch gibt es zwischen den Nationen Unterschiede darin, welche Aufgaben in welchen Abteilungen wahrzunehmen sind. So wird beispielsweise die Marschorganisation im niederländischen Heer

[796] Siehe zu den Aufgaben des deutschen Chefs des Stabes *HDv 100/200*, Nr. 422 und zur herausragenden Stellung des deutschen Chefs des Stabes ausführlich *Deckert* (Erfahrungen), S. 495-500.
[797] Siehe zu dem vorangegangenen Abschnitt *Brüggemann* (Streitkräfte), S. 21, *Millotat* (Generalstabssystem), S. 28f. und *Neubauer* (Einsatz), S. 14.
[798] Siehe zu dem vorangegangenen Abschnitt *Brüggemann* (Streitkräfte), S. 21 und *Neubauer* (Einsatz), S. 13.
[799] Siehe zu dem genannten Organisationsgrundsatz *Strasser* (Struktur), S. 12.
[800] Siehe hierzu am Beispiel des I. D/NL Korps *Elbers* (Kommando), S. 12.

vom Führungsgrundgebiet 4 durchgeführt, während sie in der Bundeswehr Angelegenheit der G3- bzw. S3-Abteilung ist.[801] Solche Unterschiede bergen Potential für Effektivitätsverluste und erfordern aufwendigen Koordinierungsaufwand. Sie bedürfen deshalb einer dauerhaften Regulierung.

In diesem Zusammenhang wird auf die Notwendigkeit hingewiesen, die bestehenden effektivitätsreduzierenden Differenzen bei der Einteilung der Führungsgrundgebiete zwischen der Bundeswehr (Führungsgrundgebiet 1-6) und der NATO (J 1-9) zu harmonisieren.[802]

Soweit die Posten der Abteilungsleiter nicht zwischen den nationalen Truppenstellern rotieren, sondern dauerhaft an eine bestimmte Nation vergeben werden, kommt es bei der Besetzung dieser Posten zu intensiven Verhandlungen. Hier geht es um Kontrolle und Einfluß.[803] Zwar ist dieser Prozeß für die bestehenden multinationalen Truppenteile abgeschlossen, durch eine Neuaufnahme weiterer Nationen müssen derartige Verhandlungen jedoch erneut geführt werden.[804]

Die Stabsabteilungen sind in der Regel multinational besetzt, weshalb in ihnen nationale und multinationale Aufgaben nebeneinander zu bewältigen sind.[805] Da der nationale Anteil der einzelnen Abteilungen im Vergleich zu einer Abteilung eines rein nationalen Stabes der gleichen Ebene personell deutlich reduziert ist, sich der Aufgabenumfang jedoch stark erhöht hat,[806] müssen mehr Aufgaben von weniger Soldaten erledigt werden.[807] Die parallele Erledigung von nationalen und multinationalen Aufgaben jedoch fordert viel Zeit und fordert bzw. bindet viel Personal.[808] Der Koordinations- und Abstimmungsaufwand bei der gleichzeitigen Wahrnehmung nationaler und multinationaler Aufgaben ist zudem sehr hoch.[809] Insgesamt besteht hier ein großes Potential für fehlerhafte, unvollständige und verzögerte Aufgabenerfüllung. Abnehmende Leistungsmotivation der einzelnen Abteilungsmitglieder durch ständige Überforderung und größere Unsicherheit ist zudem nicht auszuschließen.

Festzustellen ist darüber hinaus, daß sich der nationale personelle Umfang mancher Spezialabteilungen (beispielsweise die Rechtsabteilung auf Korpsebene) im Vergleich zu vergleichbaren Abteilungen rein nationaler Stäbe deutlich erhöht,[810] was sich unmittelbar auf den Umfang der Personalkosten des betroffenen Truppenteiles auswirkt.

Auch die Stellvertreterregelung in den Abteilungen multinationaler Stäben birgt betriebswirtschaftliche Probleme. Bestimmte Abteilungsleiterposten rotieren zwischen den Nationen (meist G3 und Presse und Öffentlichkeitsarbeit), andere bleiben fest in der Hand einer Nation. Üblicherweise wird dem Abteilungsleiter ein Stellvertreter aus einer anderen Nation an die Seite gestellt. Um innerhalb der betreffenden Abteilung den jeweiligen nationalen Einfluß zu steigern,[811] hat dieser Stellvertreter oftmals einen entsprechenden Dienstgrad, der sich an dem

---

801 Vgl. *Boden* (Gespräch).

802 Siehe hierzu auch *Gruber u.a.* (Entwurf), S. 86.

803 Vgl. *Skinner* (Staff), S. 2539.

804 Dies war beispielsweise der Fall, als sich Belgien für die Teilnahme am Eurokorps entschieden hat. Teilweise mußten die bereits zwischen Deutschland und Frankreich aufgeteilten Posten nunmehr unter Beteiligung Belgiens neu verhandelt werden. (Vgl. *Pfrengle* (Gespräch). Siehe zu diesem Sachverhalt auch *Kießling* (Repräsentation), S. 483.)

805 Vgl. *Elbers* (Kommando), S. 12 und *Pfrengle* (Gespräch).

806 Zum gleichgebliebenen nationalen Arbeitsumfang, der nicht von Soldaten anderer Nationen bewältigt werden kann, kommt das multinationale Arbeitspensum.

807 Vgl. *Hanke* (Gespräch) und *Wessling* (Gespräch). Siehe zum Zusammenhang zwischen gleichbleibendem Aufgabenpensum und verringertem Personalumfang einerseits sowie steigenden Kosten andererseits *Hahn* (Schrumpfung), S. 98.

808 Vgl. *Hofer* (Gespräch).

809 Vgl. *Brüggemann* (Streitkräfte), S. 20.

810 Vgl. *Domininghaus* (Gespräch). Dies ist jedoch nicht auf Korpsebene beschränkt. (Vgl. *Jacobs* (Logistik), S. 30.)

811 Vgl. *Kießling* (Stäbe), S. 82. Hier ist sicherlich auch zu berücksichtigen, daß auf diese Weise gerade kleine Armeen, die bestimmte Führungsebenen im nationalen Bereich nicht mehr aufweisen (Korpsebene), einerseits ihren Offizieren entsprechende Verwendungen verschaffen und andererseits möglichen Verwendungsstaus begegnen.

des Abteilungsleiters orientiert.[812] Mit höheren Dienstgraden sind naturgemäß auch höhere Besoldungen, und damit höhere Kosten verbunden. Die aufgezeigte Stellvertreterregelung beschränkt sich jedoch nicht nur auf die Abteilungen. Sie findet ihre Fortsetzung regelmäßig auch auf der Ebene der Abteilungsdezernate.[813] Die Einschränkung, daß die andersnationalen Stellvertreter in Abwesenheit des Amtsinhabers in der Regel nur multinationale fachliche Entscheidungen treffen dürfen,[814] reduziert die Effektivität der Stabs- und Führungsarbeit noch weiter.

Insgesamt ist der Haushalt eines multinationalen Stabes damit schon aufgrund des höheren Personalumfanges deutlich höher als der eines rein nationalen Stabes gleicher Ebene. Auch wenn der nationale Stabsanteil im Vergleich zum Personalumfang eines rein nationalen Stabes geringer ist, wird der mögliche Einsparungseffekt durch die Höherdotierung der Stellvertreter und durch die in bestimmten Fällen notwendige kostenintensive Stationierung im Ausland deutlich reduziert, wenn nicht kompensiert.[815]

6.2.3.2.4.3 Stellenbeschreibung

Während in nationalen Stäben der Korpsebene der Kommandierende General über die Kompetenz zur Stellenbeschreibung der einzelnen Dienstposten verfügt, ist diese Frage in multinationalen Korpsstäben noch ungeklärt.[816]

Auch bei der Dienstpostenbewertung gibt es nationale Unterschiede. So kennen beispielsweise die Niederländer keine Bündelstellen, wie es sie zum Beispiel mit den gebündelten Major/Oberstleutnant- bzw. A 13/A 14-Stellen in der Bundeswehr gibt. Auch dieser Unterschied führt regelmäßig zu Differenzen in der multinationalen Stabsarbeit.[817]

6.2.3.2.4.4 Führer- und Führungsdifferenzen

Auf die nationalen Führer- und Führungsdifferenzen wurde in Kapitel 6.1 *(Führung)* ausführlich eingegangen. In den dort aufgezeigten nationalen Unterschieden liegt ein Großteil des Effektivitätsverlustes der multinationalen Stabsarbeit begründet.

6.2.3.2.4.5 Sprache

Die effektivitätsreduzierende Sprachproblematik ist innerhalb der multinationalen Stäbe insbesondere von der Anzahl der beteiligten Nationen und der Anzahl der offiziellen Amtssprachen abhängig. Gesteigert wird sie durch die Notwendigkeit der Zusammenarbeit mit multinationalen Stäben, in denen eine andere Amtssprache gilt (zum Beispiel Eurokorps und I. D/NL Korps oder D/F-Brigade und AMF (L)), mit NATO- oder WEU-Hauptquartieren und –stäben, mit internationalen Organisationen bzw. Institutionen (beispielsweise UN oder OSZE) sowie

---

[812] Diese Praxis birgt in sich selbst Konfliktpotential, weil sich der Stellvertreter aufgrund seines Dienstgrades häufig nicht nur auf seine Stellvertreterfunktion beschränkt, sondern auf die Führung der Abteilung Einfluß nehmen will. So war beispielsweise der G4 im Stab der D/F-Brigade ein deutscher Major i. G., während sein französischer Stellvertreter ein Oberstleutnant war. (Vgl. *Allorant* (Gespräch).)

[813] Vgl. *Neubauer* (Eurokorps), S. 7.

[814] Vgl. *Hanke* (Gespräch) und *Hanlipano* (Gespräch).

[815] Auf die Unwirtschaftlichkeit multinationaler Stäbe wurde im Zusammenhang mit den NATO-Stäben bereits vor Jahren hingewiesen. (Siehe hierzu ausführlich *Kießling* (Stäbe), S. 79-85.)

[816] Vgl. *Domininghaus* (Gespräch).

[817] Vgl. *Surkau* (Gespräch).

mit nationalen Behörden.[818] Die Sprachproblematik erfordert in den multinationalen Stäben bestimmter Ebenen sogar ein eigenes Sprachendienstelement. Insgesamt ergeben sich durch die Sprachproblematik höhere Kosten und abnehmende Effektivität.

6.2.3.2.4.6 Zivilanteil

Die durch das Grundgesetz verfügte Trennung zwischen Streitkräften und Verwaltung in der Bundeswehr macht für deutsche Stäbe einen eigenen Zivilanteil erforderlich, in dem - in Abhängigkeit von der Führungsebene, auf der der Stab angesiedelt ist - bestimmte Komponenten wie Verwaltung, Rechtspflege, Militärseelsorge und unter Umständen Sprachendienst vertreten sind. Andere Nationen kennen diese aufbauorganisatorische Trennung nicht. So sind beispielsweise in der niederländischen Armee die Bereiche Verwaltung, Militärseelsorge und Rechtspflege durch Soldaten besetzt; auch Schreibkräfte sind dort durchwegs Soldaten.[819] Die sich aus der Trennung der Bundeswehr in Streitkräfte und Verwaltung ergebende und bekannte ausgeprägte Problematik[820] überträgt sich innerhalb multinationaler Stäbe. Hier lassen sich negative Auswirkungen auf die Effektivität des Dienstablaufes feststellen. Es gilt der Zusammenhang: Je größer die Abhängigkeit von nationalen zivilen Bestimmungen und Organisationsanteilen ist, desto größer sind im multinationalen Bereich die Probleme. Dabei ist in multinationalen Stäben neben der Verwaltung[821] und anderen Bereichen insbesondere der Sanitätsdienst betroffen.[822]

6.2.3.2.4.7 Größe und Führungsspanne[823]

Die Größe multinationaler Stäbe liegt durch die multinationale Besetzung der Abteilungen sowie durch die Notwendigkeit zusätzlicher Stabselemente (zum Beispiel Sprachendienst) deutlich über der Größe rein nationaler Stäbe vergleichbarer Ebenen.[824] Abhängig von der Anzahl der beteiligten Nationen steigt auch der Umfang der sogenannten „informellen Größe“[825] des jeweiligen multinationalen Stabes. Die jährlichen Kosten dieser aufgeblähten Stäbe liegen deutlich über denen vergleichbarer rein nationaler Stäbe.[826] Gleiches gilt für die Füh-

---

[818] Vgl. *Elber* (Kommando), S. 13.

[819] Vgl. *Boden* (Gespräch) und *Domininghaus* (Gespräch). Die deutsche Bundeswehr wies 1990 immerhin 22 Dienstposten für Stabsoffiziere mit volljuristischer Ausbildung aus. Der juristisch ausgebildete Truppenoffizier in den Streitkräften der Bundeswehr gilt jedoch als Einrichtung ohne Konzeption und Perspektive. (Siehe zu dem vorangegangenen Abschnitt ausführlich *Demandt* (Rechtsberater), S. 205f.)

[820] Siehe zu den Auswirkungen und Folgen dieser Trennung beispielsweise *Hahn* (Unwirtschaftlichkeit), S. 95f. Insbesondere bei Auslandseinsätzen sind die Probleme derart ausgeprägt, daß für den Einsatz über eine Neuregelung der Trennung von Streitkräften und Verwaltung nachgedacht wird. (Siehe hierzu *BMVg* (Bestandsaufnahme), S. 107f.)

[821] Siehe zur angesprochenen Problematik der Verwaltung am Beispiel der D/F-Brigade ausführlich *Wagner* (Verwaltung), S. 70-78.

[822] Vgl. *Hanke* (Gespräch).

[823] In Abgrenzung zu Truppenteilen, für die die Begriffe „Kontroll-“ bzw. „Leitungsspanne“ verwendet werden, soll innerhalb der Stäbe der Begriff der „Führungsspanne“ angewandt werden. Siehe zur Thematik der Kontroll- und Leitungsspannen beispielsweise *Hahn* (Leitungsspanne), S. 557-568, *Hahn* (Span), S. 2510-2515 und *McNally* (Span), S. 2515-2517.

[824] Multinationale Stäbe gelten im übrigen seit jeher als aufgebläht und kopflastig. (Vgl. *Kießling* (Stäbe), S. 82.) Dies gilt auch für die multinationalen Stäbe der heutigen Zeit. (Vgl. *Hahn* (Militärbetriebslehre), S. 294 und *Müller* (Gespräch).)

[825] Diese ergibt sich daraus, daß Soldaten aus den dem Stab unterstellten bzw. von ihm geführten nationalen Truppenanteilen zur Arbeit im Stab verpflichtetet werden. (Siehe hierzu auch *Hahn* (Leitungsspanne), S. 563.) Hierfür wurden vom Stab des Eurokorps zum Beispiel regelmäßig die Soldaten der nationalen Sicherungszüge des BQG befohlen.

[826] Vgl. *Steinaecker* (Vortrag), S. 5.

rungsspanne des Chef des Stabes. Der notwendige Arbeits- und Koordinationsaufwand innerhalb des Stabes wird damit deutlich größer,[827] womit wiederum das Fehlerpotential der Arbeit steigt sowie die Flexibilität des multinationalen Stabes sinkt.[828] Gleiches gilt für seine Effektivität.[829] Hier gilt es insbesondere die Schnittstellenproblematik zu berücksichtigen: Weil es in multinationalen Stäben wesentlich mehr Querverbindungen gibt – neben den funktionalen Schnittstellen (zum Beispiel Abteilungen) treten auch intra-nationale Schnittstellen auf (Soldaten unterschiedlicher Nationalität) - , gibt es auch mehr Schnittstellen, die in den Führungsvorgang miteinbezogen werden müssen. Diese ausgeprägte Erhöhung der Schnittstellen widerspricht dem Gedanken des Lean-Managements, weil hierdurch die Gefahr des Informationsverlustes und der Informationsverfälschung, der Kompetenzprobleme usw. steigt; Stabsarbeit und Führungsvorgang werden nachhaltig verzögert und verlieren an Effektivität.[830]

6.2.3.3 Organisation der Truppenteile

An der Spitze jedes multinationalen Truppenteils steht der multinationale (oberkommandierende) Führer, der in der Führung je nach zugrundeliegendem Organisationsprinzip – Lead-Nation-, Integration- oder Framework-Prinzip - durch einen mehr oder weniger ausgeprägten multinationalen Stab unterstützt wird.
Wie in den Stäben ist die Ausprägung der Multinationalität auch in den geführten Truppenteilen nicht einheitlich. Auf Korpsebene sind meist nur der Stab und die Korpstruppen multinational gemischt. Die geführten Truppenteile bzw. Divisionen sind dagegen mehrheitlich rein national organisiert. Eine Ausnahme hiervon bildet die MND (C) des ARRC.

6.2.3.3.1 Organisationsprinzipien[831]

Das in den einzelnen multinationalen Truppenteilen vorherrschende Organisationsprinzip hat Einfluß auf die Ausprägung der in ihnen auftretenden Probleme.[832] So wie die Ausprägung der multinationalen Zusammenarbeit vom Lead-Nation-Prinzip über das Framework-Prinzip bis zum Integrations-Prinzip steigt, nimmt in der Regel auch der Effektivitätsverlust zu.[833]
Truppenteile, die nach dem Lead-Nation-Prinzip organisiert sind (II. GE/US Korps und V. US/GE Korps), weisen sowohl im Stab als auch in den geführten bzw. unterstellten Truppenteilen nur sehr wenige personelle und fachliche Schnittstellen zwischen den beteiligten Nationen auf. Dies ändert sich jedoch dann, wenn nationale Truppenteile in Übungen oder Einsätzen zusammenarbeiten müssen, weil beispielsweise Teile von ihnen gegenseitig unterstellt werden. Zwar tragen in den beiden deutsch-amerikanischen Korps die jahrzehntelange gemeinsame NATO-Übungserfahrung und die zunehmende Einsatzerfahrung deutscher und US-amerikanischer Truppenteile zu einem Funktionieren der multinationalen Zusammenarbeit

[827] Vgl. *Brüggemann* (Streitkräfte), S. 21.
[828] Vgl. *Walker* (Prüfstand), S. 14. Siehe zu diesem Zusammenhang auch *Gollwitzer* (Hierarchie), S. 181.
[829] Vgl. *Kießling* (Stäbe), S. 82.
[830] Siehe hierzu *Gollwitzer* (Hierarchie), S. 48 und 181. Siehe hierzu am Beispiel erwerbswirtschaftlicher multinationaler Unternehmen *Pfeiffer/Weiß* (Lean), S. 110 und 157.
[831] Siehe zu einer Darstellung der *Organisationsprinzipien multinationaler Truppenteile* die gleichnamige Abb. 5.
[832] Siehe zur Abhängigkeit der Problemausprägung vom Grad der Integrierung auch *Allmeyer-Beck* (k. u. k. Armee), S. 235.
[833] Dieser Zusammenhang gilt jedoch nicht immer. So ist beispielsweise die Abhängigkeit des multinationalen Truppenteiles vom Willen und vom Engagement der Lead-Nation – im Unterschied zum Integrations-Prinzip - während eines Einsatzes besonders ausgeprägt. Das Lead-Nation-Prinzip gilt insbesondere unter politischen Gesichtspunkten dann als problematisch, wenn die Lead-Nation strategisches Interesse in bestimmten Einsatzländern hat. (Vgl. *Palin* (Forces), S. 23.)

bei, weshalb die effektivitätsreduzierenden Probleme eine vergleichsweise niedrigere Ausprägung haben, als wenn diese Korps beispielsweise aus deutschen und französischen oder polnischen Truppenteilen bestünden. Jedoch tritt eine Vielzahl von Problemen grundsätzlich auch in nach dem Lead-Nation-Prinzip organisierten multinationalen Truppenteilen auf.
Das Integrations-Prinzip ist das Organisationsprinzip mit der unter Effektivitätsgesichtspunkten deutlichsten Problemausprägung. Dies liegt vor allem an der Vielzahl der Bereiche, in denen ständig multinational zusammengearbeitet wird bzw. zusammengearbeitet werden soll.
Bei allen Organisationsprinzipien wird die Ausprägung der einzelnen Probleme in Abhängigkeit von der Anzahl der beteiligten Nationen nochmals gesteigert.

6.2.3.3.2 Organisationsstruktur

Die Organisationsstruktur der einzelnen multinationalen Truppenteile[834] weist eine Reihe von Problemen auf. Diese betreffen die Verfügbarkeit der nationalen Truppenanteile, das Oberkommando über den multinationalen Truppenteil, die Organisationsstruktur der nationalen Truppenanteile sowie die Zusammensetzung und die Größe des multinationalen Truppenteiles.

6.2.3.3.2.1 Verfügbarkeit

Die Verfügbarkeit der nationalen Anteile multinationaler Truppenteile für Übungen und Einsatz beeinflußt nachhaltig die Einsatzbereitschaft des einzelnen multinationalen Truppenteiles. Nur wenn die nationalen Anteile ständig, unverzüglich und uneingeschränkt verfügbar sind, läßt sich der multinationale Truppenteil jederzeit für die für ihn vorgesehenen Aufgaben vorbereiten und einsetzen. Mangelnde Einsatzbereitschaft des multinationalen Truppenteils durch fehlende Verfügbarkeit der nationalen Anteile beeinträchtigt die Abschreckungswirkung des multinationalen Truppenteils sowie seine Signalwirkung zur gegenseitigen nationalen Unterstützung. Darüber hinaus werden operative Planung und flexible Einsatzführung und damit auch die Effektivität nachhaltig negativ beeinflußt.[835]
Die Unsicherheit bezüglich der Verfügbarkeit nationaler Anteile ist durch mehrere Faktoren begründet. Bezogen auf militärische Einsätze ist hier zunächst die Abhängigkeit vom nationalen Oberbefehl, das heißt vom Primat der Politik der einzelnen Nationen, zu berücksichtigen. Hierauf wurde bereits in Kapitel 6.2.3.2.2 *(Oberbefehl)* eingegangen. Darüber hinaus ist die Verfügbarkeit der nationalen Anteile sowohl für Übungen als auch für Einsätze abhängig von den von ihnen wahrzunehmenden Aufgaben - wie ausführlich in Kapitel 6.2.3.1 *(Aufgabe)* dargestellt. Hier tragen die gleichzeitige Unterstellung einzelner nationaler Anteile unter verschiedene multinationale Truppenteile sowie die geplanten und unplanbaren wahrzunehmenden nationalen Aufgaben wesentlich zum Verlust der Kalkulierbarkeit der Verfügbarkeit der nationalen Anteile bei. Schließlich ist die Verfügbarkeit nationaler Anteile auch davon abhängig, ob der jeweilige nationale Truppenanteil dem multinationalen Truppenteil von der entsendenden Nation dauerhaft unterstellt wird oder wegen nationaler Haushaltsprobleme verkleinert, umstrukturiert oder sogar aufgelöst wird.[836]

---

[834] Siehe zum stetigen Prozeß der Gestaltung einer Organisationsstruktur erwerbswirtschaftlicher multinationaler Unternehmen ausführlich *Stopford/Wells* (Multinational), S. 9-29.

[835] Vgl. *Bühl* (Sicherheit), S. 163. Siehe hierzu auch *Codner* (Together), S. 35.

[836] So wird beispielsweise die dem Eurokorps unterstellte 1. (FR) PzDiv im Zuge der Umgliederung der französischen Streitkräfte außer Dienst gestellt. Zwar hat sich Frankreich verpflichtet, für das Eurokorps auch weiterhin ein Divisionsäquivalent zu stellen, (Vgl. *Neubauer* (Eurokorps), S. 8.) konkretisiert wurde diese Zusicherung jedoch bisher noch nicht. Auch Großbritannien behält zwar die Unterstellung eines Nachschubbataillons unter die AMF (L) bei. Es reduziert jedoch das Leistungsspektrum dieses Bataillons vor allem bezüglich Transport und Betriebsstoffversorgung drastisch. (Vgl. *Most* (Einsatzunterstützung), S. 22.)

Die Problematik der Verfügbarkeit betrifft jedoch nicht nur die nationalen Truppenanteile, sondern regelmäßig ebenfalls die multinationalen bzw. nationalen Großverbands- bzw. Verbandstruppen. So verfügt beispielsweise das Eurokorps im Frieden nur über wenige Korpstruppen, weil insbesondere Frankreich und Deutschland bei einer Unterstellung von Korpstruppen im Frieden die Gefahr eines Kontrollverlustes sehen.[837] Die Masse der Korpstruppen des Eurokorps wird deshalb erst im Bedarfsfall von den einzelnen Nationen abgestellt.[838] Dies ist jedoch nur möglich, wenn sie zu diesem Zeitpunkt nicht anderweitig gebunden, also verfügbar sind, was sich jedoch oftmals als unkalkulierbarer Faktor herausstellt. So ist beispielsweise die Verfügbarkeit der dem I. D/NL Korps zugeordneten deutschen und niederländischen Heeresfliegerkräfte grundsätzlich immer ungewiß, da diese auch das ARRC und die MND (C) unterstützen.[839]
Gerade im Einsatz wird es zudem oftmals notwendig, durch Rückgriff auf weitere Truppen Stärke und Art einzelner Truppenanteile aktuellen Lageentwicklungen anzupassen. Hierzu bedarf es der Verfügbarkeit über nationale Reserven.[840] Dies ist jedoch ausschließlich innerhalb des FULL COMMAND möglich, und ist damit an die nationale Führungsorganisation gebunden. Der KG eines multinationalen Korps kann damit bezüglich Reserven nur auf Truppen der eigenen nationalen Streitkräfte zurückgreifen.[841]

6.2.3.3.2.2 Oberkommando

In Kapitel 6.2.3.2.3 *(Oberkommando)* wurde die aufbauorganisatorisch begründete Problematik eines multinationalen Oberkommandierenden bereits dargestellt. Für den multinationalen Truppenteil sind hier vor allem die ungenügenden Befugnisse des Oberkommandierenden über die unterstellten bzw. geführten nationalen Truppenanteile ausschlaggebend. Diese wirken sich sowohl im Frieden als auch im Einsatz auf die Einsatzbereitschaft und auf die Effektivität des multinationalen Truppenteils aus.[842]

6.2.3.3.2.3 Organisationsstrukturen nationaler Truppenanteile

Die Organisationsstrukturen der nationalen Truppenanteile spielen für die Einsatzfähigkeit und für die Effektivität multinationaler Truppenteile eine wichtige Rolle. Denn zum einen wirken sich nationale organisatorische Änderungen auf die Gesamtorganisation multinationaler Truppenteile aus. Zum anderen müssen die Organisationen der einzelnen nationalen Truppenanteile innerhalb eines multinationalen Truppenteiles aufeinander abgestimmt bzw. kompatibel sein, sollen sie effektiv zusammenarbeiten.[843]
In beiden Fällen geht es einerseits um die Gliederung bzw. Struktur (Leitungsspanne, Hierarchiestufen,[844] Personalumfang und materielle Ausstattung) der nationalen Truppenteile und andererseits um ihre Zusammensetzung von Waffen, Waffensystemen und Truppengattungen.

---

[837] Vgl. *Palin* (Forces), S. 63.
[838] Vgl. *Bühl* (Ansatz), S. 615. Gleiches gilt zum Beispiel für das MNC (NE). (Vgl. *Sachau* (Nordost), S. 19.) Das BQG dagegen steht als fest aufgestelltes Stabs- und Versorgungsbataillon dem Eurokorps ständig zur Verfügung. Da jedoch dessen Kommandeur immer ein Franzose ist und dieser truppendienstlich immer dem französischen KG bzw. stellv. KG unterstellt ist, hat Deutschland auch in diesem Falle nur mangelhaften Einfluß bzw. mangelhafte Kontrolle. (Vgl. *Faust* (BQG), o. S. und *Pfrengle* (Gespräch).)
[839] Vgl. *Gijsbers* (Thesis), S. 91.
[840] Vgl. *Palin* (Forces), S. 33.
[841] Vgl. *Berding/Stumpf* (Zwiegenäht), S. 372.
[842] Siehe beispielsweise zu den negativen Auswirkungen einer Einschränkung der Kommandogewalt durch OPCON auf die operative Führungsfähigkeit der nationalen Anteile des ARRC *Walker* (Prüfstand), S. 16.
[843] Vgl. *Gijsbers* (Thesis), S. 98, *Higgens/Mullen* (Pillars), S. 51 und *Riechmann* (Darstellung), S. 1.
[844] Siehe zu den Begriffen „Leitungsspanne" und „Hierarchiestufen" *Hahn* (Forschungsansatz), S. 70f.

So reformiert beispielsweise Italien seine Aufbauorganisation bzw. Struktur seiner Streitkräfte. Den Brigaden unterstehen zwar weiterhin mehrere Regimenter, diese bestehen jedoch nur noch aus einer Stabs- und Versorgungskompanie sowie einem Bataillon mit drei Kampfkompanien.[845] Diese zunächst nationale aufbauorganisatorische Änderung (Reduktion der Leitungsspanne) hat jedoch unmittelbare Auswirkungen auf die AMF (L), in der Italien mit einem Regiment vertreten ist. Dort wird das italienische Regiment nun nur noch als Bataillon verstanden und entsprechend eingesetzt.[846] Die Auswirkungen betreffen auch die dem ARRC unterstellte 3. (UK) PzDiv, der bei einem ARRC-Einsatz eine italienische Panzerbrigade unterstellt werden wird. Von der Unterstellung einer italienischen Panzerbrigade versprach sich die NATO ein die Kampfkraft verstärkendes Element innerhalb der britischen Division, was insbesondere in sogenannten „high intensity operations" von Vorteil ist.[847] Dieser Vorteil wird durch die kampfkraftreduzierende Strukturänderung des italienischen Regiments nunmehr deutlich geschwächt, womit der operative Nutzen dieser Unterstellung grundsätzlich in Frage zu stellen ist. Dieses Beispiel macht ebenfalls deutlich, wie stark die Kampfkraft bzw. der Gefechtswert, die Einsatzbereitschaft und die Effektivität multinationaler Truppenteile von aufbauorganisatorischen Änderungen nationaler Truppenteile abhängen.

Auch die französischen Landstreitkräfte werden reformiert. Die Division als zentrale organisatorische Gliederungsform verschwindet zugunsten der Brigade (Reduktion der Hierarchiestufen). Die Regimenter der Brigaden orientieren sich dabei am britischen Modell, in dem die Regimenter stark in ihrer jeweiligen Region verankert sind, und wo die Soldaten ihre gesamte Karriere in einem bestimmten Regiment verbringen.[848] Diese Umorganisation in den französischen Landstreitkräften wirkt sich beispielsweise direkt auf das Eurokorps aus, dem nun keine französische Division mehr unterstellt sein wird.[849] Um die bisherige Einsatzbereitschaft des Eurokorps aufrecht zu erhalten, und um die für das Eurokorps vorgesehenen Aufträge weiter erfüllen zu können, muß die weggefallene französische Division durch französische Truppenteile ersetzt werden, die in ihrer Zusammensetzung und Kampfkraft einem Divisionsäquivalent entsprechen. Hinzu kommt, daß das französische Heer für die Dauer der mehrjährigen strukturellen Umorganisation der französischen Streitkräfte zur Durchführung größerer Auslandseinsätze nicht in der Lage ist.[850] Dies hat konsequenterweise auch Auswirkungen auf die Einsatzbereitschaft und auf die Effektivität derjenigen multinationalen Truppenteile, in denen Frankreich vertreten ist.

Auch in Großbritannien wird über eine Neustrukturierung der britischen Streitkräfte nachgedacht.[851]

Selbst die US-amerikanische Divisionsstruktur erfährt derzeit eine Änderung. Im Rahmen der Gestaltung der sogenannten „Army XXI Division" fallen bestimmte Komponenten weg, andere werden verkleinert, wieder andere gewinnen an Umfang und Bedeutung. In den Bataillonen der drei Kampfbrigaden beispielsweise wird die Anzahl der Waffensysteme durch den Wegfall einer Kompanie verringert. Der personelle Umfang der Züge der Kampfkompanien dagegen wird von zwei Gruppen à neun Soldaten auf drei Gruppen à neun Soldaten erhöht (Erhöhung der Leitungsspanne). Insgesamt jedoch werden US-amerikanische Divisionen kleiner.[852] Personell werden die 1. (US) Infantry Division und die 1. (US) Armored Division

---

[845] Vgl. *Lüthy* (Verteidigungsmodell), S. 37. Siehe zur Reorganisation der italienischen Landstreitkräfte auch *Mönch* (Almanac), S. 103f.

[846] Vgl. Anhang 6 *(Multinationale Beteiligung des deutschen Heeres AMF (L))*.

[847] Vgl. *McInnes* (Corps), S. 39.

[848] Siehe zu dem vorangegangenen Abschnitt ausführlich *Kapfer* (Vortrag), S. 1 und *Klein/Pajon* (Wandel), S. 27f.

[849] Vgl. *Neubauer* (Eurokorps), S. 8.

[850] Dieser Sachverhalt wurde vom französischen Generalstab festgestellt. (Vgl. *Klein/Pajon* (Wandel), S. 29.)

[851] Siehe hierzu ausführlich *Boyd* (Future), S. 43-52.

[852] Siehe zu dem vorangegangenen Abschnitt ausführlich *Rivera/Stokowski/Twohig* (Division), S. 25-33. Siehe zur Gestaltung der US-Army Force XXI ausführlich *Bond/Kern* (Overview).

von 18.000 auf 15.700 Soldaten reduziert.[853] Die aufbauorganisatorische Umstrukturierung der US-amerikanischen Divisionen hat auf multinationale Truppenteile insofern einen Einfluß, als die Reorganisation der nationalen Divisionen zwangsläufig auch Veränderungen in den nationalen Einsatzgrundsätzen nach sich zieht. Dies erfordert für die multinationalen Truppenteile Ab- und gegebenenfalls Angleichung der Einsatzgrundsätze und anderer militärischer Software, der Ausbildung und, bei der Nutzung neuen oder anderen Wehrmaterials, auch der militärischen Hardware.[854]

Die nationale Reorganisation zieht damit generell multinationale Maßnahmen nach sich, die sich in einem nicht unerheblichen Zeit-, Arbeits- und Personalaufwand und Kostenumfang niederschlagen. Die Effektivität des multinationalen Truppenteiles ist im übrigen bis zur abgeschlossenen Überprüfung und gegebenenfalls bis zur erfolgreichen Angleichung als deutlich eingeschränkt zu bewerten.

Die Arbeiten der Wehrstrukturkommission lassen in der Zukunft auch für die Bundeswehr aufbauorganisatorische Änderungen erwarten.[855]

Vergleicht man schließlich die grundsätzlichen aufbauorganisatorischen Strukturen nationaler Truppenteile der Großverbandsebene, finden sich beispielsweise bei einer Gegenüberstellung zwischen dem deutschen, dem niederländischen und dem Heer der USA fundamentale Unterschiede. Diese betreffen die Kampftruppen, insbesondere aber die Kampf- und Einsatzunterstützungsverbände. So haben etwa deutsche und niederländische Divisionen eigene Kampf- und Einsatzunterstützungskomponenten, wohingegen diese für die Divisionen der US-Army auf Korpsebene angesiedelt sind. Das US-amerikanische Korps hat im übrigen keine einheitliche Struktur.[856]

6.2.3.3.2.4 Zusammensetzung des multinationalen Truppenteiles

Die Problematik der Zusammensetzung des multinationalen Truppenteiles betrifft sowohl die Auswahl der beteiligten nationalen Partner als auch organisatorische Gesichtspunkte.

Grundsätzlich ist die Auswahl der in einem multinationalen Truppenteil zusammengeführten nationalen Partner ein Entscheidungsprozeß von nicht unerheblicher Bedeutung,[857] wird damit doch bereits in dieser Phase der Grundstein über die Art und über die Ausprägung der zukünftigen Probleme und damit über die Effektivität des multinationalen Truppenteiles gelegt.[858]

Darüber hinaus gilt es zu berücksichtigen, daß der multinationale Truppenteil organisatorisch so aus nationalen Truppenanteilen zusammengesetzt sein muß, daß er die ihm gestellten Aufgaben erfüllen kann. Seine Flexibilität, sein Gefechtswert und seine Kampfkraft – und damit auch seine Effektivität - hängen dabei insbesondere davon ab, wie groß die Unterschiede der Leistungsniveaus der einzelnen nationalen Truppenanteile sind,[859] und inwieweit ausreichend

---

[853] Vgl. *Turner-Collins* (1st ID), S. 3.

[854] Betroffen ist auch die Dislozierung. So stellt beispielsweise die 1. (US) InfDiv in Bamberg ein neues Bataillon auf. (Vgl. *Turner-Collins* (1st ID), S. 3.)

[855] Vgl. *Ropers* (Rolle), S. 1. Die Bezeichnung der Kommission hat sich mehrfach geändert: sie heißt nunmehr Kommission „Gemeinsame Sicherheit und Zukunft der Bundeswehr". (Vgl. *Ropers* (Rolle), S. 1.) Siehe zu den Aufgaben der vom Bundesminister der Verteidigung berufenen Wehrstrukturkommission *Koalitionsvereinbarung* (Wehrstrukturkommission), Pkt. XI.9.1 sowie *Buchholz* (Neues), S. 6-8. Siehe zu den einzelnen Angehörigen der Kommission *Red* (Kommission), S. 3.

[856] Siehe zu dem vorangegangenen Abschnitt ausführlich *Gijsbers* (Thesis), S. 47, 71, 78f., 88 und 98.

[857] Im erwerbswirtschaftlichen multinationalen Bereich werden wegen der hohen Bedeutung des Prozesses der Partnerauswahl in der Regel aufwendige Auswahlverfahren durchgeführt. (Siehe hierzu ausführlich *Zimmerer* (Suche), S. 973-986, *Zimmerer* (Auswahl), S 987-1000 und *Zimmerer* (Bewertung), S. 1001-1025.)

[858] Grundsätzlich ist bei Partnern, die nicht der NATO angehören, von mehr und von ausgeprägteren Problemen auszugehen als bei Partnern, die seit langem engagiertes NATO-Mitgliedsland sind. (Siehe hierzu auch *Castillero* (Experiencia), S. 8.)

[859] Siehe zu der Bedeutung dieser Leistungsunterschiede auch *Hahn* (Unwirtschaftlichkeit), S. 98 und *Joint Pub 3-0*, S. VI-3.

Kampf- und Einsatzunterstützungskräfte vorhanden sind.[860] Solange es bei der technischen Zusammenarbeit nationaler Kampftruppen einerseits und Kampf- und Einsatzunterstützungstruppen andererseits Probleme gibt, sind Kampf- und insbesondere Einsatzunterstützung weiterhin in nationaler Verantwortung zu leisten. Diesbezüglich sind damit innerhalb multinationaler Truppenteile keine Kosteneinsparungen zu realisieren.

6.2.3.3.2.5 Größe des multinationalen Truppenteiles

Bezüglich der Größe des multinationalen Truppenteiles werden in den folgenden Ausführungen die Anzahl der beteiligten Nationen (a), der Anteil der nationalen Truppenanteile (b), die Ebene der multinationalen Mischung (c) sowie die Betriebsgröße des multinationalen Truppenteiles (d) einer näheren Betrachtung unterzogen.

a) Anzahl der beteiligten Nationen Unabhängig vom Organisationsprinzip des multinationalen Truppenteils, nimmt die Ausprägung der einzelnen Probleme grundsätzlich mit der Anzahl der in ihm vertretenen Nationen zu.[861] Damit fallen auch die Effektivität und die Wirtschaftlichkeit multinationaler Truppenteile mit steigender Anzahl der in diesen Truppenteilen vertretenen Nationen.[862]
Nochmals gesteigert werden die Probleme durch die in der Vergangenheit vorhandene Ausprägung der Einbindung der einzelnen Nationen in die NATO-Kommandostruktur sowie durch den Grad und die Regelmäßigkeit der von ihnen praktizierten militärischen multinationalen Zusammenarbeit mit anderen NATO-Streitkräften.
In conclusio läßt sich festhalten, daß der Anzahl der in einem multinationalen Truppenteil vertretenen Nationen unter Effektivitätsgesichtspunkten Grenzen gesetzt sind.[863]

b) Anteil der nationalen Truppenanteile Je größer der Prozentsatz der nationalen Truppenanteile innerhalb multinationaler Truppenteile ist, desto größer ist der Einfluß, den die einzelnen Nationen innerhalb des multinationalen Truppenteiles ausüben können. Hinzu kommt, daß sich der kleinere bzw. die kleineren Partner meist den größeren Partnern anpassen müssen. Berücksichtigt man die damit verbundenen notwendigen Anpassungen beim Personal sowie bei militärischer Soft- und Hardware, gilt auch hier: Je größer der nationale Truppenanteil, desto vorteilhafter für das betroffene Land. Unter den genannten Gesichtspunkten ist deshalb für die einzelnen Nationen in der Regel ein größtmöglicher nationaler Anteil erstrebenswert. Größere nationale Truppenanteile bedeuten andererseits aber auch größere nationale Prozentsätze am multinationalen Haushalt, was das Streben nach großen Anteilen wieder relativiert.
Generell sind gleichgewichtige nationale Anteile sicherlich günstig. Zu große nationale Truppenanteile gelten teilweise gar als kontraproduktiv.[864] Oftmals jedoch können Nationen mit kleinen Streitkräften aber nur entsprechend kleine nationale Anteile an multinationale Trup-

---

[860] Vgl. *Palin* (Forces), S. 33 und 57 sowie den vorherigen Abschnitt dieser Arbeit. Das I. D/NL Korps beispielsweise gilt mit seinen zwei Divisionen lediglich als operativer Torso, womit das Korps ohne Verstärkung für einen Kriegseinsatz nicht voll einsatzfähig ist. (Vgl. *Steinäcker* (Vortrag), S. 13.)

[861] Vom militärfachlichen Standpunkt aus steigen die Problemausprägungen, je weiter sich die Multinationalität innerhalb eines Truppenteiles einer „babylonischen Gefechtsgliederung" nähert. (Vgl. *Dienste* (Erfahrungen), S. 36.) Gleiches gilt im übrigen auch für die multinationalen Stäbe. Hier spricht man vom „Babylonischen Turm". (*Clerc* (Multinationalität), S. 308.)

[862] Vgl. *Hahn* (Militärbetriebslehre), S. 341.

[863] So beurteilt beispielsweise das BMVg drei bis vier Nationen als generelle Obergrenze. (Vgl. *BMVg* (Film), S. 25.) Siehe hierzu auch *Briquemont* (Eurokorps), S. 318 und *Willmann* (Eurokorps), S. 293. Andere Militärs halten zwei Nationen gar für das Maximum. (Vgl. *Seitz* (Obstacles), S. 35.) Generell setzt die Sprachvielfalt der Anzahl der beteiligten Nationen eine natürliche Grenze. (Siehe hierzu *Dienste* (Erfahrungen), S. 33.)

[864] Vgl. *Kießling* (Repräsentation), S. 484 und *Palin* (Forces), S. 32.

penteile abstellen. Auch das in einzelnen multinationalen Truppenteilen zugrundeliegende Framework-Prinzip legt bewußt die Dominanz einer einzigen Nation fest. Das in beiden Fällen erreichte Ungleichgewicht der nationalen Anteile trägt aber innerhalb multinationaler Truppenteile erheblich zur Problembildung bei. Selbst wenn dies für die politische Führung nicht gelten sollte, sind die hierdurch verursachten Probleme auf der militärischen Führungs- und Arbeitsebene unvermeidbar.

c) Ebene der multinationalen Mischung Daß die Multinationalität in Truppenteilen zu effektivitätsmindernden Problemen und Kostensteigerungen führt, haben bereits die bisher gemachten Ausführungen deutlich gezeigt. Im Zusammenhang mit der Aufbauorganisation der multinationalen Truppenteile gilt es deshalb festzustellen, welche militärische Gliederungsebene die Mindestebene für rein nationale Truppenteile sein muß bzw. auf welche Gliederungsebene die militärische Multinationalität unter Effektivitäts- und Kostengesichtspunkten beschränkt sein soll.
Die Korpsebene gilt bei multinationalen Truppenteilen als die Gliederungsebene, auf der die auftretenden Probleme noch am besten bewältigt werden können.[865] Dagegen sind die Probleme bereits auf der Ebene multinationaler Divisionen derart zahlreich, vielfältig und ausgeprägt, daß der militärische Wert und die Einsatzfähigkeit dieser Truppenteile grundsätzlich in Frage gestellt wird.[866] Die Divisionsebene gilt deshalb generell als unterste bzw. günstigste Stufe für rein nationale Truppenteile.[867] Ein wesentliches Ausschlußkriterium hierbei ist insbesondere die mangelnde Fähigkeit zum multinationalen Gefecht der Verbundenen Waffen einer multinationalen Division.[868]
Gleichwohl finden sich zur Divisionslösung auch Ausnahmen,[869] beispielsweise für bestimmte Unterstützungskräfte wie Fernmeldetruppen.[870] Die Brigade gilt jedoch unter Berücksichtigung aller Ausnahmen als absolute Mindestebene für rein nationale Truppenteile.[871] Das Beispiel der D/F-Brigade hat gezeigt, daß die sich aus der Multinationalität ergebenden Probleme auf dieser Ebene sowie der notwendige Aufwand für ihre Bewältigung zu groß sind.[872]
Befristete multinationale Unterstellungen im Einsatz sind jedoch auch unterhalb der Brigadeebene möglich.[873] Gleiches gilt für Übungen.[874]

d) Betriebsgröße des multinationalen Truppenteiles Unter Betriebsgröße soll in diesem Zusammenhang sowohl die Anzahl der Soldaten des multinationalen Truppenteils als auch der Umfang des ihm zur Verfügung stehenden Wehrmaterials verstanden werden.[875]

---

[865] Vgl. hierzu beispielsweise *Bagger* (Statement), o. S., *Briquemont* (Eurokorps), S. 318, *Gijsbers* (Thesis), S. 14, *Kölln* (Ricketts), S. 18, *Kühr* (Zusammenarbeit), S. 831, *Reitsma* (GE/NL), S. 23 und *Willmann* (Eurokorps), S. 287.
[866] Vgl. *McInnes* (Corps), S. 21. Siehe hierzu auch *Dienste* (Erfahrungen), S. 48 und *Hahn* (Militärbetriebslehre), S. 296.
[867] Vgl. hierzu beispielsweise *Elbe* (Voraussetzung), S. 539, *Gijsbers* (Thesis), S. 31, 33 und 73, *Klein* (D/F), S. 16, *Urbach* (Möglichkeiten), S. 3, 8 und 15 sowie *Willmann* (Operationsführung), S. 83. Dies kommt insbesondere auch dem nationalen Streben nach größtmöglichem Einfluß und weitestgehender Autonomie entgegen, denn die operative Autonomie eines nationalen Divisionskommandeurs ist innerhalb eines multinationalen Korps deutlicher ausgeprägter als die eines nationalen Brigadekommandeurs. Insbesondere die Erfahrungen des II. Golfkrieges bestätigen diese Einschätzung. (Vgl. *Bohnert* (Erfahrungen), S. 27.)
[868] Vgl. *Pfrengle* (Gespräch).
[869] Vgl. *Bagger* (Statement), o. S., *BMVg* (Film), S. 25 und *Speker* (Binational), S. 16.
[870] Vgl. *Gijsbers* (Thesis), S. 33.
[871] Vgl. *Gijsbers* (Thesis), S. 36, *Hahn* (Militärbetriebslehre), S. 296 und *Müller* (Gespräch). Für Einsätze gilt die rein nationale Brigade vereinzelt gar als Optimum. (Siehe hierzu beispielsweise *Hahn* (Zukunft), S. 119.)
[872] Siehe hierzu ausführlich *Fechner* (Fundament), S. 2 und *Willmann* (Eurokorps), S. 288f.
[873] Hier gelten einige Tage als Obergrenze. (Vgl. *Sohst* (Gespräch).)
[874] Vgl. *Jeurissen* (Gespräch).
[875] Während HAHN unter dem Begriff der „Betriebsgröße von Truppenteilen" nur die Anzahl der Soldaten versteht, (Siehe hierzu ausführlich *Hahn* (Betriebsgröße), S. 148-153.) bezieht SCHNEIDER bei seiner Begriffs-

Entsprechend der Anzahl der in einem multinationalen Truppenteil vertretenen Nationen gibt es auch bezüglich der Betriebsgröße multinationaler Truppenteile Grenzen, die bei Überschreiten zu erheblichen Effektivitätsverlusten führen. Diese Grenze gilt beispielsweise beim Eurokorps als bereits erreicht.[876] Mehr geführtes Personal und eingesetztes Material würde das Korps zu schwerfällig werden lassen.

6.2.4 Ablauforganisation

Die Ablauforganisation dient der zweckgerichteten Gestaltung bzw. Ordnung von Arbeitsprozessen.[877] Dabei wird die Arbeit zunächst analysiert, bevor sie im Rahmen der Arbeitssynthese[878] räumlich und zeitlich strukturiert sowie personell zugeordnet wird.
Probleme treten in multinationalen Truppenteilen dabei in allen Ordnungskomponenten der Ablauforganisation auf - nämlich bei Inhalt, Person, Raum und Zeit.[879] Die Gestaltung bzw. Ordnung der Arbeitsprozesse prägt den täglichen Dienstbetrieb. In multinationalen Truppenteilen findet sie ihren Niederschlag – ebenso wie in rein nationalen Truppenteilen - in einer Fülle von verbindlichen, schriftlich und graphisch festgehaltenen Regularien. Die in Kapitel 6.2.2.2.6 *(Standing Operating Procedures)* beschriebenen SOPs machen einen Großteil dieser Regularien aus. So sehr auch hier sicherlich der Grundsatz gilt, daß ein organisierter Arbeitsablauf effektiver als ein unorganisierter Arbeitsablauf ist,[880] besteht dabei jedoch die grundsätzliche Gefahr einer Überregulierung, die der Effektivität eines organisierten Arbeitsablaufes letztendlich abträglich sein kann.

6.2.4.1 Inhaltliche Arbeitsanalyse und -synthese

6.2.4.1.1 Multinational Task Sharing

Soweit in multinationalen Truppenteilen im Rahmen des sogenannten „Multinational Task Sharing“[881] eine Arbeits- bzw. Rollenteilung beabsichtigt bzw. vereinbart ist, müssen von den betroffenen Nationen bestimmte personelle (Ausbildung) und technische (Wehrmaterial) Fähigkeiten des militärischen Einsatzspektrums nicht mehr ständig bereitgehalten werden. Verzichtet eine Nation nicht nur innerhalb eines multinationalen Truppenteiles oder innerhalb mehrerer multinationaler Truppenteile auf einzelne Fähigkeiten, sondern verschwindet diese Fähigkeit gar komplett innerhalb einer Truppengattung oder Teilstreitkraft, entsteht hierdurch eine ausgeprägte gegenseitige Abhängigkeit zwischen den betroffenen Nationen.[882] Dies gilt insbesondere dann, wenn es um militärische Kernfähigkeiten geht. Diese militärische Abhän-

---

definition auch das Material mit ein. (Vgl. *Schneider* (Betriebsgröße), S. 115.) Dieser weiter gefaßte Begriffsinhalt findet in den folgenden Ausführungen dieser Arbeit Anwendung.

[876] Vgl. *Schneider* (Eurowehr), S. 8.

[877] Siehe zur Ablauforganisation ausführlich *Gaitanides* (Ablauforganisation), Sp. 1-18.

[878] Unter Arbeit wird die Erfüllung der gestellten Aufgabe bzw. Aufgaben verstanden. (Vgl. *Witte* (Ablauforganisation), Sp. 20.) Da die Ablauforganisation der Gestaltung der Arbeitsprozesse dient, findet bei der Betrachtung der Ablauforganisation der Begriff „Arbeit“ Verwendung – im Unterschied zur Aufbauorganisation, in der der weitergefaßte Begriff „Aufgabe“ verwendet wird. (Siehe hierzu Kapitel 6.2.3.1 *(Aufgabe)*.)

[879] Siehe zu den drei Ordnungskomponenten militärischer Ablauforganisationen ausführlich *Hahn* (Militärbetriebslehre), S. 304-306. Dort wird jedoch nicht von „Ordnungskomponenten“, sondern von „Aspekten der Problembetrachtung“ gesprochen, wobei die beiden Ordnungskomponenten „Inhalt“ und „Person“ zum personellen Aspekt zusammengefaßt werden.

[880] Vgl. *Witte* (Ablauforganisation), Sp. 20.

[881] Siehe hierzu auch Kapitel 4.2.3 *(Finanzielle Vorteile und Chancen)*.

[882] Siehe zur Problematik der Spezialisierung nationaler Streitkräfte, insbesondere zum Verzicht auf nationale Teilstreitkräfte ausführlich *Ellinger* (Spezialisierung), S. 97-112.

gigkeit bedeutet in seiner letzten Konsequenz sogar einen Souveränitätsverlust der betroffenen Nation.[883]
Der Verzicht auf eigene Fähigkeiten kann zudem dazu führen, daß die nationale Verteidigungsfähigkeit eingeschränkt wird, daß die nationale Mitsprache innerhalb des multinationalen Truppenteils deutlich reduziert wird, daß die Expertise der eigenen Soldaten und damit auch deren Urteilsfähigkeit schnell und dauerhaft verloren geht, und daß technische Fähigkeiten nicht mehr angemessen sichergestellt werden können.[884] Damit reduzieren sich insgesamt sowohl die Effektivität und die Einsatzbereitschaft der betroffenen nationalen Truppenanteile in multinationalen Truppenteilen als auch die der nationalen Teilstreitkraft deutlich.
Bestes Beispiel für mangelnde technische Fähigkeiten sind die ungenügende strategische und operative Lufttransport- und Luftbetankungskapazität für Transporte ins außereuropäische Ausland und die sich dadurch ergebende Abhängigkeit der europäischen Streitkräfte bzw. Nationen von den USA.[885] Dies wirkt sich insbesondere auf das internationale Krisenmanagement aus. Aufklärung und elektronische Kampfführung sind ebenfalls traditionell empfindliche Bereiche.[886]

6.2.4.1.2 Auftragsverteilung im Einsatz

Die Verteilung von Aufträgen an nationale Truppenanteile birgt in konkreten Einsätzen ebenfalls Problempotential, insbesondere dann, wenn eine Sektorenaufteilung zum politischen Prestigeobjekt wird[887] oder wenn die Aufteilung von Kampf- und Unterstützungsaufträgen zu Wertungen der nationalen Truppenanteile führen.[888]

6.2.4.2 Personelle Zuordnung

6.2.4.2.1 Stellenbeschreibung

Im Zusammenhang mit der Aufbauorganisation wurde bereits auf die Kompetenzproblematik der Stellenbeschreibung in multinationalen Truppenteilen, insbesondere in deren Stäben, und auf die effektivitätsreduzierenden Folgen für die Leistungserbringung hingewiesen.[889] Hierzu tritt in der Ablauforganisation die teilweise unklare Zuordnung und Zuordenbarkeit von nationalen und multinationalen Aufgaben auf nationales Personal sowie auf die einzelnen Abteilungen. Darunter fallen auch die mit der jeweiligen Stelle verbundenen Zuständigkeiten und Befugnisse. Diesbezüglich gibt es regelmäßig unterschiedliche nationale Auffassungen und

---

883 Vgl. *Sandrart* (Rollenteilung), S. 8 und *Volk* (Arbeitsteilung), S. 18f.
884 Vgl. *BMVg* (Film), S. 26 und *Sandrart* (Rollenteilung), S. 8.
885 Vgl. *Vitzthum* (Lufttransport), S. 20
886 Siehe hierzu am Beispiel des Eurokorps *Clerc* (Multinationalität), S. 304f.
887 Dies hat sich sowohl während des multinationalen IFOR/SFOR-Einsatzes im ehemaligen Jugoslawien als auch während des multinationalen KFOR-Einsatzes im Kosovo gezeigt. Selbst die Alliierten im II. Weltkrieg waren von dieser Problematik nicht verschont geblieben. (Vgl. *Sauder* (Problematik), S. 7.)
888 Auch dies hat sich beispielsweise im Rahmen des multinationalen IFOR/SFOR-Einsatzes gezeigt. Als Konsequenz übernimmt die Bundeswehr im Rahmen des multinationalen KFOR-Einsatzes nicht nur einen eigenen Sektor, sondern beschränkt sich zudem nicht mehr auf reine Unterstützungsaufgaben.
Unausgewogene Aufgabenverteilung zwischen den einzelnen Nationen führen generell auch innerhalb der Stäbe zu nachteiligen Wertungen. Bestimmte Aufgaben gelten dort als etwas Besonderes und Erstrebenswertes, während andere Aufgaben von den Nationen zu meiden versucht werden. (Vgl. *Clerc* (Multinationalität), S. 305.)
889 Siehe hierzu Kapitel 6.2.3.2.4.3 *(Stellenbeschreibung)*.

Interpretationen. Weil es dabei oftmals um nationale Gewohnheiten oder Interessen geht, treten diese Probleme bei weitem nicht nur in der Aufstellungsphase auf.[890]

6.2.4.2.2 Arbeitszuordnung

Innerhalb multinationaler Truppenteile dominieren nach wie vor die vielen nationalen Aufgaben bzw. Arbeiten. Dies zeigt sich besonders deutlich in der Stabsarbeit. Häufig dürfen nationale Arbeiten jedoch nicht von andersnationalen Soldaten übernommen bzw. erledigt werden.[891] So darf zum Beispiel einem deutschen Soldaten nur von einem deutschen Vorgesetzten Urlaub gewährt werden. Leistet etwa im I. D/NL Korps ein deutscher Soldat Dienst in einer Stabsabteilung mit niederländischem Abteilungsleiter, muß der Urlaubsantrag mit dem niederländischen Abteilungsleiter besprochen und vom deutschen Stellvertreter genehmigt werden. Dazu dürfen nur die deutschen Urlaubsscheine verwendet werden. Diese Regelung bedeutet nicht nur doppelten Arbeitsaufwand, sondern durch die Existenz zweier nationaler Formblätter auch doppelten Materialaufwand.[892] Ein weiteres Beispiel aus dem Dienstalltag ist die Dienstsiegelführung.[893] Solange derartige ablauforganisatorische Einschränkungen bestehen, wird es deshalb immer zu Mehrfacharbeiten kommen. Gleichzeitig wird im Vergleich zu rein nationalen Truppenteilen, insbesondere in den Stäben, insgesamt mehr Personal erforderlich, auch wenn die nationalen Personalanteile reduziert sind.

Grundsätzlich ist der Arbeitsumfang insbesondere in multinationalen Stäben durch die Notwendigkeit, nationale und multinationale Arbeiten erledigen zu müssen, höher als in rein nationalen Stäben. Dies steigert nicht nur den erforderlichen Koordinationsaufwand, sondern erhöht auch die Gefahr fehlerhafter, unvollständiger und verzögerter und damit ineffektiver Arbeit.

Die aus multinationaler Sicht mangelhaften Befugnisse sind in multinationalen Truppenteilen und ihren Stäben neben der fachbezogenen Mehrfacharbeit auch für die Existenz mehrerer Führungsstränge verantwortlich.[894] Die negativen Auswirkungen dieses ablauforganisatorischen Defizits werden nicht nur im alltäglichen Friedens- und Übungsbetrieb deutlich, sie zeigen sich insbesondere auch während des Einsatzes, so zum Beispiel im multinationalen IFOR/ SFOR-Einsatz im ehemaligen Jugoslawien.[895] Dort wurden beim kleinsten Zwischenfall parallele Kommandostränge gebildet; bestimmte Nationen weigerten sich sogar, konkrete, insbesondere gefährliche Aufträge auszuführen.[896]
Es kann aber durchaus auch dazu kommen, daß im Einsatz bestimmte Aufgaben bzw. Aufträge durch militärische Einzelaktionen nationaler Truppenanteile ohne gegenseitige Absprache erfüllt bzw. durchgeführt werden, womit insgesamt eine erfolgreiche und effektive Operationsführung gefährdet wird.[897]

---

[890] Siehe zu dem vorangegangenen Abschnitt *Janssen* (Bi), S. 564f.
[891] Siehe zu dem vorangegangenen Abschnitt *Steinaecker (Zwischenbilanz)*, S. 16.
[892] Siehe zu dem beschriebenen Beispiel *Faust* (D(NL), o. S.
[893] Vgl. *Klein* (D/F), S. 7.
[894] Vgl. *Gerber* (Militärökonomie), S. 408.
[895] Siehe zu diesem Beispiel ausführlich *Podbielski/Thies* (Retrospect), S. 76f.
[896] Vgl. *Briquemont* (Eurokorps), S. 326.
[897] Beispiele hierzu gibt es viele. Diese finden sich sowohl im II. Weltkrieg (Siehe hierzu beispielsweise *Völker* (Probleme), S. 19.) als auch in jüngster Vergangenheit, etwa im II. Golfkrieg (Siehe hierzu zum Beispiel *Schwarzkopf* (Hero), S. 465.) oder während des Einsatzes in Ruanda. (Siehe hierzu beispielsweise *Jahnson/Uro* (Amaryllis), S. 25.)

Schließlich erhält das zwischen Truppenteilen und ihren Stäben generell bestehende Stab-Linien-Konfliktpotential[898] in multinationalen Truppenteilen oftmals eine neue Qualität.[899] Dies liegt insbesondere daran, daß das Führerkorps der nationalen Truppenanteile des multinationalen Truppenteiles mit Entscheidungen, Anweisungen etc. meist andersnationaler Stabsangehöriger konfrontiert wird, deren Befugnisse regelmäßig hinterfragt werden. Hier ist Vertrauen zwischen Stabs- und Truppenangehörigen verschiedener Nationen besonders schwer zu gewinnen, weil der jeweilige Gegenüber als Person oftmals unbekannt bleibt.[900]

6.2.4.2.3 Informelle Gruppen

Im Zusammenhang mit der personellen Zuordnung von Arbeitsinhalten darf die Problematik informeller Gruppen und Aktivitäten in multinationalen Truppenteilen nicht vernachlässigt werden. Hier sind insbesondere die multinationalen Stäbe sehr anfällig. Informelle Gruppen bilden sich dabei aus den Angehörigen einer Nation. Damit treten im multinationalen Bereich zu den sich im nationalen Bereich bildenden informellen Gruppen aus Fachspezialisten, Interessengruppen, Laufbahn- und Dienstgradgruppen usw. die nationalitäts- und sprachbegründeten informellen Gruppen. Während informelle Gruppen grundsätzlich oftmals positiv zu bewerten sind, weil sie die Nachteile bestehender formaler Organisationen zu kompensieren versuchen,[901] sind sie dann als negativ zu beurteilen, wenn sie sich zu informellen Cliquen entwickeln, die ungünstigen Einfluß auf die Effektivität der Arbeit und auf die Gemeinschaft ausüben.[902] Dies stellt sich dann beispielsweise so dar, daß Dienstbesprechungen zu keinem Ergebnis führen, weil im Mittelpunkt nicht die eigentliche Thematik steht, sondern die Frage, welche nationale Gruppe Recht hat oder die mächtigere ist.[903] Hier liegt ein nicht zu unterschätzendes Potential für Effektivitätsverluste vor.

6.2.4.2.4 Weitere Problembereiche

An dieser Stelle sei nochmals auf die nationalen Unterschiede bezüglich Führungsverhalten (Kapitel 6.1.3.2 *(Führungsverhalten))* und -verfahren (Kapitel 6.1.3.3 *(Führungsverfahren))* sowie auf die Stellvertreterproblematik (Kapitel 6.2.3.2.3 *(Oberkommando)*, 6.2.3.2.4.1 *(Chef des Stabes)* und 6.2.3.2.4.2 *(Führungsgrundgebiete bzw. Abteilungen))* in multinationalen Truppenteilen hingewiesen. Die nationalen Differenzen dieser drei Bereiche wirken sich insbesondere auch ablauforganisatorisch auf die Effektivität des Dienstbetriebes aus.

6.2.4.3 Räumliche Strukturierung

In multinationalen Truppenteilen treten bei der räumlichen Strukturierung der Arbeit vor allem Probleme bezüglich des Standortes auf - insbesondere dann, wenn sich dieser aus der Sicht einer Nation bzw. mehrerer Nationen im Ausland befindet. Es existieren hier im wesentlichen drei Problemfelder.

---

898 Siehe hierzu beispielsweise und ausführlich *Langenhorst* (Konflikte), S. 14-24.

899 Vgl. *Kießling* (Repräsentation), S. 484.

900 Die Wichtigkeit regelmäßiger persönlicher Kontakte für den Aufbau von gegenseitigem Vertrauen zeigt sich insbesondere auch im Bereich erwerbswirtschaftlicher multinationaler Unternehmen. (Siehe hierzu beispielsweise *Child/Faulkner* (Cooperation), S. 48-50.)

901 Siehe hierzu ausführlich *Hofmann* (Aktivitäten), S. 341-345.

902 Vgl. *Hahn* (Militärbetriebslehre), S. 276.

903 Siehe hierzu im Zusammenhang mit dem I. D/NL Korps *Morsink* (Vergleich), S. 30f. und für das Eurokorps sowie für das BQG *Faust* (BQG), o. S. Die Problematik hat sich auch im Rahmen des multinationalen I-FOR/SFOR-Einsatzes als existent erwiesen. (Vgl. *Faust* (IFOR/SFOR), o. S.)

Probleme für multinationale Truppenteile werden zum ersten durch nationale Gesetze, Regeln, Vorschriften etc. verursacht. So hat beispielsweise die Oberbürgermeisterin von Straßburg untersagt, daß im Raum Straßburg Kettenfahrzeuge öffentliche Straßen und Wege benutzen dürfen. Da der deutsche Sicherungszug des Eurokorps STAN-mäßig mit Mannschaftstransportwagen (MTW) ausgestattet war bzw. werden sollte, waren damit weder Ausbildung noch Übung mit den vorgesehenen Fahrzeugen möglich. Entsprechend reduziert war die Einsatzbereitschaft des Sicherungszuges.[904] Kompensierende Maßnahmen, wie die Nutzung alternativer Fahrzeuge, führten zu zusätzlichen Kosten. Ein anderes Beispiel ist die mangelhafte bzw. problematische Übernahmemöglichkeit von Wachaufträgen durch andersnationale Soldaten in nationalen oder gemischt national genutzten Liegenschaften.[905] Dies gilt für deutsche Soldaten in Kasernen im Ausland (beispielsweise BQG in Frankreich)[906] in gleichem Maße wie für andersnationale Soldaten in Deutschland (zum Beispiel Stab I. D/NL Korps in Münster). Solange Wachdienste in gemischtnationalen Liegenschaften nur von einer Nation übernommen werden können, solange wird es ungleiche Dienstbelastungen geben, die von den Betroffenen als äußerst ungerecht empfunden werden,[907] was sich letztendlich auf die Leistungsbereitschaft und damit auf die Leistungserbringung auswirkt. In der D/F-Brigade leisten die Soldaten zwar gemeinsam Wache, dies geschieht jedoch auf Basis der jeweils nationalen Wachvorschriften.[908]

Problematisch sind insbesondere die verschiedenen Vorteile, die sich durch nationale Regelungen für Soldaten ergeben. So erhalten beispielsweise deutsche Soldaten, die im Rahmen des Eurokorps in Straßburg stationiert sind, erhöhten Sold, Wohnungszuschüsse, Zollprivilegien (Fahrzeugkauf, Benzinerwerb, korps-eigener Duty-Free-Shop) etc. Obwohl die deutschen Soldaten im Prinzip innerhalb von zehn Minuten zurück in Deutschland sind und damit täglich zur Arbeit nach Frankreich pendeln können, werden ihnen diese Privilegien gewährt. Dies verursacht sowohl bei den deutschen Soldaten, die in einem der dem Eurokorps unterstellten Truppenteile in Deutschland stationiert sind, als auch bei den französischen Kameraden in Straßburg erhebliches Unverständnis und Mißstimmungen.[909] Gleiches gilt umgekehrt für in Deutschland stationierte andersnationale Truppen- und Stabsanteile multinationaler Truppenteile und Stäbe.[910]

Zum zweiten kann auch die Bevölkerung am Standort des multinationalen Truppenteiles Ursache für Probleme sein. So gab es beispielsweise in der Aufstellungsphase des Eurokorps erhebliche Widerstände gegen die Stationierung deutscher Truppen in Frankreich.[911] Dies hat

---

904 Siehe zu dem vorangegangenen Abschnitt *Faust* (BQG), o. S.

905 Siehe zu dieser Problematik beispielsweise und ausführlich *Dau* (Rahmen), S. 184f. und *Wehrbeauftragte* (Einzelbericht 1996), S. 7. 1998 wurde §1 des UZwbGBw (Gesetz über die Anwendung unmittelbaren Zwanges und die Ausübung besonderer Befugnisse durch Soldaten der Bundeswehr und zivile Wachpersonen) im Rahmen der Neugestaltung des Vertragswerkes des I. D/NL Korps geändert. Diese Gesetzesänderung ermöglicht nunmehr einen gemeinsamen Wach- und Sicherheitsdienst deutscher Soldaten und Soldaten verbündeter Streitkräfte in gemischtnationalen Liegenschaften und Einrichtungen in Deutschland. (Vgl. *Dau* (Aspekte), S. 4.)

906 Dem französischen Wachsoldat fehlen zur effektiven Erfüllung von Wachaufträgen entscheidende Befugnisse, er darf zudem nur in Ausnahmefällen eine Waffe tragen. Der deutsche Soldat hingegen darf in bestimmten Situationen gar von der ständig mitgeführten Schußwaffe Gebrauch machen. (Vgl. *Faust* (BQG), o. S. und *Wehrbeauftragte* (Einzelbericht 1996), S. 7.) Die Problematik ergibt sich hierbei für die Bundeswehr insbesondere aus dem mangelhaften Schutz ihrer in Frankreich stationierten Soldaten und deren Wehrmaterial und aus der ungenügenden Selbstschutzmöglichkeit der Wachsoldaten, denn auch die deutschen Soldaten sind durch die beschriebenen Einschränkungen zur Erfüllung ihres Wachauftrages auf das Tragen von Funkgerät und Gummiknüppeln beschränkt.

907 Vgl. *Reitsma* (GE/NL), S. 27.

908 Vgl. *Wehrbeauftragte* (Einzelbericht 1996), S. 8f.

909 Siehe zu dem vorangegangenen Abschnitt *Faust* (BQG), o. S.

910 Siehe hierzu am Beispiel des I. D/NL Korps *Boden* (Gespräch).

911 Eine erhebliche Rolle hat hier gespielt, daß nicht nur deutsches Stabspersonal des Korpsstabes in Straßburg Dienst leistet, sondern daß mit dem BQG dort auch deutsche Truppen stationiert sind. Dadurch, daß sich die Kaserne des BQG in einem sozial schwachen, ausländerstarken und rechtsnationalen Stadtviertel am Rande

sowohl die individuelle und kollektive Leistungserbringung als auch die individuelle Leistungsmotivation reduziert. Hier verursachen insbesondere kompensierende Maßnahmen der Öffentlichkeitsarbeit[912] zusätzliche Kosten.
Schließlich stellt die in multinationalen Truppenteilen teilweise vorhandene große räumliche Trennung der nationalen Truppenanteile eine erhebliche Erschwernis in der Zusammenarbeit und im Zusammenwachsen innerhalb des multinationalen Truppenteils dar. Dies spürt beispielsweise der spanische Truppenanteil des Eurokorps besonders deutlich.[913] Eine weiträumige Dislozierung verteuert darüber hinaus grundsätzlich gemeinsame Übungen, gegenseitige Austausche etc.
Die Stationierung als Bestandteil des räumlichen Ordnungselementes der Ablauforganisation hat damit insgesamt einen nicht unerheblichen Anteil am effektivitätsreduzierenden und kostensteigernden Problemumfang multinationaler Truppenteile.

6.2.4.4 Zeitliche Strukturierung

Auch die zeitliche Strukturierung der Arbeit ist in multinationalen Truppenteilen nicht frei von Problemen.
Effektivitätsreduzierende Probleme ergeben sich dabei insbesondere aus den unterschiedlichen nationalen Feiertagen und Urlaubsregelungen, aus den verschiedenen nationalen Dienstzeitgewohnheiten und aus den differierenden nationalen Dienstzeitausgleichsregelungen.[914] So fangen etwa Franzosen traditionell später mit dem Dienst in den Funktionen an, sie pflegen ausführliche Mittagszeiten, sind aber gewohnt, täglich bis spät in die Abendstunden zu arbeiten. Insbesondere im Stab des Eurokorps und im BQG gab es diesbezüglich erheblichen Koordinierungsaufwand und Notwendigkeit zur Kompromißbereitschaft. Die vereinbarten Kompromißlösungen sind jedoch nur ungenügend geeignet, die durch sie verursachten individuellen Unzufriedenheiten[915] zu eliminieren.[916]
Die insbesondere in den multinationalen Stäben vereinbarten Regelungen zur zeitlichen Arbeitsstrukturierung entwickeln sich im Vergleich untereinander oftmals zu Insellösungen. Von deutschen Soldaten werden die individuellen Regelungen dieser Insellösungen regelmäßig als ungerecht empfunden.[917] Hier gibt es immerhin Konfliktpotential, das sich in abnehmender Leistungsbereitschaft äußern kann. Die anderen in multinationalen Truppenteilen vertretenen Nationen sind mit der gleichen Problematik konfrontiert – erstaunlicherweise jedoch manchmal mit umgekehrten Vorzeichen. So leisten etwa die niederländischen Angehörigen des Korpsstabes des I. D/NL Korps 38,5 Stunden pro Woche Dienst, während ihre Kameraden in den rein nationalen Truppenteilen der niederländischen Armee nur 35 Stunden in der Woche Dienst tun müssen.[918]

Straßburgs befindet, eskalierte die Situation in Einzelfällen sogar, wobei es zu tätlichen Angriffen auf Soldaten und Einrichtungen kam. (Vgl. *Faust* (BQG), o. S.)

[912] Auf die große Bedeutung der Öffentlichkeitsarbeit multinationaler Unternehmen wurde bereits in den sechziger Jahren des letzten Jahrhunderts hingewiesen. (Siehe hierzu *Sieber* (International), S. 63.)

[913] Siehe zu dem vorangegangenen Abschnitt *Barbero* (Spanien), S. 43.

[914] Siehe hierzu am Beispiel des Eurokorps und des BQG *Faust* (BQG), o. S., des I. D/NL Korps *Sohst* (Gespräch) und *Steinaecker* (Zwischenbilanz), S. 16, des MNK (NO) *Sachau* (Nordost), S. 21 sowie der D/F-Brigade *Klein* (D/F), S. 7 und *Klein/Lippert* (Brigade), S. 7.

[915] Dienstzeitbezogene Unzufriedenheiten äußern sich beispielsweise im Drang nach neuen Verwendungen, in Neid und Mißgunst gegenüber anders- bzw. bessergestellten Kameraden anderer Truppenteile, und als Folge davon in mangelhafter Zusammenarbeit mit diesen, sowie in sozialen Problemen innerhalb der betroffenen Soldatenfamilien. (Vgl. *Klein* (Dienstzeitbelastung), S. 199f. Siehe hierzu auch *Seuberlich* (Probleme), S. 232.)

[916] Siehe zu dem vorangegangenen Abschnitt *Faust* (BQG), o. S.

[917] Vgl. *Sohst* (Gespräch).

[918] Vgl. *Nordhausen* (Gespräch).

Bei Mehrarbeit haben deutsche Soldaten grundsätzlich Anspruch auf Dienstzeitausgleich. Um übermäßigen Anspruch auf Dienstzeitausgleich zu vermeiden, wird deshalb versucht, pünktlich Dienstschluß zu machen. Im Stab des Eurokorps, im BQG und in der D/F-Brigade werden aus diesem Grund regelmäßig bevorzugt französische Soldaten für nach Dienstschluß anfallende Arbeiten herangezogen,[919] was weder einer gerechten Verteilung der Dienstbelastung noch der allgemeinen Arbeitszufriedenheit und damit der Leistungsbereitschaft dienlich ist.
Die genannten Probleme der zeitlichen Arbeitsstrukturierung in multinationalen Truppenteilen können – wie in rein nationalen Truppenteilen – nicht nur Frustration und Leistungszurückhaltung bei den Betroffenen hervorrufen, sie wirken sich auch negativ auf das Betriebsklima und auf das zivile Familienleben aus.[920]

Im Zusammenhang mit der zeitlichen Arbeitsstrukturierung ist schließlich auch der Unterschied bei der Festlegung des Arbeitstempos zu berücksichtigen, also der Zeit, innerhalb der ein vorgegebenes Arbeitsziel zu erreichen bzw. eine Aufgabe zu erfüllen ist. Solche Unterschiede lassen sich zum Beispiel zwischen deutschen und niederländischen Soldaten feststellen, was besonders deutlich in der Aufstellungsphase des Korpsstabes des I. D/NL Korps zum Ausdruck kam, in der es unterschiedliche nationale Auffassungen darüber gab, ab welchem Zeitpunkt multinationale Aufgaben gemeinsam erledigt werden können, das heißt wie schnell die angestrebte Multinationalität erreicht werden sollte.[921]
Generell ist das Arbeitstempo in multinationalen Truppenteilen, insbesondere in ihren Stäben, im Vergleich zu rein nationalen Truppenteilen bzw. Stäben als langsamer zu beurteilen.[922]

6.2.5 Betriebswirtschaftliche Beurteilung der Organisation[923]

6.2.5.1 Effektivität

Wie die bisherigen Ausführungen des Kapitels 6.2 *(Organisation)* gezeigt haben, liegt die als *Et (MNT, O)* bezeichnete Effektivität der Organisation multinationaler Truppenteile deutlich unter der Organisationseffektivität vergleichbarer rein nationaler Truppenteile. Der konstatierte Effektivitätsunterschied kann langfristig zwar reduziert werden, vollständig eliminieren aber läßt er sich nicht. Dabei stellen sich als Reduktoren der Effektivität insbesondere die mangelnde Einheitlichkeit beim Personal und bei der militärischen Soft- und Hardware sowie aufbau- und ablauforganisatorische Probleme der multinationalen Truppenteile inklusive ihrer Stäbe heraus. (s. Tab. 6) Die Effektivität der Organisation sinkt dabei in Abhängigkeit von der im jeweiligen Truppenteil vorhandenen Ausgestaltung der Multinationalität. (s. Tab. 6)

---

919 Siehe zu dem vorangegangenen Abschnitt *Faust* (BQG), o. S. und *Klein* (D/F), S. 7.
920 Siehe zu den genannten Auswirkungen in rein nationalen Truppenteilen *Seuberlich* (Probleme), S. 232.
921 Siehe zu dem vorangegangenen Abschnitt *Janssen* (Bi), S. 562.
922 Siehe hierzu *Brandtstetter* (AMF), S. 42.
923 Siehe zur generellen Problematik der Bewertung militärischer Organisationen ausführlich *Koerdt* (Bewertung), S. 167-193 und *Thom* (Effizienz), S. 202-208.

Tab. 6: *Effektivitätsreduktoren im Bereich der Organisation*

Effektivitätsreduktoren	Ausprägung in Abhängigkeit von ...									Existenz		
	... Organisationsprinzip			... Anzahl der Nationen		... Ebene der Mischung		... Zusammenarbeit in der Vergangenheit		vorhanden in Anpassungsphase	dauerhaft vorhanden	
	FW	Integr.	LN	2	>2	Korps	<Korps	ausgeprägt	unregelmäßig bis nicht vorhanden		gleichbleibend	abnehmend
Mangelnde Einheitlichkeit in den Bereichen Personal, Software und Hardware	++	+++	+	++	+++	++	+++	++	+++	X	gleichbleibend bis abnehmend	
Defizite in der Aufbauorganisation mit den Schwerpunkten Aufgabe, Führung und Truppenteile inkl. Stäbe	++	+++	+	++	+++	++	+++	++	+++	X	gleichbleibend bis abnehmend	
Defizite in der Ablauforganisation mit den Schwerpunkten inhaltliche Arbeitsanalyse und -synthese, personelle Zuordnung sowie zeitliche und räumliche Strukturierung	++	+++	+	++	+++	++	+++	++	+++	X	gleichbleibend bis abnehmend	

Legende: FW: Framework-Prinzip
Integr.: Integrations-Prinzip
LN: Lead-Nation-Prinzip
Ausprägungsgrade: (+=schwach, ++=mittel, +++=stark)

Bei der Beurteilung der Effektivität der Organisation soll als Kriterium bzw. als Indikator die Zufriedenheit der Soldaten der multinationalen Truppenteile nicht unberücksichtigt bleiben. Diese hängt zunächst von dem jeweiligen individuellen und oftmals Änderungen unterworfenem Kriterienkatalog der einzelnen Soldaten ab. Darüber hinaus spielt für die individuelle Zufriedenheit eine Rolle, wie lange der jeweilige multinationale Truppenteil schon existiert und wie lange der einzelne Soldat diesem Truppenteil bereits angehört. Unabhängig von der individuellen Zufriedenheit des einzelnen Soldaten läßt sich jedoch generell feststellen, daß die häufig anzutreffende anfängliche kosmopolitische Euphorie über die vermeintlich zahlreichen Vorteile multinationaler Truppenteile, insbesondere deren Stäbe, durch die in der täglichen Arbeit ständig auftretenden und permanent vorhandenen Probleme rasch verfliegt.[924] Nicht selten verschwindet dann auch die oft engagierte und öffentlich demonstrierte positive Grundeinstellung zur militärischen Multinationalität schlagartig.[925] Insgesamt gilt:

$$Et\ (MNT, O) < Et\ (RNT, O)$$

6.2.5.2 Kosten

In Zusammenfassung der Ausführungen des Kapitels 6.2 *(Organisation)* läßt sich festhalten, daß die Kosten der Organisation multinationaler Truppenteile über denen der Organisation vergleichbarer rein nationaler Truppenteile liegen. Die als *K (MNT, O)* bezeichneten Kosten der Organisation in multinationalen Truppenteilen steigen dabei in Abhängigkeit von der im

---

[924] Dies hat sich im jüngsten multinationalen Truppenteil mit deutscher Beteiligung, dem MNK (NO) bestätigt. (Siehe hierzu auch *Sachau* (Nordost), S. 20f.)

[925] Siehe hierzu auch *ZInFü* (Impulsseminar), S. 11.

jeweiligen multinationalen Truppenteil vorhandenen Ausgestaltung der Multinationalität. (s. Tab. 7) Es gilt:

$$K\,(MNT,\,O) > K\,(RNT,\,O)$$

Als direkte Folgekosten des Effektivitätsverlustes im Bereich der Organisation lassen sich insbesondere die durch mangelnde Einheitlichkeit des Personals und der militärischen Software sowie die durch aufbau- und ablauforganisatorische Mängel verursachten Mehr- und Mehrfacharbeiten aufführen. (s. Tab. 7) Indirekte Folgekosten entstehen beispielsweise durch Informationsverluste und durch die Gefahr des Verlustes von Wehrmaterial im Einsatz. Als intangible Folgekosten seien die oben geschilderte steigende individuelle Unzufriedenheit sowie die erhöhte Gefährdung von Soldaten im Einsatz genannt. [926]
Auch die Reorganisationskosten, die beim Prozeß des Wandels von rein nationalen Truppenteilen in multinationale Truppenteile entstehen, sind von immenser Höhe.[927] (s. Tab. 7) Hierunter fallen beispielsweise die Kosten für die Vereinheitlichung von Personal, Soft- und Hardware,[928] für die Anpassung der Aufbau- und Ablauforganisation,[929] für notwendige Neudislozierungen von Truppenteilen,[930] für eventuelle Stationierungen im Ausland[931] usw. Dabei treten neben den direkten Kosten generell auch indirekte und intangible Kosten auf. (s. Tab. 7) Aber auch nach Vollendung der Reorganisation verursacht die Organisation multinationaler Truppenteile generell höhere Kosten als die rein nationaler Truppenteile. Aufgeführt seien hier als Beispiele die häufig notwendige Überprüfung der Organisationsstruktur,[932] die erhöhten Personalkosten für im Ausland stationierte Soldaten,[933] die personelle Überbesetzung multinationale Stäbe[934] usw. Die dauerhaft bestehende Notwendigkeit der Optimierung von Aufbau- und Ablauforganisation bildet einen weiteren Kostenfaktor, der neben direkten Kosten (zum Beispiel Personalkosten) auch indirekte (beispielsweise Verzögerung oder Vernachlässigung anderer Aufgaben) und intangible Kosten (zum Beispiel steigende Arbeitsunzufriedenheit) umfaßt. (s. Tab. 7)
Die Kosten der Organisation multinationaler Truppenteile lassen sich langfristig zwar senken, das Niveau vergleichbarer rein nationaler Truppenteile aber werden sie auch auf lange Sicht nicht erreichen. (s. Tab. 7)

---

[926] Auf den Zusammenhang zwischen sinkender Effektivität einer militärischen Organisation und abnehmenden Sicherheit der Soldaten weist auch die Wehrbeauftragte hin. (Vgl. *Marienfeld* (Studien), S. 23.)

[927] Der ehemalige Bundesminister der Verteidigung Volker Rühe hielt eine Kalkulation der durch strukturelle Streitkräfteanpassungen entstandenen Kosten wegen des politischen und strategischen Nutzengewinns für überflüssig. (Vgl. *Rühe* (Stabilität), S. 4.)

[928] Siehe hierzu ausführlich Kapitel 6.2.2 *(Grad der Einheitlichkeit)*.

[929] Siehe hierzu ausführlich die Kapitel 6.2.3 *(Aufbauorganisation)* und 6.2.4 *(Ablauforganisation)*.

[930] Zum Beispiel wurden nationale Truppenanteile der D/F-Brigade seit ihrer Aufstellung mehrfach neu disloziert. (Siehe hierzu für den Zeitraum von der Aufstellung bis zum Jahre 1993 *Ritter* (Brigade), S. 76f.)

[931] So befinden sich beispielsweise in Straßburg drei Kasernen, in denen deutsche Soldaten Dienst leisten. Dies sind der Stab des Eurokorps, der Sitz des KG und seiner Stellvertreter sowie das BQG.

[932] Im Rahmen des I. D/NL Korps muß die Organisationsstruktur zum Beispiel alle zwei Jahre überprüft werden. (Vgl. *Agreement I. D/NL Korps*, Artikel 5 (2).)

[933] Siehe hierzu Kapitel 6.2.4.3 *(Räumliche Strukturierung)*.

[934] Siehe hierzu Kapitel 6.2.3.2.4.7 *(Größe und Führungsspanne)*.

Tab. 7: *Kostentreiber im Bereich der Organisation*

Kostentreiber	Kostenkategorie			Ausprägung in Abhängigkeit von ...									Existenz		
	direkte	indirekte	intangible	... Organisationsprinzip			... Anzahl der Nationen		... Ebene der Mischung		... Zusammenarbeit in der Vergangenheit		vorhanden in Anpassungsphase	dauerhaft vorhanden	
				FW	Integr.	LN	2	>2	Korps	<Korps	ausgeprägt	unregelmäßig bis nicht vorhanden		gleichbleibend	abnehmend
Folgekosten der Effektivitätsverluste im Bereich der Organisation	X	X	X	++	+++	+	++	+++	++	+++	++	+++	X		X
Reorganisation von Aufbau und Ablauf	X	X	X	++	+++	+	++	+++	++	+++	++	+++	X		X
Erhöhung der Einheitlichkeit	X	X	X	++	+++	+	++	+++	++	+++	++	+++	X		X
Optimierung der Aufbauorganisation	X	X	X	++	+++	+	++	+++	++	+++	++	+++	X		X
Optimierung der Ablauforganisation	X	X	X	++	+++	+	++	+++	++	+++	++	+++	X		X

Legende: FW: Framework-Prinzip
Integr.: Integrations-Prinzip
LN: Lead-Nation-Prinzip
Ausprägungsgrade: (+=schwach, ++=mittel, +++=stark)

6.2.5.3 Effizienz

Die Effizienz als das in dieser Arbeit definierte Verhältnis zwischen Effektivität und Kosten liegt in multinationalen Truppenteilen im Bereich der Organisation (*Ez (MNT, O)*) unter der Effizienz vergleichbarer rein nationaler Truppenteile (*Ez (RNT, O)*). Sie sinkt in Abhängigkeit von der im jeweiligen Truppenteil vorhandenen Ausgestaltung der Multinationalität. Es gilt:

$$[Et\ (MNT, O) / K\ (MNT, O)] < [Et\ (RNT, O) / K\ (RNT, O)], \text{ also:}$$
$$Ez\ (MNT, O) < Ez\ (RNT, O).$$

Für eine aus Sicht der Bundeswehr durchgeführte Beurteilung der Effizienz der Organisation multinationaler Truppenteile sind die für den Bereich der Führung im Kapitel 6.1.4.3 *(Effizienz)* erläuterten drei Fälle zu unterscheiden.
Dabei werden zunächst die im Bereich der Organisation für die Bundeswehr in einem multinationalen Truppenteil anfallenden Kosten *K (MNT, GE, O)* mit den Organisationskosten eines vergleichbaren rein deutschen Truppenteiles (*K (GE, O)*) verglichen. Den sich aus diesem Vergleich ergebenden drei möglichen Situationen einer Kosteneinsparung (1. Fall: *K (GE, O) > K (MNT, GE, O)*), einer Kostenstabilität (2. Fall: *K (GE, O) = K (MNT, GE, O)*) und einer Kostensteigerung (3. Fall: *K (GE, O) < K (MNT, GE, O)*) wird dann die im Kapitel 6.2.5.1 *(Effektivität)* festgestellte Effektivitätsreduktion (*Et (MNT, O) < Et (RNT, O)*) multinationaler Truppenteile gegenübergestellt.

1. Fall:
Der erste Fall geht davon aus, daß sich im Bereich der Organisation aus Sicht der Bundeswehr in multinationalen Truppenteilen im Vergleich zu rein deutschen Truppenteilen Kosten ein-

sparen lassen. Darüber hinaus gilt für den Organisationsbereich die bereits festgestellte generelle Effektivitätsreduktion multinationaler Truppenteile. Für eine aus Sicht der Bundeswehr durchgeführte Beurteilung der Effizienz der Organisation ergeben sich hieraus zwei Unterfälle:

Die Effizienz im Organisationsbereich des multinationalen Truppenteiles *Ez (MNT, O)* liegt nur dann über der Effizienz vergleichbarer rein deutscher Truppenteile *Ez (GE, O)*, wenn die festgestellten Effektivitätsverluste von den Kosteneinsparungen überkompensiert werden (Fall 1a). Im umgekehrten Fall, wenn also die Effektivitätsverluste die realisierten Kosteneinsparungen übersteigen (Fall 1b), ist eine Reduktion der Effizienz zu konstatieren .

Fall 1a:

Wenn:
Et (MNT, O) < Et (RNT, O) und
K (GE, O) > K (MNT, GE, O) und
[Et (RNT, O) - Et (MNT, O)] < [K (GE, O) - K (MNT, GE, O)],

dann gilt:
Ez (MNT, O) > Ez (GE, O).

Fall 1b:

Wenn:
Et (MNT, O) < Et (RNT, O) und
K (GE, O) > K (MNT, GE, O) und
[Et (RNT, O) - Et (MNT, O)] > [K (GE, O) - K (MNT, GE, O)],

dann gilt:
Ez (MNT, O) < Ez (GE, O).

2. Fall:

Im zweiten Fall wird im Bereich der Organisation weiterhin von einer Effektivitätsreduktion multinationaler Truppenteile ausgegangen. Darüber hinaus wird angenommen, daß sich für die Bundeswehr durch die Beteiligung an einem multinationalen Truppenteil im Bereich der Organisation keine Kosten einsparen lassen. In diesem Fall liegt die Effizienz der Organisation in einem multinationalen Truppenteil *Ez (MNT, O)* aus Sicht der Bundeswehr unter der Effizienz eines vergleichbaren rein deutschen Truppenteils *Ez (GE, O)*.

Wenn:
Et (MNT, O) < Et (RNT, O) und
K (GE, O) = K (MNT, GE, O),

dann gilt:
Ez (MNT, O) < Ez (GE, O).

3. Fall:

Im letzten Fall gilt für den Bereich der Organisation erneut die bereits bekannte Annahme der Effektivitätsreduktion multinationaler Truppenteile. Nunmehr wird jedoch für die Bundeswehr von einer, durch die Beteiligung an einem multinationalen Truppenteil verursachten Kostensteigerung im Organisationsbereich ausgegangen. Aus Sicht der Bundeswehr ergibt sich in multinationalen Truppenteilen im Organisationsbereich damit ebenfalls ein Effizienzverlust im Vergleich zu rein deutschen Truppenteilen.

Wenn:
Et (MNT, O) < *Et (RNT, O)* und
K (GE, O) < *K (MNT, GE, O)*,

dann gilt:
Ez (MNT, O) < *Ez (GE, O)*.

Aus Sicht der Bundeswehr steigt somit die Effizienz im Bereich der Organisation durch die Beteiligung an bzw. durch die Aufstellung von multinationalen Truppenteilen nur in einem einzigen Fall, nämlich dann, wenn sich im Bereich der Organisation bei Gegenüberstellung mit vergleichbaren rein deutschen Truppenteilen Kosten einsparen lassen, und diese Kosteneinsparungen die feststellbaren Effektivitätsverluste multinationaler Truppenteile überkompensieren. (s. Fall 1a) In allen anderen Fällen ist ein Effizienzverlust festzustellen. Dieser steigt bezüglich seiner Ausprägung in der Reihenfolge der Fälle 1b, 2 und 3.

6.3 Zusammenfassung

In multinationalen Truppenteilen läßt sich in den beiden Bereichen „Führung“ und „Organisation“ eine Fülle von Effektivitätsreduktoren und Kostentreibern identifizieren, die in ihrer Ausprägung so hoch sind, daß festzuhalten ist: Die Effektivität in multinationalen Truppenteilen liegt in den genannten Bereichen unter der Effektivität vergleichbarer rein nationaler Truppenteile. Für die Kosten gilt diese Feststellung umgekehrt analog.
Die Ausprägung der identifizierten Effektivitätsreduktoren und Kostentreiber variiert entsprechend der vorhandenen Ausgestaltung des jeweiligen multinationalen Truppenteiles: Sie nimmt mit steigender Anzahl der beteiligten Nationen, mit sinkender Ebene der multinationalen Mischung sowie in Abhängigkeit vom vorhandenen Organisationsprinzip (Framework-, Lead-Nation- und Integrations-Prinzip) und von der in der Vergangenheit praktizierten multinationalen Zusammenarbeit zu. Die Effektivitätsreduktoren und Kostentreiber sind zum Teil nur in der Phase der Aufstellung der multinationalen Truppenteile vorhanden, vielfach jedoch bleiben sie auch nach der Aufstellungsphase entweder in gleichbleibender oder in abnehmender Höhe dauerhaft vorhanden. Die festgestellten Kosten treten dabei sowohl als direkte und indirekte als auch als intangible Kosten auf.
Auch für die Effizienz, als das in der vorliegenden Arbeit definierte Verhältnis zwischen Effektivität und Kosten, läßt sich feststellen: Sie liegt in den Bereichen „Führung“ und „Organisation“ in multinationalen Truppenteilen unter der Effizienz vergleichbarer rein nationaler Truppenteile. Dieser Effizienzverlust wird in Zukunft ebenfalls nur unvollständig reduzierbar sein.
Auch aus Sicht der Bundeswehr stellt die Aufstellung von bzw. die Beteiligung an multinationalen Truppenteilen grundsätzlich einen Effizienzverlust in den Bereichen der Führung und der Organisation dar. Lediglich für den Fall, daß der festgestellte Effektivitätsverlust von möglichen Kosteneinsparungen überkompensiert wird, ist für die Bundeswehr in den genannten Bereichen eine Effizienzsteigerung zu erwarten.

7 Betriebswirtschaftliche Beurteilung multinationaler Truppenteile bezüglich ihrer betrieblichen Funktionsbereiche

7.1 Personalwirtschaft[935]

Im Militär steht der Mensch im Mittelpunkt der betrieblichen Leistungserstellung.[936] Er ist nur zum Teil durch Technik ersetzbar, auch wenn das Wehrmaterial in den Streitkräften grundsätzlich eine erhebliche Rolle spielt. In der großen Bedeutung des Menschen für das Militär liegt aber auch der hohe Stellenwert der durch ihn verursachten bzw. der mit ihm im Zusammenhang stehenden Probleme begründet.[937] Diese personalwirtschaftliche Problematik läßt sich in multinationalen Truppenteilen in zwei Bereiche unterteilen. Zum einen ist der Bereich der Probleme zu berücksichtigen, der mit der Verwaltung des militärischen Personals verbunden ist. Zum anderen bildet das Personal selbst einen Problembereich. Beide Bereiche werden im folgenden näher untersucht.

7.1.1 Personalverwaltung

7.1.1.1 Träger

Das im wesentlichen im Führungsgrundgebiet 1 aufgehangene Personalwesen[938] bleibt innerhalb der multinationalen Truppenteile grundsätzlich in nationaler Verantwortung, auch wenn die S1- bzw. G1-Abteilungen der multinationalen Stäbe durch Vertreter aller beteiligten Nationen besetzt werden. Unter betriebswirtschaftlichen Gesichtspunkten ergibt sich aus dieser Praxis vor allem das nachfolgend aufgezeigte Problem.
Durch die strikte nationale Trennung der Trägerschaft im Personalwesen ist diesbezüglich jede Nation des multinationalen Truppenteils auf den eigenen Truppenanteil beschränkt. Damit können personalbezogene Aufgaben bzw. Arbeiten innerhalb der S1- bzw. G1-Abteilungen nicht durch Vertreter anderer Nationen übernommen werden. Arbeitsteilung und Stellvertretung zwischen den beteiligten Nationen werden hierdurch sehr erschwert, wenn nicht gar unmöglich gemacht. Die Folge ist eine ausgeprägte und unwirtschaftliche Mehrfacharbeit, die mit steigender Anzahl der beteiligten Nationen zunimmt.[939] Die aufgezeigte Beschränkung der multinationalen Befugnisse im Personalwesen läßt, wenn überhaupt, keine bedeutenden

---

[935] Die Bundeswehr versteht unter dem Begriff der „Personalwirtschaft" die im Rahmen der jährlichen Haushaltsführung erfolgende Bewirtschaftung der Haushaltsstellen und –mittel des Personalhaushaltes. (Vgl. *BMVg* (Sicherheitspolitik), o. S. und *Mittler* (Stichpunkte), S. 163.) In dieser Arbeit wird Personalwirtschaft synonym zum Begriff des „Personalwesens" verwendet, (Siehe zum Begriffsinhalt in der Bundeswehr *Hahn* (Militärbetriebslehre), S. 77.) worunter generell die Summe aller mitarbeiterbezogenen Gestaltungsmaßnahmen subsumiert werden soll.

[936] Vgl. *Ilsemann* (Personalprobleme), S. 198f. Siehe hierzu auch ausführlich *Seuberlich* (Probleme), S. 228.

[937] Der Mensch gilt generell sowohl als stärkstes als auch als schwächstes Element beim Militär. (Vgl. *Grange* (Vortrag), S. 2.) Aus diesem Grund genießen personalwirtschaftliche Probleme seit ihrer Gründung auch in der Bundeswehr besondere Beachtung. (Siehe hierzu beispielsweise und ausführlich *Schroeder* (Probleme), S. 90-95.)

[938] Der Bereich der Ausbildung ist im Führungsgrundgebiet 3 untergebracht, das Disziplinarwesen (Siehe hierzu ausführlich Kapitel 6.1.3.3.2.4 *(Disziplinarwesen)*.) mit den Schwerpunkten Beurteilung und Disziplinarrecht sind an ein Vorgesetztenverhältnis gebunden und liegen damit außerhalb des Befugnisbereiches der S1- bzw. G1-Abteilung. Gleichwohl fällt insbesondere das Beurteilungswesen auch in den Verantwortungsbereich des Führungsgrundgebietes 1 - nämlich insofern, als dort Beurteilungen beispielsweise zu Beförderungszwecken eingefordert werden.

[939] Der in der multinationalen Personalwirtschaft zwischen den einzelnen Nationen ohnehin schon hohe Koordinierungsbdarf steigt bei Übungen und im Einsatz nochmals deutlich an. (Vgl. *Pfrengle* (Gespräch).)

Personaleinsparungen in den S1- bzw. G1-Abteilungen der multinationalen Stäbe zu, was insbesondere den einzelnen nationalen Haushalten abträglich ist.

7.1.1.2 Personalbedarfsdeckung

Multinationale Truppenteile benötigen, wie rein nationale Truppenteile auch, eine bestimmte Anzahl von Soldaten (quantitativer Personalbedarf) mit bestimmten Eigenschaften (qualitativer Personalbedarf). Bei der Deckung dieses Personalbedarfes zeigen sich drei Probleme. Zum einen brauchen die benötigen Soldaten ein konkretes Qualifikationsprofil. Zum zweiten müssen verschiedene Qualitäts- bzw. Qualifikationsmerkmale in einer konkreten bzw. ausreichenden Anzahl von Soldaten vorhanden sein. Zum dritten stellt sich die Frage nach der Zugriffsmöglichkeit und nach der ausreichenden Verfügbarkeit qualitativer Personalreserven.

7.1.1.2.1 Qualifikationsprofil

Verwendungen in multinationalen Truppenteilen erfordern von den Soldaten ein Qualitäts- bzw. Qualifikationsprofil, das sich von dem für Verwendungen in rein nationalen Truppenteilen notwendigen Qualitäts- bzw. Qualifikationsprofil deutlich unterscheidet.[940] Hier sind sowohl ausbildungsabhängige als auch ausbildungsunabhängige Schlüsselqualifikationen bzw. -qualitäten sowie die körperliche Leistungsfähigkeit zu berücksichtigen. In Abhängigkeit von der Gliederungsebene des jeweiligen multinationalen Truppenteiles, und in diesem Zusammenhang damit auch in Abhängigkeit von der Laufbahngruppe bzw. vom Dienstgrad, sind für die Erfüllung konkreter Aufgaben in unterschiedlichem Ausmaß verschiedene Qualitäten bzw. Qualifikationen notwendig. Ihre Existenz und unterschiedlichen Ausprägung wiederum haben Einfluß auf die Qualität der Leistungserbringung und damit auf die Effektivität des jeweiligen multinationalen Truppenteiles.

7.1.1.2.1.1 Ausbildungsabhängige Qualifikationen

Bezüglich der ausbildungsabhängigen Qualifikationen werden im folgenden die Sprache (a), die fachliche Ausbildung (b) und sonstige Ausbildungskomponenten (c) einer näheren Betrachtung unterzogen.

a) Sprache Auf die Bedeutung der Beherrschung von Fremdsprachen für die Effektivität multinationaler Truppenteile wurde bereits in Kapitel 6.1.2.3.1 *(Fremdsprachenausbildung)* im Zusammenhang mit dem Führerkorps hingewiesen. Die dort gemachten Ausführungen gelten generell für alle Laufbahngruppen und Dienstgrade,[941] auch wenn die Ausprägung der Problematik nicht für alle fachlichen Funktionen gleich groß ist.[942] Gleichwohl läßt sich nicht davon ausgehen, daß nur derjenige die Fremdsprache bzw. -sprachen der anderen, in einem multinationalen Truppenteil vertretenen Nationen beherrschen muß, der in einem multinationalen Stab eingesetzt ist[943] oder der in einem Truppenteil Dienst leistet, in dem Multinationalität bis auf die untersten Gliederungsebenen, wie beispielsweise Kompanie oder

[940] Siehe hierzu auch *Willmann* (Operationsführung), S. 84.

[941] Vgl. *Drews* (Interview), S. 150. Die Notwendigkeit zur Fremdsprachenbeherrschung auf sämtlichen Führungs- und Arbeitsebenen bestätigt sich insbesondere auch in erwerbswirtschaftlichen multinationalen Unternehmen. (Siehe hierzu beispielsweise *Hummel/Jochmann* (Personalmanagement), S. 150.)

[942] Die Laufbahngruppe der Unteroffiziere und Feldwebel weist durch Ausbildungsmängel in Schule und Militär die größten sprachlichen Defizite auf. (Vgl. *Faust* (BQG), o. S., *Faust* (D/NL), o. S., *Klein* (D/F), S. 12, *Messner* (Brigade), S. 51 und *Reitsma* (GE/NL), S. 27.).

[943] Dies wird fälschlicherweise durchaus vereinzelt angenommen. (Siehe hierzu am Beispiel des Stabes des Eurokorps *Bayle* (Eurokorps), S. 22.)

tionalität bis auf die untersten Gliederungsebenen, wie beispielsweise Kompanie oder Zug, praktiziert wird. Fremdsprachenkenntnisse sind insbesondere für die Zusammenarbeit mit NATO, OSZE, UN und WEU unersetzbar.[944] Auch beim Dienst an den Schnittstellen mit anderen multinationalen Truppenteilen oder mit anderssprachigen nationalen Truppenanteilen des eigenen multinationalen Truppenteiles oder anderer multinationaler Truppenteile ist die Beherrschung der jeweiligen Fremdsprache unumgänglich. Die Zusammenarbeit mit Streitkräften von PfP-Staaten darf hier nicht unberücksichtigt bleiben. Fremdsprachenkenntnisse werden innerhalb multinationaler Truppenteile insbesondere dann auch von denen verlangt, die im Alltag mit einer fremden Sprache nicht oder nur wenig konfrontiert werden, wenn beispielsweise nationale Truppenanteile gegenseitig unterstellt werden müssen, für bestimmte Operationen zusammenarbeiten müssen, gegenseitige Kampf- oder Einsatzunterstützung leisten müssen, bei Ausfällen gegenseitig Personalersatz zur Verfügung stellen müssen usw.[945] Gleiches gilt für die gegenseitige Ausbildung von Soldaten. Auf die Wichtigkeit der Fremdsprachenbeherrschung für im Ausland stationierte Soldaten sei an dieser Stelle ausdrücklich hingewiesen. Dieses Problem zeigt sich zur Zeit besonders für die deutschen Stabsangehörigen des in Stettin ansässigen Stabes des MNK (NO).[946]
Zu den betriebswirtschaftlichen Problemen des fremdsprachlichen Defizits zählt insbesondere ein deutlicher Effektivitätsverlust bei der Leistungserstellung innerhalb des jeweiligen multinationalen Truppenteiles. Die der Kompensation dieses Qualifikationsdefizits dienenden Ausbildungen sind zum einen sehr arbeits-, zeit- und personal- und damit insgesamt kostenintensiv. Zum anderen lassen sich die in multinationalen Truppenteilen existierenden Fremdsprachendefizite auch durch eine noch so ausgeprägte Ausbildung nie vollständig und schon gar nicht dauerhaft eliminieren. Die Sprachproblematik wird deshalb innerhalb multinationaler Truppenteile immer zu einem Effektivitätsverlust sowie zu Kostensteigerungen führen. Die Fremdsprachenbeherrschung ist und bleibt zudem in allen Aufgabenbereichen[947] das Schlüsselelement und gleichzeitig Voraussetzung für ein erfolgreiches und effektives Zusammenarbeiten im multinationalen Rahmen.[948] Die englische Sprache ist in diesem Zusammenhang nach wie vor von besonderer Bedeutung, darüber hinaus wird Französisch immer wichtiger.

b) Fachliche Ausbildung Die Soldaten aller Ebenen müssen für ein effektives Zusammenarbeiten in multinationalen Truppenteilen gegenseitig fachlich ausgebildet werden. Dies wird, wie bei der Fremdsprachenausbildung auch, nicht nur wegen der Arbeit innerhalb der multinationalen Truppenteile und deren Stäbe erforderlich. Sondern dies ist insbesondere wegen der ständigen, der sich regelmäßig wiederholenden oder der sporadischen Zusammenarbeit mit Dienststellen internationaler Organisationen bzw. Institutionen, mit anderen multinationalen Truppenteilen und mit Truppenteilen anderer Nationen notwendig.
Auf die fachliche Ausbildung des multinationalen Führerkorps wurde in den Kapiteln 6.1.2.3.2 *(Ausbildung von Führerverhalten und –verfahren)* und 6.1.2.3.3 *(Fachliche Ausbildung)* bereits eingegangen. Eine multinationale fachliche Ausbildung wird in unterschiedlichem Ausmaße jedoch für die Soldaten aller Laufbahnen, aller Dienstgrade und aller Verwendungen notwendig. So ist beispielsweise im BCS und im BQG das Wehrmaterial aus den Materialbeständen der beteiligten Nationen gemischt. Dies macht eine gegenseitige bzw. eine gemeinsame fachliche Ausbildung erforderlich. Dort werden deshalb zum Beispiel alle Solda-

---

[944] Bereits Ende der fünfziger Jahre versuchte man, dem Sprachdefizit in NATO-Stäben durch Beiträge in Militärzeitschriften zu begegnen. (Siehe hierzu beispielsweise *Eitzen* (Sprachen-Ecke), S. 279f.)
[945] Siehe hierzu beispielsweise auch *Kopp/Strachwitz* (Einbußen), S. 524.
[946] Vgl. *Sachau* (Vortrag), S. 10.
[947] Dabei stehen Führung und Kampf meist im Vordergrund der Betrachtungen. An dieser Stelle soll deshalb auf den Bereich der Einsatzunterstützung, insbesondere den des Sanitätsdienstes hingewiesen werden. Hier ist vor allem das Verhältnis zwischen Verwundeten bzw. Kranken und behandelndem Sanitätspersonal zu berücksichtigen. (Vgl. *Hanke* (Gespräch.).)
[948] Vgl. *Drews* (Interview), S. 151. Siehe hierzu auch *HDv 100/100*, Nr. 606 Satz 2.

ten am französischen Gewehr ausgebildet. Hinzu kommen vor allem im Bereich der Mannschafts- und der Unteroffiziersdienstgrade gegenseitige und gemeinsame Ausbildungen an Fernmeldegeräten, Fahrzeugen, Werkzeugen, persönlichen Ausrüstungsgegenständen, Waffensysteme etc.[949] Diese Ausbildung beschränkt sich jedoch nicht nur auf technische Daten und auf die Bedienung, sondern sie beinhaltet auch die operative Anwendung. Die fachliche Ausbildung umfaßt generell alle Komponenten, die auch im nationalen Bereich ausgebildet werden. Der jeweilige Soldat durchläuft damit nicht nur die fachliche Ausbildung seiner eigenen Nationen, sondern er wird fachlich auch von einer bzw. von mehreren anderen Nationen ausgebildet. Mit seiner Versetzung in einen anderen Truppenteil geht dieses Know-how jedoch wieder verloren. Der Nachfolger muß erneut ausgebildet werden, er braucht wie sein Vorgänger Zeit für die Entwicklung vom Kennen über das Können hin zum Beherrschen der vermittelten Ausbildungsinhalte. In dieser Zeit hat er für den jeweiligen Truppenteil nicht den vollen Einsatzwert, oft steht er ihm nicht einmal zur Verfügung. Sicherlich gilt dies generell für alle Ausbildungen in nationalen Streitkräften. Im multinationalen Rahmen jedoch tritt dieser Sachverhalt bzw. dieser Effekt grundsätzlich mehrfach und intensiver auf.
Die fachliche Ausbildung in multinationalen Truppenteilen kostet zudem Zeit, sie bindet auszubildendes und ausbildendes Personal, sie benötigt Ausbildungsmittel und –infrastruktur und verursacht damit insgesamt nicht unerhebliche Kosten. Gemeinsame Ausbildungen bedeuten in diesem Zusammenhang im übrigen nur dann eine Kostenersparnis, wenn gemeinsame Ausbildungseinrichtungen nicht lediglich örtliche Zusammenfassungen nationaler Einrichtungen werden, in denen die beteiligten Nationen ihre eigene Stäbe, Ausbilder etc. unterhalten.[950]

Bei der Betrachtung der fachlichen Ausbildung in multinationalen Truppenteilen sind zwei weitere Probleme zu berücksichtigen.
Zum ersten stellt diese Ausbildung besondere fachliche und persönliche Anforderungen an das Ausbildungspersonal. Weil aber für derartige Aufgaben qualifiziertes Personal nicht ausreichend vorhanden ist – auch hier spielt die Sprache eine Schlüsselrolle -, werden diejenigen Soldaten, die das Anforderungsprofil erfüllen, oftmals nicht in der Ausbildung, sondern vorzugsweise in anderen Verwendungen in der Truppe eingesetzt, um dort den täglichen Dienstbetrieb zu gewährleisten. Durch diese Praxis werden jedoch die Qualität der Ausbildung und damit wiederum die Effektivität der Leistungserbringung gefährdet.
Zum zweiten haben die nationalen Streitkräfte teilweise unterschiedliche Ausbildungsziele, welche sich zunächst an den nationalen Bedürfnissen orientieren.[951] Diesbezüglich gibt es beispielsweise Unterschiede im erreichten Ausbildungsstand zwischen einem deutschen Wehrpflichtigen am Ende seiner zehnmonatigen Dienstzeit und einem niederländischen Mannschaftsdienstgrad, der sich für drei Jahre Dienst verpflichtet hat. Einer Anpassung der nationalen Ausbildungen sind durch derartige Rahmenbedingungen klare Grenzen gesetzt.[952] Die unzureichende Befugnis eines einen multinationalen Truppenteil führenden Oberkommandierenden zur Festlegung der Ausbildungsziele trägt zusätzlich zur Ineffektivität multinationaler Ausbildung bei.

c) Sonstige Ausbildungskomponenten[953] Die wesentliche Komponente ist eine interkulturelle Ausbildung, welche die Soldaten gegenseitig auf die kulturellen Eigenheiten bzw. Besonderheiten des jeweils andersnationalen Truppenanteiles vorbereitet.[954] Hier ist neben

---

[949] Vgl. *Faust* (BQG), o. S., *Schulze* (D/F-Brigade), S. 26 und *Vogel* (Korps), S. 480.
[950] Vgl. *Volk* (Arbeitsteilung), S. 18.
[951] Vgl. *Borg* (Gedanke), S. 19.
[952] Siehe hierzu am Beispiel des I. D/NL Korps *Oltmanns* (GE/NL), S. 13.
[953] Siehe hierzu auch Kapitel 6.1.2.3.4 *(Sonstige Ausbildungskomponenten)*.
[954] Immer mehr erwerbswirtschaftliche multinationale Unternehmen investieren in interkulturelle Schulungen, weil sie erkannt haben, daß auch beim Erlernen einer fremden Kultur der Weg des „Versuchs und Irrtums" der aufwendigste und kostenintensivste Weg ist. (Vgl. *Bittner* (Interkulturell), S. 507.) Siehe zu einzelnen Maßnahmen zum Beispiel *Wirth* (Vorbereitung), S. 159-162.

der Arbeit im multinationalen Truppenteil gegebenenfalls auch das damit verbundene Leben im Ausland zu berücksichtigen. Die interkulturelle Ausbildung stellt eine weitere Ausbildungs- und damit Kostenkomponente dar, die es aber durchzuführen gilt, denn sie trägt in multinationalen Truppenteilen wesentlich zur Vermeidung von Mißverständnissen und zum Abbau von Vorurteilen und damit zur Effektivitätssteigerung bei. Die interkulturelle Ausbildung stellt damit einen entscheidenden Faktor zur Harmonisierung der multinationalen Zusammenarbeit dar und sollte deshalb nicht vernachlässigt werden. Ihr kommt insbesondere auch deswegen eine besondere Bedeutung zu, weil die während des Kalten Krieges in Deutschland stationierten alliierten Streitkräfte ihre nationalen Kontingente extrem reduziert bzw. vollständig abgezogen haben. Die Möglichkeiten zum regelmäßigen interkulturellen Kontakt zwischen den Angehörigen andersnationaler Streitkräfte hat sich damit deutlich reduziert.[955]

Eine weitere Ausbildungskomponente zur Sicherstellung eines effektiven Dienstbetriebes in einem multinationalen Truppenteil ist zum Beispiel die einheitliche Vorbereitung auf die Belastungen und Gefährdungen des neuen Aufgabenspektrums der NATO, wie beispielsweise Verwundung, Tod und Gefangenschaft.

7.1.1.2.1.2 Ausbildungsunabhängige Qualifikationen[956]

Zu den für Verwendungen in multinationalen Truppenteilen notwendigen ausbildungsunabhängigen Qualifikationen zählt vor allem eine positive Grundeinstellung zum Gedanken der militärischen Multinationalität.[957] Ist diese nicht vorhanden, und fehlen zudem die Bereitschaft und die Fähigkeit zur Kooperation, zum Vertrauen, zum Kompromiß und zur Toleranz gegenüber den andersnationalen Kameraden, wird der multinationale Truppenteil sehr anfällig für Leistungshemmung, eventuell sogar für Leistungsverweigerung. Unter betriebswirtschaftlichem Gesichtspunkt gibt es hier zwei Aspekte zu berücksichtigen. Zum einen lassen sich die genannten Qualifikationen zwar positiv beeinflussen, die damit verbundenen Maßnahmen jedoch stellen eine weitere Kostenkomponente dar, für die es im übrigen keine Erfolgsgarantien gibt. Zum zweiten wird hier deutlich, daß die Leistungsbereitschaft des einzelnen im Vergleich zu rein nationalen Truppenteilen besonders von seiner persönlichen Grundeinstellung zu politischen Vorgaben abhängt – in diesem Fall von seiner Einstellung zur politisch vorgegebenen, dauerhaften militärischen Multinationalität. Diese Grundeinstellung wiederum ist keinesfalls nur davon abhängig, unter welchem Aufgabenspektrum (Landes- und Bündnisverteidigung der vergangenen Jahrzehnte oder zusätzlich internationales Krisenmanagement der heutigen Zeit) sich der einzelne Soldat für seinen Beruf entschieden hat bzw. als Wehrpflichtiger einberufen worden ist. Sondern es sind durchaus auch bestimmte innen-, außen und sicherheitspolitische Ereignisse sowie Einflüsse aus anderen Bereichen geeignet, die individuelle positive oder neutrale Grundeinstellung zur militärischen Multinationalität regelmäßig in Frage zu stellen. Derartige Einflüsse sind etwa negative Erlebnisse aus dem persönlichen Bereich (zum Beispiel Urlaubserlebnisse oder private Erlebnisse am Stationierungsort), aus dem dienstlichen Bereich (beispielsweise negative Erfahrungen mit einzelnen Personen einer anderen Nation) oder aus dem politischen Bereich (zum Beispiel Kriminalität, Arbeitslosenproblematik etc.).

Eine weitere ausbildungsunabhängige Qualifikation, die eine nicht unerhebliche Bedeutung für die Effektivität der Arbeit in multinationalen Truppenteilen hat, ist Disziplin.[958] Diese

[955] Vgl. *Hansen* (Training), S. 30.

[956] Siehe hierzu auch Kapitel 6.1.2.3.5 *(Ausbildungsunabhängige Schlüsselqualifikationen)*.

[957] Vgl. *Hansen* (Training), S. 33.

[958] Siehe zum Zusammenhang zwischen Selbst- und Gruppendisziplin einerseits sowie Effektivität und Produktivität der Arbeit in erwerbswirtschaftlichen Unternehmen andererseits und zur Übertragbarkeit der Erkennt-

steht in engem Zusammenhang mit der eben erläuterten persönlichen Grundeinstellung des einzelnen Soldaten.[959] Disziplin erfordert das Einordnen des einzelnen Soldaten in den Truppenteil. Dieses Einordnen erleichtert sowohl das Zusammenleben als auch das Zusammenarbeiten.[960] Disziplin findet ihren Ausdruck in der Verläßlichkeit bzw. Zuverlässigkeit des einzelnen sowohl bezüglich der Auftrags- bzw. Befehlsausführung als auch bezüglich der Einhaltung von Regeln und Normen und ist damit wesentlich für die Einsatzbereitschaft, für die Leistung und für die Effektivität des jeweiligen Truppenteils verantwortlich.[961] Diese Zuverlässigkeit muß ständig überprüft und kontrolliert werden. Hier liegt aber auch der Schwachpunkt in multinationalen Truppenteilen. Die beschränkten Befugnisse multinationaler Führer ermöglichen im Vergleich zu rein nationalen Truppenteilen eine deutlich ineffizientere Kontrolle. Je eingeschränkter jedoch die Kontrollmöglichkeiten sind, desto wichtiger wird die Disziplin des einzelnen für Effektivität, Leistung und Einsatzbereitschaft. Innerhalb multinationaler Truppenteile bedarf es deshalb eines einheitlichen Disziplinstandards bzw. –anspruches. Hier sind jedoch nationale Unterschiede erkennbar, die insbesondere in den äußeren Formen der Disziplin (Haar- und Barttracht, Anzugs- und Unterkunftsordnung, Pünktlichkeit etc.) zum Ausdruck kommen.[962] So vermissen beispielsweise innerhalb des I. D/NL Korps niederländische Soldaten im eigenen nationalen Bereich Disziplin nach deutschem Standard.[963] Umgekehrt ist im Bereich des Eurokorps manchem französischen Vorgesetzten der Haarschnitt deutscher Soldaten nach französischen Disziplinmaßstäben zu lang.[964]

7.1.1.2.1.3 Körperliche Leistungsfähigkeit

Körperliche Leistungsfähigkeit ist unbedingte Voraussetzung für eine effektive Arbeit in der jeweiligen Verwendung – unabhängig davon, ob deren Schwerpunkt geistiger oder körperlicher Art ist.[965] Diesbezüglich kann man grundsätzlich auch von einem Konsens zwischen den verschiedenen Nationen ausgehen. Gleichwohl gibt es erkennbare nationale Unterschiede, was die Konsequenz der Umsetzung körperlicher Ertüchtigung betrifft. So treiben etwa die französischen Soldaten deutlich mehr Sport als ihre deutschen Kameraden.[966] Derartige Unterschiede führen im Ergebnis dazu, daß es innerhalb multinationaler Truppenteile kein einheitliches Niveau an körperlicher Leistungsfähigkeit gibt.[967] Da die Leistungsfähigkeit des Ganzen jedoch immer nur so stark wie sein schwächstes Teil ist, bedeutet ein uneinheitliches

---

nisse über die Disziplin aus dem Bereich des Militärs auf erwerbswirtschaftliche Unternehmen am Beispiel des US Marine Corps *Katzenbach/Santamaria* (Front), S. 116f.

[959] Siehe zum Zusammenhang zwischen Disziplin und innerer Einstellung *Tschamon* (Disziplin), S. 246.

[960] Vgl. *Lagler* (Disziplin), S. 586.

[961] Vgl. *Tschamon* (Disziplin), S. 248. Siehe hierzu auch *Wienemann* (Disziplin), S. 100f.

[962] Siehe zum Zusammenhang zwischen äußerer und innerer Disziplin *Tschamon* (Disziplin), S. 249.

[963] Vgl. *Janssen* (Bi), S. 561.

[964] Vgl. *o. A.* (Einmalig), S. 146.

[965] „Mens sana in corpore sano" (*Iuvenalis* (Satiren), S. 356.) galt schon für die alten Römer und gilt generell im Militär in besonderem Maße.

[966] Vgl. *Allorant* (Gespräch), *Faust* (BQG), o. S., *Hepp* (Brigade), S. 53 und *Royl* (Interventionen), S. 111. Daran ändert auch das vom Inspekteur des Heeres verordnete sogenannte „Allgemeine Militärische Ausdauertraining" (AMilA) nichts. Diejenigen, die bisher sportlich aktiv waren, sind es weiterhin. Die anderen, die schon immer Gründe für mangelnde dienstliche sportliche Betätigung hatten, praktizieren ihre Passivität auch weiterhin.
Die unterschiedliche nationale sportliche Betätigung hat jedoch nicht nur Einfluß auf die körperliche Leistungsfähigkeit. Sie wirkt sich auch auf den Dienstbetrieb aus. Wenn beispielsweise im BQG die französischen Soldaten ihrem täglichen morgendlichen Dienstsport nachgehen, fehlen sie in ihren Funktionen. Sie stehen in dieser Zeit für eine Zusammenarbeit mit ihren nicht-französischen Kameraden nicht zur Verfügung.

[967] Vgl. Gerber (Gespräch). Aus diesem Grund wurde und wird zum Beispiel im I. D/NL Korps eine entsprechende Angleichung der beiden nationalen Gepflogenheiten bzw. Anweisungen zur körperlichen Ertüchtigung angestrebt. (Vgl. *CG* (Guidance 98), S. 8.)

Leistungsniveau eine Anpassung desselben nach unten, und begründet damit auch eine Effektivitätsreduzierung.
Die Praxis der Bundeswehr, eingeschränkt verwendungsfähige T7-Wehr-pflichtige Dienst leisten zu lassen, wirkt sich auch auf diejenigen multinationalen Truppenteile aus, in denen diese Soldaten eingesetzt sind.[968] Insbesondere in den multinationalen Stäben kann keine homogene körperliche Leistungsfähigkeit mehr gewährleistet werden. Mit der Zulassung auch von T7-Unteroffiziers-dienstgraden[969] wird ein weiterer Schritt in die Richtung zunehmender Inhomogenität und abnehmenden Gesamtniveaus der körperlichen Leistungsfähigkeit getan. Bei der Betrachtung der Folgen mangelhafter körperlicher Leistungsfähigkeit des einzelnen auf den Dienstbetrieb ist jedoch nicht nur die individuelle Leistung des betroffenen Soldaten zu berücksichtigen: Da dieser Soldat nur für bestimmte Arbeiten einsetzbar ist, müssen andere Arbeiten durch Kameraden übernommen werden. Diese Soldaten unterliegen dadurch einer überdurchschnittlichen Mehr- bzw. Mehrfachbelastung, was wiederum die Wahrscheinlichkeit eines Leistungsabfalles erhöhen bzw. diesen Prozeß beschleunigen kann. Insbesondere bei unvorhersehbaren Situationen und bei vom Routinedienst abweichenden Tätigkeiten besteht die große Gefahr des überdurchschnittlichen Leistungsverlustes. Vor allem dann, wenn der T7-Soldat andere Kameraden ersetzen oder sie unvorhergesehen unterstützen muß, werden die Grenzen seiner körperlichen Leistungsfähigkeit deutlich. Für Einsätze ist der T7-Soldat deshalb nur äußerst eingeschränkt tauglich. Diese Einschränkung wirkt sich durchaus auch auf die Einsatzfähigkeit des multinationalen Truppenteiles aus.
Nicht zu vernachlässigen ist zudem der für die Ausbildung der T7-Soldaten notwendige höhere personelle und organisatorische Aufwand sowie die negativen Auswirkungen auf die Ausbildung der voll bis leicht eingeschränkt körperlich leistungsfähigen Soldaten (T1 bis T3/T4).[970]

7.1.1.2.2 Quantität

Die aufgezeigten qualitativen Voraussetzungen der in multinationalen Truppenteilen eingesetzten Soldaten limitiert naturgemäß die Anzahl derer, die diese Voraussetzungen erfüllen bzw. erfüllen können. Insbesondere bezüglich der Fremdsprachenqualifikation gibt es einen deutlichen Engpaß, der sich zudem nur bis zu einer bestimmten Grenze beheben bzw. regulieren läßt. Hier spielen neben der Ausbildungskapazität insbesondere die persönliche Lernbereitschaft und –fähigkeit eine Rolle. Es läßt sich insgesamt feststellen, daß Soldaten mit dem für multinationale Truppenteile notwendigen Qualitäts- bzw. Qualifikationsprofil nicht in der erforderlichen Quantität vorhanden sind bzw. zur Verfügung gestellt werden können. Entsprechend hoch sind die negativen Auswirkungen auf die Leistungserbringung und auf die Effektivität multinationaler Truppenteile.

7.1.1.2.3 Personalreserven

Im Zusammenhang mit der Personalbeschaffung stellen die Personalreserven in multinationalen Truppenteilen einen nicht zu unterschätzenden Problemfaktor dar. So sind, wie bei den aktiven Kameraden, für Verwendungen in multinationalen Truppenteilen vorgesehene und qualifizierte Reservisten nicht in ausreichender Quantität verfügbar.[971] Reservisten werden seit einigen Jahren von nahezu sämtlichen Nationen immer häufiger insbesondere im Rahmen

[968] Im Jahre 1997 leisteten im deutschen Heer 6.308 T7-Wehrpflichtige Dienst. (Vgl. *Altenhof* (T7), S.7.)
[969] Vgl. *Neuer* (Gespräch). Siehe hierzu auch Kapitel 6.1.2.2 *(Auswahl)*.
[970] Siehe hierzu ausführlich *Altenhof* (T7), S. 7.
[971] So fehlt es etwa im Eurokorps vor allem an fachlich adäquat ausgebildeten, ausreichend französisch sprechenden Reservisten. (Siehe hierzu ausführlich *Textor* (Studie), S. 12-14.)

des internationalen Krisenmanagements eingesetzt.[972] Dabei leisten sie sowohl Dienst im Einsatzland als auch in der Heimat in Vertretung für ihre im Einsatz befindlichen aktiven Kameraden. Ihrer Qualifikation kommt deshalb eine hohe Bedeutung zu.[973] Gleiches gilt für die persönliche Bereitschaft des einzelnen Soldaten der Reserve, an Einsätzen teilzunehmen, sowie für die Bereitschaft des jeweiligen Arbeitgebers, den betroffenen Reservisten freizustellen.[974] Beide Probleme existieren zwar im nationalen Bereich seit jeher,[975] sie gewinnen aber für die Einsatzbereitschaft multinationaler Truppenteile eine neue Aktualität. Hier gilt es, neben der qualitativen und der quantitativen Verfügbarkeit auch den zeitlichen Aspekt zu berücksichtigen. Es ist ungenügend, in den Personallisten zwar geeignetes Reservepersonal in ausreichender Zahl führen zu können, über dieses Personal aber nicht permanent und in kürzester Zeit verfügen zu können.[976]
Nicht zu vernachlässigen ist darüber hinaus die mangelnde Zugriffsmöglichkeit multinationaler Oberkommandierender auf die nationalen Personalreserven.[977] Die Mobilisierung von Reservisten obliegt ausschließlich der jeweiligen Nation. Zwar ist diese Regelung für die einzelnen Staaten unter Souveränitätsgesichtspunkten durchaus sinnvoll, sie bedeutet jedoch für den multinationalen Oberkommandierenden insbesondere für Einsätze außerhalb der Landesverteidigung eine deutliche Einschränkung seiner operativen Möglichkeiten und limitiert damit auch die Effektivität des multinationalen Truppenteils.[978]
Schließlich ist zu berücksichtigen, daß sich die Reduzierungen der Reservistenbestände der nationalen Streitkräfte auch auf die Personalreserven der multinationalen Truppenteile auswirken.[979]

7.1.1.3 Personalbeschaffung

Bei der Personalbeschaffung ergeben sich in multinationalen Truppenteilen vor allem zwei Probleme. In der Art der Rekrutierung des Soldaten – Wehrpflichtiger oder Freiwilliger[980] – liegt ein erstes Problempotential. Die Auswahl von Personal für multinationale Verwendungen stellt den anderen Problembereich dar.

---

[972] Vgl. *BMVg* (Bericht 98), S. 22 und *BMVg* (Reservisten), S. 44. Siehe zu den aktuellen Aufgaben und zur Bedeutung der Reservisten der Bundeswehr ausführlich *Fischer* (Reservisten), S. 11-13. Auch in den Streitkräften der USA beispielsweise, in denen die Reservisten seit jeher traditionsgemäß einen hohen Stellenwert haben, (Vgl. *Wiener* (Forces), S. 29.) gewinnt die Reservistenkomponente im Rahmen der Neustrukturierung der Divisionen der US-Army nochmals erheblich an Bedeutung. (Siehe hierzu ausführlich *Rivera/Stokowski/Twohig* (Division), S. 27.) Im Jahre 2000 übernimmt mit der 49th Armored Division gar ein Großverband der US-amerikanischen Nationalgarde das Kommando über sämtliche US-Truppenteile der SFOR in Bosnien. (Siehe hierzu ausführlich *Piatt* (Historic), S. 4.)

[973] Dies gilt insbesondere für den Dienst in multinationalen Truppenteilen. (Siehe hierzu ausführlich *Mayer* (Reservist), S. 20f.)

[974] Siehe zur ablehnenden Haltung vieler Arbeitgeber ausführlich *Hahn* (Vorschläge), S. 126-128.

[975] Siehe hierzu beispielsweise und ausführlich *Hahn* (Konzeption), S. 224f.

[976] Vgl. *Jeurissen* (Gespräch).

[977] Vgl. *Palin* (Forces), S. 33. Der Sachverhalt wurde insbesondere in Übungen deutlich. (Siehe hierzu am Beispiel des Eurokorps *Eurokorps* (Pegasus 96), S. 38.)

[978] Vgl. *Berding/Stumpf* (Zwiegenäht), S. 372. Siehe zur Problematik der Verfügbarkeit nationaler Reserven auch Kapitel 6.2.3.3.2.1 *(Verfügbarkeit)*.

[979] Vgl. *McInnes* (Corps), S. 33.

[980] Siehe zu einer inhaltlichen Abgrenzung der Begriffe „Freiwilligenarmee“ und „Berufsarmee“ *Hahn* (Plädoyer), S. 62.

7.1.1.3.1 Rekrutierungsart

Die Diskussion über das richtige Wehrsystem und über die richtige Art der Rekrutierung von Soldaten[981] wird innerhalb der verschiedenen Nationen seit Jahrzehnten ausführlich geführt. Eine betriebs- und volkswirtschaftliche sowie eine militärische Beurteilung von Wehrsystem und Art der Soldatenrekrutierung soll und kann jedoch nicht Gegenstand dieser Arbeit sein. Hierzu existiert innerhalb der einzelnen Nationen bereits eine Fülle von Analysen, Dokumenten und Literatur.[982] Festzuhalten bleibt, daß sich das in den einzelnen Ländern praktizierte Wehrsystem und die Art der Rekrutierung von Soldaten im Laufe der Zeit feststellbar ändern. Dabei spielen unterschiedlichste Einflüsse eine Rolle. Sicherheits- und gesellschaftspolitische sowie sonstige Gründe sind hier ebenso relevant wie streitkräfteinterne Argumente und haushaltstechnische Notwendigkeiten. Neben den USA haben mittlerweile auch viele europäische Länder die allgemeine Wehrpflicht abgeschafft bzw. ausgesetzt.[983] In fast allen europäischen NATO-Ländern, in denen es noch eine Wehrpflichtarmee gibt, wird über ihren Fortbestand heftig diskutiert[984] - so auch in Deutschland.

Aus der unterschiedlichen Art der Personalrekrutierung in multinationalen Truppenteilen ergeben sich mehrere Probleme.
Basiert die Art der Personalrekrutierung auf Freiwilligen, sind bei den Soldaten im Durchschnitt Qualitätseinbußen einzukalkulieren.[985] Gibt es innerhalb eines multinationalen Truppenteiles sowohl Wehrpflichtige als auch Freiwillige, paßt sich deshalb das Qualitätsniveau

---

[981] Siehe zu einer inhaltlichen Abgrenzung der Begriffe „Wehrsystem" und „Art der Rekrutierung" *Jackwerth* (Vergleich), S. 376. Siehe zum Begriff „Wehrsystem" auch *Hahn* (Militärbetriebslehre), S. 76f.

[982] Siehe zur Thematik beispielsweise *Brugmann* (Miliz), S. 149-156, *Hahn* (Militärbetriebslehre), S. 76-88, *Hahn* (Strukturwandel), S. 80-83, *Hahn* (Wehrpflicht), *Hahn* (Wehrsystem), S. 27-59, *Leichthammer* (Wahl), *Sehmsdorf* (Wehrpflicht), *Schleicher/Straubhaar* (Debatte), *Singer* (Alternative), S. 253-257, *Singer* (Beurteilung), S. 59-97 und ausführlich *Singer* (Milizsystem).

[983] Während Großbritannien die Wehrpflicht bereits im Jahre 1963 aufgegeben hat, (Vgl. *Pflimlin* (Zukunft), S. 27.) und die USA schon 1972 bzw. 1973 von der Wehrpflicht- zur Freiwilligenarmee übergegangen sind, (Vgl. *Bell* (Wehrpflicht), S. 499.) findet dieser Übergang in den übrigen NATO-Mitgliedsstaaten erst seit einigen Jahren statt. In Belgien beispielsweise wurde die Wehrpflicht im Jahre 1997 ausgesetzt, (Vgl. *Klein* (Schritte), S. 32.) in Frankreich 1997 (Vgl. *Warner* (Draft), S. 20.) und in den Niederlanden 1996. (Vgl. *Janssen* (Berufsheer), S. 31.) Auch in Spanien und Portugal ist die Beendigung der Wehrpflicht beschlossen. (Vgl. *Frantz/Huber/Klein* (Untersuchung), S. 124.) Innerhalb der NATO existiert die Wehrpflicht neben den genannten Staaten noch in Dänemark, Griechenland, Italien, Norwegen, Polen, Tschechien, der Türkei und Ungarn. (Vgl. *o. A.* (Grundwehrdienst), S. 72f.)

[984] Vgl. *Klein* (Wandel), S. 23.

[985] Der multinationale IFOR/SFOR-Einsatz im ehemaligen Jugoslawien hat gezeigt, daß deutsche Wehrpflichtige über eine solch hohe individuelle Grundqualifikation verfügten, daß sie in der Lage waren, Dienste zu verrichten, die in den Streitkräften anderer Nationen nur von erfahrenen und höher gestellten Dienstgraden erfüllt werden. (Vgl. *Neubauer* (Einsatz), S. 14.)
Der angesprochene Qualitätsverlust umfaßt sowohl Intelligenz, Bildung, Wissen und Fähigkeiten als auch soziale Komponenten. Teilweise geht man bezüglich der sozialen Herkunft in Freiwilligenstreitkräften vom unteren gesellschaftlichen Drittel aus. (Vgl. *Lennartz* (Weg), S. 30.) Dem Qualitätsproblem ihrer Soldaten sehen sich generell alle Nationen gegenüber, die ihr Personal aus Freiwilligen rekrutieren. Dies mußten auch diejenigen Staaten erkennen, die erst kürzlich zu einer Freiwilligenarmee übergegangen sind - so zum Beispiel die Niederlanden (Vgl. *Hanlipano* (Gespräch).) und Belgien (Vgl. *Swn* (Abschied), S. 2.) Dort versucht man nunmehr, das Problem durch eine Erhöhung des Frauenanteiles und nationaler Minderheiten zu entschärfen. (Vgl. *Klein* (Schritte), S. 35.) Auch Großbritannien und die USA haben erfahren müssen, daß der Verlust des Qualitätsniveaus in einer Freiwilligenarmee nur durch große finanzielle Anstrengungen korrigiert werden kann. (Siehe hierzu ausführlich *Pflimlin* (Zukunft), S. 27f.) Die USA haben bereits einen Punkt erreicht, an dem über die Wiedereinführung der Wehrpflicht nachgedacht wird, um hierdurch qualifiziertes Personal in ausreichender Zahl für die Streitkräfte zu rekrutieren. (Siehe hierzu ausführlich *Hoffman* (Draft), S. 1 und 4.) Mit dem Ziel der Rekrutierung qualifizierter und erfahrener Soldaten wird im Zusammenhang mit UN-Einsätzen sogar über die befristete Einstellung von Söldnern nachgedacht. (Siehe hierzu ausführlich *AP* (Mercenaries), S. 2.)

des Personals konsequenterweise insgesamt nach unten an.[986] Einige Freiwilligenarmeen bangen jedoch nicht nur um die Qualität ihrer Bewerber, sie sehen sich ferner mit der Problematik konfrontiert, Nachwuchs nicht in ausreichender Zahl rekrutieren zu können.[987]
Als problematisch erweist sich auch die Tatsache, daß Wehrpflichtige der Deutschen Bundeswehr nur aufgrund freiwilliger Meldungen für bestimmte Einsätze – beispielsweise Einsätze im Rahmen des Krisenmanagements - zur Verfügung stehen. Dies ist innerhalb multinationaler Truppenteile durchaus zu berücksichtigen, wird doch die Einsatzfähigkeit des Truppenteiles für bestimmte Einsätze und damit auch seine Effektivität in Abhängigkeit von der Wehrpflichtigenzahl und deren persönlicher Bereitschaft reduziert.[988] Sind in einem multinationalen Truppenteil gar HVK- und KRK-Komponenten vertreten, wie dies zum Beispiel in den beiden deutsch-amerikanischen Korps der Fall ist, werden die Einsatzoptionen des multinationalen Truppenteiles als Ganzes von vornherein reduziert.[989] Die Problematik zeigt sich aber auch bei Übungen des multinationalen Truppenteiles. Der zehnmonatige Grundwehrdienstleistende der Bundeswehr steht nur sehr kurzzeitig für Übungen zur Verfügung. Multinationale Übungen sind deshalb lediglich langfristig planbar. Für kurzfristig notwendig werdende multinationale Übungsvorhaben fehlt durch die reduzierte Wehrpflichtzeit die erforderliche Flexibilität. Dies kann den Übungsbetrieb und damit das Leistungsniveau des multinationalen Truppenteiles einschränken. Die bezüglich Übungen und Einsätze eingeschränkte Verfügbarkeit deutscher Wehrpflichtiger erfordert einen grundsätzlich erhöhten Koordinierungsbedarf und Planungsaufwand.[990]
Weiterhin haben die nationalen Unterschiede in der Personalrekrutierung Auswirkungen auf die Besoldung. So werden etwa innerhalb des I. D/NL Korps ähnliche oder gleiche Dienstposten von den beiden Nationen deutlich unterschiedlich besoldet.[991] Dies kann zu feststellbaren Mißstimmungen innerhalb der Stäbe bzw. innerhalb der Truppe führen.
Auch bezüglich der individuellen Zusammenarbeit solcher Soldaten, die innerhalb eines multinationalen Truppenteiles unterschiedlich rekrutiert wurden, lassen sich ab und an Probleme feststellen.[992] Derartige, auf persönlichen Vorurteilen basierenden Kooperationsdefizite bedeuten generell eine Gefahr für die Effektivität des betroffenen Truppenteiles.
Freiwilligenarmeen gelten im Vergleich zu Wehrpflichtarmeen nur dann als billiger, wenn sie mit einer drastischen Verkleinerung des Personalumfanges einhergehen.[993] Sollte die Bundeswehr die Wehrpflicht aus Haushaltsgründen abschaffen, müßte damit eine personelle Reduzierung des Streitkräfteumfanges verbunden sein. Hier liegt für die Bundeswehr schließlich ein weiterer Problembereich: Weil in diesem Fall deutsche Truppenanteile multinationaler Truppenteile personell reduziert oder gar aufgelöst werden müßten, wäre der über das sorgsam aufgebaute Netz der deutschen Beteiligung an multinationalen Truppenteilen erlangte Einfluß der Bundeswehr gefährdet.[994]

---

[986] Dieser Gefahr bzw. dieser Möglichkeit ist man sich in der Truppe durchaus bewußt. (Siehe hierzu *Steinaecker* (Zwischenbilanz), S. 16.)
[987] So sehen die niederländischen Streitkräfte ihre Einsatzfähigkeit mittelfristig gefährdet, weil sich für ihre Kampf- und Kampfunterstützungstruppen derzeit nur zirka 50 Prozent der Freiwilligen bewerben. (Vgl. *Douma* (Gespräch.)
[988] Vgl. *Palin* (Forces), S. 33.
[989] Vgl. *Berding/Stumpf* (Zwiegenäht), S. 371 und *Steinaecker* (Heer), S. 101.
[990] Siehe hierzu am Beispiel des I. D/NL Korps *Oltmanns* (Corps), S. 78.
[991] Vgl. *Dienste* (Erfahrungen), S. 14.
[992] Vgl. *Frantz/Huber/Klein* (Untersuchung), S. 6.
[993] Vgl. *Swn* (Abschied), S. 2.
[994] Siehe hierzu auch *Erbe* (Multinationalität), S. 129.

7.1.1.3.2 Personalauswahl

Der Personalauswahl kommt für die Effektivität in multinationalen Truppenteilen besondere Bedeutung zu. Dieser Sachverhalt wurde im Zusammenhang mit dem Führerkorps bereits ausführlich dargestellt,[995] er gilt aber grundsätzlich für alle Laufbahnen, Dienstgrade und Verwendungen. Fachliche und persönliche Qualifikationen sind dabei gleichwertige Schlüsselkomponenten.[996] Die Problematik der Personalauswahl besteht in multinationalen Truppenteilen insbesondere darin, daß eine Auswahl wegen der ungenügend vorhandenen Anzahl entsprechend fachlich und persönlich qualifizierten Personals nur sehr eingeschränkt möglich ist. Konnte die Personalverwaltung zu Beginn der Aufstellung der ersten multinationalen Truppenteile, wie beispielsweise der D/F-Brigade, bei der Erstbesetzung der Dienststellen noch auf einen umfangreichen Pool qualifizierter Soldaten zurückgreifen und dem multinationalen Truppenteil damit ausgewähltes Personal zuführen, ist dieser Personalbestand heute längst ausgeschöpft. Eine echte Auswahlmöglichkeit ist nur noch sehr eingeschränkt möglich.
Bestimmte - sinnvolle - Auswahlkriterien, wie beispielsweise Sprachkenntnisse, finden deshalb bei der Auswahl von Personal, das für Verwendungen in multinationalen Truppenteilen vorgesehen ist, wenn überhaupt, dann nur noch unzureichend Anwendung.[997] Dies führt in multinationalen Truppenteilen konsequenterweise dazu, daß dem Ziel der Personalbeschaffung, nämlich der qualitativen, quantitativen, räumlichen und zeitlichen Personalbedarfsdeckung nur ungenügend gerecht werden kann. Entsprechend sind die Effektivitätseinbußen insbesondere im Bereich der Personalwirtschaft. Für den multinationalen Oberkommandierenden stellt sich zudem das Problem, daß er bei der Auswahl andersnationaler Soldaten keinen direkten Einfluß nehmen kann.[998]

7.1.1.4 Personaleinsatz

Bei dem in Form der Stellenbesetzung vollzogenen Personaleinsatz gibt es in multinationalen Truppenteilen sowohl für die Personalverwaltung als auch für den betroffenen stellenbesetzenden Soldaten Problempotential.
Die Personalverwaltung sieht sich mit dem Problem konfrontiert, daß sie aufgrund der eingeschränkten Anzahl der für multinationale Verwendungen ausreichend qualifizierten Soldaten in summa nie eine auch nur annähernd zufriedenstellende Stellenbesetzung realisieren kann – mit den entsprechenden negativen Auswirkungen auf die Effektivität der Leistungserbringung. Hier spielen die Fremdsprachenkenntnisse, wie bereits mehrfach dargestellt, eine entscheidende Rolle. Im Vergleich zu rein nationalen Truppenteilen wird die Qualität der Stellenbesetzung deshalb immer Einschränkungen unterliegen. Der Personaleinsatz wird nur dann das Niveau nationaler Truppenteile erreichen, wenn sich die Anzahl der für Verwendungen in multinationalen Truppenteilen qualifizierten Soldaten deutlich erhöht und wenn insbesondere das Sprachproblem dauerhaft eliminiert wird.
Eine hohe Personalfluktuation bedeutet in multinationalen Truppenteilen, daß ein Soldat, sobald er mit den Besonderheiten seiner multinationalen Aufgabe und dem dazugehörigen Umfeld vertraut ist, versetzt wird. Hierdurch wird eine optimale Stellenbesetzung im Sinne der Gewährleistung von höchstmöglicher Effektivität und Einsatzbereitschaft des multinationalen Truppenteiles nur in Ausnahmefällen zu erreichen sein.[999]

---

[995] Siehe hierzu Kapitel 6.1.2.2 *(Auswahl).*
[996] Siehe hierzu auch *Clerk* (Multinationalität), S. 309.
[997] Die Wehrbeauftragte monierte dies 1996 beispielsweise für den Stab des I. D/NL Korps. (Vgl. *Wehrbeauftragte* (Einzelbericht 1996), S. 9.)
[998] Vgl. *Boden* (Gespräch).
[999] Siehe zu den Folgen personeller Fehlbesetzungen im Militär *Schmiedjell* (Personalauswahl), S. 224. Mit den Auswirkungen der Problematik ist jedoch weniger die Personalverwaltung konfrontiert, sondern hat sich

Für den Soldaten, der sich durch besondere Qualifikationen, beispielsweise durch das Beherrschen einer Fremdsprache, auszeichnet, und der sich damit für Verwendungen in multinationalen Truppenteilen empfiehlt, kann sich diese Qualifikation durchaus zum Laufbahnnachteil entwickeln. Da die Personalverwaltung an einer bestmöglichen Stellenbesetzung interessiert ist, ihr hierfür aber nur unzureichend Personal zur Verfügung steht, ist sie gezwungen, die wenigen, für Verwendungen in multinationalen Truppenteilen ausreichend qualifizierten Soldaten in multinationalen Stellen entsprechend lange zu verwenden bzw. Stellenwechsel nur innerhalb des jeweiligen multinationalen Truppenteiles vorzunehmen. Zwar wird damit auch den oben geschilderten Auswirkungen einer zu hohen Personalfluktuation entgegengewirkt. Für den betroffenen Soldaten bedeutet dies aber, daß er beispielsweise an vielen Lehrgängen nicht oder nur eingeschränkt teilnehmen kann.[1000] Für den Offizier bzw. Stabsoffizier kann es zudem heißen, daß er bestimmte, für die berufliche Karriere notwendige Schlüssellehrgänge und -verwendungen im Vergleich zu anderen Kameraden des gleichen Jahrganges erst viel später oder überhaupt nicht antreten kann. Die Konsequenzen reichen damit von geringfügigen Laufbahnnachteilen bis zur beruflichen Sackgasse.[1001]

7.1.1.5 Personalentwicklung

Unter „Personalentwicklung" sollen im folgenden sowohl die Aus- als auch die Fort- und Weiterbildung der Soldaten subsumiert werden.

Die Schwierigkeiten, mit denen sich die Personalverwaltung bezüglich der Ausbildung von in multinationalen Truppenteilen verwendeten Soldaten konfrontiert sieht, wurden in dieser Arbeit bereits an verschiedenen Stellen angesprochen.[1002] Zusammenfassend sollen die einzelnen Probleme an dieser Stelle nochmals kurz festgehalten werden. Zum ersten verlängert sich die notwendige Gesamtausbildungszeit der Soldaten. Militärische Ausbildung als Ganzes wird damit kostenintensiver. Zum zweiten ist die Ausbildungskapazität beschränkt. Und zum dritten gibt es natürliche Grenzen der Ausbildungsmöglichkeit des einzelnen Soldaten, was sich besonders an den individuellen Lern- und Aufnahmelimits bei Sprachen deutlich zeigt. Beschränkte Ausbildungskapazität und individuelle Ausbildungsgrenzen wiederum schränken den Ausbildungserfolg qualitativ und dauerhaft ein. Des weiteren sind Angleichungen nationaler Ausbildungsinhalte und gemeinsame Ausbildungen deutlich problembehaftet.[1003] Darüber hinaus gibt es bezüglich nationaler Ausbildungen erkennbare Unterschiede, was Inhalte, Schwerpunkte und Ziele betrifft. Im Ergebnis kann dies dazu führen, daß nationale Truppenanteile multinationaler Truppenteile für bestimmte Einsätze unterschiedlich qualifiziert, aus-

---

vielmehr der jeweilige militärische Führer auseinanderzusetzen. (Vgl. *Bert* (Gespräch), *Boden* (Gespräch) und *Sohst* (Gespräch).)

[1000] So war es beispielsweise deutschen Unteroffizieren im BQG nicht möglich, an Laufbahnlehrgängen teilzunehmen, durch die sie sich für ein Dienstverhältnis als Berufssoldat qualifiziert hätten. Gleiches galt für Mannschaftsdienstgrade, die einen Laufbahnwechsel anstrebten. Der Dienst in ihrer aktuellen Verwendung wurde für so wichtig erachtet, daß man ihnen die Chance auf eine berufliche Zukunft in der Bundeswehr verwehrte. (Vgl. *Faust* (BQG), o. S.)

[1001] Siehe zu diesem Sachverhalt auch Kapitel 6.1.2.3.2 *(Ausbildung von Führungsverhalten und –verfahren)*. Die laufbahnnachteiligen Konsequenzen von multinationalen Verwendungen sind kein militärisches Phänomen, sie treten angesichts der stetig wachsenden Globalisierung und Internationalisierung von Märkten und Unternehmen insbesondere auch im erwerbswirtschaftlichen Bereich auf. (Siehe hierzu ausführlich *Kammel/Paul* (Re-Entry), S. 450-454.)

[1002] Siehe hierzu insbesondere die Kapitel 6.1.2.3 *(Ausbildung)* und 6.2.2.1.2 *(Ausbildungen)*.

[1003] Vgl. *Dienste* (Erfahrungen), S. 48. Ein Beispiel, an dem die Problematik besonders deutlich wird, sind die nicht vergleichbaren, nicht kompatiblen und gegenseitig nicht anerkannten Ausbildungen des deutschen und des niederländischen Sanitätswesens, beispielsweise Beispiel die der Krankenpfleger und Rettungssanitäter. Die Probleme im I. D/NL Korps reichen von Unsicherheiten bei der gegenseitigen Nutzung von Sanitätsausrüstung bis zu rechtlichen Fragen bei der gegenseitigen Behandlung von Patienten. (Siehe zu dem vorangegangenen Abschnitt ausführlich *Hanke* (Gespräch).)

gebildet und einsatzbereit sind. Dies wirkt sich insgesamt nachteilig auf die Einsatzbereitschaft und die Effektivität des multinationalen Truppenteiles aus.[1004] Schließlich gelten die Kompetenzen des Oberkommandierenden multinationaler Truppenteile im Bereich der Ausbildung teilweise als ungenügend.[1005]

Bei der Fort- und Weiterbildung bergen für den einzelnen Soldaten insbesondere die laufbahnrelevanten Lehrgänge Problempotential. Wie im vorherigen Kapitel ausgeführt, sind derartige Lehrgänge für in multinationalen Truppenteilen Dienst leistende deutsche Soldaten regelmäßig nicht oder im Vergleich zu Kameraden des gleichen Jahrganges oftmals nur verspätet durchführbar. Dies kann zwar kurzfristig einen Vorteil darstellen, weil der Dienst des qualifizierten Soldaten nicht unterbrochen wird und damit die Qualität und Effektivität des Dienstbetriebes innerhalb des jeweiligen multinationalen Truppenteiles erhalten bleibt. Mittel- und langfristig aber bedeutet dies sowohl für den betroffenen Soldaten als auch für die Personalverwaltung einen Nachteil. Für den Soldaten ergeben sich wie dargestellt laufbahneinschränkende Konsequenzen, für die Personalverwaltung reduziert sich der Bestand an entsprechend qualifiziertem Personal.

Zusammenfassend läßt sich festhalten, daß die Personalverwaltung die für Verwendungen in multinationalen Truppenteilen notwendige Personalentwicklung qualitativ nur ungenügend, quantitativ nur unzureichend und unter Kostenaspekten betrachtet nur deutlich intensiviert durchführen kann. Bezüglich der Effektivität der Leistungserbringung des einzelnen Soldaten sowie für den multinationalen Truppenteil, in dem er Dienst leistet, sind deshalb klare Abstriche zu machen, die sich auch durch höchste Motivation und höchstmöglichen Arbeitseinsatz des betroffenen Soldaten nie vollkommen kompensieren lassen werden.

7.1.2 Personal

In multinationalen Truppenteilen sollen Soldaten verschiedener Länder mit ihren jeweils typischen nationalen Eigenheiten dauerhaft zusammenarbeiten. Hier liegt ein großes effektivitätseinschränkendes Problempotential, das generell schwerer zu reduzieren ist als technische Probleme der multinationalen Zusammenarbeit.

Im Zusammenhang mit den Problemen des Personals multinationaler Truppenteile sollen neben den intra- und extrapersonellen Leistungsdeterminanten der in multinationalen Truppenteilen Dienst leistenden Soldaten auch besondere – soldatische und zivile - Personalkomponenten der multinationalen Truppenteile Berücksichtigung finden.

7.1.2.1 Leistungsdeterminanten

Die Leistung bzw. die Effektivität der Leistungserbringung der in multinationalen Truppenteilen eingesetzten Soldaten wird im Vergleich zu rein nationalen Truppenteilen von zusätzlichen Determinanten beeinflußt. Diese gilt es bei der Analyse betriebswirtschaftlicher Probleme multinationaler Truppenteile zu berücksichtigen.

[1004] Vgl. *Faria/Freeman/Hess* (Combined), S. 8f.

[1005] Vgl. *Dienste* (Erfahrungen), S. 47.

7.1.2.1.1 Intrapersonelle Leistungsdeterminanten

7.1.2.1.1.1 Mentalitätsunterschiede

Die Angehörigen der in multinationalen Truppenteilen vertretenen nationalen Truppenanteile weisen Mentalitätsunterschiede auf.[1006] Diese Mentalitätsunterschiede bergen die Gefahr, sich bezüglich einer effektiven multinationalen Zusammenarbeit zum Störfaktor zu entwickeln.[1007] Die Ausprägung dieses Störfaktors ist dabei abhängig vom einzelnen Soldaten und kann von gelegentlicher Unzufriedenheit bis zur bewußten Leistungszurückhaltung führen. Der Prozeß, mit den mentalitätsbedingten Denk- und Arbeitsweisen anderer Nationen vertraut zu werden, dauert oftmals sehr lange – wenn er überhaupt gelingt.[1008] Er setzt zudem die Bereitschaft des einzelnen voraus, sich mit der Mentalität des Gegenübers auseinanderzusetzen und vertraut zu machen. Diese Bereitschaft läßt sich nicht erzwingen, weshalb der Störfaktor nationaler Mentalitätsunterschiede dauerhaft nicht vollständig zu eliminieren ist. Die Möglichkeit, die Mentalitäten der Soldaten anderer Nationen kennenzulernen, besteht nicht nur im Alltagsbetrieb, sie wird teilweise auch in speziellen Seminaren[1009] und Führerreisen[1010] geboten – ein weiterer zu berücksichtigender und für multinationale Truppenteile typischer kennenzulernentalitätsunterschiede sind vielfältig. So halten beispielsweise niederländische Offiziere die Türen ihrer Arbeitszimmer geöffnet[1011] oder sprechen amerikanische Offiziere dienstgradniedere Offiziere generell mit Vornamen an.[1012] Im Umgang miteinander gelten deutsche Soldaten als höflich, korrekt und formell, während US-amerikanische Soldaten zwar schnell und leicht soziale Kontakte knüpfen, diese aber als oberflächlich bewertet werden. Niederländische Soldaten gelten als jovial, freimütig und informell im Umgang.[1013] Auch bei den nationalen Arbeitsauffassungen gibt es Unterschiede. Während Franzosen regelmäßig in den Abend hinein arbeiten, ist die Arbeitsbereitschaft der Deutschen in den Abendstunden durch die Überstundenmentalität und Dienstausgleichsregelung deutlich eingeschränkt.[1014] Ein weiteres Beispiel unterschiedlicher Mentalität ist die jeweilige nationale Drogenpolitik. Diese gilt etwa in den Niederlanden als äußerst liberal, während sie in Deutschland sehr strikt gehandhabt wird.[1015]

7.1.2.1.1.2 Kulturunterschiede

Jeder nationale Truppenanteil multinationaler Truppenteile hat seine eigene und typische kulturelle Identität. Je ähnlicher die nationalen Kulturen sind, desto problemloser stellt sich diesbezüglich die multinationale Zusammenarbeit dar.[1016] Umgekehrt bedeuten ausgeprägte kultu-

---

[1006] Vgl. *HDv 100/100*, Nr. 605, *Klein* (Auslaufmodell), S. 26 und *Royl* (Lernort), S. 273.

[1007] Vgl. *Jeurissen* (Gespräch) und *Kopp/Strachwitz* (Einbußen), S. 525. Siehe hierzu auch am Beispiel des multinationalen SFOR-Einsatzes *Wap* (Interview), S. 2.

[1008] Vgl. *Kießling* (Repräsentation), S. 485.

[1009] Siehe hierzu am Beispiel des I. D/NL Korps *Janssen* (Bi), S. 560f.

[1010] Siehe hierzu *Jahn* (Schulung), S. 28f.

[1011] Vgl. *Janssen* (Bi), S. 561.

[1012] Ähnliches praktiziert die niederländische Armee. Dort werden verdiente Unteroffiziere von Vorgesetzten oftmals mit dem Vornamen angesprochen. Während dies in den niederländischen Streitkräften als Anerkennung und Belohnung aufgefaßt wird, würde sich ein deutscher Unteroffiziersdienstgrad beleidigt fühlen. (Vgl. *Jeurissen* (Gespräch).)

[1013] Siehe zu dem vorangegangenen Abschnitt *Dienste* (Erfahrungen), S. 15, *Douma* (Gespräch) und *Janssen* (Bi), S. 565.

[1014] Vgl. *Faust* (BQG), o. S. und *o. A.* (Einmalig), S. 143.

[1015] Vgl. *Domininghaus* (Gespräch).

[1016] Vgl. *Gijsbers* (Thesis), S. 9.

relle Unterschiede große Hürden für die Effektivität des multinationalen Dienstbetriebes,[1017] die von individueller Reserviertheit bis zur kollektiven Leistungszurückhaltung reichen. Die Kulturunterschiede beinhalten dabei sowohl die militärische Alltagskultur[1018] als auch die zivile Landeskultur.[1019]

Insbesondere die zivilen Landeskulturen sind in multinationalen Truppenteilen als effektivitäts- und leistungshemmende Faktoren nicht zu unterschätzen.[1020] Das Störpotential nationaler Kulturunterschiede wird vor allem auch im Zusammenhang mit den Prozessen der europäischen Integration[1021] und der Inter- bzw. Multinationalisierung erwerbswirtschaftlicher Unternehmen deutlich.[1022]

Beispiele für nationale Kulturunterschiede sind vielfältig. Hierunter lassen sich etwa die nationalen Verpflegungsgewohnheiten einordnen. Im Vergleich zwischen den französischen und deutschen Streitkräften etwa gibt es seitens der Verpflegungsteilnehmer deutliche Erwartungsunterschiede an die nationale Verpflegung.[1023] Während beispielsweise bei den Franzosen Alkohol für Offiziere und Unteroffiziere zum alltäglichen Mittagstisch gehört, kennen die Deutschen dies nur in Ausnahmen. Die französische Küche ist zudem an die nationalen kulinarischen Gewohnheiten angepaßt, was zwar dem deutschen Soldaten des Eurokorps ein üppiges und sehr ausgedehntes Mittagessen bietet. An Weißbrot und Milchkaffe zum Frühstück aber muß er sich erst gewöhnen.[1024] In der französischen Armee gibt es zudem für die Dienstgradgruppen grundsätzlich unterschiedliche Speisepläne – für deutsche Soldaten völlig ungewohnt.[1025] Auch die britische und US-amerikanische Eßkultur unterscheidet sich von der deutschen.[1026] Nationale Feiertage sind ein weiteres Beispiel für Unterschiede in den nationalen Landeskulturen.[1027] Will man in multinationalen Truppenteilen sämtliche Feiertage aller vertretenen Nationen berücksichtigen, bleibt kaum Zeit mehr für den Dienstbetrieb.[1028]

Die Bereitschaft und Fähigkeit des einzelnen Soldaten, mit der kulturellen Verschiedenartigkeit andersnationaler Kameraden umzugehen, hat wesentlichen Einfluß auf seine Arbeitsleistung und damit insgesamt auf die Effektivität des multinationalen Truppenteiles. Er hat dabei während des täglichen Dienstbetriebes die Möglichkeit, sich mit den anderen Kulturen auseinanderzusetzen. Weil das negative Einflußpotential nicht bewältigter Kulturdifferenzen erkannt ist, werden in multinationalen Truppenteilen zusätzlich regelmäßig Seminare[1029] und

---

[1017] Vgl. *Codner* (Together), S. 33 und *Joint Pub 3-0*, S. VI-4.

[1018] Vgl. *Royl* (Lernort), S. 275.

[1019] Vgl. *BMVg* (Stichworte), S. 13.

[1020] Vgl. *Allorant* (Gespräch) und *Faria/Freeman/Hess* (Combined), S. 10.

[1021] Siehe hierzu beispielsweise und ausführlich *Mickel* (Integration), S. 14-24.

[1022] Siehe hierzu ausführlich *Bartlett/Ghoshal* (International), S. 65-68, *Child/Faulkner* (Cooperation), S. 229, *Claus* (Kulturen), S. 1010-1013, *Feldmann/Tompson* (Shock), S. 345-362 und *Schoeneberg* (Cultural), S. 301-306. So trugen in der Vergangenheit Probleme der interkulturellen Integration in erwerbswirtschaftlichen multinationalen Unternehmen in nicht unerheblichem Maße zum Scheitern der Zusammenführung nationaler Unternehmen bei. (Vgl. *Reuter* (Allianzbildung), S. 427.) Die Problematik der Kulturunterschiede in erwerbswirtschaftlichen Unternehmen gelten oftmals als dauerhaft existent. (Vgl. hierzu am Beispiel der EADS deren stellvertretender Vorstandsvorsitzender Hertrich in *sup* (Boing), S. 16.)

[1023] Vgl. *Wagner* (Verwaltung), S. 80.

[1024] Siehe zu den Unterschieden zwischen deutschen und französischen Verpflegungsgewohnheiten *Jacobs* (Logistik), S. 21f. Auch die deutsche und die niederländische Küche unterscheiden sich erheblich, (Siehe hierzu *Gr* (Cooking), S. 7.) was seitens der in Deutschland stationierten niederländischen Kameraden regelmäßig zu Beschwerden führt, wenn sie mit der deutschen Küche konfrontiert werden. (Vgl. *Boden* (Gespräch).)

[1025] Siehe zu dem vorangegangenen Abschnitt *Faust* (BQG), o. S., *Klein/Lippert* (Brigade), S. 7 und *o. A.* (Einmalig), S. 143.

[1026] Vgl. *McInnes* (Corps), S. 23.

[1027] So wird etwa in Frankreich am 8. Mai der deutschen Kapitulation im II. Weltkrieg gedacht, was in der Bundesrepublik Deutschland naturgemäß keine Berücksichtigung in Form eines Feiertages findet. (Vgl. *Bahu* (Brigade), S. 42.)

[1028] Dies hat man schon in den sechziger Jahren im Rahmen eines Experimentes mit einer multinationalen Schiffsbesatzung erfahren müssen. (Vgl. *Kölln* (Ricketts), S. 18.)

[1029] Siehe hierzu am Beispiel des I. D/NL Korps *Janssen* (Bi), S. 560f. Welche Bedeutung kulturelle Vorbereitungsmaßnahmen im Rahmen einer Fusion erwerbswirtschaftlicher Unternehmen haben, zeigt die Fusion der

Führerreisen[1030] durchgeführt, die die Soldaten – und teilweise auch ihre Familien – mit der Kultur bzw. den Kulturen andersnationaler Kameraden vertraut machen sollen.[1031] Damit stellen die nationalen Kulturunterschiede, wie die Mentalitätsunterschiede auch, nicht nur leistungs- und damit effektivitätsbeeinflussende Determinanten dar. Sie bedeuten zudem auch einen Kostenfaktor, der in rein nationalen Truppenteilen nicht zu finden ist.

7.1.2.1.1.3 Religionsunterschiede

Unterschiedliche Religionen und ethnische Differenzen sind seit jeher Ursachen für Konflikte und Kriege.[1032] Bereits im rein nationalen militärischen Bereich gibt es hier ein zu berücksichtigendes Konfliktpotential. Ihr Störpotential auf die Leistung der Angehörigen multinationaler Truppenteile und damit auf die Effektivität desselben ist deshalb nicht zu unterschätzen.[1033] Die Problematik ist dabei eine vierfache.

Zum ersten besteht ein Problempotential zwischen den Angehörigen verschiedener Religionen. Die Ausprägungen der Problematik reichen von öffentlich ausgetragenen religiös motivierten Diskussionen[1034] bis zu religiös bzw. ethnisch begründeten Belästigungen und Mißhandlungen.[1035] Zum zweiten hat die Ausübung einer bestimmten Religion unmittelbaren Einfluß auf den Dienstbetrieb. Dieser wird an unterschiedlichsten Beispielen sichtbar. So wirken sich etwa religiöse Speisevorschriften auf den Verpflegungsplan aus,[1036] drohen die in manchen Religionen strikt einzuhaltenden Gebetsregeln den Dienstablauf zu unterbrechen,[1037]

Daimler-Benz AG mit der Chrysler Corp. Dort wurden die deutschen Mitarbeiter auf die kulturellen Eigenheiten ihrer US-amerikanischen Kollegen unter anderem in Form von mehrtägigen Besuchen von US-amerikanischen Militärbasen vorbereitet. (Siehe hierzu ausführlich *Elmore* (Study), S. 1 und 6.)

[1030] Siehe hierzu *Jahn* (Schulung), S. 28f.

[1031] Wichtig erscheint an dieser Stelle, darauf hinzuweisen, daß eine überdehnte Toleranz, verbunden mit einer Preisgabe der eigenen Kultur, unter Leistungsgesichtspunkten kontraproduktiv sein kann bzw. sein wird. (Siehe zur Gefahr der kulturellen Selbstverleugnung ausführlich *Tibi* (Werte-Verlust), S. 27-36.)

[1032] Das in unterschiedlichen Religionen begründete Konfliktpotential gilt heute nach wie vor als gewaltig. (Vgl. *Gottschalk* (Strategie), S. 22.)

[1033] Siehe hierzu beispielsweise auch *Joint Pub 3-0*, S. VI-4. Solch ethnisch begründete Konflikte traten besonders ausgeprägt beispielsweise zwischen weißen und schwarzen US-amerikanischen Soldaten in Vietnam und zwischen moslemischen und russischen Sowjetsoldaten in Afghanistan auf. (Vgl. *Enloe* (Ethnicity), S. 899.)

[1034] Siehe hierzu am Beispiel der US-Army die Leserbriefe in der US-amerikanischen Streitkräftezeitung „The Stars and Stripes", in denen unterschiedliche religiöse Meinungen zum Ausdruck gebracht werden, in denen aber auch das religiös und ethnisch begründete Konfliktpotential deutlich wird. (Siehe hierzu beispielsweise *„The Stars and Stripes"*, Letters to the editor, 14.07. 1999, S. 12.)

[1035] So wurde 1999 etwa ein Fall bekannt, wo ein US-amerikanischer jüdischer Soldat Fahnenflucht beging, weil er wegen seiner Religion ständig gequält und belästigt wurde. (Siehe hierzu ausführlich *Thompson* (AWOL), S. 1f.)

[1036] Die Handhabung bzw. Umsetzung von religiösen Speisevorschriften, beispielsweise schweinefleischfreier oder rituell reiner Verpflegung, ist regelmäßig Anlaß zu Beschwerden bei der Wehrbeauftragten. (Siehe hierzu beispielsweise *Balloussa* (Leserbrief), S. 14.) In manchen Religionen muß jede Essensration von Militärgeistlichen freigegeben werden. (Vgl. *Eisele* (Vortrag).) Während eines Lehrganges an der Internationalen Fernspähschule verweigerte ein türkischer Lehrgangsteilnehmer die auf den Übungsplatz zugeführte Verpflegung, weil sich sein Essensanteil im selben Verpflegungsbehälter befand, in dem auch das Schweinefleisch für die übrigen Lehrgangsteilnehmer transportiert wurde. (Vgl. *Faust* (InFeSpähS), o. S.)

[1037] So beantragte beispielsweise ein türkischer Soldat während des Besuches eines Lehrganges an der Internationalen Fernspähschule die regelmäßige Gebetspraktizierung seines islamischen Glaubens (fünf Mal tägliches rituelles Gebet mit Freitagmittagsgebet in einer Moschee). Seinen Antrag unterstützte er durch den türkischen Militärattaché. Der Lehrgangsteilnehmer wurde vor die Wahl gestellt, entweder mit seinen Lehrgangskameraden an allen Phasen des Lehrganges teilzunehmen oder den Lehrgang abzubrechen. (Vgl. *Faust* (InFeSpähS), o. S.)

wirkt sich die Notwendigkeit eigener Gebetsstätten auf den Haushalt aus,[1038] machen religiöse Feiertage Anpassungen der Dienstpläne notwendig[1039] etc.[1040] Auch der Bereich des Sanitätswesens ist betroffen, weil zum Beispiel in bestimmten Religionen Blutkonserven nicht von Ungläubigen stammen dürfen.[1041] Zum dritten erfordert die Präsenz mehrerer Religionen in einem Truppenteil eine deutlich ausgeprägte Militärseelsorge, die alle Religionen gleichermaßen unterstützt.[1042] Dies macht nicht nur eine Neuorganisation der Militärseelsorge notwendig. Für den Bereich der Militärseelsorge ergeben sich hieraus weitere Probleme, wie zusätzlich erforderliche Haushaltsmittel, Qualifikationsfragen der Seelsorger[1043] etc.[1044] Schließlich besteht vereinzelt immer die Gefahr, daß ein Soldat die Treue zur Religion im Vergleich zur Treue dem Staat oder dem Militär gegenüber höher bewertet. Sein persönlicher soldatischer Einsatzwille wird in diesem Fall für den Staat bzw. für die Streitkräfte zum unkalkulierbaren Risikofaktor.

Die für den nationalen Bereich dargestellte Problematik verschiedener Religionen verstärkt sich innerhalb multinationaler Truppenteile nochmals,[1045] weil zu den religiösen Differenzen noch die bereits geschilderten Kultur-, Mentalitäts-, Sprach- und sonstigen Unterschiede hinzutreten. Der einzelne Soldat wird zudem oftmals erst durch den Dienst in einem multinationalen Truppenteil mit anderen, sich von den in seinem bisherigen nationalen Truppenteil deutlich unterscheidenden Religions- und Konfessionsverhältnissen konfrontiert. Die in den nationalen Streitkräften teilweise durchaus unterschiedlich organisierte und ausgeprägte Militär- bzw. Soldatenseelsorge[1046] gilt es in multinationalen Truppenteilen schließlich aufeinander abzustimmen. In einer Zusammenführung der nationalen Militärseelsorgen zu einer multinationalen Militärseelsorge liegt erkennbar weiteres Problempotential.

In der französischen Fremdenlegion wurde die Problematik der Religionsunterschiede und ihre Auswirkung auf die Effektivität der Streitkräfte erkannt. Deshalb wird dort bei der Einstellung darauf geachtet, ob der Bewerber durch die Praxis seiner Religionsausübung eine Gefahr für die Gemeinschaft darstellen könnte. Extreme religiöse Fanatiker finden keine Aufnahme. Ansonsten gilt für den einzelnen Soldaten die Maxime der diskreten Religionsausübung. In Religionsunterschieden begründete Probleme sind in der französischen Fremdenlegion deshalb nahezu nicht existent.[1047]

Weil sich, wie gezeigt, religiöse Differenzen durchaus zu negativen, effektivitätsreduzierenden Leistungsdeterminanten bei in multinationalen Truppenteilen Dienst leistenden Soldaten

---

[1038] So haben etwa die 300 Angehörigen der Russisch-Orthodoxen Kirche des im ehemaligen Jugoslawien eingesetzten multinationalen SFOR-Kontingents eine eigene Kirche erbaut, um auch im Einsatzgebiet ihren Glauben praktizieren zu können. (Vgl. *Kunich* (Church), S. 3.)

[1039] So erlaubt etwa die vorgeschriebene Samstagsruhe gläubigen Juden grundsätzlich nicht, am Samstag Militärdienst zu leisten. (Vgl. *Apfelknab* (Integration), S. 21.) Generell kann nichtchristlichen Soldaten der Bundeswehr an ihren religiösen Feiertagen zur Religionsausübung Dienstbefreiung gewährt werden. (Vgl. *BMVg* (Bestandsaufnahme), S. 117.)

[1040] Siehe zur beschriebenen Problematik auch *Bendel/Meier/Steinhoff* (Herkunft), S. 717 und *Klein* (Minderheiten), S. 94f.

[1041] Vgl. *Eisele* (Bilanz), S. 27.

[1042] Die Notwendigkeit, religiöse Minderheiten in multinationalen Truppenteilen im Rahmen der Militärseelsorge adäquat zu repräsentieren, wurde seinerzeit auch in der Österreichisch-Ungarischen Armee erkannt, in der im Jahre 1882 eine sogenannte „mohammedanische Militärseelsorge" eingerichtet wurde. (Vgl. *Apfelknab* (Integration), S. 21f.)

[1043] Vgl. *Jup* (Militärseelsorge), S. 10.

[1044] Ein möglicher islamischer Bestandteil der Militärseelsorge sieht sich zudem mit dem Problem konfrontiert, daß die Moslems theologisch weder Lehramt noch Kirche kennen. Ihnen steht damit auch keine Körperschaft des Öffentlichen Rechts zur Verfügung, wie es etwa die beiden großen Kirchen in Deutschland sind. Eine adäquate Repräsentation innerhalb einer Militärseelsorge wird damit äußerst schwierig. (Siehe zu dem vorangegangenen Abschnitt *Aries* (Islamisch), S. 56f.) Sie ist zudem an eine Mindestzahl von Soldaten eines religiösen Bekenntnisses gebunden. (Siehe hierzu *Spranger* (Moslems), S. 174.)

[1045] Vgl. *HDv 100/100*, Nr. 605.

[1046] Siehe zu einem internationalen Vergleich der Soldatenseelsorge ausführlich *Bock* (Religion), S. 11-178.

[1047] Siehe zum vorangegangenen Abschnitt *Gast* (Gespräch).

entwickeln können, wird im Vorfeld einer derartigen Verwendungen eine entsprechende informative Vorbereitung und Ausbildung wichtig.[1048] Dies erweist sich als weiterer für multinationale Truppenteile typischer Kostenfaktor.

7.1.2.1.1.4 Ausbildungsunterschiede

Auf die Problematik der nationalen Ausbildungsunterschiede wurde bereits im Zusammenhang mit der Personalverwaltung eingegangen.[1049] Dort wurde deutlich gemacht, daß sich die nationalen Unterschiede bezüglich Ausbildungsinhalte, -schwerpunkte und –ziele negativ auf die Einsatzbereitschaft des multinationalen Truppenteiles auswirken. Unterschiedliche nationale Ausbildungen haben jedoch auch Auswirkungen auf die Zusammenarbeit innerhalb des multinationalen Truppenteiles. So wird zum Beispiel eine effektive multinationale Zusammenarbeit zwischen deutschen und US-amerikanischen oder niederländischen Feldwebeldienstgraden durch den unterschiedlichen computertechnischen Ausbildungsstand erheblich erschwert. Auch der unterschiedliche militärfachliche Ausbildungsstand etwa eines deutschen wehrpflichtigen Mannschaftsdienstgrades und eines US-amerikanischen oder belgischen freiwilligen Mannschaftsdienstgrades führt zu Effektivitätseinschränkungen bei der Zusammenarbeit.[1050] Umgekehrt verfügen die deutschen Wehrpflichtigen beispielsweise im Vergleich zu niederländischen Mannschaftsdienstgraden, bedingt durch die schulische Ausbildung, im Durchschnitt über eine höhere Allgemeinbildung.[1051]

7.1.2.1.2 Extrapersonelle Leistungsdeterminanten

7.1.2.1.2.1 Unternehmenskultur

Die Unternehmenskultur[1052] soll ein „Wir-Gefühl" der Mitglieder ausprägen, das den internen Zusammenhalt fördert bzw. stärkt (Unternehmenskultur) und diesen auch extern erkennbar macht (Corporate Identity). Eine Unternehmenskultur fußt insbesondere auf einheitlichen, gemeinsam getragenen und angewendeten, informell existierenden oder formell festgelegten Werten, Normen und Zielen.[1053] Sie entwickelt sich vor allem auf der Grundlage gemeinsamer Erlebnisse und Erfahrungen und findet ihren Ausdruck in der persönlichen Identifikation der Mitglieder mit ihrem Unternehmen, in entsprechend positivem Verhalten, wie zum Beispiel großer Leistungsmotivation, hohem Arbeitseinsatz, kooperativer Zusammenarbeit, interner und externer Geschlossenheit etc. sowie in einem gesunden Betriebsklima.[1054] Eine gut

---

[1048] Diese Erfahrung hat man insbesondere während multinationaler UN-Einsätze gemacht. (Siehe hierzu ausführlich *Eisele* (Bilanz), S. 27 und *Hanak* (Spannungsfeld), S. 41.) Sie gewinnt aber auch für stehende multinationale Truppenteile immer mehr an Bedeutung. (Siehe hierzu *Bendel/Meier/Steinhoff* (Herkunft), S. 717.)

[1049] Siehe hierzu Kapitel 7.1.1.5 *(Personalentwicklung)*.

[1050] Siehe hierzu beispielsweise auch *Faria/Freeman/Hess* (Combined), S. 8.

[1051] Vgl. *Boden* (Gespräch).

[1052] Der Begriff des „Unternehmens" soll in diesem Zusammenhang synonym für „Unternehmen", „Organisation", „Gruppe", „Betrieb" usw. verwendet werden. Er umfaßt damit auch die einzelnen multinationalen Truppenteile. Siehe zur Thematik der Unternehmenskultur ausführlich *Bleicher* (Unternehmenskultur), Sp. 2241-2252.

[1053] Vgl. *Hartmann* (Subkultur), S. 555 und *Rüttinger* (Unternehmenskultur), S. 56.

[1054] Die Leistungsmotivation der Soldaten hängt damit wesentlich von der Unternehmenskultur in den Streitkräften ab. (Siehe hierzu auch *Ott* (Organisationskultur), S. 25.) Siehe zum Zusammenhang zwischen der Unternehmenskultur und den affektiv geprägten Einstellungen und Verhalten der Mitarbeiter erwerbswirtschaftlicher Unternehmen *Bleicher* (Kulturen), S. 99.

entwickelte, von allen Mitgliedern getragene Unternehmenskultur hat damit auch im Militär wesentlichen Anteil an der Effektivität der Streitkräfte und ihrer Truppenteile.
Bei multinationalen Truppenteilen treten unterschiedliche nationale Normen, Werte, Riten, Erfahrungen etc. in Konkurrenz zueinander.[1055] Diese Konkurrenz ist durchaus geeignet, einer gemeinsamen Unternehmenskultur entgegenzuwirken und damit individuelles oder kollektives positives Verhalten zu verhindern bzw. negatives Verhalten zu fördern. Eine in multinationalen Truppenteilen gemeinsame, das heißt einheitliche Unternehmenskultur führt dagegen zu nachweisbaren Effektivitätszuwächsen.[1056] Umgekehrt ziehen diesbezügliche Mängel Effektivitätsreduktionen nach sich.
Die Entwicklung einer gemeinsamen Unternehmenskultur[1057] in multinationalen Truppenteilen ist ein arbeits-, zeit- und kostenintensiver Prozeß.[1058] Sein Erfolg ist im übrigen durch allerlei Abhängigkeitsfaktoren generell unsicher. Solche Faktoren sind beispielsweise die aktive und die passive Unterstützung der militärischen Führung und der breiten Basis der Angehörigen des jeweiligen multinationalen Truppenteiles.[1059]
Nicht zu vernachlässigen ist bei der Betrachtung der Unternehmenskultur die Tatsache, daß sich auch innerhalb der nationalen Streitkräfte, zum Beispiel innerhalb der Deutschen Bundeswehr, eine Konkurrenz von Unternehmenskulturen entwickelt. Diese Konkurrenz ist bedingt durch die Präsenz der einzelnen deutschen Truppenanteile in unterschiedlichen multinationalen Truppenteilen, die wiederum ihre eigenen Unternehmenskulturen aufbauen und pflegen. Die Konkurrenz solcher Subkulturen kann zunächst – wie beispielsweise auch die Subkulturen von nationalen Truppengattungen, Verbänden, Einheiten, Standorten usw. – durchaus leistungsfördernd sein – insbesondere weil sie der Identität und der Differenzierung dient.[1060] Die Grenze zur konsenshemmenden Konkurrenz bzw. zur leistungs- und effektivitätsreduzierenden Rivalität ist jedoch leicht und schnell überschritten.[1061] Dieses Risiko darf im Zusammenhang mit multinationalen Truppenteilen nicht unberücksichtigt bleiben und bedarf entsprechender Kontroll- und Korrekturmechanismen.

Zur Veranschaulichung der Problematik unterschiedlicher nationaler Unternehmenskulturen in multinationalen Truppenteilen sollen repräsentativ folgende Beispiele aufgeführt und untersucht werden: Eid (a), Kameradschaft (b) sowie Tradition (c).

a) Eid Der Soldat ist – soweit er nicht in Söldnerdiensten steht - primär Staatsbürger.[1062] Er dient damit dem Primat der Politik seines Staates. Als Soldat wird er zum uniformierten Instrument der staatlichen Politik und zum Diener seines Volkes.[1063] Die Verpflichtung bzw.

[1055] Dieser Sachverhalt ist aus dem Bereich multinationaler erwerbswirtschaftlicher Unternehmen hinreichend bekannt. (Siehe hierzu beispielsweise und ausführlich *Claus* (Kulturen), S. 1010-1013.)
[1056] Diese Erfahrung stammt insbesondere aus dem Bereich erwerbswirtschaftlicher multinationaler Unternehmen. (Vgl. *Schreyögg* (Kultur), S. 37. Siehe hierzu auch *Bartlett/Ghoshal* (International), S. 56, *Hedlund* (Multinational), S. 13, *Quack* (International), S. 85 und ausführlich *Schreyögg* (Unternehmenskultur), S. 27-46.)
[1057] Die Entwicklung einer gemeinsamen, im Sinne einer synergetischen Unternehmenskultur wird unter Effektivitätsgesichtspunkten in erwerbswirtschaftlichen multinationalen Unternehmen empfohlen. (Siehe hierzu sowie zu einer Darstellung verschiedener Modelle der Unternehmenskulturen ausführlich *Drumm* (Personalwirtschaftslehre), S. 606-609.)
[1058] Dies ist bereits im nationalen Bereich der Fall, wie die zum Zwecke der Vermittlung einer Unternehmenskultur im Jahre 1998 realisierte Verlängerung der Führerausbildung der US-Army zeigt. (Siehe hierzu *Fleckenstein* (Führerelite), S. 27.)
[1059] Siehe zu dem vorangegangenen Abschnitt ausführlich *Morsink* (Vergleich), S. 15.
[1060] Siehe zum Identitäts- und Differenzierungsaxiom von Unternehmenskulturen *Drumm* (Personalwirtschaftslehre), S. 608.
[1061] Siehe zu den Risiken stark konkurrierender Subkulturen beispielsweise *Kiechl* (Respekt), S. 23.
[1062] Vgl. *Nolte* (Bundeswehr), S. 1208.
[1063] Vgl. *Maizière* (Rede), S. 3.

Bindung des Soldaten an seinen Staat wird durch den Eid[1064] rituell bzw. formell besiegelt. Der Eid ist damit wesentlicher Bestandteil der einzelnen nationalen Unternehmenskulturen. Durch den Eid erfolgt ein – einseitiges[1065] – Treueversprechen zwischen dem Soldaten (Eidgeber) und dem Staat (Eidnehmer) bzw. seinen Repräsentanten. Hierauf begründet sich der Loyalitätsanspruch des Staates.[1066] Der Staat beinhaltet neben der Bevölkerung auch seine Kultur, seine Ziele usw. Die staatlichen Repräsentanten umfassen den Primat der Politik und darüber hinaus auch die militärischen Vorgesetzten. Da der Soldat in Ausübung seines Dienstes sein eigenes Leben einsetzt und gegebenenfalls auch fremdes Leben nehmen muß, stellt sich dem einzelnen Soldaten in multinationalen Truppenteilen natürlicherweise die Frage, wem gegenüber – welchem Staat und welchen staatlichen Repräsentanten – er zu solch riskantem Dienst verpflichtet ist.[1067] Hier geht es nicht nur um die Problematik von Befehl und Gehorsam,[1068] sondern hier steht vor allem die emotionale Bindung des Soldaten gegenüber seinem Vaterland im Vordergrund.[1069] Wenn der einzelne Soldat nicht in der Lage bzw. nicht bereit ist, in seine eidlich verbriefte Dienstpflicht auch andere Staaten und deren Repräsentanten mit einzubeziehen, kann sich der der eigenen Nation gegenüber abgegebene Eid innerhalb multinationaler Truppenteile zum Leistungshemmnis und damit zum Effektivitätsreduktor entwickeln. Hier fanden in der Vergangenheit in anderen Armeen insbesondere Beispiele im Zusammenhang mit UN-Einsätzen öffentliche Aufmerksamkeit.[1070] Aber auch bei der Masse der deutschen Wehrpflichtigen ist eine nationenübergreifende Loyalität nicht erkennbar. Ihre Heimatbindung ist mehrheitlich so ausgeprägt, daß von einem nationenübergreifenden Verantwortungsgefühl nicht gesprochen werden kann.[1071]

b) Kameradschaft Kameradschaft ist in der Deutschen Bundeswehr eine normative, gesetzlich festgelegte Pflicht,[1072] die den Zusammenhalt der Truppe fördern soll, in dem sie von den Soldaten gegenseitige Achtung, Toleranz und Beistand einfordert. Sie ist damit wesentlicher Bestandteil der nationalen Unternehmenskultur der Bundeswehr. Seit jeher gilt Kameradschaft in den Armeen Deutschlands in Form von uneingeschränkter gegenseitiger Hilfsbereitschaft und vorbehaltlosem Eingestehen füreinander - insbesondere im Einsatz - als unentbehrlich. Sie wird zudem als der heimlich tragende Boden für Zusammenhalt und Disziplin betrachtet.[1073] Sie sollte deshalb auch im multinationalen Rahmen ihre Gültigkeit haben und Bestandteil einer multinationalen Unternehmenskultur sein.

Obwohl in der Truppe der Bundeswehr die Bedeutung der Kameradschaft im multinationalen Rahmen erkannt ist und nahezu selbstverständlich praktiziert wird,[1074] fehlt es an einer normativen, gesetzlich festgelegten Kameradschaftspflicht gegenüber nicht-deutschen Solda-

---

[1064] In der Deutschen Bundeswehr wird zwischen dem Eid für Berufs- und Zeitsoldaten und dem Gelöbnis für Wehrpflichtige unterschieden. (Siehe hierzu § 9 *SG*.)

[1065] Siehe zur Problematik der Einseitigkeit des Treueversprechens ausführlich *Faust* (Vertrauenskrise) und *Schultze-Rhonhof* (Tapfer).

[1066] Vgl. *Royl* (Lernort), S. 277.

[1067] Die Diskussion über die Bindung von Eid und Gelöbnis wird insbesondere im Zusammenhang des erweiterten Aufgabenspektrums der Bundeswehr geführt. (Siehe hierzu beispielsweise ausführlich *Hennen* (Eid).) Dort liegt der Schwerpunkt insbesondere auf dem juristischen Aspekt. Die Diskussion gewinnt aber in Verbindung mit multinationalen Truppenteilen und der Berücksichtigung von emotionalen und ethischen Gesichtspunkten an neuer Qualität und Brisanz. (Siehe hierzu beispielsweise auch *Schultze-Rhonhof* (Tapfer), S. 221.)

[1068] Siehe hierzu Kapitel 6.1.3.4.1 *(Gehorsam)*.

[1069] Siehe zur auch heute noch gültigen großen Bedeutung der emotionalen Bindung des einzelnen an das Vaterland *Schäuble* (Identität), S. 10. Die Problematik ist durchaus bekannt, weshalb der Bejahung des multinationalen Gedankens insbesondere durch die militärischen Führer große Bedeutung zukommt. (Siehe hierzu *Willmann* (Operationsführung), S. 92.)

[1070] Siehe hierzu am Beispiel der USA ausführlich *AP* (UN), S. 1f.

[1071] Siehe hierzu ausführlich *Schultze-Rhonhof* (Tapfer), S. 71.

[1072] Siehe zur Kameradschaftspflicht ausführlich § 12 *SG*.

[1073] Siehe zu dem vorangegangenen Abschnitt *Karst* (Kameradschaft), S. 28.

[1074] Siehe hierzu am Beispiel einer deutsch-amerikanischen Patenschaft *Grenda* (Waffenbrüder), S. 119f.

ten.[1075] Auch wenn beispielsweise der Begriff der „Kameradschaft" im Englischen militärischen Studienglossar des Bundessprachenamtes nicht aufgeführt ist[1076] und Kameradschaft damit – beispielsweise im Unterschied zur französischen Armee[1077] – als Begriff in den Streitkräften der USA nicht sehr geläufig ist, wird auch dort ein auf gegenseitiger innerer Bindung fußender Zusammenhalt als wichtig erachtet.[1078]

Die normative Lücke der gesetzlichen Verpflichtung zur Kameradschaft in multinationalen Truppenteilen hat zwar mehrheitlich keine negative Auswirkung auf die Einstellung der Soldaten. Sie stellt aber an sich einen Störfaktor für eine auf Kameradschaft beruhende multinationale Zusammenarbeit dar, weil eine Sanktionierung bei fehlender Kameradschaft bzw. bei Verstößen gegen die Kameradschaftspflicht nicht bzw. nur erschwert möglich ist. Der gezeigte Sachverhalt stellt damit insgesamt einen Mangel in der multinationalen Unternehmenskultur dar.

c) Tradition So wie jede Nation ihre eigene Geschichte hat, hat jede nationale Streitkraft auch ihre eigene Tradition entwickelt. Diese ist Bestandteil der nationalen militärischen Unternehmenskultur. Aus den Unterschieden der nationalen Militärtraditionen ergeben sich teilweise deutliche Hindernisse für eine effektive Zusammenarbeit in multinationalen Truppenteilen[1079] – auch für die Entwicklung einer gemeinsamen Unternehmenskultur.

Multinationalität selbst ist als inhaltlicher Schwerpunkt einer nationalen militärischen Tradition ungeeignet.[1080] Der damit verbundene nationale Identifikationsverlust ist deutlich zu hoch. Als Bestandteil nationaler Militärtraditionen dagegen ist Multinationalität einer gemeinsamen Unternehmenskultur in multinationalen Truppenteilen sicherlich dienlich. Gleichwohl bleibt die Problematik der mit einer multinationalen Unternehmenskultur zu vereinbarenden nationalen Militärtraditionen. Zwar gibt es in der Deutschen Bundeswehr Unklarheit darüber, wie der Begriff der „Tradition" zu definieren ist. Auch werden über die Überlieferungswürdigkeit von Traditionsinhalten rege Diskussionen geführt.[1081] Die Konzeption der Inneren Führung gilt jedoch allenthalben als wesentlicher Bestandteil der bundeswehreigenen Unternehmenskultur.[1082] Wie aber in dieser Arbeit bereits an früherer Stelle deutlich gemacht wurde, wird die deutsche Konzeption der Inneren Führung in den Armeen anderer Länder unterschiedlich akzeptiert.[1083] Dies stellt für multinationale Truppenteile ein zusätzliches Hemmnis für eine gemeinsame Unternehmenskultur und damit für eine effektive Zusammenarbeit dar.

Das Liedgut dagegen ist Bestandteil in jeder nationalen Militärtradition. Inhalte und Pflege des Liedgutes wiederum unterscheiden sich in den einzelnen Streitkräften jedoch teilweise deutlich. Während etwa in der französischen Armee häufig und viel gesungen wird, verkümmert das Liedgut der Deutschen Bundeswehr dagegen immer mehr.[1084] Hier liegt ein weiteres Hindernis in der Entwicklung einer gemeinsamen Unternehmenskultur.

[1075] § 12 SG bezieht sich ausdrücklich ausschließlich auf die Bundeswehr.

[1076] Siehe hierzu ausführlich *Bundessprachenamt* (Glossar I) und (Glossar II/III) sowie *US Department of Defense* (Dictionary).

[1077] Vgl. *Arbeiter* (Französisch), S. 135.

[1078] Siehe hierzu ausführlich *Bassford* (Cohesion), S. 73-81.

[1079] Vgl. *BMVg* (Stichworte), S. 13.

[1080] Vgl. *Faust* (Vertrauenskrise), S. 182f.

[1081] Siehe zu dem vorangegangenen Abschnitt ausführlich *Faust* (Vertrauenskrise), S. 45-52.

[1082] Vgl. *Wöckener* (Unternehmenskultur), S. 7.

[1083] Siehe hierzu ausführlich Kapitel 6.1.3.3.2.2 *(Konzeption der Inneren Führung)*.

[1084] Interessanterweise haben viele französische Lieder ihren Ursprung im deutschen Liedgut des Dritten Reiches. (Vgl. *Bahu* (Brigade), S. 43.)

7.1.2.1.2.2 Akzeptanz der Bevölkerung

Die Akzeptanz der Bevölkerung ist ein nicht zu unterschätzender Determinator für die Leistung der in einem multinationalen Truppenteil Dienst tuenden Soldaten. Sie wirkt sich unmittelbar auf die gegenseitige Akzeptanz und auf die Arbeits- und Leistungsmotivation der Soldaten[1085] und über diese auch auf die Effektivität des multinationalen Truppenteiles aus.[1086] Hier geht es zum einen um den Rückhalt der Soldaten in der eigenen Bevölkerung. Der Rückhalt betrifft dabei sowohl den Dienst in den Streitkräften generell,[1087] den Dienst in multinationalen Truppenteilen[1088] sowie den konkreten Einsatz eines multinationalen Truppenteiles.[1089] Zum anderen spielt die Meinung der Bevölkerung insbesondere für diejenigen Soldaten eine Rolle, die im Rahmen ihres multinationalen Truppenteiles im Ausland stationiert sind. So stellen etwa Untersuchungen fest, daß die Deutschen von Teilen der Bevölkerung Polens generell negativ beurteilt werden, was sich vor allem auf die Akzeptanz der im Rahmen des MNK (NO) in Stettin stationierten deutschen Soldaten durch Teile der polnische Bevölkerung auswirken kann. Diese Vorurteile sind einerseits durch die jüngere Geschichte und andererseits durch ein äußerst stark ausgeprägtes Nationalbewußtsein der polnischen Staatsbürger begründet. Umgekehrt läßt sich feststellen, daß auch die polnischen Bürger bei Teilen der deutschen Bevölkerung wenig Sympathie genießen, was wiederum die Unterstützung einer militärischen Zusammenarbeit zwischen Deutschland und Polen in der Bevölkerung einschränken kann.[1090] Auch Teile der niederländischen Bevölkerung haben von den deutschen Staatsbürgern kein allzu positives Bild,[1091] was sich konsequenterweise auf die in den Niederlanden im Rahmen des I. D/NL Korps stationierten deutschen Soldaten auswirken kann.
Die Ausprägungen mangelnder Sympathie bzw. offener Antipathie in der Bevölkerung des Gastlandes sind nicht zu unterschätzen. So sahen sich beispielsweise die in Frankreich im Rahmen des BQG stationierten deutschen Soldaten in der Aufbauphase des BQG gar mit tätlichen Angriffen konfrontiert.[1092] In dieser Phase hat sich die geschilderte Haltung der lokalen

---

[1085] Siehe hierzu auch *Ilsemann* (Personalprobleme), S. 216, *Kellet* (Motivation), S. 558 und *Sieber* (International), S. 63.

[1086] Dieser Zusammenhang läßt sich auch bei erwerbswirtschaftlichen multinationalen Unternehmen feststellen. (Siehe hierzu beispielsweise *Kumar* (Personalmanagement), S. 9.)

[1087] Das Ansehen der Deutschen Bundeswehr bei der eigenen Bevölkerung wird teilweise mit „... relativer Geringschätzung ..." umschrieben. (*Klein* (Polen), S. 2.) Die Dienstmotivation deutscher Soldaten des I. D/NL Korps wurde im Jahre 1995 als gering eingestuft. Ursache war unter anderem die mangelnde Akzeptanz in der eigenen Bevölkerung. (Vgl. *Frantz/Huber/Klein* (Befragung), S. 23.) In Frankreich dagegen genießen die eigenen Streitkräfte großen Rückhalt in der Bevölkerung. (Vgl. *Klein* (Rückhalt), S. 32.)

[1088] Interesse und Zustimmung der deutschen Bevölkerung an einer Beteiligung der Deutschen Bundeswehr an multinationalen Truppenteilen waren 1995 und 1996 sehr gering. (Siehe hierzu ausführlich *Klein* (Meinungsbild), S. 4-9.)

[1089] So forderte zum Beispiel 1995 die französische Bevölkerung mehrheitlich einen Abzug des französischen Kontingents der im ehemaligen Jugoslawien eingesetzten multinationalen UN-Truppe UNPROFOR. (Vgl. *McGregor* (Multinationalität), S. 14.) Gleiches war im selben Jahr bei der Mehrheit der spanischen Bevölkerung bezüglich des spanischen Kontingentes festzustellen. (Vgl. *Muñoz-Alonso* (Public), S. 56.) Auch von der deutschen Bevölkerung wurde die Beteiligung der Bundeswehr am multinationalen IFOR/SFOR-Einsatz im ehemaligen Jugoslawien Ende 1996 mehrheitlich abgelehnt. (Vgl. *Klein* (Meinungsbild), S.9f.)

[1090] Siehe zu dem vorangegangenen Abschnitt ausführlich *Klein* (Meinungsbild), S. 11 und *Klein* (Polen), S. 2f. Um dem entgegenzuwirken, wurde beispielsweise in Stettin im Juni 1999 ein Informationstag für die Bevölkerung der Stadt durchgeführt. (Vgl. *Sachau* (Vortrag), S. 8.)

[1091] Vgl. *Frantz/Huber/Klein* (Untersuchung), S. 5f.

[1092] Das BQG liegt in einem sozial schwachen, politisch als radikal geltenden Randviertel Straßburgs. Es wurde mit Steinen und Flaschen auf die Soldaten in der Kaserne geworfen, zu Neujahr fuhr ein brennender Wagen gegen das Wachtor, gelegentlich schoß man sogar mit Luftgewehren auf die unbewaffneten Wachsoldaten. Mittlerweile haben sich das BQG und seine deutschen Soldaten vor Ort etabliert. Tätlichkeiten finden nur noch selten statt und beschränken sich auf Vorfälle nach Dienst und außerhalb der Kaserne. (Siehe zu dem vorangegangenen Abschnitt ausführlich *Faust* (BQG), o. S.)

Bevölkerung nicht unerheblich auf die Leistungsbereitschaft insbesondere der deutschen Soldaten und damit insgesamt auch auf die Effektivität des BQG ausgewirkt.[1093]

7.1.2.1.2.3 Sonstige Determinanten

Auf den leistungs- und effektivitätseinwirkenden Einfluß der nationalen Führungs- und Organisationsunterschiede wurde in dieser Arbeit bereits ausführlich eingegangen.[1094] Es gibt jedoch noch eine Vielzahl extrapersoneller Determinanten, die sich auf die Leistung bzw. auf die Leistungsbereitschaft der in multinationalen Truppenteilen dienenden Soldaten und damit auf die Effektivität des gesamten multinationalen Truppenteiles auswirken. Hierzu zählen beispielsweise nationale Unterschiede bei der Besoldung (a) und bei den Dienstgraden (b) sowie bei den gewährten Privilegien (c).

a) Sold Unter „Sold" soll in den Ausführungen dieses Kapitels sowohl der Wehrsold der Wehrpflichtigen als auch die den Berufs- und Zeitsoldaten gezahlten Dienstbezüge subsumiert werden.[1095]
In multinationalen Truppenteilen gibt es im Zusammenhang mit dem Sold zwei Problembereiche.[1096] Zum ersten ergibt sich aus dem Vergleich der nationalen Besoldungen gleicher Dienstgrade ein Konfliktpotential.[1097] Vergleicht beispielsweise der in der D/F-Brigade stationierte französische Mannschaftsdienstgrad seinen Sold mit dem eines deutschen Kameraden gleichen Dienstgrades, wird er eine erhebliche Differenz zu seinen Ungunsten feststellen.[1098]

1093 Die vor allem historisch, kulturell und sozial begründeten Kollisionen zur Bevölkerung eines Gastlandes sind keine neuen Erfahrungen multinationaler Truppenteile. Hier verfügen multinationale erwerbswirtschaftliche Unternehmen über einen nicht unerheblichen Erfahrungsschatz. (Siehe hierzu beispielsweise und ausführlich *Aßländer/Zimmerli* (Wirtschaftsethik), S. 59-61.) Diese Erfahrungen gilt es jedoch nicht nur auf die Angehörigen des einzelnen Unternehmens zu beschränken, sondern sie ist entsprechend auf die Bevölkerung des Gastlandes auszudehnen.

1094 Siehe hierzu ausführlich Kapitel 6 *(Betriebswirtschaftliche Beurteilung multinationaler Truppenteile bezüglich Führung und Organisation)*.

1095 Während der Wehrsold der Wehrpflichtigen nur eine Art Handgeld zur Befriedigung der persönlichen Bedürfnisse darstellt, sind die Dienstbezüge der Berufs- und Zeitsoldaten echte Vergütungen für erbrachte Leistung bzw. für geleisteten Dienst. (Vgl. *Wipfelder* (Wehrsold), S. 1099.) Auf die Verwendung des Begriffs der „Vergütung" (Vgl. *Hahn* (Militärbetriebslehre), S. 123.) anstelle von „Sold" wird hier bewußt verzichtet. Damit soll unterstrichen werden, daß der Wehrsold keine echte geldliche Entlohnung der von den Wehrpflichtigen geleisteten Arbeit darstellt.

1096 Entlohnungsprobleme existieren auch in erwerbswirtschaftlichen multinationalen Unternehmen. (Siehe hierzu beispielsweise *Ackermann/Pohl* (Entlohnung), Sp. 379-381, *Dunning* (Multinational), S. 375f. und *Schöllhammer* (Personalwesen), Sp. 1875-1877.)

1097 Diesem Sachverhalt sollte in der EVG durch einheitlichen Sold Rechnung getragen werden: Unabhängig von der Nationalität sollten Soldaten gleichen Dienstgrades auch gleich besoldet werden.

1098 So erhielt 1993 ein französischer Grenadier monatlich ca. 167 DM, der Unteroffizier ca. 387 DM. (Vgl. *Meyhöfer* (Trikolore), S. 39.) Der deutsche Grenadier erhielt 345 DM, (Vgl. *BMVg* (Kreiswehrersatzamt), S. 4.) sein Unteroffizierskamerad ein A5-Grundgehalt – ca. 2.500 DM. (Vgl. *BMVg* (Besoldung), o. S. und *BBesG*, Anlage I.) Einen Besoldungsüberblick gibt nachfolgende Tabelle.

Tab. 8: *Nationale monatliche Besoldungen von Mannschafts- und Unteroffiziersdienstgraden im Vergleich*

	Mannschaftsdienstgrad		Unteroffizier (Uffz)	
Dänemark	Wehrpflichtiger Mannschaftsdienstgrad: Zeitsoldat Mannschaftsdienstgrad:	ca. 2.800 DM ca. 4.000 DM	Uffz:	ca. 4.000 DM
Deutschland	Wehrpflichtiger Mannschaftsdienstgrad:	11,50 DM pro Tag	Uffz:	ca. 2.500 DM
Frankreich	Wehrpflichtiger Mannschaftsdienstgrad:	ca. 167 DM	Uffz:	ca. 387 DM
Großbritannien	Zeit-/Berufssoldat Mannschaftsdienstgrad:	ca. 3.200 DM	Uffz:	ca. 3.400 DM
Niederlanden	Wehrpflichtiger Mannschaftsdienstgrad:	ca. 854 DM	Feldwebel:	ca. 1354 DM
Polen	Wehrpflichtiger Mannschaftsdienstgrad:	ca. 24 DM	Feldwebel:	ca. 475 DM
Spanien	Zeit-/Berufssoldat Mannshaftsdienstgrad:	ca. 1.039 DM	Uffz:	ca. 1.192 DM
USA	Zeit-/Berufssoldat Mannshaftsdienstgrad:	ca. 1.530 DM	Uffz:	ca. 2.210 DM

Da die beiden Soldaten die gleiche Leistung erbringen, liegt in der Besoldungsdifferenz ein großes Potential an Unverständnis, Unzufriedenheit, Mißstimmung und Motivationsverlust.[1099] Die aufgezeigte Differenz wird nochmals höher, betrachtet man beispielsweise die in Straßburg im BQG oder im Stab des Eurokorps stationierten Soldaten. Hier erhält der deutsche Mannschaftsdienstgrad wegen der Stationierung im Ausland doppelten Wehrsold, Kaufkraftausgleich, bezahlte Familienheimfahrten zurück nach Deutschland, Wohnungszuschüsse etc. Dem französischen Wehrpflichtigen ist diese Praxis nur sehr schwer verständlich zu machen. Er fühlt sich ungerecht behandelt, leistet er doch den gleichen Dienst wie sein deutscher Kamerad. Die Unterschiede der nationalen Besoldungen setzen sich auch im Einsatz fort. Hier sind sie teilweise noch erheblich deutlicher.[1100] Entsprechend steigen die Unzufriedenheit und der Motivationsverlust. Die möglichen Auswirkungen auf die Leistung der Betroffenen reichen von persönlicher Enttäuschung über konfliktionären Umgang mit andersnationalen Kameraden bis zur bewußten Leistungszurückhaltung und haben damit insgesamt Auswirkungen auf die Effektivität des gesamten multinationalen Truppenteiles.

Auch im innernationalen Vergleich liegt in der Besoldung Konfliktpotential. Für den in Deutschland in einer Kampfeinheit der D/F-Brigade Dienst leistenden deutschen Mannschaftsdienstgrad etwa ist nur sehr schwer nachvollziehbar, warum seinem in Straßburg im Stab des Eurokorps eingesetzten deutschen Kameraden deutlich mehr gezahlt wird, obwohl dieser erheblich leichteren Dienst mit regelmäßigen Arbeitszeiten verrichtet, zudem den Vorzug einer Auslandsstationierung genießt und auf Wunsch innerhalb von zehn Minuten täglich über die Grenze zurück in die deutsche Heimat fahren kann. Auch hier werden die Probleme im Einsatz nochmals gesteigert.[1101]

b) Dienstgrad Bezüglich der Dienstgrade[1102] existieren in multinationalen Truppenteilen mehrere Probleme.

Zum ersten ergibt sich ein Problem aus der Vergleichbarkeit der nationalen Dienstgrade bzw. Dienstgradsysteme. Die einzelnen nationalen Dienstgradsysteme sind innerhalb der Streitkräfte der jeweiligen Staaten historisch gewachsen.[1103] Internationale Vergleichbarkeit und Kompatibilität gehören deswegen nicht zu den Grundsätzen bzw. Schwerpunkten, die bei der Gestaltung und Entwicklung der nationalen Dienstgradsysteme Berücksichtigung fanden. Zwar gibt es Gemeinsamkeiten, insbesondere zwischen den Streitkräften der NATO-Mitgliedsstaaten. Dennoch existieren viele Kompatibilitätsschwierigkeiten zwischen den Dienstgraden einzelner Nationen, die innerhalb multinationaler Truppenteile zu nicht unerheblichen Kompetenz- und Autoritätsüberschneidungen bzw. –problemen führen.[1104]

(Erstellt in Anlehnung an *Meyhöfer* (Danerog), S. 31, (Trikolore), S. 39, (Jack), S. 39, (Windmühlen), S. 39, (Adler), S. 31, (Viva), S. 31 und (Stripes), S. 31 sowie *BMVg* (Besoldung), o. S. und *BMVg* (Kreiswehrersatzamt), S. 4. Die Daten entstammen den Jahren 1993 bis 1995 und den in diesen Jahren gültigen Mittelwerten der einzelnen Wechselkurse.)

1099 Vgl. *Allorant* (Gespräch). Die großen nationalen Besoldungsunterschiede führen in multinationalen Truppenteilen vermehrt zu Beschwerden bei der/dem Wehrbeauftragten. (Vgl. *Wehrbeauftragte* (Einzelbericht 1996), S. 3.)
Weil sich generell nie eine von allen als gerecht empfundene Vergütung finden lassen wird, (Vgl. *Drumm* (Personalwirtschaftslehre), S. 475.) bleibt die Arbeitsentgeltung als solche – und damit im militärischen Bereich der Sold – grundsätzlich als möglicher sogenannter „Frustrator", also als demotivierender Faktor, existent. (Siehe hierzu etwa *Drumm* (Personalwirtschaftslehre), S. 377.)

1100 Siehe hierzu am Beispiel von multinationalen UN-Einsätzen *Eisele* (Bilanz), S. 27.

1101 So verdient ein im Rahmen eines rein nationalen US-amerikanischen Truppenteils im ehemaligen Jugoslawien eingesetzter US-amerikanischer Soldat deutlich weniger als sein in einem multinationalen Stab Dienst leistender Kamerad. Ihrem Unmut darüber machen sich die Betroffenen regelmäßig auch öffentlich Luft. (Siehe hierzu beispielsweise *Johnson* (Leserbief), S. 14.)

1102 Siehe zur grundsätzlichen Problematik von Dienstgradsystemen sowie zu einer Darstellung von Begriff und Funktionen von Dienstgradsystemen ausführlich *Hahn* (Dienstgradsystem), S. 385-395.

1103 Vgl. *Ulbrecht* (Dienstgrad), S. 32.

1104 Siehe hierzu am Beispiel der D/F-Brigade *Messner* (Brigade), S. 52 und für das BQG *Faust* (BQG), o. S. Die Problematik ist beispielsweise innerhalb des Eurokorps derart ausgeprägt, daß zu ihrer Lösung eine eigene

In multinationalen Truppenteilen spielen neben den Dienstgraden zum zweiten die eng mit ihnen verbundenen Problembereiche der Dienstposten sowie der damit im Zusammenhang stehenden Aufgaben und Befugnisse sowie des Dienstalters und der damit einhergehenden Beförderungspraxis und der Besoldung eine Rolle.

Was Dienstpostenbesetzung und in diesem Zusammenhang auch Aufgaben und Befugnisse betrifft, genießt insbesondere der deutsche Generalstabsoffizier einen herausgehobenen Status. Dieser läßt ihn bereits in jungen Jahren verantwortungsvolle Dienstposten mit entsprechenden Aufgaben und Befugnissen übernehmen - Dienstposten, die Generalstabsoffiziere anderer Nationen im Vergleich erst sehr viel später besetzen dürfen.[1105] Hier gibt es großes Potential für Friktionen und damit für Effektivitätseinbußen. Die in der Bundeswehr geltende höhere Gewichtung der Dienststellung gegenüber dem Dienstgrad stellt ein weiteres Konfliktpotential in multinationalen Truppenteilen dar, weil es für nicht-deutsche Soldaten ungewohnt ist, von Dienstgradniederen Befehle zu erhalten.[1106] Auch im Unteroffiziersbereich ist die Problematik sehr ausgeprägt, weil häufig deutsche Feldwebeldienstgrade in multinationalen Truppenteilen nach den Standards anderer Nationen eingesetzt werden. Sie bekleiden dadurch regelmäßig Dienstposten, für die sie deutlich überqualifiziert sind. Die Betroffenen fühlen sich durch diese Praxis oftmals zurückgesetzt und in ihrer Autorität untergraben.[1107] Die Problematik ist besonders im Eurokorps stark ausgeprägt und führt dort regelmäßig zu Eingaben bei der Wehrbeauftragten.[1108]

Gerade was das Dienstalter betrifft, gibt es im internationalen Vergleich große Unterschiede. So stehen beispielsweise äußerst jungen US-amerikanischen Oberstleutnanten oftmals im Lebensalter sehr weit fortgeschrittene nicht-US-amerikanische Oberstleutnante gegenüber – in vielen Armeen ein gängiger Endverwendungsdienstgrad für Stabsoffiziere des Truppendienstes.[1109] Der deutsche Hauptmann des Fachdienstes hat in der Mehrheit seinen Endverwendungsdienstgrad erreicht[1110] und sieht sich im multinationalen Rahmen mit deutlich jüngeren Hauptleuten konfrontiert. Auch französische Offiziers- und Unteroffiziersdienstgrade gelten im internationalen Vergleich vielfach als überaltert.[1111] Der große Altersunterschied gleicher Dienstgrade führt zu deutlichen Erfahrungs- und Reifeunterschieden sowie zu körperlichen Leistungsdifferenzen. Diese können sich sehr leicht zu negativen Leistungsdeterminanten und damit zu Effektivitätsreduktoren entwickeln, wenn der Dienstaltersunterschied durch die Be-

---

Dienstgradkommission einberufen wurde. Trotzdem häufen sich die Eingaben bei der Wehrbeauftragten. (Vgl. *Wehrbeauftragte* (Einzelbericht 1996), S. 6.) Die Problematik beschränkt sich dabei nicht nur auf die Offiziers- und Unteroffiziersdienstgrade. Rivalitäten, Neid und Motivationsverlust finden sich in diesem Zusammenhang auch bei den Mannschaftsdienstgraden. (Siehe am Beispiel der D/F-Brigade *Hepp* (Brigade), S. 49.)

1105 Vgl. *Millotat* (Spannungsfelder), S. 93. Siehe zu der genannten Problematik auch Kapitel 6.1.2.5 *(Aufgaben und Befugnisse)*.

1106 So war beispielsweise in der D/F-Brigade der Posten des G4-Generalstabsoffiziers zeitweise durch einen deutschen Major i. G. besetzt, dessen Stellvertreter ein französischer Oberstleutnant war. (Vgl. *Allorant* (Gespräch).)

1107 Diese Symptome traten bereits Mitte der sechziger Jahre während eines Experimentes mit einer multinationalen Schiffsbesatzung auf. (Vgl. *Kölln* (Ricketts), S. 18.)

1108 Vgl. *Wehrbeauftragte* (Einzelbericht 1996), S. 5f. Die aufgezeigten Unterschiede treten aber auch in anderen multinationalen Truppenteilen auf. So sind etwa in der niederländischen Armee Zugführerverwendungen für Feldwebeldienstgrade fast völlig unbekannt (Vgl. *Klein* (Auslaufmodell), S. 25.) – ganz im Gegensatz zur Bundeswehr.

1109 Dies hat seine Ursache unter anderem darin, daß der US-amerikanische Offizier nach 20 Dienstjahren in den Ruhestand treten kann, (Vgl. *Brinkerhoff* (Personnel), S. 2128.) während der deutsche Oberstleutnant derzeit den Ruhestand mit Ablauf des 57. Lebensjahres antritt. Der nationale Unterschied bezüglich des Pensionsalters war beispielsweise auch der Grund dafür, daß im I. D/NL Korps ein jüngerer niederländischer Dreisternegeneral einen lebensälteren deutschen Zweisternegeneral als Stellvertreter hatte. (Vgl. *Nordhausen* (Gespräch.).)

1110 Ausnahmen existieren dann, wenn er zum Stabshauptmann befördert wird – hiervon gibt es im Heer nur wenige Stellen - oder wenn er in die Laufbahn der Offiziere des Truppendienstes wechseln kann – was zwar theoretisch möglich, aber praktisch nie durchgeführt wird.

1111 Vgl. *Klein* (Trikolore), S. 58.

troffenen nicht entsprechend professionell kompensiert wird. Daß dies jedoch oft nicht gelingt, ist immer wieder feststellbar.[1112] Mit dem Dienstalter eng verbunden ist die Beförderungspraxis. Hier kennen gerade die US-amerikanischen Streitkräfte sehr kurze Stehzeiten im Dienstgrad, was zu schnellen Beförderungen und beispielsweise zu den bereits beschriebenen jungen Oberstleutnanten führt. Die Unterschiede der nationalen Beförderungsregeln führen in multinationalen Truppenteilen regelmäßig zu Beschwerden bei der/dem Wehrbeauftragten.[1113] Dienstgrade und Besoldung sind eng aneinander gekoppelt. Die Besoldungsproblematik wurde im vorherigen Kapitel bereits beschrieben.

Auch die Dienstgradsymbole bzw. –abzeichen bergen im multinationalen Rahmen Probleme. Das Über- und Unterordnungsprinzip des Militärs und damit das Prinzip von Befehl und Gehorsam funktioniert nur, wenn der einzelne Soldat die Dienstgrade der Streitkräfte anderer Nationen und ihre Rangabzeichen kennt. Dies im multinationalen Bereich zu gewährleisten, ist sehr schwierig. Die Problematik ist zwar durch Ausbildungs- und Lehrmaterial sowie durch entsprechendes Lernen und regelmäßige Anwendungspraxis entschärfbar. Vollständig und dauerhaft eliminierbar aber ist sie solange nicht, wie es in den einzelnen nationalen Armeen unterschiedliche Dienstgradsymbole gibt.[1114]

Nicht unberücksichtigt bleiben darf im Zusammenhang mit der Dienstgradproblematik die in einigen nationalen Armeen extrem ausgeprägte und teilweise explizit in Vorschriften normierte Trennung zwischen den einzelnen Dienstgrad- bzw. Laufbahngruppen. Diese Trennung ist beispielsweise in Frankreich, Großbritannien und Spanien traditionell besonders entwickelt.[1115] In den Streitkräften der USA ist persönlicher Umgang im Sinne einer Verbrüderung zwischen Offizieren, Unteroffizieren und Mannschaften in allen Teilstreitkräften verboten. Hier sind nicht nur zwischengeschlechtliche Beziehungen gemeint, sondern auch gleichgeschlechtliche Kamerad- und Freundschaften. Die Strafen reichen bis zur unehrenhaften Entlassung und Freiheitsstrafen.[1116] In der Deutschen Bundeswehr arbeiten Offiziere und Unteroffiziere insbesondere auf Kompanie- und Zugebene der Kampftruppen täglich und traditionell eng zusammen. Dabei entstehen naturgemäß regelmäßig enge dienstliche Kameradschaften, die sich nicht selten zu persönlichen Freundschaften entwickeln. Hier liegt in multinationalen Truppenteilen ein weiteres Konfliktpotential, das geeignet ist, individuelle und kollektive Leistung und Effektivität zu reduzieren.[1117]

c) Privilegien Gerade die innerhalb multinationaler Truppenteile existierenden Privilegien sind häufig Anlaß für Unstimmigkeiten und Mißgunst – sowohl zwischen Soldaten derselben Nation als auch zwischen andersnationalen Soldaten.[1118] Die nur Angehörigen einer

---

1112 Siehe hierzu beispielsweise *Faust* (BQG), o. S., *Millotat* (Spannungsfelder), S. 93 und *Solarek* (Dienst), S. 248.

1113 Vgl. *Wehrbeauftragte* (Einzelbericht 1996), S. 3.

1114 Insbesondere bei multinationalen UN-Einsätzen treten häufig Irritationen auf, die durch die Fülle der existierenden nationalen Dienstgradabzeichen bedingt sind. (Vgl. *Eisele* (Vortrag).)

1115 Siehe hierzu am Beispiel Spaniens *Hanke* (Franco), S. 29.

1116 Siehe zu dem vorangegangenen Abschnitt *Bowman* (Policy), S. 1 und 5.

1117 Die extrem ausgeprägte Trennung zwischen den Dienstgraden führte während des UN-Einsatzes im ehemaligen Jugoslawien zu einem tragischen Unfall. Dabei stürzte ein UN-Hubschrauber ab, weil es der Kopilot unterließ, den Piloten auf einen Flugfehler aufmerksam zu machen. Diese Kritik am Piloten war dem dienstgradniederen Kopiloten nach den nationalen Regeln seiner Streitkräfte nicht erlaubt. Der Absturz führte zu etlichen Toten. (Siehe zu dem vorangegangenen Abschnitt *Eisele* (Bilanz), S. 27 und *Eisele* (Vortrag).)

1118 So ist es einem deutschen Soldaten, der im Inland stationiert ist, nur sehr schwer erklärbar, warum sich ein deutscher Kamerad, der beispielsweise zehn Minuten hinter der deutsch-französischen Grenze in Straßburg Dienst leistet, zoll- und steuerfrei Neuwagen, Spirituosen und Zigaretten kaufen kann, warum dieser Benzingutscheine und Wohnungsbeihilfe erhält, warum er deutlich höher besoldet wird usw. (Siehe zu dem vorangegangenen Abschnitt ausführlich *Faust* (BQG), o. S.) Als ungerecht empfinden deutsche Soldaten beispielsweise auch, daß ihre niederländischen Kameraden in Deutschland zollfrei Zigaretten, Spirituosen,

bzw. einiger nationalen Streitkräfte eingeräumten Privilegien bedeuten eine gegenseitige Ausgrenzung und haben negative Auswirkungen auf die Leistungsmotivation der betroffenen Soldaten und damit in letzter Konsequenz auf die Effektivität des gesamten multinationalen Truppenteiles.

7.1.2.2 Besondere Personalkomponenten

7.1.2.2.1 Reservisten

Reservisten müssen, wie ihre aktiven Kameraden auch, durch entsprechende Ausbildungen adäquat auf Verwendungen in multinationalen Truppenteilen vorbereitet werden. Den gewonnenen Ausbildungsstand gilt es durch regelmäßiges Wehrüben zu vervollkommnen, zu vertiefen und zu festigen. Für die Bundeswehr ergeben sich hier die bekannte Problematik der ständigen Haushaltskürzungen und die damit einhergehende Verringerung der zur Verfügung stehenden Wehrübungstage.[1119] Diese Problematik wirkt sich zum einen auf die Personalverwaltung aus, der immer mehr entsprechend ausgebildete Reservesoldaten fehlen. Beim betroffenen Personal, den Reservisten, erzeugt sie Frustration, Unzufriedenheit und letztendlich mangelnde Wehrübungsbereitschaft. Zu den genannten Folgen tragen auch nicht unerheblich die oftmals auf Vorurteilen, Unkenntnis oder Desinteresse fußende mangelhafte Zusammenarbeit und Unterstützung durch die aktiven Kameraden bei.[1120] In multinationalen Truppenteilen kommt hinzu, daß die Zusammenarbeit mit wehrübenden Reservisten der Bundeswehr für die Soldaten mancher Nationen ungewohnt ist – so zum Beispiel für die belgischen Kameraden des Eurokorps.[1121] Hier gibt es auf beiden Seiten Potential für zwischenmenschliche Friktionen, das zu seiner Vermeidung bzw. Bewältigung seitens der aktiven Kameraden einer ständigen Informationsarbeit bei den Soldaten der nicht-deutschen Streitkräfte bedarf.[1122] Motivation, Leistungsbereitschaft und Arbeitsfreude der Reservisten multinationaler Truppenteile und damit auch deren Effektivität hängen damit in zweifacher Hinsicht wesentlich von den aktiven Soldaten ab.

7.1.2.2.2 Ausländer

Im Normalfall dienen nur die Bürger eines Staates in dessen Streitkräften. Der Einsatz ausländischer Soldaten in den nationalen Armeen wird jedoch seit Jahrzehnten insbesondere in Großbritannien, Frankreich, Kanada und den USA praktiziert. Durch diese Praxis werden vor

---

Benzin usw. erwerben können, obwohl beide den gleichen Dienst in der selben Einheit oder im selben Verband verrichten. (Vgl. *Boden* (Gespräch) und *Lebietz* (Gespräch).) Die den US-amerikanischen Soldaten weltweit zur Verfügung stehenden gewaltigen Komplexe von Kaufhäusern, Supermärkten, Reisbüros, Freizeitangeboten usw. (Siehe hierzu *Leuerer* (Streitkräfte), S. 274-278.) bleiben für Soldaten der Deutschen Bundeswehr unerreichbar. Ihnen bleiben die Einkaufs- und Nutzungsmöglichkeit aus Zoll- und Steuergründen verwehrt. Problematisch ist in diesem Zusammenhang aber, daß die Soldaten aller anderen NATO-Partner, die sich ständig oder kurzfristig in Deutschland aufhalten, das beschriebene Angebot legitim nutzen dürfen. Hier kommt es regelmäßig zu Unstimmigkeiten, wenn beispielsweise französische Soldaten der D/F-Brigade Einkaufsfahrten in einen US-amerikanischen PX unternehmen, während ihre deutschen Kameraden zu Hause bleiben müssen. Auch bestimmte nationale Freizeiteinrichtungen multinationaler Truppenteile sind aus Steuer- und Zollgründen in der Nutzung nur den Angehörigen der jeweiligen Nation zugänglich. (Siehe zum Beispiel des I. D/NL Korps *Agreement I. D/NL Korps*, Article 32.)

[1119] Im August 1999 wurden die bereits auf 3.500 verringerten, jährlich zur Verfügung stehenden Wehrübungsplätze nochmals auf 1.500 reduziert. (Vgl. *BMVg* (Entwurf 2000), S. 3 und *Feldmeyer* (Haushalt), S. 12.)

[1120] Siehe hierzu beispielsweise *Moniac* (Wesen), S. 5.

[1121] Auch die Spanier mobilisieren keine Reservisten. (Vgl. *Textor* (Studie), S. 35.)

[1122] Siehe zu dem vorangegangenen Abschnitt *Mayer* (Reservist), S. 21f.

allem Rekrutierungslücken geschlossen (insbesondere in den USA) und für Sonderaufgaben einsetzbare Soldaten gewonnen (beispielsweise die Gurkhas der britischen Armee oder die Soldaten der französischen Fremdenlegion).[1123]

Durch den ständig steigenden Ausländeranteil in der Bundesrepublik Deutschland nimmt auch die Zahl der männlichen Einwohner im wehrpflichtigen bzw. wehrfähigen Alter zu.[1124] Insgesamt läßt sich in Deutschland ein Zuwachs ausländischer Wehrpflichtiger und Freiwilliger feststellen.[1125] Neben rechtlichen Vorbehalten gibt es bei der Einstellung von Ausländern als Soldaten in die Bundeswehr eine Reihe gesellschaftlicher und sozialer Probleme und Risiken zu berücksichtigen, die sich zum einen auf Deutschland als Staat, zum anderen aber auch auf die Effektivität multinationaler Truppenteile auswirken.

Für die Bundesrepublik Deutschland besteht das Risiko, daß die Zustimmung seitens der Bevölkerung bezüglich des Einsatzes ausländischer Soldaten in der Bundeswehr unzureichend ist. Diese mangelnde Unterstützung verbunden mit möglichen kulturellen, sprachlichen,[1126] religiösen und ethnischen Integrations- und Identifikationsproblemen des ausländischen Soldaten führen bei diesem dann zu Unzufriedenheit und Motivationsverlust, was wiederum Leistungszurückhaltung nach sich zieht[1127] und schließlich auch in einem deutlich abnehmenden Bezug zum deutschen Staat gipfeln kann.[1128] Vier weitere Aspekte treten hinzu. Gerade bei ausländischen Soldaten der Bundeswehr, die osteuropäischen Staaten entstammen, und die beispielsweise im Rahmen der multinationalen SFOR- oder KFOR-Einsätze im Balkan eingesetzt werden, kann vor Ort ein nicht zu unterschätzender Interessenkonflikt entstehen. Gleiches gilt für türkisch-stämmige deutsche Soldaten, wenn sie im Rahmen eines Einsatzes der NATO in der Türkei oder in Griechenland eingesetzt werden. Darüber hinaus können sich innerhalb multinationaler Truppenteile persönliche Friktionen ergeben, wenn Soldaten zwar derselben Nation entstammen, aber eine unterschiedliche Uniform tragen. Des weiteren ist bei Soldaten mit doppelter Staatsbürgerschaft ein Loyalitätskonflikt für den Fall nicht auszuschließen, daß es zwischen den beiden Nationen zu Konflikten kommt. Schließlich besteht die Gefahr, daß sich ausländische Minderheiten in nationalen Streitkräften mit negativen Absichten organisieren[1129] und dadurch die militärische Einsatzbereitschaft gefährden, zumindest aber den Dienstbetrieb stören.

Neben den möglichen negativen Auswirkungen auf die Effektivität des Dienstbetriebes sind unter betriebswirtschaftlicher Betrachtung auch die Kosten zu berücksichtigen, die für eine entsprechende, auf die Ausländer- und Minderheitenproblematik vorbereitende Ausbildung der Führer notwendig wird.[1130]

7.1.2.2.3 Frauen

Frauen dienen in den Armeen der meisten NATO-Mitgliedsstaaten, so auch in der Deutschen Bundeswehr. In den US-amerikanischen Streitkräften sind rund 14 Prozent der Soldaten weib-

---

[1123] Siehe zu dem vorangegangenen Abschnitt ausführlich *Dean* (Fahnen), S. 26-31.

[1124] Hier kommen nur eingebürgerte Ausländer, Nachkommen ehemaliger Ausländer und Spätaussiedler in Betracht. Im Zuge des fortschreitenden Integrationsprozesses erlangen vor allem mehr und mehr männliche Jugendliche der zweiten und dritten Ausländergeneration die deutsche Staatsbürgerschaft. (Vgl. *Ramelsberger* (Paß), S. 4.)

[1125] Siehe hierzu *Aries* (Islamisch), S. 57 und *Wehrbeauftragte* (Jahresbericht 1998), S. 41.

[1126] Die Sprachproblematik ist zur Zeit insbesondere bei den wehrpflichtigen Spätaussiedlern ausgeprägt. (Vgl. *Klein* (Minderheiten), S. 95 und *Wehrbeauftragte* (Jahresbericht 1998), S. 41.)

[1127] Siehe hierzu *Bendel/Meier/Steinhoff* (Herkunft), S. 718.

[1128] Siehe zu dem vorangegangenen Abschnitt ausführlich *Wehner* (Paß), S. 26-28.

[1129] So existiert in Deutschland beispielsweise eine Reihe radikaler türkischer und kurdischer Organisationen, die über eine nicht unbedeutende organisatorische Schlagkraft und gewalttätiges Potential verfügen. (Siehe hierzu ausführlich *Kramer* (Strukturen), S. 82-87.)

[1130] Eine solche Ausbildungskomponente fordern die Streitkräfte selbst. (Siehe hierzu *Bendel/Meier/ Steinhoff* (Herkunft), S. 719.)

lich (Stand 2000). Obwohl ihnen die Mehrheit der Verwendungen offensteht, dürfen sie in Infanterie-, Panzer- oder Spezialkräfteeinheiten keinen Dienst leisten.[1131] In Frankreich sind weniger als sieben Prozent der Armeeangehörigen Frauen (Stand 2000),[1132] in Großbritannien sind es zirka sieben Prozent (Stand 2000),[1133] in den Niederlanden wird ein Anteil von acht Prozent angestrebt.[1134] Insgesamt steht Frauen in 12 der alten 16 NATO-Mitgliedsstaaten der Dienst in Kampfunterstützungstruppen offen; in sieben Nationen dürfen sie auch Dienst in den Kampftruppen leisten.[1135]

Die Verwendung von Frauen in den Streitkräften ist jedoch nicht frei von Problemen.[1136] So stellt eine interne Studie der US-Army beispielsweise eine armeeweite, dienstgrad-, geschlechts- und rassenübergreifende, ständig präsente sexuelle Belästigung fest.[1137] Die Geschlechterdifferenzen verursachen Unsicherheiten im Umgang miteinander. So sind Fälle bekannt, in denen Vorgesetzte bei der Beurteilung der Leistung weiblicher Soldaten andere Maßstäbe angelegt haben, um nicht der Frauenfeindlichkeit bezichtigt zu werden.[1138] Derartige Folgen beschränken sich jedoch nicht nur auf die Streitkräfte der USA. Auch in der französischen Armee erkennt man die Gefahr der Bildung einer speziellen und begünstigten militärischen Klasse (weibliche Soldaten), die von anderen (männlichen Soldaten) beneidet werden.[1139] In Israel hat die Integration weiblicher Soldaten in die Befreiungskämpfe im Jahre 1948 gar dazu geführt, daß ganze Einheiten nahezu kampfunfähig wurden, weil der ausgeprägte Beschützerinstinkt der männlichen Soldaten dazu führte, daß sie ihre Aufträge vernachlässigten.[1140] In der französischen Fremdenlegion finden Frauen nur in wenigen, bestimmten Unterstützungsfunktionen, beispielsweise als Fallschirmpackerinnen, Näherinnen oder Köchinnen, Aufnahme. In Kampftruppen werden Frauen nicht verwendet. Diese Regelung hat sich in der französischen Fremdenlegion, die traditionell multinational ist und über ständige Einsatzerfahrungen verfügt, bewährt.[1141] Bei der betrachteten Problematik gilt es auch, die psychischen und physischen Besonderheiten von Frauen und ihre Auswirkungen auf die Einsatzfähigkeit weiblicher Soldaten unter Kriegsbedingungen zu berücksichtigen.[1142]

In der Deutschen Bundeswehr dienen zur Zeit etwa 4.250 weibliche Soldaten im Sanitätsdienst und bei der Militärmusik (Stand 1999). Verwendungen in den Laufbahnen des Truppendienstes bleiben ihnen verwehrt.[1143] Frauen sind damit in der Bundeswehr unterrepräsentiert. Dies liegt zum einen am derzeit in Deutschland herrschenden Bild der Geschlechterdifferenz.[1144] Zum anderen fehlte bis dato für eine Öffnung der deutschen Streitkräfte für Ver-

---

[1131] Siehe zu dem vorangegangenen Abschnitt *BMVg* (Frauen), o. S. und *Schafer* (Training), S. 1. Siehe zur Debatte des Verwendungsverbotes von Frauen in Kampfeinheiten der US-Army ausführlich *Busch* (Combatverbot), S. 361-384.

[1132] Vgl. *BMVg* (Frauen), o. S. und *Poussineau* (Frauen), S. 4.

[1133] Vgl. *BMVg* (Frauen), o. S. und *o. A.* (Armeereform), S. 11.

[1134] Vgl. *Hanlipano* (Gespräch).

[1135] Vgl. *Haneke* (Geschlechter), S. 8. Siehe zu einer ausführlichen Übersicht über Verwendungsmöglichkeiten für und Anteile von Frauen in den Streitkräften anderer Staaten *BMVg* (Frauen), o. S.

[1136] Siehe insbesondere zu ökonomischen Aspekten des Einsatzes von Frauen in den Streitkräften *Hahn* (Militärbetriebslehre), S. 89f. und ausführlich *Hahn* (Frauen).

[1137] Vgl. *Adams* (Problems), S. 2 und *Boyle* (Concerns), S. 5.

[1138] Vgl. *o. A.* (Ziel), S. 42.

[1139] Vgl. *Rosich* (Erfahrungen), S. 25.

[1140] Vgl. *Kuhn* (Schlußlicht), S. 4. Umgekehrt zeigt eine israelische Studie über den Einsatz von Frauen im II. Golfkrieg, daß sich Frauen im Einsatz deutlich intensiver über Familie und Freunde in der Heimat sorgen als Männer. Hierdurch wurde der Einsatzstreß für Frauen im Vergleich zu Männern erkennbar ausgeprägter. (Vgl. *Solomon* (Women), S. 99.)

[1141] Vgl. *Gast* (Gespräch).

[1142] Siehe hierzu ausführlich *Drebenstedt/Drebenstedt/Leonhard* (Aspekte), S. 206-213.

[1143] Dies ist in Art. 12a IV 2 GG i.V.m. § 1 II 3 SG und §§ 3a, 5 III SLVO geregelt. Diese gesetzlichen Normen begegnen keinen rechtlichen Bedenken. (Vgl. *BVerwG* (Frauen), S. 2175.) Basierend auf dem Urteil des Europäischen Gerichtshofes vom 11.01.2000 stehen Frauen nun auch in den deutschen Streitkräften weitere militärische Laufbahnen offen. (Siehe hierzu ausführlich *BMVg* (Urteil), o. S.)

[1144] Vgl. *Erber* (Debatte), S. 27.

wendungen von weiblichen Soldaten in den Laufbahnen des Truppendienstes die politische Mehrheit.[1145] In jedem Fall ist der deutsche Soldat nicht in dem Maße an den Dienst mit weiblichen Soldaten gewöhnt, wie es in anderen Armeen der Fall ist.[1146] Hieraus können sich in multinationalen Truppenteilen Probleme ergeben, die sich auf die Effektivität der multinationalen Zusammenarbeit auswirken.[1147] Im übrigen haben insbesondere Erfahrungen im multinationalen IFOR/SFOR-Einsatz im ehemaligen Jugoslawien gezeigt, daß es innerhalb der NATO mit der Besetzung hochrangiger Posten durch Frauen durchaus Probleme gibt, die bis zur Infragestellung der Autorität des weiblichen Soldaten und zur mangelnden Anerkennung der Frau als militärischer Vorgesetzten führen.[1148] Sehr deutlich wurde und wird die Problematik des Verhältnisses zwischen den Geschlechtern auch bei multinationalen UN-Einsätzen.[1149]

7.1.2.2.4 Zivile Bedienstete der Deutschen Bundeswehr

Die sich innerhalb der Deutschen Bundeswehr aus der Trennung von Streitkräften und Verwaltung ergebenden Probleme setzen sich in multinationalen Truppenteilen fort.[1150] Während der deutsche Soldat im Verlaufe seiner Dienstzeit mit dieser Problematik[1151] regelmäßig konfrontiert wird, ist der Sachverhalt für andersnationale Soldaten oft fremd und befremdlich, werden doch in ihren Armeen die in der Bundeswehr von zivilem Personal durchgeführten Aufgaben durch Soldaten erledigt. Hier gibt es regelmäßig Unverständnis und Kompetenzprobleme[1152] - letztendlich mit negativen Auswirkungen auf die Effektivität des multinationalen Truppenteiles. Nicht selten bedarf es erst einer umfassenden Information und Klarstellung seitens deutscher Soldaten, bevor in multinationalen Truppenteilen die Zusammenarbeit zwischen den Streitkräfteangehörigen anderer Nationen und den Zivilangestellten und –beamten der Bundeswehr funktioniert. Hier liegt auf beiden Seiten leistungseinschränkendes Konfliktpotential. Die Abhängigkeit deutscher Soldaten von der zivilen Verwaltung führt insbesondere bei den französischen Soldaten oftmals zu dem Vorwurf, sie seien bürokratisch, auf Vorschriften fixiert und äußerst inflexibel.[1153]

1145 Vgl. *Schmitz* (Frauen), S. 29. Die frühere Wehrbeauftragte des Deutschen Bundestag sah diesbezüglich auch in der nahen Zukunft keine Mehrheit. (Siehe hierzu *DPA* (Mehrheit), S. VZS 2.) Dies hat sich am 27. 10 2000 mit der Zustimmung des Deutschen Bundestages zu einer Änderung des Art. 12a GG geändert. (Siehe hierzu ausführlich *BMVg* (Urteil), o. S.)

1146 Vgl. *Janssen* (Bi), S. 565.

1147 Die Probleme treten in allen Dienstgradgruppen auf und finden sich damit auch bei den Mannschaftsdienstgraden. (Vgl. *Hepp* (Brigade), S. 49.)

1148 Vgl. *Harris* (Frau), S. 26. Diesbezüglich gibt es beispielsweise auch entsprechende Erfahrungen in der D/F-Brigade. (Siehe hierzu *Lippert/Klein* (Brigade),S. 8.)

1149 Siehe hierzu beispielsweise *Eisele* (Bilanz), S. 27.

1150 Siehe zur Rolle der Bundeswehrverwaltung in multinationalen Truppenteilen ausführlich *Kirchhof* (Befehlsgewalt), S. 155-157.

1151 Die angesprochene Problematik betrifft dabei im wesentlichen den Bereich der Zusammenarbeit zwischen Militärs und Zivilisten. Siehe zu weiteren, mit der Heranziehung von Zivilisten verbundenen Problemen *Hahn* (Militärbetriebslehre), S. 89.

1152 So gab und gibt es beispielsweise in der D/F-Brigade im Bereich der Infrastruktur große Probleme. Galt es, ein Bauprojekt zu realisieren, befahl der französische Kommandeur den Bau, und die französischen Pioniere bauten das Projekt. Ein deutscher Kommandeur muß sich über die Verwaltung erst einem sehr lange dauernden Genehmigungsverfahren unterziehen. Die Bauphase selbst verzögert sich dann nochmals durch tarifrechtliche Bestimmungen, vertraglich nicht implementierte bzw. nicht implementierbare Konventionalstrafen etc. (Vgl. *Allorant* (Gespräch).)

1153 Vgl. *Klein* (D/F), S. 7. Auch im I. D/NL Korps gibt es Beispiele. So galt es in der Aufbauphase des Korpsstabes, die deutschen Soldaten – insbesondere Feldwebeldienstgrade - für die noch oft ungewohnte Computernutzung vorzubereiten. Sie mußten dazu an der Anwendersoftware „Windows 95" ausgebildet werden. Die Bundeswehrverwaltung versagte die Ausbildung der deutschen Soldaten auf dem zivilen Markt, beispielsweise bei der IHK oder bei zivilen Unternehmen. Die Soldaten sollten vielmehr an der Logistikschule der Bundeswehr ausgebildet werden. Auf diese Weise hätten im Jahr nur fünf deutsche Soldaten ausgebildet

Hinzu kommt bei deutschen Zivilangestellten und –beamten ein regelmäßig festzustellender Fremdsprachenmangel, der, wie an früherer Stelle bereits mehrfach dargelegt, einer effektiven multinationalen Zusammenarbeit äußerst abträglich ist.[1154]

7.1.2.2.5 Familien

Probleme treten insbesondere für diejenigen Soldatenfamilien auf, für die die Zugehörigkeit des militärdienstleistenden Familienmitgliedes zu einem multinationalen Truppenteil eine Stationierung im Ausland bedeutet.[1155] Die Probleme sind vielfältig und beginnen insbesondere mit der Sprachproblematik.[1156] So sprechen etwa die wenigsten Familien der in Stettin im Stab des MNK (NO) eingesetzten deutschen Soldaten Polnisch. Die Alltagsprobleme sind damit für die Familienangehörigen vorprogrammiert. Die in den Sprachbarrieren begründeten Probleme reichen von privater und gesellschaftlicher Isolierung bis zur totalen Hilflosigkeiten bei Notfällen, zum Beispiel bei einem Wasserrohrbruch im Haus, bei Unfällen, Autopannen etc. Fehlende Wohnungen in gewohnter Qualität und Preislage, Schulen mit dem in der Heimat entsprechenden Lehrniveau und mit den dort anerkannten Abschlüssen, gewohntes Kultur- und Freizeitangebot, ausgeprägte Kulturunterschiede, administrative Hürden, wie sie beispielsweise bezüglich Arbeitserlaubnissen oder Führerscheinen existieren usw.[1157] belasten das Leben von Soldatenfamilien und stellen damit auch einen Einflußfaktor auf die dienstliche Leistung des jeweils betroffenen Soldaten und damit auch auf die Effektivität multinationaler Truppenteile dar.[1158]
Die verschiedenen, zur Kompensierung dieser Problemfaktoren durchgeführten Maßnahmen[1159] bedeuten im übrigen einen weiteren, nicht unerheblichen Kostenfaktor in den nationalen Haushalten.

7.1.2.2.6 Sonstige Personalkomponenten

Hierunter fallen vor allem Minderheiten wie zum Beispiel Homosexuelle. In einigen Nationen ist der militärische Dienst für homosexuelle Soldaten, insbesondere in Führungsfunktionen, verboten – so auch in der Deutschen Bundeswehr.[1160] Streitkräfte einzelner Nationen dagegen, beispielsweise die der USA, tolerieren die Homosexualität zumindest offiziell. In der Truppe jedoch gibt es erhebliche Widerstände, die sich teilweise in brutalen Tätlichkeiten äu-

---

werden können. Um die Einsatzbereitschaft des Korps nicht zu gefährden, bildeten die Niederländer die deutschen Kameraden kurzerhand in niederländischen Firmen aus. (Vgl. *Sohst* (Gespräch.).)

1154 Vgl. *Faust* (BQG), o. S. Dabei gelten verhandlungssichere Fremdsprachenkenntnisse als unabdingbare Anforderung für den in multinationalen Truppenteilen eingesetzten Verwaltungsbeamten. (Vgl. *Scheuer* (Wehrverwaltung), S. 21f.) Dieses Ziel wird wohl nur in Einzelfällen erreichbar sein.

1155 Die Problematik ist aus dem erwerbswirtschaftlichen Bereich hinreichend bekannt. (Siehe hierzu beispielsweise *Heymann/Schuster* (Führungskräfte), S. 101-103, *Kienbaum* (Ausland), S. 30-32, *Kumar* (Personalmanagement), S. 9, *Pfeiffer* (Auslandsbetreuung), S. 119 und *Wirth* (Auslandseinsatz), S. 202-205.)

1156 Vgl. *Blase* (Nordost), S. 10f., *Pfrengle* (Gespräch) und *Steinaecker* (Zwischenbilanz), S. 16.

1157 Siehe zu den aufgeführten Beispielen auch *Blase* (Nordost), S. 10f., *Mb* (Münster), S. 41 und *Sachau* (Nordost), S. 20.

1158 Siehe zum Zusammenhang zwischen abnehmendem dienstlichen Engagement und dienstlich verursachten familiären Problemen *Dillkofer/Meyer/Schneider* (Soldatenfamilien), S. 172f.

1159 Hierzu zählen etwa Sprachkurse, Wohnungsunterstützung, Einrichtung von Außenstellen des Bundeswehrverwaltungsamtes etc. (Siehe hierzu am Beispiel des MNK (NO) *Blase* (Nordost), S. 10f.)

1160 Der Wehrdienstsenat des Bundesverwaltungsgerichtes in München entschied 1979 in einem Grundsatzbeschluß, daß homosexuelle Soldaten in ihrer Eignung als Vorgesetzte eingeschränkt sind. (Vgl. *DPA* (Homosexuell), S. VZS 2.) Hier geht es vor allem um die Freiwilligen. Die Wehrpflichtigen sind in diesem Zusammenhang nur dann von Interesse, wenn sie sich beispielsweise für eine Offiziers- oder Unteroffizierslaufbahn der Reserve bewerben.

ßern.[1161] Auch in Großbritannien finden sich deutlich feststellbare Differenzen zwischen einer politisch vorgegebenen Chancengleichheit für Homosexuelle in den Streitkräften und dem tatsächlichen Umgang mit Homosexuellen in der Truppe.[1162] Die unterschiedlichen Regelungen der einzelnen nationalen Streitkräfte zur Homosexualität sowie die diesbezüglich in der Truppe der jeweiligen Nation vorhandene, unterschiedlich ausgeprägte Akzeptanz, bergen in multinationalen Truppenteilen ein nicht zu unterschätzendes Konfliktpotential.

7.1.3 Betriebswirtschaftliche Beurteilung der Personalwirtschaft

7.1.3.1 Effektivität

Wie die Ausführungen des Kapitels 7.1 *(Personalwirtschaft)* deutlich gezeigt haben, liegt die als *Et (MNT, PW)* bezeichnete Effektivität der Personalwirtschaft in multinationalen Truppenteilen unter der Effektivität vergleichbarer rein nationaler Truppenteile (*Et (RNT, PW)*). Die Effektivitätseinbußen betreffen dabei sowohl den Bereich der Personalverwaltung als auch den des Personals selbst. Die Effektivität der Personalwirtschaft sinkt in Abhängigkeit von der im jeweiligen Truppenteil vorhandenen Ausgestaltung der Multinationalität. (s. Tab. 9) Es gilt:

$$Et\ (MNT,\ PW) < Et\ (RNT,\ PW)$$

Die Personalverwaltung wird mit effektivitätsreduzierenden Problemen insbesondere auf den Gebieten der Trägerschaft, der qualitativen und quantitativen Personalbedarfsdeckung, der Personalbeschaffung, der Personalauswahl, des Personaleinsatzes und der Personalentwicklung konfrontiert. (s. Tab. 9) Das Personal multinationaler Truppenteile sieht sich durch den Dienst in diesen Truppenteilen einer Reihe von intra- und extrapersonellen Determinanten gegenüber, die ihre Zufriedenheit, ihre Leistung und damit insgesamt die Effektivität ihrer Arbeit negativ beeinflussen können. (s. Tab. 9)
Die Effektivität der Personalwirtschaft wird sich in multinationalen Truppenteilen auch langfristig nur unvollkommen an die Effektivität vergleichbarer rein nationaler Truppenteile anpassen lassen. (s. Tab. 9)

[1161] In den Streitkräften der USA gilt seit 1994 die Regel „Don't ask, don't tell, don't pursue!". Hierdurch soll homosexuellen Soldaten ein militärischer Dienst ohne Nachteile ermöglicht werden. In der Praxis jedoch, das heißt in der Truppe bestehen bei der Umsetzung dieser „Policy" erhebliche Defizite – insbesondere deshalb, weil dort die Akzeptanz von Homosexuellen im Militär nur mangelhaft ausgeprägt ist. So stiegen die Fälle der Mißhandlungen von Homosexuellen in den Streitkräften der USA zwischen 1997 und 1998 um 120 Prozent. Im Juli diesen Jahres kam es gar zu einem Mord an einem US-amerikanischen homosexuellen Soldaten durch einen Kameraden. (Siehe zu dem vorangegangenen Abschnitt ausführlich *Pressley* (Hate), S. 2.)

[1162] Vgl. *Williams* (Chancengleichheit), S. 30.

Tab. 9: *Effektivitätsreduktoren im Bereich der Personalwirtschaft*

Effektivitätsreduktoren	Ausprägung in Abhängigkeit von ...									Existenz		
	... Organisationsprinzip			... Anzahl der Nationen		... Ebene der Mischung		... Zusammenarbeit in der Vergangenheit		vorhanden in Anpassungsphase	dauerhaft vorhanden	
	FW	Integr.	LN	2	>2	Korps	<Korps	ausgeprägt	unregelmäßig bis nicht vorhanden		gleichbleibend	abnehmend
Defizite im Bereich der qualitativen und quantitativen Personalbedarfsdeckung	++	+++	+	++	+++	+++	+++	+++	+++	X	gleichbleibend bis abnehmend	
Personalbeschaffung	++	+++	+	++	+++	+++	+++	+++	+++	X		X
Personaleinsatz und -entwicklung	++	+++	+	++	+++	+++	+++	+++	+++	X		X
Negative intra- und extrapersonelle Leistungsdeterminanten	++	+++	+	++	+++	+++	+++	+++	+++	X	gleichbleibend bis abnehmend	
Besondere Personalkomponenten	++	+++	+	++	+++	++	+++	++	+++	X	gleichbleibend bis abnehmend	

Legende: FW: Framework-Prinzip
Integr.: Integrations-Prinzip
LN: Lead-Nation-Prinzip
Ausprägungsgrade: (+=schwach, ++=mittel, +++=stark)

7.1.3.2 Kosten

In Zusammenfassung der Ausführungen des Kapitels 7.1 *(Personalwirtschaft)* läßt sich festhalten, daß die Kosten der Personalwirtschaft multinationaler Truppenteile *(K (MNT, PW))* über den im Bereich der Personalwirtschaft entstehenden Kosten vergleichbarer rein nationaler Truppenteile (*K (RNT, PW)*) liegen. Die Kosten der Personalwirtschaft steigen in multinationalen Truppenteilen dabei in Abhängigkeit von der im jeweiligen multinationalen Truppenteil vorhandenen Ausgestaltung der Multinationalität. (s. Tab. 10) Es gilt:

$$K\ (MNT,\ PW) > K\ (RNT,\ PW)$$

Die direkten Folgekosten des Effektivitätsverlustes im Bereich der Personalwirtschaft multinationaler Truppenteile sind beispielsweise zu leistende Überstunden. Als indirekte Folgekosten läßt sich zum Beispiel die Beschäftigung von Dolmetschern und die steigenden Gefahr des Verlustes von Wehrmaterial im Einsatz aufführen. Intangible Kosten betreffen die individuelle Zufriedenheit sowie das erhöhte Gefährdungspotential der Soldaten im Einsatz. (s. Tab. 10)

Allein die Kosten, die für die Erreichung einer qualitativ und quantitativ akzeptablen Personalbedarfsdeckung sowie für die Personalentwicklung entstehen, liegen in multinationalen Truppenteilen erheblich über denen rein nationaler Truppenteile. (s. Tab. 10) Dies liegt vor allem daran, daß sich der qualitative Anforderungskatalog für Soldaten in multinationalen Truppenteilen vom personellen Qualitätskatalog rein nationaler Truppenteile deutlich unterscheidet, und die einzelnen Soldaten erst entsprechend ausgebildet werden müssen – Ausbildung stellt generell einen nicht unbedeutenden Kostenfaktor dar. Entsprechend ausgebildete bzw. qualifizierte Soldaten werden in multinationalen Truppenteilen zudem in großer Zahl sowie auf lange Sicht dauerhaft benötigt, was eine zukünftige Reduzierung der Ausbildungskosten nicht erwarten läßt.

Auch die Kosten, die für eine Vermeidung, Regulierung oder Kompensierung der die Soldaten und andere Personalanteile multinationaler Truppenteile negativ beeinflussenden Leistungsdeterminanten entstehen, sind von nicht unerheblicher Höhe. (s. Tab. 10) Die genannten Kosten treten zudem nicht einmalig auf. Sie treten bei jedem neu zuversetzten Soldaten sowie in jeder Soldatengeneration erneut auf. Auch ist davon auszugehen, daß es diesbezüglich solange keine Abnahme der Kosten geben wird, solange die aufgezeigten für multinationale Truppenteile typischen Leistungsdeterminanten existent bleiben.

Die erhöhten Kosten der Personalwirtschaft in multinationalen Truppenteilen lassen sich auch langfristig nur unvollkommen auf das Niveau vergleichbarer rein nationaler Truppenteile anpassen. (s. Tab. 10)

Tab. 10: *Kostentreiber im Bereich der Personalwirtschaft*

Kostentreiber	Kostenkategorie			Ausprägung in Abhängigkeit von ...									Existenz		
	direkte	indirekte	intangible	... Organisationsprinzip			... Anzahl der Nationen		... Ebene der Mischung		... Zusammenarbeit in der Vergangenheit		vorhanden in Anpassungsphase	dauerhaft vorhanden	
				FW	Integr.	LN	2	>2	Korps	<Korps	ausgeprägt	unregelmäßig bis nicht vorhanden		gleichbleibend	abnehmend
Folgekosten der Effektivitätsverluste im Bereich des Personalwesens	X	X	X	++	+++	+	++	+++	++	+++	++	+++	X		X
Verbesserung der qualitativen und quantitativen Personalbedarfsdeckung	X	X	X	++	+++	+	++	+++	++	+++	++	+++	X	X	
Optimierung der Personalentwicklung	X	X	X	++	+++	+	++	+++	++	+++	++	+++	X		X
Vermeidung, Regulierung und Kompensation der negativen Leistungsdeterminanten	X	X	X	++	+++	+	++	+++	++	+++	++	+++	X	gleichbleibend bis abnehmend	
Vermeidung, Regulierung und Kompensation der Probleme besonderer Personalkomponenten	X	X	X	++	+++	+	++	+++	++	+++	++	+++	X	gleichbleibend bis abnehmend	

Legende: FW: Framework-Prinzip
Integr.: Integrations-Prinzip
LN: Lead-Nation-Prinzip

Ausprägungsgrade: (+=schwach, ++=mittel, +++=stark)

7.1.3.3 Effizienz

Die Effizienz als das in dieser Arbeit definierte Verhältnis zwischen Effektivität und Kosten liegt in multinationalen Truppenteilen im Bereich der Personalwirtschaft (*Ez (MNT, PW)*) unter der Effizienz vergleichbarer rein nationaler Truppenteile (*Ez (RNT, PW)*). Sie sinkt in Abhängigkeit von der im jeweiligen Truppenteil vorhandenen Ausgestaltung der Multinationalität. Es gilt:

[Et (MNT, PW) / K (MNT, PW)] < [Et (RNT, PW) / K (RNT, PW)], also:
Ez (MNT, PW) < Ez (RNT, PW).

Für eine aus Sicht der Bundeswehr durchgeführte Beurteilung der Effizienz der Personalwirtschaft multinationaler Truppenteile sind die für den Bereich der Führung im Kapitel 6.1.4.3 *(Effizienz)* erläuterten drei Fälle zu unterscheiden.
Dabei werden zunächst die im Bereich der Personalwirtschaft für die Bundeswehr in einem multinationalen Truppenteil anfallenden Kosten *K (MNT, GE, PW)* mit den Organisationskosten eines vergleichbaren rein deutschen Truppenteiles (*K (GE, PW)*) verglichen. Den sich aus diesem Vergleich ergebenden drei möglichen Situationen einer Kosteneinsparung (1. Fall: *K (GE, PW) > K (MNT, GE, PW)*), einer Kostenstabilität (2. Fall: *K (GE, PW) = K (MNT, GE, PW)*) und einer Kostensteigerung (3. Fall: *K (GE, PW) < K (MNT, GE, PW)*)[1163] wird dann die im Kapitel 7.1.3.1 *(Effektivität)* festgestellte Effektivitätsreduktion (*Et (MNT, PW) < Et (RNT, PW)*) multinationaler Truppenteile gegenübergestellt.

1. Fall:
Der erste Fall geht davon aus, daß sich im Bereich der Personalwirtschaft aus Sicht der Bundeswehr in multinationalen Truppenteilen im Vergleich zu rein deutschen Truppenteilen Kosten einsparen lassen. Darüber hinaus gilt für den Personalwirtschaftsbereich die bereits festgestellte generelle Effektivitätsreduktion multinationaler Truppenteile. Für eine aus Sicht der Bundeswehr durchgeführte Beurteilung der Effizienz der Personalwirtschaft ergeben sich hieraus zwei Unterfälle:
Die Effizienz im Personalwirtschaftsbereich des multinationalen Truppenteiles *Ez (MNT, PW)* liegt nur dann über der Effizienz vergleichbarer rein deutscher Truppenteile *Ez (GE, PW)*, wenn die festgestellten Effektivitätsverluste von den Kosteneinsparungen überkompensiert werden (Fall 1a). Im umgekehrten Fall, wenn also die Effektivitätsverluste die realisierten Kosteneinsparungen übersteigen (Fall 1b), ist eine Reduktion der Effizienz zu konstatieren .

Fall 1a:

Wenn:
Et (MNT, PW) < Et (RNT, PW) und
K (GE, PW) > K (MNT, GE, PW) und
[Et (RNT, PW) - Et (MNT, PW)] < [K (GE, PW) - K (MNT, GE, PW)],

dann gilt:
Ez (MNT, PW) > Ez (GE, PW).

Fall 1b:

Wenn:
Et (MNT, PW) < Et (RNT, PW) und
K (GE, PW) > K (MNT, GE, PW) und
[Et (RNT, PW) - Et (MNT, PW)] > [K (GE, PW) - K (MNT, GE, PW)],

---

[1163] Daß ein Personalabbau nicht gleichbedeutend mit einer Reduzierung der Personalkosten ist, zeigt deutlich eine Statistik des BMVg: Während sich der Personalbestand von 486.825 Soldaten im Jahre 1989 auf 330.914 Soldaten im Jahre 1998 reduziert hat, stiegen die Personalkosten im gleichen Zeitraum von 23,1 Mrd. DM auf 23,9 Mrd. DM. (Siehe hierzu *BMVg* (Management), o. S.)

dann gilt:
Ez (MNT, PW) < Ez (GE, PW).

2. Fall:
Im zweiten Fall wird im Bereich der Personalwirtschaft weiterhin von einer Effektivitätsreduktion multinationaler Truppenteile ausgegangen. Darüber hinaus wird angenommen, daß sich für die Bundeswehr durch die Beteiligung an einem multinationalen Truppenteil im Bereich der Personalwirtschaft keine Kosten einsparen lassen. In diesem Fall liegt die Effizienz der Personalwirtschaft in einem multinationalen Truppenteil *Ez (MNT, PW)* aus Sicht der Bundeswehr unter der Effizienz eines vergleichbaren rein deutschen Truppenteils *Ez (GE, PW)*.

Wenn:
Et (MNT, PW) < Et (RNT, PW) und
K (GE, PW) = K (MNT, GE, PW),

dann gilt:
Ez (MNT, PW) < Ez (GE, PW).

3. Fall:
Im letzten Fall gilt für den Bereich der Personalwirtschaft erneut die bereits bekannte Annahme der Effektivitätsreduktion multinationaler Truppenteile. Nunmehr wird jedoch für die Bundeswehr von einer, durch die Beteiligung an einem multinationalen Truppenteil verursachten Kostensteigerung im Personalwirtschaftsbereich ausgegangen. Aus Sicht der Bundeswehr ergibt sich in multinationalen Truppenteilen im Bereich der Personalwirtschaft damit ebenfalls ein Effizienzverlust im Vergleich zu rein deutschen Truppenteilen.

Wenn:
Et (MNT, PW) < Et (RNT, PW) und
K (GE, PW) < K (MNT, GE, PW),

dann gilt:
Ez (MNT, PW) < Ez (GE, PW).

Aus Sicht der Bundeswehr steigt somit die Effizienz im Bereich der Personalwirtschaft durch die Beteiligung an bzw. durch die Aufstellung von multinationalen Truppenteilen nur in einem einzigen Fall, nämlich dann, wenn sich im Personalwirtschaftsbereich bei Gegenüberstellung mit vergleichbaren rein deutschen Truppenteilen Kosten einsparen lassen, und diese Kosteneinsparungen die feststellbaren Effektivitätsverluste multinationaler Truppenteile überkompensieren. (s. Fall 1a) In allen anderen Fällen ist ein Effizienzverlust festzustellen. Dieser steigt bezüglich seiner Ausprägung in der Reihenfolge der Fälle 1b, 2 und 3.

7.2 Betriebsmittelwirtschaft

Der militärischen Praxis ist der Oberbegriff der „Betriebsmittelwirtschaft" in dieser Form weitestgehend unbekannt. In der Militärwissenschaft jedoch findet er mittlerweile abgewandelt als „militärische Betriebsmittel" Verwendung.[1164]
Unter dem Begriff der „Betriebsmittelwirtschaft" werden nachfolgend die beiden Bereiche des Wehrmaterials und der Infrastruktur subsumiert.

[1164] Siehe zu dem vorangegangenen Abschnitt ausführlich *Hahn* (Militärbetriebslehre), S. 127f.

7.2.1 Wehrmaterial[1165]

Unter „Wehrmaterial" werden in dieser Arbeit alle Güter verstanden, die bei der materiellen Versorgung der Streitkräfte Verwendung finden.[1166] Dabei wird die Kategorisierung der Bundeswehr in „Nichtverbrauchsgüter" sowie in „Einzel-„ und „Mengenverbrauchsgüter" übernommen.[1167] Wehrmaterial läßt sich auch als „militärische Hardware" bezeichnen, der die „militärische Software" (zum Beispiel Grundsätze, Verfahren und Vorschriften) gegenübersteht.[1168]

In multinationalen Truppenteilen ergeben sich im Zusammenhang mit dem Wehrmaterial vor allem vier Problembereiche. Diese treten in den betrieblichen Verrichtungsfunktionen Beschaffung, Leistungserstellung, Logistik und Finanzierung auf. Während letztere, nämlich die Finanzierung, in diesem Kapitel unberücksichtigt bleibt,[1169] werden die anderen drei Funktionen im folgenden einer näheren Betrachtung unterzogen. Dabei wird die Problematik im Bereich der Beschaffung vor allem innerhalb der Rüstungskooperationen deutlich. Bei der Leistungserstellung tritt sie insbesondere durch Uneinheitlichkeit des Wehrmaterials und damit durch mangelhafte technische Befähigung zur Zusammenarbeit zu Tage.[1170]

7.2.1.1 Grad der Einheitlichkeit

Von der Ausprägung der innerhalb multinationaler Truppenteile vorhandenen Einheitlichkeit des Wehrmaterials hängt es ab, inwieweit die militärische Hardware[1171] der einzelnen Nationen zur technischen Zusammenarbeit befähigt ist. Davon wiederum ist abhängig, wie groß die technisch verursachten Effektivitätsprobleme innerhalb der multinationalen Truppenteile sind.[1172]
Das Streben nach Verbesserung der Fähigkeit zur störungsfreien technischen Zusammenarbeit ist dabei für die NATO nichts Neues.[1173] Die durch mangelnde Einheitlichkeit des Wehrmate-

---

1165 Der Begriff des „Wehrmaterials" ist inhaltlich nicht einheitlich definiert. Siehe zu verschiedenen Begriffsdefinitionen beispielsweise und ausführlich *Füllenbach* (Leasing), S. 7-10.

1166 Vgl. *Hahn* (Militärbetriebslehre), S. 128 und *Mittler* (Stichworte), S. 224.

1167 Siehe zu einer Definition der drei Versorgungsartikelkategorien der Bundeswehr *BMVg* (Sicherheitspolitik), o. S. Siehe zum Unterschied zwischen den Begriffen „Versorgungsgut" und „–artikel" *Hahn* (Militärbetriebslehre), S. 132.

1168 Diese Begriffsverwendung geschieht in konsequenter Fortführung der Ausführungen der Kapitel 6.2.2.2 *(Software)* und 6.2.2.3 *(Hardware)*. Die synonyme Verwendung der Begriffe „Hardware" und „Betriebsmittel" ist auch im erwerbswirtschaftlichen Bereich nicht unüblich. (Siehe hierzu beispielsweise *Pfeiffer/Weiß* (Lean), S: 155.)

1169 Sie wird in Kapitel 7.5 *(Finanzwirtschaft)* behandelt.

1170 Im folgenden wird zunächst die Leistungserstellung behandelt, bevor die Beschaffung einer näheren Betrachtung unterzogen wird.

1171 In Fortschreibung des Kapitels 6.2.2 *(Grad der Einheitlichkeit)* wird für den Begriff „Wehrmaterial" „Hardware" verwendet. Damit wird die Betrachtung der Einheitlichkeit der drei Bereiche Software, Personal und Hardware vervollständigt.

1172 Siehe hierzu auch *Faria/Freeman/Hess* (Combined), S. 9, *Gijsbers* (Thesis), S. 100, *Meyers/Vad* (Multinationalität), S. 38 und *Simon* (Ausrüstung), S. 91. Auch in den multinationalen Truppenteilen selbst wird dieser Sachverhalt erkannt. (Siehe hierzu am Beispiel des Eurokorps *Briquemont* (Eurokorps), S. 327.) Wegen seiner ausgeprägten Einheitlichkeit insbesondere des Wehrmaterials, wurde der Warschauer Pakt stellenweise als der NATO überlegen beurteilt. (Siehe hierzu ausführlich *Podbielski/Theis* (Retrospect), S. 130-134.) Uneinheitliche Betriebsmittel sind auch im erwerbswirtschaftlichen Bereich ein Hauptgrund dafür, daß Fusionen zwischen Unternehmen ausgeprägte Startschwierigkeiten haben oder gar scheitern. (Siehe hierzu ausführlich *McConville/Picard* (Integration), o. S.)

1173 Dies wird beispielsweise durch die Existenz der „Military Agency for Standardization" (MAS) der NATO deutlich, in der die Standardisierungsbemühungen innerhalb des Bündnisses institutionalisiert werden, und die seit 1951 eine Fülle von Standardisierungsübereinkommen, sogenannter „Standardization Agreements"

rials verursachten Probleme sind seit Jahrzehnten bekannt.[1174] Im Zusammenhang mit multinationalen Truppenteilen jedoch gewinnt die Problematik der durch die Uneinheitlichkeit von Wehrmaterial verursachten Effektivitätsverluste neue Qualität und Aktualität – sie gilt gar wieder als Priorität.[1175] Im Vergleich zur Einheitlichkeit bzw. zum Prozeß der Vereinheitlichung in den Bereichen „Personal" und „Software" hat der Prozeß der Vereinheitlichung bzw. der Standardisierung der „Hardware" innerhalb multinationaler Truppenteile deutlichen Aufholbedarf.[1176]

7.2.1.1.1 Standardisierungsstufen

Die Ausprägung bzw. der Grad der Einheitlichkeit militärischer Hardware wird durch eine der vier Stufen der Standardisierung beschrieben. Diese sind: Kompatibilität, Interoperabilität, Austauschbarkeit und Gleichheit.[1177]

Kompatibilität als die niedrigste Stufe der Standardisierung umschreibt das störungsfreie Zusammenwirken von Wehrmaterial. Dies bedeutet, daß mindestens zwei Komponenten militärischer Hardware innerhalb eines Systems und dessen Umgebung ohne gegenseitige Störung arbeiten bzw. zusammenarbeiten können.[1178] Als Beispiel soll die gleichzeitige Nutzung von elektronischen Geräten oder Fahrzeugen dienen. Wenn sich elektronische Geräte verschiedener Nationen in ihrem Betrieb durch strahlungsbedingte Interferenzen gegenseitig stören, sind sie nicht kompatibel, das heißt, sie sind zum Zusammenwirken bzw. zur gleichzeitigen Verwendung nicht oder nur sehr bedingt geeignet. Gleiches gilt für Fahrzeuge oder Waffenträger, die von den einzelnen Nationen im Einsatz für den gleichen Zweck und gemeinsam eingesetzt werden sollen, deren Zusammenwirken bzw. gemeinsamer Einsatz aber beispielsweise durch unterschiedliche Geländegängigkeit oder unterschiedliche Marschgeschwindigkeit erheblich gestört wird.

Interoperabilität als zweite Stufe der Standardisierung beschreibt die Fähigkeit der militärischen Hardware, im Verbund reibungslos zusammenarbeiten bzw. –wirken zu können, mit dem Ziel, sich gegenseitig zu unterstützen oder zu ergänzen.[1179] Dabei behalten die einzelnen Nationen ihr eigenes Wehrmaterial bei. Dieses wurde jedoch für die Zusammenarbeit mit der Hardware anderer Nationen entweder bereits entsprechend konstruiert oder aber nachträglich angepaßt. So gelten beispielsweise die Fernmeldegeräte einzelner Nationen dann als interoperabel, wenn sie zum gegenseitigen Funkverkehr geeignet sind. Interoperabilität ist innerhalb der NATO die am weitest verbreitete Stufe der Standardisierung.[1180]

Austauschbarkeit stellt für die Zusammenarbeit in multinationalen Truppenteilen einen bedeutenden Qualitätssprung dar. Auf dieser Stufe der Standardisierung ist von unterschiedli-

---

(STANAGs) erarbeitet hat. (Vgl. *McGregor* (Multinationalität), S. 17.) Siehe zu einem geschichtlichen Abriß der Standardisierungsbemühungen innerhalb der NATO ausführlich *Kapstein* (Economy), S.163-169.

1174 Vgl. *Quast* (Rüstung), S. 34.

1175 Vgl. *Braun/Cavatore* (Interoperabilität), S. 8, *Drews* (Interview), S. 151, *Guddat* (Notwendigkeit), S. 10 und *Reeß* (Interoperabilität), S. 406. Dies wird auch in den Streitkräften anderer NATO-Mitglieds-änder so beurteilt, (Siehe hierzu am Beispiel der britischen Streitkräfte *Boyd* (Future), S. 48.) weshalb der Nordatlantikrat der NATO 1996 mit dem Ziel der Effizienzverbesserung multinationaler Truppenteile das erste umfassende Standardisierungsprogramm der NATO verabschiedete. (Vgl. *o. A.* (Programm), S. 28.)

1176 Vgl. *Neubauer* (Eurokorps), S. 8.

1177 Siehe zu einer Übersicht der generellen Begriffsinhalte der einzelnen Stufen der Standardisierung Abb. 6. Das Schrifttum der Bundeswehr vernachlässigt regelmäßig die Stufe der Gleichheit. (Vgl. *HDv 100/400*, Nr. 5003.)

1178 Vgl. *Fell* (Standardisierung), S. 135.

1179 Vgl. *Fell* (Standardisierung), S. 135.

1180 Vgl. *Palmer* (Multinationalität), S. 12.

chen Herstellern produziertes und von verschiedenen Nationen genutztes Wehrmaterial komplett oder in Teilen uneingeschränkt gegenseitig austauschbar.[1181] Austauschbarkeit ist beispielsweise dann erreicht, wenn ein Geschoß deutscher Herkunft mit einem britischen oder US-amerikanischen Geschütz verschossen werden kann und umgekehrt.

Gleichheit als höchste Stufe der Standardisierung umschreibt die vollständige Gleichheit der von verschiedenen Nationen genutzten militärischen Hardware.[1182] Sie tritt vor allem dann auf, wenn Wehrmaterial entweder gemeinsam entwickelt und bzw. oder gemeinsam beschafft wurde, oder wenn es von den einzelnen Nationen ohne Änderungen vom selben Hersteller erworben wurde, was oftmals bei „von der Stange" beschaffter Hardware der Fall ist.

7.2.1.1.2 Auswirkungen

Die nachfolgenden Beispiele sollen zeigen, daß mangelnde technische Einheitlichkeit in sämtlichen Kategorien von Wehrmaterial, also sowohl bei Nichtverbrauchs- als auch bei Einzelverbrauchs- und Mengenverbrauchsgütern auftritt. Damit wird gleichzeitig deutlich gemacht, in welchem Ausmaß sich fehlende Standardisierung im Bereich der Hardware auf die Effektivität multinationaler Truppenteile auswirkt. Nachfolgend werden insbesondere die Aufgabenbereiche[1183] „Führung", „Kampf" und „Kampfunterstützung" sowie „Einsatzunterstützung" näher betrachtet.

7.2.1.1.2.1 Führungs-, Kampf- und Kampfunterstützungstruppen

Bevor die Konsequenzen (b) mangelnder Einheitlichkeit des Wehrmaterials der Führungs-, Kampf- und Kampfunterstützungstruppen aufgezeigt werden, erfolgt zunächst eine Darstellung einiger Beispiele (a).

a) Beispiele Im ARRC fällt im Bereich der Nichtverbrauchsgüter insbesondere die Anzahl der unterschiedlichen Panzer und im Bereich der Mengenverbrauchsgüter die unterschiedliche Munition auf.[1184] Die unterschiedliche Voltzahl des Stroms, mit dem beispielsweise US-amerikanische und britische elektrische Geräte betrieben werden,[1185] zählt sicherlich zu den technischen Uneinheitlichkeiten mit geringerer Problemintensität. Gleichwohl zeigt sich hier sehr deutlich das Ausmaß der Problematik.
Innerhalb der MND (C) präsentiert sich die folgende Vielfalt an Nichtverbrauchsgütern: Vertreten sind dort sechs Hubschraubertypen, sechs Artillerie- bzw. Mörsertypen, zehn Fahrzeughersteller mit jeweils bis zu vier Fahrzeugtypen, sieben Typen von Panzerabwehrsystemen, neun Handwaffentypen und vier Typen von Führungs- und Informationssystemen.[1186] Hinzu kommen vier verschiedene Fernmeldesysteme und drei unterschiedliche Transportsys-

[1181] Vgl. *Fell* (Standardisierung), S. 135.
[1182] Vgl. *Fell* (Standardisierung), S. 135.
[1183] Die einzelnen Truppen des Heeres (zum Beispiel Fallschirmjäger) werden einer der insgesamt zwanzig Truppengattungen des Heeres (in diesem Fall Infanterie) zugeordnet, die ihrerseits zu funktionalen Aufgabenbereichen bzw. Subsystemen (Führung und Führungsunterstützung, Nachrichtengewinnung und Aufklärung, Kampf, Kampfunterstützung und Einsatzunterstützung) zusammengefaßt werden (in diesem Fall Kampf). Siehe zu einer Zuordnung der einzelnen Truppen zu den Truppengattungen *Koch* (Truppengattungen), S. 735f. und *Mittler* (Stichworte), S. 202. Siehe zu einer Beschreibung der Aufgabenbereiche, der Truppengattungen und der einzelnen Truppen *BMVg* (Streitkräfte), S. 13-19 und *HDv 100/100*, Nr. 226-247.
[1184] Vgl. *McInnes* (Corps), S. 23.
[1185] Vgl. *Saracino* (ARRC), S. 34.
[1186] Vgl. *Fell* (Standardisierung), S. 134 und *Vries* (Forderungen), S. 81.

teme.[1187] Im Bereich der Mengenverbrauchsgüter sind nur 40 Prozent der Munition austauschbar.[1188]

Innerhalb des Eurokorps gibt es Standardisierungsdefizite insbesondere im Bereich des Großgerätes und der Kommunikationstechnik; Führungs- und Aufklärungssysteme gelten gar als inkompatibel.[1189] Problematisch ist vor allem die Vielfalt der Hauptwaffensysteme.[1190] So sind in den unterstellten nationalen Truppenanteilen des Eurokorps zum Beispiel vier Panzertypen, 18 gepanzerte Fahrzeugtypen und sechs Artillerietypen vertreten.[1191] Auch die verschiedenen Uniformen der einzelnen Nationen sind Ursache für regelmäßige Verwirrung unter den Soldaten.[1192] In der D/F-Brigade hat man immerhin das Barett und seine Trageweise standardisiert.[1193]

Auch in den beiden deutsch-amerikanischen Korps gibt es Standardisierungslücken. Unterschiedliche Fernseh- und Videosysteme, Papierformate und Computertastaturen sind zwar nur kleine Beispiele. Sie machen jedoch deutlich, daß sich die Problematik bis auf das kleinste und scheinbar nebensächlichste Detail auswirkt. Im Zuge der Digitalisierung der US-amerikanischen Streitkräfte wird sich die Standardisierungslücke nochmals deutlich vergrößern. Das Ausmaß der Problematik ist noch gar nicht abzusehen.[1194]

Während sich innerhalb der D/F-Brigade vor allem die Inkompatibilität des vorhandenen Großgerätes und der Waffensysteme auf die Effektivität des Dienstbetriebes auswirkt,[1195] stellt sich für die militärische Zusammenarbeit zwischen Deutschland und den Niederlanden insbesondere die jeweilige Fernmeldeausstattung als Hürde heraus.[1196]

Sowohl im I. D/NL Korps als auch im MNK (NO) wird die Zusammenarbeit durch die in den unterstellten Truppenteilen vorhandene Munitions-, Waffen- und Fahrzeugvielfalt erschwert.[1197]

In allen multinationalen Truppenteilen fehlt es schließlich an einer einheitlichen persönlichen Ausrüstung der Soldaten.[1198]

b) Konsequenzen Die aufgezeigten Beispiele haben deutlich gezeigt, wie uneinheitlich die militärische Hardware innerhalb multinationaler Truppenteile ist. Die Notwendigkeit zu einer Standardisierung des Wehrmaterials ergibt sich dabei vor allem aus dem bei der täglichen Arbeit bzw. Zusammenarbeit auftretenden Effektivitätsverlust – insbesondere der Führungs-, Kampf- und Kampf-unterstützungstruppen.

Der Effektivitätsverlust wirkt sich für den jeweiligen multinationalen Truppenteil auf allen Ebenen aus und stellt sich in der Truppe so dar, daß ein technisches Zusammenwirken bzw. -

---

[1187] Vgl. *Dienste* (Erfahrungen), S. 24 und 26 sowie *Kok* (Concept), S. 19.

[1188] Vgl. *McGregor* (Multinationalität), S. 23.

[1189] Vgl. *Schneider* (Eurowehr), S. 8.

[1190] Vgl. *Bühl* (Eurokorps), S. 12.

[1191] Vgl. *Bayle* (Eurokorps), S. 23 und *Dienste* (Erfahrungen), S. 35.

[1192] Die Uniform wird insbesondere durch ihre Einheitlichkeit charakterisiert. Diese fehlt jedoch in multinationalen Truppenteilen. Damit wird die bereits existierende generelle Problematik der Uniformen (Siehe hierzu beispielsweise *Hahn* (Militärbetriebslehre), S. 117f., *Hahn* (Uniform), S. 969-971 und ausführlich *Hahn* (Gegenstand), S. 287-316.) in multinationalen Truppenteilen um ein zusätzliches Problem erweitert.

[1193] Vgl. *o. A.* (Einmalig), S. 146. In der französischen Fremdenlegion hat man die Problematik erkannt und verwendet deshalb eine einheitliche Uniform. (Vgl. *Gast* (Gespräch).).

[1194] Hier wird seitens der Bundeswehr versucht, in Zusammenarbeit mit den sogenannten „Battle Labratories" der US-Army, frühzeitig Standardisierungslücken zu identifizieren. (Vgl. *HA* (Battle Labs), S. 6.)

[1195] Vgl. *Lippert/Klein* (Brigade), S. 7.

[1196] Vgl. *Meyers/Vad* (Multinationalität), S. 36.

[1197] Vgl. *Boden* (Gespräch), *Sachau* (Nordost), S. 19, *Sohst* (Gespräch) und *Steinaecker* (Zwischenbilanz), S. 16.

[1198] Die Tragweite mangelnder Standardisierung in diesem Bereich wird insbesondere an überlebenswichtigen Komponenten, wie zum Beispiel der ABC-Schutzausstattung, deutlich. Sie zeigt sich aber auch an scheinbaren Nebensächlichkeiten. So ist etwa der deutsche Spind für die persönliche Ausrüstung der französischen Kameraden zu klein. (Vgl. *Allorant* (Gespräch).) Auch machen unterschiedliche Zelte bzw. Zeltbahnen das Beziehen eines gemeinsames Unterschlupfes deutscher und niederländischer Soldaten unmöglich. (Vgl. *Jeurissen* (Gespräch).)

arbeiten deutlich erschwert bzw. unmöglich wird, was wiederum teuere technische Übergangslösungen notwendig macht.[1199] Darüber hinaus können oder dürfen die Soldaten das Wehrmaterial anderer Nationen nicht benutzen bzw. bedienen.[1200] Um diesen Mangel zu beheben, wird eine aufwendige und teuere gegenseitige Ausbildung notwendig. Teilweise müssen zudem nationale Vorschriften oder Gesetze geändert werden.

Insgesamt wirkt sich der Effektivitätsverlust in Form einer Einschränkung der Führbarkeit, der Schlagkraft und der taktischen Wendigkeit aus.[1201] Darüber hinaus sind klare Abstriche bezüglich der möglichen Einsatzoptionen und der strategischen, taktischen und operativen Flexibilität zu machen.[1202]

Die durch mangelnde Standardisierung des Wehrmaterials bedingten Effektivitätsverluste des jeweiligen multinationalen Kampf- und Kampfunterstützungstruppenteiles sind dabei im Einsatz weitaus höher zu bewerten als im Friedens- und Übungsbetrieb, unterliegt doch im Einsatz das Leben des einzelnen Soldaten im Vergleich zur Übung grundsätzlich einer echten Bedrohung. Die festgestellten Effektivitätsverluste tragen damit auch zu einer erhöhten Gefährdung der Soldaten bei.[1203]

7.2.1.1.2.2 Einsatzunterstützungstruppen

Hier soll vor allem die Logistik einer näheren Betrachtung unterzogen werden. Der Logistik kommt in den Streitkräften eine besondere Bedeutung zu, läßt sich doch die Einsatzbereitschaft und –fähigkeit insbesondere der Kampf- und Kampf-unterstützungstruppen ohne eine funktionierende und effektive Logistik nicht aufrechterhalten. Wie in rein nationalen Truppenteilen sind die logistischen Kräfte deshalb auch in multinationalen Truppenteilen von gleich großer Bedeutung wie die Führungs-, Kampf- und Kampfunterstützungstruppen.[1204] In multinationalen Truppenteilen kann sich damit die durch mangelnde Einheitlichkeit militärischer Hardware problembelastete Logistik schnell zur Achillesferse entwickeln.[1205]

Die Vielfalt der nationalen logistischen Mittel wirkt sich dabei in multinationalen Truppenteilen unmittelbar und negativ auf die Effektivität der logistischen Leistungen, wie Nachschub, Transport, Instandsetzung, Bergung usw., also sowohl auf die Materialbewirtschaftung als auch auf die Materialerhaltung, aus.[1206] Damit wird insbesondere die Logistik im Einsatz problematisch, was sich unter anderem sehr deutlich im II. Golfkrieg gezeigt hat.[1207]

Beispiele, an denen die Vielfalt der nationalen logistischen Mittel und damit die effektivitätsreduzierende Problematik der mangelnden Einheitlichkeit des Wehrmaterials besonders deut-

---

[1199] Hier schlagen beispielsweise Schnittstellenübergänge im Fernmelde- bzw. Kommunikationsbereich, (Vgl. *Surkau* (Gespräch).) insbesondere Interfaces für den Bereich „Command and Control", (Vgl. *Hofer* (Gespräch).) zu Buche.

[1200] Dies trifft vor allem auf Großgerät, Waffen, Waffensysteme und Fahrzeuge zu.

[1201] Vgl. *McGregor* (Multinationalität), S. 28 und *Palin* (Forces), S. 40.

[1202] Vgl. *Gijsbers* (Thesis), S. 9.

[1203] Besonders deutlich wurde dies beispielsweise bei der multinationalen Evakuierungsoperation „Amaryllis" in Ruanda 1994. (Vgl. *Jahnson/Uro* (Amaryllis), S. 21.) Die tödlichen Auswirkungen mangelnder Standardisierung im Bereich der Freund-Feind-Erkennungssysteme haben sich insbesondere im II. Golfkrieg gezeigt. (Siehe hierzu *Martin/Schäfer* (Instrument), S. 48 und ausführlich *Haindl* (Fratrizid), S. 9-12.)

[1204] Vgl. *Espinose* (Logistico), S. 11.

[1205] Vgl. *Milani* (Support), S. 45.

[1206] Vgl. *Rode* (Logistik), S. 121. Siehe hierzu am Beispiel des ARRC *Mejlholm* (Brigade), S. 34, des Eurokorps *Bayle* (Eurokorps), S. 23 und *Dienste* (Erfahrungen), S. 35, des I. D/NL Korps *Timmermann* (Grenzen), S. 24, der MND (C) *Huysman* (MND (C)), S. 22 sowie der D/F-Brigade *Allorant* (Gespräch) und *Jacobs* (Logistik), S. 26.
Dieser Zusammenhang war bereits in den fünfziger Jahren bekannt und fand seinerzeit Berücksichtigung in den Diskussionen um die EVG. (Vgl. *Müller-Hillebrand* (Europaarmee), S. 167.)

[1207] Dort war der Einsatzerfolg der multinationalen Kräfte wesentlich davon abhängig, daß der Krieg in kürzester Zeit beendet wurde. Ansonsten hätte eine logistische Versorgung auf Dauer aufgrund der existierenden Vielfalt logistischer Mittel nicht gewährleistet werden können. (Vgl. *Smith* (Logistics), S. 33.)

lich wird, sind im Bereich der Mengenverbrauchsgüter insbesondere Betriebsstoffe[1208] und Munition.[1209] Bei den Einzelverbrauchsgütern seien vor allem die Ersatzteile genannt,[1210] betroffen sind aber auch Medikamente und Impfstoffe.[1211] Unterschiedliche Transport- und Ladesysteme schließlich machen die Standardisierungsmängel im Bereich der logistischen Nichtverbrauchsgüter deutlich.[1212] In diese Kategorie gehören auch unterschiedliche Werkzeuge[1213] und Betankungssysteme.[1214] Hier fallen besonders die existierenden Unterschiede der einzelnen nationalen Einfüllstutzen und Schlauchanschlußstücke auf.[1215] An dieser Stelle soll auf die Problematik der stellenweise vorhandenen Uneinheitlichkeit der Versorgungsnummern standardisierten Wehrmaterials hingewiesen werden. Diese Fälle kommen häufig einem de-facto Standardisierungsmangel gleich.[1216]

Innerhalb der Einsatzunterstützung sieht sich auch der Bereich des Sanitätsdienstes[1217] der Problematik des durch nicht oder nur mangelhaft standardisierten Materials bedingten Effektivitätsverlustes gegenüber. Neben der bereits genannten Vielfalt an Medikamenten und Impfstoffen werden die Mängel vor allem beim Sanitätsgerät deutlich.[1218] Infusionsbestecke, Anschlüsse von Beatmungsgeräten und Tragen sind hier nur einige Beispiele.[1219] Die negativen Auswirkungen betreffen sowohl die Gesundheitsvorsorge, die Verwundetenbehandlung und den Verwundetentransport als auch die Versorgung mit Sanitätsmaterial.

Für eine effektive Einsatzunterstützung, vor allem für die Logistik in multinationalen Truppenteilen, gilt Austauschbarkeit von Mengen- und Einzelverbrauchsgütern als Mindeststufe der Standardisierung.[1220] Auch im Zusammenhang mit der Standardisierungsproblematik militärischer Hardware stellt die (Fremd-) Sprache ein Problem dar. Hierbei sind vor allem die der Hardware beigefügten technischen Unterlagen wie Bedienungsanleitungen, Technische Dienstvorschriften (TDv) etc. zu berücksichtigen.[1221]

[1208] Die Problematik der Vielfalt der existierenden Betriebsstoffe ist innerhalb der NATO nicht neu. (Siehe hierzu beispielsweise *Fries* (Betriebsstoffe), S. 71f. und *Schauer* (Interoperabilität), S. 133.) Sie gewinnt aber innerhalb multinationaler Truppenteile an neuer Qualität und Aktualität. Im Bereich der Kraftstoffe werden deshalb gar die Möglichkeiten der Einführung eines Einheitskraftstoffes geprüft. (Vgl. *Mejlholm* (Brigade), S. 34.)

[1209] Auch die Problematik der Munitionsvielfalt ist innerhalb der NATO nichts Neues. (Vgl. *Codner* (Together), S. 34 und *Dienste* (Erfahrungen), S. 48.) Allein die Umrechnungsmatrix der innerhalb der NATO verwendeten Artilleriesysteme und –munition war im Jahre 1987 über 100 Seiten lang. (Vgl. *Linke* (Logistics), S. 14.) Die Probleme treten dabei auch bei der Ausbildungs- bzw. Übungsmunition auf. (Vgl. *Wessling* (Gespräch).)

[1210] Vgl. *Klein/Lippert* (Brigade), S. 7, *Oltmanns* (GE/NL), S. 16, *Rode* (Logistik), S. 121, *Smith* (Logistics), S. 33 und *Vries* (Forderungen), S. 82.

[1211] Vgl. *Codner* (Together), S. 34.

[1212] Vgl. *Quast* (Rüstung), S. 32 und *Schneider* (Eurowehr), S. 8.

[1213] Vgl. *Codner* (Together), S. 34 und *Wessling* (Gespräch).

[1214] Vgl. *Codner* (Together), S. 34 und *Linke* (Logistics), S. 15.

[1215] Auch dies ist innerhalb der NATO keine neue Problematik. (Vgl. *Schauer* (Interoperabilität), S. 133.) Aber auch hier gewinnt das Problem innerhalb multinationaler Truppenteile und Einsätze neue Qualität und Aktualität. (Siehe hierzu am Beispiel des II. Golfkrieges *Kohl* (Golfkrieg), S. 20, des Somalia-Einsatzes *Timmermann* (Grenzen), S. 26, des I. D/NL Korps *Sohst* (Gespräch) und *Wessling* (Gespräch) sowie der D/F-Brigade *Jacobs* (Logistik), S. 26.)

[1216] Vgl. *Linke* (Logistics), S. 15. Beispiele hierfür sind Munition und in anderen Staaten in Lizenz gefertigte Hardware. Diese Problematik ist bei Einsätzen der Vereinten Nationen besonders ausgeprägt. (Vgl. *Ostendorf* (Gespräch).)

[1217] Im Unterschied zur NATO zählt der Sanitätsdienst in der Bundeswehr nicht zur Logistik, sondern ist ein eigenständiger Bereich der Einsatzunterstützung. (Vgl. *Struck* (Zusammenarbeit), S. 32. Siehe hierzu auch *Böckmann* (Aspekte), S. 4, *HDv 100/400*, Kap. 2 und *AAP-6*, S. 2-L-3.)

[1218] Vgl. *Sinning* (Chirurgiegerät), S. 91.

[1219] Vgl. *Diller* (Sanitätsdienste), S. 27.

[1220] Vgl. *Dienste* (Erfahrungen), S. 48, *Gijsbers* (Thesis), S. 87, *Palin* (Forces), S. 75 und *Smith* (Logistics), S. 34.

[1221] Vgl. *Gildersleeve* (Strategy), S. 46.

7.2.1.1.3 Standardisierungsprozeß

Im Zusammenhang mit der Standardisierung gibt es in multinationalen Truppenteilen als Folge der Uneinheitlichkeit des Wehrmaterials jedoch nicht nur Effektivitätsprobleme bei der technischen Zusammenarbeit. Auch ein der Verbesserung der Standardisierung und damit der Erhöhung der Effektivität dienender Prozeß ist problembehaftet. Hier gilt es insbesondere, die Probleme einer gemeinsamen Rüstung zu berücksichtigen. Diese werden im folgenden Kapitel 7.2.1.2 *(Rüstungskooperation)* ausführlich dargestellt.

Für die Bundeswehr ergibt sich zunächst das Problem, daß das Heer in verschiedenen multinationalen Truppenteilen engagiert ist. Realisieren diese Truppenteile bezüglich bestimmter militärischer Hardware eine bestimmte Stufe der Standardisierung, verbessert sich zwar innerhalb dieses Truppenteiles die Befähigung zur technischen Zusammenarbeit. Jedoch entsteht zwischen den einzelnen multinationalen Truppenteilen eine neue Standardisierungslücke, bzw. eine bereits existierende Lücke vergrößert sich. Das deutsche Heer sieht sich deshalb wegen seiner großen Partnerzahl mit zunehmender Uneinheitlichkeit im Bereich militärischer Hardware konfrontiert.[1222] Hier kann es innerhalb des Heeres gar zu einer Destabilisierung und Destandardisierung kommen. Dabei ist die Befähigung zur technologischen Zusammenarbeit vor allem zwischen denjenigen Truppenteilen des deutschen Heeres gefährdet, die jeweils den Krisenreaktionskräften, den Hauptverteidigungskräften und der Militärischen Grundorganisation zugeordnet sind.[1223] Die Fülle der in den einzelnen multinationalen Truppenteilen präsenten technologischen Insellösungen kann die Handlungsfähigkeit des deutschen Heeres in Frage stellen. Sie gefährdet zudem die interne Kohäsion im deutschen Heer.[1224]
Ähnliches ist für das NATO-Bündnis festzustellen. Dieses hat 45 Jahre benötigt, um den jetzigen – nach wie vor ungenügenden – Stand der Standardisierung zu erreichen. Durch die Aufnahme der Streitkräfte ehemaliger Mitgliedsstaaten des Warschauer-Paktes, die, wie zum Beispiel Polen, in multinationale Truppenteile dauerhaft integriert sind, birgt die Gefahr eines Rückschrittes des Standardisierungsniveaus innerhalb des Bündnisses[1225] und damit zusätzliche Effektivitätsverluste.
Ein weiteres Problem bei der Steigerung der Standardisierung ist die in vielen Nationen zunehmend prekärer werdende Dotierung der Verteidigungsetats.[1226] Für die Bundeswehr bedeutet diese Situation, daß sie angesichts der Fülle der notwendigen Standardisierungsmaßnahmen Prioritäten festlegen muß. Dabei gilt es zum einen festzulegen, welches Material dringend der Standardisierung bedarf.[1227] Zum anderen muß die Standardisierungsstufe definiert werden. Schließlich gilt es zu entscheiden, in welchen multinationalen Truppenteilen der Standardisierungsbedarf am höchsten ist. Hier läßt sich durchaus eine Konkurrenz zwischen den einzelnen Bedarfsträgern, nämlich den deutschen Truppenanteilen der einzelnen multina-

---

[1222] So sind beispielsweise die gemischten Kompanien der D/F-Brigade sowie das BQG einheitlich mit dem französischen Gewehr Famas, dem deutschen Maschinengewehr MG 3 und einer belgischen Pistole ausgestattet. (Vgl. *Faust* (BQG), o. S. und *Neubauer* (D/F), S. 339.) Bis auf das MG finden die genannten Handwaffen im übrigen deutschen Heer keine Verwendung.

[1223] Vgl. *Fell* (Standardisierung), S. 136.

[1224] Siehe zum vorangegangenen Abschnitt *BMVg* (Film), S. 27, *Fell* (Standardisierung), S. 134, *Simon* (Ausrüstung), S. 91 und *Wessels/Winzen* (Ausrüstung), S. 397.

[1225] Siehe zu dem vorangegangenen Abschnitt *Delp* (Grenzen), S. 16 und *Vinch* (Crisis), S. 2.

[1226] Siehe hierzu Kapitel 7.5.1.1 *(Unterfinanzierung)*.

[1227] Hier hat die Vereinheitlichung innerhalb der eigenen nationalen Streitkräfte, insbesondere zwischen den einzelnen Teilstreitkräften, meist Vorrang vor einer Vereinheitlichung in multinationalen Truppenteilen. (Vgl. *Codner* (Together), S. 38.)

tionalen Truppenteile, feststellen. Diesbezüglich genießen generell diejenigen multinationalen Truppenteile Priorität, die auf niedriger Ebene multinational gemischt sind.[1228]
Über die Schwerpunkte bei der Festlegung des zu standardisierenden Wehrmaterials gibt es, wie über die zu realisierende Stufe der Standardisierung, national sowie international im wesentlichen Einigkeit. So wird Interoperabilität vor allem bei den Führungs- und Informationssystemen, bei den Transport- und Umschlagssystemen sowie bei den Simulationssystemen und Ausbildungszentren angestrebt. Austauschbarkeit soll insbesondere bei Munition und bei verschleiß-intensiven Baugruppen einsatzwichtigen Gerätes realisiert werden.[1229] Problematisch aber ist die bereits erwähnte Haushaltslage. Da sich diese in absehbarer Zeit nicht verbessern wird, wird es auch keinen echten Standardisierungsprozeß geben, sondern es ist in multinationalen Truppenteilen auch weiterhin weitestgehend mit Übergangslösungen zu arbeiten.[1230] Dies bedeutet für die einzelnen multinationalen Truppenteile aber, daß die Standardisierungsdefizite langfristig erhalten bleiben werden. Damit ist im Vergleich zu rein nationalen Truppenteilen ein dauerhafter, auf mangelhafte technische Zusammenarbeit zurückzuführender Effektivitätsverlust prognostizierbar.

Nicht vernachlässigt werden darf darüber hinaus folgender Sachverhalt: Die Fülle der existierenden, sich mit der Standardisierung von Wehrmaterial beschäftigenden Gremien, die regelmäßige Überprüfung und gegebenenfalls notwendig werdende Anpassung von Standardisierungsmaßnahmen und –projekten, die Berücksichtigung nationaler Gesetze, die Involvierung nationaler Institutionen, die nationalen Änderungen von Aufgaben und Strukturen der Streitkräfte, die Änderung nationaler wehrtechnologischer Grundsätze und Schwerpunkte usw. bedeuten sowohl eine Verzögerung des Standardisierungsprozesses und damit auch der Effektivitätssteigerung, eine Kostenintensivierung desselben als auch einen Unsicherheitsfaktor bezüglich der Erreichung des Zieles einer erhöhten Standardisierung.[1231]

Deutlich verzögert, wenn nicht gar unmöglich gemacht, wird der Standardisierungsprozeß und damit eine Effektivitätsverbesserung zusätzlich durch zwei weitere Punkte. Zum einen haben die einzelnen Nationen ihr Wehrmaterial oftmals zu unterschiedlichen Zeitpunkten beschafft. Bei gleichen Lebenszyklen wird sich deshalb ein gemeinsamer Zeitpunkt zur Neubeschaffung nie oder nur sehr schwer finden lassen. Regelmäßig sind nicht einmal die Lebenszyklen einzelner Hardwareelemente gleich. Oder sie werden aufgrund der nationalen Haushaltslage künstlich verlängert, was eine – gemeinsame und standardisierte – Ersatzbeschaffung deutlich hinauszögert bzw. unmöglich macht.[1232] Zum zweiten werden oftmals sehr große Lose beschafft. Diese müssen erst komplett verwendet werden, bevor eine Ersatzbeschaffung überhaupt relevant wird.[1233]

Problematisch stellen sich für einen Standardisierungsprozeß schließlich die unterschiedlichen nationalen Interessen der beteiligten Staaten dar. Hier sind in der Vergangenheit unzählige Standardisierungsmaßnahmen insbesondere an der Rücksichtnahme der einzelnen Nationen auf ihre jeweilige Rüstungsindustrie gescheitert.[1234] Selbst die STANAGs der NATO werden

---

[1228] Vgl. *Fell* (Standardisierung), S. 135. Siehe zur Ebene der multinationalen Mischung das Kapitel 6.2.3.3.2.5 *(Größe des multinationalen Truppenteiles)*.

[1229] Siehe zu dem vorangegangenen Abschnitt ausführlich *Bretz* (Konzept), S. 22, *Fell* (Standardisierung), S. 136, *Jeschonnek* (Zusammenarbeit), S. 505, *Palin* (Forces), S. 75, *Quast* (Rüstung), S. 32 und *Schulze* (Interoperabilität), S. 446.

[1230] Vgl. *Fell* (Standardisierung), S. 138 und *Jeschonnek* (Zusammenarbeit), S. 505.

[1231] Siehe zu dem vorangegangenen Abschnitt ausführlich *Schmidt-Petri* (Standardisierung), S. 169f. und 174. Siehe hierzu auch *Böckmann* (Aspekte), S. 3.

[1232] Siehe zu dem vorangegangenen Abschnitt *Codner* (Together), S. 11, *Dienste* (Erfahrungen), S. 51 und *Hedderich/Köhler/Spier* (Gespräch).

[1233] Vgl. *Surkau* (Gespräch).

[1234] Vgl. *Martin/Schäfer* (Instrument), S. 48, *Schneider* (Eurowehr), S. 7 und *Zuschlag* (Standardisierung), S. 3.

selten von allen Staaten konsequent eingehalten.[1235] Ändert eine Nation zudem nur ein einziges Teil ihres Wehrmaterials, hat dies unter Umständen negative Auswirkungen auf die Effektivität der technischen Zusammenarbeit des kompletten multinationalen Truppenteiles.

7.2.1.1.4 Zusammenfassung

Zusammenfassend kann an dieser Stelle festgehalten werden, daß in multinationalen Truppenteilen die bestehende Uneinheitlichkeit auf dem Gebiet militärischer Hardware zu erheblichen Effektivitätseinbußen im Vergleich zu rein nationalen Truppenteilen führt. Standardisierungsbestrebungen in den multinationalen Truppenteilen wirken sich zudem destandardisierend auf das Wehrmaterial der einzelnen nationalen Streitkräfte, insbesondere auf das des deutschen Heeres sowie auf das der NATO aus. Sie sind im übrigen außerordentlich kostenintensiv[1236] und durch eine Reihe von Einflußfaktoren bezüglich einer Zielerreichung generell unsicher.

7.2.1.2 Rüstungskooperation

7.2.1.2.1 Begriff

Rüstung umfaßt allgemein alle Aktivitäten, die der Deckung des materiellen Bedarfs der Streitkräfte dienen.[1237] Dabei focusieren die folgenden Ausführungen auf die Phasen von der Vorbereitung, über die Forschung und Entwicklung, über die Erprobung bis zur Beschaffung. Der Bereich der Logistik wurde bereits in einem separaten Kapitel behandelt.[1238]
Unter Rüstungskooperation[1239] soll die Zusammenarbeit mehrerer Nationen auf dem Gebiet der wehrtechnischen Industrie bzw. der Rüstung verstanden werden. Gemeinsame Projekte von Rüstungsfirmen gleicher Nationalität bleiben damit unberücksichtigt. Gleiches gilt für eine arbeitsteilige Spezialisierung zwischen mehreren Nationen.[1240]

7.2.1.2.2 Ziele

Rüstungskooperationen werden zwischen einzelnen NATO-Mitgliedsstaaten bereits seit Jahrzehnten praktiziert. Auch die Bundesrepublik Deutschland ist hier seit langem in verschiedensten europäischen und transatlantischen Kooperationsprojekten engagiert. Das Transportflugzeug Transall, das Erdkampfflugzeug Alpha-Jet sowie die Raketensysteme Hot, Milan und Roland zählen zu den bekanntesten gemeinsamen Entwicklungen und Fertigungen der Vergangenheit.[1241]

[1235] Vgl. *Braun/Cavatore* (Interoperabilität), S. 5f., *McGregor* (Multinationalität), S. 18 und *Palmer* (Multinationalität), S. 12.

[1236] Der zeit- und kostenintensive Prozeß der Vereinheitlichung von Betriebsmitteln wird insbesondere auch oft bei der Fusion von erwerbswirtschaftlichen Unternehmen unterschätzt. (Siehe hierzu ausführlich *Francis/Peterson/Shay* (Mergers), o. S. und *McConville/Picard* (Integration), o. S.)

[1237] Vgl. *Mittler* (Stichworte), S. 173. Der Begriff der „Rüstung" ist inhaltlich nicht einheitlich belegt. (Siehe zur Definitionsproblematik des Begriffs „Rüstung" beispielsweise *Bielfeldt* (Rüstung), S. 783.)

[1238] Siehe hierzu das Kapitel 7.2.1.1.2.2 *(Einsatzunterstützungstruppen)*.

[1239] Im folgenden werden die Begriffe „Rüstungszusammenarbeit", „Rüstungskooperation", „gemeinsame Rüstung", „multinationale Rüstung", „internationale Rüstung" usw. synonym verwendet.

[1240] Siehe hierzu *Hahn* (Militärbetriebslehre), S. 331.

[1241] Vgl. *Guddat* (Perspektiven), S. 16. Siehe zu einem Auszug gemeinsamer Rüstungsprojekte des Heeres beispielsweise *Flume* (Rüstung), S. 142-144.

Rüstungskooperation verfolgt dabei mehrere Ziele. Zum einen strebt sie nach einer Reduzierung der innerhalb der NATO und innerhalb multinationaler Truppenteile durch mangelnde Einheitlichkeit verursachten existierenden Mängel und Effektivitätsverluste im Bereich der technischen Interoperabilität.[1242] Sie dient damit im wesentlichen einer Steigerung der militärischen Einsatzbereitschaft und –fähigkeit sowie Effektivität. Zu dieser Problematik erfolgten in Kapitel 7.2.1.1 *(Grad der Einheitlichkeit)* bereits nähere Ausführungen. Zum anderen werden durch Rüstungskooperation Kosteneinsparungen in den nationalen Haushalten angestrebt.[1243] Diese lassen sich – bei erfolgreicher Rüstungskooperation – durch Vermeidung von Parallelentwicklungen vor allem im Bereich der technischen Forschung und Entwicklung realisieren.[1244] Ähnliches läßt sich durch die Möglichkeit der Bündelung der nationalen Bedarfe zu hohen Stückzahlen und zu großen Serien auch im Bereich der Beschaffung erreichen.[1245] Mögliche Einsparungen ergeben sich zudem im Bereich der Ausbildung, da die Notwendigkeit der gegenseitigen Ausbildung an den Waffen, an der Ausrüstung und an sonstigem Wehrmaterial der anderen Nationen wegfällt. Gleiches gilt für die durch die technischen Interoperabilitätsmängel verursachten, oftmals notwendig werdenden technischen Änderungen bzw. Ersatzbeschaffungen. Schließlich gilt Rüstungskooperation auch als Bestandteil einer gemeinsamen europäischen Außen- und Sicherheitspolitik, und soll damit dem Aufbau einer europäischen Verteidigungsidentität dienlich sein.[1246]

7.2.1.2.3 Probleme

Einer gemeinsamen Rüstung bzw. dem Erfolg von Rüstungskooperationen, und damit auch einer durch verbesserte Einheitlichkeit des Wehrmaterials erhöhten Effektivität, stehen jedoch einige Faktoren im Wege. Die Probleme sind dabei nicht neu. Sie existieren innerhalb der NATO seit langem,[1247] gewinnen aber im Zusammenhang mit multinationalen Truppenteilen an neuer Qualität und Aktualität, weil sie sich innerhalb dieser Truppenteile wie dargestellt unmittelbar auf die technische Zusammenarbeit und über diese auf Einsatzbereitschaft und Effektivität auswirken.

Zunächst gilt es festzustellen, daß der Rüstungsmarkt ein Nischenmarkt ist, der weitestgehend politisch reguliert wird. Art und Umfang der Produktion werden damit maßgeblich von politischen Interessen bestimmt. Die Politik setzt den Bedarf für die eigenen Streitkräfte sowie die genehmigungspflichtigen Exporte fest. Rüstungsexporte werden deshalb oftmals – insbesondere von Frankreich und Großbritannien - als Instrument der Außenpolitik verstanden, was einer erfolgreichen europäischen Rüstungskooperation abträglich ist.[1248] Die Harmonisierung

---

[1242] Vgl. *Köllner* (Militär), S. 13 und *Reinelt* (Überblick), S. 72. Interoperabilität beschreibt in diesem Zusammenhang generell die Befähigung zur technischen Zusammenarbeit. (Vgl. *HDv 100/900*). Der Begriffsinhalt unterscheidet sich damit von dem der ebenfalls als Interoperabilität bezeichneten zweiten Stufe der Standardisierung. (Siehe hierzu Abb. 6 und Kapitel 7.2.1.1.1 *(Standardisierungsstufen)*.)

[1243] Vgl. *Hofer* (Rüstung), S. 11.

[1244] Vgl. *Karliaftis* (Rüstung), S. 12. Im Jahre 1976 wurde die Summe der durch Mehrfachentwicklungen ausschließlich im Bereich der Waffensysteme der NATO jährlich entstandenen Kosten auf ca. 2,3 Mrd. US $ beziffert. (Vgl. *Turowski* (Rationalisierung), S. 27 und *Volk* (Arbeitsteilung), S. 12.) 1983 schätzten Fachleute die Höhe der durch Parallelentwicklungen im gesamten Rüstungsbereich der NATO jährlich entstandenen Kostensumme auf zirka 20 bis 30 Mrd. DM. (Vgl. *Schauer* (Interoperabilität), S. 132.) Dem gegenüber verspricht sich die französische Wehrmaterialentwicklungs- und -beschaffungsorganisation DGA beispielsweise bei der Beschaffung ihrer neuen Hauptwaffensysteme durch Rüstungskooperation realisierbare Kosteneinsparungen von 30 Prozent – innerhalb von sechs Jahren. (Vgl. *Faust* (Beschaffung), S. 48.)

[1245] Vgl. *Guddat* (Perspektiven), S. 16 und *Simon* (Ausrüstung), S. 91.

[1246] Vgl. *Simon* (Ausrüstung), S. 91.

[1247] Siehe zu einer Übersicht der negativen Auswirkungen von Rüstungskooperationen in Gegenüberstellung zu den positiven Auswirkungen *Hahn* (Militärbetriebslehre), S. 334f.

[1248] Siehe zu dem vorangegangenen Abschnitt ausführlich *Mey* (Rüstung), S. 28f.

nationaler Exportregelungen wird damit zu einer unverzichtbaren Voraussetzung für eine erfolgreiche Rüstungskooperation.[1249]
Des weiteren bedeutet gemeinsame Rüstung grundsätzlich auch die Aufgabe nationaler Souveränität und die Schaffung gegenseitiger Abhängigkeiten.[1250] Sie erfordert deshalb gegenseitiges Vertrauen – auf Souveränität wird jedoch allenthalben nur schwer verzichtet, Vertrauen läßt sich zudem nur schwer gewinnen.[1251] Gewonnenes Vertrauen geht im übrigen schnell wieder verloren - zum Beispiel dann, wenn einzelne Nationen die Überkapazitäten anderer Nationen mitfinanzieren sollen, oder wenn einzelne nationale Partner im Laufe des Entwicklungsprozesses eines Rüstungsprojektes aus diesem aussteigen, um die daraus gewonnenen Erkenntnisse national zu nutzen.[1252]
Die Märkte für Rüstungsprodukte sind zudem weltweit kleiner geworden. Die einzelnen nationalen Rüstungsindustrien mußten sich dieser Tatsache durch Verkleinerungsmaßnahmen entsprechend anpassen.[1253] Rüstungskooperationen aber bedeuten für die involvierten Rüstungsunternehmen meist einen weiteren Verlust an Arbeitsplätzen, an Produktionszahlen und damit oftmals auch an Gewinn, was sich insgesamt negativ auf die jeweilige nationale Volkswirtschaft auswirkt, und was häufig der Grund dafür ist, daß lokale Politiker und nationale Interessen Rüstungskooperationen entgegenwirken.[1254] Prognostizierter Gewinnrückgang ist oftmals auch die Ursache für den Versuch der Rüstungsunternehmen, den zu erwartenden Verlust durch entsprechende Preiskalkulation zu kompensieren, was einer angestrebten Einsparung in den nationalen Haushalten nicht dienlich ist. Kostensteigerungen durch hohe Managementkosten, ungünstige Fertigungsaufteilung, mehrfache Montagelinien etc. tragen hierzu ebenfalls bei.[1255] Schwierigkeiten bei der Festlegung der technischen Anforderungen durch die beteiligten Nationen verursachen über eine erhebliche Steigerung der technischen Komplexität weitere Kostensteigerung.[1256]
In der Verkleinerung der Rüstungsmärkte steckt im übrigen ein nicht zu unterschätzendes Potential für einen intensiven Verdrängungswettbewerb, der insbesondere an Brisanz gewinnt durch die Beteiligung der offensiven US-amerikanischen Rüstungsindustrie,[1257] welche von der eigenen Politik systematisch unterstützt wird[1258] und die sich einer uneinheitlichen europäischen Rüstungsdoktrin gegenübersieht.[1259] Die Dominanz und Überlegenheit der US-

---

1249 Vgl. *Guddat* (Perspektiven), S. 18, *Pfeifer* (Rüstung), S. 15 und *Schrempp* (Voraussetzungen), S. 18.

1250 Vgl. *Mey* (Rüstung), S. 28 und *Simon* (Ausrüstung), S. 91f. und 96. Diese Abhängigkeiten wirken sich insbesondere in der Gefahr von Preisdiktaten und Unterversorgungen aus. (Vgl. *Pfeifer* (Rüstung), S. 3.) Sie werden aber bewußt in Kauf genommen, (Vgl. *BMVg* (Bestandsaufnahme), S. 113.) weil dem Nutzen von Rüstungskooperationen höherer Wert beigemessen wird.

1251 Vgl. *Busch* (Rüstung), S. III.

1252 Vgl. *Guddat* (Perspektiven), S. 18. Siehe hierzu beispielsweise auch *Muguet* (Bedeutung), S. 491.

1253 So gingen die Bundeswehraufträge an die deutsche wehrtechnische Industrie um zirka 50 Prozent zurück; die Anzahl der Arbeitsplätze hat sich von rund 280.000 auf zirka 180.000 reduziert. (Vgl. *Hofer* (Rüstung), S. 12.) Teilweise wird gar ein Abbau der Arbeitsplätze in der wehrtechnischen Industrie auf unter 100.000 konstatiert. (Vgl. *Pfeifer* (Rüstung), S. 1.)

1254 Vgl. *Briquemont* (Eurokorps), S. 327, *Delp* (Grenzen), S. 23 und *Mey* (Rüstung), S. 28.

1255 Vgl. *Guddat* (Perspektiven), S. 16.

1256 Vgl. *Muguet* (Bedeutung), S. 490. Jüngstes Beispiel eines gemeinsamen Rüstungsprojektes, dessen tatsächliche Kosten den ursprünglich kalkulierten Mittelbedarf deutlich überstiegen, ist das von Deutschland, Frankreich und Großbritannien entwickelte gepanzerte Transportfahrzeug GTK. (Siehe hierzu *Streubel* (Preis), S. 18.)

1257 Siehe zur ausgeprägten innereuropäischen Konkurrenz auf dem Rüstungssektor einerseits sowie zur zunehmenden Rivalität zwischen europäischen und US-amerikanischen Rüstungsfirmen andererseits *Dienste* (Erfahrungen), S. 50f.

1258 Vgl. *Delp* (Grenzen), S. 14 und *Pfeifer* (Rüstung), S. 21.

1259 Vgl. *Guddat* (Perspektiven), S. 16, *Hofer* (Rüstung), S. 13 und *Mey* (Rüstung), S. 28 und 29. Einer verbesserten europäischen Rüstungskooperation dient insbesondere die 1998 vollzogene Gründung der „Organisme Conjoint de Coopération en Matière d'Armement" (OCCAR), an der sich Deutschland, Frankreich, Großbritannien und Italien beteiligen, und die allen europäischen NATO-Partnern offen steht. (Siehe hierzu ausführlich *Reinelt* (Überblick), S. 70 und 72. Siehe zu den wichtigsten europäischen Rüstungsgremien ausführlich *BMVg* (Bericht 98), S. 27 und *Hofer* (Rüstung), S. 16f.)

amerikanischen Rüstungsindustrie gegenüber den europäischen Rüstungsindustrien[1260] sowie die sich daraus teilweise ergebenden Abhängigkeiten und Spannungen sind dagegen nichts Neues.[1261] Gleichwohl bedeutet die Aufnahme von Polen, Tschechien und Ungarn in die NATO eine Zunahme der Konkurrenz der US-amerikanischen zu den europäischen Rüstungsindustrien.[1262]

Die gemeinsame Rüstung selbst bedeutet durch die Fülle der notwendig werdenden Dienstreisen, Arbeitsausfälle, Organisationskosten usw. einen nicht unerheblichen Kostenfaktor,[1263] der zudem in Abhängigkeit von der Anzahl gemeinsamer Rüstungsprojekte und –gremien steigt. Gleichzeitig hat die hohe Anzahl der Rüstungsgremien negative Auswirkungen auf eine effektive und effiziente Rüstungskooperation – verursacht beispielsweise durch Aufgabenüberschneidungen, Mehrfacharbeit, Informationsmangel, Interessenskonflikte, Sprachprobleme usw.[1264]

Als problematisch erweist sich auch die Verzögerung der Realisierung von gemeinsamen Rüstungsprojekten. Die zeitlichen Verzögerungen treten dabei in allen Phasen auf. Sie werden unter anderem verursacht durch unterschiedliche nationale konzeptionelle Vorstellungen, durch Änderungswünsche einzelner Nationen, durch nationale Etatkürzungen usw.[1265] Diese Verzögerungen wirken sich unmittelbar auf die Verbesserung der technischen Zusammenarbeit in multinationalen Truppenteilen und damit auf deren Einsatzbereitschaft und Effektivität aus.

Im Zusammenhang mit multinationalen Truppenteilen ist insbesondere die folgende Problematik zu berücksichtigen: Durch gemeinsame Rüstungsprojekte in multinationalen Truppenteilen werden dort technische Insellösungen geschaffen, die zwar die Interoperabilität innerhalb des jeweiligen multinationalen Truppenteils bzw. zwischen den in ihm vertretenen nationalen Truppenanteilen erhöht. Jedoch entsteht gleichzeitig eine Interoperabilitätslücke zwischen den einzelnen multinationalen Truppenteilen bzw. zwischen den in ihnen präsenten Nationen.[1266]

7.2.1.2.4 Zusammenfassung

Die aufgezeigten Probleme der Rüstungskooperation wirken sich unmittelbar auf die Effektivität, auf die Einsatzbereitschaft und auf die Kostenstruktur multinationaler Truppenteile aus. Die mit einer gemeinsamen Rüstung verfolgten Ziele, insbesondere eine durch erhöhte Einheitlichkeit des Wehrmaterials verbesserte technische Interoperabilität sowie eine Reduzierung der Kosten werden durch die mit der Rüstungskooperation verbundenen Probleme nicht erreicht. Auch das Ziel einer gemeinsamen Außen- und Sicherheitspolitik gilt als gefährdet.[1267]

[1260] Während der Umfang der Waffenexporte 1995 in Deutschland 2,1 Mrd. DM, in Frankreich 5,7 Mrd. DM und in Großbritannien 7,2 Mrd. DM betrug, belief er sich in den USA auf 22,5 Mrd. DM. (Vgl. *Dometeit u.a.* (Geschäft), S. 335.)

[1261] Vgl. *Reinelt* (Überblick), S. 72.

[1262] Vgl. *Nicoll* (Troops), S. 5.

[1263] Bereits im Jahre 1978 war das deutsche Heer an 174 Rüstungsgremien der NATO beteiligt. In dem genannten Jahr reisten 414 Bundeswehrvertreter zu 237 Tagungen, für die 1.658 Arbeitstage zu Buche schlugen. An Gesamtkosten entstanden dem Heer hierfür 2,776 Mio. DM. (Vgl. *Hupfer* (Rüstung), S. III.)

[1264] Vgl. *Busch* (Rüstung), S. III, *Hartley/Sandler* (Economics), S. 235 und *Przemieniecki* (Acquisition), S. 347. Siehe zu einem Überblick über die Aufgaben und Zuständigkeiten einiger wichtiger Foren und Gremien ausführlich *Bosse/Hermann* (Rüstung), S. 16-22 und *Lopez* (Cooperacion), S. 3-18.

[1265] Siehe zu dem vorangegangenen Abschnitt *Gellermann* (Heeresrüstung), S. 24.

[1266] Siehe zur Gefahr der technologischen Insellösungen auch *Jeschonnek* (Perspektiven), S. 219.

[1267] Vgl. *Muguet* (Bedeutung), S. 498. Teilweise wird sogar von einer Gefährdung des NATO-Bündnisses gesprochen. (Vgl. *Boyer* (Bündnis), S. 22.)

7.2.2 Infrastruktur

Unter militärischer Infrastruktur werden alle ortsfesten Objekte und baulichen Anlagen verstanden, die ihrer Bestimmung und ihrem Wesen nach entweder unmittelbar oder mittelbar dem Einsatz, der Führung oder der Ausbildung der Streitkräfte dienen.[1268] Dabei wird zwischen rein militärischer Infrastruktur und ziviler Infrastruktur von militärischem Interesse unterschieden.[1269] Unter die erste Kategorie fallen zum Beispiel Kasernen, Gebäude, Flugplätze, Übungsplätze, Wohnungen, Sporteinrichtungen etc.[1270] Die zweite Kategorie umfaßt Straßen, Schienen, Brücken, Flughäfen, Schiffahrtsstraßen, Häfen, Energie- und Versorgungsanlagen usw.[1271] Kommunikationsnetze zur Datenübertragung zählen ebenfalls hierzu.
Die Problematik militärischer Infrastruktur zeigt sich in multinationalen Truppenteilen in mehreren Einzelproblemen.
Zunächst geht es um die Finanzierung von Bau[1272] und Unterhalt sowie um die Abrechnung der Nutzung. Weil in allen Staaten die Verteidigungshaushalte immer knapper werden, wird es diesbezüglich – wie aus dem Bereich der NATO aus der Vergangenheit hinreichend bekannt[1273] – auch in den multinationalen Truppenteilen immer Konfliktpotential geben.[1274] Die Auswirkungen ungelöster Konflikte reichen dabei von verzögertem Bau der Infrastruktur bis zu Problemen in der gemeinsamen und gegenseitigen Nutzung und schränken damit insgesamt die Effektivität der multinationalen Zusammenarbeit ein.
Unter Effektivitätsgesichtspunkten problematisch gestaltet sich zudem die Einigung auf und die Durchsetzung von gemeinsamen baulichen Kriterien und Normen für die Infrastruktur multinationaler Truppenteile.[1275] Hier gilt es, sich auf gemeinsame, standardisierte Mindestvoraussetzungen zu einigen. Strategische, taktische und operative Aspekte spielen dabei ebenso eine Rolle wie nationale Detailvorstellungen beispielsweise über den notwendigen Mindestraum in den Unterkünften der Soldaten, über die Mindestausstattung der Sportanlagen und Freizeiteinrichtungen, über die Truppenküchen, über die sanitären Anlagen, über die Wartung von Infrastruktur[1276] usw. Auch hier muß insbesondere aus Sicht der Bundeswehr wiederum die Gefahr von Insellösungen berücksichtigt werden.
Die nationalen Eigentümlichkeiten bezüglich der Entscheidungskompetenzen und der Aufgabenverteilung bei der Durchführung von Bau und Erhalt von Infrastruktur beinhalten zusätzliches Konfliktpotential. Während zum Beispiel in der Bundeswehr die Verwaltung über infrastrukturelle Maßnahmen entscheidet, haben in der französischen Armee Soldaten die Entscheidungskompetenz inne. Werden in der Bundeswehr Baumaßnahmen über Ausschreibun-

---

[1268] Vgl. *Mittler* (Stichworte), S. 94 und *Skinner* (Infrastructure), S. 1265.

[1269] Vgl. *Schnell* (Infrastruktur), S. 528. Die NATO-Infrastruktur (Siehe hierzu *Göhsl* (Liegenschaft), S. 973.) stellt eine separate Kategorie dar.

[1270] Die Bundeswehr verfügt zur Zeit über zirka 3.100 Liegenschaften mit einer Gesamtfläche von etwa 350.000 Hektar. (Vgl. *BMVg* (Bestandsaufnahme), S. 106.)

[1271] Siehe zu den genannten Beispielen *Gerber* (Taschenbuch), S. 188, *Hahn* (Militärbetriebslehre), S. 129 und *Witt* (Infrastruktur), S. 1459f.

[1272] So wird zum Beispiel die Aufstellung des neuen Stabes des MNK (NO) in Stettin mit über 25 Mio. DM veranschlagt. (Vgl. *Safranmüller* (Nordost), S. 722.)

[1273] Siehe hierzu beispielsweise ausführlich *Brüsselbach* (Infrastruktur), S. 231-234.

[1274] Siehe hierzu beispielsweise *Böckmann* (Aspekte), S. 7f. So wird etwa von den französischen Truppenanteilen der D/F-Brigade gefordert, die Nutzung eines deutschen Übungsplatzes zu bezahlen, obwohl sie zum einen gemeinsam mit den deutschen Truppenanteilen der D/F-Brigade in Deutschland stationiert sind, und zum anderen den Truppenübungsplatz gemeinsam nutzen. Die französischen Streitkräfte lehnen die Bezahlung jedoch ab. (Vgl. *Dipp* (Gespräch).)

[1275] Vgl. *Böckmann* (Aspekte), S. 8.

[1276] So lassen sich zum Beispiel deutliche Unterschiede zwischen dem Zustand deutscher und französischer Kasernen und Übungsplätze feststellen. (Vgl. *Hoepffner* (Vortrag), S. 10.)

gen vergeben, erledigen in den französischen Streitkräften die Pioniere viele der Bauaufträge. Gleiches gilt für infrastrukturelle Wartungs- und Instandsetzungsarbeiten.[1277]
Bei der Nutzung von Infrastruktur schließlich gibt es insbesondere Unterschiede bezüglich Umweltschutz,[1278] Sicherheitsbestimmungen,[1279] Nutzungseinschränkungen[1280] usw.
Insgesamt läßt sich festhalten, daß es in multinationalen Truppenteilen im Bereich der Infrastruktur erhebliches Konfliktpotential und damit Raum für Effektivitätsverluste gibt.

7.2.3 Betriebswirtschaftliche Beurteilung der Betriebsmittelwirtschaft

7.2.3.1 Effektivität

Werden die Ausführungen des Kapitels 7.2 *(Betriebsmittelwirtschaft)* zusammengefaßt, läßt sich festhalten, daß die innerhalb der Betriebsmittelwirtschaft multinationaler Truppenteile bestehenden Defizite in den Bereichen Einheitlichkeit des Wehrmaterials, (s. Tab. 11) Rüstungskooperation (s. Tab. 11) und Infrastruktur (s. Tab. 11) zu einem deutlichen Effektivitätsverlust in multinationalen Truppenteilen beitragen. Dieser Effektivitätsverlust tritt sowohl in den Führungs-, Kampf- und Kampfunterstützungstruppen als auch innerhalb der Einsatzunterstützungstruppen und dort insbesondere im Bereich der Logistik multinationaler Truppenteile auf. Die aufgezeigten Effektivitätsverluste werden insbesondere durch nationale Interessensunterschiede und Haushaltsdefizite auch langfristig nur sehr eingeschränkt abzubauen sein.[1281] (s. Tab. 11)
Für die Handlungsfähigkeit und Effektivität der einzelnen nationalen Streitkräfte, insbesondere für die des deutschen Heeres, das an einer Vielzahl multinationaler Truppenteile beteiligt ist, können die für einzelne multinationale Truppenteile durchgeführten Standardisierungsmaßnahmen jedoch eine Gefährdung darstellen, weil sie der nationalen Einheitlichkeit des Wehrmaterials entgegenwirken.

1277 Siehe zu dem vorangegangenen Abschnitt ausführlich *Allorant* (Gespräch) und *Wagner* (Verwaltung), S. 54-56. Siehe zu Wirtschaftlichkeitsfragen der Anlagenerhaltung ausführlich *Männel* (Anlagenerhaltung) und *Männel* (Anlagenwirtschaft), Sp. 78f.

1278 Hier fungiert die Bundeswehr als Vorreiter. Die Sperrung beispielsweise von ganzen Übungsplatzbereichen wegen brütender Vögel sind anderen Nationen bzw. deren Soldaten jedoch nicht immer verständlich zu machen. Bezüglich des Umgangs mit Altlasten gelten innerhalb der NATO vor allem die Briten und die US-Amerikaner als am großzügigsten. (Vgl. *Hahn* (Truppenübungsplätze), S. 43.)

1279 Insbesondere die Sicherheitsbestimmungen der Bundeswehr sind im Vergleich zu denen der Streitkräfte anderer Nationen sehr restriktiv. Dies führt beispielsweise dazu, daß eine gemeinsame Nutzung einer Schießbahn, bei der die Soldaten mit scharfer Munition überschossen werden, durch französische und deutsche Soldaten nicht möglich wird, weil die Sicherheitsbestimmungen des Truppenübungsplatzes deutschen Vorschriften nicht entsprechen. (Vgl. *Faust* (BQG), o. S.) Die Konsequenzen sind neben unterschiedlichen Ausbildungsständen auch Unverständnis bei den Soldaten.

1280 So dürfen im BQG französische Soldaten die Sportanlagen nach Dienst ausnahmslos nicht benutzen, während in der Bundeswehr die Nutzung eigener Sportstätten für den Sport nach Dienst durchaus gefördert wird. (Vgl. *Faust* (BQG), o. S.) Eine gemeinsame Nutzung einiger Freizeiteinrichtungen ist gar verboten, weil ihr Zoll- und Steuergründe entgegenstehen.

1281 Teilweise findet sich gar die Prognose, daß das Problem der mangelnden Einheitlichkeit militärischer Hardware nie gelöst werden wird. (Vgl. *Faria/Freeman/Hess* (Combined), S. 6.)

Tab. 11: *Effektivitätsreduktoren im Bereich der Betriebsmittelwirtschaft*

Effektivitätsreduktoren	Ausprägung in Abhängigkeit von ...									Existenz		
	... Organisationsprinzip			... Anzahl der Nationen		... Ebene der Mischung		... Zusammenarbeit in der Vergangenheit		vorhanden in Anpassungsphase	dauerhaft vorhanden	
	FW	Integr.	LN	2	>2	Korps	<Korps	ausgeprägt	unregelmäßig bis nicht vorhanden		gleichbleibend	abnehmend
Standardisierungsmängel	++	+++	+	++	+++	++	+++	++	+++	X	X	
Defizite im Bereich der Rüstungskooperation	++	+++	+	++	+++	++	+++	++	+++	X	gleichbleibend bis abnehmend	
Infrastruktur	++	+++	+	++	+++	++	+++	++	+++	X		X

Legende: FW: Framework-Prinzip
Integr.: Integrations-Prinzip
LN: Lead-Nation-Prinzip
Ausprägungsgrade: (+=schwach, ++=mittel, +++=stark)

Wie in den Ausführungen des Kapitels 7.2 *(Betriebsmittelwirtschaft)* deutlich wurde, liegt die als *Et (MNT, BW)* bezeichnete Effektivität der Betriebsmittelwirtschaft in multinationalen Truppenteilen unter der Effektivität vergleichbarer rein nationaler Truppenteile (*Et (RNT, BW)*). Die Effektivität der Betriebsmittelwirtschaft sinkt dabei in Abhängigkeit von der im jeweiligen Truppenteil vorhandenen Ausgestaltung der Multinationalität, also in Abhängigkeit vom Organisationsprinzip, von der Anzahl der beteiligten Nationen, von der Ebene der multinationalen Mischung und von der in der Vergangenheit praktizierten Zusammenarbeit. (s. Tab. 11) Es gilt:

$$Et\ (MNT,\ BW) < Et\ (RNT,\ BW)$$

7.2.3.2 Kosten

Insbesondere die in den multinationalen Truppenteilen konstatierten Standardisierungsmängel führen zu einem ausgeprägten Kostenanstieg. (s. Tab. 12) Dieser wird sowohl durch die Folgen der mangelhaften Fähigkeit zur technischen Zusammenarbeit als auch durch die vollzogenen bzw. durch die zu vollziehenden Standardisierungsmaßnahmen verursacht. Direkte Folgekosten sind beispielsweise materielle Improvisationen, die die Standardisierungsmängel kompensieren sollen. Indirekte Folgekosten sind zum Beispiel längere Arbeitszeiten und eine erhöhte Gefahr des Verlustes von Wehrmaterial im Einsatz. Als intangible Folgekosten lassen sich erneut Unzufriedenheit sowie zunehmende Gefährdung der Soldaten im Einsatz konstatieren.
In der Verbesserung der Standardisierung und der gemeinsamen Rüstung liegen wesentliche Kostenkomponenten bzw. Kostenanteile der in multinationalen Truppenteilen typischerweise anfallenden, in rein nationalen Truppenteilen nicht vorhandenen Kosten. (s. Tab. 12) Dabei handelt es sich mehrheitlich um direkte Kosten. Diese werden durch indirekte (zum Beispiel Verwertung unbrauchbaren nationalen Wehrmaterials, Durchführung neuer Ausbildungsinhalte usw.) und intangible Kosten (beispielsweise Verlust von Know-How eigenen nationalen Wehrmaterials) ergänzt. Die höheren Kosten der Betriebsmittelwirtschaft multinationaler Truppenteile lassen sich – theoretisch - langfristig reduzieren. Weil ihre tatsächliche Reduktion aber von einer Vielzahl von Einflußfaktoren abhängt, ist auch langfristig davon auszuge-

hen, daß sie sich nur unvollkommen dem Kostenniveau der Betriebsmittelwirtschaft vergleichbarer rein nationaler Truppenteile anpassen lassen. (s. Tab. 12)

Tab. 12: *Kostentreiber im Bereich der Betriebsmittelwirtschaft*

Kostentreiber	Kosten-kategorie			Ausprägung in Abhängigkeit von ...									Existenz		
	direkte	indirekte	intangible	... Organisationsprinzip			... Anzahl der Nationen		... Ebene der Mischung		... Zusammenarbeit in der Vergangenheit		vorhanden in Anpassungsphase	dauerhaft vorhanden	
				FW	Integr.	LN	2	>2	Korps	<Korps	ausgeprägt	unregelmäßig bis nicht vorhanden		gleichbleibend	abnehmend
Folgekosten der Effektivitätsverluste im Bereich der Betriebsmittelwirtschaft	X	X	X	++	+++	+	++	+++	++	+++	++	+++	X		X
Verbesserung der Standardisierung	X	X	X	++	+++	+	++	+++	++	+++	++	+++	X	gleichbleibend bis abnehmend	
Zusammenarbeit im Bereich der Rüstung	X	X	X	++	+++	+	++	+++	++	+++	++	+++	X	X	
Infrastruktur	X	X	X	++	+++	+	++	+++	++	+++	++	+++	X	gleichbleibend bis abnehmend	

Legende: FW: Framework-Prinzip
Integr.: Integrations-Prinzip
LN: Lead-Nation-Prinzip
Ausprägungsgrade: (+=schwach, ++=mittel, +++=stark)

In Zusammenfassung der Ausführungen des Kapitels 7.2 *(Betriebsmittelwirtschaft)* läßt sich insgesamt feststellen, daß die als *K (MNT, BW)* bezeichneten Kosten der Betriebsmittelwirtschaft in multinationalen Truppenteilen über den Betriebsmittelwirtschaftskosten vergleichbarer rein nationaler Truppenteile (*K (RNT, BW)*) liegen. Die Kosten der Betriebsmittelwirtschaft steigen dabei in Abhängigkeit von der im jeweiligen multinationalen Truppenteil vorhandenen Ausgestaltung der Multinationalität. (s. Tab. 12) Es gilt:

$$K\ (MNT,\ BW) > K\ (RNT,\ BW)$$

7.2.3.3 Effizienz

Die Effizienz als das in dieser Arbeit definierte Verhältnis zwischen Effektivität und Kosten liegt in multinationalen Truppenteilen im Bereich der Betriebsmittelwirtschaft (*Ez (MNT, BW)*) unter der Effizienz vergleichbarer rein nationaler Truppenteile (*Ez (RNT, BW)*). Sie sinkt in Abhängigkeit von der im jeweiligen Truppenteil vorhandenen Ausgestaltung der Multinationalität. Es gilt:

[Et (MNT, BW) / K (MNT, BW)] < [Et (RNT, BW) / K (RNT, BW)], also:
Ez (MNT, BW) < Ez (RNT, BW).

Für eine Beurteilung der Effizienz der Betriebsmittelwirtschaft multinationaler Truppenteile aus Sicht der Bundeswehr sind die für den Bereich der Führung im Kapitel 6.1.4.3 *(Effizienz)* erläuterten drei Fälle zu unterscheiden.
Dabei werden zunächst die im Bereich der Betriebsmittelwirtschaft für die Bundeswehr in einem multinationalen Truppenteil anfallenden Kosten *K (MNT, GE, BW)* mit den Betriebsmittelwirtschaftskosten eines vergleichbaren rein deutschen Truppenteiles (*K (GE, BW)*) verglichen. Den sich aus diesem Vergleich ergebenden drei möglichen Situationen einer Kosteneinsparung (1. Fall: *K (GE, BW) > K (MNT, GE, BW)*), einer Kostenstabilität (2. Fall: *K (GE, BW) = K (MNT, GE, BW)*) und einer Kostensteigerung (3. Fall: *K (GE, BW) < K (MNT, GE, BW)*) wird dann die im Kapitel 7.2.3.1 *(Effektivität)* festgestellte Effektivitätsreduktion (*Et (MNT, BW) < Et (RNT, BW)*) multinationaler Truppenteile gegenübergestellt.

1. Fall:
Der erste Fall geht davon aus, daß sich im Bereich der Betriebsmittelwirtschaft aus Sicht der Bundeswehr in multinationalen Truppenteilen im Vergleich zu rein deutschen Truppenteilen Kosten einsparen lassen. Darüber hinaus gilt für den Betriebsmittelwirtschaftsbereich die bereits festgestellte generelle Effektivitätsreduktion multinationaler Truppenteile. Für eine aus Sicht der Bundeswehr durchgeführte Beurteilung der Effizienz der Betriebsmittelwirtschaft ergeben sich hieraus zwei Unterfälle:
Die Effizienz im Betriebsmittelwirtschaftsbereich des multinationalen Truppenteiles *Ez (MNT, BW)* liegt nur dann über der Effizienz vergleichbarer rein deutscher Truppenteile *Ez (GE, BW)*, wenn die festgestellten Effektivitätsverluste von den Kosteneinsparungen überkompensiert werden (Fall 1a). Im umgekehrten Fall, wenn also die Effektivitätsverluste die realisierten Kosteneinsparungen übersteigen (Fall 1b), ist eine Reduktion der Effizienz zu konstatieren .

Fall 1a:

Wenn:
Et (MNT, BW) < Et (RNT, BW) und
K (GE, BW) > K (MNT, GE, BW) und
[Et (RNT, BW) - Et (MNT, BW)] < [K (GE, BW) - K (MNT, GE, BW)],

dann gilt:
Ez (MNT, BW) > Ez (GE, BW).

Fall 1b:

Wenn:
Et (MNT, BW) < Et (RNT, BW) und
K (GE, BW) > K (MNT, GE, BW) und
[Et (RNT, BW) - Et (MNT, BW)] > [K (GE, BW) - K (MNT, GE, BW)],

dann gilt:
Ez (MNT, BW) < Ez (GE, BW).

2. Fall:
Im zweiten Fall wird im Bereich der Betriebsmittelwirtschaft weiterhin von einer Effektivitätsreduktion multinationaler Truppenteile ausgegangen. Darüber hinaus wird angenommen, daß sich für die Bundeswehr durch die Beteiligung an einem multinationalen Truppenteil im

Bereich der Betriebsmittelwirtschaft keine Kosten einsparen lassen. In diesem Fall liegt die Effizienz der Betriebsmittelwirtschaft in einem multinationalen Truppenteil *Ez (MNT, BW)* aus Sicht der Bundeswehr unter der Effizienz eines vergleichbaren rein deutschen Truppenteils *Ez (GE, BW)*.

Wenn:
Et (MNT, BW) < Et (RNT, BW) und
K (GE, BW) = K (MNT, GE, BW),

dann gilt:
Ez (MNT, BW) < Ez (GE, BW).

3. Fall:
Im letzten Fall gilt für den Bereich der Betriebsmittelwirtschaft erneut die bereits bekannte Annahme der Effektivitätsreduktion multinationaler Truppenteile. Nunmehr wird jedoch für die Bundeswehr von einer, durch die Beteiligung an einem multinationalen Truppenteil verursachten Kostensteigerung im Betriebsmittelwirtschaftsbereich ausgegangen. Aus Sicht der Bundeswehr ergibt sich in multinationalen Truppenteilen im Bereich der Betriebsmittelwirtschaft damit ebenfalls ein Effizienzverlust im Vergleich zu rein deutschen Truppenteilen.

Wenn:
Et (MNT, BW) < Et (RNT, BW) und
K (GE, BW) < K (MNT, GE, BW),

dann gilt:
Ez (MNT, BW) < Ez (GE, BW).

Aus Sicht der Bundeswehr steigt somit die Effizienz im Bereich der Betriebsmittelwirtschaft durch die Beteiligung an bzw. durch die Aufstellung von multinationalen Truppenteilen nur in einem einzigen Fall, nämlich dann, wenn sich im Betriebsmittelwirtschaftsbereich bei Gegenüberstellung mit vergleichbaren rein deutschen Truppenteilen Kosten einsparen lassen, und diese Kosteneinsparungen die feststellbaren Effektivitätsverluste multinationaler Truppenteile überkompensieren. (s. Fall 1a) In allen anderen Fällen ist ein Effizienzverlust festzustellen. Dieser steigt bezüglich seiner Ausprägung in der Reihenfolge der Fälle 1b, 2 und 3.

7.3 Leistungswirtschaft

7.3.1 Begriff

Der Begriff der „Leistung“ ist innerhalb der Betriebswirtschaftslehre inhaltlich nicht eindeutig bzw. nicht einheitlich definiert. Entsprechend existieren bezüglich des Leistungsbegriffs auch im Zusammenhang mit den Streitkräften definitorische Unterschiede.[1282] In den folgenden Ausführungen wird deshalb jeweils festgelegt, was unter Leistung verstanden werden soll.
Eng verbunden mit der Problematik des Begriffsinhaltes von Leistung ist im Militär das Problem der Leistungsmessung.[1283] In dieser Arbeit dient dem Zweck der Leistungsmessung mul-

---

1282 Siehe hierzu *Hahn* (Militärbetriebslehre), S. 200 und *Reinhart* (Leistung), S. 481f.

1283 Vgl. *Reinhart* (Leistung), S. 483. Die Problematik wurde bereits vor cirka 20 Jahren während der Podiumsdiskussion der im April 1979 an der Friedrich-Alexander-Universität Erlangen-Nürnberg veranstalteten wissenschaftlichen Tagung zur Thematik „Betriebswirtschaftslehre und Streitkräfte“ behandelt. (Siehe hierzu

tinationaler Truppenteile eine Gegenüberstellung mit der Leistung vergleichbarer rein nationaler Truppenteile.[1284]

7.3.2 Leistungsbereitschaft[1285]

Für eine effektive Leistungserbringung ist die Bereitschaft bzw. die Fähigkeit zur Leistung erforderlich. In multinationalen Truppenteilen gibt es diesbezüglich mehrere Probleme. Diese betreffen zum einen den Grad der Leistungsbereitschaft. Zum anderen sind sie in der Ermittlung der Leistungsbereitschaft sowie in den Maßnahmen ihrer Verbesserung begründet.

7.3.2.1 Grad der Leistungsbereitschaft

7.3.2.1.1 Individuelle Leistungsbereitschaft

Die individuelle Leistungsbereitschaft bzw. –fähigkeit bezieht sich auf die menschliche Arbeitsleistung des einzelnen Soldaten.[1286] Sowohl in qualitativer als auch in quantitativer Hinsicht zeigt die Leistungsbereitschaft des in multinationalen Truppenteilen eingesetzten Soldaten klare Defizite im Vergleich zu den in rein nationalen Truppenteilen Dienst leistenden Soldaten. Dies hat seine Ursache darin, daß von den in multinationalen Truppenteilen eingesetzten Soldaten ein anderes Qualitäts- bzw. Qualifikationsprofil gefordert wird als von Soldaten rein nationaler Truppenteile. Dieses Anforderungsprofil wurde in der vorliegenden Arbeit bereits an anderer Stelle dargestellt.[1287] Sowohl fachliche (zum Beispiel militärfachliche Ausbildung, interkulturelle Schulung usw., insbesondere aber Fremdsprachenausbildung) als auch persönliche Komponenten (beispielsweise Unterstützung des multinationalen Gedankens) wurden dabei als Schlüsselqualifikationen identifiziert. Es wurde deutlich, daß nur eine ungenügende Anzahl von Soldaten dem zu erfüllenden Qualitäts- bzw. Qualifikationskatalog entspricht. Damit sinken aber auch die fachliche und persönliche Fähigkeit sowie die Bereitschaft des einzelnen Soldaten, seine Aufgaben innerhalb des multinationalen Truppenteiles anforderungsgerecht zu erfüllen.

Das für Verwendungen in multinationalen Truppenteilen geforderte typische Qualitäts- bzw. Qualifikationsprofil wird somit sowohl zum qualitativen als auch zum quantitativen Einschränkungsfaktor für die individuelle Leistungsbereitschaft. Diese ist im übrigen in ihrer Ausprägung durch die ständig präsente Gefahr eines durch den Dienst in multinationalen Truppenteilen begründeten Motivationsverlustes permanent unsicher.[1288]

Gerber/Hahn (Betriebswirtschaftslehre), S. 60-64.) Siehe zur Problematik der Leistungsmessung in Streitkräften auch *Singer* (Milizsystem), S. 141-150.

1284 Siehe zum Prinzip des Vergleichs als Instrument der Leistungsmessung und –bewertung *Hahn* (Militärbetriebslehre), S. 201.

1285 Unter Leistungsbereitschaft soll im folgenden die zu einem konkreten Zeitpunkt vorhandene personelle, materielle und organisatorische Fähigkeit zur Leistungserbringung verstanden werden. Die Begriffe „Leistungsbereitschaft" und „Leistungsfähigkeit" werden deshalb synonym verwendet.

1286 Damit ist gleichzeitig der Leistungsbegriff auf der Ebene des Soldaten definiert. Siehe hierzu *Hahn* (Militärbetriebslehre), S. 202.

1287 Siehe hierzu die Kapitel 6.1.2.3 *(Ausbildung)*, 6.1.2.4 *(Anforderungen)* und 7.1.1.2.1 *(Qualifikationsprofil)*.

1288 Siehe zu den motivationsreduzierenden Leistungsdeterminanten Kapitel 7.1.2.1 *(Leistungsdeterminanten)*. Siehe zur Bedeutung der Motivation für die militärische Leistungsfähigkeit *Hahn* (Militärbetriebslehre), S. 177.

7.3.2.1.2 Funktionelle Leistungsbereitschaft

Unter der funktionellen Leistungsbereitschaft sollen hier vor allem die klassischen Aufgabenbereiche der Stabsarbeit - die sechs Führungsgrundgebiete – verstanden werden. Die Leistung der Führungsgrundgebiete ist dabei die in ihnen vollzogene Erfüllung der ihnen gestellten Aufgaben, nämlich Personalwesen, Innere Führung, Presse und Öffentlichkeitsarbeit (Führungsgrundgebiet 1), Militärisches Nachrichtenwesen (Führungsgrundgebiet 2), Führung, Organisation, Ausbildung (Führungsgrundgebiet 3), Logistik (Führungsgrundgebiet 4), Zivilmilitärische Zusammenarbeit (Führungsgrundgebiet 5) und Führungsdienste (Führungsgrundgebiet 6).[1289] Die funktionelle Leistungsbereitschaft bzw. –fähigkeit muß in multinationalen Truppenteilen im Vergleich zu rein nationalen Truppenteilen als deutlich niedriger beurteilt werden. Ursachen hierfür liegen insbesondere in den durch Zielkonflikte, durch divergierende Aufgaben und Befugnisse sowie durch mangelhafte Einheitlichkeit bei Personal und Software verursachten Problemen.[1290]
Die funktionelle Leistungsbereitschaft bezieht neben den Führungsgrundgebieten aber auch die Aufgabenbereiche des Heeres mit ein. Hier gibt es in allen Bereichen – Führung und Führungsunterstützung, Nachrichtengewinnung und Aufklärung, Kampf, Kampfunterstützung sowie Einsatzunterstützung - erkennbare Defizite. Im letztgenannten Bereich werden die Defizite insbesondere bei der Logistik, und dort im Bereich des Transportes deutlich. So sind die multinationalen Truppenteile etwa beim strategischen Lufttransport auf die Kapazitäten der US-amerikanischen Streitkräfte angewiesen.[1291] Bezüglich dieser Schlüsselaufgabe sind sie ohne Unterstützung der USA insbesondere für Krisenreaktionseinsätze nicht leistungsbereit.

7.3.2.1.3 Materielle Leistungsbereitschaft

Die materielle Leistungsbereitschaft beschreibt insbesondere die Fähigkeit des Wehrmaterials multinationaler Truppenteile zur technischen Zusammenarbeit. Die durch mangelhafte Standardisierung der Hardware verursachten materiellen Leistungseinbußen in multinationalen Truppenteilen beziehen sich dabei sowohl auf die Leistungsbereitschaft als auch auf die Leistungserbringung. Diese im Vergleich zu rein nationalen Truppenteilen deutlich ausgeprägten Leistungseinbußen wurden bereits ausführlich beschrieben.[1292]
Die materielle Leistungsbereitschaft des multinationalen Truppenteiles bezieht sich aber auch auf den technischen Zustand des Wehrmaterials. Hier sind insbesondere im Bereich des Erhaltes (Pflege und Wartung) und der Wiederherstellung (Instandsetzung) durch Standardisierungsdefizite (beispielsweise unterschiedliche nationale Werkzeuge und Ersatzteile) deutliche Abstriche zu machen.[1293]
Die materielle Leistungsbereitschaft des multinationalen Truppenteiles bedeutet schließlich die ausreichende Verfügbarkeit von Wehrmaterial. Diese muß derzeit insbesondere im Bereich der Aufklärungs-, Führungs- und Transportmittel als unzureichend beurteilt werden.[1294] Hier ist vor allem für Krisenreaktionseinsätze erneut eine Abhängigkeit von den USA zu konstatieren.[1295] Generell lassen sich für die neuen Aufgaben der Bundeswehr erhebliche

---

[1289] Siehe zu den Führungsgrundgebieten *Mittler* (Stichworte), S. 74.

[1290] Siehe zu den genannten Problemursachen die Kapitel 5.1.1.1.2 *(Zielkonflikte auf militärischer Ebene)*, 6.1.2.5 *(Aufgaben und Befugnisse)*, 6.2.2 *(Grad der Einheitlichkeit)* und 6.2.3.2.4 *(Stäbe)*.

[1291] Vgl. *BMVg* (Bestandsaufnahme), S. 168, *Delp* (Grenzen), S. 31 und 75, *McInnes* (Corps), S. 42f., *Palin* (Forces), S. 64, *Struck* (Zusammenarbeit), S. 33 und *WEU* (Study), Annex D.5. Dies hat sich im Kosovo-Konflikt deutlich bestätigt. (Siehe hierzu *Vinch* (Kosovo), S. 2.)

[1292] Siehe hierzu Kapitel 7.2.1.1 *(Grad der Einheitlichkeit)*.

[1293] Vgl. *Milani* (Support), S. 48.

[1294] Im Bereich der Aufklärung gelten die Aufklärungsmittel sowohl für die strategische als auch für die operative und taktische Aufklärung als defizitär. (Siehe hierzu *BMVg* (Bestandsaufnahme), S. 57.)

[1295] Vgl. *Delp* (Grenzen), S. 37 und *Dienste* (Erfahrungen), S. 51. Siehe hierzu auch *Scharping* (Rede), S. 8.

Ausstattungslücken feststellen; der in den vergangenen Jahren diesbezüglich aufgebaute Investitionsstau von mindestens 20 Mrd. DM wird auch in den kommenden Jahren nicht abzubauen sein.[1296] Damit wird sich die mangelhafte materielle Leistungsbereitschaft der deutschen Streitkräfte auch weiterhin negativ auf die Leistungsbereitschaft derjenigen multinationalen Truppenteile auswirken, an denen das deutsche Heer beteiligt ist.

7.3.2.1.4 Nationale Leistungsbereitschaft

Die einzelnen nationalen Truppenanteile multinationaler Truppenteile weisen regelmäßig einen unterschiedlichen Leistungsstand auf,[1297] der sowohl die individuelle als auch die funktionelle und die materielle Leistungsbereitschaft bzw. Leistungsfähigkeit betreffen kann. Unterschiedliches nationales Leistungsniveau wirkt sich stark auf die multinationale Zusammenarbeit bzw. Leistungserstellung aus. Diese orientiert sich in der Regel am schwächsten Glied in der Kette, dem leistungsschwächsten nationalen Truppenanteil.[1298]

7.3.2.1.5 Kollektive Leistungsbereitschaft

Individuelle, funktionelle, materielle und nationale Leistungsbereitschaft machen zusammen mit weiteren Komponenten die Leistungsbereitschaft des gesamten multinationalen Truppenteiles aus. Diese läßt sich auch als kollektive Leistungsbereitschaft bezeichnen. Die Leistung des Truppenteiles ist dabei die Erfüllung der ihm gestellten jeweiligen Aufgabe bzw. der jeweiligen Aufgaben.[1299] Die kollektive Leistungsbereitschaft multinationaler Truppenteile ist aufgrund der Defizite im Bereich der individuellen, funktionellen und materiellen Leistungsbereitschaft im Vergleich zu rein nationalen Truppenteilen insgesamt als deutlich niedriger zu beurteilen. Hierzu tragen auch wesentlich die Effektivitätsverluste im Bereich der Organisation bei.[1300] Diese wiederum sind unter anderem begründet in den Organisationsstrukturen der nationalen Truppenanteile des multinationalen Truppenteiles[1301] sowie in dessen Zusammensetzung.[1302] So wirken sich beispielsweise die temporären Einschränkungen, denen das französische Heer während seiner Umstrukturierung insbesondere hinsichtlich längerer Auslandseinsätze unterliegt,[1303] auch auf die Leistungsfähigkeit bzw. –bereitschaft derjenigen multinationalen Truppenteile aus, in denen es mit Truppenanteilen präsent ist. Eine durch die Zusammensetzung des multinationalen Truppenteiles verursachte Reduzierung der kollektiven Leistungsbereitschaft zeigt sich zum Beispiel im Eurokorps, das über zu wenige Korpstruppen verfügt.[1304]

7.3.2.2 Ermittlung der Leistungsbereitschaft

Ermittlung, Überprüfung und Kontrolle der Leistungsbereitschaft bzw. –fähigkeit sind für multinationale Truppenteile insbesondere deshalb problematisch, weil sie sich – mit Anspruch

1296 Vgl. *Scharping* (Rede), S. 12.
1297 Vgl. *Codner* (Together), S. 40.
1298 Siehe hierzu auch *Hahn* (Unwirtschaftlichkeit), S. 98.
1299 Siehe hierzu auch *Hahn* (Militärbetriebslehre), S. 201.
1300 Siehe hierzu ausführlich Kapitel 5.2.2 *(Organisation)*.
1301 Siehe hierzu Kapitel 6.2.3.3.2.3 *(Organisationsstrukturen nationaler Truppenanteile)*.
1302 Siehe hierzu Kapitel 6.2.3.3.2.4 *(Zusammensetzung des multinationalen Truppenteiles)*.
1303 Siehe hierzu *Klein/Pajon* (Wandel), S. 29.
1304 Siehe hierzu ausführlich *Kopp/Strachwitz* (Einbußen), S. 525f.

auf aussagekräftige, vollständige und richtige Ergebnisse - nur im Rahmen von Übungen,[1305] und damit durch großen personellen und zeitlichen Aufwand durchzuführen lassen. Sie sind damit gleichzeitig sehr kostenintensiv[1306] - vor allem auch deshalb, weil die tatsächliche Leistungsbereitschaft ausschließlich durch Volltruppenübungen festgestellt werden kann,[1307] denn lediglich dort treten echte, unvorhergesehene Herausforderungen unterschiedlichster Art auf.[1308] Rahmenübungen sind dagegen nur geeignet, bestimmte personelle, funktionelle oder organisatorische Teilkomponenten der Leistungsbereitschaft des jeweiligen multinationalen Truppenteiles zu überprüfen.

Dabei wird im Rahmen von Übungen nicht nur die kollektive Leistungsbereitschaft des multinationalen Truppenteiles überprüft. Auch die individuelle und funktionelle sowie insbesondere die materielle Leistungsbereitschaft werden einer Überprüfung unterzogen.[1309]

Die Ermittlung der Leistungsfähigkeit der multinationalen Truppenteile durch Übungen birgt neben der hohen Kosten-, Personal- und Zeitintensität noch einen weiteren Problemfaktor. Dieser ist die Abhängigkeit des Ermittlungsergebnisses von der kompletten Übungsteilnahme aller nationalen Truppenanteile.[1310] So mußte beispielsweise im Frühjahr 1999 eine geplante multinationale Übung in eine nationale Übung umfunktioniert werden, weil Frankreich die Teilnahme kurzfristig absagte.[1311]

7.3.2.3 Verbesserung der Leistungsbereitschaft

Die Verbesserung der Leistungsbereitschaft bzw. –fähigkeit multinationaler Truppenteile ist – wie die Ermittlung der Leistungsbereitschaft auch - bestmöglich nur durch Übungen zu erreichen,[1312] wobei die Übungsnotwendigkeit um so höher ist, je niedriger die Ebene des Truppenteiles ist, auf der Multinationalität praktiziert wird.[1313] Die jährlich geforderte Übungsintensität multinationaler Truppenteile müßte deshalb generell entsprechend hoch sein[1314] und läge demzufolge deutlich über der rein nationaler Truppenteile.[1315] Da die nationalen Truppenanteile dem Oberkommandierenden des multinationalen Truppenteiles in der Regel für Übungen zur Verfügung stehen,[1316] und weil die Übungstätigkeit aus diesem Grund tatsächlich entsprechend hoch ist, stellen die sowohl im multinationalen als auch im nationalen Rahmen durchzuführenden Übungen insbesondere für die nationalen Haushalte eine zusätzli-

---

1305 Vgl. *Dienste* (Erfahrungen), S. 27 und 48, *Hansen* (Training), S. 30, *Most* (Einsatzunterstützung), S. 19 und *Oltmanns* (GE/NL), S. 16.

1306 Die Kosten der Übung steigen dabei vor allem bei Übungen im Ausland. Solche werden jedoch immer häufiger notwendig, weil die Akzeptanz insbesondere von freilaufenden Übungen in der deutschen Bevölkerung sehr gering geworden ist. (Vgl. *Dienste* (Erfahrungen), S. 48.)

1307 Bereits die Transportkosten einer Volltruppenübung eines aus zwei Divisionen bestehenden multinationalen Korps übersteigen die entsprechenden Haushaltstitel der nationalen und multinationalen Haushalte. (Vgl. *Dienste* (Erfahrungen), S. 22.)

1308 Vgl. *McInnes* (Corps), S. 25.

1309 Vgl. *Reinhardt* (NATO), S. 25.

1310 Diese müssen zudem komplett sein, das heißt, auch die im jeweiligen nationalen Truppenanteil eingeplanten Reservisten müssen an der Übung teilnehmen. (Vgl. *Seitz* (Obstacles), S. 19.)

1311 Siehe hierzu *Michelis* (Geldbörse), S. 10.

1312 Vgl. *Higgins/Mullen* (Pillars), S. 47 und *McInnes* (Corps), S. 25. Diese Notwendigkeit hat auch die NATO erkannt. (Vgl. *NATO* (Konzept), Nr. 61.)

1313 Vgl. *Gijsbers* (Thesis), S. 44 und 82.

1314 Vgl. *Jeurissen* (Gespräch), *Kievenaar* (AMF(L)), S. 53, *Reinhardt* (NATO), S. 25 und *Urbach* (Führerausbildung), S. 15.

1315 Vgl. *Böckmann* (Aspekte), S. 6, *Gijsbers* (Thesis), S. 44, *McInnes* (Corps), S. 24 und *Sohst* (Gespräch).

1316 Vgl. *Neubauer* (Eurokorps), S. 8.

che Belastung dar.[1317] Diese Mehrfachbelastung führt aber auch zu spürbaren personellen wie technischen Abnutzungserscheinungen in der Truppe.[1318]
Darüber hinaus kommt es regelmäßig zu Überschneidungen bei der Priorisierung von nationalen und multinationalen Übungen.[1319] Versucht man, die Anzahl der multinationalen Übungen zugunsten nationaler Übungen bzw. zur Entlastung der Truppe zu reduzieren, müssen innerhalb dieser Übungen Schwerpunkte bezüglich der Übungsziele getroffen werden. Dabei wird das Aufgabengebiet der Einsatzunterstützung oft vernachlässigt, was in diesem Bereich entsprechend zu Defiziten in der Leistungsverbesserung führt.[1320]
Im übrigen ist in multinationalen Truppenteilen nicht nur für die Verbesserung der Leistungsbereitschaft bzw. –fähigkeit, sondern bereits für den Erhalt derselben eine im Vergleich zu rein nationalen Truppenteilen deutlich höhere Übungstätigkeit notwendig.[1321]
Auf die Abhängigkeit der Verbesserung der Leistungsbereitschaft des multinationalen Truppenteiles von der vollständigen Teilnahme aller nationalen Truppenanteile wurde bereits im vorherigen Kapitel hingewiesen. An dieser Stelle gilt es auch, die zwischen den einzelnen multinationalen Truppenteilen bezüglich der Nutzung einzelner Übungsplätze existierende Konkurrenzsituation zu berücksichtigen, trägt sie doch zu einer deutlichen Verzögerung der Verbesserung der Leistungsbereitschaft und –fähigkeit bei. Diese Situation wird nochmals verschärft, wenn nationalen Truppenteilen in der Übungsplatznutzung kurzfristig Priorität eingeräumt werden muß, wie dies beispielsweise durch die Kontingentausbildung der IFOR-, SFOR- und KFOR-Kräfte der Bundeswehr der Fall war bzw. ist.[1322] Zusätzliche Probleme gibt es bei der gegenseitigen bzw. gemeinsamen Nutzung von Simulatoren, was dazu führt, daß diese Form der Übung regelmäßig nur national durchgeführt wird.[1323] Verbesserungen der Leistungsbereitschaft und –fähigkeit des multinationalen Truppenteiles sind auf diesem Wege nicht erreichbar.

7.3.3 Leistungserbringung

Leistung wird sowohl im alltäglichen Friedensbetrieb als auch während Übungen sowie im Einsatz erbracht.[1324] Sie wird damit in der vorliegenden Arbeit nicht auf den Einsatz beschränkt, gleichwohl hier die Probleme der Leistungserbringung als viel gewichtiger zu bewerten sind, hängen im Einsatz doch verstärkt Menschenleben von der Leistungserbringung ab.

Die die Leistungsbereitschaft bzw. –fähigkeit multinationaler Truppenteile beeinträchtigenden Komponenten bzw. die mit ihr im Zusammenhang stehenden Probleme sind auch für die Effektivitätsverluste im Bereich der Leistungserbringung verantwortlich. Auf ihre erneute Darstellung wird deshalb verzichtet. Analog zur Leistungsbereitschaft sind sowohl die Bereiche der individuellen, funktionellen und materiellen als auch die der kollektiven Erbringung der

---

[1317] Diese Belastung ist um so höher, je weiträumiger die Dislozierung der nationalen Truppenanteile des multinationalen Truppenteiles ist. (Vgl. *McInnes* (Corps), S. 25 und *Seitz* (Obstacles), S. 19f.)
[1318] Vgl. *Ropers* (Rolle), S. 16. Was hier für die Marine konstatiert wird, gilt insbesondere für das Heer. (Siehe hierzu beispielsweise *Palin* (Forces), S. 56.)
[1319] Vgl. *Mackenzie* (Corps), S. 20.
[1320] Vgl. *Seitz* (Obstacles), S. 18.
[1321] Vgl. *Klein/Pototzky* (Koordinationsproblem), S. 43.
[1322] Vgl. *Dipp* (Gespräch).
[1323] Siehe hierzu am Beispiel des I. D/NL Korps *Jeurissen* (Gespräch).
[1324] Der Schwerpunkt der militärischen Leistungserbringung liegt derzeit nicht mehr in der Produktion von Abschreckung, sondern insbesondere bei den Einsätzen des internationalen Krisenmanagements. (Siehe zu den beiden Leistungsbereichen ausführlich *Singer* (Alternative), S. 247-252.) Die im Rahmen des täglichen Dienstbetriebes und in Übungen erbrachte Leistung dient insbesondere der Herstellung und Aufrechterhaltung der Leistungsbereitschaft für den Einsatz und wird deshalb generell in die Leistungserbringung mit subsumiert.

Leistung des gesamten Truppenteiles betroffen. Die Leistungsdefizite lassen sich durch einen Vergleich mit rein nationalen Truppenteilen erkennen. Sie kommen insbesondere durch einen reduzierten Gefechtswert, durch eine deutlich verzögerte Leistungserstellung sowie durch deutliche Effektivitätseinbußen zum Ausdruck.[1325] Die Ursachen der Defizite in der Leistungserbringung liegen – wie in den vorherigen Ausführungen dieser Arbeit ausführlich dargestellt – insbesondere in den Bereichen Führung, Organisation, Personal- und Betriebsmittelwirtschaft. Auch das Informationswesen trägt dazu bei.[1326]

Die Einschränkungen der Effektivität im Bereich der Leistungserbringung umfassen alle Aufgabenbereiche – von der Führung bis zur Einsatzunterstützung. Entsprechend negativ sind die Auswirkungen auf das Gefecht der verbundenen Waffen,[1327] in dem Kräfte der einzelnen Truppengattungen – und teilweise auch Teilstreitkräfte - zeitlich und räumlich beschränkt in Gefechtshandlungen zusammenwirken,[1328] und das generell für die Leistungserbringung eines jeden Truppenteiles – und damit auch für die multinationaler Truppenteile - von großer Bedeutung ist.

Wegen der besonders ausgeprägten Effektivitätseinschränkung der Leistungserbringung einer multinationalen Einsatzunterstützung,[1329] insbesondere einer multinationalen Logistik[1330] und eines multinationalen Sanitätsdienstes,[1331] sowie wegen der ausgeprägten Abhängigkeit der Effektivität der Leistung des gesamten multinationalen Truppenteiles von einer effektiven Logistik,[1332] bleibt die Sicherstellung der logistischen und der sanitätsdienstlichen Unterstützung bis auf eine Ausnahme[1333] in nationaler Verantwortung.[1334] Ein weiterer Grund hierfür ist die Tatsache, daß die Einsatzunterstützung einer der letzten Bereiche nationaler Souveränität in multinationalen Truppenteilen ist,[1335] auf den nur ungern verzichtet wird.[1336]

1325 Vgl. *Kopp/Strachwitz* (Einbußen), S. 527, *Palin* (Forces), S. 40 und *Schnell* (Strukturen), S. 420. Siehe insbesondere zum erhöhten Zeitansatz multinationaler Leistungserbringung im Vergleich zu rein nationaler Leistungserbringung *Willmann* (Operationsführung), S. 58.

1326 Siehe hierzu Kapitel 7.4 *(Informationswesen)*.

1327 Siehe hierzu auch *Dienste* (Erfahrungen), S. 47.

1328 Siehe zur Bedeutung des Gefechts der Verbundenen Waffen sowohl für die Landes- und Bündnisverteidigung als auch für das internationale Krisenmanagement *Kopp/Strachwitz* (Einbußen), S. 523.

1329 Siehe hierzu auch *HDv 100/400*, Nr. 5006 und *Seland* (Study), S. 72-74. Die Einschränkung der Leistungserbringung steigt dabei mit sinkender Ebene des Truppenteiles, auf der Multinationalität praktiziert wird. (Vgl. *Dienste* (Erfahrungen), S. 49.) Die Einschränkung ist zudem im Landes- und Bündnisfall geringer als in internationalen Kriseneinsätzen.

1330 Vgl. *Allorant* (Gespräch), *Franke* (Logistik), S. 110, *Jacobs* (Logistik), S. 31, *Palmer* (Multinationalität), S. 19 und *Sohst* (Gespräch). Siehe hierzu ausführlich auch *CG* (Guidance 98), S. 2 und 11f. sowie *Eurokorps* (Pegasus 96), S. 35-37. Siehe zu Problem- bzw. Schlüsselbereichen einer multinationalen Logistik *BMVg* (Bestandsaufnahme), S. 137f. und *Hardt* (Logistik), S. 53. Die Problematik einer multinationalen Logistik hat sich insbesondere im II. Golfkrieg bestätigt. (Vgl. *Kohl* (Golfkrieg), S. 21 und *Watson* (Lessons), S. 217.)

1331 Vgl. *Hanke* (Gespräch). Siehe hierzu auch *HDv 100/400*, Nr. 5015 sowie ausführlich *CG* (Guidance 98), S. 2 und 12f. sowie *Eurokorps* (Pegasus 96), S. 37f. Eine detaillierte Ausführung der beiden letztgenannten Quellen muß aus Geheimhaltungsgründen unterbleiben.

1332 Die Abhängigkeit der Leistungserbringung von Truppenteilen von einer effektiven Logistik ist eine Erkenntnis, die weder grundsätzlich (Siehe hierzu ausführlich *o. A.* (Heeresversorgung), S. 240-247.) noch im Zusammenhang mit multinationaler Zusammenarbeit neu ist. So wurden in der NATO sowohl die logistische Versorgung fremdländischer Brigaden als auch eine gemeinsame Logistik bereits vor über dreißig Jahren untersucht. (Siehe hierzu ausführlich *Koch* (Versorgung), *Meyer* (Logistik), *Schmidtke* (Versorgung), *Steinseifer* (Versorgung) und *Wächter* (Logistik).)

1333 Hier handelt es sich um das I. D/NL Korps, in dem der KG bezüglich der Logistik in den Befugnissen und Verantwortlichkeiten einem ein rein nationales Korps führenden KG gleichgestellt ist. (Vgl. *Timmermann* (Grenzen), S. 29. Siehe zu den Befugnissen und Verantwortlichkeiten ausführlich *Oltmanns* (GE/NL), S. 13f.) Die Materialverwaltung bleibt jedoch auch hier weiter national. (Vgl. *Brüggemann* (Streitkräfte), S. 20.)

1334 Vgl. *BMVg* (Stichworte), S. 13 und *Palin* (Forces), S. 75.

1335 Siehe hierzu auch *Most* (Einsatzunterstützung), S. 0 und 23.

Die Beibehaltung nationaler Einsatzunterstützung innerhalb multinationaler Truppenteile aber läßt personelle, materielle, zeitliche sowie arbeits- und kostenbezogene Einsparungen in diesem Bereich nicht zu, sondern macht einen deutlich erhöhten, umfangreichen Koordinierungsaufwand erforderlich[1337] und wirkt sich damit nachteilig auf die Effektivität im Bereich der Leistungserbringung aus - die durch eine reduzierte logistische Flexibilität[1338] ohnehin schon eingeschränkt ist. Die Effektivitätsmängel der Leistungserbringung werden schließlich nochmals verstärkt, wenn die nationale Einsatzunterstützung partiell durch multinationale Aufgabenwahrnehmung, beispielsweise im Bereich der Versorgung, ergänzt wird.[1339] Statt der angestrebten Ressourceneinsparung im Bereich der Leistungserbringung ergibt sich letztlich eine Vermehrung des Ressourcenverbrauches.[1340]

7.3.4 Betriebswirtschaftliche Beurteilung der Leistungswirtschaft

7.3.4.1 Effektivität

Wie die Ausführungen des Kapitels 7.3 *(Leistungswirtschaft)* gezeigt haben, ist die Effektivität der Leistungswirtschaft in multinationalen Truppenteilen (*Et (MNT, LW)*) bei Gegenüberstellung mit vergleichbaren rein nationalen Truppenteilen (*Et (RNT, LW)*) durch einen deutlich verringerten Grad an individueller, funktioneller, materieller und kollektiver Leistungsbereitschaft und –fähigkeit stark reduziert. (s. Tab. 13) Betrachtet man den Prozeß der Verbesserung von Leistungsbereitschaft und –fähigkeit, lassen sich auch diesbezüglich Effektivitätsverluste feststellen. Diese Verluste bzw. Defizite sind im Bereich der Leistungserbringung durch die Fülle der individuellen, funktionellen, materiellen und kollektiven Probleme der multinationalen Zusammenarbeit nochmals um ein Vielfaches gesteigert. (s. Tab. 13) Sie treten dabei in sämtlichen militärischen Aufgabenbereichen auf und wirken sich insbesondere auf die Fähigkeit zum Gefecht der verbundenen Waffen aus. Die Effektivität der Leistungswirtschaft läßt sich in multinationalen Truppenteilen langfristig zwar verbessern und optimieren, das Niveau vergleichbarer rein nationaler Truppenteile jedoch läßt sich auch auf lange Sicht nur unvollkommen erreichen. (s. Tab. 13)

1336 Vgl. *Mejlholm* (Brigade), S. 28. Siehe hierzu auch *Schwede* (Logistik), S. 20.

1337 Vgl. *Fritze* (Rahmenübung), S. 214. Siehe hierzu auch *Hardt* (Logistik), S. 53, und am Beispiel des I. D/NL Korps *Oltmanns* (GE/NL), S. 14.

1338 Ein weiteres Defizit ist die reduzierte Fähigkeit zur Beeinflussung des Gefechts durch logistische Schwerpunktbildung. (Vgl. *Mejlholm* (Brigade), S. 28.)

1339 Vgl. *Most* (Einsatzunterstützung), S. 23. Es existieren drei Verfahren multinationaler Einsatzunterstützung: „Mutual Support" (Versorgungsgüter- und Dienstleistungsaustausch), „Role Specialization" (funktionelle Aufgabenteilung, zum Beispiel Betriebsstoffversorgung) und „Lead Nation Prinzip" (regional begrenzte Aufgabenteilung, beispielsweise in einem bestimmten Gefechtsstreifen oder Sektor). (Siehe hierzu ausführlich *Most* (Einsatzunterstützung), S. 7-9.)

1340 Vgl. *McGregor* (Multinationalität), S. 27.

Tab. 13: *Effektivitätsreduktoren im Bereich der Leistungswirtschaft*

Effektivitätsreduktoren	Ausprägung in Abhängigkeit von ...									Existenz		
	... Organisationsprinzip			... Anzahl der Nationen		... Ebene der Mischung		... Zusammenarbeit in der Vergangenheit		vorhanden in Anpassungsphase	dauerhaft vorhanden	
	FW	Integr.	LN	2	>2	Korps	<Korps	ausgeprägt	unregelmäßig bis nicht vorhanden		gleichbleibend	abnehmend
Eingeschränkte individuelle, funktionelle, materielle und kollektive Leistungsbereitschaft und –fähigkeit	++	+++	++	++	+++	++	+++	++	+++	X		X
Defizite im Bereich der Leistungserbringung	++	+++	++	++	+++	++	+++	++	+++	X		X

Legende: FW: Framework-Prinzip
Integr.: Integrations-Prinzip
LN: Lead-Nation-Prinzip
Ausprägungsgrade: (+=schwach, ++=mittel, +++=stark)

Insgesamt liegt die als *Et (MNT, LW)* bezeichnete Effektivität der Leistungswirtschaft in multinationalen Truppenteilen unter der Effektivität vergleichbarer rein nationaler Truppenteile *Et (RNT, LW)*. Die Effektivität der Leistungswirtschaft sinkt dabei in Abhängigkeit von der im jeweiligen Truppenteil vorhandenen Ausgestaltung der Multinationalität. (s. Tab. 13) Es gilt:

$$Et\ (MNT,\ LW) < Et\ (RNT,\ LW)$$

7.3.4.2 Kosten

Die Folgekosten der reduzierten Effektivität der Leistungswirtschaft multinationaler Truppenteile (s. Tab. 14) treten sowohl als direkte Kosten als auch als indirekte Kosten auf. Direkte Kosten sind insbesondere die Mehrarbeit, die notwendig wird, um die existierenden Effektivitätsverluste zu kompensieren, sowie die erhöhte Gefahr des Verlustes von Wehrmaterial im Einsatz. Als intangible Folgekosten ist vor allem die zunehmende Gefährdung der Soldaten im Einsatz zu sehen.
In multinationalen Truppenteilen sind bereits die Herstellung, die Ermittlung und die Verbesserung der Leistungsbereitschaft durch die extrem hohe Übungsnotwendigkeit deutlich kostenintensiver als in rein nationalen Truppenteilen. (s. Tab. 14) Die im Rahmen der kollektiven Leistungserbringung zur Verbesserung der individuellen, materiellen und funktionellen multinationalen Zusammenarbeit notwendig werdenden und durchzuführenden Maßnahmen stellen einen weiteren, äußerst ausgeprägten Kostenfaktor dar, der als solcher in rein nationalen Truppenteilen nicht zu finden ist. (s. Tab. 14) Die aufgeführten Kosten treten meist als direkte Kosten auf, finden sich aber auch als indirekte und intangible Kosten.
Sämtliche Kosten der Leistungswirtschaft multinationaler Truppenteile (*K (MNT, LW)*) lassen sich langfristig zwar reduzieren, auf das Niveau rein nationaler Truppenteile jedoch sind sie auch bei sehr langer Sicht nicht angleichbar. (s. Tab. 14)

Tab. 14: *Kostentreiber im Bereich der Leistungswirtschaft*

Kostentreiber	Kosten-kategorie			Ausprägung in Abhängigkeit von ...									Existenz		
	direkte	indirekte	intangible	... Organisationsprinzip			... Anzahl der Nationen		... Ebene der Mischung		... Zusammenarbeit in der Vergangenheit		vorhanden in Anpassungsphase	dauerhaft vorhanden	
				FW	Integr.	LN	2	>2	Korps	<Korps	ausgeprägt	unregelmäßig bis nicht vorhanden		gleichbleibend	abnehmend
Folgekosten der Effektivitätsverluste im Bereich der Leistungswirtschaft	X	X	X	++	+++	+	++	+++	++	+++	++	+++	X		X
Ermittlung, Verbesserung und Optimierung der Leistungsbereitschaft und -fähigkeit	X	X	X	++	+++	++	++	+++	++	+++	++	+++	X		X
Verbesserung und Optimierung der Leistungserbringung	X	X	X	++	+++	++	++	+++	++	+++	++	+++	X		X

Legende: FW: Framework-Prinzip
Integr.: Integrations-Prinzip
LN: Lead-Nation-Prinzip
Ausprägungsgrade: (+=schwach, ++=mittel, +++=stark)

In Zusammenfassung der Ausführungen des Kapitels 7.3 *(Leistungswirtschaft)* läßt sich festhalten, daß die als *K (MNT, LW)* bezeichneten Kosten der Leistungswirtschaft in multinationalen Truppenteilen über den Kosten vergleichbarer rein nationaler Truppenteile (*K (RNT, LW)*) liegen. Die Kosten der Leistungswirtschaft steigen dabei in Abhängigkeit von der im jeweiligen multinationalen Truppenteil vorhandenen Ausgestaltung der Multinationalität. (s. Tab. 14) Es gilt:

K (MNT, LW) > K (RNT, LW)

7.3.4.3 Effizienz

Die Effizienz als das in dieser Arbeit definierte Verhältnis zwischen Effektivität und Kosten liegt in multinationalen Truppenteilen im Bereich der Leistungswirtschaft (*Ez (MNT, LW)*) unter der Effizienz vergleichbarer rein nationaler Truppenteile (*Ez (MNT, LW)*). Sie sinkt in Abhängigkeit von der im jeweiligen Truppenteil vorhandenen Ausgestaltung der Multinationalität. Es gilt:

[Et (MNT, LW) / K (MNT, LW)] < [Et (RNT, LW) / K (RNT, LW)], also:
Ez (MNT, LW) < Ez (RNT, LW).

Für eine Beurteilung der Effizienz der Leistungswirtschaft multinationaler Truppenteile aus Sicht der Bundeswehr sind die für den Bereich der Führung im Kapitel 6.1.4.3 *(Effizienz)* erläuterten drei Fälle zu unterscheiden.
Dabei werden zunächst die im Bereich der Leistungswirtschaft für die Bundeswehr in einem multinationalen Truppenteil anfallenden Kosten *K (MNT, GE, LW)* mit den Leistungswirt-

schaftskosten eines vergleichbaren rein deutschen Truppenteiles (*K (GE, LW)*) verglichen. Den sich aus diesem Vergleich ergebenden drei möglichen Situationen einer Kosteneinsparung (1. Fall: *K (GE, LW) > K (MNT, GE, LW)*), einer Kostenstabilität (2. Fall: *K (GE, LW) = K (MNT, GE, LW)*) und einer Kostensteigerung (3. Fall: *K (GE, LW) < K (MNT, GE, LW)*) wird dann die im Kapitel 7.3.4.1 *(Effektivität)* festgestellte Effektivitätsreduktion (*Et (MNT, LW) < Et (RNT, LW)*) multinationaler Truppenteile gegenübergestellt.

1. Fall:
Der erste Fall geht davon aus, daß sich im Bereich der Leistungswirtschaft aus Sicht der Bundeswehr in multinationalen Truppenteilen im Vergleich zu rein deutschen Truppenteilen Kosten einsparen lassen. Darüber hinaus gilt für den Leistungswirtschaftsbereich die bereits festgestellte generelle Effektivitätsreduktion multinationaler Truppenteile. Für eine aus Sicht der Bundeswehr durchgeführte Beurteilung der Effizienz der Leistungswirtschaft ergeben sich hieraus zwei Unterfälle:
Die Effizienz im Leistungswirtschaftsbereich des multinationalen Truppenteiles *Ez (MNT, L)* liegt nur dann über der Effizienz vergleichbarer rein deutscher Truppenteile *Ez (GE, LW)*, wenn die festgestellten Effektivitätsverluste von den Kosteneinsparungen überkompensiert werden (Fall 1a). Im umgekehrten Fall, wenn also die Effektivitätsverluste die realisierten Kosteneinsparungen übersteigen (Fall 1b), ist eine Reduktion der Effizienz zu konstatieren.

Fall 1a:

Wenn:
Et (MNT, LW) < Et (RNT, LW) und
K (GE, LW) > K (MNT, GE, LW) und
[Et (RNT, LW) - Et (MNT, LW)] < [K (GE, LW) - K (MNT, GE, LW)],

dann gilt:
Ez (MNT, LW) > Ez (GE, LW).

Fall 1b:

Wenn:
Et (MNT, LW) < Et (RNT, LW) und
K (GE, LW) > K (MNT, GE, LW) und
[Et (RNT, LW) - Et (MNT, LW)] > [K (GE, LW) - K (MNT, GE, LW)],

dann gilt:
Ez (MNT, LW) < Ez (GE, LW).

2. Fall:
Im zweiten Fall wird im Bereich der Leistungswirtschaft weiterhin von einer Effektivitätsreduktion multinationaler Truppenteile ausgegangen. Darüber hinaus wird angenommen, daß sich für die Bundeswehr durch die Beteiligung an einem multinationalen Truppenteil im Bereich der Leistungswirtschaft keine Kosten einsparen lassen. In diesem Fall liegt die Effizienz der Leistungswirtschaft in einem multinationalen Truppenteil *Ez (MNT, LW)* aus Sicht der Bundeswehr unter der Effizienz eines vergleichbaren rein deutschen Truppenteils *Ez (GE, LW).*

Wenn:
Et (MNT, LW) < Et (RNT, LW) und
K (GE, LW) = K (MNT, GE, LW),

dann gilt:
Ez (MNT, LW) < Ez (GE, LW).

3. Fall:
Im letzten Fall gilt für den Bereich der Leistungswirtschaft erneut die bereits bekannte Annahme der Effektivitätsreduktion multinationaler Truppenteile. Nunmehr wird jedoch für die Bundeswehr von einer, durch die Beteiligung an einem multinationalen Truppenteil verursachten Kostensteigerung im Leistungswirtschaftsbereich ausgegangen. Aus Sicht der Bundeswehr ergibt sich in multinationalen Truppenteilen im Bereich der Leistungswirtschaft damit ebenfalls ein Effizienzverlust im Vergleich zu rein deutschen Truppenteilen.

Wenn:
Et (MNT, LW) < Et (RNT, LW) und
K (GE, LW) < K (MNT, GE, LW),

dann gilt:
Ez (MNT, LW) < Ez (GE, LW).

Aus Sicht der Bundeswehr steigt somit die Effizienz im Bereich der Leistungswirtschaft durch die Beteiligung an bzw. durch die Aufstellung von multinationalen Truppenteilen nur in einem einzigen Fall, nämlich dann, wenn sich im Leistungswirtschaftsbereich bei Gegenüberstellung mit vergleichbaren rein deutschen Truppenteilen Kosten einsparen lassen, und diese Kosteneinsparungen die feststellbaren Effektivitätsverluste multinationaler Truppenteile überkompensieren. (s. Fall 1a) In allen anderen Fällen ist ein Effizienzverlust festzustellen. Dieser steigt bezüglich seiner Ausprägung in der Reihenfolge der Fälle 1b, 2 und 3.

7.4 Informationswesen

Information gewinnt als zweckorientiertes Wissen[1341] innerhalb des Militärs zunehmend an Bedeutung.[1342] Dabei ist nicht nur der Friedens- und Übungsbetrieb der Streitkräfte von einem effektiven Informationsmanagement[1343] abhängig. Der Umgang mit Information wird auch immer häufiger erfolgsentscheidend für den Einsatz von Streitkräften – der II. Golfkrieg sowie der Kosovo-Einsatz sind hierfür jüngste und zugleich deutliche Beispiele.[1344] Wegen ihrer großen Bedeutung wird Information deshalb im Militär mittlerweile neben Zeit, Raum und Kräften zum vierten operativen Faktor.[1345] Den Stellenwert von Information hat man in vielen Nationen erkannt und versucht, dem Sachverhalt durch unterschiedlichste Maßnahmen Rech-

---

[1341] Vgl. *Hahn* (Militärbetriebslehre), S. 215.

[1342] Dies gilt für sämtliche Arten und Formen von Betrieben und Unternehmen, denn Information und Wissen werden in Zukunft immer mehr die klassischen Produktionsfaktoren Arbeit, Boden und Kapital verdrängen. (Vgl. *Büntemeyer* (Information), S. 555.)

[1343] Informationsmanagement stellt die Informationsversorgung sicher und umfaßt die Beschaffung, die Weitergabe, die Verarbeitung sowie die Übermittlung von Information. (Siehe hierzu ausführlich *Jentzsch* (Wandel), S. 34.)

[1344] Vgl. *Gijsbers* (Thesis), S. 41, *Naumann* (Vortrag), o. S. und *Schediwy* (Vortrag), o. S. Der sogenannte „Information Warfare" spielt als Form der militärischen – und nichtmilitärischen – zwischenstaatlichen Auseinandersetzung eine immer bedeutender werdende Rolle. In militärischen Einsätzen wird dabei auf operativer Ebene das Ziel der physischen Kräftedominanz im Raum immer mehr durch das Ziel der Informationsdominanz verdrängt. Auf strategischer Ebene entwickelt sich der Informationskrieg neben Land-, Luft- und Seekrieg zu einer zusätzlichen Dimension der Kriegsführung. (Siehe zu dem vorangegangenen Abschnitt sowie zur Thematik des „Information Warfare" ausführlich *Büntemeyer* (Information), S. 555-561, *Dean* (Information), S. 24-26, *Hansen* (Anforderungen), S. 81f. und *Willmann* (Operationsführung), S. 30f.)

[1345] Vgl. *Büntemeyer* (Information), S. 558 und *Millotat* (Überlegungen), S. 60.

nung zu tragen. Die insbesondere durch die Streitkräfte der USA forcierte Digitalisierung des Gefechtsfeldes gehört dabei sicherlich zu den aufwendigsten dieser Maßnahmen.[1346]
In multinationalen Truppenteilen jedoch ist das Informationswesen bzw. das Informationsmanagement mit einer Reihe von effektivitätsreduzierenden und kostensteigernden Problemen behaftet, die im folgenden näher erläutert werden.[1347]

7.4.1 Informationsbeschaffung

Informationsbeschaffung umfaßt mit Schwerpunkt den Aufgabenbereich Nachrichtengewinnung und Aufklärung.[1348] Sie dient der Lagefeststellung sowie der Entschlußfassung auf strategischer, taktischer und operativer Ebene und hat damit wesentlichen Einfluß auf die Effektivität des Führungsprozesses bzw. –vor-ganges. Zur Beschaffung von Informationen werden neben dem Führungsgrundgebiet 2 (Militärisches Nachrichtenwesen) verschiedene Truppengattungen[1349] sowie nichtmilitärische Organisationen[1350] eingesetzt.[1351]
Die Problematik der Informationsbeschaffung zeigt sich in multinationalen Truppenteilen in mehreren Einzelproblemen. Sie betrifft zum einen die zu beschaffende Information selbst. Sie bezieht sich zum anderen auf die informationsbeschaffenden Personen, und sie umfaßt schließlich die eingesetzten Kräfte und technischen Mittel.

7.4.1.1 Information

Unabhängig von der Einbindung in multinationale Truppenteile strebt jede Nation bzw. streben deren Streitkräfte ihre eigene Lagebeurteilung an. Diese gilt für souveräne Staaten – insbesondere auf strategischer Ebene - als unverzichtbare Voraussetzung nationaler Handlungsfähigkeit.[1352] Aus diesem Grund wird jede Nation neben der multinational gewonnenen sich auch selbst Informationen beschaffen.[1353] Dadurch sollen insbesondere Aktualität, Authentizität und Exklusivität der Informationen sichergestellt werden. Ineffektive und kostenintensive Mehrfacharbeiten durch parallele Informationsbeschaffung sind in multinationalen Truppenteilen die Folge.[1354]

1346 Die Digitalisierung des Gefechtsfeldes dient dem Ziel der Erlangung der Informationsüberlegenheit. Diese soll durch einen ungehinderten horizontalen und vertikalen Informationsfluß erreicht werden, welcher wiederum durch eine digitalisierte Informationsbeschaffung, -weitergabe, –verarbeitung und –übermittlung erzielt werden soll. (Vgl. *Dixon* (Korrespondenz) und *Scherz* (Ansatz), S. 14 und 18.) Siehe zur geplanten Digitalisierung der US-Army ausführlich *Bond/Kern* (Overview).

1347 Siehe zur großen Bedeutung und zur Problematik eines effektiven gemeinsam genutzten Informations- und Kommunikationssystems in erwerbswirtschaftlichen multinationalen Unternehmen *Hedlund* (Multinational), 12 und ausführlich *Piechota* (Informationssysteme), S. 59-72.)

1348 Während sich die Nachrichtengewinnung grundsätzlich auf keine bestimmte Information beschränkt, dient die Aufklärung insbesondere im Einsatz vor allem der Beschaffung von Information über den (militärischen) Gegner. (Siehe hierzu *FüAkBw* (Aufklärung), o. S. und *Mittler* (Stichworte), S. 24 und 140.)

1349 Spezialisiert hierfür sind zum Beispiel die Fernspähtruppe, das Kommando Spezialkräfte (KSK), die Panzeraufklärungstruppe, die Feldnachrichtentruppe und die Truppe Fernmelde- und Elektronische Aufklärung (FmEloAufkl).

1350 Hierunter fallen insbesondere die nationalen Geheimdienste und die ihnen zuarbeitenden Organisationen, Behörden, Institutionen usw.

1351 Siehe hierzu auch ausführlich *Hahn* (Militärbetriebslehre), S. 215. Die deutschen Träger von Aufklärung und Nachrichtengewinnung bzw. die von ihnen beschafften Informationen werden im Aufklärungs- und Informationsverbund zusammengeführt. (Siehe hierzu ausführlich *Streubel* (Verbund), S. 525-531.)

1352 Vgl. *Delp* (Grenzen), S. 24.

1353 Vgl. *Gijsbers* (Thesis), S. 10 und *Schmitt* (Gespräch). Siehe hierzu auch *Joint Pub 3-0*, S. VI-10.

1354 Ein ständig vorhandener Mangel an Koordination und eine ausgeprägte Konkurrenz auf dem Gebiet der Aufklärung und Nachrichtengewinnung traten auch innerhalb der multinationalen NATO-Einsatztruppe im Kosovo auf. (Siehe hierzu *Koelbl/Szandar* (Krieg), S. 43.)

Kritisch entwickelt sich die zu beschaffende Information zudem immer dann, wenn sie im Bereich einer oder mehrerer Nationen des multinationalen Truppenteiles liegt, wenn also nicht eine außenstehende Nation, sondern eine Mitgliedsnation Ziel der Informationsbeschaffung ist. Hier gilt es insbesondere, nationale Empfindlichkeiten zu berücksichtigen. Will zum Beispiel ein multinationaler Oberkommandierender wissen, wie es um die gesellschaftliche Akzeptanz der Streitkräfte einer der von ihm kommandierten nationalen Truppenanteile steht, wie es um die Zufriedenheit der ihm unterstellten Soldaten einer bestimmten Nation bestellt ist oder wann eine Nation eine bestimmte Hardware in die Truppe einführt etc., greift er mit dieser Frage in ureigenste Bereiche nationaler Empfindlichkeiten ein. Diplomatisches Geschick und sensible Vorgehensweise sind hier in besonderer Weise zu berücksichtigen. Dabei einmal gezeigte Defizite sind kaum reparabel. Vertrauensverlust und daraus resultierende stark eingeschränkte Effektivität in der multinationalen Zusammenarbeit sind unausweichliche Konsequenzen, die durchaus dauerhaft existent bleiben können. Die auch heute noch von NATO-Mitgliedsstaaten durchgeführte gegenseitige Spionage in den Bereichen Außen-, Sicherheits- und Verteidigungspolitik sowie im Rüstungsbereich können die negativen Entwicklungen verstärken.[1355]

Information wird von den einzelnen Nationen schließlich unterschiedlich bewertet – dies sowohl im Hinblick auf die Geheimhaltungseinstufung als auch bezüglich der Bedeutung der Information für den Entscheidungs- bzw. Führungsprozeß.[1356] Das hat zur Folge, daß in multinationalen Truppenteilen dieselbe Information unterschiedlich behandelt wird. So beschafft beispielsweise eine Nation eine bestimmte Information erst gar nicht, während eine andere Nation Wert auf die Beschaffung legt.[1357] Auch gibt es zwischen den Nationen Unterschiede bezüglich der Schutzbedürftigkeit von Information. Damit wird die Information auch verschiedenen Personenkreisen – in Abhängigkeit der Geheimhaltungsstufe – zugänglich gemacht. Die differierende Bewertung der Wichtigkeit von Information führt schließlich dazu, daß es zwischen einzelnen Nationen teilweise große Unterschiede bezüglich der Qualität und der Quantität der beschafften Information gibt.[1358] Dies wirkt sich negativ auf den Entscheidungs- bzw. Führungsprozeß aus und führt häufig ebenfalls dazu, daß in multinationalen Truppenteilen alle vertretenen Nationen parallel Informationen beschaffen[1359] und damit ineffektive und kostenintensive Mehrfacharbeit leisten.

7.4.1.2 Personal

Den mit der Informationsbeschaffung betrauten Personen kommt in multinationalen Truppenteilen besondere Bedeutung zu. Hier gibt es vor allem bei den in den Stabsabteilungen des Führungsgrundgebietes 2 eingesetzten Soldaten nationale Unterschiede bezüglich der geforderten bzw. durchgeführten Sicherheitsüberprüfungen. Oftmals werden Sicherheitseinstufungen wegen des hohen personellen und finanziellen Aufwandes und der damit verbundenen Dauer der Durchführung lediglich temporär attestiert. Dies bedeutet, daß ein Soldat für die

---

1355 So deckte der Verfassungsschutz im Jahre 1998 beispielsweise auf, daß Polen trotz des Aufnahmeprozesses in die NATO weiterhin Spionageaktivitäten gegen die Bundesrepublik Deutschland durchführt. (Vgl. *AP* (Spies), S. 2.) Sogenanntes „Soft-Spying", bei dem von einer Nation ständig Informationen über andere Streitkräfte, zum Beispiel über die personelle und materielle Tagesstärke in einem multinationalen Truppenteil, gewonnen werden, gelten zwar als anrüchig, sind aber im multinationalen Alltag die Regel. (Vgl. *Faust* (BQG), o. S, *Faust* (IFOR/SFOR), o. S. und *Faust* (UN-HQ), o. S.)

1356 Siehe hierzu auch *Simon* (Fernspähtruppen), S. 5 und *Vogel* (Korps), S. 481.

1357 Siehe hierzu auch *Most* (Einsatzunterstützung), S. 19. Der Auswahl von Informationen kommt in Anbetracht der stetig steigenden Informationsfülle generell eine sehr große Bedeutung zu. (Vgl. *Roggemann* (Systeme), S. 19.)

1358 Vgl. *Palin* (Forces), S. 39.

1359 Vgl. *Palin* (Forces), S. 39. Siehe hierzu am Beispiel der im Kosovo eingesetzten multinationalen NATO-Einsatztruppe *Koelbl/Szandar* (Krieg), S. 43.

Dauer einer bestimmten Verwendung zum Geheimnisträger wird, ohne von der eigenen Nation richtig überprüft worden zu sein.[1360] Die andere Nation bzw. die anderen Nationen haben diesbezüglich keine Möglichkeit der Überprüfung,[1361] was sich in Einzelfällen durchaus zum Sicherheitsrisiko entwickeln kann, und worin auch regelmäßig die Ursache für ein sehr eingeschränktes Vertrauen liegt. Der Mangel an gegenseitigem Vertrauen wiederum führt dazu, daß die Beschaffung von Information häufig von mehreren Nationen parallel durchgeführt wird, was erneut zu ineffektiver und kostenintensiver Mehrfacharbeit führt. Fälle von paralleler Informationsbeschaffung treten zwar auch in nationalen Streitkräften, insbesondere zwischen den einzelnen Teilstreitkräften, auf. Die Problematik der damit verbundenen Mehrfacharbeit wird in multinationalen Truppenteilen jedoch wesentlich gesteigert.[1362]

Probleme finden sich auch im Bereich der Zugriffs- bzw. Nutzungsmöglichkeiten der von informationsbeschaffenden Organisationen anderer Nationen, insbesondere von deren Nachrichtendiensten, gewonnenen Informationen.[1363] Mit dieser Problematik sieht sich vor allem das Personal des Führungsgrundgebietes 2 sowie der den multinationalen Truppenteil führende Oberkommandierende konfrontiert.[1364]

Schließlich zeigen sich im internationalen Vergleich bezüglich der Qualifikation der mit der Informationsbeschaffung betrauten Personen qualitative Unterschiede.[1365] Dies führt zum einen erneut dazu, daß jede Nation versucht, eigenständig bzw. parallel zu anderen Nationen Informationen zu beschaffen. Durch diese Praxis lassen sich keine Kosten einsparen. Zum anderen wird hierdurch die Effektivität der multinationalen Zusammenarbeit im Bereich der Informationsbeschaffung insgesamt eingeschränkt.[1366]

7.4.1.3 Kräfte und Mittel

7.4.1.3.1 Kräfte[1367]

Im deutschen Heer stehen den einzelnen organisatorischen Ebenen der Bundeswehr unterschiedliche Kräfte zur Informationsbeschaffung zur Verfügung. So verfügt die oberste Bundeswehrführung über andere Kräfte als die Korpsebene. Diese wiederum kann auf andere Kräfte zurückgreifen als die Divisionsebene, deren Kräfteverfügbarkeit sich schließlich von der der Brigadeebene unterscheidet. Andere Nationen differenzieren hier in ähnlicher Weise. Im internationalen Vergleich jedoch gibt es erkennbare Unterschiede sowohl in der Struktur

---

1360 Vgl. *Faust* (IFOR/SFOR), o. S.

1361 Sicherheitsüberprüfungen sowie Führung der persönlichen Sicherheitsakte können für deutsche Staatsangehörige nur von deutschem Personal wahrgenommen werden. (Vgl. *BMVg* (Katalog), S. 7.) So bleibt etwa in der D/F-Brigade der MAD (Militärische Abschirmdienst) für die deutschen Soldaten verantwortlich, während das französische Pendant PPSD (Poste de Protection et de Securité de la Défense) für die französischen Soldaten zuständig ist. (Vgl. *Dau* (Rahmen), S. 184.)

1362 Siehe zu dem vorangegangenen Abschnitt auch *Mackrell* (Nachrichtendienst), S. 20.

1363 Vgl. *Mackrell* (Nachrichtendienst), S. 22.

1364 Vgl. *Palin* (Forces), S. 39.

1365 Vgl. *Carver/Franks* (Corps), S. 36 und *Palmer* (Multinationalität), S. 17. Siehe hierzu auch *BMVg* (Bestandsaufnahme), S. 129. Die Beherrschung von Fremdsprachen kristallisiert sich hier erneut zu einer Schlüsselqualifikation heraus. (Vgl. *BMVg* (Bestandsaufnahme), S. 128f. und *Schlieder* (Eurokorps), S. 775.)

1366 Um die Qualifikationsunterschiede im Bereich des im Führungsgrundgebiet 2 eingesetzten Personals aufzuheben, fand im Bereich des I. D/NL Korps im Jahre 1998 der erste gemeinsame Lehrgang für S2-Personal bis Brigadeebene statt. (Vgl. *Schmitt* (Gespräch).)

1367 Unter „Kräften" werden im folgenden die mit der Informationsbeschaffung beauftragten Truppengattungen (z.B. Feldnachrichtentruppe, Fernspähtruppe und Panzeraufklärungstruppe) und ihre Truppenteile sowie militärische Dienststellen (beispielsweise das Amt für Nachrichtenwesen der Bundeswehr/ANBw) verstanden.

der Kräfte[1368] als auch bezüglich deren technischen und personellen Fähigkeit zur Informationsbeschaffung.[1369]
Für multinationale Truppenteile ergeben sich damit im wesentlichen drei Problemfelder. Zum ersten existiert kein einheitliches Leistungs- bzw. Fähigkeitsniveau der nationalen Kräfte. Die Unterschiede liegen dabei sowohl in der technischen Ausstattung und in der Qualifikation des Personals als auch in der Struktur der Kräfte begründet. Eine effektive multinationale Zusammenarbeit wird hierdurch deutlich erschwert.[1370] Zum zweiten konkurrieren die einzelnen Nationen teilweise um die Beschaffung von Informationen.[1371] Dieser Mangel an Kooperation ist der Effektivität einer qualitativen Informationsbeschaffung in einem multinationalen Truppenteil deutlich abträglich. Zum dritten werden die von einzelnen Nationen gewonnenen Informationen häufig nur auf Verwendbarkeit im eigenen nationalen Bereich geprüft. Dies hat erkennbar negative Auswirkungen auf die quantitative und qualitative Deckung des Informationsbedarfes des multinationalen Truppenteiles zur Folge, der sich in derartigen Fällen mit deutlichen Informationslücken und damit mit Effektivitätsverlusten im Bereich des Informationsmanagements konfrontiert sieht.

7.4.1.3.2 Mittel

Im Rahmen des Informationsmanagements treten bereits in der Phase der Informationsbeschaffung technische Schwierigkeiten auf, die insbesondere durch mangelnde Standardisierung der Hardware in den multinationalen Truppenteilen begründet sind.[1372] Defizite zeigen sich hier nicht nur bei den Aufklärungsmitteln,[1373] sondern auch im Bereich der Führungsinformations- und der Fachinformationssysteme bzw. -mittel.[1374] Die genannten Standardisierungsmängel gefährden in multinationalen Truppenteilen vor allem die zeitgerechte, also die möglichst aktuelle Bereitstellung von Information, welche für den Führungsprozeß von entscheidender Bedeutung ist. Sie tragen damit wesentlich zu einer Reduzierung der Effektivität im Bereich des Informationsmanagements bei.

7.4.2 Informationsweitergabe

Bei der Weitergabe von Informationen sollen zwei Gruppen von Adressaten unterschieden werden. Der externen Informationsweitergabe steht damit die interne Weitergabe von Informationen gegenüber.

[1368] Während in den deutschen Streitkräften die Kräfte der Informationsbeschaffung den einzelnen Organisationsebenen unabhängig voneinander zugeordnet bzw. zur Zusammenarbeit angewiesen sind, fassen beispielsweise die Streitkräfte der USA ihre Kräfte auf den einzelnen Organisationsebenen zentralisiert zu geschlossenen Verbänden zusammen. Dies erleichtert nicht nur eine einheitliche Führung, sondern stellt auch einen schnellen und flexiblen Einsatz der Kräfte sicher.

[1369] Insbesondere im Bereich der strategischen Aufklärung verzeichnen die deutschen Streitkräfte deutliche Defizite. (Vgl. *AP* (Lektion), S. VZS 4. und *Naumann* (Vortrag).)

[1370] Siehe hierzu sowie insbesondere zu den Problemen eines internationalen Aufklärungsverbundes ausführlich *Fleischmann* (Aufklärungsverbund) und *Hardy* (Nachrichtengewinnung). Die Grenzen eines solchen Verbundes werden insbesondere dann erreicht, wenn gegenseitige Abhängigkeiten entstehen oder essentielle Grundfähigkeiten verloren gehen. (Vgl. *Pfaff* (Aufklärung), S. 39.)

[1371] Vgl. *Palin* (Forces), S. 39.

[1372] Vgl. *Codner* (Together), S. 36f., *Endler* (BIGSTAF), S. 391 und *Faria/Freeman/Hess* (Combined), S. 8. Siehe hierzu auch Kapitel 7.4.4.1 *(Standardisierungsdefizite)*.

[1373] Hier sind vor allem die Großgeräte gemeint, wie zum Beispiel Satelliten, Drohnen etc. (Vgl. *Delp* (Grenzen), S. 40.) Siehe zur Problematik der Aufklärungsmittel auch *BMVg* (Bestandsaufnahme), S. 129.

[1374] Vgl. *Simon* (Fernspähtruppen), S. 18. Während die Führungsinformationssysteme der Unterstützung des Führungsvorganges dienen, unterstützen die Fachinformationssysteme verschiedene Aufgabenbereiche, beispielsweise das Personalwesen. (Vgl. *Driftmann* (Führung), S. 46 und *Mittler* (Stichworte), S. 66 und 74.)

7.4.2.1 Externe Informationsweitergabe

Hier soll mit Schwerpunkt die Öffentlichkeitsarbeit untersucht werden. Diese hat als Adressat der Information insbesondere die eigene und fremde Bevölkerung sowie die jeweiligen Streitkräfte.[1375] Hinzu treten feindliche Bevölkerungen und Streitkräfte, welche vor allem im Rahmen der psychologischen Kampfführung mit Informationen versorgt werden.
Da die Auffassungen über die Öffentlichkeitsarbeit zwischen den einzelnen Nationen generell differieren,[1376] treten diese Unterschiede auch in multinationalen Truppenteilen auf. Sie beziehen sich dabei oftmals auf prinzipielle Dinge, beispielsweise den Stellenwert der Öffentlichkeitsarbeit,[1377] den konkreten Inhalt der weiterzugebenden Informationen, das zu nutzende Medium, die Art und die Ausgestaltung der Präsentation, die jeweilige Adressatengruppe, die mit der Information verfolgte Zielsetzung, die verwendete Sprache usw.[1378] In den beschriebenen Unterschieden liegt in multinationalen Truppenteilen generell Konfliktpotential,[1379] das sich bei mangelhafter Lösung negativ auf die Effektivität der Öffentlichkeitsarbeit auswirken kann. Die Konsequenzen reichen von Informationsdefiziten der Öffentlichkeit über schlechte Meinung der Öffentlichkeit und mangelndes Vertrauen in den multinationalen Truppenteil[1380] bis zu mangelhafter und ineffektiver psychologischer Kampfführung.
Um in multinationalen Truppenteilen die bezüglich der Informationsweitergabe existierenden nationalen Differenzen möglichst zu kompensieren, gehören der Oberkommandierende sowie der Leiter der Abteilung Presse- und Öffentlichkeitsarbeit in manchen multinationalen Truppenteilen derselben Nation an.[1381] Weil die externe Informationsweitergabe für die einzelnen Nationen jedoch eine höchst sensible Thematik darstellt, bleibt die Öffentlichkeitsarbeit im Einsatz, insbesondere die Zusammenarbeit mit den Medien, in nationaler Verantwortung.
Die nationalen Unterschiede in der Informationsweitergabe werden besonders bei einem Vergleich zwischen den Streitkräften Deutschlands und der USA deutlich. In den deutschen Streitkräften bzw. in der Bundeswehr gilt insbesondere die Effektivität der Pressearbeit als defizitär.[1382]

7.4.2.2 Interne Informationsweitergabe

Die interne Informationsweitergabe meint die Weitergabe von Information innerhalb des Militärs. Sie umfaßt in multinationalen Truppenteilen sowohl die Angehörigen der eigenen Nation als auch die der Truppenanteile anderer Nationen. Sie wirkt sich damit in multinationalen Truppenteilen nicht nur auf die Effektivität des Informationsmanagements sowie des Entscheidungs- und Führungsvorganges aus, sondern sie hat damit auch wesentlichen Einfluß auf Moral, Motivation und inneres Gefüge innerhalb des multinationalen Truppenteiles sowie innerhalb der Streitkräfte der einzelnen Nationen.[1383]

Die im Ausland stationierten Angehörigen multinationaler Truppenteile sehen sich regelmäßig mit der Tatsache konfrontiert, daß sie von ihren eigenen Streitkräften nur unvollständig

---

[1375] Vgl. *Millotat* (Überlegungen), S. 60. Siehe hierzu auch ausführlich *Hahn* (Militärbetriebslehre), S. 217-220.
[1376] Vgl. *Palin* (Forces), S. 50 und *Vogel* (Korps), S. 481.
[1377] Siehe zur großen Bedeutung der Öffentlichkeitsarbeit in erwerbswirtschaftlichen multinationalen Unternehmen *Sieber* (International), S. 63.
[1378] So steht zum Beispiel in Freiwilligenstreitkräften oft die Nachwuchswerbung im Vordergrund, während in Wehrpflichtarmeen die Integration der Streitkräfte in die Bevölkerung meist den Schwerpunkt bildet. (Vgl. *Schmitt* (Gespräch).)
[1379] Siehe hierzu beispielsweise auch *Joint Pub 3-0*, S. VI-5.
[1380] Siehe zu den Außenwirkungen von Öffentlichkeitsarbeit auch *Kieschoweit* (Informationsarbeit), S. 263.
[1381] Siehe hierzu beispielsweise *Agreement I. D/NL Korps*, S. 8 – im Unterschied zum Eurokorps.
[1382] Vgl. *Jakschik* (Medien), S. 41. Siehe zu einem ausführlichen Vergleich *Jakschik* (Medien), S. 17-36.
[1383] Vgl. *Millotat* (Überlegungen), S. 60. Siehe hierzu auch *Kieschoweit* (Information), S. 39f.

oder nur stark verzögert über das Geschehen ihrer Truppe informiert werden.[1384] Prognostizierbare Folgen sind zum einen negative Auswirkungen auf die Motivation der Betroffenen. Zum anderen wird die Effektivität des Führungsprozesses beeinträchtigt, weil Entscheidungen auf mangelhaften Informationen beruhen.

Viel nachhaltiger sind bei der Weitergabe von Informationen jedoch die zwischen den in einem multinationalen Truppenteil vertretenen Nationen existierenden Probleme. Auch nach über 40 Jahren ist der Informationsaustausch zwischen den Streitkräften der NATO-Mitgliedsstaaten ein äußerst sensibler Bereich multinationaler Zusammenarbeit.[1385] In multinationalen Truppenteilen gilt vollständiger Informationsaustausch auf taktischer und operativer Ebene als Minimum für eine effektive Zusammenarbeit und Leistungserbringung.[1386] Die Realität jedoch sieht anders aus: Nationale Sicherheitsinteressen sind dafür verantwortlich, daß unterschiedlichen Nationen auch unterschiedliche Informationen weitergegeben werden.[1387] Jede Nation bestimmt selbst, welche Information sie an wen weitergibt.[1388] Es gibt damit nicht nur innerhalb multinationaler Truppenteile, sondern auch zwischen den einzelnen multinationalen Truppenteilen Unterschiede bezüglich des gegenseitigen Vertrauens und damit bezüglich der Qualität und der Quantität der weitergegebenen bzw. der ausgetauschten Informationen.[1389] Betroffen davon sind neben den eigentlichen Informationen auch deren Quellen.[1390] Oftmals wird zudem nicht jedem Partner offen gelegt, aus welchen fachlichen Bereichen und geographischen Regionen Informationen benötigt werden.[1391] Dies ist nicht nur in nationalen Sicherheitsinteressen begründet, sondern fußt auch auf den hohen Kosten, die mit der Beschaffung von Informationen durch eine andere Nation verbunden sind: Man läßt sich die Weitergabe der beschafften Informationen entweder in bar bezahlen oder tauscht sie gegen selbst benötigte Informationen aus.[1392]
Die Probleme treten dabei innerhalb der multinationalen Truppenteile sowohl horizontal als auch vertikal auf. Auf der horizontalen Ebene sind insbesondere die multinationalen S2- bzw. G2-Abteilung betroffen. Unter vertikaler Betrachtung finden sich die Probleme zwischen den Truppenteilen bzw. –anteilen der verschiedenen Ebenen, so zum Beispiel zwischen dem multinationalen Oberkommandierenden (zum Beispiel KG eines multinationalen Korps) und den von ihm geführten nationalen Truppenanteilen (in diesem Falle nationale oder multinationale Divisionen).[1393]
An dieser Stelle darf nicht unberücksichtigt bleiben, daß innerhalb multinationaler Truppenteile nicht nur die Weitergabe bzw. der Austausch sicherheitsrelevanter Information problembehaftet ist. Zu berücksichtigen ist insbesondere auch der ständige Austausch alltäglicher, scheinbar trivialer Informationen, also die tägliche aufgabenbezogene sowie die zwischen-

[1384] Vgl. *Faust* (IFOR/SFOR), o. S. Dieses Phänomen ist aus dem Bereich erwerbswirtschaftlicher multinationaler Unternehmen hinreichend bekannt, (Siehe hierzu beispielsweise *Bromm* (International), S. 69.) gilt aber auch für das Militär. Der Betroffene sieht sich in der letzten Konsequenz regelmäßig mit einem Karrierenachteil konfrontiert. (Vgl. *Hartung* (Germany), S. 47 und *Kammel/Paul* (Re-Entry), S. 451.)

[1385] Vgl. *Faria/Freeman/Hess* (Combined), S. 7. Siehe hierzu auch *Carstens* (Multinationalität), S. 10. Siehe zur mangelhaften Informationspolitik der NATO im Kosovo-Krieg beispielsweise *Scharping* (Kosovo), S. 99, 105 und 109.

[1386] Vgl. *Riscassi* (Necessity), S. 35.

[1387] Vgl. *Geyso/Rütten* (ARRC), S. 9. Daran hat sich bis heute nichts geändert. (Siehe hierzu beispielsweise *Deans* (Leaks), S. 4. und *Palin* (Forces), S. 39.)

[1388] Vgl. *Codner* (Together), S. 23. Siehe hierzu am Beispiel des Eurokorps *Clerc* (Multinationalität), S. 305.

[1389] Vgl. *Carver/Franks* (Corps), S. 35.

[1390] Vgl. *Palin* (Forces), S. 38 und *Riscassi* (Necessity), S. 35.

[1391] Vgl. *Delp* (Grenzen), S. 24.

[1392] Vgl. *Delp* (Grenzen), S. 25 und 40.

[1393] Vgl. *Gijsbers* (Thesis), S. 10.

menschliche Kommunikation.[1394] In diesem Zusammenhang sei vor allem auf die Problematik informeller Gruppen, insbesondere nationaler Cliquen hingewiesen.[1395]

Die beschriebenen Defizite in der Informationsweitergabe führen in multinationalen Truppenteilen insbesondere zu Verzögerungen im Informationsprozeß und wirken sich damit negativ auf den Entscheidungs- und Führungsvorgang aus.[1396] Sie ziehen zudem einen gegenseitigen Vertrauensverlust nach sich. Sie reduzieren damit insgesamt die Effektivität des betroffenen Truppenteiles.[1397]

7.4.3 Informationsverarbeitung

Die Verarbeitung von Informationen beinhaltet im wesentlichen die Überprüfung auf Echtheit beschaffter Informationen, ihre inhaltliche Auswertung sowie ihre Einarbeitung in den Entscheidungsprozeß, für den die Informationen meist durch eine entsprechende Darstellung bzw. Präsentation aufgearbeitet werden müssen.[1398]
In multinationalen Truppenteilen ergeben sich nicht nur bei der Beschaffung und der Weitergabe von Informationen Probleme. Die Effektivität des Informationsmanagements wird auch in der Phase der Verarbeitung der Informationen beeinträchtigt. Dies liegt insbesondere in der unterschiedlichen technischen Ausstattung der einzelnen Nationen begründet. Bereits innerhalb der nationalen Streitkräfte existiert eine Vielzahl von unterschiedlichen Computersoft- und Hardwarekomponenten und –generationen. So verhindern beispielsweise die beschränkten finanziellen Möglichkeiten in der Bundeswehr die Beschaffung und Verwendung einheitlicher Generationen von Computerprogrammen. Auch die verwendeten Programmiersprachen sind uneinheitlich, es fehlt eine einheitliche Benutzeroberfläche, die Computer haben unterschiedliche Speicherkapazitäten, uneinheitliche Prozessoren und Betriebssysteme, mangelhaft standardisierte Schnittstellen, uneinheitliche Anbindung an Großrechner usw. Entsprechend unterschiedlich ist das Personal ausgebildet, entsprechend hoch und damit kostenintensiv ist die durchzuführende Mehrfacharbeit und entsprechend uneinheitlich ist die Zurverfügungstellung der bearbeiteten Information für den Entscheidungsprozeß.[1399] Allein um in der Bundeswehr im Bereich der Logistik Einheitlichkeit innerhalb der Datenverarbeitung zu erreichen, müßten Haushaltsmittel in dreistelliger Millionenhöhe zur Verfügung gestellt werden.[1400] Dieses Beispiel aus dem rein nationalen Bereich macht deutlich, wie außerordentlich stark ausgeprägt sich die auf unterschiedliche Computersoft- und –hardware zurückgehenden Probleme der Informationsverarbeitung in multinationalen Truppenteilen darstellen.[1401] Deutlich wird auch, welch immens hohe Kosten mit einer Lösung dieser Problematik verbunden sind.
Darüber hinaus erweist sich in allen Phasen des Informationsmanagements bzw. im gesamten Bereich des Informationswesens, insbesondere aber bei der Verarbeitung von Informationen, die Sprache erneut als eine Schlüsselqualifikation des Personals. Die ausgeprägt vorhandenen

---

1394 Siehe hierzu am Beispiel erwerbswirtschaftlicher internationaler Unternehmen *Child/Faulkner* (Cooperation), S. 176 und *Endres* (Kooperation), S. 92-94.

1395 Siehe hierzu Kapitel 6.2.4.2.3 *(Informelle Gruppen)*.

1396 Mängelbehaftete Informationprozesse gefährden auch die Funktionsfähigkeit erwerbswirtschaftlicher Unternehmen. (Vgl. *Dietel/Heinen* (Informationswirtschaft), S. 893.)

1397 Siehe hierzu auch *Faria/Freeman/Hess* (Combined), S. 8 und *Gijsbers* (Thesis), S. 40f. Siehe zur Bedeutung von Vertrauen für die Effektivität und die Effizienz erwerbswirtschaftlicher multinationaler Unternehmen *Krystek* (Vertrauen), S. 560f.

1398 Vgl. *Hutter* (Information), S. 333.

1399 Siehe zu dem vorangegangenen Abschnitt ausführlich *Bohrer/Löw* (DV), S. 30-34 und *Surkau* (Gespräch).

1400 Vgl. *Bohrer/Löw* (DV), S. 34.

1401 Siehe zu den Unterschieden in Computerhard- und software beispielsweise am Beispiel des ARRC *Geyso/Rütten* (ARRC), S. 12 und der AMF (L) *Happach* (Führung), S. 110 sowie für multinationale Truppenteile allgemein *Codner* (Together), S. 36.

Defizite in diesem Bereich[1402] machen in multinationalen Truppenteilen regelmäßig die Arbeit von Dolmetschern notwendig.[1403] Das trägt nicht nur zu einer Kostensteigerung bei, sondern bedeutet auch die Gefahr des Informationsverlustes.
Zu berücksichtigen gilt es auch, daß eine multinationale Informationsverarbeitung für die nationale Sicherheit generell eine echte Zunahme der Gefährdung darstellt.[1404] Dies hat seine Ursache einerseits in einer durch ein multinationales Informationsmanagement verstärkten gegenseitigen Abhängigkeit. Andererseits liegt es an den mit einer multinationalen Informationsverarbeitung verbundenen personellen und technologischen Sicherheitslücken.[1405]
Schließlich tragen in multinationalen Truppenteilen unterschiedliche nationale Verfahren und Einschränkungen, zum Beispiel der Datenschutz oder das generelle Sicherheitsverständnis,[1406] zu den Problemen in der Informationsverarbeitung bei. Die existierenden nationalen Geheimhaltungsrichtlinien sind im multinationalen Bereich durchaus geeignet, einen Zugriff auf vollständige Informationen zu gefährden, was sich wiederum negativ auf den Entscheidungs- und Führungsprozeß auswirkt.
Im Ergebnis läßt sich für die Phase der Informationsverarbeitung attestieren, daß Informationen dem Entscheidungsprozeß nur verzögert und unvollständig zur Verfügung gestellt werden – bei gleichzeitig äußerst hoher Kostenintensität -, was die Effektivität des Informationsmanagements in multinationalen Truppenteilen weiter reduziert.

7.4.4 Informationsübermittlung

In allen Phasen des Informationsmanagements müssen Informationen übermittelt werden. Information wird dabei innerhalb der multinationalen Truppenteile sowohl horizontal (am Beispiel eines multinationalen Korps zwischen den einzelnen Abteilungen des Stabes und zwischen den unterstellten bzw. geführten Divisionen) als auch vertikal (zwischen den einzelnen Organisationsebenen, also beispielsweise vom Korps zur Division – und umgekehrt) übermittelt. Zu berücksichtigen ist zudem die Notwendigkeit der Informationsübermittlung zwischen den einzelnen multinationalen Truppenteilen sowie zwischen diesen und internationalen Organisationen (zum Beispiel NATO, OSZE, UN, WEU) und Behörden bzw. Institutionen (Botschaften, Ministerien, zivile Medien etc.).
Informationen werden dabei in der Regel als Sprache, als Daten oder als Bilder übermittelt.[1407] Im Militär werden zu dieser Übermittlung Kuriere, Fernmeldemittel, Führungs- und Fachinformationssysteme sowie Satelliten verwendet. Die multinationalen Truppenteile sehen sich bei der Übermittlung von Information im wesentlichen mit zwei Problembereichen konfrontiert.

7.4.4.1 Standardisierungsdefizite[1408]

Der erste Problembereich umfaßt die mangelhafte Standardisierung der in den multinationalen Truppenteilen präsenten Fernmeldemittel sowie der Führungs- und Fachinformationssysteme.[1409] Die Standardisierungsdefizite beeinflussen die Effektivität und die Kosten der Infor-

---

1402 Vgl. *Schlieder* (Eurokorps), S. 775.
1403 Vgl. *Kohl* (Golfkrieg), S. 16.
1404 Vgl. *Büntemeyer* (Information), S. 559.
1405 Siehe hierzu auch *Schedīwy* (Vortrag).
1406 Dieses ist beispielsweise im I. D/NL Korps bei den deutschen und bei den niederländischen Soldaten unterschiedlich ausgeprägt. (Vgl. *Schmitt* (Gespräch).)
1407 Vgl. *Hutter* (Information), S. 335.
1408 Siehe hierzu auch ausführlich Kapital 5.3.2.1.2 *(Grad der Einheitlichkeit)*.
1409 In nahezu drei von vier Fällen sind auch im erwerbswirtschaftlichen Bereich sich zusammenschließende Unternehmen (verschiedener Nationen) mit der kostenintensiven und effektivitätsreduzierenden Problematik

mationsübermittlung negativ und wirken sich damit insbesondere nachhaltig und negativ auf den Entscheidungsprozeß und damit insgesamt auch auf den Führungsprozeß aus.[1410]

Im Bereich der Fernmeldemittel gab es bis zum Ende des Kalten Krieges innerhalb der NATO auf Korpsebene und darunter nur eingeschränkten Bedarf zur Vereinheitlichung.[1411] Aus diesem Grund existiert heute in den einzelnen multinationalen Truppenteilen eine Vielzahl unterschiedlicher Fernmeldemittel. So verfügen beispielsweise die einzelnen Divisionen des Eurokorps über ihre nationalen Fernmeldemittel.[1412] Diese Vielfalt ist innerhalb des ARRC noch um einiges größer.[1413] Sie zeigt sich auch in der MND und in den übrigen multinationalen Truppenteilen.[1414] Das neu aufgestellte MNK (NO) sieht sich diesbezüglich mit Polen als einem seiner Mitglieder mit der besonderen Problematik der technischen Ausstattung der Streitkräfte eines ehemaligen Warschauer Pakt-Staates konfrontiert.[1415]
Die Standardisierungsdefizite beziehen sich dabei im wesentlichen auf Frequenzen, Kanalraster, Signalisierung usw.[1416] Solche Defizite lassen sich zwar technisch oft durch Schnittstellengeräte kompensieren. Diese Lösung beinhaltet jedoch auch nicht unbedeutende Nachteile. So beeinträchtigen die Schnittstellen zum Beispiel sowohl die Flexibilität[1417] als auch die Sicherheit der Fernmeldemittel bzw. der Informationsübermittlung. Die Sicherheit ist vor allem dann gefährdet, wenn Informationen verschlüsselt übermittelt werden sollen.[1418] Zudem entstehen innerhalb der multinationalen Truppenteile oft technische Sonderlösungen, die in der Zusammenarbeit mit anderen multinationalen Truppenteilen oder innerhalb der eigenen Streitkräfte nicht interoperabel sind.[1419] Im übrigen gilt die Schnittstellenlösung generell als nicht finanzierbar.[1420] Die Beschaffung gar einheitlicher Fernmeldemittel wird damit nahezu unrealisierbar. Neben den durch Schnittstellen teilweise lösbaren technischen Standardisierungsdefiziten zeigen sich die Unterschiede der einzelnen nationalen Fernmeldemittel aber auch in den Leistungsfähigkeiten,[1421] beispielsweise in der Reichweite von Funkanlagen,[1422] in der Transportfähigkeit und Mobilität,[1423] in der Einsatzfähigkeit in unterschiedlichen Klimazonen sowie in der Leistungsfähigkeit des Frequenzmanagements.[1424] Damit werden die technischen Leistungsfähigkeiten der einzelnen nationalen Fernmeldemittel sowie die aufgezeigte Schnittstellenproblematik für den multinationalen Truppenteil zum einschränkenden Faktor bezüglich seiner Einsatz- und Leistungsfähigkeit und seiner Effektivität.[1425] Diese wird

---

uneinheitlicher Informationstechnoligien konfrontiert. (Vgl. *Francis/Peterson/Shay* (Mergers), o. S. und *McConville/Picard* (Integration), o. S.)

1410 Siehe zu diesem Zusammenhang auch *Willmann* (Operationsführung), S. 84.

1411 Vgl. *Malat* (Zusammenarbeit), S. 297.

1412 Vgl. *BMVg* (Stichworte), S. 13 und *Neubauer* (Eurokorps), S. 10.

1413 Siehe hierzu *Dienste* (Erfahrungen), S. 21f., *Geyso/Rütten* (ARRC), S. 12 und *Mackenzie* (Corps), S. 18f.

1414 Siehe hierzu *Dienste* (Erfahrungen), S. 24 und 35.

1415 Siehe hierzu *Sachau* (Vortrag), S. 7 und *Sachau* (Nordost), S. 18.

1416 Vgl. *Jentzsch* (Wandel), S. 36.

1417 Vgl. *Neubauer* (Eurokorps), S. 10 und *Olshausen* (Eurokorps), S. 106.

1418 Vgl. *Ehlen/Hirschmann/Müller* (Fernmeldenetze), S. 146. Dies hat sich jüngst im Kosovo-Einsatz gezeigt. Dort war das serbische Militär ohne Mühen in der Lage, die auf taktischer Ebene stattfindende Fernmeldekommunikation der NATO abzuhören. (Vgl. *Vinch* (Serbians), S. 3.)

1419 Vgl. *Surkau* (Gespräch).

1420 Vgl. *Bieler* (Abmarsch), S. 24 und *Surkau* (Gespräch).

1421 Die Fernmeldemittel der deutschen Streitkräfte gelten generell als rückständig. (Vgl. *Rühe* (Stabilität), S. 20.)

1422 Vgl. *Endler* (BIGSTAF), S. 391 und *Palmer* (Multinationalität), S. 17.

1423 Vgl. *Happach* (Vortrag), S. 6 und *Pfrengle* (Eurotransitex), S. 708. Hier sollen insbesondere die Bodenstationen der Satellitenkommunikationssysteme erwähnt werden. (Siehe hierzu *Schulz* (Satelliten), S. 14.)

1424 Vgl. *Endler* (BIGSTAF), S. 391 und *Kohl* (Golfkrieg), S. 14f.

1425 Dies hat sich insbesondere im II. Golfkrieg gezeigt. (Vgl. *Seitz* (Obstacles), S. 15.) Es zeigt sich aber auch auf dem Balkan. Dort müssen sich deutsche Soldaten teilweise Fernmelde- bzw. Führungsmittel von anderen nationalen Streitkräften ausleihen, um mit ihnen - auf ihrem technischen Leistungsniveau - zusammenarbeiten zu können. (Vgl. *Scharping* (Rede), S. 8.)

letztendlich durch die leistungsschwächsten nationalen Fernmeldemittel sowie durch die Leistungsfähigkeit der Schnittstellen bestimmt. Die beschriebene Problematik der Effektivitätsreduktion im Bereich der Fernmeldemittel wird durch die Vielfalt der Kommunikationsbeziehungen des multinationalen Truppenteiles weiter verschärft, muß er Informationen doch auch an Dritte, beispielsweise an „Nongovernmental Organizations" (NGOs, zum Beispiel Rotes Kreuz) und „Governmental Organizations" (GOs, national: beispielsweise Behörden und Institutionen, international: EU, NATO, OSZE, UN usw.) übermitteln.[1426]

Im Bereich der Führungs- und Fachinformationssysteme stellt sich die Problematik in multinationalen Truppenteilen analog der im Bereich der Fernmeldemittel aufgezeigten Defizite dar: Unterschiedliche Leistungsmerkmale und durch Standardisierungsdefizite notwendig werdende Schnittstellen schränken eine effektive Informationsübermittlung ein. Das Ausmaß der Problematik ist jedoch deutlich größer als im Bereich der Fernmeldemittel.[1427] So gelingt es beispielsweise teilweise nicht einmal, brauchbare technische Schnittstellen zu schaffen.[1428] Fehlende bzw. leistungsschwache Schnittstellen aber verzögern die Informationsübermittlung erheblich. Weil in diesen Fällen oftmals die nationalen Systeme parallel verwendet werden müssen, kommt es regelmäßig zu unterschiedlichen Informationsständen.[1429] Auch die Notwendigkeit einer Vernetzung möglichst aller Führungs- und Fachinformationssysteme stellt sich als problematisch dar.[1430] Hier gibt es bereits im nationalen Bereich Schwierigkeiten[1431] – in multinationalen Truppenteilen sind sie entsprechend ausgeprägter. Auch die den einzelnen nationalen Führungs- und Fachinformationssystemen zugrundeliegenden, uneinheitlichen Einsatzgrundsätze, welche in der Computersoftware entsprechend umgesetzt sind, stellen sich bei der Informationsübermittlung als Hürde für eine effektive multinationale Zusammenarbeit heraus.[1432] Schließlich wird die Problematik durch den unterschiedlichen Stand der Technik nochmals intensiviert. So existieren beispielsweise digitale und nicht digitale Systeme sowohl innerhalb der einzelnen nationalen Streitkräfte[1433] als auch innerhalb der multinationalen Truppenteile gleichzeitig nebeneinander und verursachen Probleme in der Zusammenarbeit.[1434] Diesbezüglich sind die Defizite im MNK (NO) besonders ausgeprägt.[1435]

7.4.4.2 Sonstige Probleme

Zu den beschriebenen effektivitätsreduzierenden und kostensteigernden Standardisierungsdefiziten tritt eine Reihe weiterer Probleme hinzu, die im folgenden zu einem Komplex zusammengefaßt werden.

So sehen sich etwa diejenigen multinationalen Truppenteile, an denen die Streitkräfte der USA nicht beteiligt sind, bezüglich der zur Informationsübermittlung genutzten Satelliten mit

---

[1426] Vgl. *Happach* (Vortrag), S. 6.

[1427] Vgl. *Jentzsch* (Wandel), S. 36.

[1428] Dies zeigt sich beispielsweise nach wie vor im Eurokorps. (Vgl. *Neubauer* (Eurokorps), S. 8f. und *Olshausen* (Eurokorps), S. 106.)

[1429] So geschehen beispielsweise im Eurokorps. (Vgl. *Faust* (BQG), o. S.)

[1430] Vgl. *Streubel* (HFüKdo), S. 38.

[1431] In den deutschen Spreitkräften etwa gibt es keine Interoperabilität zwischen dem Führungsinformationssystem der obersten Führung RUBIN, dem teilstreitkräfteübergreifenden Sytem JASMIN und den Systemen der Teilstreitkräfte HEROS (Heer), EIFEL (Luftwaffe) und MHQ (Marine). (Vgl. *Pfaff* (Aufklärung), S. 39.)

[1432] Vgl. *Seilinger* (C3I), S. 353.

[1433] So wird etwa das Fernmeldenetz des deutschen Heeres noch überwiegend mit analoger Technik betrieben. (Vgl. *BMVg* (Bestandsaufnahme), S. 57. Siehe hierzu auch *Willmann* (Operationsführung), S. 33.)

[1434] Vgl. *Dean* (Digital), S. 46, *Seitz* (Obstacles), S. 16 und *Surkau* (Gespräch). Siehe hierzu auch *Willmann* (Operationsführung), S. 34. Die Probleme können auf dem digitalisierten Gefechtsfeld der Zukunft gar zu Ausschlüssen einzelner Nationen von der multinationalen Zusammenarbeit führen. (Vgl. *Boehmer* (Marine), S. 18 und *Büntemeyer* (Information), S. 559.)

[1435] Vgl. *Scherz* (Ansatz), S. 19.

ausgeprägten Kapazitätsengpässen konfrontiert. Die vorhandenen Frequenzkapazitäten für Satellitenverbindungen sind generell begrenzt.[1436] Die Mehrzahl dieser Frequenzen befindet sich im Eigentum der USA.[1437] Die Nutzung müssen sich die multinationalen Truppenteile deshalb teuer erkaufen. Soweit die Exklusivität der Nutzung nicht sichergestellt ist, befinden sich die multinationalen Truppenteile insbesondere in Einsätzen untereinander zudem in Nutzungskonkurrenz, was die Sicherstellung einer aktuellen und vollständigen Informationsübermittlung, und damit auch ein effektives Informationsmanagement und hierdurch wiederum die Führungsfähigkeit des jeweiligen Truppenteiles grundsätzlich unsicher macht. In die Konkurrenz um eine Nutzung der Satellitenkanäle treten immer häufiger andere Nutzer hinzu – beispielsweise Presse, Regierungen, Gos, NGOs usw.[1438] Die beschriebene Konkurrenzsituation ist zunächst nicht in der Existenz von multinationalen Truppenteilen begründet. Sie wird aber durch die Tatsache verschärft, daß jede der in den multinationalen Truppenteilen vertretenen nationalen Streitkräfte eigene Nutzungskapazitäten beansprucht.

Darüber hinaus läßt sich in multinationalen Truppenteilen bei den Fernmeldemitteln und bei den Führungs- und Fachinformationssystemen regelmäßig ein Mangel an Endgeräten und an Schnittstellen attestieren. Damit wird die Informationsübermittlung deutlich verzögert, muß in solchen Fällen doch auf andere Formen der Informationsübermittlung zurückgegriffen werden. Insgesamt sinkt die Effektivität des Informationsmanagements. Der traditionelle Kurier gewinnt hierdurch zwar wieder an Bedeutung.[1439] Sein Einsatz trägt aber in keinem Fall zu einer Beschleunigung der Informationsübermittlung bei.[1440] Auf die bei der Informationsübermittlung durch die multinationale Zusammenarbeit steigende Gefährdung sicherheitsrelevanter Informationen[1441] sei an dieser Stelle nochmals hingewiesen.

Schließlich dürfen die immensen Kosten nicht unberücksichtigt bleiben, die durch die Fülle der Studien- und Erprobungsaktivitäten entstehen, welche zum Zwecke der Entwicklung von in multinationalen Truppenteilen interoperablen Fernmeldemitteln und Führungs- und Fachinformationssystemen durchgeführt werden.[1442]

7.4.5 Betriebswirtschaftliche Beurteilung des Informationswesens

7.4.5.1 Effektivität

Das Informationswesen soll auf allen Ebenen und in alle Richtungen eine Versorgung mit Informationen sicherstellen. Information wird damit beispielsweise in der Form des Befehls für den Führungsprozeß genauso wichtig, wie sie als Nachricht für die Öffentlichkeit oder für die Angehörigen des jeweiligen Truppenteiles wichtig ist. Insbesondere aber sollen im Rahmen des Informationswesens die einzelnen Entscheidungsträger mit umfassenden, relevanten, aktuellen, zuverlässigen, transparenten und verifizierbaren Informationen versorgt werden. In multinationalen Truppenteilen lassen sich diesbezüglich in allen Phasen des Informationsmanagements – Informationsbeschaffung, -weitergabe, -verarbei-tung und –übermittlung - deut-

---

[1436] Vgl. *Roggemenn* (Systeme), S. 20.
[1437] Vgl. *Naumann* (Interview), S. 8.
[1438] Vgl. *Schulz* (Satelliten), S. 14.
[1439] Vgl. *Kohl* (Golfkrieg), S. 15.
[1440] Dies hat sich beispielsweise während des multinationalen Einsatzes im Golfkrieg deutlich gezeigt. (Vgl. *Watson* (Lessons), S. 217.)
[1441] Vgl. *Happach* (Vortrag), S. 9 und *Schediwy* (Vortrag).
[1442] Ein solches Studienprojekt ist zum Beispiel das sogenannte „Army Tactical Command and Control Information System“, an dem sieben NATO-Mitgliedsstaaten mitwirken. (Siehe hierzu ausführlich *Markmann/Wagner* (Bericht).)

liche Defizite feststellen, welche die Effektivität des Informationswesens deutlich reduzieren. (s. Tab. 15) Diese Effektivitätsverluste lassen sich langfristig nur unvollkommen reduzieren. (S. Tab. 15)

Tab. 15: *Effektivitätsreduktoren im Bereich des Informationswesens*

Effektivitätsreduktoren	Ausprägung in Abhängigkeit von ...									Existenz		
	... Organisationsprinzip			... Anzahl der Nationen		... Ebene der Mischung		... Zusammenarbeit in der Vergangenheit		vorhanden in Anpassungsphase	dauerhaft vorhanden	
	FW	Integr.	LN	2	>2	Korps	<Korps	ausgeprägt	unregelmäßig bis nicht vorhanden		gleichbleibend	abnehmend
Defizite im Bereich Informationsbeschaffung	++	+++	+	++	+++	++	+++	++	+++	X	X	
Defizite im Bereich Informationsweitergabe	++	+++	+	++	+++	++	+++	++	+++	X	gleichbleibend bis abnehmend	
Defizite im Bereich Informationsverarbeitung	++	+++	+	++	+++	++	+++	++	+++	X	gleichbleibend bis abnehmend	
Defizite im Bereich Informationsübermittlung, insbesondere Standardisierungsmängel	++	+++	++	++	+++	++	+++	++	+++	X	gleichbleibend bis abnehmend	

Legende: FW: Framework-Prinzip
Integr.: Integrations-Prinzip
LN: Lead-Nation-Prinzip
Ausprägungsgrade: (+=schwach, ++=mittel, +++=stark)

Wie die Ausführungen des Kapitels 7.4 *(Informationswesen)* deutlich gezeigt haben, liegt die als *Et (MNT, IW)* bezeichnete Effektivität des Informationswesens in multinationalen Truppenteilen unter der Effektivität vergleichbarer rein nationaler Truppenteile (*Et (RNT, IW)*). Die Effektivität des Informationswesens sinkt dabei in Abhängigkeit von der im jeweiligen Truppenteil vorhandenen Ausgestaltung der Multinationalität. (s. Tab. 15) Es gilt:

$$Et\ (MNT,\ IW) < Et\ (RNT,\ IW)$$

7.4.5.2 Kosten

Die Folgekosten (s. Tab. 16) der reduzierten Effektivität des Informationswesens liegen in multinationalen Truppenteilen im Bereich der direkten Kosten insbesondere in durch Mehr- und Mehrfacharbeit bedingten erhöhten Personalkosten. Als indirekte Folgekosten lassen sich vor allem durch unvollständige, durch verzögerte oder durch falsche Informationen verursachte Effektivitätsverluste des Führungsprozesses und die steigende Gefahr des Verlustes von Wehrmaterial im Einsatz anführen. Intangiblen Folgekosten stellt insbesondere die erhöhte Gefährdung der Soldaten im Einsatz dar.
Ein wesentlicher Kostenfaktor ist die im Bereich des Informationswesens zu standardisierende Hardware, die erst sehr kostenintensiv zur technischen Zusammenarbeit befähigt werden muß. (s. Tab. 16) Betroffen hiervon sind alle Bereiche des Informationswesens, also die Beschaffung, die Weitergabe, die Verarbeitung und die Übermittlung von Informationen. Die

Standardisierungsmängel der Hardware machen wiederum personal- und damit kostenintensive Mehr- und Mehrfacharbeiten notwendig. Dieser Zuwachs des Arbeitsumfanges - und damit sind ebenfalls erhöhte Kosten verbunden - wird vor allem auch durch mangelndes Vertrauen zwischen den einzelnen Nationen sowie durch uneinheitliche Verfahren und Grundsätze, durch unterschiedlich ausgebildetes Personal und durch verschieden ausgestattete Kräfte verursacht.

Die erhöhten Kosten des Informationswesens multinationaler Truppenteile lassen sich zwar langfristig reduzieren, auf das Niveau rein nationaler Truppenteile sind sie jedoch nicht absenkbar. (s. Tab. 16)

Tab. 16: *Kostentreiber im Bereich des Informationswesens*

Kostentreiber	Kostenkategorie			Ausprägung in Abhängigkeit von ...									Existenz		
	direkte	indirekte	intangible	... Organisationsprinzip			... Anzahl der Nationen		... Ebene der Mischung		... Zusammenarbeit in der Vergangenheit		vorhanden in Anpassungsphase	dauerhaft vorhanden	
				FW	Integr.	LN	2	>2	Korps	<Korps	ausgeprägt	unregelmäßig bis nicht vorhanden		gleichbleibend	abnehmend
Folgekosten der Effektivitätsverluste im Bereich des Informationswesens	X	X	X	++	+++	+	++	+++	++	+++	++	+++	X		X
Erhöhung der Standardisierung	X	X	X	++	+++	+	++	+++	++	+++	++	+++	X	gleichbleibend bis abnehmend	

Legende: FW: Framework-Prinzip
Integr.: Integrations-Prinzip
LN: Lead-Nation-Prinzip
Ausprägungsgrade: (+=schwach, ++=mittel, +++=stark)

In Zusammenfassung der Ausführungen des Kapitels 7.4 *(Informationswesen)* läßt sich feststellen, daß die als *K (MNT, IW)* bezeichneten Kosten des Informationswesens in multinationalen Truppenteilen über den Kosten vergleichbarer rein nationaler Truppenteile (*K (RNT, IW)*) liegen. Die Kosten des Informationswesens steigen dabei in Abhängigkeit von der im jeweiligen multinationalen Truppenteil vorhandenen Ausgestaltung der Multinationalität. (s. Tab. 16) Es gilt:

$$K\ (MNT,\ IW) > K\ (RNT,\ IW)$$

7.4.5.3 Effizienz

Die Effizienz als das in dieser Arbeit definierte Verhältnis zwischen Effektivität und Kosten liegt in multinationalen Truppenteilen im Bereich des Informationswesens (*Ez (MNT, IW)*) unter der Effizienz vergleichbarer rein nationaler Truppenteile (*Ez (RNT, IW)*). Sie sinkt in Abhängigkeit von der im jeweiligen Truppenteil vorhandenen Ausgestaltung der Multinationalität.

Der zu konstatierende Effizienzverlust im Bereich des Informationswesens ist dabei nicht auf einen generellen Vergleich zwischen multinationalen und rein nationalen Truppenteilen beschränkt. Er ergibt sich durch die Beteiligung an multinationalen Truppenteilen insbesondere auch für die Bundeswehr. Es gilt damit insgesamt:

1.

$$[Et\ (MNT, IW) / K\ (MNT, IW)] < [Et\ (RNT, IW) / K\ (RNT, IW)], \text{ also: } Ez\ (MNT, IW) < Ez\ (RNT, IW).$$

2.

$$Ez\ (MNT, IW) < Ez\ (GE, IW)$$

7.5 Finanzwirtschaft

7.5.1 Finanzierung

Die Kapital- bzw. Mittelbeschaffung[1443] des Militärs vollzieht sich in den meisten Nationen ähnlich: Die Streitkräfte werden über einen eigenen Haushalt bzw. Etat[1444] durch den Staatshaushalt finanziert.[1445] Einnahmen aus Selbstfinanzierung können das Gesamtvolumen der dem Militär zur Verfügung stehenden Mittel ergänzen.[1446]

In multinationalen Truppenteilen treten bei der Finanzierung mehrere Probleme auf. Neben dem allen Nationen gemeinsamen Problem der Unterfinanzierung der Streitkräfte stellt sich insbesondere die Lastenteilung als problematisch dar.

7.5.1.1 Unterfinanzierung

Generell sehen sich die Streitkräfte aller NATO-Mitgliedstaaten mit einer am Bedarf gemessenen unzureichenden Finanzierung konfrontiert.[1447] Auch für die Bundeswehr läßt sich diese Finanzierungsnot nahezu seit ihrer Gründung attestieren.[1448] Belief sich der Anteil des Verteidigungshaushaltes am Bundeshaushalt im Jahre 1965 noch auf über 27 Prozent, sank er auf derzeit 9,5 Prozent ab (Stand 1999). Nach der Wiedervereinigung Deutschlands hat sich der

---

1443 In der vorliegenden Arbeit wird der Begriff der „Finanzierung" im Sinne einer Kapital- bzw. Mittelbeschaffung (Vgl. *Hahn* (Militärbetriebslehre), S. 238.) verwendet. Eine Differenzierung zwischen der klassischen Definition des Finanzierungsbegriffs als „Kapitalbeschaffung" und der modernen Begriffsdefinition als „Mittelherkunft" (Siehe zu den einzelnen Begriffsdefinitionen beispielsweise und ausführlich *Hahn* (ABWL), S. 304f. und *Schneider* (Finanzierung), S. 32-35.) findet damit nicht statt.

1444 In Deutschland ist dies der Einzelplan 14 (Verteidigungshaushalt oder –etat) des Bundeshaushaltsplanes, in dem der jährliche Haushalt für den Geschäftsbereich des Bundesministeriums der Verteidigung ausgewiesen wird.

1445 Vgl. *Gerber* (Bilanz), S. 27 und *Hahn* (Militärbetriebslehre), S. 229 sowie ausführlich *Cutshaw/ Cutshaw* (Finance), S. 412-416 und *Maroni* (Budget), S. 416-420.

1446 Vgl. *Hahn* (Militärbetriebslehre), S. 229f.

1447 Vgl. *Hahn* (Finanzierungsnot), S. 6. Siehe zu den Verteidigungsetats sämtlicher Staaten des Jahres 1999/2000 ausführlich *Mönch* (Almanac 2000). Siehe zu den Verteidigungshaushalten der NATO-Mitgliedsländer des Zeitraumes 1975 bis 1995 ausführlich *o. A.* (Ausgaben), S. 31-33 und für das Jahr 1998 *Huber/Schmidt* (Analyse), S. 45.

1448 In der Aufbauphase der Bundeswehr gab es zuächst noch ausreichend Finanzmittel. So blieben im Jahre 1955 von den 5,2 Mrd. DM, die der Bundeswehr für ihren Aufbau zur Verfügung gestellt wurden, 3,6 Mrd. DM unverplant. Von den verplanten 1,6 Mrd. DM wurden nur zirka 100 Mio. DM ausgegeben. Ähnliches wiederholte sich in den beiden Folgejahren. (Siehe zu dem vorangegangenen Abschnitt ausführlich *Klesser* (Aufbau), S. 341f.).

Verteidigungsetat auch nominal stetig verringert. (s. Abb. 10) Einem Plafond von 57,54 Mrd. DM im Jahre 1990 stehen 45,33 Mrd. DM für das Jahre 2000 gegenüber.[1449]

Abb. 10: *Entwicklung des deutschen Verteidigungshaushaltes im Zeitraum 1970-1998*[1450]

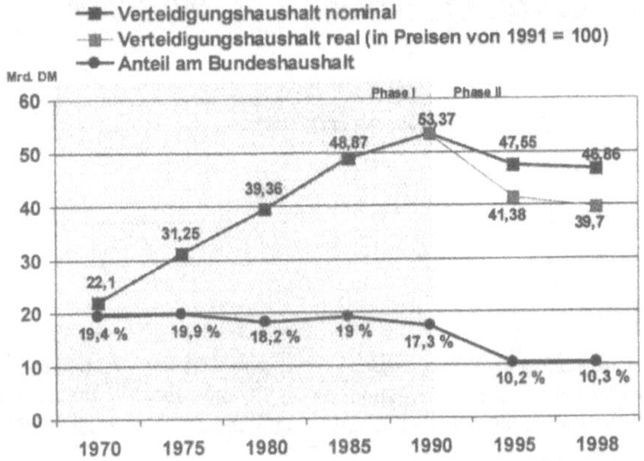

Die Ursache für die Kürzungen der nationalen Verteidigungshaushalte liegt meist in der prekären Situation der Gesamthaushalte der einzelnen Staaten sowie in der von ihnen oftmals eingeforderten Friedensdividende.[1451] Als Folge dieser Unterfinanzierungen öffnet sich die Schere zwischen den von den Streitkräften zu erfüllenden Aufgaben und den ihnen zur Verfügung stehenden Finanzmittel immer mehr.[1452] Aus diesem Grund wird beispielsweise der Verteidigungsetat der USA seit langer Zeit wieder erhöht.[1453] Der Einzelplan 14 der Bundeswehr dagegen wird innerhalb der kommenden vier Jahren um weitere 18 Mrd. DM gekürzt.[1454]

Durch die Einbindung nationaler Streitkräfte in das NATO-Bündnis einerseits und in multinationale Truppenteile andererseits bleiben die durch die Finanzierungsdefizite der nationalen Verteidigungsetats verursachten Probleme jedoch nicht auf die Streitkräfte der einzelnen Staaten beschränkt. Vielmehr werden zum einen die individuelle, die materielle, die funktionelle und die kollektive Leistungsbereitschaft bzw. -fähigkeit[1455] des Bündnisses, aber auch der multinationalen Truppenteile stark reduziert. Insbesondere die Einsatzfähigkeit zum Krisenmanagement gilt deshalb bereits als gefährdet.[1456] Zum anderen kommt es wegen der nationalen Finanzierungslücken vor allem zwischen den europäischen Nationen und den USA zu politischen Unstimmigkeiten, die eine dauerhafte sicherheitspolitische und militärische Koope-

---

1449 Siehe zu dem vorangegangenen Abschnitt *BMVg* (Entwurf 2000), S. 1-7 und *Faust* (Beschaffung), S. 46. Siehe zur Entwicklung des deutschen Verteidigungshaushaltes im Zeitraum 1955 bis 1998 *Hoepffner* (Vortrag), Anlage 5. Bei weiter fallendem Plafond würde die Bundeswehr innerhalb der NATO bei einem Vergleich der Verteidigungsausgaben auf den 17. Platz abrutschen. (Vgl. *Scharping* (Rede), S. 11.)

1450 Entnommen aus *BMVg* (Bestandaufnahme), S. 130.

1451 Vgl. *Feldmeyer* (Verdruß), S. 6. Hier sind vor allem die europäischen Nationen gemeint.

1452 Siehe hierzu auch *Joulwan* (Ressourcen), S. 4, *Scharping* (Rede), S. 7 sowie *Wehrbeauftragte* (Jahresbericht 1996), S. 34, *Wehrbeauftragte* (Jahresbericht 1997), S. 37 und *Wehrbeauftragte* (Jahresbericht 1998), S. 15. Bereits Clausewitz hat festgestellt, daß Auftrag und Mittel aufeinander abzustimmen sind. (Siehe hierzu *Clausewitz* (Krieg), 3. Buch, 14. Kapitel.)

1453 Vgl. *AP* (Funds), S. 4 und ausführlich *Clinton* (Aufstockung), S. 3f.

1454 Vgl. *Schmitz* (Liga), S. 21.

1455 Siehe zu den entsprechenden Begriffsdefinitionen Kapitel 7.3.2.1 *(Grad der Leistungsbereitschaft)*.

1456 Vgl. *Dietrich* (Geld), S. 2. Siehe hierzu beispielsweise auch *Weisser* (Perspektive), S. 12.

ration Europas mit den USA gefährden können[1457] - davon ist nicht nur das Bündnis, sondern hiervon sind insbesondere die beiden deutsch-amerikanischen Korps betroffen. Schließlich gefährden die nationalen Finanzierungslücken die Bereitstellung nationaler Truppenanteile an multinationalen Truppenteilen.[1458] Dies wiederum hat einschränkende Auswirkungen auf die Einsatzbereitschaft und Leistungsfähigkeit und damit auch auf die Effektivität des betroffenen multinationalen Truppenteiles. So hat beispielsweise Großbritannien seinen Beitrag bzw. seinen Truppenanteil an der AMF (L) aus Finanzierungsgründen drastisch gekürzt.[1459] Für das ARRC gilt der britische Beitrag bzw. der Verbleib seines Truppenanteiles im Falle von Kürzungen des nationalen Verteidigungshaushaltes ebenfalls als gefährdet.[1460]

7.5.1.2 Lastenteilung

Wie die bisherigen Ausführungen der vorliegenden Arbeit gezeigt haben, liegen die Kosten multinationaler Truppenteile über denen vergleichbarer rein nationaler Truppenteile. Entsprechend hoch stellt sich in multinationalen Truppenteilen der Bedarf an Finanzmitteln dar. Dieser wird über eine Kombination aus nationalen und multinationalen Haushalten gedeckt.[1461] Die Lasten der multinationalen Haushalte werden über Kostenschlüssel auf die am jeweiligen multinationalen Truppenteil beteiligten Nationen verteilt. Diese meist jährlich neu festgelegte Schlüsselung der Lastenteilung[1462] ist regelmäßig Anlaß zu Mißstimmungen innerhalb der multinationalen Truppenteile.[1463] Unterschiedliche nationale haushaltsrechtliche Bestimmungen[1464] tragen zu dieser Problematik ebenso bei wie Differenzen über Kostenerstattungen[1465] sowie der verständliche Versuch der einzelnen Staaten, den eigenen Haushalt von zusätzlichen Belastungen möglichst freizuhalten.[1466] Unfaire bzw. als unfair empfundene Lastenteilungen jedoch leisten dem Zerfall multinationaler Truppenteile generell Vorschub.[1467] In jedem Fall sind sie geeignet, die Effektivität der multinationalen Zusammenarbeit einzuschränken. Um dem entgegenzuwirken, wird in multinationalen Truppenteilen regelmäßig ein Gre-

---

[1457] Vgl. *Feldmeyer* (Verdruß), S. 6.

[1458] Siehe zu dieser Gefahr auch *Gerber* (Militärökonomie), S. 20.

[1459] Siehe hierzu *Most* (Einsatzunterstützung), S. 22f.

[1460] Vgl. *McInnes* (Corps), S. 46.

[1461] So verfügen beispielsweise die Stäbe der multinationalen Korps sowohl über nationale als auch über multinationale Haushalte. In den nationalen Haushalten finden sich mit Masse die Personalkosten. (Vgl. *Hoepffner* (Gespräch) und *Wagner* (Verwaltung), S. 79.) Die multinationalen Haushalte umfassen dagegen im wesentlichen die übrigen Betriebskosten. Während diese zum Beispiel im Stab des MNK (NO) zu je einem Drittel auf die beteiligten Nationen aufgeteilt werden, (Vgl. *Sachau* (Nordost), S. 18.) richten sie sich für den Stab des Eurokorps nach dem Anteil der durchschnittlichen Personalstärke der beteiligten Nationen. (Vgl. *BMVg* (Stichworte), S. 13.) Gleiches gilt für den Stab des I. D/NL Korps. (Vgl. *Agreement I. D/NL Korps*, S. D-2.)

[1462] Siehe hierzu am Beispiel des I. D/NL Korps *Agreement I. D/NL Korps*, S. 22.

[1463] Siehe hierzu beispielsweise *Jacobs* (Logistik), S. 26. Die Festlegung von Schlüsseln bzw. Anteilen gilt generell bei jeder Lastenteilung als Schlüsselfrage, (Vgl. *Schnell/Straub* (Lastenteilung), S. 5.) und entwickelt sich deshalb in jeder Form der multinationalen Zusammenarbeit zum Konfliktpotential bzw. zum Problem. (Vgl. *Kapstein* (Economy), S. 170. Siehe hierzu auch *Kießling* (Lasten), S. 578 und *Kießling* (Stäbe), S. 79.)

[1464] Siehe hierzu beispielsweise *Jacobs* (Logistik), S. 22 und *Wagner* (Verwaltung), S. 78.

[1465] Vgl. *Most* (Einsatzunterstützung), S. 21 und *Wagner* (Verwaltung), S. 78. Siehe zur Kostenerstattungsproblematik am Beispiel multinationaler Übungen *Dipp* (Gespräch), *Hoepffner* (Gespräch) und *Koele* (Gespräch).).

[1466] Siehe zur Problematik von sogenannten „Trittbrettfahrern“ *Pöcher* (Trittbrettfahrer), S. 157f. Siehe hierzu insbesondere auch die verschiedenen allianztheoretischen Modelle, dargestellt beispielsweise in *Hartley/Sandler* (Economics), S. 19-51, *Kaindl/Maneval/Park* (Allokation), S. 1-24, *Maneval* (Allianztheorie), S. 34-37 und *Weber* (Lastenteilung), S. 41-68.

[1467] Vgl. *Huber/Davis* (Lastenteilung), S. 38. Was hier für militärische Bündnisse festgestellt wird, hat ebenso für multinationale Truppenteile Gültigkeit. So führen die Probleme der Kostenerstattung bei Übungen multinationaler Truppenteile bereits dazu, daß die nationalen Truppenanteile mancher multinationaler Truppenteile separat üben. (Siehe hierzu am Beispiel des I. D/NL Korps *Jeurissen* (Gespräch).)

mium eingerichtet, das die mit der Lastenaufteilung verbundenen Probleme lösen soll.[1468] Hiermit wird ein weiterer, in rein nationalen Truppenteilen nicht existierender Kostenfaktor geschaffen.

7.5.1.3 Sonstige Probleme

Im Zusammenhang mit der Finanzierung multinationaler Truppenteile ergeben sich weitere Probleme.

Zum ersten wird die Flexibilität der multinationalen Truppenteile durch die Inflexibilität der nationalen und multinationalen Haushalte deutlich eingeschränkt. Insbesondere läßt die - vor allem wegen der nationalen Haushaltsplanung - lange im voraus terminierte Übungsplanung keine kurzfristig notwendig werdenden multinationalen Übungen zu. Solche sind jedoch regelmäßig zur generellen Leistungsverbesserung sowie immer häufiger auch zur Vorbereitung auf konkrete Einsätze erforderlich. Insgesamt werden damit die Leistungsfähigkeit und die Einsatzbereitschaft multinationaler Truppenteile durch die Inflexibilität ihrer Finanzierung gefährdet.[1469]

Die Deckung des Finanzmittelbedarfes birgt neben der Problematik der Schlüsselung der Lasten ein zweites weiteres Problem. So wird die Finanzmittelbeschaffung in multinationalen Truppenteilen immer dann gefährdet, wenn eine oder mehrere Nationen ihren Zahlungsverpflichtungen in den multinationalen Haushalten nicht oder erst verspätet nachkommen. Finanzierungsmängel aber schwächen die Einsatzbereitschaft und damit auch die Effektivität des multinationalen Truppenteiles.[1470] Die Gründe für einen derartigen Zahlungsverzug reichen von Finanzierungslücken in den nationalen Haushalten bis zum Mißbrauch der Lastenanteile zur Ausübung von Einflußnahme.[1471] Problematisch ist diese Situation insbesondere auch deshalb, weil derartige Zahlungsversäumnisse oder -zurückhaltungen nur schwer sanktionierbar sind.

Ein drittes Problem stellen die in den einzelnen Nationen möglichen alternativen Finanzierungsformen dar.[1472] Während beispielsweise in der Bundeswehr bezüglich der Vorteilhaftigkeit von Leasing immer noch Überzeugungsarbeit geleistet werden muß,[1473] findet Leasing in anderen Nationen bereits erfolgreich Anwendung.[1474] Die nationalen Unterschiede bezüglich alternativer Finanzierungsformen führen zwischen den Nationen bzw. zwischen ihren Militärangehörigen regelmäßig zu Unverständnis und Konfliktpotential.

Zu berücksichtigen ist viertens die Überwachung bzw. die Überprüfung der Haushalte. Ihr kommt im Militär generell besondere Bedeutung zu, hängt von ihr doch eine wirtschaftliche und flexible Haushaltsführung und damit insgesamt auch die Einsatzbereitschaft des Militärs und seiner Truppenteile ab.[1475] Zwar haben die einzelnen, in multinationalen Truppenteilen vertretenen Nationen ein Anrecht auf eine derartige Überprüfung bzw. Überwachung.[1476] Dieses bezieht sich jedoch nur auf den multinationalen Haushalt, schließt also eine gegenseitige Überprüfung bzw. Überwachung der nationalen Haushalte aus.

1468 Siehe hierzu am Beispiel der D/F-Brigade *Wagner* (Verwaltung), S. 79, am Beispiel des I. D/NL Korps *Convention I. D/NL Korps*, S. 7 und am Beispiel des MNK (NO) *Sachau* (Vortrag), S. 8.

1469 Siehe zu dem vorangegangenen Abschnitt *Palin* (Forces), S. 62. Siehe zu der beschriebenen Problematik der Inflexibilität der Haushalte auch *Hoepffner* (Gespräch) und *Gerber* (Betriebslehre), S. 74.

1470 Vgl. *Palin* (Forces), S. 30.

1471 Vgl. *Eisele* (Vortrag).

1472 Siehe zu einer Übersicht über alternative Formen der Finanzmittelbeschaffung beispielsweise *Faust* (Beschaffung), S. 48-50. Siehe hierzu auch *Gerber* (Bilanz), S. 27f., *Gerber* (Globalität), S. B XXVII und *Hahn* (Militärbetriebslehre), S. 242-245.

1473 Siehe hierzu beispielsweise *Hahn* (Finanzierungsnot), S. 11f. und ausführlich *Füllenbach* (Leasing).

1474 So zum Beispiel in den Streitkräften der Niederlanden. (Vgl. *Koele* (Gespräch).)

1475 Siehe hierzu auch *Gerber* (Betriebslehre), S. 83.

1476 Siehe hierzu am Beispiel des Eurokorps *Clerc* (Praxis), S. 17.

Problematisch zeigt sich darüber hinaus die in multinationalen Truppenteilen vorhandene Vielfalt nationaler Währungen, die für die einzelnen nationalen Haushalte eine zusätzliche Belastung darstellt.[1477] Hier läßt sich zwar durch den Vollzug der Währungsunion für die beteiligten Staaten eine Problemreduzierung feststellen.[1478] Jedoch bleibt die Problematik in denjenigen multinationalen Truppenteilen, in denen einzelne Mitglieder nicht an der Währungsunion teilnehmen, weiterhin existent.
Schließlich darf die Osterweiterung der NATO nicht unberücksichtigt bleiben. Aus dem mit ihr verbundenen Kostenumfang bzw. Finanzmittelbedarf[1479] ergeben sich nicht nur zusätzliche Probleme im Bereich der Lastenteilung der NATO.[1480] Sie bedeutet durch die Einbindung polnischer Truppenanteile in das MNK (NO) insbesondere für die Deutsche Bundeswehr einen erhöhten Finanzmittelbedarf.[1481]

7.5.2 Investition[1482]

Multinationale Truppenteile sehen sich im Bereich der Investition mit zwei Problemen konfrontiert. Zum einen zeigen die einzelnen Nationen unterschiedliche Schwerpunkte bei der Mittelverwendung. So lagen beispielsweise im Haushaltsjahr 1998 die verteidigungsinvestiven Ausgaben des Einzelplans 14, insbesondere die Ausgaben für Forschung, Entwicklung, Erprobung und Beschaffung von Wehrmaterial, bei zirka 24 Prozent.[1483] Auch im Haushaltsjahr 2000 zeigt sich diesbezüglich keine Verbesserung.[1484] Damit lag die Bundeswehr deutlich unter dem von der NATO von ihren Mitgliedsstaaten geforderten Mindest-Investiv-anteil von 30 Prozent. Investivanteile unter 30 Prozent jedoch gelten in der NATO als völlig ungenügend, um eine Armee auf einem ausreichend modernen wehrtechnischen Stand, und damit leistungs- bzw. einsatzfähig zu halten.[1485] Die wehrtechnischen Defizite in den Streitkräften der Bundeswehr wirken sich konsequenterweise negativ auf die Effektivität multinationaler Truppenteile aus, sinkt in ihnen doch insbesondere die materielle Leistungsfähigkeit der deutschen Truppenanteile. Umgekehrt wirkt etwa der sehr hohe Investivanteil des französischen Verteidigungshaushaltes[1486] generell positiv auf die materielle Leistungsfähigkeit multinationaler Truppenteile mit französischen Truppenanteilen.
Problematisch ist in multinationalen Truppenteilen zum zweiten, daß der Oberkommandierende nur mit mangelhaften Befugnissen zur Verwendung von nationalen und multinationalen

---

[1477] Die Problematik ist aus dem Bereich erwerbswirtschaftlicher multinationaler Unternehmen (Siehe zu den Arten von Währungsrisiken *Carstensen* (Wechselkursrisiken), S. 840f. und *Herbeck/Spremann* (Währungsrisiko), S. 381-383.) sowie aus dem Bereich des NATO-Bündnisses (Siehe hierzu *Hahn* (Wehrwirtschaft), S. 289.) hinreichend bekannt.

[1478] Siehe hierzu auch *Gerber* (Entwicklung), S. 9-11 und ausführlich *Gerber* (Umfeld), S. 146-148.

[1479] Siehe zu verschiedenen Schätzungen der Kosten der NATO-Osterweiterung *Marciniak* (Weg), S. 73f.

[1480] Siehe hierzu beispielsweise *CBO* (Cost), S. xxi.

[1481] Bereits in Vorbereitung für den Beitritt der polnischen Streitkräfte in die NATO sowie polnischer Truppenanteile in das MNK (NO) erhielten diese von deutscher Seite erhebliche Unterstützung. (Vgl. *BMVg* (Bericht 98), S. 12.)

[1482] Investition wird in dieser Arbeit analog zum Begriff der „Finanzierung" (Siehe hierzu Kapitel 7.5.1 *(Finanzierung).*) als Mittel- bzw. Kapitalverwendung definiert.

[1483] Vgl. *Hoepffner* (Vortrag), Anlage 7.

[1484] Siehe hierzu *BMVg* (Entwurf 2000), S. 2.

[1485] Siehe zu dem vorangegangenen Abschnitt *Faust* (Beschaffung), S. 46 und ausführlich *Huber/Schmidt* (Analyse), S. 47-49. Zwar wird versucht, die existierende Investitionslücke mit Hilfe von über reduzierte Betriebskosten gewonnene Finanzmitteln zu schließen, um damit auf den geforderten Mindest-Investivanteil von 30 Prozent zu gelangen, (Siehe zu dieser Zielsetzung *Huber* (AGAB), S. 152 und *Schikowski* (Teufelskreis), S. 152.) diese Intention muß jedoch in Anbetracht der erneuten Haushaltskürzungen des Einzelplanes 14 (Siehe hierzu *Schmitz* (Liga), S. 21.) als gescheitert gelten.

[1486] Vgl. *Hoepffner* (Vortrag), S. 10. Siehe zu einem Vergleich der Investivanteile der Verteidigungsetats einzelner NATO-Staaten *Hoepffner* (Vortrag), Anlage 16.

Haushaltsmitteln ausgestattet ist.[1487] Eine effektive Führung des multinationalen Truppenteiles ist hierdurch sehr stark eingeschränkt.

7.5.3 Haushaltsführung

Innerhalb der Bundeswehr sind die Streitkräfte von der Verwaltung getrennt.[1488] Letzterer obliegt insbesondere die Haushaltsführung. Eine derartige Trennung kennen andere Nationen nicht; dort wird der Haushalt von den Streitkräfteangehörigen selbst geführt. In multinationalen Truppenteilen kommt es deshalb regelmäßig zu nachhaltigen Differenzen,[1489] die einer effektiven multinationalen Zusammenarbeit abträglich sind. Insbesondere aber verhindert die deutsche Eigenheit der Trennung von Bundeswehrverwaltung und Streitkräften in multinationalen Truppenteilen die Bildung und Führung eines einzigen, multinationalen Haushaltes. Hierdurch wird auch in Zukunft ein multinationaler Haushalt immer nur neben den nationalen Haushalten existieren können. Entsprechend ausgeprägt bleiben die Effektivitätsverluste der Haushaltsführung,[1490] und entsprechend umfangreich werden die mit der Haushaltsführung betrauten Abteilungen der multinationalen Truppenteile bleiben.[1491]
Zwar wird auch in der Bundeswehr versucht, die Haushaltsführung durch verschiedene Maßnahmen[1492] effektiver, effizienter und flexibler zu gestalten. Andere Nationen sind hier jedoch viel weiter.[1493] So sind die Budgetverantwortlichkeiten und –befugnisse beispielsweise in den französischen Streitkräften deutlich ausgeprägter.[1494] Ähnliches gilt für die Armeen der Niederlanden[1495] und Großbritanniens.[1496] Generell sind die in multinationalen Truppenteilen parallel vorhandenen und praktizierten nationalen Formen der Haushaltsführung bzw. Mittelbewirtschaftung durch die notwendig werdende, ressourcenbindende Mehrfacharbeit als ineffektiv zu beurteilen. Weil auch in Zukunft nicht von einer gemeinsamen Form der Haushaltsführung ausgegangen werden kann, wird diese Ineffektivität weiterhin existent bleiben.[1497]

7.5.4 Betriebswirtschaftliche Beurteilung der Finanzwirtschaft

Das in allen Nationen existente Problem der Unterfinanzierung findet in multinationalen Truppenteilen seine Fortsetzung (s. Tab. 17) und wird nochmals durch Differenzen im Bereich der Lastenteilung gesteigert. (s. Tab. 17) Insbesondere die zwischen den einzelnen Nationen bestehenden Dissensen bei der Mittelverwendung sowie die Probleme der Haushaltsführung (s. Tab. 17) schränken die Effektivität der Finanzwirtschaft multinationaler Truppenteile

---

[1487] Vgl. *Domininghaus* (Gespräch) und *Timmermann* (Grenzen), S. 27f. Siehe hierzu insbesondere und ausführlich am Beispiel des I. D/NL Korps *Koele* (Briefing).

[1488] Siehe hierzu Art. 87a, b *GG*. Diese Trennung führt innerhalb der Bundeswehr seit jeher zu Problemen. (Siehe hierzu beispielsweise *Hahn* (Unwirtschaftlichkeit), S. 95f. und *Kießling* (Zivilcourage), S. 161.)

[1489] Siehe hierzu beispielsweise *Fleck* (Verbände), S. 142, *Koele* (Gespräch), *Lebietz* (Gespräch) und *Wagner* (Verwaltung), S. 91.

[1490] Vgl. *Koele* (Briefing), S. 3.

[1491] Vgl. *Lebietz* (Gespräch).

[1492] Hierzu zählt insbesondere die sogenannte „Flexible Budgetierung", die bei bestimmten Haushaltstiteln eine gegenseitige Deckungsfähigkeit sowie eine Übertragbarkeit von nicht in Anspruch genommenen Haushaltsmitteln in das folgende Haushaltsjahr ermöglicht. (Siehe hierzu ausführlich *Beck* (Budgetierung), S. 157f. und *BMVg* (Entwurf 98), S. 3 und 7.)

[1493] Das komplizierte und wenig flexible deutsche Haushaltsrecht gilt grundsätzlich als weiterhin reformbedürftig. (Siehe hierzu *Scharping* (Rede), S. 10.)

[1494] Vgl. *Allorant* (Gespräch).

[1495] Vgl. *Hoek* (Vergleich), S. 35, *Koele* (Gespräch), *Surkau* (Gespräch) und *Wessling* (Gespräch).

[1496] Siehe hierzu *Preußner/Stolte* (Budgetierung), S. 48f.

[1497] Siehe hierzu *Preußner/Stolte* (Budgetierung), S. 49.

(*Et (MNT, FW)*) zusätzlich ein. Diese Effektivitätsreduktion wird auch langfristig nicht zu eliminieren sein. (s. Tab. 17)

Tab. 17: *Effektivitätsreduktoren im Bereich der Finanzwirtschaft*

Effektivitätsreduktoren	Ausprägung in Abhängigkeit von ...									Existenz		
	... Organisationsprinzip			... Anzahl der Nationen		... Ebene der Mischung		... Zusammenarbeit in der Vergangenheit		vorhanden in Anpassungsphase	dauerhaft vorhanden	
	FW	Integr.	LN	2	>2	Korps	<Korps	ausgeprägt	unregelmäßig bis nicht vorhanden		gleichbleibend	abnehmend
Unterfinanzierung	+++	+++	+++	+++	+++	+++	+++	+++	+++	X	X	
Probleme der Lastenteilung und sonstige Probleme	+++	+++	+++	++	+++	+++	+++	++	++	X	X	
Probleme im Investitionsbereich	++	+++	+	++	+++	++	+++	++	+++	X	X	
Probleme im Bereich der Haushaltsführung	++	+++	+	++	+++	++	++	++	+++	X	X	

Legende: FW: Framework-Prinzip
Integr.: Integrations-Prinzip
LN: Lead-Nation-Prinzip
Ausprägungsgrade: (+=schwach, ++=mittel, +++=stark)

In Zusammenfassung der Ausführungen des Kapitels 7.5 *(Finanzwirtschaft)* läßt sich festhalten, daß die als *Et (MNT, FW)* bezeichnete Effektivität der Finanzwirtschaft multinationaler Truppenteile unter der Effektivität vergleichbarer rein nationaler Truppenteile (*Et (RNT, FW)*) liegt. Der Effektivitätsunterschied nimmt dabei mit zunehmender Ausgestaltung der Multinationalität des Truppenteiles zu. (s. Tab. 17) Es gilt:

$$Et\ (MNT,\ FW) < Et\ (RNT,\ FW)$$

Weil, wie im Kapitel 7.5 *(Finanzwirtschaft)* ebenfalls gezeigt, auch die als *K (MNT, FW)* bezeichneten Kosten der Finanzwirtschaft multinationaler Truppenteile die Kosten vergleichbarer rein nationaler Truppenteile (*K (RNT, FW)*) übersteigen, liegt die Effizienz multinationaler Truppenteile im Bereich der Finanzwirtschaft (*Ez (MNT, FW)*) unter der Effizienz vergleichbarer rein nationaler Truppenteile (*Ez (RNT, FW)*). Es gilt:

$$K\ (MNT,\ FW) > K\ (RNT,\ FW)\ \text{und}$$

$$[Et\ (MNT,\ FW)\ /\ K\ (MNT,\ FW)] < [Et\ (RNT,\ FW)\ /\ K\ (RNT,\ FW)],\ \text{also:}$$
$$Ez\ (MNT,\ FW) < Ez\ (RNT,\ FW).$$

Der zu konstatierende Effizienzverlust im Bereich der Finanzwirtschaft ist dabei nicht auf einen generellen Vergleich zwischen multinationalen und rein nationalen Truppenteilen beschränkt. Er ergibt sich durch die Beteiligung an multinationalen Truppenteilen insbesondere auch für die Bundeswehr. Es gilt damit auch:

$$Ez\ (MNT,\ FW) < Ez\ (GE,\ FW)$$

7.6 Rechnungswesen

Der betriebliche Funktionsbereich der Betriebsrechnung bzw. des betrieblichen Rechnungswesens gilt in der Bundeswehr insbesondere wegen der in ihr praktizierten einfachen Buchführung als verkümmert.[1498] Die Kameralistik der Bundeswehr erfüllt als reine Einnahmen-Ausgaben-Rechnung lediglich den Zweck einer Rechenschaftslegung des Exekutivorgans Bundeswehr gegenüber dem Kontrollorgan Parlament.[1499] Wirtschaftlichkeit und Sparsamkeit im Betrieb Bundeswehr lassen sich mit dem Instrument der einfachen Buchführung jedoch nicht realisieren.[1500] Aus diesem Grund führte die Bundeswehr 1968 zusätzlich eine Kostenrechnung ein, die sich inhaltlich zunächst auf eine reine Kostenerfassung beschränkte.[1501] Diese entwickelte sich in der sogenannten „Kostenrechnungszentrale der Bundeswehr" (KoReZBw) zu einer Ist-, Normal- und Plankostenrechnung.[1502] Doch auch diese Ausgestaltung des betrieblichen Rechnungswesens berücksichtigte die betriebswirtschaftlichen Belange der Bundeswehr bei gleichzeitiger parlamentarischer Kontrollmöglichkeit nur ungenügend.[1503] Deshalb entwickelte man die Kostenrechnung zu einer Kosten- und Leistungsrechnung.[1504] Diese umfaßt neben einer Kostenarten- und einer Kostenstellenrechnung insbesondere eine Prozeßkostenrechnung.[1505] Die Kosten- und Leistungsrechnung soll durch Transparenz der erbrachten Leistungen und der dabei angefallenen Kosten als Basis für ein bundeswehrinternes Controlling[1506] dienen. Zusammen mit der Kameralistik und anderen Rechnungssystemen bildet sie das betriebliche Rechnungswesen der Bundeswehr.[1507] Dieses ist jedoch auch weiterhin problembelastet. So fehlen etwa bundeswehreinheitlich strukturierte Leistungs- und Kostendaten, welche zudem mit den Daten der einfachen Buchführung nicht kongruent sind und welche darüber hinaus oft unvollständig und fehlerhaft erfaßt werden.[1508]

[1498] Vgl. *Hahn* (Militärbetriebslehre), S. 221. Siehe hierzu beispielsweise auch *Eisele* (Kameralistik), S. 73-75 und *Gerber* (Anregungen), S. 137.

[1499] Vgl. *Hubbert* (Kostenrechnung), S. 33. Siehe zu den Nachteilen und Grenzen der Kameralistik beispielsweise *Reichard* (Verwaltung), S. 297-299.

[1500] Vgl. *Gerber* (Anmerkungen I), S. 231 und *Hubbert* (Kostenrechnung), S. 34.

[1501] Diese Maßnahme ging insbesondere auf die Initiative und auf die Aktivitäten von Generalmajor Dr. Gerber und Oberst d. R. Professor Dr. Hahn zurück. (Vgl. *Hubbert* (Kostenrechnung), S. 34. Siehe hierzu auch *Gerber* (Anforderungen), S. 1 und *Gerber* (Kostenrechnung), o. S.)

[1502] Siehe zur KoReZBw auch *Schimkus* (KLV), S. 135f.

[1503] Vgl. *Gerber* (Anmerkungen II), S. 254f. Siehe hierzu auch ausführlich *Roth* (Kostenrechnung), S. 92-127.

[1504] Die derzeitige Ausgestaltung der Kosten- und Leistungsrechnung in der Bundeswehr fußt auf den Empfehlungen der im Jahre 1993 im BMVg eingesetzten „Arbeitsgruppe Aufwandsbegrenzung im Betrieb" (A-GAB). Diese legte 1994 ihren Abschlußbericht vor, in dem Maßnahmen zur Erreichung einer Aufwandsbegrenzung und Rationalisierung in der Bundeswehr vorgeschlagen wurden. Zu diesen Maßnahmen zählen im wesentlichen die „Kosten- und Leistungsverantwortung" (KLV) mit den Elementen „Kosten- und Leistungsrechnung" (KLR) und „Flexible Budgetierung" (FB), das „Kontinuierliche Verbesserungsprogramm" (KVP), „Market Testing" (MT) und „Privatisierung", „Interne Optimierung" (IO) sowie „Informationstechnologie" (IT). (Siehe hierzu ausführlich (o.A. (Rationalisierung), S. 10-13.) Die genannten Maßnahmen werden derzeit unter Regie des sogenannten „Sonderbeauftragten für Aufwandsbegrenzung und Rationalisierung" (SfAR) umgesetzt. (Siehe zu dem vorangegangenen Abschnitt ausführlich *Mensel* (Ergebnis), S. 434-442 und *Schikowski* (Vorhaben), S. 206-210.)

[1505] Vgl. *Gerber* (Bilanz), S. 31. Siehe zu den Anforderungen und zu den konzeptionellen und methodischen Gestaltungsalternativen der Kostenrechnung ausführlich *Männel* (Systeme). Siehe zu den Entwicklungsperspektiven der Kostenrechnung ausführlich *Männel* (Perspektiven).

[1506] Siehe zum Controlling-Konzept der Bundeswehr beispielsweise *Mensel* (Ergebnis), S. 440 und ausführlich *Pöcher* (Controlling), S. 179-184.

[1507] Vgl. *Gerber* (Bilanz), S. 31 und *Hubbert* (Kostenrechnung), S. 35.

[1508] Vgl. *Hubbert* (Kostenrechnung), S. 35. Siehe zur Problematik der uneinheitlichen Kostenerfassung, -zurechnung und -bewertung *Schimkus/Walther* (Führungsinstrument), S. 223. Siehe zu einem weiteren Problem, dem gleichzeitigen Nebeneinander mehrerer, unverknüpfter Rechnungssysteme (kameralistische Finanzrechnung, KLR, Investitions-, Teilvermögens- und Ergebnisrechnung) *Krause* (Schub), S. 174f.

Für multinationale Truppenteile ergeben sich im Bereich des betrieblichen Rechnungswesens mehrere effektivitätsreduzierende Probleme. Zum ersten wirken sich die Mängel bzw. Defizite der nationalen Formen des betrieblichen Rechnungswesens auch auf das Rechnungswesen der multinationalen Truppenteile aus. Zum zweiten hängt die Effektivität des Rechnungswesens in multinationalen Truppenteilen (*Et (MNT, RW)*) von der Vollständigkeit, der Aktualität, der Richtigkeit und der Klarheit der von den einzelnen Nationen zur Verfügung gestellten Leistungs- und Kostendaten ab. Zum dritten müssen die verschiedenen nationalen Ausgestaltungen des Rechnungswesens miteinander vereinbar sein.[1509] Diesbezüglich gilt es nicht nur, die Einbindungen in die jeweiligen nationalen Verwaltungssysteme, die einzelnen nationalen Eigenheiten und Interessen sowie die unterschiedlichen Ausbildungen und Kompetenzen des Fachpersonals zu berücksichtigen.[1510] Hier kommt es auch darauf an, eine technische Zusammenarbeit auf dem Gebiet der Datenverarbeitung sicherzustellen. Schließlich bedarf es insbesondere im Bereich einer multinationalen Kosten- und Leistungsrechnung einer in allen Nationen einheitlichen Grundlage bzw. Methode zur Leistungsmessung und Bewertung des Mengenverzehrs sowie einheitlicher Kostenpläne. Dies ist nicht nur für den jeweiligen multinationalen Truppenteil wichtig, sondern dies ist insbesondere für die jeweiligen nationalen Streitkräfte von Relevanz, soll in ihnen – beispielsweise in den deutschen Streitkräften – ein streitkräfteübergreifendes Rechnungswesen mit Anspruch auf Vollständigkeit, Aktualität, Richtigkeit und Transparenz realisiert werden.

Unter Berücksichtigung der vorherigen Ausführungen muß in multinationalen Truppenteilen auch der betriebliche Funktionsbereich des Rechnungswesens im Vergleich zu rein nationalen Truppenteilen als ineffektiv und kostenintensiv und damit auch als ineffizient beurteilt werden. Es gilt:

$$Et\ (MNT, RW) < Et\ (RNT, RW),$$

$$K\ (MNT, RW) > K\ (RNT, RW),$$

$$Ez\ (MNT, RW) < Ez\ (RNT, RW)\ und$$

$$Ez\ (MNT, RW) < Ez\ (GE, RW).$$

7.7 Zusammenfassung

In multinationalen Truppenteilen läßt sich in sämtlichen betrieblichen Funktionsbereichen (Personalwirtschaft, Betriebsmittelwirtschaft, Leistungswirtschaft, Informationswesen, Finanzwirtschaft und Rechnungswesen) eine Fülle von Effektivitätsreduktoren und Kostentreibern identifizieren, die in ihrer Ausprägung so hoch sind, daß festzuhalten ist: Die Effektivität in multinationalen Truppenteilen liegt in den betrieblichen Funktionsbereichen unter der Effektivität vergleichbarer rein nationaler Truppenteile. Für die Kosten gilt diese Feststellung umgekehrt analog.

Die Ausprägung der identifizierten Effektivitätsreduktoren und Kostentreiber variiert entsprechend der vorhandenen Ausgestaltung des jeweiligen multinationalen Truppenteiles: Sie nimmt mit steigender Anzahl der beteiligten Nationen, mit sinkender Ebene der multinationalen Mischung sowie in Abhängigkeit vom vorhandenen Organisationsprinzip (Framework-, Lead-Nation- und Integrations-Prinzip) und von der in der Vergangenheit praktizierten multinationalen Zusammenarbeit zu. Die Effektivitätsreduktoren und Kostentreiber sind zum Teil

---

1509 Hier lassen sich insbesondere zwischen den ost- und westeuropäischen Nationen Unterschiede erkennen. (Vgl. *Fröhlich* (Probleme), S. 114.) Siehe zu Unterschieden nationaler Rechnungslegungssysteme beispielsweise *Eiteman/Stonehill* (Multinational), S. 671-684 und *Schoenfeld* (Rechnungslegung), S. 896-912.

1510 Siehe hierzu am Beispiel der D/F-Brigade *Weißenburger* (Gespräch).

nur in der Phase der Aufstellung der multinationalen Truppenteile vorhanden, vielfach jedoch bleiben sie auch nach der Aufstellungsphase entweder in gleichbleibender oder in abnehmender Höhe dauerhaft vorhanden. Die festgestellten Kosten treten dabei sowohl als direkte und indirekte als auch als intangible Kosten auf.

Auch für die Effizienz, als das in der vorliegenden Arbeit definierte Verhältnis zwischen Effektivität und Kosten, läßt sich feststellen: Sie liegt in den betrieblichen Funktionsbereichen in multinationalen Truppenteilen unter der Effizienz vergleichbarer rein nationaler Truppenteile. Dieser Effizienzverlust wird in Zukunft ebenfalls nur unvollständig reduzierbar sein.

Auch aus Sicht der Bundeswehr stellt die Aufstellung von bzw. die Beteiligung an multinationalen Truppenteilen grundsätzlich einen Effizienzverlust in den Bereichen der betrieblichen Funktionsbereiche dar. Lediglich für den Fall, daß der festgestellte Effektivitätsverlust von möglichen Kosteneinsparungen überkompensiert wird, ist für die Bundeswehr in den genannten Bereichen eine Effizienzsteigerung zu erwarten.

8 Gesamtbeurteilung

Die in den vorangegangenen Ausführungen der Kapitel 5, 6 und 7 erfolgte betriebswirtschaftliche Beurteilung der einzelnen Teilbereiche multinationaler Truppenteile lassen sich zu einem betriebswirtschaftlichen Gesamturteil zusammenfassen. Dabei werden zunächst nur die Beurteilungskriterien „Effektivität", „Kosten" und „Effizienz" berücksichtigt. In einem weiteren Schritt werden dann die Faktoren „Nutzen" und „Zeit" in die Beurteilung integriert.

Bei einer Gegenüberstellung multinationaler Truppenteile und vergleichbarer rein nationaler Truppenteile läßt sich in Zusammenfassung der vorherigen Ausführungen feststellen, daß die Effektivität multinationaler Truppenteile ($Et\ (MNT, \Sigma x)$) deutlich unter der Effektivität rein nationaler Truppenteile ($Et\ (RNT, \Sigma x)$) liegt.[1511] Die Effektivitätsreduzierungen treten dabei in allen betriebswirtschaftlichen Teilbereichen und damit in sämtlichen militärischen Aufgaben- und Funktionsbereichen auf. Es gilt:

$$Et\ (MNT, \Sigma x) = f(Z, R, F, O, PW, BW, LW, IW, FW, RW)$$
$$<$$
$$Et\ (RNT, \Sigma x) = f(Z, R, F, O, PW, BW, LW, IW, FW, RW),$$

also:
$$Et\ (MNT, \Sigma x) < Et\ (RNT, \Sigma x).$$

Faßt man die in den vorherigen Ausführungen der Kapitel 5, 6 und 7 bezüglich der Kosten der einzelnen betriebswirtschaftlichen Teilbereiche multinationaler Truppenteile erhaltenen Ergebnisse zusammen, ist als Fazit festzuhalten, daß die Kosten eines multinationalen Truppenteiles ($K\ (MNT, \Sigma x)$) über denen eines vergleichbaren rein nationalen Truppenteiles ($K\ (RNT, \Sigma x)$) liegen. Die Kostensteigerungen lassen sich dabei ebenfalls in allen betriebswirtschaftlichen Teilbereichen und damit in sämtlichen militärischen Aufgaben- und Funktionsbereichen feststellen. Es gilt:

$$K\ (MNT, \Sigma x) = f(Z, R, F, O, PW, BW, LW, IW, FW, RW)$$
$$>$$
$$K\ (RNT, \Sigma x) = f(Z, R, F, O, PW, BW, LW, IW, FW, RW),$$

also:
$$K\ (MNT, \Sigma x) > K\ (RNT, \Sigma x).$$

Für die Effizienz als das in dieser Arbeit definierte Verhältnis zwischen Effektivität und Kosten ist in Zusammenfassung der vorherigen Ergebnisse der Beurteilung der betriebswirtschaftlichen Teilbereiche multinationaler Truppenteile festzustellen, daß die Effizienz multinationaler Truppenteile ($Ez\ (MNT, \Sigma x)$) unter der Effizienz vergleichbarer rein nationaler Truppen-

[1511] Die Effektivitätsverluste in multinationalen Truppenteilen gelten als so hoch, daß sie der Multinationalität in Truppenteilen grundsätzlich Grenzen setzen. (Vgl. *Bagger* (Statement), o. S., *Delp* (Grenzen), S. II und *Eurokorps* (Cobra 95), S. 19.)

teile *(Ez (RNT, $\sum x$))* liegt.[1512] Auch für die Effizienzverluste gilt, daß sie in allen betriebswirtschaftlichen Teilbereichen und damit in sämtlichen militärischen Aufgaben- und Funktionsbereichen auftreten. Es gilt:

$$[Et\ (MNT, \sum x) / K\ (MNT, \sum x)] < [Et\ (RNT, \sum x) / K\ (RNT, \sum x)],$$

also:

$$Ez\ (MNT, \sum x) < Ez\ (RNT, \sum x).$$

Die Höhe der Effektivitätsverluste, der Kostensteigerungen und der Effizienzverluste multinationaler Truppenteile hängt vor allem von der jeweiligen Ausgestaltung des einzelnen multinationalen Truppenteiles ab. Hierbei spielen wie gezeigt insbesondere das zugrundeliegende Organisationsprinzip, die Anzahl der beteiligten Nationen, die Ebene der multinationalen Mischung sowie die Ausprägung der in der Vergangenheit praktizierten multinationalen Zusammenarbeit eine Rolle. Festzuhalten bleibt des weiteren, daß die in den vorherigen Ausführungen der Kapitel 5, 6 und 7 aufgezeigten Effektivitätsreduktoren und Kostentreiber der einzelnen betriebswirtschaftlichen Teilbereiche nach der Phase der Anpassung, also nach dem Zeitraum der Einnahme und der Implementierung der multinationalen Organisationsstruktur nicht in gleichbleibender Höhe existent bleiben bzw. bleiben müssen. Hier besteht großes Potential für Kostenreduzierungen und Effektivitätssteigerungen und damit insgesamt für Effizienzsteigerungen – im Sinne einer Anpassung an das Kosten-, Effektivitäts- und Effizienzniveau vergleichbarer rein nationaler Truppenteile. Eine dauerhafte Angleichung ist jedoch auch langfristig nur sehr schwer zu realisieren – wenn sie überhaupt zu erreichen ist -, weshalb multinationale Truppenteile im Vergleich zu rein nationalen Truppenteilen generell als unwirtschaftlich gelten.[1513]

Für ein aus Sicht der Bundeswehr zu ziehendes betriebswirtschaftliches Fazit einer Aufstellung eines multinationalen Truppenteiles bzw. einer Beteiligung an einem solchen sind die in den vorherigen Ausführungen der Kapitel 5, 6 und 7, insbesondere im Kapitel 6.1.4.3 *(Effizienz)* erläuterten drei Fälle zu unterscheiden.
Bezüglich der Effektivität des multinationalen Truppenteiles gilt dabei weiterhin die im Vergleich zu rein nationalen Truppenteilen konstatierte Effektivitätsreduzierung. Damit ist auch aus Sicht der Bundeswehr grundsätzlich ein Effektivitätsverlust multinationaler Truppenteile gegenüber rein deutschen Truppenteilen festzustellen.
Aufgrund des in dieser Arbeit als „Effizienz" definierten Verhältnisses zwischen Effektivität und Kosten gilt damit auch, daß - wegen der festgestellten generellen Effektivitätsreduktion multinationaler Truppenteile - für die Beurteilung der Effizienz nunmehr die Höhe des von der Bundeswehr zu tragenden Kostenanteiles an dem jeweiligen multinationalen Truppenteil entscheidend ist.

1. Fall
Lassen sich für die Bundeswehr durch die Bildung von bzw. durch die Beteiligung an multinationalen Truppenteilen im Vergleich zu rein deutschen Truppenteilen insgesamt Kosten einsparen *(K (GE, $\sum x$) > K (MNT, GE, $\sum x$))*, ergibt sich eine Effizienzsteigerung nur dann, wenn die Höhe der Kosteneinsparungen den Umfang des festgestellten Effektivitätsverlustes

---

[1512] Siehe hierzu auch *Carstens* (Multinationalität), S. 6, *Delp* (Grenzen), S. 23 und 34, *Hahn* (Militärbetriebslehre), S. 341 und *Kopp/Strachwitz* (Einbußen), S. 527.
[1513] Siehe hierzu auch *Hahn* (Unwirtschaftlichkeit), S. 95.

überkompensiert (Fall 1a). Werden dagegen die Kosteneinsparungen von den Effektivitätsverlusten übertroffen (Fall 1b), kommt es zum Effizienzverlust. Es gilt:

Fall 1a:

Wenn:
$Et\ (MNT, \sum x) < Et\ (RNT, \sum x)$ und
$K\ (GE, \sum x) > K\ (MNT, GE, \sum x)$ und
$[Et\ (RNT, \sum x) - Et\ (MNT, \sum x)] < [K\ (GE, \sum x) - K\ (MNT, GE, \sum x)]$,

dann gilt:
$Ez\ (MNT, \sum x) > Ez\ (GE, \sum x)$.

Fall 1b:

Wenn:
$Et\ (MNT, \sum x) < Et\ (RNT, \sum x)$ und
$K\ (GE, \sum x) > K\ (MNT, GE, \sum x)$ und
$[Et\ (RNT, \sum x) - Et\ (MNT, \sum x)] > [K\ (GE, \sum x) - K\ (MNT, GE, \sum x)]$,

dann gilt:
$Ez\ (MNT, \sum x) < Ez\ (GE, \sum x)$.

2. Fall:
Im zweiten Fall wird weiterhin von einer Effektivitätsreduktion multinationaler Truppenteile ausgegangen. Darüber hinaus wird angenommen, daß sich für die Bundeswehr durch die Beteiligung an einem multinationalen Truppenteil keine Kosten einsparen lassen ($K\ (GE, \sum x) = K\ (MNT, GE, \sum x)$). In diesem Fall liegt die Effizienz in einem multinationalen Truppenteil aus Sicht der Bundeswehr unter der Effizienz eines vergleichbaren rein deutschen Truppenteiles. Es gilt:

Wenn:
$Et\ (MNT, \sum x) < Et\ (RNT, \sum x)$ und
$K\ (GE, \sum x) = K\ (MNT, GE, \sum x)$,
dann gilt:
$Ez\ (MNT, \sum x) < Ez\ (GE, \sum x)$.

3. Fall:
Im letzten Fall gilt erneut die bereits bekannte Annahme der Effektivitätsreduktion multinationaler Truppenteile. Nunmehr wird jedoch für die Bundeswehr von einer, durch die Beteiligung an einem multinationalen Truppenteil verursachten Kostensteigerung ausgegangen ($K\ (GE, PW) < K\ (MNT, GE, PW)$).[1514] Aus Sicht der Bundeswehr ergibt sich in multinationalen Truppenteilen damit ebenfalls ein Effizienzverlust im Vergleich zu rein deutschen Truppenteilen.

[1514] Zwar reduziert sich für die Bundeswehr durch eine Beteiligung an einem multinationalen Truppenteil im Vergleich zu einem rein deutschen Truppenteil der Material- und Personalbestand, daß aber beispielsweise eine Personalreduzierung nicht gleichbedeutend mit einer Reduktion der Personalkosten ist, zeigt eine Statistik des BMVg sehr deutlich: Während sich der Personalbestand von 486.825 Soldaten im Jahre 1989 auf 330.914 Soldaten im Jahre 1998 reduziert hat, stiegen die Personalkosten im gleichen Zeitraum von 23,1 Mrd. DM auf 23,9 Mrd. DM. (Siehe hierzu *BMVg* (Management), o. S.)

Wenn:
$Et\,(MNT, \sum x) < Et\,(RNT, \sum x)$ und
$K\,(GE, \sum x) < K\,(MNT, GE, \sum x)$,

dann gilt:
$Ez\,(MNT, \sum x) < Ez\,(GE, \sum x)$.

Aus Sicht der Bundeswehr läßt sich damit für die Aufstellung von bzw. für die Beteiligung an multinationalen Truppenteilen nur im Fall 1a eine Effizienzsteigerung im Vergleich zu rein deutschen Truppenteilen feststellen, also nur dann, wenn sich für die Bundeswehr insgesamt eine Kosteneinsparung realisieren läßt, die darüber hinaus den Effektivitätsverlust des multinationalen Truppenteiles überkompensiert. In allen anderen Fällen ist ein Effizienzverlust festzustellen. Dieser steigt bezüglich seiner Ausprägung in der Reihenfolge der Fälle 1b, 2 und 3.
Für die Bundeswehr kommt es deshalb darauf an, in den einzelnen multinationalen Truppenteilen die Effektivitätsreduktoren und die Kostentreiber der einzelnen betriebswirtschaftlichen Teilbereiche zu identifizieren und das Niveau bzw. den Umfang des deutschen Kostenanteiles und der Effektivität des multinationalen Truppenteiles ständig zu optimieren, um damit insgesamt eine Annäherung der Effizienz multinationaler Truppenteile an das Niveau vergleichbarer rein deutscher Truppenteile zu erreichen. Gelingt dies nicht, werden multinationale Truppenteile aus Sicht der Bundeswehr im Vergleich zu rein deutschen Truppenteilen immer ineffizient bleiben.

Für eine betriebswirtschaftliche Gesamtbeurteilung sind neben den Kriterien „Effektivität", „Kosten" und „Effizienz" zwei wesentliche weitere Faktoren zu berücksichtigen. Zum einen muß der Faktor „Nutzen" in die Beurteilung miteinbezogen werden. Zum anderen darf die zeitliche Dimension nicht vernachlässigt werden.[1515]

In Kapitel 4 *(Angestrebter Nutzen multinationaler Truppenteile)* wurde der mit der Aufstellung von bzw. mit der Beteiligung an multinationalen Truppenteilen angestrebte Nutzen dargestellt. Dabei wurden wegen der generell nur sehr eingeschränkten monetären Meßbarkeit des Nutzens von Streitkräften und ihrer Truppenteile zur Beschreibung des militärisch bewirkbaren Nutzens multinationaler Truppenteile die Nutzensurrogate „Ziele", „Vorteile" und „Chancen" verwendet.
Zwar tritt der angestrebte Nutzen erst dann ein, wenn die einzelnen Ziele, Vorteile und Chancen realisiert sind - bis zu diesem Zeitpunkt stellt er lediglich ein Nutzenpotential dar -, weil aber das militärisch bewirkte Nutzenpotential multinationaler Truppenteile vom politischen Entscheidungsträger, dem Primat der Politik, höher bewertet wird - und höher bewertet werden muß - als eine reine betriebswirtschaftliche Optimierung der Streitkräfte,[1516] ist eine Suboptimierung insbesondere im Bereich der Kriterien „Effektivität", „Kosten" und „Effizienz" in Kauf zu nehmen.[1517] Die betriebswirtschaftliche Maxime tritt damit hinter die politische

---

1515 Siehe zur Kritik an punktuellen Wirtschaftlichkeitsbetrachtungen auch *Pfeiffer/Strubl/Weiß* (Systemwirtschaftlichkeit), S. 27-32. Siehe zur großen Bedeutung einer generellen Berücksichtigung des zeitlichen Aspekts in der Betriebswirtschaftslehre *Kern* (Zeitaspekt), Sp. 4773f.

1516 Vor einer alleinigen betriebswirtschaftlichen Betrachtung und einer stets vorrangigen betriebswirtschaftlichen Einstellung und Denkweise in der Bundeswehr hat HAHN bereits vor nahezu 30 Jahren gewarnt. (Siehe hierzu *Hahn* (Probleme), S. 21.)

1517 Die Frage, ob etwas politisch richtig sein kann, wenn es ökonomisch falsch ist, (Vgl. *Kirchhoff* (Verantwortung), S. 48.) muß damit mehrheitlich positiv beantwortet werden. Diesbezüglich lassen sich teilweise immerhin Differenzen und Zweifel feststellen. (Siehe hierzu beispielsweise *Delp* (Grenzen), S. 3, *Neubauer* (Eurokorps), S. 10 und *Palin* (Forces), S. 64 und 76.)

Maxime zurück. Die betriebswirtschaftliche Suboptimierung der Streitkräfte bzw. der multinationalen Truppenteile ist der für die militärisch bewirkte Nutzenerreichung zu zahlende Preis.[1518] Sie läßt sich auch als betriebswirtschaftliche Vorleistung für den angestrebten Nutzen bezeichnen und ist deshalb unter dem Gesichtspunkt einer betriebswirtschaftlichen Gesamtbeurteilung multinationaler Truppenteile als solche grundsätzlich in Kauf zu nehmen. Gleichwohl gilt es, diese betriebswirtschaftliche Suboptimierung ständig zu verringern, um die Kriterien „Effektivität", „Kosten" und „Effizienz" an das Niveau rein nationaler Truppenteile anzupassen.

An dieser Stelle zeigt sich, daß es bei der betriebswirtschaftlichen Gesamtbeurteilung multinationaler Truppenteile unerläßlich ist, die zeitliche Dimension zu berücksichtigen: Die Ausführungen der Kapitel 5, 6 und 7 geben die in multinationalen Truppenteilen zu einem bestimmten Zeitpunkt bzw. in einem bestimmten Zeitraum festgestellten betriebswirtschaftlichen Probleme wieder. Dementsprechend sind auch die Beurteilungen der betriebswirtschaftlichen Teilbereiche punktuelle Momentaussagen. Wird die betriebswirtschaftliche Optimierung multinationaler Truppenteile jedoch als ständige Aufgabe und als Prozeß verstanden, besteht in den einzelnen multinationalen Truppenteilen langfristig Potential, die festgestellten betriebswirtschaftlichen Defizite zu reduzieren und die Kriterien „Effektivität", „Kosten" und „Effizienz" in ihrem Niveau an vergleichbare rein nationale Truppenteile anzunähern. Auch bezüglich des angestrebten Nutzens muß berücksichtigt werden, daß sich dieser mit seinen einzelnen Teilkomponenten erst über einen längeren Zeitraum realisieren läßt, denn die betriebswirtschaftlichen Vorleistungen benötigen Zeit, um schließlich in Form von Erträgen zum Tragen zu kommen.

Zusammenfassend kann festgestellt werden, daß bei einer betriebswirtschaftlichen Gesamtbeurteilung multinationaler Truppenteile die Inkaufnahme einer betriebswirtschaftlichen Suboptimierung gerechtfertigt ist, wenn der mit der Aufstellung von bzw. mit der Beteiligung an multinationalen Truppenteilen angestrebte Nutzen berücksichtigt und wenn die zeitliche Dimension in die Beurteilung mit einbezogen wird.

Im Zusammenhang mit einer betriebswirtschaftlichen Gesamtbeurteilung multinationaler Truppenteile stellt sich auch die Frage nach der optimalen Struktur bzw. Ausgestaltung multinationaler Truppenteile, weil, wie in den Ausführungen der Kapitel 5, 6 und 7 deutlich geworden ist, die Ausprägungen der betriebswirtschaftlichen Probleme von der individuellen Ausgestaltung des jeweiligen multinationalen Truppenteils abhängen.[1519]

Ein derartiges generell gültiges Optimum gibt es nicht. Gleichwohl lassen sich einige Annäherungen daran bzw. Abweichungen davon erkennen. So nehmen die betriebswirtschaftlichen Probleme insbesondere mit der Anzahl der am jeweiligen multinationalen Truppenteil beteiligten Nationen sowie mit der Anzahl der vertretenen unterschiedlichen Sprachen zu - unter politischen Gesichtspunkten allerdings steigt die Vorteilhaftigkeit multinationaler Truppenteile mit der Zahl der beteiligten Nationen. Die Ausprägung der Probleme nimmt dagegen erkennbar ab, wenn die Streitkräfte der einzelnen Nationen in der Vergangenheit bereits regelmäßig und intensiv militärisch zusammengearbeitet haben. Auch das in dem jeweiligen multinationalen Truppenteil praktizierte Organisationsprinzip beeinflußt das Ausmaß der betriebswirtschaftlichen Probleme: Dieses steigt in der Regel vom Lead-Nation-Prinzip über das Framework-Prinzip bis zum Integrations-Prinzip. Darüber hinaus wirken die personelle und die materielle Leistungsfähigkeit der individuellen nationalen Truppenanteile stark auf die

---

[1518] Daß betriebswirtschaftliche Suboptimierung für die Erreichung des angestrebten Nutzens und der angestrebten Ziele regelmäßig in Kauf zu nehmen ist, hat man insbesondere im Bereich multinationaler und international tätiger Industriebetriebe erkannt. (Siehe hierzu am Beispiel der DaimlerChrysler Aerospace *Nicoll* (Strategist), S. 10.)

[1519] Siehe zu dieser Frage ausführlich Kapitel 6.2.3.3.2.5 *(Größe des multinationalen Truppenteiles)*. Siehe hierzu beispielsweise auch *Hahn* (Militärbetriebslehre), S. 341.

Problemausprägungen des gesamten multinationalen Truppenteiles. Bezüglich der optimalen Größe multinationaler Truppenteile existiert unter betriebswirtschaftlichen und militärischen Gesichtspunkten eine nicht zu unterschreitende Mindestgröße, die sich derzeit auf der Ebene multinationaler Korps mit rein nationalen Divisionen manifestiert.[1520] Die militärischen Einsätze der jüngsten Vergangenheit und der Gegenwart zeigen jedoch, daß das neue bzw. das derzeitige militärische Auftragsspektrum immer mehr auch den Einsatz von multinationalen Ad-hoc-Truppenteilen unterhalb der Korpsebene notwendig macht.[1521] Aus diesem Grund wird sich auch für stehende, permanent aufgestellte multinationale Truppenteile die Ebene der multinationalen Mischung nach unten verschieben.

1520 Siehe hierzu ausführlich Kapitel 6.2.3.3.2.5 *(Größe des multinationalen Truppenteiles)*. Siehe hierzu beispielsweise auch *Gijsbers* (Thesis), S. 35, *Hahn* (Unwirtschaftlichkeit), S. 99, *Hansen* (Training), S. 33, *Mc-Innes* (Corps), S. 21, *Meier-Dörnberg* (EVG), S. 62, *Seitz* (Obstacles), S. 34 und *Urbach* (Führerausbildung), S. 3. Auch der derzeitige Inspekteur des Heeres stellt fest, daß Divisionen aus Effizienzgründen grundsätzlich rein national bleiben. (Siehe hierzu *Willmann* (Operationsführung), S. 83.)

1521 Siehe hierzu auch *Codner* (Together), S. 17.

9 Schlußbemerkungen

Die Konflikte und Krisen der jüngsten Vergangenheit sowie die gegenwärtige weltweite Sicherheitslage machen deutlich, daß auch in Zukunft der Gewährleistung globaler sicherheitspolitischer Stabilität durch Streitkräfte verstärkte Bedeutung zukommen wird. Politische Präventions-, Korrektur- und Sanktionierungsmaßnahmen alleine haben sich diesbezüglich als nicht ausreichend erwiesen. Derzeit erfordern parallel durchgeführte militärische Einsätze des Krisen- und Konfliktmanagements die weltweite Entsendung mehrerer multinationaler Adhoc-Truppenteile. Es ist davon auszugehen, daß derartige Krisen und Konflikte weiterhin zunehmen werden, und damit auch die Anzahl der außerhalb der Landes- und Bündnisverteidigung zu führenden Einsätze steigen wird.

These 1: *Multinationale Truppenteile werden weiterhin an Bedeutung gewinnen.*

Die Summe der zur weltweiten Friedens- und Stabilitätssicherung zu leistenden militärischen Einsätze kann von einer bzw. von einigen wenigen Nationen nicht mehr allein bewältigt werden. Hier stoßen die betroffenen nationalen Streitkräfte auf personelle, materielle und finanzielle, die Nationen selbst auf politische, aber auch auf ideelle Grenzen. Eine zwischen mehreren Staaten vollzogene Verteilung dieser globalen militärischen Aufgaben und Verantwortung wird deshalb zukünftig immer mehr an Bedeutung gewinnen. In Vorbereitung auf das zu erwartende Auftrags- und Einsatzspektrum wird deshalb auch die Aufstellung dauerhaft angelegter multinationaler Truppenteile immer wichtiger. Insgesamt werden die aus politischen Gründen bzw. mit politischen Zielen aufgestellten dauerhaften multinationalen Truppenteile zum prägenden Bild der zukünftigen militärischen Landschaft innerhalb der NATO bzw. innerhalb Europas. Dieser Trend wird unterstützt durch die Tatsache, daß die multinationalen Truppenteile der heutigen Zeit im Gegensatz zur EVG unter weitaus günstigeren Voraussetzungen entstehen: Ihre Bildung findet parallel zu politischen Einigungsprozessen, insbesondere im Rahmen der Prozesse zu einer gemeinsamen Außen- und Sicherheits- sowie Verteidigungspolitik statt – im Gegensatz zur EVG, die letztendlich deshalb gescheitert ist, weil eine militärische Multinationalität vor der Realisierung einer politischen Einheit implementiert werden sollte.[1522]

These 2: *Multinationale Truppenteile verfolgen primär politische Ziele.*

Staatspolitische Motivationen sind für die Aufstellung von und für die Beteiligung an multinationalen Truppenteilen wirtschaftspolitischen Gründen meist übergeordnet. Diese Priorisierung staatspolitischer Gründe läßt sich in jedem Falle für die Bundesrepublik Deutschland konstatieren. Die Demonstration kollektiver und solidarischer militärischer Handlungsfähigkeit und –bereitschaft, die Förderung einer europäischen Sicherheits- und Verteidigungsidentität sowie des europäischen Integrationsprozesses sind Beispiele solcher politischer Gründe.[1523] Aus den mit der Aufstellung von bzw. mit der Beteiligung an multinationalen Truppenteilen verfolgten politischen und anderen Zielen ergibt sich zusammen mit den diesen Truppenteilen eigenen Vorteilen und Chancen ein militärisch erreichbares Nutzenpotential,[1524] welches vom Primat der Politik gegenüber möglichen Nachteilen grundsätzlich höher zu bewerten ist.

[1522] Vgl. *Meier-Dörnberg* (EVG), S. 66. Zu einer ähnlichen Einschätzung kommt General a. D. de Maizière. (Siehe hierzu *Maizière* (Diskussionsbeitrag).)

[1523] Siehe zu den politischen Zielen multinationaler Truppenteile ausführlich Kapitel 4.1.1 *(Politische Ziele)*.

[1524] Siehe zum *angestrebten Nutzen multinationaler Truppenteile* ausführlich das gleichnamige Kapitel 4.

These 3: *Multinationale Truppenteile sind bei Gegenüberstellung mit vergleichbaren rein nationalen Truppenteilen bezüglich der Kriterien „Effektivität", „Kosten" und „Effizienz" suboptimal.*

Es darf grundsätzlich nicht verschwiegen werden, daß die multinationalen Truppenteile bei einer Gegenüberstellung mit vergleichbaren rein nationalen Truppenteilen deutlich ineffektiver, kostenintensiver, ineffizienter und unwirtschaftlicher sind.[1525] Dies ist der Preis, der für die aus politischen Gründen bzw. mit politischen Zielen aufgestellten multinationalen Truppenteile zu zahlen ist.[1526] Diese betriebswirtschaftlichen Defizite, Einschränkungen, Schwächen und Grenzen sind nüchtern, aber mit aller Offenheit und Klarheit aufzuzeigen. Dabei interessieren im Frieden generell alle genannten Kriterien und Defizite. Die vorliegende Arbeit hat den betriebswirtschaftlichen Aspekt zum Schwerpunkt. Hierbei wurde durch die Berücksichtigung des Kriteriums der Effektivität insbesondere auch eine militärische Beurteilung integriert. Dieser kommt vor allem im Einsatz - in Abhängigkeit von der Art des Einsatzes[1527] - eine besondere Bedeutung zu, steigt hier doch mit sinkender Effektivität des multinationalen Truppenteiles die Wahrscheinlichkeit der Gefährdung des Einsatzerfolges, der Gefahr des Verlustes von Wehrmaterial sowie der Gefährdung der Leistungsträger – der Soldaten.
Die Politikern von den Staatsbürgern auf Zeit übertragene, mit einem Vertrauensvorschuß verbundene Verantwortung, verpflichtet diese zu umfassender Offenheit. Sie müssen sich einerseits im klaren sein über die im Vergleich zu rein nationalen Truppenteilen höhere Kostenintensität und Unwirtschaftlichkeit multinationaler Truppenteile und haben andererseits die Verpflichtung, die Bürger über diesen Tatbestand zu unterrichten. Den Soldaten schließlich darf nicht vorenthalten werden, daß die einzukalkulierenden Defizite eine Zunahme der Gefährdung des militärischen Einsatzerfolges sowie ein erhöhtes Sicherheits- und Lebensrisiko bedeuten können.

These 4: *Multinationale Truppenteile können für die nationalen Verteidigungshaushalte Kosten sparen.*

Zwar liegen die Gesamtkosten eines multinationalen Truppenteiles über der Kostensumme eines vergleichbaren rein nationalen Truppenteiles. Weil sich jedoch für die beteiligten Streitkräfte der einzelnen Nationen der Personalumfang und der Materialbestand reduziert, läßt sich für die betroffenen nationalen Verteidigungshaushalte grundsätzlich mit einer Kostenersparnis rechnen.
Jedoch ist mit einer Beteiligung an bzw. mit der Aufstellung von multinationalen Truppenteilen eine solche nationale Kostenersparnis nicht automatisch verbunden. Entscheidend für die Einsparung von Kosten ist für die einzelnen Nationen insbesondere, inwieweit die durch den verringerten Personalumfang und Materialbestand reduzierten Kosten durch zusätzliche, nur in multinationalen Truppenteilen auftretende neue bzw. zusätzliche Kosten kompensiert oder gar überkompensiert werden. Solche in rein nationalen Truppenteilen nicht oder nicht in der entsprechenden Höhe auftretenden Kosten lassen sich in allen betriebswirtschaftlichen Teilbereichen und damit in sämtlichen militärischen Aufgaben- und Funktionsbereichen finden.[1528] Werden diese Kosten identifiziert und reduziert bzw. optimiert, läßt sich für die einzelnen na-

---

1525 Dies ist detailliert in den Kapiteln 5, 6 und 7 dargestellt.

1526 Eine derartige Offenheit und Ehrlichkeit beim Umgang mit den Folgen und Lasten, die bei der Realisierung politischer Ziele entstehen, mahnte 1995 auch der damalige Bundespräsident Herzog an. (Siehe hierzu *Herzog* (Sicherheitspolitik), S. 164.)

1527 Dies sind in der Reihenfolge aufsteigender Intensität beispielsweise Katastropheneinsätze, humanitäre Einsätze, Peace-Keeping-Einsätze, Peace-Enforcement-Einsätze und High-Intensity-Conflict-Einsätze. (Vgl. *Faust* (Factors), S. 88.)

1528 Siehe hierzu die zusammenfassenden Ausführungen des Kapitels 8 *(Gesamtbeurteilung)*.

tionalen Haushalte durch die Aufstellung von bzw. durch die Beteiligung an multinationalen Truppenteilen eine Kostenersparnis realisieren.

These 5: *Multinationale Truppenteile sind optimierungsfähig.*

Zwar sind schnelle Verbesserungen der aufgezeigten betriebswirtschaftlichen Problemlage multinationaler Truppenteile insbesondere wegen der über Jahrzehnte gewachsenen traditionellen nationalen Eigenheiten auf den Gebieten des Personals und der militärischen Soft- und Hardware sowie wegen der auch zukünftig existierenden prekären Lage der einzelnen nationalen Verteidigungsbudgets nicht zu erwarten, jedoch stellt insbesondere ein konsequent angewandtes Controlling ein wirksames Instrument dar, die betriebswirtschaftlichen Probleme multinationaler Truppenteile zu reduzieren und ihr Optimierungspotential auszuschöpfen.[1529] Bezüglich eines Controllings zeigt die Bundeswehr erste innovative Ansätze,[1530] die es nunmehr im Hinblick auf den Untersuchungsgegenstand, die multinationalen Truppenteile, entsprechend multinational auszurichten gilt.
Auch die im Zusammenhang mit dem Ende 1999 zwischen der Deutschen Bundeswehr und der Industrie abgeschlossenen Rahmenvertrag „Innovation, Investition und Wirtschaftlichkeit in der Bundeswehr"[1531] beabsichtigte engere Einbeziehung von bundeswehrexterner Kompetenz, Erfahrung und Wissen ist bei zielgerichteter und konsequenter Umsetzung geeignet, die betriebswirtschaftliche Problematik in multinationalen Truppenteilen zu verbessern und sie insbesondere unter den Gesichtspunkten „Effektivität", „Kosten" und „Effizienz" zu optimieren.

These 6: *Multinationale Truppenteile sind einem ständigen Wandel unterworfen.*

Die strukturelle und organisatorische Ausgestaltung der einzelnen multinationalen Truppenteile muß ständig überprüft werden. Die jeweilige Ausgestaltung ist dabei nicht als fester Zustand, sondern als lebendiger und dynamischer Prozeß zu verstehen, der unter den Gesichtspunkten „Effektivität", „Kosten", und „Effizienz" sowie im Interesse der Einsatzbereitschaft ständig zu optimieren ist. Dabei bieten die existierenden multinationalen Truppenteile, insbesondere die im Rahmen militärischer Einsätze der jüngsten Vergangenheit und der Gegenwart aufgestellten multinationalen Ad-hoc-Truppenteile, aber auch das gescheiterte EVG-Projekt und die Organisation des deutschen Heeres im Bismarck-Reich reichlich auswertbare Erfahrungen. Bei dieser Aufgabe müssen alle Alternativen berücksichtigt werden. Funktionale und bzw. oder geographische Aufgaben- und Rollenteilung sind dabei als Alternativen ebenso zu prüfen wie mögliche Modelle einer künftigen europäischen Streitmacht.
Ob sich die heutigen multinationalen Truppenteile als Nukleus bzw. als Modell für eine zukünftige Europaarmee herausstellen werden, bleibt abzuwarten. In jedem Fall muß davon

---

1529 Vgl. *Jeschonnek* (Korrespondenz). Eine Verbesserung der Effektivität und der Effizienz durch Einführung und Anwendung von Controlling wird bereits seit Jahren auch für öffentliche Betriebe bzw. für die öffentliche Verwaltung prognostiziert. (Siehe hierzu *Horváth* (Controlling), S. 73f.)

1530 Siehe hierzu beispielsweise *BMVg* (Effizienz), o. S., *Krause* (Schub), S. 172 und *Walther* (Grundlagen), S. 236.

1531 Siehe zu den Inhalten des Vertrages ausführlich *BMVg* (Rahmenvertrag), o. S.

ausgegangen werden, daß auch die multinationalen Truppenteile der heutigen Zeit nur ein momentanes Stadium darstellen. Die Dynamik der weltweiten sicherheitspolitischen Entwicklungen wird sich auch auf die Ausgestaltungen der multinationalen Truppenteile auswirken.

Anhang

Anhang 1: *Auswahl an Kriterien und Verfahren zur Beurteilung von Streitkräften und deren Truppenteilen sowie ihrer und ihrer Angehöriger Leistung*

Beurteilungskriterium bzw. -verfahren	**Referenzquelle**
Quantität, Qualität (i. S. von Effizienzunterschieden) und Kosten	*Hahn* (Wehrpflicht), S. 2-5
Effizienz	*Maneval* (Wirtschaft), S. 23-25 und *Pfrengle* (Effizienzen), S. 320
Wirksamkeit bzw. Effektivität	*Felde* (Wirksamkeit)
Rentabilität	*Gerber* (Globalität), S. B XXVII
Wertanalyse mit den Elementen	*Hahn* (Hilfestellungen), S. 24f. und *Hahn* (Militärbetriebslehre), S. 254
- Nutzwertanalyse und	*Koerdt* (Bewertung), S. 167-183 und *Thom* (Effizienz), S. 203-208
- Wirtschaftlichkeit	*ESG* (Logistik), S. 46-71, *Hahn* (Probleme), S. 36-56, *Kirchhoff* (Werterechnen), S. 87-*96*, *Kirchhoff* (Wirtschaftlichkeit), S. 1463f., *Gerber* (Grundlagen), S. 175 und *Gerber* (Wirtschaftlichkeit), S. 94-96
Nutzen-Kosten-Untersuchungen mit den alternativen Verfahren	*Singer* (Milizsystem), S. 124, *Weber* (Lastenteilung), S. 74-76, *Wißmann* (Kostenwirksamkeitsuntersuchungen), S. 32
- Kosten-Nutzen-Analyse	*Bergmeier* (Nutzen-Kosten), S. 538-540, *Gerber* (Entwicklung), S. 5f, *Singer* (Beurteilung), S. 75-84 *und Weber* (Lastenteilung), S. 74f.
- Kostenwirksamkeitsanalyse	*Hahn* (Militärbetriebslehre), S. 255, *Leichthammer* (Wahl), S. 21-23, *Trump* (Untersuchung), S. 66, *Weber* (Lastenteilung), S. 75 und ausführlich *Wißkirchen* (Kostenwirksamkeitsuntersuchungen)
- Nutzwertanalyse	*Koerdt* (Bewertung), S. 167-183, *Thom* (Effizienz), S. 203-208, *Trump* (Untersuchung), S. 66 und *Weber* (Lastenteilung), S. 75f.
Grenzproduktivitätsrechnung	*Hahn* (Hilfestellungen), S. 25
Operations Research findet für eine nachträgliche Beurteilung von Organisationen oder Leistungen nur eingeschränkt Anwendung; es dient vielmehr der Unterstützung in der Phase der Entscheidungsvorbereitung.	*Schmidt* (Zensor), S. 390
Sonstige Kriterien und Verfahren	*Köllner* (Verteidigungswirtschaft), S. 9-12

Anmerkung: Bei den genannten Kriterien und Verfahren gibt es teilweise Überschneidungen, zum Teil werden verschiedene Begriffe von einzelnen Autoren synonym verwendet.

Anhang 2: ***Die 26 Kampfbrigaden des deutschen Heeres und ihre Zuordnung zu den Streitkräftekategorien HVK und KRK***[1532]

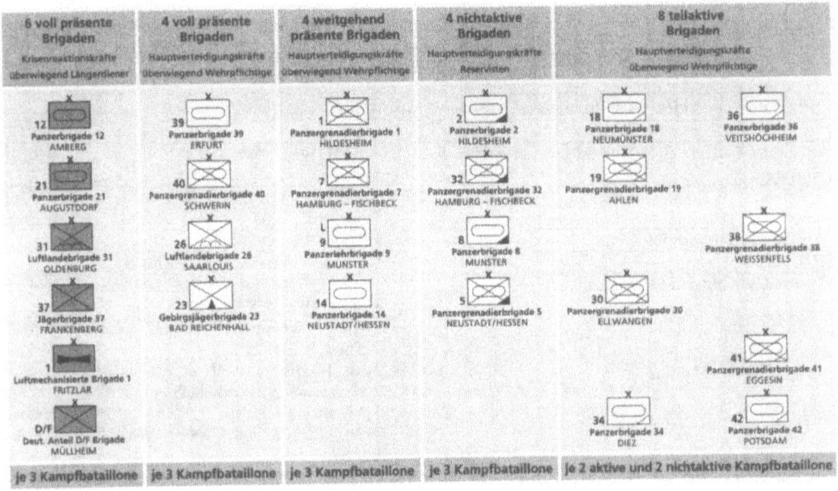

[1532] Entnommen aus *BMVg* (Bestandsaufnahme), S. 52.

Anhang 3: *Zeitlich begrenzte und periodisch wiederkehrende multinationale Zusammenarbeit*

Beispiel der multinationalen Zusammenarbeit	**Bemerkung**
Einzelausbildung deutscher Soldaten im Ausland bzw. Beschikkung deutscher Soldaten auf Lehrgänge anderer Nationen	Als Beispiel für Laufbahnlehrgänge sollen hier genannt werden die Beschickung von deutschen Offizieren und Stabsoffizieren im Rahmen der Generalstabs-/Admiralstabsausbildung an ausländische Führungsakademien[1533] oder die Beschickung deutscher Offiziere auf den französischen Kompaniechef-Lehrgang. Seit 1993 können jährlich sogar zwei deutsche Offiziersanwärter der Marine die komplette Ausbildung zum Offizier einschließlich des Studiums bei der französischen Marine durchlaufen.[1534] Die Bundeswehr beschickt zudem eine Vielzahl an Verwendungs-, Fach- und Sonderlehrgängen im Ausland.
Ausbildungen und Übungen von deutschen Truppenteilen im Ausland	Hierunter fällt zum Beispiel die Ausbildung und Übung von Fallschirmjägerkompanien der Bundeswehr im Rahmen des JRTC (Joint Readiness Training Center) in den USA oder die Dschungelausbildung von Kompanien der Deutsch-Französischen Brigade in Französisch Guyana.[1535]
Multinationale Übungen und Manöver im In- und Ausland	So waren von den rund 60 Übungen der Marine der Bundeswehr im Jahre 1996 nur vier Übungen rein national.[1536] Sogar das noch sehr junge Kommando Spezialkräfte (KSK) des Heeres nimmt an multinationalen Übungen teil, so 1998 an der NATO-Übung „Strong Resolve".[1537] Eine der größten multinationalen Übungen der jüngsten Vergangenheit war die in den USA durchgeführte teilstreitkräfteübergreifende Luftverteidigungsübung „Roving Sands 97" mit 30.000 beteiligten Soldaten, davon 2.300 deutschen.[1538]
Studium im Ausland	Zwischen 1964 und 1991 haben beispielsweise 111 deutsche Offiziere aus allen drei Teilstreitkräften an der US Naval Postgraduate School in Monterey, California, eine akademische Ausbildung durchlaufen.[1539]
Soldatenaustausch zwischen deutschen und ausländischen Soldaten im In- und Ausland	Dabei werden gegenseitig einzelne Soldaten für eine begrenzte Zeit zu Truppenteilen oder Stäben anderer Nationen geschickt.
Truppenaustausch zwischen deutschen und ausländischen Truppen im In- und Ausland	Analog zum Soldatenaustausch werden ganze Truppenteile zum gemeinsamen Dienst in den Streitkräften einer anderen Nation geschickt.
Bildung und Entsendung von nur für einen bestimmten Einsatz zusammengestellten Truppenteilen, sogenannten Ad-hoc-Einsatztruppen	Im Rahmen von Friedens- und Beobachtermissionen der UN waren deutsche Blauhelme in größerem Rahmen unter anderem eingesetzt in Kambodscha, Somalia, Ruanda und Ex-Jugoslawien.[1540] Unter NATO-Führung stellte bzw. stellt die Bundeswehr Teilkontingente der multinationalen Einsatztruppen IFOR[1541] und SFOR[1542] im ehemaligen Jugoslawien sowie der Extraction Force (EXFOR) in Mazedonien und der KFOR im Kosovo. Beim 1994 initiierten Konzept des Alliierten Streitkräftekommandos bzw. der Combined Joint Task Force (CJTF) werden innerhalb der NATO-Kommando-struktur Führungselemente für einen CJTF Stab bereitgehalten, welcher für konkrete Einsätze temporär aktiviert wird, und dem zu diesem Zweck multinationale und teilstreitkräfteübergreifende Kräfte unterstellt werden. Die zugrundeliegende Idee ist die schnelle Verfügbarkeit flexibler

[1533] Siehe zu einer Übersicht über die Ausbildung ausländischer Offiziere am deutschen General-/Admiralstabslehrgang an der FüAkBw *Bader* (Partnerschaft), S. 168f. Siehe zur internationalen Ausrichtung der FüAkBw auch ausführlich *Ostermeyer/Maltzan* (FüAkBw), S. 10-13.

[1534] Diese Ausbildung dauert fünfeinhalb Jahre. (Siehe hierzu ausführlich *BMVg* (Ausbildung), o. S.)

[1535] Siehe hierzu ausführlich *Lames/Meiszies* (Hölle), S. 26f.

[1536] Vgl. *Bagger* (Schrittmacher), S. 11.

[1537] Vgl. *Bundestag* (KSK), Frage 41.

[1538] Siehe hierzu ausführlich *Stolze* (Wüste), S. 8-11.

[1539] Vgl. *Faust* (School), o. S. und *Uslar* (Studium), S. 69.

	und verlegbarer, nach dem Baukastenprinzip für den konkreten Einsatz zusammengestellter Hauptquartiere. Die politische Hoheit über die Stäbe kann wechseln (NATO oder andere internationale Organisationen, z. B. WEU), die Nationen, die Soldaten für die CJTF-Stäbe zur Verfügung stellen, können variieren. Seit 1996 ist auch die Möglichkeit der Nutzung von nationalen und multinationalen Hauptquartieren außerhalb der NATO-Kommandostruktur möglich, zudem können sich PfP-Staaten an CJTF-Operationen beteiligen. Seit 1997 wird das CJTF-Konzept in Übungen erprobt [1543]
Host Nation Support (HNS) und Mutual Support (MS) bei Bundeswehreinsätzen im Ausland	Dies gewinnt für die Bundeswehr mit der Zunahme von Auslandseinsätzen neue Dimensionen, findet aber dort seine Grenzen, wo nationale deutsche Mindeststandards z. B. bezüglich Hygiene, medizinischer Versorgung oder Sicherheit von den militärischen oder zivilen ausländischen HNS- oder MS-Kräften nicht eingehalten werden können.[1544]

[1540] Siehe zu einer Übersicht über die Einsätze von Bundeswehrsoldaten im Rahmen von UN-Missionen beispielsweise *BMVg* (VN-Einsätze), S. 1-4 und *BMVg* (Weißbuch 1994), S. 70-74. Siehe zu aktuellen Übersichten über die deutsche Truppenstärke vergangener und laufender UN-Missionen *UN-HQ* (Summery), o. S.

[1541] Die sogenannte „International Peace Implementation Force" (IFOR) bestand aus etwa 60.000 Soldaten aus 32 NATO- und Nicht-NATO-Staaten und löste im Dezember 1995 die UN-Kräfte von UNPROFOR ab. (Vgl. *Faust* (IFOR/SFOR), o. S.)

[1542] Der Rechtsnachfolger von IFOR, die sogenannte „Stabilization Force" (SFOR) hatte zum Zeitpunkt der Verantwortungsübernahme im Dezember 1996 einen Umfang von ca. 31.000 Soldaten aus 16 NATO-Staaten und 19 Nicht-NATO-Staaten. Die deutsche Bundeswehr ist an SFOR mit allen drei Teilstreitkräften beteiligt. Das deutsche Heereskontingent ist im Rahmen der Multinationalen Division Südost (MND (SE)) eingesetzt, der drei Verbände unterstehen, innerhalb derer Multinationalität insbesondere in der Brigade Centre / DFGFA (Deutsch-Französische Gruppe / Groupement Franco-Allemand) ausgeprägt ist - einem deutsch-französischen Einsatzverband im Brigadeäquivalent, in dem auch ukrainische und albanische Soldaten eingebunden sind. (Siehe zur Gliederung der deutschen Teilstreitkräftekontingente sowie insbesondere zur Gliederung, Organisation und Auftrag der Brigade Centre/DFGFA ausführlich *BMVg* (SFOR), S. 12f. und *Raab* (Multinationalität), S. 476-480.)

[1543] Siehe zum Konzept der CJTF ausführlich *Clement* (CJTF), S. 17f., *McGregor* (Multinationalität), S. 10 und Anlage 2, *Mittler* (Stichworte), S.49f. sowie *Silva* (Konzept), S. 16-19.

[1544] Siehe zu HNS und MS ausführlich *Bremer* (Gastspiele), S. 82-85.

Sonstiges	• Militärberater-Teams der Bundeswehr im Ausland;[1545] • Multinationale OSZE/UN-Inspektoren-Teams und multinationale OSZE/ UN-Beobachter-Teams im Ausland;[1546] • Multinationale Wettkämpfe und Freizeitangebote im Ausland;[1547] • Individuelle Kontakte zwischen Soldaten aller Dienstgrade.

[1545] Im Jahre 1998 wurden von der Bundeswehr weltweit elf Militärberater eingesetzt. (Vgl. *BMVg* (Bericht 98), S. 12.)
[1546] Vgl. *BMVg* (Weißbuch 94), S. 76 und 89.
[1547] Vgl. *Burger/Jeschonnek* (Zusammenarbeit), S. 97.

Anhang 4: *Dauerhafte multinationale Zusammenarbeit*

Beispiel der multinationalen Zusammenarbeit	**Bemerkung**
Multinationale Ausbildungen in der Truppe	Diese finden vor allem innerhalb der multinationalen Truppenteile und Stäbe statt.
Multinationale Ausbildungseinrichtungen	Hierzu zählen beispielsweise die Internationale Fernspähschule in Pfullendorf,[1548] das NATO Defense College in Rom,[1549] die NATO-Schule in Oberammergau[1550] sowie der George C. Marshall-Center für Sicherheitsstudien in Garmisch.[1551]
Unterhaltung eigener Ausbildungsstätten im Ausland	In den USA sind dies beispielsweise die Raketenschule der deutschen Luftwaffe, die drei deutschen Luftwaffenausbildungsstaffeln[1552] und das neu aufgestellte Taktische Ausbildungskommando der Luftwaffe.[1553]
Nutzung ausländischer Truppenübungsplätze im In- und Ausland	Das Heer nutzt im Ausland beispielsweise in Canada den Übungsplatz Shilo, auf Kreta den Übungsplatz Namfi und in Polen den Übungsplatz Nowa Deba.[1554]
Verbindungsorganisation der Teilstreitkräfte im Ausland	Die Heeresverbindungsorganisation (Ausland) unterhält in den USA, Großbritannien und Frankreich Heereshauptverbindungsstäbe, Heeresstäbe, Heeresverbindungsoffiziere und sogenannte Observer/Controller bei Ämtern, Truppengattungszentren und Schulen anderer Nationen. Zu den Aufgaben zählen neben Erfassung, Bewertung und Bericht militärischer Entwicklungen und Tendenzen jeglicher Art auch die Unterrichtung der anderen Nation über deutsche Auffassungen und Planungen. Ziel ist unter anderem auch die Harmonisierung nationaler Eigenheiten sowie die Förderung von Interoperabilität und Standardisierung.[1555]
Entsendung deutscher Offiziere in ausländische und internationale Institutionen bzw. Organisationen	• Militärattachés in deutschen Botschaften.[1556] • Stabsoffiziere und Generale bei UN,[1557] OSZE.[1558]
Multinationale Zusammenarbeit auf der Ebene höherer Kommandobehörden, der Schulen und der	Dies geschieht im Rahmen multinationaler Expertengespräche, Fachgespräche und (für das Heer) Heeresgeneralstabsbesprechungen sowie Gremien. (Wie zum Beispiel das Amt für Standardisierung der NATO, die sogenann-

1548 Die „International Long Range Reconnaissance Patrol School" wird von einem deutschen Stabsoffizier im Dienstgrad Oberstleutnant geführt, das Ausbildungspersonal kommt aus Belgien, Deutschland, Griechenland, Großbritannien, Italien, Schweden und den USA. Die Internationale Fernspähschule hat eine nationale Inspektion, die nahezu ausschließlich deutsche Soldaten ausbildet, sowie eine internationale Inspektion, welche Soldaten aus fast allen NATO-Staaten ausbildet. (Siehe zu dem vorangegangenen Abschnitt *Faust* (InFeSpähS), o. S. und *Macdonald* (SAS), S. 130.)

1549 Siehe zu einer Darstellung der Aufgaben und der Organisation des NATO Defense Colleges ausführlich *Olboeter* (Akademie), S. 28-30, *Urbach* (Führerausbildung), S. 14 und *Wilhelmi* (College), S. 763-766.

1550 Siehe zu einer Darstellung der Aufgaben und der Organisation der NATO-Schule *Jaehne* (School), S. 60-62, *NATO* (Handbuch), S. 200f. und *Urbach* (Führerausbildung), S. 13f.

1551 Siehe zu einer Darstellung der Aufgaben und der Organisation des Marshall-Centers ausführlich *Kennedy* (Marshall-Center), S. 28-31, sowie insbesondere zum deutschen Anteil des Marshall-Centers *Zink* (AStudÜbBw), S. 21f.

1552 Siehe zur Dislozierung der genannten Ausbildungsstätten *SKA* (USA), S. 72f.

1553 Siehe zu einer Darstellung des Taktischen Ausbildungskommandos der Luftwaffe *Stolze* (USA), S. 14f.

1554 Vgl. *BMVg* (Bestandsaufnahme), S. 56f. und *HA* (Nutzungskonzept), S. 4.

1555 Siehe zu den Aufgaben, den Zielen, der Organisation und der Dislozierung der Heeresverbindungsorganisationen in USA, Großbritannien und Frankreich *Dischert* (Ausland), S. 54f., *HA* (HVOrg Ausl.), S. 2-4 und *Harff* (HVOrg), S. 41f.

1556 Siehe zum deutschen Militärattachéwesen ausführlich *Ostermann* (Aufgaben), S. 16-19 und insbesondere zu den Aufgaben eines Militärattachés *Kleist* (Dienst), S. 639-642. Siehe zu einer Übersicht über alle deutschen Militärattachés im Ausland *Sadlowski* (Handbuch), S. 331-340.

1557 Vgl. *BMVg* (Bestandsaufnahme), S. 101. So waren 1996 neben dem Assistant Secretary-General for Planning and Support des Department of Peace-keeping Operations bei den Vereinten Nationen, einem deutschen Dreisternegeneral (Temporary Rank), weitere zehn Stabsoffiziere direkt in den UN-Headquarters bzw. im Bereich der Ständigen Deutschen Vertretung zur UN eingesetzt. (Vgl. *Faust* (UN-HQ), o. S.)

1558 Vgl. *BMVg* (Bestandsaufnahme), S. 101 und *Sadlowski* (Handbuch), S. 257.

Truppe	te „Military Agency for Standardization" / MAS.). Das Heer allein ist durch Sprecher und Delegierte in mehr als 250 solcher Gremien vertreten.[1559] Auch auf Ämterebene findet multinationale Zusammenarbeit statt. So unterhält beispielsweise das Amt für Studien und Übungen der Bundeswehr intensive Beziehungen zu ausländischen zivilen und militärischen Studieneinrichtungen. Die Zusammenarbeit geht vom Informationsaustausch bis zur gemeinsamen Bearbeitung von Studienprojekten.[1560]
Programm Partnership for Peace (PfP)	Das 1994 von der NATO initiierte PfP-Programm soll u.a. die engere militärische Zusammenarbeit und Interoperabilität mit den Streitkräften von Nicht-NATO-Staaten fördern. Den Grad der Kooperation mit der NATO legt jeder Teilnehmerstaat individuell fest. Träger des PfP-Programms sind die Streitkräfte der NATO-Partner. Entscheidende Elemente der Zusammenarbeit sind ständige Verbindungsoffiziere der PfP-Teilnehmerstaaten zum NATO-Hauptquartier und zur Partnerschaftskoordinierungszelle des NATO-Rates, die Einrichtung von PfP-Stabselementen (PSE) in den NATO-Stäben, in denen PfP-Aktivitäten durchgeführt werden sowie die umfangreiche Palette der Möglichkeiten der Zusammenarbeit mit den NATO-Partnern.[1561] Multinationale Übungen mit der Thematik friedenserhaltender Einsätze bilden dabei einen Schwerpunkt. Die Bundeswehr hat sich 1996 an 16 von 25 NATO-PfP-Übungen beteiligt, 1997 waren es 14 von 25. Ihre erste große Bewährungsprobe erlebte bzw. erlebt PfP im Rahmen der IFOR/SFOR-Mission. Die Anzahl der dem PfP-Programm beigetretenen Staaten beläuft sich derzeit auf 24.[1562]
Integration von Streitkräften bzw. deren Truppenteilen in Bündnisse[1563]	In betriebswirtschaftlichem Sinne ist die Verbindung der Streitkräfte innerhalb des NATO-Bündnisses ein multinationaler Betriebsverband.[1564]
Entsendung deutscher Soldaten in multinationale Stäbe von Bündnissen	Von den ca. 14.100 Soldaten, die 1997 in den multinationalen NATO-Stäben[1565] in Europa Dienst leisteten, waren etwa 2.700 Deutsche.[1566] Auch in der WEU arbeiten deutsche Soldaten.[1567]
Patenschaften mit Elementen (Truppenteile, Stäbe, Schulen etc.) ausländischer Streitkräfte im In- und Ausland	Diese oft mit sportlichen und gesellschaftlichen Schwerpunkten gepflegten multinationalen Kontakte münden meist in gemeinsame Ausbildungsveranstaltungen und weitere fachliche Zusammenarbeit.[1568] Die Patenschaft zwischen der 3. (GE) LwDiv und dem 4. (POL) LuftVgKorps gilt sogar als Katalysator des NATO-Beitritts Polens.

[1559] Siehe zu den Aufgaben der Experten-, Fach- und Generalstabsgespräche bzw. –besprechungen, zu ihrer Zusammenarbeit sowie zu ihren Problemen *Burger/Jeschonnek* (Zusammenarbeit), S. 96f. und *Gellermann* (Zusammenarbeit), S. 16-19. Im Jahre 1999 wurden Generalstabsgespräche mit 42 Ländern durchgeführt. (Vgl. *Vad* (Schwelle), S. 9.)

[1560] Vgl. *Zink* (AStudÜbBw), S. 22.

[1561] Siehe zu einer detaillierten Übersicht über die wesentlichen PfP-Aktivitäten der NATO im Zeitraum 1996-1998 *NATO* (Communiqués), S. 67-81.

[1562] Siehe zum PfP-Programm beispielsweise und ausführlich *A.F.M.* (PfF), S. 96, *BMVg* (Bestandsaufnahme), S. 35f., *BMVg* (Tour), S. 5, *Bundesregierung* (NATO), S. 21-24, *Friese* (PfF), S. 45-48, *Malat* (Zusammenarbeit), S. 296f., *Ose* (Bundeswehr), S. 51, *Report* (Multinationalität), S.45-48 und *Rühle/Williams* (PfF), S. 29-31.

[1563] Siehe zu einer Bündnistheorie ausführlich *Gerber* (Bündnisstrukturen), S.169-177 und *Maneval* (Allianztheorie), S. 31-38.

[1564] Vgl. *Gerber* (Bundeswehr), S. 236 und *Gerber* (Militärökonomie), S. 408.

[1565] Die Kommandostruktur der NATO verfügt nach ihrer Restrukturierung über 20 Hauptquartiere (bisher 65) auf drei (bisher vier) Führungsebenen. (Vgl. *Clark* (NATO), S. 3 und *Lz* (NATO), S. 7.) Siehe zu einer Übersicht über die aktuelle NATO-Kommandostruktur beispielsweise *G2 GE/US* (NATO), Anhang 1, *Kania* (NATO), S. 10, *Naumann* (NATO), S. 12f. und Anhang 5 *(NATO-Kommandostruktur)*.

[1566] Vgl. *Bundesregierung* (NATO), S. 31f. Siehe zu den deutschen Anteilen in den NATO-Stäben *Sadlowski* (Handbuch), S. 252-256.

[1567] So ist beispielsweise der G2-Generalstabsoffizier in der Planungszelle der WEU ein Deutscher. (Vgl. *Faust* (Wörner), o. S.) Siehe zu den Aufgaben der noch jungen Planungszelle der WEU *Secretariat* (WEU), S. 12.

[1568] Vgl. *Presseforum* (Zusammenarbeit), S. 5.

Host Nation Support (HNS) und Mutual Support (MS) für verbündete Streitkräfte in Deutschland	Es gibt drei verschiedene Fälle der Unterstützung verbündeter Streitkräfte: • Friedensstationierung oder Übungen in Deutschland (hierunter fällt z. B. die Nutzung oder Mitnutzung von Truppenübungsplätzen);[1569] • Unterstützung bei einem Einsatz außerhalb Deutschlands; • Militärische Landesverteidigung in Deutschland.[1570]
Multinationale Rüstungszusammenarbeit	Rüstungszusammenarbeit verfolgt neben politischen und technologischen Zielen das militärische Ziel der Standardisierung von Wehrmaterial sowie das wirtschaftliche Ziel einer effektiven Nutzung von Haushaltsmitteln. Die Möglichkeiten der Formen von Rüstungszusammenarbeit sind vielfältig,[1571] sie reichen von gegenseitiger Information bis zur gemeinsamen Forschung, Entwicklung, Produktion, Beschaffung und Nutzung von Rüstungsgütern. Genauso vielfältig wie die Anzahl und die Ebenen der bei der Rüstungszusammenarbeit Beteiligten sind die existierenden Gremien.[1572]
Aufbau, Unterhaltung sowie Einsatz multinationaler Truppenteile	Siehe hierzu ausführlich Kapitel 3.2 *(Die multinationalen Truppenteile mit Beteiligung der Bundeswehr)*.

1569 Gemäß Truppenstatut stehen fünf Truppenübungsplätze in Deutschland unter Verwaltung der Entsendestaaten USA (zwei), Großbritannien (zwei) und Belgien (einer). (Vgl. *Dipp* (Gespräch) und *HA* (Nutzungskonzept), S. 4 und 6.)

1570 Siehe zum HNS und MS verbündeter Streitkräfte in Deutschland ausführlich *Bremer* (Gastspiele), S. 82-85.

1571 HAHN differenziert bezüglich multinationaler Rüstungszusammenarbeit bzw. zwischenstaatlicher Rüstungskooperation zwischen der arbeitsteiligen Spezialisierung und der Durchführung von Gemeinschaftsprojekten. (Siehe hierzu ausführlich *Hahn* (Militärbetriebslehre), S. 331f.)

1572 Siehe ausführlich zur multinationalen Rüstungszusammenarbeit, insbesondere zu Zielen, Formen, Beteiligten, Gremien und Beispielen *AStudÜbBw* (Standardisierung), Anlage 3 und 18, *Bosse/Hermann* (Rüstung), S. 16-22, *Hermann* (Korrespondenz), *Kulla/Schmidt* (Rüstung) und *Reinelt* (Überblick), S. 68-72.
Siehe insbesondere zu Chancen, Nutzen, Schwierigkeiten, Grenzen und Kosten multinationaler Rüstungszusammenarbeit ausführlich *Elias* (Rüstung), *Hupfer* (Rüstung), *Karliaftis* (Rüstung) und *Przemieniecki* (Acquisition), S. 343-350.

Anhang 5: *NATO-Kommandostruktur*[1573]

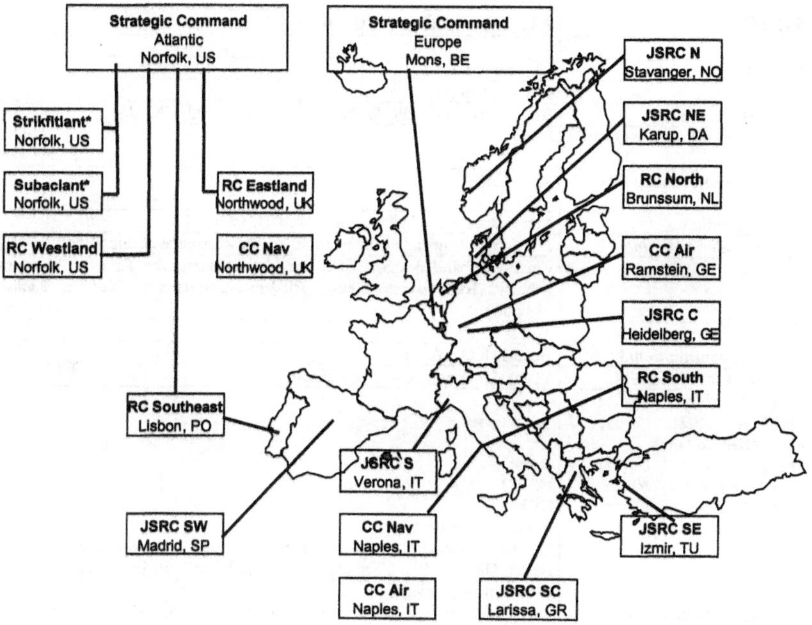

Anzahl HQ: im Bereich Europa: 14
im Bereich Atlantik: 6

Strategische Führungsebene	**Funktionale Kommandos*	*Regionale Führungsebene*	*Subregionale Führungsebene*
• Strategic Command Atlantic • Strategic Command Europe	• Strikfltlant • Subaclant	• RC Westland • RC Eastland • RC North • RC South • RC Southeast	• CC Nav, UK • JSRC SW • JSRC S • CC Nav, IT • CC Air, IT • JSRC N • JSRC NE • CC Air, GE • JSRC C • JSRC SC • JSRC SE

Kommandoarten
SC: Strategic Command / Alliiertes strategisches Oberkommando **RC**: Regional Command / Regionalkommando **CC**: Teilstreitkraftkommando (See- oder Luftstreitkräfte) **JSRC**: Joint Sub-regional Command / Teilstreitkräfteübergreifendes Kommando

[1573] Entnommen aus *BMVg* (Bestandsaufnahme), S. 23.

Anhang 6: *Multinationale Beteiligung des deutschen Heeres*[1574]

ARRC	**ACE Rapid Reaction Corps**[1575]
Aufstellung	Oktober 1992
Hauptquartier	Rheindahlen (GE)
Beteiligte Nationen	BE, CA, DA, GE, GR, IT, NL, NO, POR, SP, TU, UK, US
Mitglieder ehemaliger Ost-block-staaten	Nein
Herstellung Einsatzbereit-schaft	April 1995
Rechtsgrundlagen	Memorandum of Understanding vom 03. 10. 1994
Ministerielle Steuerung	Jährlich stattfindende Konferenzen, Senior Ressources Committee
Aufgabe	Eingreifverband des SACEUR zur Unterstützung von Krisenreaktionsmaßnahmen, Bündnisverteidigung, friedensunterstützende Einsätze, Katastrophenhilfe
Form der Multinationalität	Dauerhaft und Ad-hoc
Art der Multinationalität	Vertikal, horizontal und anorganisch
Ausprägung der Multinationalität:	
Anzahl der Nationen	13
Ebene	Korps
Zuordnung zu NATO/WEU	NATO
KRK/HVK	KRK
Organisationsprinzip	Framework-Prinzip; Der KG des ARRC ist ein Brite; von den 400 Dienstposten des ARRC-HQ stellen UK ca. 60%, USA und GE je 8%, IT und NL je 5% und die übrigen Nationen zusammen 14%.
Unterstellungsverhältnis	Das ARRC-HQ ist im Frieden SACEUR nach OPCOM unterstellt. Die HQ MND (C) und MND (S) sind dem COMARRC bereits im Frieden OPCOM unterstellt. Die übrigen Divisionen sind dem COMARRC im Frieden mit Coordinating Authority unterstellt. Im Einsatz sind die Divisionen OPCOM unterstellt.
Stufe der Standardisierung	Uneinheitlich; Einsatzgrundsätze: NATO
Zusammensetzung	• 3. (UK) MechInfDiv, Bulford (UK), mit: 2 (UK) MechInfBrig, 1 (UK) LLBrig, 1 (IT) PzBrig • (UK) ArmdDiv, Herford (GE), mit: 3 (UK) PzBrig, 1 (DA) Brig • (IT) PzGrenDiv, Mailand (IT), mit: 2 (IT) PzGrenBrig, 1 (PO) FschJgBrig • 7. (GE) PzDiv, Düsseldorf (GE), mit: PzLBrig 9, PzBrig 21 • (TU) MechDiv, mit: 2 (TU) Brig im Frieden und 1 (TU) Brig im Einsatzfall • 2. (GR) PzGrenDiv, mit: 2 bis 3 Brig • (US) PzDiv, Bad Kreuznach (GE), mit: 1 PzBrig, 1 MechInfBrig, 1 PzBrig (aus USA), 1 PiBrig, 1 HflgBrig • (SP) Schnelle Eingreiftruppe FAR, mit: 1 FschJgBrig, 1 InfBrig, 1 GebJgBrig, 1 HflgReg

[1574] Erstellt in Anlehnung an *BMVg* (Film), S. 39-43 und *Sadlowski* (Handbuch), S. 468-475 in Verbindung mit *CPM* (Streitkräfte), S.17f., 25-28, 44-47, 53-56 und 57-61, *Dienste* (Erfahrungen), S. 11-35, *Palin* (Force), S. 55f., 58f. und 62f., *Report* (Multinationalität), S. 7-44 sowie *Meyers/Vad* (Multinationalität), S. 33f.

[1575] Siehe zu den Daten des ARRC auch *McInnes* (Corps), S. 2-12.

Gesamtstärke	• MND (C), mit: 1 (BE) FschJgBrig (ParaKdo), (GE) LLBrig 31, 11. (NL) Brig (Airmobile), 24. (UK) Brig (Airmobile) • MND (S), noch nicht aufgestellt, mit: 1 (GR) InfBrig, 1 (IT) FschJgBrig, 1 (TU) KdoBrig

EUROKORPS	Europäisches Korps[1576]
Aufstellung	Oktober 1993
Hauptquartier	Straßburg (FR)
Beteiligte Nationen	BE, FR, GE, LU, SP
Mitglieder ehemaliger Ostblock-staaten	Nein
Herstellung Einsatzbereitschaft	November 1995
Rechtsgrundlagen	Bericht von La Rochelle vom 22.05. 1992
Ministerielle Steuerung	Gemeinsames Komitee (zusammengesetzt aus den Generalstabschefs und den Politischen Direktoren der beteiligten Außenministerien)
Aufgabe	Gemeinsame Verteidigung nach Art. 5 Washingtoner Vertrag bzw. geändertem Brüsseler Vertrag, friedensunterstützende und humanitäre Einsätze; beschlossen für die Zukunft: Krisenreaktionsaufgaben[1577]
Form der Multinationalität	Dauerhaft
Art der Multinationalität	Horizontal, vertikal und anorganisch
Ausprägung der Multinationalität:	
Anzahl der Nationen	5
Ebene	Korps
Zuordnung zu NATO/WEU	NATO oder WEU (FAWEU), auch: UN, OSZE
KRK/HVK	KRK und HVK
Organisationsprinzip	Integrations-Prinzip; Die Posten des KG, der stellv. KGs und des Chef des Stabes rotieren innerhalb der Truppensteller (ausgenommen Luxemburg) alle zwei Jahre. Auch die Posten der Abteilungsleiter des Korpsstabes und andere herausragende Dienstposten rotieren. Die Leiter der Abteilung G3 und G1 werden immer von einem deutschen Offizier geführt.
Unterstellungsverhältnis	Der KG des Eurokorps ist dem gemeinsamen Komitee in Form von OPCOM unterstellt. Im Frieden hat der KG des Eurokorps OPCOM über die D/F-Brigade, das 42. (FR) FmReg und das multinationale St/VersBtl (BQG), im Einsatzfall kommen die zugeordneten nationalen Großverbände hinzu, die im Frieden unter nationaler Führung bleiben. Das Eurokorps wird im Einsatzfall in Form von OPCOM oder OPCON entweder dem gemeinsamen Komitee oder einer NATO- bzw. einer WEU-Kommandobehörde unterstellt.
Stufe der Standardisierung	Uneinheitlich; Einsatzgrundsätze: Zum Teil von der NATO übernommen, zum Teil vom gemeinsamen Komitee und seinen Gremien entwickelt, zum Teil vom Eurokorps weiterentwickelt. Die Arbeitsverfahren des Korpsstabes (SOPs) sind vom Stab selbst ausgearbeitet.
Zusammensetzung[1578]	• 10. (GE) PzDiv, mit: PzGrenBrig 30, PzBrig 12 • 1 (FR) PzDiv[1579] • 1 (BE) PzGren bzw. MechDiv • 1 (SP) PzGren bzw. MechDiv • 1 (LU) AufklKp • D/F-Brig • 42. (FR) FmRgt
Gesamtstärke	Ca. 86.000 (nach Mobilmachung)

[1576] Siehe zu den Daten des Eurokorps auch *Bosch* (Eurocorps), S. 71-74, *Faust* (BQG), o. S., *Eurokorps* (Eurokorps), S. 2-12, *G3 Eurokorps* (Vortrag) und *Neubauer* (Eurokorps), S. 6-10.

[1577] Das Eurokorps soll zu einem europäischen Krisenreaktionskorps weiterentwickelt werden. (Vgl. *Scharping* (Rede), S. 5.)

[1578] Siehe zu Dislozierung, Gliederung etc. der dem Eurokorps unterstellten Truppenteile ausführlich *Behörden-Spiegel* (Eurokorps), S. 80-100.

[1579] Diese Division wird im Zuge der Umgliederung der französischen Streitkräfte außer Dienst gestellt. Frankreich hat sich aber verpflichtet, dem Eurokorps auch in Zukunft eine Division bzw. ein Divisionsäquivalent zur Verfügung zu stellen. (Vgl. *Neubauer* (Eurokorps), S. 8.)

II. GE/US Korps	**II. Deutsch-Amerikanisches Korps**
Aufstellung	April 1993
Hauptquartier	Ulm (GE)
Beteiligte Nationen	GE, US
Mitglieder ehemaliger Ost-block-staaten	Nein
Herstellung Einsatzbereit-schaft	31.12. 1994
Rechtsgrundlagen	Ministervereinbarung vom 04.01. 1993, Durchführungsvereinbarung vom 10.02. 1993, Technische Vereinbarung vom 14.06. 1994
Ministerielle Steuerung	Keine (Das Korps wird deutsch geführt). Vereinbarungen werden alle zwei Jahre überprüft.
Aufgabe	NATO-Bündnisverteidigung
Form der Multinationalität	Dauerhaft und Ad-hoc
Art der Multinationalität	Horizontal
Ausprägung der Multinatio-nalität:	
Anzahl der Nationen	2
Ebene	Korps
Zuordnung zu NATO/WEU	NATO
KRK/HVK	HVK (mit KRK-Truppenteilen)
Organisationsprinzip	Lead-Nation-Prinzip; GE geführt. Im Frieden sind im Stab 5 US Offz und 1 Uffz, im Verteidigungsfall 10 Offz und 2 Uffz integriert.
Unterstellungsverhältnis	Im Frieden unterstehen alle Truppenteile nationaler Befehlsgewalt (Full Command). Im Einsatzfall übernimmt GE OPCON über die US Division. Das Korps ist im Einsatz COMLANDCENT in Form von OPCOM oder OP-CON unterstellt; logistische und sanitätsdienstliche Versorgung erfolgt auch nach TOA national.
Stufe der Standardisierung	Uneinheitlich; Erprobte aber weiter zu entwickelnde Interoperabilität;[1580] Einsatzgrundsätze: National (GE) auf Grundlage der ATP 35.
Zusammensetzung	• 1. (GE) GebDiv, mit: GebJgBrig 23, PzBrig 36 • 1. (US) Armd Div • GE Korpstruppen
Gesamtstärke	

[1580] Vgl. *Vogel* (Korps), S. 478.

V. US/GE Korps	**V. Amerikanisch-Deutsches Korps**
	Alle Einträge entsprechend II. GE/US Korps
Aufstellung	
Hauptquartier	Heidelberg (GE)
Beteiligte Nationen	
Mitglieder ehemaliger Ost-block-staaten	
Herstellung Einsatzbereit-schaft	
Rechtsgrundlagen	
Ministerielle Steuerung	
Aufgabe	
Form der Multinationalität	
Art der Multinationalität	
Ausprägung der Multinationalität: ***Anzahl der Nationen*** ***Ebene*** ***Zuordnung zu NATO/ WEU*** ***KRK/HVK*** ***Organisationsprinzip*** ***Unterstellungsverhältnis*** ***Stufe der Standardisierung***	 Das deutsche Verbindungskommando zum Korpsstab ist im Frieden nicht präsent. Uneinheitlich; Einsatzgrundsätze: National (US) auf der Grundlage der ATP 35.
Zusammensetzung **Gesamtstärke**	• 1. (US) InfDiv • 5. (GE) PzDiv • US Korpstruppen

I. D/NL Korps	I. Deutsch-Niederländisches Korps[1581]
Aufstellung	August 1995
Hauptquartier	Münster (GE)
Beteiligte Nationen	GE, NL
Mitglieder ehemaliger Ost-block-staaten	Nein
Herstellung Einsatzbereit-schaft	
Rechtsgrundlagen	Ministervereinbarung vom 22.04. 1994, Durchführungsvereinbarung vom 22.04. 1994, Technische Vereinbarung vom 21.02. 1995, Regierungs- und Ministervereinbarung vom 06.10. 1997
Ministerielle Steuerung	„Ausschuß beim I. D/NL Korps"
Aufgabe	Bündnisverteidigung; Teilweise Krisenreaktion und friedensunterstützende Einsätze (NL Teile) Modellartige Erprobung der möglichen Integrationstiefe ohne Verlust von Einsatzbereitschaft und Schlagkraft[1582]
Form der Multinationalität	Dauerhaft
Art der Multinationalität	Horizontal
Ausprägung der Multinatio-nalität:	
Anzahl der Nationen	2
Ebene	Korps
Zuordnung zu NATO/WEU	NATO und WEU (FAWEU)
KRK/HVK	HVK
Organisationsprinzip	Integrations-Prinzip; Im Hauptquartier (Personalstärke: 302 Soldaten) sind die Dienstposten anteilig dauerhaft besetzt. Die Spitzendienstposten (eine Nation stellt KG, G3 und Leiter Presse und Information, die andere Nation stellt stellv. KG und Chef des Stabes) und der Kdr CSG sind nach dem Rotationsprinzip besetzt; Wechsel zweijährig. Arbeitssprache: Englisch
Unterstellungsverhältnis	Das Korps ist im Frieden dem deutschen Inspekteur des Heers und dem niederländischen Oberbefehlshaber des Heeres gemeinsam unterstellt. Dem KG sind die Truppenteile des Korps bereits im Frieden in Form von OPCON unterstellt. Der KG hat durch eine sog. „Integrierte Weisungs- und Kontrollbefugnis" beide Nationen betreffende Befugnisse auf den Gebieten Ausbildung, Übungen, Logistik inklusive sanitätsdienstlicher Unterstützung sowie Führungsunterstützung. Die truppendienstliche Unterstellung bleibt davon ausgenommen, gleiches gilt für nationale territoriale Angelegenheiten. Gleichwohl kann er allen ihm unterstellten Soldaten und zivilen Mitarbeitern unmittelbar verbindliche dienstliche Anordnungen erteilen. Das Korps untersteht im Einsatz COMLANDCENT in Form von OPCOM.
Stufe der Standardisierung	Uneinheitlich; Einsatzgrundsätze: Bis einschließlich Divisionsebene national. Auf Korpsebene vom KG in Abstimmung mit den nationalen Führungsstäben auf Grundlage der AJP-1, ATP-35 und STANAGs erlassen.
Zusammensetzung	• 7. (GE) PzDiv, Hannover (GE) • (NL) MechDiv, Apeldoorn (NL) • Multinationale FüUstBrig, sog. Command Support Group (CSG) (ca. 3500 Soldaten), Eibergen (NL) • Multinationaler Korpsstab (ca. 300 Soldaten), Münster (GE) • Multinationale Support Supply Unit (SSU) (ca. 170 Soldaten), Münster (GE)

1581 Siehe zu den Daten des I. D/NL Korps auch *Agreement I. D/NL Korps*, Annex A, *Faust* (D/NL), o. S., *G3 D/NL* (Briefing), *Frantz/Huber/Klein* (Untersuchung), S. 13, *Oltmanns* (Corps), S. 78f., *Oltmanns* (GE/NL), S. 11-16 und *Steinaecker* (Zwischenbilanz), S. 14f.

1582 *Steinaecker* (Zwischenbilanz), S. 15.

Gesamtstärke	Ca. 18.000 (GE) und 13.000 (NL) Zusätzlich im Frieden aus organisatorischen Gründen zugeordnet, aber unter nationalem Kommando: • Heeresunteroffiziersschule (HUS) I (GE) • WBK III / 7. (GE) PzDiv • Heeresmusikkorps 100 (GE) • Infrastrukturstab Nord (GE) • Topographiebatterie (GE) • 11. (NL) Brig (Airmobile) • 11. (NL) FmBtl • 41. (NL) MPKp • Tactical Helicopter Group (NL) • Kommando Regiment für Spezialaufträge (NL) Insgesamt: 62.500 , davon 46.800 (GE)

MNC (NE) bzw. MNK (NO)	Multinational Corps (North-East)[1583]
Aufstellung	September 1999
Hauptquartier	Stettin bzw. Szczecin (POL)
Beteiligte Nationen	DA, GE, POL
Mitglieder ehemaliger Ost-block-staaten	Ja
Herstellung Einsatzbereit-schaft	Geplant für Herbst 2000
Rechtsgrundlagen	Memorandum of Understanding der drei Verteidigungsminister 1995, Ministerieller Aufstellungsbeschluß 1997, Ministerielles Abkommen vom 05.09. 1998
Ministerielle Steuerung	
Aufgabe	Landes- und Bündnisverteidigung (Einsatz des gesamten Korps); Krisenmanagement inklusive Friedenserhaltung und humanitäre Rettungseinsätze (Einsatz des Hauptquartiers)
Form der Multinationalität	Dauerhaft
Art der Multinationalität	Horizontal
Ausprägung der Multinationalität:	
Anzahl der Nationen	3
Ebene	Korps
Zuordnung zu NATO/WEU	NATO
KRK/HVK	HVK
Organisationsprinzip	Integrations-Prinzip; Im Hauptquartier (Personalstärke: 130 Soldaten im Frieden, 350 im Einsatz) wechseln die Spitzendienstposten (KG, stellv. KG und Chef des Stabes) in dreijährigem Rhythmus zwischen den drei Nationen. Arbeitssprache ist Englisch.
Unterstellungsverhältnis	Im Frieden bleiben die unterstellten Verbände in der nationalen Kommandostruktur und auf nationalem Gebiet stationiert. Im Einsatz kann ein ausländischer Vorgesetzter (KG) in die nationale deutsche Befehlskette einbezogen werden. Dieser setzt die nationalen Kontingente nach deren nationalen Recht ein und erhält seine Weisungen vom multinationalen Korpsausschuß bzw. -komitee.[1584]
Stufe der Standardisierung	Uneinheitlich; Anwendung von NATO-Verfahren.
Zusammensetzung	• (DÄ) MechDiv, Fredericia • 14. (GE) PzGrenDiv, Neubrandenburg • 12. (POL) MechDiv, Stettin • Je ein nationales Fernmeldebataillon (zusammengefaßt in einer Führungsunter-stützungsbrigade, dessen Hauptquartier in Friedenszeiten nur teilaktiv ist). • Korpstruppen werden für Übungen und Einsatz von den Nationen individuell bereitgestellt. Im Frieden wird der Korpsstab von einer polnischen Stabskompanie unterstützt.
Gesamtstärke	Ca. 50.000

[1583] Siehe zu den Daten des MNK (NO) auch *Bernhardt* (Standort), S. 7, *Blase* (Nordost), S. 9f., *Sachau* (Nordost), S. 18-21, *Sachau* (Vortrag), S. 2-8 und *Safranmüller* (Nordost), S. 721f..

[1584] Siehe zu dem vorangegangenen Abschnitt *Dau* (Aspekte), S. 5.

MND (C)	**Multinationale Division (Central)**
Aufstellung	Juni 1994
Hauptquartier	Rheindahlen (GE)
Beteiligte Nationen	BE, GE, NL, UK
Mitglieder ehemaliger Ostblockstaaten	Nein
Herstellung Einsatzbereitschaft	1994
Rechtsgrundlagen	Memorandum of Understanding vom 01.04. 1994
Ministerielle Steuerung	Lenkungsgruppe
Aufgabe	Krisenreaktion und Bündnisverteidigung unter COMARRC oder unter anderem NATO-Kommando, friedensunterstützende und humanitäre Einsätze
Form der Multinationalität	Dauerhaft
Art der Multinationalität	Horizontal
Ausprägung der Multinationalität:	
Anzahl der Nationen	4
Ebene	Division
Zuordnung zu NATO/ WEU	NATO und WEU (FAWEU), auch: UN, OSZE
KRK/HVK	KRK mit HVK Truppenteilen
Organisationsprinzip	Integrations-Prinzip im Stab. Dienstsprache ist Englisch. Die Spitzendienstposten (Kdr, stellv. Kdr, Chef des Stabes und G3) werden nach dem Rotationsprinzip besetzt; die restlichen Dienstposten das Stabes werden anteilig von den beteiligten Nationen besetzt; Wechsel alle drei Jahre.
Unterstellungsverhältnis	HQ MND (C) untersteht bereits im Frieden COMARRC nach OPCOM.
Stufe der Standardisierung	Uneinheitlich; Einsatzgrundsätze: NATO
Zusammensetzung	• (BE) FschJgBrig (ParaKdo), Leuwen (BE) • (GE) LLBrig 31, Oldenburg (GE) • 11. (NL) Brig (Airmobile), Arnheim (NL) • 24. (UK) Brig (Airmobile), Colchester (GB) • Divisions- und Kampfunterstützungstruppen aus vier Nationen

AMF (L)	Allied Command Europe (ACE) Mobile Force (Land)
Aufstellung	1960
Hauptquartier	Heidelberg (GE)
Beteiligte Nationen	BE, CA, DA, GE, GR, IT, LU, NL, NO, SP, TU, UK, US
Mitglieder ehemaliger Ost-block-staaten	Nein
Herstellung Einsatzbereitschaft	1962
Rechtsgrundlagen	Political Directive for the AMF vom 16.11. 1969 und 28.05. 1979, MC 137 vom 20.02. 1970
Ministerielle Steuerung	Defence Planning Committee der NATO
Aufgabe	Krisenmanagement der NATO im Kommandobereich Europa
Form der Multinationalität	Dauerhaft und Ad-hoc
Art der Multinationalität	Horizontal, vertikal und anorganisch
Ausprägung der Multinationalität:	
Anzahl der Nationen	13
Ebene	Brigade
Zuordnung zu NATO/WEU	NATO
KRK/HVK	KRK (Immediate Reaction Forces)
Organisationsprinzip	Multinationaler Stab (ca. 60 Soldaten aus acht Nationen); Besetzung des Kommandeurs nach dem Rotationsprinzip, Besetzung der restlichen Dienstposten anteilig. Das Einsatzkontingent wird modular auf den Auftrag ausgerichtet strukturiert. Dabei werden neben rein nationalen Truppenteilen auch multinationale Verbände und Einheiten gebildet - insbesondere in den Bereichen Feldjäger, Rohr- und Raketenartillerie, Transporthubschrauber und Versorgungskompanien. Der deutsche Beitrag wird durch des Kommando Luftbewegliche Kräfte / 4. Division (KLK/4. Div) koordiniert.
Unterstellungsverhältnis	COMAMF (L) untersteht SACEUR nach OPCOM. Für den Einsatz zugeordnete Truppenteile werden COMAMF (L) OPCOM oder OPCON unterstellt.
Stufe der Standardisierung	Uneinheitlich; Einsatzgrundsätze: NATO.
Zusammensetzung	Einsatzorientiert, aus folgendem Gesamtkontingent, dem sog. Forcepool: • 1(US) StKp • 1 (GE) FmKp • 1 (UK) FmKp • 1 (mn) MPKp • je 1 InfBtl von BE, CA, GE, IT, NL, NO, SP, UK, US • 1 (LU) AufklKp • 1 (DA) AufklKp • 1 (mn) ArtBtl • 1 (TU) PiKp • 1 (US) PiKp • 1 (mn) LogBtl • 1 HNSBtl • 1 (GE) Flaz • 1 (IT) Flaz • 1 (mn) HflgAbt • 1 (GE) ABCAbwZg • 1 (US) FlaZg • National Support Elements
Gesamtstärke	Ca. 13.000

NCF	**NATO Composite Force**
Aufstellung	November 1989
Hauptquartier	Kein eigenes Hauptquartier
Beteiligte Nationen	GE, NO, US
Mitglieder ehemaliger Ostblockstaaten	Nein
Herstellung Einsatzbereitschaft	Datum nicht ausdrücklich vereinbart
Rechtsgrundlagen	Memorandum for Secretary General NATO vom 28.10. 1988, ACE Directive 80/59 vom 09.03. 1990
Ministerielle Steuerung	Defence Planning Committee der NATO
Aufgabe	Krisenmanagement und Bündnisverteidigung im Raum Nordnorwegen
Form der Multinationalität	Ad-hoc
Art der Multinationalität	Horizontal
Ausprägung der Multinationalität: **Anzahl der Nationen** ***Ebene*** ***Zuordnung zu NATO/ WEU*** ***KRK/HVK*** ***Organisationsprinzip*** ***Unterstellungsverhältnis*** ***Stufe der Standardisierung***	 3 Brigade NATO HVK Für Einsatzplanung verantwortlich: NCF Planning and Liaison Group bei SHAPE Im Einsatz unterstehen die Truppenteile der 6. (NO) Div in Form von OPCON Uneinheitlich; Einsatzgrundsätze: NATO.
Zusammensetzung	• (GE) GebArtBtl 225 • (NO) HflgGeschw 757 • (US) FAtBtl (National Guard)

D/F-Brigade	**Deutsch-Französische Brigade**[1585]
Aufstellung	1988
Hauptquartier	Müllheim (GE)
Beteiligte Nationen	GE, FR
Mitglieder ehemaliger Ost-block-staaten	Nein
Herstellung Einsatzbereit-schaft	1989
Rechtsgrundlagen	
Ministerielle Steuerung	
Aufgabe	Einsatzspektrum des Eurokorps
Form der Multinationalität	Dauerhaft
Art der Multinationalität	Horizontal
Ausprägung der Multinationalität:	
Anzahl der Nationen	2
Ebene	Brigade
Zuordnung zu NATO/WEU	NATO
KRK/HVK	KRK
Organisationsprinzip	Integrations-Prinzip; Kdr und stellv. Kdr sowie Dienststellen des Brigadestabes rotieren. Gleiches gilt für das gemischte Versorgungsbataillon und die Stabskompanie.
Unterstellungsverhältnis	Die Brigade ist dem Eurokorps unterstellt, truppendienstlich wird sie auf deutscher Seite vom WBK V / 10. PzDiv und auf französischer Seite von der 1. PzDiv geführt.
Stufe der Standardisierung	Uneinheitlich
Zusammensetzung	• (GE): JgBtl 292, FeArtBtl 295, PzPiKp 550 • (FR): InfReg 110, lePzReg 3, AufklKp • (FR/GE) Stabskompanie • (FR/GE) Versorgungsbataillon
Gesamtstärke	Ca. 5.400

[1585] Siehe zu den Daten der D/F Brigade auch *Neubauer* (D/F), S. 336-338.

BCS	**Bataillon de Commandement et de Soutien / Versorgungsbataillon der Deutsch-Französischen Brigade**[1586]
Aufstellung	Oktober 1989
Hauptquartier	Müllheim
Beteiligte Nationen	GE,FR
Mitglieder ehemaliger Ostblockstaaten	Nein
Herstellung Einsatzbereitschaft	1989
Rechtsgrundlagen	
Ministerielle Steuerung	
Aufgabe	Versorgung der kämpfenden Truppe mit Ersatzteilen, Munition, Betriebsstoff etc. sowie Materialinstandsetzung und sanitätsdienstliche Versorgung.
Form der Multinationalität	Dauerhaft
Art der Multinationalität	Vertikal
Ausprägung der Multinationalität: **Anzahl der Nationen** ***Ebene*** ***Zuordnung zu NATO/ WEU*** ***KRK/HVK*** ***Organisationsprinzip*** ***Unterstellungsverhältnis*** ***Stufe der Standardisierung***	 2 Bataillon Wie D/F-Brigade KRK Integrations-Prinzip; Kommandeur rotiert alle zwei Jahre, Chefs der multinationalen Kompanien rotieren alle zwei Jahre. D/F-Brigade Uneinheitlich
Zusammensetzung	• (GE/FR) Stabs- und Versorgungskompanie • (GE/FR) Nachschubkompanie • (GE/FR) Instandsetzungskompanie • (GE) Transportkompanie • (GE/FR) Sanitätskompanie • (GE) Feldersatzkompanie • (GE/FR) Ausbildungskompanie

1586 Siehe zu den Daten des BCS auch *Faust* (BQG), o. S., *Jacobs* (Logistik), S. 19f. und *Schulze* (D/F-Brigade), S. 20-26.

BQG	Bataillon de Quartier Général / Stabs- und Versorgungsbataillon des Eurokorps[1587]
Aufstellung	
Hauptquartier	Strasbourg (FR)
Beteiligte Nationen	BE, FR, GE, LU, SP
Mitglieder ehemaliger Ostblock-staaten	Nein
Herstellung Einsatzbereitschaft	
Rechtsgrundlagen	
Ministerielle Steuerung	
Aufgabe	Sicherstellung des Betriebes des Stabes des Eurokorps
Form der Multinationalität	Dauerhaft
Art der Multinationalität	Horizontal und vertikal
Ausprägung der Multinationalität:	
Anzahl der Nationen	
Ebene	Bataillon
Zuordnung zu NATO/WEU	Wie Eurokorps
KRK/HVK	Wie Eurokorps
Organisationsprinzip	Integrations-Prinzip
Unterstellungsverhältnis	Das Bataillon wird immer von einem französischen Oberstleutnant geführt, der direkt dem Chef des Stabes des Eurokorps untersteht, gleich welcher Nation dieser angehört. Der stellv. Kdr ist immer ein deutscher Stabsoffizier, der gleichzeitig Disziplinarvorgesetzter aller deutschen Mannschaften und Unteroffiziere des Korpsstabes und des Bataillons ist.
Stufe der Standardisierung	Uneinheitlich
Zusammensetzung	• (BE) Kompanie • (FR) Kompanie • (GE) Kompanie • (SP) Kompanie • (BE, FR, GE, SP) Sicherungskompanie (Wird nur im Einsatzfall aufgestellt; faßt die nationalen Sicherungszüge der nationalen Kompanien des BQG zusammen.)
Gesamtstärke	671

[1587] Siehe zu den Daten des BQG auch *Faust* (BQG), o. S. und *Olshausen* (Eurokorps), S. 105.

Anhang 7: *Gründe für die Bildung bzw. für den Beitritt an einer militärischen Allianz*[1588]

These bzw. Theorie	Allianzgrund
Theorie des Mächtegleichgewichtes (Theory of Balance of Power)	Allianz als Reaktion auf zu große oder zunehmende Machtpotentiale anderer Staaten
Theorie des Bedrohungsgleichgewichtes (Theory of Balance of Threat)	Allianz als Reaktion auf empfundene externe Bedrohung
Theorie des Omnibalancing bzw. des Machterhaltes	Allianz aufgrund des Bestrebens des Macht- bzw. Herrschaftserhaltes
Theorie des Interessengleichgewichtes	Allianz zur Verfolgung von staatlichen Zielen bzw. Interessen
Lerntheorie	Allianz aufgrund gemachter Erfahrungen bezüglich erfolgreicher Allianzstrategie bzw. erfolgloser Neutralitätsstrategie der Vergangenheit
Affiliationstheorie, insbesondere Ideolo-giethese	Allianz aufgrund gleicher Ideologie bzw. innerstaatlicher Ordnung
Institutionalistische Theorie	Allianz aufgrund erwarteter institutioneller Vorteile (beispielsweise Informationszugang, Transaktionskosteneinsparung, Möglichkeit zur Spezialisierung etc.)
Profithese	Allianz aufgrund erwarteter materieller Vorteile
Prestigethese	Allianz aufgrund erwarteter Steigerung von internationalem Ansehen und Prestige und Verbesserung der Einflußnahme in der Weltpolitik
Einflußthese	Allianz aufgrund erwarteter Einflußsteigerung gegenüber den Allianzpartnern
Personenthese	Allianz aufgrund der persönlichen Präferenz der Entscheidungsträger

[1588] Erstellt in Anlehnung an *Bergsmann* (Theorie), S. 245-248 und *Deibel* (Alliance), S. 117-119.

Anhang 8: *SOP-Auszug*[1589]

CHAPTER 1: GENERAL Goal Staff Regulations and Staff Directives Definitions
CHAPTER 2: HEADQUARTERS 1 (GE/NL) CORPS Command and Control The CG DCG Command Group Senior National Officer COS The National Roles of the COS and the DCOS Division Chiefs AOCC (Deputy) Commander Staff Support Unit Subordination Division Chief Clerk Cooperation with National Elements at the Garrison Authority Discipline Chain of Command
CHAPTER 3: STAFF PROCEDURES The staff COS Division Chiefs Receipt and Dissemination of Information Information Flow The Right/Obligation to Report Cooperation Between the Staff Divisions Staff Directives, Staff Orders and Staff Meetings Dissemination of Information from Superiors and for the Preparation of Decisions Final Signature Standing-in Regulations in Binational Matters Staff Procedures in Detail
CHAPTER 4: GENERAL DIRECTIVE FOR STAFF DUTY National Regulations Duty Hours Holidays, Annual Leave In-Person Reports Temporary Duty Trip Official Evaluations Installation Regulations Special Duties and Standby/Guard Duties Increasing Readiness Posture/Altering Confidential Papers Military Security Medical Support Use of Facilities, Provision of Troop Meals Military Chaplain Services Officers „Professional Development Programs" Physical Education Right of Participation Administrative Service Courier Service Request for Military Vehicles/Helicopters

1589 Erstellt in Anlehnung an die zweite Version der Staff Regulations des 1 (GE/NL) Corps; Peacetime SOP, HQ 1 (GE/NL) Corps, vom 01.09. 1996. (Siehe hierzu ausführlich *COS* (Regulations).) Zwar ist diese Version nicht zuletzt aufgrund der neuen Vertragsvereinbarungen des I. D/NL Corps von 1997 veraltet, jedoch muß auf eine detaillierte Ausführung der SOPs aus Gründen der Geheimhaltung trotzdem verzichtet werden.

Assignment of Secondary Tasks Press and Information Military Log
Annexes A – F

Anhang 9: *Unterstellungsverhältnisse der multinationalen Truppenteile*[1590]

	Frieden	**Landes- und Bündnisverteidigung (nach TOA)**	**Auslandseinsätze im erweiterten Auftragsspektrum (nach TOA)**
ARRC			
HQ	SACEUR: OPCOM	SHAPE: OPCOM	wie Landes- und Bündnisverteidigung
DtA HQ	trpdstl.: DDO	COMARRC, trpdstl.: DDO	
Nationale Divisionen	COMARRC: Coord. Authority	COMARRC: OPCOM	
7. (GE) PzDiv	trpdstl.: GE KG bzw. stellv. KG I. D/NL Korps	dito, trpdstl.: Befh HFüKdo	
MND (C	COMARRC: OPCOM	dito	
EUROKORPS (EK)			
HQ	gem. Komtee: OPCOM	COMLANDCENT: OPCOM	HQ NATO, WEU, andere internat. Organisation oder Ad-hoc-Koalition: OPCOM/CON
DtA HQ	trpdstl.: DDO	COMEK, trpdstl.: DDO	
Nationale Divisionen	national: FULL COMMAND	COMEK: OPCOM/CON	
10. (GE) PzDiv	trpdstl.: II. GE/US Korps	dito, trpdstl.: Befh HFüKdo	
D/F-Brigade	COMEK: OPCOM	COMEK: OPCOM	
BQG	COMEK: OPCOM	COMEK: OPCOM	
II. GE/US Korps			
HQ	Befh HFüKdo	COMLANDCENT: OPCOM	---
DtA HQ	trpdstl.: Befh HFüKdo	COMGE/US, trpdstl.: Befh HfüKdo	
1. (US) Armored Div	US: FULL COMMAND	COMGE/US:OPCOM/CON	
1. (GE) GebDiv	trpdstl.: Befh HFüKdo	dito, trpdstl.: Befh HFüKdo	
10. (GE) PzDiv	dito	COMEK: OPCOM, trpdst.: Befh HfüKdo	
V. US/GE Korps			
HQ	COMUSAREUR	COMLANDCENT:OPCOM	---
DtA HQ	trpdstl.: Befh HFüKdo	COMUS/GE, trpdstl.: Befh HfüKdo	
1. (US) InfDiv	US: FULL COMMAND	COMUS/GE:OPCOM/CON	
5. (GE) PzDiv	trpdstl.: COMGE/US	dito, trpdstl.: Befh HFüKdo	
I. D/NL Korps			
HQ	GE InH und NL Oberbefehlshaber des Heeres	COMLANDCENT: OPCOM	---
DtA HQ	trpdstl.: DDO, teilweise NL KG	COMD/NL, trpdstl.: Befh HFüKdo, teilweise: NL KG	
NL Division	COMD/NL	COMD/NL: OPCOM/CON	
1. (GE) PzDiv	trpdstl.: GE KG bzw. stellv. KG	dito, trpdst.: GE KG bzw. stellv. KG	
7. (GE) PzDiv	dito	dito	
CSG	COMD/NL	COMD/NL: OPCOM	
BCS	dito	dito	
MNK (NO)			
HQ	gem. Komitee		---
DtA HQ	trpdstl.: DDO		
Nationale Divisonen	National: FULL COMMAND		
13. (GE) PzGrenDiv	trpdstl.: Befh HFüKdo	COMMNK: OPCOM, trpdstl.: IV. Korps	
14. (GE) PzGrenDiv	dito	dito	

[1590] Erstellt in Anlehnung an Anhang 6 *(Multinationale Beteiligung des deutschen Heeres)*.

MND (C) HQ DtA HQ Nationale Brigaden (GE) LLBrig 31	COMARRC: OPCOM trpdstl.: DDO trpdstl.: KLK		wie Landes- und Bündnisverteidigung
AMF (L) HQ DtA HQ nationale TrT GE TrT	SACEUR: OPCOM trpdstl.: DDO HQ LAND-CENT	SACEUR: OPCOM COMAMF, trpdstl.: Befh HfüKdo COMAMF: OPCOM/CON dito, trpdstl.: Befh HFüKdo	wie Landes- und Bündnisverteidigung
D/F-Brigade HQ DtA HQ FR Bataillone GE Bataillone	COMEK: OPCOM 1. (FR) PzDiv trpdstl.: 10. (GE) PzDiv	wie Frieden	wie Landes- und Bündnisverteidigung
NCF HQ DtA HQ nationale TrT (GE) Bataillon	im Frieden nicht aufgestellt	kein eigenes HQ 6. (NO) Div: OPCON dito, trpdstl.: Befh HFüKdo	wie Landes- und Bündnisverteidigung
CSG HQ DtA HQ nationale TrT GE	COM I. D/NL Korps: OP-COM		
BCS HQ DtA HQ nationale TrT GE	COMD/F: OPCOM		
BQG HQ DtA HQ nationale TrT GE	COMEUROKORPS: OP-COM stellv. Kdr trpdstl.: stellv. Kdr		

Anm.: *Truppendienstliche Unterstellung umfaßt alle Aufgaben eines Vorgesetzten, die der Herstellung und Erhaltung der Einsatzbereitschaft der ihm unterstellten Soldaten dienen. Soweit nicht andere Unterstellungsverhältnisse angeordnet sind, zählen hierzu zum ersten die persönlichen, insbesondere die disziplinaren Angelegenheiten, zum zweiten die Ausbildung, zum dritten die Versorgung sowie zum vierten sonstige fachliche Angelegenheiten. Die Unterstellung für den Einsatz, unter der die Unterstellung zum Zwecke der Vorbereitung, Durchführung und Nachbereitung von Einsatzaufgaben verstanden wird, zählt nicht dazu.*[1591]

[1591] Siehe zum vorangegangenen Abschnitt *BMVg* (Sicherheitspolitik), o. S.

Quellenverzeichnis

Literaturverzeichnis

Abenheim, Donald:
Den Partner verstehen lernen. Deutsche Verteidigungspolitik in der amerikanischen Offiziersausbildung, in: Information für die Truppe, 40. Jg. (1996), H. 11, S. 12-20.
Abenheim (Partner).

Abrams, Jim:
Army secretary blames leadership for problems, in: The Stars and Stripes, 15.09. 1997, S. 2.
Abrams (Problems).

Abrial, Stéphane Graf:
Die Rolle von Luftstreitkräften bei Maßnahmen zur Wiederherstellung von Frieden und Sicherheit – Eine Bewertung aus französischer Sicht, in: Heydrich, Wolfgang; Tschudowsky, Frank; Rohde, Joachim (Hrsg.): Luftwaffe im Wandel. Aufgaben der deutschen Luftwaffe unter neuen politischen Rahmenbedingungen, Stiftung Wissenschaft und Politik, Bd. 41, Internationale Politik und Sicherheit, Baden-Baden 1995, S. 250-272.
Abrial (Rolle).

Ackermann, Josef:
Gedanken über die Führung in Wirtschaft und Armee, in: Allgemeine Schweizerische Militärzeitschrift, 160. Jg. (1994), H. 10, S. 4-7.
Ackermann (Führung).

Ackermann, Karl-Friedrich; Pohl, Gustav:
Internationale Entlohnung, in: Macharzina, Klaus; Welge, Martin K. (Hrsg.): Handwörterbuch Export und Internationale Unternehmung, Stuttgart 1989, Sp. 379-381.
Ackermann/Pohl (Entlohnung).

A.F.M. :
Partnerschaft für den Frieden, in: Österreichische Militärische Zeitschrift, 35. Jg. 1997), H. 1, S. 95-99.
A.F.M. (PfF).

Albach, Horst:
Die internationale Unternehmung als Gegenstand betriebswirtschaftlicher Forschung, in: Albach, Horst (Hrsg.): Internationale Betriebswirtschaftslehre, Zeitschrift für Betriebswirtschaft, Ergänzungsheft 1/81, Wiesbaden 1981, S. 13-24.
Albach (Unternehmung).

Albert, Bernd:
Den Blick weiten. Kommentar des Kommandeurs der Offiziersschule des Heeres, in: Information für die Truppe, 43. Jg. (1999), H. 4, S. 2f.
Albert (Blick).

Allmeyer-Beck, Johann Christoph:
Die Führung vielsprachiger Streitkräfte. Die k. u. k. Armee als Beispiel, in: Hemm, Heinz-Gero; Jacobsen, Hans-Adolf (Hrsg.): Heere international, Bd. 1, Bonn; Herford 1981, S. 235-248.
Allmeyer-Beck (k. u. k. Armee).

Altenhof, Kai:
Das Gefühl, gebraucht zu werden. T7 - Eingeschränkt verwendungsfähige Soldaten haben sich bewährt. Derzeit dienen mehr als 8.100, in: Bundeswehr aktuell, 27.10. 1997, S. 7.
Altenhof (T7).

Althaus, Steffen:
Unternehmensberatung. Gestaltungsvorschläge zur Steigerung der Effizienz des Beratungsprozesses, Dissertation, St. Gallen 1994.
Althaus (Unternehmensberatung).

Amt für Nachrichtenwesen der Bundeswehr (Hrsg.):
Die Ausbildung von Führungskräften in ausländischen Armeen. Ein Überblick, Bad Neuenahr-Ahrweiler 1986.
ANBw (Ausbildung).

Amt für Studien und Übungen der Bundeswehr, Bereich Studien und Übungen BSÜ (Hrsg.):
Aspekte und Instrumente der Standardisierung aus nationaler Sicht. Ein Beitrag zur Verbesserung der Interoperabilität, Waldbröhl 1995.
AStudÜbBw (Standardisierung).

Anderson, Philip:
Anforderungen an die NATO-Offiziersausbildung für Zukunftsaufgaben, Jahrgangsarbeit des Verwendungslehrganges Generalstabs-/Admiralstabsdienst der Bundeswehr, Hamburg 1995.
Anderson (Führung).

Apfelknab, Egbert:
Assimilation, Integration, Insertion. Europa im multikulturellen Dilemma. Einflüsse auf bestehende Armeestrukturen, in: Österreichische Militärische Zeitschrift, 30. Jg. (1992), H. 1, S. 15-23.
Apfelknab (Integration).

Arbeiter, Jürgen B.:
Französisch für militärische Führer, Regensburg 1991.
Arbeiter (Französisch).

Argyris, Chris:
Die heutigen Probleme mit den Organisationen von morgen, in: Reber, Gerhard; Strehl, Franz (Hrsg.): Matrix-Organisation. Klassische Beiträge zu mehrdimensionalen Organisationsstrukturen, Stuttgart 1988, S. 151-178.
Argyris (Probleme).

Aries, Wolf D.:
Traditionell ohne Probleme. Islamische Soldaten in der Bundeswehr, in: Information für die Truppe, 38. Jg. (1994), H. 5, S. 54-57.
Aries (Islamisch).

Associated Press (AP):
Can U.S. order troops to wear U.N. uniform?, in: The Stars and Stripes, 31.03. 1998, S. 1f.
AP (UN).

AP:
Captain punished for affair. Office pleads guilty to fraternization, in: The Stars and Stripes, 27.04. 1999, S. 3.
AP (Affair).

AP:
Clinton seeks more funds for Pentagon. Requests $ 12 billion for readiness, in: The Stars and Stripes, 03.01. 1999, S. 4.
AP (Funds).

AP:
Danish forces would protect Turkey in crisis, in: The Stars and Stripes, 13.10. 1997, S. 8.
AP (Danish).

AP:
Erste Lektion des Kosovo-Kriegs heißt Sparen, in: Fränkisches Volksblatt, 20.09. 1999, S. VZS 4.
AP (Lektion).

AP:
Magazine: Candidates still have NATO spies, in: The Stars and Stripes, 06.04. 1998, S. 2.
AP (Spies).

AP:
Probleme mit dem metrischen System. Rechenfehler führt zur Millionenpleite auf dem Mars, in: Fränkisches Volksblatt, 02.10. 1999, S. J 8.
AP (Rechenfehler).

AP:
Report raises possibility of U.N. hiring mercenaries, in: The Stars and Stripes, 31.03. 1998, S. 2.
AP (Mercenaries).

AP:
Troops could be bound for Kosovo. Cohen consults with Congress, in: The Stars and Stripes, 04.02. 1999, S. 2.
AP (Troops).

Aßländer, Michael; Zimmerli Walther Ch.:
Die Wirtschaftsethik von multinationalen Unternehmen, in: Gablers Magazin, o. Jg. (1996), H. 11/12, S. 59-61.
Aßländer/Zimmerli (Wirtschaftsethik).

Bader, Ernst:
Gelebte Partnerschaft. Der Euro-Lehrgang an der Führungsakademie der Bundeswehr – ein attraktives Angebot für Offiziere aus europäischen Nicht-NATO-Staaten, in: Truppenpraxis/Wehrausbildung, 41. Jg. (1997), H. 3, S. 168-170.
Bader (Partnerschaft).

Bagger, Hartmut:
Bundeswehr ist Schrittmacher. Generalinspekteur Bagger setzt auf multinationale Verbände. Interview, geführt von Wilfried Stolze, in: Die Bundeswehr, 39. Jg. (1997), H. 3, S. 11.
Bagger (Schrittmacher).

Bagger, Hartmut:
Das deutsche Heer – Gravitationszentrum multinationaler Streitkräftestrukturen, in: Communication Presse Marketing GmbH CPM (Hrsg.): Multinationale Streitkräfte in der NATO, Sankt Augustin 1994, S. 41-43.
Bagger (Heer).

Bagger, Hartmut:
Multinationale Streitkräftestrukturen – wesentliches Element einer neuen europäischen Sicherheitsordnung, in: Borgert, Heinz-Ludger; Bradley, Dermot; Zeller, Wolfram (Hrsg.): MARS. Jahrbuch für Wehrpolitik und Militärwesen, Bd. 3/4, Osnabrück 1997.
Bagger (Element).

Bahu, Joseph:
Gedanken zur deutsch-französischen Verteidigungskooperation und zur Deutsch-Französischen Brigade, in: Klein, Paul: Deutsch-französische Verteidigungskooperation. Das Beispiel der Deutsch-Französischen Brigade, Militär und Sozialwissenschaften, Bd. 4, Baden-Baden 1990, S. 39-44.
Bahu (Brigade).

Bald, Detlef:
Der deutsche Offizier. Sozial- und Bildungsgeschichte des deutschen Offizierskorps im 20. Jahrhundert, München 1982.
Bald (Offizier).

Balloussa, Ibrahim:
Leserbrief, in: Bundeswehr aktuell, 7.12. 1998, S. 14.
Balloussa (Leserbrief).

Barbero, Fernando:
Der Beitrag Spaniens zum Eurokorps, in: Wehrtechnik, 28. Jg. (1996), H. 6, S. 42f.
Barbero (Spanien).

Bartlett, Christopher A.; Ghoshal Sumantra:
Internationale Unternehmensführung. Innovation, globale Effizienz, differenziertes Marketing, Frankfurt/Main; New York 1990.
Bartlett/Ghoshal (International).

Bassford, Christopher:
Cohesion, Personnel Stability and the German Model, in: Military Review, 170. Jg. (1990), H. October, S. 73-81.
Bassford (Cohesion).

Bayle, Pierre:
Eurokorps. Almost Operational, in: Defense Magazine, o. Jg. (1995), H. 16, S. 20-23.
Bayle (Eurokorps).

Becatoros, Elena:
Greece threatens to pull out of exercise, in: Stars and Stripes, 14.10. 2000, S. 11.
Becatoros (Greece).

Beck, Hans-Christian:
Ein Rezept für alle Fälle. Innere Führung vor neuen Herausforderungen, in: Information für die Truppe, 39. Jg. (1995), H. 10/11, S. 32-39.
Beck (Rezept).

Beck, Hans-Christian:
Ausbildung und Erziehung in der Bundeswehr, Vortrag des Kommandeurs des Zentrums Innere Führung, gehalten während des Militärwissenschaftlichen Colloquiums der Clausewitz-Gesellschaft e.V. am 17./18.04. 1998, zusammengefaßt in: Brüggemann, Adolf: Die moralische Größe der kriegerischen Tugend bei Clausewitz, in: Europäische Sicherheit, 47. Jg. (1998), H. 7, S. 6-10.
Beck (Vortrag).

Beck, Reiner:
Eine neue Wirtschaftlichkeit. Flexible Budgetierung in den Streitkräften, in: Truppenpraxis/Wehrausbildung, 43. Jg. (1999), H. 3, S. 157-161.
Beck (Budgetierung).

Becker, John D.:
Combined and Coalition Warfighting: The American Experience, in: Military Review, 173. Jg. (1993), H. November, S. 25-29.
Becker (Combined).

Becker, S. W.; Neuhauser, D.:
The Efficient Organisation, New York 1975.
Becker/Neuhauser (Efficient).

Becker, Ulrich:
Das Überleben multinationaler Unternehmungen, Betriebswirtschaftliche Studien, Rechnungs- und Finanzwesen, Organisation und Institution, Bd. 28, Dissertation, Frankfurt/Main 1996.
Becker (Unternehmungen).

Behme, Christian:
Der neue Auftrag der Bundeswehr. Auswirkungen auf die Ausbildung zum und als Offizier, Jahrgangsarbeit des Verwendungslehrganges Generalstabs-/Admiralstabsdienst der Bundeswehr, Hamburg 1994.
Behme (Ausbildung).

Behörden-Spiegel-Gruppe (Hrsg.):
Eurokorps – Corps Européen. Strategische Mobilität – Mobilité stratégique, Bonn 1996.
Behörden-Spiegel (Eurokorps).

Bell, Raymond E. Jr.:
Freiwilligenstreitkräfte oder Rückkehr zur allgemeinen Wehrpflicht?, in: Österreichische Militärische Zeitschrift, 17. Jg. (1979), H. 6, S. 499-503.
Bell (Wehrpflicht).

Bendel, Lothar; Meier, Joachim; Steinhoff, Günther:
Soldaten ausländischer Herkunft in der Bundeswehr. Herausforderung und Chance, in: Truppenpraxis/Wehrausbildung, 43. Jg. (1999), H. 10, S. 716-719.
Bendel/Meier/Steinhoff (Herkunft).

Bender, Karl-Heinz:
Der besondere Beitrag Deutschlands und Frankreichs zum Aufbau Europas. Eine historische, politische und militärische Sicht, in: Martin, Ernst (Hrsg.): Eurokorps und Europäische Einigung, Bonn 1996, S. 210-241.
Bender (Aufbau).

Berding, Volker; Stumpf, Kai-Uwe:
Zwiegenäht. Die Aufstellung der beiden binationalen deutsch-amerikanischen Korps ist abgeschlossen, in: Truppenpraxis/Wehrausbildung, 39. Jg. (1995), H. 6, S. 370-373.
Berding/Stumpf (Zwiegenäht).

Bergmeier, Rolf:
Nutzen-Kosten-Untersuchungen in der Bundeswehr, in: Soldat und Technik, 21. Jg. (1978), H. 10, S. 538-540.
Bergmeier (Nutzen-Kosten).

Bergsmann, Stefan:
Die Bildung von Bündnissen in Theorie und Geschichte, in: Österreichische Militärische Zeitschrift, 35. Jg. (1997), H. 3, S. 243-254.
Bergsmann (Theorie).

Bernhardt; Günter:
Keimzelle für Stettin, in: Loyal, 39. Jg. (1999), H. 5, S. 32f.
Bernhardt (Stettin).

Bernhardt, Günter:
Standort mit hoher Symbolkraft. MNC North-East. Teil 2 und Schluß, in: Bundeswehr aktuell, 03.05. 1999, S. 7.
Bernhardt (Standort).

Beuningen, Konrad van:
Ausbildung zum Offizier bei anderen Streitkräften, in: Truppenpraxis, 14. Jg. (1970), H. 8, S. 569-574.
Beuningen (Ausbildung).

Bieler, Hans-Gert:
Abmarsch ins nächste Jahrtausend. Mit welchen technischen Mitteln stellt das Heer seine Führungsfähigkeit sicher?, in: Truppenpraxis, 37. Jg. (1993), H. 1, S. 22-28.
Bieler (Abmarsch).

Bielfeldt, Carola:
Rüstung, makroökonomisch-fiskalisch, in: Kirchhoff, Günter (Hrsg.): Handbuch zur Ökonomie der Verteidigungspolitik, Regensburg 1986, S. 783-788.
Bielfeldt (Rüstung).

Bittner, A.:
Interkulturelle Kompetenz und internationales Denken, in: Krystek, U.; Zur, E. (Hrsg.): Internationalisierung. Eine Herausforderung für die Unternehmensführung, Berlin; Heidelberg 1997, S. 497-510.
Bittner (Interkulturell).

Blase, Armin:
Brückenschlag. Vom HQ LANDJUT zum Multinationalen Korps Nordost, in: Heer, 28. Jg. (1999), H. 8, S. 9-11.
Blase (Nordost).

Bleicher, Knut:
Strukturen und Kulturen der Organisation im Umbruch, in: Zeitschrift für Organisation, 55. Jg. (1986), H. 2, S. 97-108.
Bleicher (Kulturen).

Bleicher, Knut:
Unternehmenskultur, in: Gaugler, Eduard; Weber, Wolfgang (Hrsg.): Handwörterbuch des Personalwesens, 2. Aufl., Stuttgart 1992, Sp. 2241-2252.
Bleicher (Unternehmenskultur).

Bock, Martin:
Religion und Militär. Soldatenseelsorge im internationalen Vergleich, Sozialwissenschaftliches Institut der Bundeswehr, Bericht 58, München 1993.
Bock (Religion).

Boehmer, Hans-Rudolf:
Die Marine. Maritime Dimension unserer Sicherheit, in: Marineforum, o. Jg. (1998), H. 1/2, S. 16-22.
Boehmer (Marine).

Böckmann, Joachim:
Aspekte der Standardisierung. Ein Beitrag zur Interoperabilität von Streitkräften, in: Amt für Studien und Übungen der Bundeswehr (Hrsg.): Verteidigungsanalysen. Berichte aus der Zentralen Forschungs- und Studienarbeit, Waldbröhl 17.06. 1995.
Böckmann (Aspekte).

Bohnert, Dieter:
Führungsfähigkeit. Erfahrungen der Alliierten anhand des Beispiels Golf-Krieg, Jahrgangsarbeit des Verwendungslehrganges Generalstabs-/Admiralstabsdienst der Bundeswehr, Hamburg 1994.
Bohnert (Erfahrungen).

Bohr, Kurt:
Effizienz und Effektivität, in: Wittmann, Waldemar u.a. (Hrsg.): Handwörterbuch der Betriebswirtschaft, Bd. 1, 5. Aufl., Stuttgart 1993, Sp. 855-869.
Bohr (Effizienz).

Bohrer, Peter; Löw, Michael:
Moderne DV-Systeme zur Unterstützung der Logistik, in: Europäische Sicherheit, 46. Jg. (1997), H. 3, S. 30-34.
Bohrer/Löw (DV).

Bolle, Hermann:
Der Oberbefehl im Bündniskrieg. Überlegungen zur Koalitionskriegsführung am Beispiel Eisenhowers, Jahrgangsarbeit des Verwendungslehrganges Generalstabs-/Admiralstabsdienst der Bundeswehr, Hamburg 1966.
Bolle (Eisenhower).

Borg, Eike:
Die Multinationale Division Central. Vier Nationen – Ein Gedanke, in: Loyal, 34. Jg. (1994), H. 1, S. 18f.
Borg (Gedanke).

Bosch, Leo van den:
The Eurocorps, in: Report Verlag (Hrsg.): NATO at 50. The Alliance on its Way to the Future, Wehrtechnischer Report, February 1999, Bonn; Frankfurt/Main 1999, S. 71-75.
Bosch (Eurocorps).

Bosch, M.P.F. van den:
Untersuchung zur Mitarbeiterzufriedenheit Stab I. D/NL Korps in Münster, Münster 1997.
Bosch (Untersuchung).

Bosse, Klaus; Hermann, Wolfgang:
Multinationale Rüstung, in: Communication Presse Marketing GmbH CPM (Hrsg.): Rüstung in Deutschland, St. Augustin 1996, S. 16-22.
Bosse/Hermann (Rüstung).

Bowman, Tom:
New policy could backfire. Fraternization-ban threat to bonding, in: The Stars and Stripes, 28.12. 1998, S. 1 und 5.
Bowman (Policy).

Boyd, S. F.:
An Experimental Mechanised Force for the 21st Century, in: British Army Review, 50. Jg. (1999), H. 121, S. 17-22.
Boyd (Force).

Boyd, S. F.:
The Future Army – Where Next After SDR?, in: British Army Review, 49. Jg. (1998), H. 120, S. 43-52.
Boyd (Future).

Boyer, Yves:
Sprengt die Militärtechnik das transatlantische Bündnis?, in: Europäische Sicherheit, 44. Jg. (1995), H. 9, S. 22-24.
Boyer (Bündnis).

Boyle, Mary:
Army's concerns are soldier's, too, in: The Stars and Stripes, 13.09. 1997, S. 5.
Boyle (Concerns).

Brammer, Uwe:
Eid auf die Fahne. Soldateneide in Deutschland und NATO-Staaten, in: Information für die Truppe, 38. Jg. (1994), H. 6, S. 58-63.
Brammer (Eid).

Brandstetter, Gerd:
AMF (L). Die Immediate Reaction Force Land, in: Report Verlag (Hrsg.): Multinationalität. Wehrtechnischer Report, November 1996, Bonn; Frankfurt/Main 1996, S. 40-44.
Brandstetter (AMF).

Braun, Werner; Cavatore, Pascal:
Interoperabilität beim Einsatz von Kampfhubschraubern im NATO-Bereich, Jahrgangsarbeit des Verwendungslehrganges Generalstabs-/Admiralstabsdienst der Bundeswehr, Hamburg 1999.
Braun/Cavatore (Interoperabilität).

Bremer, Wolfgang:
Gastspiele. Host Nation Support – alte Aufgabe im neuen Gewand, in Truppenpraxis/Wehrausbildung, 41. Jg. (1997), H. 2, S. 82-85.
Bremer (Gastspiele).

Bretz, Nikolaus:
Das Konzept der alliierten Streitkräftekommandos. Ein zentraler Bestandteil der Anpassungsstrategie des Bündnisses?, Jahrgangsarbeit des Verwendungslehrganges Generalstabs-/Admiralstabsdienst der Bundeswehr, Hamburg 1999.
Bretz (Konzept).

Brill, Heinz:
Die NATO-Osterweiterung und die geopolitischen Interessen der Mächte, in: Österreichische Militärische Zeitschrift, 36. Jg. (1998), H. 6, S. 637-648.
Brill (Interessen).

Brill, Heinz:
Deutschlands geostrategische Lage und Wehrstruktur (1949-1999), in: Österreichische Militärische Zeitschrift, 37. Jg. (1999), H. 4, S. 413-424.
Brill (Lage).

Brill, Heinz:
Zur geostrategischen Lage Deutschlands, in: Österreichische Militärische Zeitschrift, 32. Jg. (1994), H. 3, S. 235-242.
Brill (Lage).

Brinkerhoff, John R.:
Personnel, in: Dupuy, Trevor N. (Hrsg.): International Military and Defense Encyclopedia, Bd. 5, New York; Washington 1993, S. 2123-2133.
Brinkerhoff (Personnel).

Briquemont, Francis:
Die belgischen Forces d'Intervention und das Eurokorps, in: Martin, Ernst (Hrsg.): Eurokorps und Europäische Einigung, Bonn 1996, S. 312-328.
Briquemont (Eurokorps).

Bromm, Wilfried:
Personalprobleme internationalisierender Unternehmen (praktische Erfahrungen der WMF), in: Dülfer, Eberhard (Hrsg.): Personelle Aspekte im Internationalen Management, Berlin 1983, S. 61-74.
Bromm (International).

Brüggemann, Adolf:
Berufsethik und Führungsverantwortung. Anforderung an Führungskräfte. 32. Sicherheitspolitische Informationstagung der Führungsakademie der Bundeswehr und der Clausewitz-Gesellschaft e.V., in: Europäische Sicherheit, 47. Jg. (1998), H. 11, S. 6-10.
Brüggemann (Anforderungen).

Brüggemann, Adolf:
Generalstabsdienst in multinationalen Streitkräften, in: Allgemeine Schweizerische Militärzeitschrift, 164. Jg. (1998), H. 5, S. 20f.
Brüggemann (Streitkräfte).

Brugmann, Gerhard:
Eine Miliz in der Bundeswehr, in: Schönherr, Siegfried (Hrsg.): Streitkräfte, Ökonomie und Europäische Sicherheit. Generalmajor Dipl.-Kfm. Dr. rer. pol. Johannes Gerber zum 80. Geburtstag, Dachau 1999, S. 149-156.
Brugmann (Miliz).

Brüsselbach, Mathias:
Gemeinsame Infrastruktur der NATO. Nach dem Modell des Attischen Seebundes, in: Europäische Wehrkunde, 38. Jg. (1989), H. 4, S. 231-234.
Brüsselbach (Infrastruktur).

Brunner, Karl:
Parallelen der Organisations- und Führungsaufgaben im militärischen und industriellen Arbeitsbereich, in: Wehrwissenschaftliche Rundschau, 15. Jg. (1965), H. 2, S. 65-79.
Brunner (Parallelen).

Buchholtz, Dieter:
Bewährtes sichern. Neues wagen. Rudolf Scharping setzt auf Dialog, Kontinuität und Vision, in: Information für die Truppe, 42. Jg. (1998), H. 12, S. 4-20.
Buchholtz (Neues).

Buck, Hans-Robert:
Innere Führung, in: Kirchhoff, Günter (Hrsg.): Handbuch zur Ökonomie der Verteidigungspolitik, Regensburg 1986, S. 346-354.
Buck (Führung).

Budäus, Dietrich:
Kostenrechnung in öffentlichen Unternehmen. Bedingungen und Probleme der Kostenerfassung und Kostenbewertung, in: Männel, Wolfgang (Hrsg.): Handbuch Kostenrechnung, Wiesbaden 1992, S. 1160-1170.
Budäus (Kostenrechnung).

Bühl, Hartmut:
Das Eurokorps, in: Wehrtechnik, 26. Jg. (1994), H. 11, S. 8-12.
Bühl (Eurokorps).

Bühl, Hartmut:
Der Weg zum Eurokorps, in: Europäische Sicherheit, 42. Jg. (1993), H. 9, S. 472-476.
Bühl (Weg).

Bühl, Hartmut:
Erfahrungen mit Innerer Führung in der Multinationalität, in: Prüfert, Andreas (Hrsg.): Innere Führung im Wandel. Zur Debatte um die Führungsphilosophie der Bundeswehr, Forum Innere Führung, Bd. 1, Baden-Baden 1998, S. 50-55.
Bühl (Erfahrungen).

Bühl, Hartmut:
Europäische Sicherheit, in: Martin, Ernst (Hrsg.): Eurokorps und Europäische Einigung, Bonn 1996, S. 133-176.
Bühl (Sicherheit).

Bühl, Hartmut:
Europäische Verteidigungsidentität. Das Eurokorps als ein erster militärischer Ansatz, in: Österreichische Militärische Zeitschrift, 32. Jg. (1994), H. 6. S. 609-616.
Bühl (Ansatz).

Büntemeyer, Fredi:
Information als entscheidende Dimension der Auseinandersetzung im 21. Jahrhundert, in: Soldat und Technik, 39. Jahrgang (1996), H. 9, S. 555-561.
Büntemeyer (Information).

Bundesministerium der Verteidigung (BMVg):
Bestandsaufnahme. Die Bundeswehr an der Schwelle zum 21. Jahrhundert, Bonn 1999.
BMVg (Bestandsaufnahme).

BMVg, Presse- und Informationsstab, Referat Öffentlichkeitsarbeit:
Bundeswehr. Die Streitkräfte, Bonn 1996.
BMVg (Streitkräfte).

BMVg:
Führungsfähigkeit und Entscheidungsverantwortung in den Streitkräften. Bericht zu den Empfehlungen der Kommission des Bundesministers der Verteidigung zur Stärkung der Führungsfähigkeit und Entscheidungsverantwortung in der Bundeswehr vom 31. Oktober 1979, Bonn 1981.
BMVg (Kommission).

BMVg, Presse- und Informationsstab:
Gemeinsames deutsch-französisches Sicherheitskonzept und Verteidigungskonzept, in: Presse- und Informationsamt der Bundesregierung (Hrsg.): Bulletin, o. Jg. (1997), H. 12, 05.02. 1997, S. 117-120.
BMVg (Gemeinsam).

BMVg, Presse- und Informationsstab, Referat Öffentlichkeitsarbeit:
Jahresbericht der Bundesregierung 1998. Anteil des Bundesministeriums der Verteidigung, Bonn 1999.
BMVg (Bericht 98).

BMVg, Fü S I 4:
Stabilization Force SFOR. Deutsche Beteiligung an der Friedenstruppe zur Absicherung des Friedensprozesses im früheren Jugoslawien, Broschüre zur Truppeninformation für deutsche Soldaten von GECONSFOR, Bonn 1997.
BMVg (SFOR).

BMVg (Hrsg.):
Weißbuch 1994. Weißbuch zur Sicherheit der Bundesrepublik Deutschland und zur Lage und Zukunft der Bundeswehr, Bonn 1994.
BMVg (Weißbuch 94).

Bundesregierung, Presse- und Informationsamt, Referat Außen-, Sicherheits- und Europapolitik (Hrsg.):
Alliierte Truppen und multinationale Streitkräftestrukturen in Deutschland, Bonn 1997.
Bundesregierung (Truppen).

Bundesregierung, Presse- und Informationsamt (Hrsg.):
Die neue NATO. Sicherheit und Stabilität für Europa, Bonn 1997.
Bundesregierung (NATO).

Bundesregierung, Presse- und Informationsamt (Hrsg.):
German Security Policy and The Bundeswehr, Bonn 1997.
Bundesregierung (Bundeswehr).

Bundessprachenamt (Hrsg.):
Militärisches Studienglossar Englisch, Teil I, Englisch – Deutsch, Hürth 1993.
Bundessprachenamt (Glossar I).

Bundessprachenamt (Hrsg.):
Militärisches Studienglossar Englisch, Teil II/III, Deutsch – Englisch, Abkürzung - Begriff, Hürth 1993.
Bundessprachenamt (Glossar II/III).

Bundesverwaltungsgericht (BVerwG):
Verwendungsmöglichkeiten von Frauen in den Streitkräften, in: Neue Juristische Wochenschrift, o. Jg. (1996), H. 33, S. 2173-2175.
BVerwG (Frauen).

Burger; Jeschonnek, Friedrich K.:
Die Organisation der internationalen Zusammenarbeit des Heeres, in: Soldat und Technik, 36. Jg. (1993), H. 2, S. 96-101.
Burger/Jeschonnek (Zusammenarbeit).

Busch, H.:
NATO-Rüstung oder nationale Rüstung. Gedanken zu einer zentralisierten Rüstungskooperation im Bündnis, Jahrgangsarbeit des Verwendungslehrganges Generalstabs-/ Admiralstabsdienst der Bundeswehr, Hamburg 1979.
Busch (Rüstung).

Busch, Stefan:
Frauen in der US-Army. Standpunkte zum Combatverbot und Grenzen der Integration, in: Borgert, Heinz-Ludger; Bradley, Dermot; Zeller, Wolfram (Hrsg.): MARS. Jahrbuch für Wehrpolitik und Militärwesen, 3./4. Jg. (1997/98), Osnabrück 1997, S. 361-384.
Busch (Combatverbot).

Cailleteau, François:
Die funktionale Kontrolle der Streitkräfte. Eine französische Sicht, Übersetzung von Klein, Paul, in: Brecht, Reinhold; Klein; Paul (Hrsg.): Streitkräfte in der Demokratie. Die Kontrolle des Militärs in Frankreich und in Deutschland, Militär und Sozialwissenschaften, Bd. 14, Baden-Baden 1994, S. 53-63.
Cailleteau (Kontrolle).

Candil-Muñoz, Antonio J.:
Nuestra contribucion al Eurocuerpo, in: Ejército, 55. Jg. (1994), H. 6, S, 46-52, Übersetzung aus dem Spanischen durch SKA/FIZBw: Spaniens Beitrag zum Eurokorps.
Candil-Muñoz (Eurocuerpo).

Carstens, Peter Heinrich:
Vom Modellfall zum Strukturmodell. Multinationalität im Bündnis, in: Communication Presse Marketing GmbH CPM (Hrsg.): Multinationale Streitkräfte in der NATO, St. Augustin 1994, S. 4-11.
Carstens (Multinationalität).

Carstensen, Meinhard:
Wechselkursrisiko- und Devisenmanagement bei internationaler Unternehmertätigkeit, in: Haussmann, Helmut; Kumar, Brij Nino (Hrsg.): Handbuch der Internationalen Unternehmertätigkeit, München 1992, S. 839-854.
Carstensen (Wechselkursrisiko).

Carver, Alan T.; Franks, Frederick M.:
Building a NATO Corps, in: Military Review, 171. Jg. (1991), H. July, S. 27-44.
Carver/Franks (Corps).

Castillero, Tejedor Jose:
PCDIV multinacional. Experiencia Bosnia, in: Ejército, 57. Jg. (1996), H. 9, S. 25-32, Übersetzung des Bundessprachenamtes: Der multinationale Gefechtsstand. Erfahrungen Bosnien.
Castillero (Experienca).

Chatelier, Yves Le:
Bayern? Das muß doch gut sein., Interview des Kommandeurs der Multinationalen Division Südost, geführt von Proneth, Walter, in: Der Keiler. Bundeswehr-Feldzeitung für Soldaten in Bosnien-Herzegowina und Kroatien, 1. Jg. (1997), H. 10, 01.04. 1997, S. 6.
Chatelier (Interview).

Child, John; Faulkner, David:
Strategies of Cooperation. Managing Alliances, Networks and Joint Ventures, New York 1998.
Child/Faulkner (Cooperation).

Clark, Bruce:
NATO seeks to bridge ambiguity gap, in: Financial Times, o. Jg. (1998), 06.06. 1998, S. 3.
Clark (NATO).

Claus, Dieter:
Internationalisierung: Wenn mehrere Kulturen aufeinandertreffen, in: Personalführung, 26. Jg. (1993), H. 12, S. 1010-1013.
Claus (Kulturen).

Clausewitz, Carl von:
Vom Kriege, in: Stumpf, Reinhard (Hrsg.): Kriegstheorie und Kriegsgeschichte. Carl von Clausewitz. Helmuth von Moltke, Bibliothek der Geschichte und Politik, Bd. 23, Frankfurt/Main 1993, S. 9-423.
Clausewitz (Krieg).

Clement, Rolf:
Aus Finanznot geboren, in: Loyal, 35. Jg. (1995), H. 9, S. 14f.
Clement (Finanznot).

Clement, Rolf:
Combined Joint Task Force, in: Loyal, 34. Jg. (1994), H. 2, S. 17f.
Clement (CJTF).

Clement, Rolf:
Frankreich und die NATO, in: Europäische Sicherheit, 47. Jg. (1998), H. 7, S. 10.
Clement (Frankreich).

Clement, Rolf:
Multi-National Is The Trump Card. The Bundeswehr And Multi-National Cooperation, in: Military Technology, 19. Jg. (1995), H. 11, S. 41-44.
Clement (Trump Card).

Clerc, François Joseph:
Gestaltete Multinationalität. Das Eurokorps als Modell, in: Martin, Ernst (Hrsg.): Eurokorps und Europäische Einigung, Bonn 1996, S. 298-311.
Clerc (Multinationalität).

Clerc, François Joseph:
Multinationalität in der Praxis, in: Behörden-Spiegel-Gruppe (Hrsg.): Eurokorps – Corps Européen. Strategische Mobilität – Mobilité stratégique, Bonn 1996, S. 16f.
Clerc (Praxis).

Clinton, Bill:
Aufstockung des US-Verteidigungshaushaltes, Übersetzung der Radioansprache des US-Präsidenten vom 02.01. 1999, in: Presse- und Informationsamt der Bundesregierung (Hrsg.): Stichworte zur Sicherheitspolitik, o. Jg. (1999), H.1, S. 3f.
Clinton (Aufstockung).

Codner, Michael:
Hanging Together: Interoperability within the Alliance and with Coalition Partners in an Era of Technological Innovation, NATO Research Fellowship Report, London 1999.
Codner (Together).

Coenenberg, Adolf G.:
Kostenrechnung und Kostenanalyse, 4. Aufl., Landsberg/Lech 1999.
Coenenberg (Kostenrechnung).

Collmer, Sabine; Meyer, Georg-Maria:
Kolonisierung oder Integration? Bundeswehr und Deutsche Einheit. Eine Bestandsaufnahme, Darmstadt 1993.
Collmer/Meyer (Integration).

Communication Presse Marketing GmbH CPM (Hrsg.):
Multinationale Streitkräfte in der NATO, Sankt Augustin 1994.
CPM (Streitkräfte).

Congressional Budget Office (CBO):
The cost of expanding the NATO alliance, Washington, DC 1996.
CBO (Cost).

Cooling, Benjamin; Hixson, John:
Combined Operations in Peace and War, US-Army Military History Institute, Carlisle Barracks 1982.
Cooling/Hixson (Combined).

Cragg, Anthony:
Ein neues Strategisches Konzept für eine neue Ära, in: Nato-Brief, 47. Jg. (1999), H. 2, S. 19-22.
Cragg (Konzept).

Crespo, Enrique Barón:
Eingliederung in das Eurokorps, in: Martin, Ernst (Hrsg.): Eurokorps und Europäische Einigung, Bonn 1996, S. 103-130.
Crespo (Eingliederung).

Cutshaw, Charles Q.; Cutshaw, Dianne M.:
Budget and Finance, Military, in: Dupuy, Trevor N. (Hrsg.): International Military and Defense Encyclopedia, Bd. 1, New York; Washington 1993, S. 412-416.
Cutshaw/Cutshaw (Finance).

Dau, Klaus:
Rechtliche Rahmenbedingungen einer deutsch-französischen Brigade, in: Neue Zeitschrift für Wehrrecht, 31. Jg. (1989), H. 5, S. 177-186.
Dau (Rahmen).

Dau, Klaus:
Strukturen in Bewegung. Rechtliche Aspekte der Führung in der Multinationalität, in: Truppenpraxis/Wehrausbildung, 43. Jg. (1999), H. 3, S.
Dau (Aspekte).

Dean, Sydney E.:
Digitale Streitkräfte. Zur Zukunft der NATO-Interoperabilität, in: Information für die Truppe, 43. Jg. (1999), H. 6, S. 44-49.
Dean (Digital).

Dean, Sydney E.:
Information Warfare. Entscheidet zukünftig die Information?, in: Europäische Sicherheit, 48. Jg. (1999), H. 11, S. 24-26.
Dean (Information).

Dean, Sidney E.:
Soldaten unter fremden Fahnen. Ein Blick in die NATO-Streitkräfte, in: Information für die Truppe, 39. Jg. (1995), H. 2, S. 26-31.
Dean (Fahnen).

Deans, Bob:
Pentagon mum about air mission. Firewall against allies to prevent Nato leaks, in: The Stars and Stripes, 27.04. 1999, S. 1 und 4.
Deans (Leaks).

Deckert, Gerhard:
Der Chef des Stabes. Erfahrungen und Gedanken, in: Truppenpraxis, 27. Jg. (1983), H. 7, S. 495-500.
Deckert (Erfahrungen).

Deibel, Terry L.:
Alliance, Military and Political, in: Dupuy, Trevor N. (Hrsg.): International Military and Defense Encyclopedia, Bd. 1, New York; Washington 1993, S. 116-121.
Deibel (Alliance).

Delp, Andreas:
Multinationalität. Möglichkeiten und Grenzen der Anwendung im Bereich von Luftstreitkräften, Jahrgangsarbeit des Verwendungslehrganges Generalstabs-/Admiralstabsdienst der Bundeswehr, Hamburg 1998.
Delp (Grenzen).

Demandt, Ecke:
Rechtsberater und Rechtsoffizier in den Streitkräften der Bundeswehr. Funktion und Bedeutung, in: Neue Zeitschrift für Wehrrecht, 32. Jg. (1990), H. 5, S. 201-206.
Demandt (Rechtsberater).

Deutsche Presseagentur (DPA):
Helsinki bleibt stur: EU-Mittel für Kosovo wichtiger als für deutsche Dolmetscher, in: Fränkisches Volksblatt, 03.07. 1999, S. VZS 4.
DPA (Dolmetscher).

DPA:
Öffnung der Bundeswehr für Frauen ohne Mehrheit, in: Fränkisches Volksblatt, 29.10. 1999, S. VZS 2.
DPA (Mehrheit).

DPA:
Scharping: Keine Denkverbote, in: Fränkisches Volksblatt, 24.04. 1999, S. VBW 1.
DPA (Denkverbote).

DPA:
Verfassungsgericht: Homosexueller Offizier scheitert im Eilverfahren, in: Fränkisches Volksblatt, 01.09. 1999, S. VZS 2.
DPA (Homosexuell).

Deutscher Bundestag:
Kleine Anfrage der Abgeordneten Angelika Beer, Winfried Nachtwei, Christian Sterzing und der Fraktion Bündnis 90/Die Grünen zum Thema „Kommando Spezialkräfte", Drucksache 13/6639, 13. Wahlperiode, 20.12. 1996 und Antwort der Bundesregierung auf die Kleine Anfrage, Drucksache 13/6924, 13. Wahlperiode, 07.02. 1997.
Bundestag (KSK).

Deutscher Bundestag, Wissenschaftliche Dienste, Fachbereich II - Auswärtiges, Internationales Recht, Wirtschaftliche Zusammenarbeit, Deutsche Integration, Verteidigung (Hrsg.):
Erfahrungen, Probleme und Perspektiven militärischer Zusammenarbeit in bi- bzw. multinationalen Großverbänden seit 1990 in Europa, Reg.-Nr.: WF II – 202/95, Ausarbeitung Nr. 26/96, Bonn 1995.
Dienste (Erfahrungen).

Diamond, John:
Leaders defend missions. Peacekeeping duties could boost morale, in: The Stars and Stripes, 08. 08. 1999, S. 1 und 6.
Diamond (Missions).

Diefenbach, Karl:
Mehr als ein Alibi. 40 Jahre Zentrum Innere Führung, in: Information für die Truppe, 40. Jg. (1996), H. 10, S. 4-11.
Diefenbach (Alibi).

Dietel, Bernhard; Heinen, Edmund:
Informationswirtschaft, in: Heinen, Edmund (Hrsg.): Industriebetriebslehre. Entscheidungen im Industriebetrieb, 8. Aufl., Wiesbaden 1985, S. 893-1074.
Dietel/Heinen (Informationswirtschaft).

Dietel, Bernhard; Heinen, Edmund:
Kostenrechnung, in: Heinen, Edmund (Hrsg.): Industriebetriebslehre. Entscheidungen im Industriebetrieb, 9. Aufl., Wiesbaden 1991, S. 1157-1313.
Dietel/Heinen (Kostenrechnung).

Dietrich, Heinz-Peter:
Geld und Sicherheit: Nato sucht den Königsweg, in: Fränkisches Volksblatt, 23.09. 1999, S. VZS 2.
Dietrich (Geld).

Diller, Hans-Peter:
Sicherstellung der sanitätsdienstlichen Versorgung im Einsatz. Eine vergleichende Darstellung ausgewählter europäischer Sanitätsdienste, Jahrgangsarbeit des Verwendungslehrganges Generalstabs-/Admiralstabsdienst der Bundeswehr, Hamburg 1994.
Diller (Sanitätsdienst).

Dillkofer, Heidelore; Meyer, Georg-Maria; Schneider, Siegfried:
Soziale Probleme von Soldatenfamilien der Bundeswehr, Sozialwissenschaftliches Institut der Bundeswehr, Bericht 37, München 1985.
Dillkofer/Meyer/Schneider (Soldatenfamilien).

Dischert, Wolfgang:
Heeresverbindungsorganisation (Ausland), in: Kampftruppen/Kampfunterstützungstruppen, 36. Jg. (1994), H. 6, S. 54f.
Dischert (Ausland).

Dischert, Wolfgang:
Logistik und Sanitätsdienst im Heer, in: Europäische Sicherheit, 43. Jg. (1994), H. 7, S. 340-344.
Dischert (Logistik).

Dometeit, Gudrun u.a.:
Nato. Ein dickes Geschäft, in: Focus, o. Jg. (1996), H. 42, S. 332-336.
Dometeit u.a. (Geschäft).

Donohue, Kevin S.; Jones, Steven M.; Wong, Leonard:
Leadership, in: Dupuy, Trevor N. (Hrsg.): International Military and Defense Encyclopedia, Bd. 3, New York; Washington 1993, S. 1460-1465.
Donohue/Jones/Wong (Leadership).

Drebenstedt, H.; Drebenstedt, M.; Leonhard, D.:
Psychische und physische Aspekte zur Wehrdiensttauglichkeit weiblicher Soldaten, in: Wehrmedizinische Monatsschrift, 36. Jg. (1992), H. 5, S. 206-213.
Drebenstedt/Drebenstedt/Leonhard (Aspekte).

Drews, Rüdiger:
Die Grundstruktur des Heeres mit Hauptverteidigungskräften und Krisenreaktionskräften ist richtig, Interview in: Soldat und Technik, 42. Jg. (1999), H. 3, S. 149-151.
Drews (Interview).

Driftmann, Hans H.(Hrsg.):
Allgemeine Führungslehre. Führung in der Bundeswehr. Leitfaden für Lehre und Praxis, Regensburg 1986.
Driftmann (Führung).

Drumm, Hans Jürgen:
Personalwirtschaftslehre, 3. Aufl., New York u.a. 1995.
Drumm (Personalwirtschaftslehre).

Dunnigan, James F.:
How to Make War. A Comprehensive Guide to Modern Warfare for the Post-Cold War Era, 3. Aufl., New York 1993.
Dunnigan (War).

Dunning, John H.:
Multinational Enterprises and the Global Economy, Amsterdam u.a. 1992.
Dunning (Multinational).

Dupuy, Trevor N.:
Combat Effectiveness, in: Dupuy, Trevor N. (Hrsg.): International Military and Defense Encyclopedia, Bd. 2, New York; Washington 1993, S. 555-557.
Dupuy (Effectiveness).

Eckert, Gerd:
Organisatorische Aspekte der taktischen Entscheidung. Eine empirische Studie aus dem militärischen Bereich, Dissertation, Mannheim 1969.
Eckert (Entscheidung).

Ehlen, Robert; Hirschmann, Hans; Müller, Dirk:
Interoperabilität der Fernmeldenetze der Bundeswehr, in: Soldat und Technik, 42. Jg. (1999), H. 3, S. 141-146.
Ehlen/Hirschmann/Müller (Fernmeldenetze).

Ehmann, Friedrich-Wilhelm:
Nato Airborne Early Warning, in: Nato's Sixteen Nations, 42. Jg. (1997), H. 1, S. 73f.
Ehmann (Warning).

Eilenberger, Guido:
Finanzierungsstrategien multinationaler Unternehmungen, 2. Aufl., München 1987.
Eilenberger (Multinational).

Einhorn, Hans:
Vorwort, in: Forschungsinstitut für Militärökonomie und angewandte Konversion der Gesellschaft für Militärökonomie e.V. (Hrsg.): Streitkräfte als Wirtschaftsbetrieb. Festschrift zum 65. Geburtstag von Prof. Dr. Oswald Hahn, Koblenz 1993, S. 7f.
Einhorn (Vorwort).

Eisele, Manfred:
50 Jahre UN-Blauhelme. Eine kritische Bilanz, in: Politische Studien, 50. Jg. (1999), H. 365, S. 22-28.
Eisele (Bilanz).

Eisele, Wolfgang:
Die Beurteilung der Kameralistik durch die Betriebswirtschaftslehre, in: Hahn, Oswald (Hrsg.): Strukturwandel der Bundeswehr. Betriebswirtschaftliche Hilfen zur Problemlösung. Referate und zur Verfügung gestellte Diskussionsbeiträge auf einem gleichnamigen Symposium des Lehrstuhls für Allgemeine, Bank- und Versicherungs-Betriebswirt-

schaftslehre in Nürnberg, 11. bis 14. April 1994. Heft 79 der Veröffentlichungen des Lehrstuhls für Allgemeine, Bank- und Versicherungs-Betriebswirtschaftslehre an der Friedrich-Alexander-Universität Erlangen-Nürnberg, Nürnberg 1994, S. 60-75.
Eisele (Kameralistik).

Eiselsberg:
Das I. Deutsch/Niederländische Korps, in: Österreichische Militärische Zeitschrift, 34. Jg. (1996), H. 4. S. 454f.
Eiselsberg (D/NL).

Eisenhower, Dwight D.:
Kreuzzug in Europa, Amsterdam 1948.
Eisenhower (Kreuzzug).

Eiteman, Daniel K.; Stonehill, Arthur J.:
Multinational Business Finance, 3. Aufl., Amsterdam u.a. 1982.
Eiteman/Stonehill (Multinational).

Eitner, Franz:
Menschenführung im militärischen Bereich. Sozialpädagogische Punktationen in der militärischen Führung, in: Österreichische Militärische Zeitschrift, 14. Jg. (1976), H. 4, S. 272-278.
Eitner (Bereich).

Eitzen, K. H.:
Sprachen-Ecke. Im Hauptquartier der alliierten Luftstreitkräfte, in: Wehrausbildung in Wort und Bild, 2. Jg. (1959), o. H., S. 297f.
Eitzen (Sprachen-Ecke).

Elbe, Rolf:
Gemeinsames in der Berufsauffassung europäischen Offizierstums, in: Wehrwissenschaftliche Rundschau, 7. Jg. (1957), H. 8, S. 423-434.
Elbe (Berufsauffassung).

Elbe, Rolf:
Integrierung. Eine Voraussetzung für das Zusammenwirken heterogener Heeresverbände, in: Truppenpraxis, 19. Jg. (1975), H. 8, S. 536-539.
Elbe (Voraussetzung).

Elbe, Rolf:
Zusammenarbeit und Geist in einem integrierten NATO-Stab, in: Wehrkunde, 12. Jg. (1963), H. 3, S. 139-143.
Elbe (Geist).

Elbers, Ernst-August:
Generalstabsdienst im Kommando des deutsch-niederländischen Korps, Zusammenfassung des Vortrags gehalten während des „Forum Ulm 1997“ der Clausewitz-Gesellschaft e.V. in Ulm am 06./07.11. 1997, zusammengefaßt in: Brüggemann, Adolf: Generalstabsdienst in multinationalen Streitkräften. „Forum Ulm 1997“ der Clausewitz-Gesellschaft e.V., Europäische Sicherheit, 47. Jg. (1998), H. 2, S. 11-13.
Elbers (Kommando).

Elektroniksystem- und Logistik-Gesellschaft mbH (ESG):
Internationale Logistik. Abschlußbericht zur Studie Internationale Logistik, München 1996.
ESG (Logistik).

Elias, G.:
Europäische Rüstungszusammenarbeit in der NATO. Eine Bestandsaufnahme und Beurteilung der Schwierigkeiten und Chancen aus politischer, wirtschaftlicher, technologischer und militärischer Sicht, Jahrgangsarbeit des Verwendungslehrganges Generalstabs-/ Admiralstabsdienst der Bundeswehr, Hamburg 1987.
Elias (Rüstung).

Ellinger, Johann:
Die Problematik einer Spezialisierung nationaler Streitkräfte unter betriebswirtschaftlichem Aspekt, in: Gerber, Johannes; Hahn, Oswald (Hrsg.): Betriebswirtschaftslehre und Streitkräfte. Referate und Diskussionsbeiträge auf der gleichnamigen wissenschaftlichen Tagung des Lehrstuhls für Allgemeine, Bank- und Versicherungs-Betriebswirtschaftslehre an der Friedrich-Alexander-Universität Erlangen-Nürnberg vom 4. bis 6. April 1979, Regensburg 1980, S. 97-112.
Ellinger (Spezialisierung).

Elmore, Cindy:
Daimler-Benz driven to study Americana. Trip to base offers workers „real" U.S., in: The Stars and Stripes, 28.09. 1998, S. 1 und 6.
Elmore (Study).

Endler, Peter:
BIGSTAF läßt grüßen. Die Verbesserung der Führungsmittel – ein Schwerpunkt des Heeres zur Jahrtausendwende, in: Truppenpraxis/Wehrausbildung, o. Jg. (1996), H. 6, S. 391-394.
Endler (BIGSTAF).

Endres, Ruth:
Strategie und Taktik der Kooperation. Grundlagen der zwischen- und innerbetrieblichen Zusammenarbeit, Berlin 1975.
Endres (Kooperation).

Engelhard, Johann (Hrsg.):
Interkulturelles Management. Theoretische Fundierung und funktionsbereichsspezifische Konzepte, Wiesbaden 1997.
Engelhard (Interkulturell).

Enloe, Cynthia H.:
Ethnicity and the Armed Forces, in: Dupuy, Trevor N. (Hrsg.): International Military and Defense Encyclopedia, Bd. 2, New York; Washington 1993, S. 896-901.
Enloe (Ethnicity).

Erbe, Jürgen:
Multinationalität – Lob und Vorbehalte, in: Soldat und Technik, 39. Jg. (1996), H. 3, S. 129.
Erbe (Multinationalität).

Erber, Andreas:
Frauen und Militär. Entwicklungslinien einer Debatte, Jahrgangsarbeit des Verwendungslehrganges Generalstabs-/Admiralstabsdienst der Bundeswehr, Hamburg 1997.
Erber (Debatte).

Espinosa, Javier Beneitez:
Apoyo logistico a una fuerza multinacional, in: Ejército, 54. Jg. (1993), H. 641, S. 70-75, Übersetzung des Bundessprachenamtes: Die logistische Unterstützung multinationaler Verbände.
Espinosa (Logistico).

Faria, Manuel; Freeman, Waldo D.; Hess, Randall J.:
The Challanges of Combined Operations, in: Military Review, 172. Jg. (1992), H. November, S. 2-11.
Faria/Freeman/Hess (Combined).

Faust, Dominik A.:
Eurokorps ist bald einsatzbereit, in: Fränkisches Volksblatt, 11.02. 1995, S. 2.
Faust (Einsatzbereit).

Faust, Dominik A.:
GASP. Die Gemeinsame Außen- und Sicherheitspolitik der Europäischen Union nach 1996, Magisterarbeit, Hagen 1996.
Faust (GASP).

Faust, Dominik A.:
Vertrauenskrise in der Bundeswehr, 1. Aufl., Gräfelfing 1998.
Faust (Vertrauenskrise).

Faust, Martin:
Joint Warfighting. Key-Factors for its Success, in: Schönherr, Siegfried (Hrsg.): Streitkräfte, Ökonomie und Europäische Sicherheit, Generalmajor Dipl.-Kfm. Dr. rer. pol. Johannes Gerber zum 80. Geburtstag, Dachau 1999, S. 87-93.
Faust (Factors).

Faust, Martin:
Möglichkeiten der Ausrüstung des Soldaten und Wege deren Beschaffung, in: Gesellschaft für Militärökonomie e.V.; W.L. Gore & Associates GmbH (Hrsg.): Finanzierungsnot der Streitkräfte. Alternative Methoden der Kapitalbeschaffung am Beispiel von Leasing, Koblenz 1998, S. 34-50.
Faust (Beschaffung).

Faust, Wolfgang:
1866 nach einhundert Jahren. Ergebnisse einer Umfrage über den publizistischen Niederschlag – Ein Beitrag zum Geschichtsverständnis der Deutschen, Dissertation, Würzburg 1970.
Faust (1866).

Fechner, Wolfgang:
Eurokorps. Fundament für eine europäische Sicherheitsarchitektur, in: Der Mittler-Brief, 8. Jg. (1993), H. 3, S. 1-8.
Fechner (Fundament).

Fechner, Wolfgang:
Eurokorps schlägt Brücke nach Süden, in: Europäische Sicherheit, 43. Jg. (1994), H. 12, S. 604-606.
Fechner (Eurokorps).

Fechner, Wolfgang:
Königstreu und knapp bei Kasse, in: Wehrausbildung, 37. Jg. (1994), H. 5, S. 278-280.
Fechner (Königstreu).

Felde, Hans:
Kriterien für die Bewertung der Wirksamkeit von Organisationen, Jahrgangsarbeit des Verwendungslehrganges Generalstabs-/Admiralstabsdienst der Bundeswehr, Hamburg 1973.
Felde (Wirksamkeit).

Feldman, Daniel C.; Tompson, Holly B.:
Entry Shock, Culture Shock: Socializing the New Breed of Global Managers, in: Human Resource Management, 31. Jg. (1992), H. 4, S. 345-362.
Feldman/Tompson (Shock).

Feldmeyer, Karl:
Bei den Amerikanern wächst der Verdruß am Bündnis, in: Frankfurter Allgemeine Zeitung, 08.02. 1999, S. 6.
Feldmeyer (Verdruß).

Feldmeyer, Karl:
Scharping will kämpfen. Noch ist der Kampf um den Verteidigungshaushalt nicht endgültig entschieden, in: Frankfurter Allgemeine Zeitung, 21.08. 1999, S. 12.
Feldmeyer (Haushalt).

Fell, Rainer:
Standardisierung. Die Sicht des Heeres, in: Communication Presse Marketing GmbH CPM (Hrsg.): Multinationale Streitkräfte in der NATO, Sankt Augustin 1994, S. 134-138.
Fell (Standardisierung).

Festing, Marion; Weber, Wolfgang; Weller, Ingo:
Internationales Personalmanagement bei der Deutschen Telekom AG, in: Swoboda, Bernhard; Zentes, Joachim (Hrsg.): Fallstudien zum Internationalen Management, Wiesbaden 2000, S. 731-749.
Festing/Weber/Weller (Personalmanagement).

Fischer, Heinrich:
Die Schichttorte ist out, in: Truppenpraxis/Wehrausbildung, 39. Jg. (1995), H. 1, S.32-37.
Fischer (Schichttorte).

Fischer, Klaus-Dieter:
Reservisten der Bundeswehr, Bedeutung und Aufgaben heute, in: Europäische Sicherheit, 47. Jg. (1998), H. 11, S. 11-13.
Fischer (Reservisten).

Fleck, Dieter:
Abhandlungen. Vertragsgrundlagen für multinationale Verbände, in: Neue Zeitschrift für Wehrrecht, 40. Jg. (1998), H. 4, S. 133-141.
Fleck (Verbände).

Fleckenstein, Bernhard:
Leadership hat Konjunktur. Die neue Bundeswehr braucht eine kompetente Führerelite, in: Information für die Truppe, 43. Jg. (1999), H. 6, S. 22-27.
Fleckenstein (Führerelite).

Fleischmann:
Ein internationaler Aufklärungsverbund, Jahrgangsarbeit des Verwendungslehrganges Generalstabs-/Admiralstabsdienst der Bundeswehr, Hamburg 1999.
Fleischmann (Aufklärungsverbund).

Flume, Wolfgang:
Rüstung für den Einsatz der Bundeswehr in multinationalen Verbänden, in: Communication Presse Marketing GmbH CPM (Hrsg.): Multinationale Streitkräfte in der NATO, Sankt Augustin 1994, S. 142-146.
Flume (Rüstung).

Forrester, Eugene P.:
Interoperability works, in: Infantry, 72. Jg. (1982), H. January/February, S. 6-8.
Forrester (Interoperability).

Frank, Hans:
Die sicherheitspolitischen Rahmenbedingungen und die Weiterentwicklung der Bundeswehr, in: Europäische Sicherheit, 47. Jg. (1998), H. 8, S. 14-16.
Frank (Bundeswehr).

Franke, Joachim:
Neue Wege und Erfahrungen. Multinationale Logistik bei Großverbänden des Heeres, in: Behörden-Spiegel-Gruppe (Hrsg.): Eurokorps – Corps Européen. Strategische Mobilität – Mobilité stratégique, Bonn 1996, S. 108 und 110.
Franke (Logistik).

Frantz, Wolfgang; Huber, Axel Rosendahl; Klein, Paul:
Das Deutsch-Niederländische Korps im Meinungsbild seiner Soldaten. Ergebnisse einer Befragung vom Spätsommer 1995, Sozialwissenschaftliches Institut der Bundeswehr, Arbeitspapier 97, Strausberg 1996.
Frantz/Huber/Klein (Befragung).

Frantz, Wolfgang; Huber, Axel Rosendahl; Klein, Paul:
Zwei Jahre Deutsch-Niederländisches Korps. Eine Begleituntersuchung 1995-1997, Sozialwissenschaftliches Institut der Bundeswehr, Bericht 67, Strausberg 1999.
Frantz/Huber/Klein (Untersuchung).

Frey, Bruno S.:
Ökonomik der Verteidigung, in: Allgemeine Schweizerische Militärzeitschrift, 145. Jg. (1979), H. 12, S. 666-672.
Frey (Ökonomik).

Fries, W.:
Standardisierung und Sortenverminderung von militärischen Betriebsstoffen, in: Wehrtechnik, 3. Jg. (1971), H. 2, S. 71f.
Fries (Betriebsstoffe).

Friese, Matthias H.:
Partnerschaft für den Frieden. Multinationalität über Grenzen hinweg, in: Report Verlag GmbH (Hrsg.): Wehrtechnischer Report, November 1996: Multinationalität. Die Beteiligung des deutschen Heeres, Bonn; Frankfurt/ Main 1996, S. 45-48.
Friese (PfF).

Fritz, Friedrich:
Wissenschaftliches Arbeiten im militärischen Bereich, in: Österreichische Militärische Zeitschrift, 14. Jg. (1976), H. 5, S. 397-402.
Fritz (Arbeiten).

Fritz, Johannes:
Wiedereingliederung ins Stammhaus, in: Burens, Peter-Claus (Hrsg.): Handbuch Auslandseinsatz, Bd. 1, Heidelberg 1984, S. 121-150.
Fritz (Wiedereingliederung).

Fritze, Volker:
Kein Wein mehr zum Essen, in: Truppenpraxis, 37. Jg. (1993), H. 3, S. 239-243.
Fritze (Wein).

Fritze, Volker:
Krieg in Windeseile. Pegasus 94. Die erste Rahmenübungen des Eurokorps, in: Truppenpraxis/Wehrausbildung, 39. Jg. (1995), H. 3, S. 189-214.
Fritze (Rahmenübung).

Fröhlich, Andreas:
Ost-West Joint-Ventures. Ziele und betriebswirtschaftliche Probleme, Baden-Baden 1991.
Fröhlich (Probleme).

Fromelt, O'Donnell:
Innere Führung – ein Qualitätsprodukt, aber kein Exportartikel, in: Europäische Sicherheit, 44. Jg. (1995), H. 1, S. 31f.
Fromelt (Führung).

Führungsakademie der Bundeswehr, Fachbereich Sozialwissenschaften (Hrsg.):
Soldatenbeteiligung in integrierten Stäben, Beiträge zu Lehre und Forschung, Bd. 2/99, Hamburg 1999.
FüAkBw (Beteiligung).

Füllenbach, Martin:
Leasing von Wehrmaterial, Theorie und Forschung, Bd. 519, Wirtschaftswissenschaften, Bd. 50, Dissertation, Erlangen; Nürnberg 1998.
Füllenbach (Leasing).

Gabler-Verlag:
Gabler-Wirtschafts-Lexikon, 13. Aufl., Wiesbaden 1993.
Gabler (Lexikon).

Gaitanides, Michael:
Ablauforganisation, in: Frese, Erich (Hrsg.): Handwörterbuch der Organisation, 3. Aufl., Stuttgart 1992, Sp. 1-18.
Gaitanides (Ablauforganisation).

Geis, Matthias:
Ein sanfter Mann fürs Militär. Rudolf Scharping führt die Truppe in den Kampfeinsatz, in: Die Zeit, 25.03. 1999, S. 2.
Geis (Scharping).

Gellermann, Bernward:
Die internationale Zusammenarbeit des Heeres, in: Europäische Sicherheit, 45. Jg. (1996), H. 2, S. 16-20.
Gellermann (Zusammenarbeit).

Gellermann, Bernward:
Vorhaben der Heeresrüstung im Rahmen internationaler Zusammenarbeit, in: Europäische Sicherheit, 48. Jg. (1999), H. 8, S. 20-24.
Gellermann (Heeresrüstung).

Gerber, Johannes:
Anforderungen an das Rechnungswesen eines öffentlichen Haushaltes, in: Der Öffentliche Haushalt, o. Jg. (1955), H. 3/4, S. 1.
Gerber (Anforderungen).

Gerber, Johannes:
Anregungen zur Neuordnung des Rechnungswesens der öffentlichen Verwaltung [Haushaltsrechnung], in: Der Unternehmensberater, o. Jg. (1982), H. 6, S. 137-139.
Gerber (Anregungen).

Gerber, Johannes:
Betriebslehre für Streitkräfte, Köln 1967.
Gerber (Betriebslehre).

Gerber, Johannes:
Betriebswirtschaftliche Anmerkungen zum Urteil des Bundesverfassungsgerichtes über den Einsatz der Bundeswehr auch außerhalb des Nato-Territoriums. Teil I, in: Bundeswehrverwaltung, o. Jg. (1994), H. 10, S. 229-232.
Gerber (Anmerkungen I).

Gerber, Johannes:
Betriebswirtschaftliche Anmerkungen zum Urteil des Bundesverfassungsgerichtes über den Einsatz der Bundeswehr auch außerhalb des Nato-Territoriums. Teil II, in: Bundeswehrverwaltung, o. Jg. (1994), H. 11, S. 254-257.
Gerber (Anmerkungen II).

Gerber, Johannes:
Betriebswirtschaftliche Grundlagen für die Führung von Streitkräften, Dissertation, Mannheim 1962.
Gerber (Grundlagen).

Gerber, Johannes:
Betriebswirtschaftliche Innovationsbereitschaft der Bundeswehr, in: Hahn, Oswald (Hrsg.): Personalpolitische Probleme von Sicherheitsproduzenten, Heft 51 der Veröffentlichungen des Lehrstuhls für Allgemeine, Bank- und Versicherungs-Betriebswirtschaftslehre an der Friedrich-Alexander-Uni-versität Erlangen-Nürnberg, Nürnberg 1988, S. 31-55.
Gerber (Innovation).

Gerber, Johannes:
Betriebswirtschaftliche Probleme großer Stäbe. Auswertung einer NATO-Übung, Brief vom 27. September 1962 an einen Bekannten in der Leitung des Bundesministeriums der Verteidigung, in: Gerber Johannes: Beiträge zur Betriebswirtschaftslehre der Streitkräfte, Regensburg 1978, S. 151-158.
Gerber (Stäbe).

Gerber, Johannes:
Betriebswirtschaftslehre und Bundeswehr – Erlebnisse und Einsichten aus 30 Jahren, in: Beyer, Horst-Tilo; Schuster, Leo; Zimmerer, Carl (Hrsg.): Neuere Entwicklungen in Betriebswirtschaftslehre und Praxis. Festschrift für Professor Dr. Oswald Hahn zum 60. Geburtstag, Frankfurt/Main 1988, S. 459-515.
Gerber (Erlebnisse).

Gerber, Johannes:
Betriebswirtschaftslehre und Bundeswehr – Erlebnisse und Einsichten aus den Jahren 1987/88 bis Ende 1992, in: Forschungsinstitut für Militärökonomie und angewandte Konversion der Gesellschaft für Militärökonomie e.V. (Hrsg.): Streitkräfte als Wirtschaftsbetrieb. Festschrift zum 65. Geburtstag von Prof. Dr. Oswald Hahn, Koblenz 1992, S. 9-32.
Gerber (Einsichten).

Gerber, Johannes; Hahn, Oswald (Hrsg.):
Betriebswirtschaftslehre und Streitkräfte. Referate und Diskussionsbeiträge auf der gleichnamigen wissenschaftlichen Tagung des Lehrstuhls für Allgemeine, Bank- und Versicherungs-Betriebswirtschaftslehre an der Friedrich-Alexander-Universität Erlangen-Nürnberg vom 4. bis 6. April 1979, Regensburg 1980.
Gerber/Hahn (Betriebswirtschaftslehre).

Gerber, Johannes:
Bündnisstrukturen, in: Kirchhoff, Günter (Hrsg.): Handbuch zur Ökonomie der Verteidigungspolitik, Regensburg 1986, S. 169-177.
Gerber (Bündnisstrukturen).

Gerber, Johannes:
Bundeswehr/Streitkräfte, in: Chmielewicz, Klaus; Eichhorn, Peter (Hrsg.): Handwörterbuch der Öffentlichen Betriebswirtschaft, Stuttgart 1989, S. 234-239.
Gerber (Bundeswehr).

Gerber, Johannes:
Deutsche Militärökonomie: Bilanz und Perspektiven, in: Gesellschaft für Militärökonomie e.V.; W.L. Gore & Associates GmbH (Hrsg.): Finanzierungsnot der Streitkräfte. Alternative Methoden der Kapitalbeschaffung am Beispiel von Leasing, Koblenz 1998, S. 14-32.
Gerber (Bilanz).

Gerber, Johannes:
Militärökonomie und Bundeswehr, in: Borgert, Heinz-Ludger; Bradley, Dermot; Zeller, Wolfram (Hrsg.): MARS. Jahrbuch für Wehrpolitik und Militärwesen, Bd. 2, Osnabrück 1996, S. 391-416.
Gerber (Militärökonomie).

Gerber, Johannes:
Moderne Kostenrechnung beim Militär?, in: Frankfurter Allgemeine Zeitung, 29.07. 1957, o. S.
Gerber (Kostenrechnung).

Gerber, Johannes:
Taschenbuch für Logistik, 7. Aufl., Bonn; Koblenz 1977.
Gerber (Taschenbuch).

Gerber, Johannes:
Zur Wirtschaftlichkeit der Bundeswehr. Globalität und Euro-Umfeld, in: Behörden-Spiegel, 14. Jg. (1998), H. XI, S. B XXVII.
Gerber (Globalität).

Gerber, Johannes:
Zur Wirtschaftlichkeit von Verteidigungsstrukturen, in: Forschungsinstitut für Militärökonomie und angewandte Konversion der Gesellschaft für Militärökonomie e.V. (Hrsg.): Vorlesungen zur Militärökonomie von Generalmajor a. D. Dr. Johannes Gerber, Berlin 1994, S. 92-100.
Gerber (Wirtschaftlichkeit).

Gerner, Josef:
Das wirksamste militärische Instrument deutscher Sicherheitspolitik. Gedanken zur zukünftigen Bedeutung und Rolle des Heeres, in: Truppenpraxis, 38. Jg. (1994), H. 1, S. 48-52.
Gerner (Sicherheitspolitik).

Gerz, Bernhard:
Möglichkeiten und Grenzen der Einflußnahme auf Machtausübung in der Bundeswehr durch Wahrnehmung des Koalitionsrechts, in: Brecht, Reinhold; Klein, Paul (Hrsg.): Streitkräfte in der Demokratie, Militär und Sozialwissenschaften, Bd. 14, Baden-Baden 1994, S. 15-123.
Gerz (Einflußnahme).

Gerz, Bernhard:
Plädoyer für eine fortschrittliche Wehrverfassung in Europa, in: Martin, Ernst (Hrsg.): Eurokorps und Europäische Einigung, Bonn 1996, S. 464-476.
Gerz (Plädoyer).

Geyso, Peter von; Rütten, Jörg:
Das Allied Command Europe Rapid Reaction Corps. Aspekte der Multinationalität des ACE Rapid Reaction Corps (ARRC), in: Wehrtechnik, 26. Jg. (1994), H. 10, S. 9-12.
Geyso/Rütten (ARRC).

Gijsbers, Koen A.:
Bi-national Corps of NATO's Main Defense Forces in Central Europe: Creating Interoperability, Thesis erstellt zur Erlangung des Master of Military Art and Science, US-Army Command and General Staff College, Fort Leavenworth 1993.
Gijsbers (Thesis).

Gildersleeve, Cory W.:
Strategy and Logistics for the New World Order, Master's Thesis der US Naval Postgraduate School, Monterey 1990.
Gildersleeve (Strategy).

Gilles, Malié:
Auswirkungen der Entwicklung der europäischen Gemeinsamen Außen- und Verteidigungspolitik (GASP) auf die Beziehungen zwischen Europa und den USA innerhalb der Atlantischen Allianz, Jahrgangsarbeit des Verwendungslehrganges Generalstabs-/ Admiralstabsdienst der Bundeswehr, Hamburg 1998.
Gilles (GASP).

Gizewski, Andreas:
Personale und formale Autorität. Ihre Spiegelung in zwei Beispielen aus der Literatur des I. und II. Weltkrieges, in: Wehrwissenschaftliche Rundschau, 20. Jg. (1970), H. 5, S. 264-274.
Gizewski (Autorität).

Göhsl, Fritz:
Unterbringung, Liegenschafts- und Bauwesen, in: Kirchhoff, Günter (Hrsg.): Handbuch zur Ökonomie der Verteidigungspolitik, Regensburg 1986, S. 972-977.
Göhsl (Liegenschaft).

Gollwitzer, Mathias:
Hierarchie im Heer aus betriebswirtschaftlicher Sicht, Dissertation, Erlangen; Nürnberg 1992.
Gollwitzer (Hierarchie).

Gomez, P.; Zimmermann, T.:
Unternehmensorganisation – Profile, Dynamik, Methodik, Frankfurt/ Main; New York 1992.
Gomez/Zimmermann (Unternehmensorganisation).

Gottschalk, Norbert:
Neue strategische Trends. Herausforderungen für Strategie und Militärstrategie, Jahrgangsarbeit des Verwendungslehrganges Generalstabs-/Admiralstabsdienst der Bundeswehr, Hamburg 1998.
Gottschalk (Strategie).

Gr:
Binational Cooking, in: The Messenger. Periodical for Headquarters 1 (GE/NL) Corps, o. Jg. (1997), H. Mai, S. 7.
Gr (Cooking).

Grabatin, G.:
Effizienz von Organisationen, Berlin 1981.
Grabatin (Effizienz).

Grenda, Siegfried:
Die Bundeswehr im Bündnis. Kameradschaft unter Waffenbrüdern, in: Wehrausbildung in Wort und Bild, 26. Jg. (1983), H. 3, S. 119f.
Grenda (Waffenbrüder).

Grochla, Erwin:
Grundlagen der organisatorischen Gestaltung, Stuttgart 1995.
Grochla (Grundlagen).

Grove, Henry:
Zum Führungsproblem multinationaler Streitkräfte: Die internationale Streitmacht zur Niederschlagung des Boxeraufstandes in China 1900-1901, Jahrgangsarbeit des Verwendungslehrganges Generalstabs-/Admiralstabsdienst der Bundeswehr, Hamburg 1995.
Grove (China).

Gruber, Karl-Jens; Sandrart, Jürgen-Joachim von; Schütte, Bodo; Stahl, Wolf-Jürgen:
Entwurf einer operativen Leitlinie der Bundeswehr, Jahrgangsarbeit des Verwendungslehrganges Generalstabs-/Admiralstabsdienst der Bundeswehr, Hamburg 1998.
Gruber u.a. (Entwurf).

Guddat, Martin:
Notwendigkeit einer interoperablen Ausrüstung, in: Europäische Sicherheit, 44. Jg. (1995), H. 11, S. 10.
Guddat (Notwendigkeit).

Guddat, Martin:
Perspektiven künftiger Rüstungskooperationen, in: Europäische Sicherheit, 46. Jg. (1997), H. 3, S. 16 und 18.
Guddat (Perspektiven).

Haberstock, Lothar:
Kostenrechnung, Bd. 1, 9. Aufl. Wiesbaden 1997.
Haberstock (Kostenrechnung).

Hahn, Oswald:
Betriebsgröße von Truppenteilen, in: Kirchhoff, Günter (Hrsg.): Handbuch zur Ökonomie der Verteidigungspolitik, Regensburg 1986, S. 148-153.
Hahn (Betriebsgröße).

Hahn, Oswald:
Betriebswirtschaftliche Probleme der Streitkräfte, in: Größl, Lothar; Hahn, Oswald; Koerdt, Hans (Hrsg.): Wirtschaftlichkeit in Streitkräften, Beiträge zur Militärökonomie, Bd. 1, Wiesbaden 1973, S. 13-62.
Hahn (Probleme).

Hahn, Oswald:
Betriebswirtschaftslehre der Streitkräfte. Eine Teildisziplin der Militärökonomie, in: Küting, Karlheinz; Schnorbus, Axel (Hrsg.): Betriebswirtschaftslehre heute, Frankfurt/Main 1992, S.85-87.
Hahn (Militärökonomie).

Hahn, Oswald:
Betriebswirtschaftslehre der Streitkräfte – Standortbestimmung und Ansätze, in: Mändle; Möller; Voigt (Hrsg.): Wirtschaftspolitik in Theorie und Praxis. Festschrift für Hans Georg Schachtschnabel, Wiesbaden 1979, S. 267-284.
Hahn (Ansätze).

Hahn, Oswald:
Der wirtschaftliche Aspekt in Streitkräften, in: Österreichische Militärische Zeitschrift, 28. Jg. (1990), H. 6, S. 473-478.
Hahn (Aspekt).

Hahn, Oswald:
Die Bundeswehr der Zukunft: Thesen zum Thema „Problembewältigung der Armee", in: Österreichische Militärische Zeitschrift, 31. Jg. (1993), H. 2, S. 116-121.
Hahn (Zukunft).

Hahn, Oswald (Hrsg.):
Die Heranziehung von Frauen zum Militärdienst als ökonomisches Problem, Heft 16 der Veröffentlichungen des Lehrstuhls für Allgemeine, Bank- und Versicherungs-Betriebswirtschaftslehre an der Friedrich-Alexander-Universität Erlangen-Nürnberg, Nürnberg 1986, Nachdruck.
Hahn (Frauen).

Hahn, Oswald (Hrsg.):
Die ökonomische Beurteilung des Wehrsystems, Heft 64 der Veröffentlichungen des Lehrstuhls für Allgemeine, Bank- und Versicherungs-Betriebswirtschaftslehre an der Friedrich-Alexander-Universität Erlangen-Nürnberg, Nürnberg 1991.
Hahn (Wehrsystem).

Hahn, Oswald:
Die optimale Leitungsspanne. Wiederentdeckter militärischer Forschungsansatz, in: Hahn, Oswald (Hrsg.): Der Soldat als Ökonom. Festschrift zum 70. Geburtstag von Generalmajor Dipl.-Kfm. Dr. rer. pol. Johannes Gerber, Regensburg 1989, S. 69 -78.
Hahn (Forschungsansatz).

Hahn, Oswald:
Die Problematik von Dienstgradsystemen, in: Zeitschrift für Organisation, o. Jg. (1980), H. 7, S. 385-395.
Hahn (Dienstgradsystem).

Hahn, Oswald:
Die Reservistenkonzeption der Deutschen Bundeswehr in den neunziger Jahren, in: Österreichische Militärische Zeitschrift, 27. Jg. (1989), H. 3, S. 220-226.
Hahn (Konzeption).

Hahn, Oswald:
Die Streitkräfte als Erkenntnisobjekt der Wirtschaftswissenschaften, in: Faul, Christian; Royl, Wolfgang (Hrsg.): Sicherheitspolitik und Verteidigungsbereitschaft. Bewußtseinsbildung an Universitäten, Schriftenreihe des Verbandes der Reservisten der Deutschen Bundeswehr e.V., Bd. 2, Baden-Baden 1990.
Hahn (Erkenntnisobjekt).

Hahn, Oswald:
Die Uniform als Gegenstand der Betriebswirtschaftslehre, in: Gerber, Johannes; Hahn, Oswald (Hrsg.): Betriebswirtschaftslehre und Streitkräfte. Referate und Diskussionsbeiträge auf der gleichnamigen wissenschaftlichen Tagung des Lehrstuhls für Allgemeine, Bank- und Versicherungs-Betriebswirtschaftslehre an der Friedrich-Alexander-Universität Erlangen-Nürnberg vom 4. bis 6. April 1979, Regensburg 1980, S. 287-316.
Hahn (Gegenstand).

Hahn, Oswald:
Finanzierungsnot der Streitkräfte. Einführung in die Thematik, in: Gesellschaft für Militärökonomie e.V.; W.L. Gore & Associates GmbH (Hrsg.): Finanzierungsnot der Streitkräfte. Alternative Methoden der Kapitalbeschaffung am Beispiel von Leasing, Koblenz 1998, S. 6-13.
Hahn (Finanzierungsnot).

Hahn, Oswald:
Gestaltungsmöglichkeiten bei Truppenreduzierungen, in: Europäische Sicherheit, 44. Jg. (1995), H. 8, S. 42f.
Hahn (Truppenreduzierungen).

Hahn, Oswald:
Hilfestellungen der Betriebswirtschaftslehre: Überblick über die Möglichkeit zur Lösung der Strukturkrise, in: Hahn, Oswald (Hrsg.): Strukturwandel der Bundeswehr. Betriebswirtschaftliche Hilfen zur Problemlösung. Referate und zur Verfügung gestellte Diskussionsbeiträge auf einem gleichnamigen Symposium des Lehrstuhls für Allgemeine, Bank- und Versicherungs-Betriebswirtschaftslehre in Nürnberg, 11. bis 14. April 1994. Heft 79 der Veröffentlichungen des Lehrstuhls für Allgemeine, Bank- und Versicherungs-Betriebswirtschaftslehre an der Friedrich-Alexander-Universität Erlangen-Nürnberg, Nürnberg 1994, S. 22-33.
Hahn (Hilfestellungen).

Hahn, Oswald:
Markante Erscheinungen von Unwirtschaftlichkeit in den Streitkräften, in: Schönherr, Siegfried (Hrsg.): Streitkräfte, Ökonomie und Europäische Sicherheit. Generalmajor Dipl.-Kfm. Dr. rer. pol. Johannes Gerber zum 80. Geburtstag, Dachau 1999, S. 95-108.
Hahn (Unwirtschaftlichkeit).

Hahn, Oswald:
Militärbetriebslehre. Betriebswirtschaftslehre der Streitkräfte, Berlin 1997.
Hahn (Militärbetriebslehre).

Hahn, Oswald:
Militärökonomie und Wehrwirtschaft als Faktoren der Landesverteidigung, in: Europäische Wehrkunde, 28. Jg. (1979), H. 6, S. 286-292.
Hahn (Wehrwirtschaft).

Hahn, Oswald:
Optimale Leitungsspanne, in: Gerber, Johannes (Hrsg.): Landkriegführung. Operation, Taktik, Logistik, Mittel. Ein Handbuch, Osnabrück 1992.
Hahn (Leitungsspanne).

Hahn, Oswald:
Plädoyer gegen die Wehrpflicht und für Freiwilligen-Streitkräfte in Deutschland, in: Österreichische Militärische Zeitschrift, 36. Jg. (1998), H. 1, S. 62f.
Hahn (Plädoyer).

Hahn, Oswald:
Reservisten-Konzeption in den kommenden Jahren. Vorschläge zur Behebung der Personalprobleme der Bundeswehr, in: Hahn, Oswald (Hrsg.): Personalpolitische Probleme von Sicherheitsproduzenten, Heft 51 der Veröffentlichungen des Lehrstuhls für Allgemeine, Bank- und Versicherungs-Betriebswirtschaftslehre an der Friedrich-Alexander-Universität Erlangen-Nürnberg, Nürnberg 1988, S. 117-128.
Hahn (Vorschläge).

Hahn, Oswald:
Span of Control: Military Organizations and Operations, in: Dupuy, Trevor N. (Hrsg.): International Military and Defense Encyclopedia, Bd. 5, New York; Washington 1993, S. 2510-2515.
Hahn (Span).

Hahn, Oswald:
Sparsamkeit, in: Kirchhoff, Günter (Hrsg.): Handbuch zur Ökonomie der Verteidigungspolitik, Regensburg 1986, S. 875-878.
Hahn (Sparsamkeit).

Hahn, Oswald:
Struktur der Bankwirtschaft, Bd. II, Spezialbanken und Internationale Banken, 2. Teilband, Berlin 1985.
Hahn (Bankwirtschaft).

Hahn, Oswald:
Strukturwandel-Probleme des Wirtschaftsbetriebs Bundeswehr, in: Schachtschneider, Karl Albrecht (Hrsg.): Wirtschaft, Gesellschaft und Staat im Umbruch, Festschrift der Wirtschafts- und Sozialwissenschaftlichen Fakultät der Friedrich-Alexander-Universität Erlangen-Nürnberg 75 Jahre nach Errichtung der Handelshochschule Nürnberg, Erlangen; Nürnberg 1995, S. 68-86.
Hahn (Strukturwandel).

Hahn, Oswald:
Truppenreduzierung als Erscheinungsform betriebswirtschaftlicher Schrumpfung. Streitkräfte im Spannungsfeld von Kostensteigerungen und Etatkürzungen, in: Zeitschrift für Organisation, o. Jg. (1997), H. 2, S. 95-98.
Hahn (Schrumpfung).

Hahn, Oswald:
Uniform, in: Kirchhoff, Günter (Hrsg.): Handbuch zur Ökonomie der Verteidigungspolitik, Regensburg 1996, S. 969-971.
Hahn (Uniform).

Hahn, Oswald:
Wir brauchen Truppenübungsplätze – im Westen, aber auch im Osten der Republik, in: Europäische Sicherheit, 43. Jg. (1994), H. 1, S. 42f.
Hahn (Truppenübungsplätze).

Haindl, Peter:
Verluste durch eigenes Feuer („Fratrizid"). Ein Lösungsvorschlag, Jahrgangsarbeit des Verwendungslehrganges Generalstabs-/Admiralstabs-dienst der Bundeswehr, Hamburg 1999.
Haindl (Fratrizid).

Hallerbach, Rolf:
Zauberformel der Zukunft. Multinationale NATO-Truppen, in: Europäische Sicherheit, 40. Jg. (1991), H. 1, S. 21-23.
Hallerbach (Zauberformel).

Hamel, Winfried:
Zielsysteme, in: Frese, Erich (Hrsg.): Handwörterbuch der Organisation, 3. Aufl., Stuttgart 1992, Sp. 2634-2652.
Hamel (Zielsysteme).

Hanak, Julius:
Der Soldat der Vereinten Nationen im Spannungsfeld multireligiöser Überzeugungen, in: Österreichische Militärische Zeitschrift, 30. Jg. (1992), H. 1, S. 41-44.
Hanak (Spannungsfeld).

Haneke, Burkhard:
Keine „Männerbastion im Kampf der Geschlechter", in: Bundeswehr aktuell, 11.08. 1997, S. 8f.
Haneke (Geschlechter).

Hanke, Wolf:
Von Franco zur Nato, in: Europäische Sicherheit, 45. Jg. (1996), H. 2, S. 27-29.
Hanke (Franco).

Hansen, Helge:
Armies in a Changing World. Chiefs of Staff Speak Out. Lieutenant General Helge Hansen, Chief of Staff, German Army, in: Military Technology, 16. Jg. (1992), H. 6, S. 21, 43f., 46 und 48f.
Hansen (Armies).

Hansen, Helge:
Aufgaben und Anforderungen an den Generalstabs- und Admiralstabsdienst in Gegenwart und Zukunft, in: Schössler, Dietmar (Hrsg.): Clausewitz-Studien, Jahresband 1997, München 1998, S. 72-89.
Hansen (Anforderungen).

Hansen, Helge:
Herausforderungen für das Heer in einer Zeit der Umwälzung, in: Europäische Sicherheit, 42. Jg. (1993), H. 4, S. 178-184.
Hansen (Umwälzung).

Hansen, Helge:
Multinational Forces. Training and Exercises, in: Nato's Sixteen Nations, 38. Jg. (1993), H. 1, S. 27f., 30 und 33.
Hansen (Training).

Happach, Erich:
Führung und Führungsunterstützung bei multinationalen Verbänden, in: Communication Presse Marketing GmbH CPM (Hrsg.): Multinationale Streitkräfte in der NATO, Sankt Augustin 1994, S. 105-110.
Happach (Führung).

Harbig, Andreas J.:
Handlungsbedarf im globalen Bazar, in: Papmehl, André; Schuppert, Dana; Walsh, Ian: Interkulturelles Management. Abschied von der Provinzialität, Wiesbaden 1994, S. 83-96.
Harbig (Global).

Hardt, Herbert:
Multinationale Logistik. Erfahrungen aus der trinationalen Zusammenarbeit beim Waffensystem Tornado, in: Report Verlag (Hrsg.): Materialwirtschaft der Bundeswehr, Wehrtechnischer Report, Juni 1999, Bonn; Frankfurt/Main 1999, S. 52f.
Hardt (Logistik).

Hardy:
Nachrichtengewinnung und operative Aufklärung in den Landstreitkräften der USA, Deutschlands und Frankreichs, Jahrgangsarbeit des Verwendungslehrganges Generalstabs-/Admiralstabsdienst der Bundeswehr, Hamburg 1999.
Hardy (Nachrichtengewinnung).

Harff, Helmut:
Die Verbindungsorganisation des Heeres im Ausland, in: Wehrtechnik, 30. Jg. (1998), H. 1, S. 41f.
Harff (HVOrg).

Harris, Marcelite:
Die Anerkennung der Rolle der Frau in den Streitkräften der NATO, in: Nato-Brief, 45. Jg. (1997), H. 5, S. 25f.
Harris (Frau).

Hartley, Keith; Sandler, Todd:
The Economics of Defense, Cambridge; New York; Melbourne 1995.
Hartley/Sandler (Economics).

Hartmann, Uwe:
Viele kleine Subkulturen. Ein Plädoyer für die Bildung von Corporate Identity auf Verbandsebene, in: Truppenpraxis, 36. Jg. (1992), H. 6, S. 555-557.
Hartmann (Subkultur).

Hartung, Louis-Ferdinand:
Nato-C3 made in Germany – good bye?, in: Wehrtechnik, 29. Jg. (1997), H. 4, S. 46f.
Hartung (Germany).

Hedlund, Gunnar:
Assumptions of Hierarchy and Heterarchy, in: Ghoshal, Sumantra; Westney, Elanor D. (Hrsg.): Organization Theory and the Multinational Corporation, Hong Kong 1993, S. 211-236.
Hedlund (Hierarchy).

Hedlund, Gunnar:
The Multinational Corporation as a Nearly Recomposable System (NRS), in: mir/ Management International Review, 39. Jg. (1999), H. 1 – Special Issue, S. 5-44.
Hedlund (Multinational).

Heeresamt (HA), Abt. IV 1 (1):
Informations-Wehrübung Ziviler Führungskräfte, Köln 1997.
HA (Zivil).

Heine, Jens Ulrich:
Das deutsche Offizierskorps. Spiegelbild der Gesellschaft?, in: Truppenpraxis/Wehrausbildung, 40. Jg. (1996), H. 10, S. 701f.
Heine (Spiegelbild).

Heinen, Edmund:
Industriebetriebslehre als Entscheidungslehre, in: Heinen, Edmund (Hrsg.): Industriebetriebslehre. Entscheidungen im Industriebetrieb, 8. Aufl., Wiesbaden 1985, S. 5-75.
Heinen (Industriebetriebslehre).

Heinen, Johannes:
Multinationale Militärpolizei. Möglichkeiten und Grenzen des Einsatzes, in: Neue-Zeitschrift für Wehrrecht, 41. Jg. (1999), H. 1, S. 12-26.
Heinen (Grenzen).

Henderson, George F.; Vassaur Tommy, W.:
Logistics in a Multinational Corps, Military Studies Programm Paper des US-Army War College, Carlisle Barracks, PA 1991.
Henderson/Vassaur (Corps).

Hennen, Harald:
Zur (Selbst-) Bindungswirkung des feierlichen Gelöbnisses und des Eides des Soldaten angesichts der neuen Aufträge der Streitkräfte, Jahrgangsarbeit des Verwendungslehrganges Generalstabs-/Admiralstabsdienst der Bundeswehr, Hamburg 1995.
Hennen (Eid).

Hepp, Karl:
Als deutscher Wehrpflichtiger in der Deutsch-Französischen Brigade, in: Klein, Paul (Hrsg.): Deutsch-französische Verteidigungskooperation. Das Beispiel der Deutsch-Französischen Brigade, Militär und Sozialwissenschaften, Bd. 4, Baden-Baden 1990, S. 45-55.
Hepp (Brigade).

Herbeck, Th.; Spremann, K.:
Währungsrisikomanagement, in: Krystek, U.; Zur, E. (Hrsg.): Internationalisierung. Eine Herausforderung für die Unternehmensführung, Berlin; Heidelberg 1997, S. 379-407.
Herbeck/Spremann (Währungsrisiko).

Herrmann, Theo; Winterhoff-Spark, Peter:
Sprache in der Führung, in: Kieser, Alfred; Reber, Gerhard; Wunderer, Rolf (Hrsg.): Handwörterbuch der Führung, Enzyklopädie der Betriebswirtschaftslehre, Bd. X, Stuttgart 1987, Sp. 1873-1881.
Herrmann/Winterhoff-Spark (Sprache).

Herzog, Roman:
Die Globalisierung der deutschen Außen- und Sicherheitspolitik ist unvermeidlich, in: Presse- und Informationsdienst der Bundesregierung (Hrsg.): Bulletin, o. Jg. (1995), H. 20, 15.3. 1995, S. 162-169.
Herzog (Sicherheitspolitik).

Heymann, Hans-Helmut; Schuster, Lars:
Rekrutierung und Auswahl internationaler Führungskräfte, in: Kumar, Brij Nino (Hrsg.): Handbuch des Internationalen Personalmanagements, München 1998, S. 85-104.
Heymann/Schuster (Führungskräfte).

Higgens, George A.; Mullen, William J.:
Four Pillars of Interoperability, in: Military Review, 172. Jg. (1992), H. January, S. 46-53.
Higgens/Mullen (Interoperability).

Hoek, Leanne van den:
Betriebsführung im Bereich des Verteidigungsapparates. Ein Vergleich, Jahrgangsarbeit des Verwendungslehrganges Generalstabs-/Admiralstabsdienst der Bundeswehr, Hamburg 1997.
Hoek (Vergleich).

Hoenig, Mark:
Konzernpersonalwesen multinational tätiger Unternehmungen in der Schweiz, Dissertation, Zürich 1982.
Hoenig (Multinational).

Höhn, Reinhard:
Die Dienstaufsicht und ihre Technik. Ein Grundproblem moderner Menschenführung, Menschenführung und Betriebsorganisation, Bd. 9, Bad Harzburg 1967.
Höhn (Technik).

Hofer, Hans-Jürgen:
Rüstung der Bundeswehr und internationale Rüstungskooperation, in: Soldat und Technik, 41. Jg. (1998), H. 1, S. 11-17.
Hofer (Rüstung).

Hoffman, Lisa:
Revitalizing military draft a possibility, in: The Stars and Stripes, 15.09. 1998, S. 1 und 4.
Hoffman (Draft).

Hoffmann, Friedrich:
Ablauforganisation, in: Frese, Erich (Hrsg.): Handwörterbuch der Organisation, 3. Aufl., Stuttgart 1992, Sp. 208-221.
Hoffmann (Ablauforganisation).

Hoffmann, Hans W.:
Wirkung und Leistungsfähigkeit, in: Gerber, Johannes (Hrsg.): Landkriegführung. Operation, Taktik, Logistik, Mittel. Ein Handbuch, Osnabrück 1992, S. 795-815.
Hoffmann (Wirkung).

Hoffmann, K.; Kumar, Brij Nino:
Cross-cultural understanding and international management: Some considerations on a conceptual framework for conflict resolution in management in foreign cultures, in: Kumar, Brij Nino u. a. (Hrsg.): Unternehmens-ethik und die Transformation des Wettbewerbs, Stuttgart 1999, S. 343-363.
Hoffmann/Kumar (Cross-cultural).

Hoffmann, Oskar:
Innere Führung vor neuen Herausforderungen, in: BMVg, Fü S I 3 (Hrsg.): Reader Sicherheitspolitik - Die Bundeswehr vor neuen Herausforderungen, Ergänzungslieferung zu Information für die Truppe, 39. Jg. (1995), H. 1, S. 1-16.
Hoffmann (Führung).

Hofmann, Hans W.:
Land Forces, Effectiveness and Efficiency of, in: Dupuy, Trevor N. (Hrsg.): International Military and Defense Encyclopedia, Bd. 3, New York; Washington 1993, S. 1430-1437.
Hofmann (Efficiency).

Hofmann, Jürgen:
Kriegseinsatz. Umgang mit Tod, Verwundung und Gefangenschaft. Wie kann der Soldat unter dieser psychischen Belastung einsatzfähig sein und bleiben?, Jahrgangsarbeit des Verwendungslehrganges Generalstabs-/Admiralstabsdienst der Bundeswehr, Hamburg 1999.
Hofmann (Kriegseinsatz).

Hofmann, Michael:
Anforderungsprofile, in: Kirchhoff, Günter (Hrsg.): Handbuch zur Ökonomie der Verteidigungspolitik, Regensburg 1986, S. 39-50.
Hofmann (Anforderungsprofile).

Hofmann, Michael:
Informelle Aktivitäten, in: Kirchhoff, Günter (Hrsg.): Handbuch zur Ökonomie der Verteidigungspolitik, Regensburg 1986, S. 341-345.
Hofmann (Aktivitäten).

Hofstede, Geert:
Die Bedeutung der Kultur und ihre Dimension im Internationalen Management, in: Haussmann, Helmut; Kumar, Brij Nino (Hrsg.): Handbuch der Internationalen Unternehmertätigkeit, München 1992, S. 303-324.
Hofstede (Management).

Hojberg, Anne-Else:
Die europäische Sicherheitsarchitektur. Eine Unzahl von Organisationen?, in: Nato-Brief, 43. Jg. (1995), H. 6, S. 30-35.
Hojberg (Unzahl).

Honig, John G.:
Cost Analysis, in: Dupuy, Trevor N. (Hrsg.): International Military and Defense Encyclopedia, Bd. 2, New York; Washington 1993, S. 652-657.
Honig (Cost).

Honig, John G.:
Measures of Effectiveness, in: Dupuy, Trevor N. (Hrsg.): International Military and Defense Encyclopedia, Bd. 4, New York; Washington 1993, S. 1683-1687.
Honig (Effectiveness).

Horten, Dirk:
Die deutsche Flotte. Ein maritimes Instrument deutscher Sicherheitspolitik im multinationalen Einsatz, in: Marineforum, o. Jg. (1998), H. 5, S. 8-16.
Horten (Flotte).

Horváth, Péter:
Controlling, 6. Aufl., München 1996.
Horváth (Controlling).

Hubatschek, Gerhard:
NATO-Erweiterung als Teil der politischen Neuordnung Europas, in: Soldat und Technik, 40. Jg. (1997), H. 6, S. 323-334.
Hubatschek (Erweiterung).

Hubbert, Michael H.; Uhl, Franz E.:
Einblicke in eine Führungsphilosophie. Controlling, oder wie sich die Streitkräfte daran gewöhnen müssen, daß es – zumindest im Frieden – keine militärischen Aufgaben gibt, die eine Wirtschaftlichkeitsbetrachtung überflüssig machen oder sich dieser gar entziehen, in: Truppenpraxis/ Wehrausbildung, 41. Jg. (1997), H. 4, S. 228-236.
Hubbert/Uhl (Controlling).

Huber, Lorenz:
Ziele und Aufgaben der „Arbeitsgruppe Aufwandsbegrenzung im Betrieb" (AGAB) der Bundeswehr, in: Forschungsinstitut für Militärökonomie und angewandte Konversion der Gesellschaft für Militärökonomie e.V. (Hrsg.): Militärökonomie und Aspekte einer europäischen Sicherheitsstruktur, Berlin 1994, S. 151-160.
Huber (AGAB).

Huber, Reiner K.; Davis, Paul K.:
Lastenteilung und Streitkräfteumfang der Atlantischen Allianz, in: Europäische Sicherheit, 45. Jg. (1996), H. 11, S. 38-41.
Huber/Davis (Lastenteilung).

Huber, Reiner K.; Schmidt, Bernhard:
Wo steht die Bundeswehr in der NATO? Ergebnisse einer vergleichenden Analyse von Eckdaten der Verteidigungshaushalte 1978-1998, in: Europäische Sicherheit, 48. Jg. (1999), H. 5, S. 44-50.
Huber/Schmidt (Analyse).

Huber, S., Wagner, D.:
Grundsatzfragen der Auslandsentsendung, in: Krystek, U.; Zur, E. (Hrsg.): Internationalisierung. Eine Herausforderung für die Unternehmensführung, Berlin; Heidelberg 1997, S. 203-215.
Huber/Wagner (Auslandsentsendung).

Hughes, Daniel J.:
Auftragstaktik, in: Dupuy, Trevor N. (Hrsg.): International Military and Defense Encyclopedia, Bd. 1, New York; Washington 1993, S. 328-333.
Hughes (Auftragstaktik).

Huhle, Ulrich:
Multinationalität am Beispiel des V. (US) Korps, in: Report Verlag (Hrsg.): Multinationalität. Wehrtechnischer Report, November 1996, Bonn; Frankfurt/Main 1996, S. 32-35.
Huhle (Korps).

Hummel, Siegfried:
Grundbegriffe, spezielle Kostenbegriffe und Kostenkategorien in ihrer Bedeutung für eine aussagefähige Kosten- und Leistungsrechnung, in: Hummel, Siegfried; Männel, Wolfgang (Hrsg.): Kostenrechnung, Bd. 1, Grundlagen, Aufbau und Anwendung, 3. Aufl., Wiesbaden 1982, S. 45-83.
Hummel (Kostenbegriffe).

Hummel, Thomas R.; Jochmann, Walter:
Beurteilungs- und Erfolgskriterien des Personaleinsatzes im internationalen Personalmanagement, in: Kumar, Brij Nino (Hrsg.): Handbuch des Internationalen Personalmanagements, München 1998, S. 127-152.
Hummel/Jochmann (Personalmanagement).

Hundsdörfer, Wilhelm F.:
Multinationalität – der Königsweg? Militärische Integration im Bündnis, in: Information für die Truppe, 43. Jg. (1999), H. 3, S. 114-121.
Hundsdörfer (Königsweg).

Hupfer, P.:
NATO-Rüstung oder nationale Rüstung? Gedanken zu den Kosten der multinationalen Rüstungsbeteiligung am Beispiel Heer, Jahrgangsarbeit des Verwendungslehrganges Generalstabs-/Admiralstabsdienst der Bundeswehr, Hamburg 1979.
Hupfer (Rüstung).

Hutter, Reinhard:
Information – Informationssysteme, in: Kirchhoff, Günter (Hrsg.): Handbuch zur Ökonomie der Verteidigungspolitik, Regensburg 1986, S. 330-340.
Hutter (Information).

Huysman, Pieter:
Jenseits aller Traditionen, in: Truppenpraxis, 38. Jg. (1994), H. 4, S. 314-320.
Huysman (Traditionen).

Huysman, Pieter:
MND (C). Ein neues Gesicht, in: Schweizer Soldat, 69. Jg. (1994), H. 5, S. 22-25.
Huysman (MND (C)).

Ilsemann, Carl-Gero von:
Streitkräftebezogene Personalprobleme, in: Gerber, Johannes; Hahn, Oswald (Hrsg.): Betriebswirtschaftslehre und Streitkräfte. Referate und Diskussionsbeiträge auf der gleichnamigen wissenschaftlichen Tagung des Lehrstuhls für Allgemeine, Bank- und Versicherungs-Betriebswirtschaftslehre an der Friedrich-Alexander-Universität Erlangen-Nürnberg vom 4. bis 6. April 1979, Regensburg 1980, S. 195-221.
Ilsemann (Personalprobleme).

Iuvenalis, Iunius D.:
Satiren 10, zitiert in: Bartels, Klaus (Hrsg.): Veni, Vidi, Vici. Geflügelte Worte aus dem Griechischen und Lateinischen, 9. Aufl., Darmstadt 1992, S. 103.
Iuvenalis (Satiren).

Jackwerth, Christoph:
Ökonomische Aspekte eines Vergleiches unterschiedlicher Wehrsysteme, in: Österreichische Militärische Zeitschrift, 36. Jg. (1998), H. 4, S. 375-382.
Jackwerth (Vergleich).

Jacobs, Lars:
Möglichkeiten und Grenzen einer gemeinsamen Logistik der Deutsch-Französischen Brigade, Jahrgangsarbeit des Verwendungslehrganges Generalstabs-/Admiralstabsdienst der Bundeswehr, Hamburg 1995.
Jacobs (Logistik).

Jacobs, Rene W.:
Leadership Training and Education. Developments in the RNLA, in: International Military Testing Association (Hrsg.): 36th Annual Conference of the International Military Testing Association, Rotterdam 1994, S. 399-404.
Jacobs (RNLA).

Jaeger, Kurt:
AAP-6 (J) 1971. NATO Glossary oder die Standardisierungsbibel, in: Truppenpraxis, 15. Jg. (1971), H. 12, S. 905-908.
Jaeger (AAP-6).

Jaehne, Richard L.:
Nato School (SHAPE). Nato's Operational School, in: Nato's Sixteen Nations, 42. Jg. (1997), H. 1, S. 60-62.
Jaehne (School).

Jahn, Karsten:
Den Krieg denken. Chancen und Risiken operativer Schulung in sich verkleinernden Streitkräften, Jahrgangsarbeit des Verwendungslehrganges Generalstabs-/Admiralstabsdienst der Bundeswehr, Hamburg 1999.
Jahn (Schulung).

Jahnson, Uwe; Uro, Stephan:
Operation Amaryllis. Fallstudie zum Einsatz französischer Streitkräfte in Ruanda zur Evakuierung von Zivilpersonen im Jahr 1994, Jahrgangsarbeit des Verwendungslehrganges Generalstabs-/Admiralstabsdienst der Bundeswehr, Hamburg 1997.
Jahnson/Uro (Amaryllis).

Janssen, Charles J.:
Ein bißchen „bi" schadet nie. Die Sache mit den offenen Türen, oder wie sich im Deutsch-Niederländischen Korpsstab zwei Nationen mit manchmal höchst unterschiedlichen Mentalitäten zusammenraufen, in: Truppenpraxis/Wehrausbildung, 40. Jg. (1996), H. 8, S. 558-565.
Janssen (Bi).

Janssen, Charles J.:
Entfremdung oder Integration? Holland hat das Berufsheer eingeführt. Soziologische Studie zu den Hintergründen, in: Information für die Truppe, 40. Jg. (1996), H. 4, S. 30-37.
Janssen (Berufsheer).

Jaunin, D.:
Le réglement européen de la question allemande 1945 – 1990, Jahrgangsarbeit des Verwendungslehrganges Generalstabs-/Admiralstabsdienst der Bundeswehr, Hamburg 1998.
Jaunin (Question).

Jentzsch, H. J.:
Führungssysteme im Wandel von Sicherheitspolitik und Strategie, in: Europäische Sicherheit, 44. Jg. (1995), H. 2, S. 34-37.
Jentzsch (Wandel).

Jeschonnek, Friedrich K.:
Das deutsch-französische Korps – militärökonomische Perspektiven, in: Forschungsinstitut für Militärökonomie und angewandte Konversion der Gesellschaft für Militärökonomie e.V. (Hrsg.): Militärökonomie und Aspekte einer europäischen Sicherheitsstruktur, Berlin 1994, S. 204-221.
Jeschonnek (Perspektiven).

Jeschonnek, Friedrich K.:
Internationale Zusammenarbeit des deutschen Heeres, in: Europäische Sicherheit, 42. Jg. (1993), H. 10, S. 503-505.
Jeschonnek (Zusammenarbeit).

Jessen, Olaf:
Deutsche Interessen zwischen transatlantischer Partnerschaft und europäischer Sicherheitsidentität, in: Schössler, Dietmar (Hrsg.): Clausewitz-Studien, Bd. 3/1996, München 1996, S. 9-53.
Jessen (Interessen).

Johnson, Brad:
Rules for GIs, Leserbrief gesandt aus dem Camp Sava North, in: Stars and Stripes vom 07.11. 1998, S. 14.
Johnson (Leserbrief).

Joulwan, George:
Die Ressourcen müssen den Aufgaben entsprechen. Gespräch mit dem Obersten Alliierten Befehlshaber Europa, in: Wehrtechnik, 29. Jg. (1997), H. 3, S. 4-7.
Joulwan (Ressourcen).

Jung, Hans:
Allgemeine Betriebswirtschaftslehre, 2. Aufl., München; Wien 1996.
Jung (ABWL).

Jung, Rainer:
Ziele und Grundlagen der internationalen Zusammenarbeit für das zukünftige deutsche Heer, in: Soldat und Technik, 36. Jg. (1993), H. 2, S. 81-86.
Jung (Zusammenarbeit).

Jup:
Für Streßsituationen speziell ausgebildet. Militärseelsorge reagiert auf veränderte Rahmenbedingungen für die Streitkräfte, in: Bundeswehr aktuell, 27.10. 1997, S. 10.
Jup (Militärseelsorge).

Kaindl, Stefan; Maneval, Helmut; Park, Byeungkwan:
Allokation der Verteidigungsausgaben der Nato, Institut für Volkswirtschaftslehre der Universität der Bundeswehr München, Diskussionsbeitrag 1/96, Neubiberg 1996.
Kaindl/Maneval/Park (Allokation).

Kaminski, Tadeuzs et al.:
Polen im System der europäischen Sicherheit. Chancen und Androhungen, in: Forschungsinstitut für Militärökonomie und angewandte Konversion der Gesellschaft für Militärökonomie e.V. (Hrsg.): Militärökonomie und Aspekte einer europäischen Sicherheitsstruktur, Berlin 1994, S. 59-85.
Kaminski (Polen).

Kammel, Andreas; Paul, Stefan:
Re-Entry: Aufgabe des Personalmanagements multinationaler Unternehmen, in: Personal, 45. Jg. (1993), H. 10, S. 450-454.
Kammel/Paul (Re-Entry).

Kandlbinder, Hans Karl:
Multinationales Unternehmen, in: Sölter, Arno; Zimmerer, Carl (Hrsg.): Handbuch der Unternehmenszusammenschlüsse, München 1972, S. 547-593.
Kandlbinder (Unternehmen).

Kania, Beatrix:
Die neue NATO auf dem Weg ins 21. Jahrhundert, in: Information für die Truppe, 42. Jg. (1998), H. 2, S. 4-11.
Kania (NATO).

Kapstein, Ethan Barnaby:
The Political Economy of National Security. A Global Perspective, New York u.a. 1992.
Kapstein (Economy).

Karliaftis, Efthimios:
Möglichkeiten, Nutzen und Grenzen der internationalen Rüstungszusammenarbeit innerhalb der Nato und ihre Auswirkung auf die Verteidigungsfähigkeit und den Zusammenhalt des Bündnisses, Jahrgangsarbeit des Verwendungslehrganges Generalstabs-/Admiralstabsdienst der Bundeswehr, Hamburg 1978.
Karliaftis (Rüstung).

Karst, Heinz:
Partnerschaft und Kameradschaft, in: Wehrkunde, 10. Jg. (1961), H. 1, S. 27-30.
Karst (Kameradschaft).

Katzenbach, Jon R.; Santamaria, Jason A.:
Firing up the Front Line, in: Harvard Business Review, o. Jg. (1999), H. May-June, S. 107-117.
Katzenbach/Santamaria (Front).

Keller, Eugen von:
Kulturabhängigkeit der Führung, in: Kieser, Alfred; Reber, Gerhard; Wunderer, Rolf (Hrsg.): Handwörterbuch der Führung, Enzyklopädie der Betriebswirtschaftslehre, Bd. X, Stuttgart 1987, Sp. 1285-1294.
Keller (Führung).

Keller, Jörg:
Von der Modernisierung des Militärs. Analyse des Einsatz-/Kriegsbildes und Ableitung von Qualifikationsanforderungen an den militärischen Führer – Plädoyer für einen Wandel im Berufsbild des Soldaten, in: Truppenpraxis/Wehrausbildung, 42. Jg. (1998), H. 6, S. 370-375.
Keller (Berufsbild).

Kellet, Anthony:
Combat Motivation, in: Dupuy, Trevor N. (Hrsg.): International Military and Defense Encyclopedia, Bd. 2, New York; Washington 1993, S. 557-561.
Kellet (Motivation).

Kennedy, Paul:
Aufstieg und Fall der großen Mächte. Ökonomischer Wandel und militärischer Konflikt von 1500 bis 2000, 2. Aufl., Frankfurt/Main 1989.
Kennedy (Mächte).

Kennedy, Robert:
Die Ausbildung von Führungskräften für das 21. Jahrhundert. Eine Momentaufnahme des Marshall-Centers für Sicherheitsstudien, in: Nato-Brief, 46. Jg. (1998), H. 4, S. 28-31.
Kennedy (Marshall-Center).

Kern, Werner:
Zeitaspekt in der Betriebswirtschaftslehre, in: Wittmann, Waldemar u.a. (Hrsg.): Handwörterbuch der Betriebswirtschaft, Bd. 3, 5. Aufl., Stuttgart 1993, Sp. 4773-4785.
Kern (Zeitaspekt).

Kiechl, Rolf:
Im multikulturellen Betrieb ist der gegenseitige Respekt wichtig, in: io/ Management Zeitschrift Industrielle Organisation, 62. Jg. (1993), H. 4, S. 22-25.
Kiechl (Respekt).

Kienbaum, Jochen:
Personalpolitik Ausland, in: Burens, Peter-Claus (Hrsg.): Handbuch Auslandseinsatz, Bd. 1, Heidelberg 1984, S. 13-35.
Kienbaum (Ausland).

Kieschoweit, Jürgen:
Die Informationsarbeit der Bundeswehr – Analyse und Entwicklungsmöglichkeiten. Eine kritische Analyse der Informationsarbeit und Empfehlungen zur Entwicklung eines neuen Kommunikationssystems der Bundeswehr auf der Basis von Kernelementen eines idealtypischen Modells moderner Unternehmenskommunikation, Dissertation, Erlangen; Nürnberg 1996.
Kieschoweit (Information).

Kieschoweit, Jürgen:
Schwachstellen in der Informationsarbeit der Bundeswehr, in: Hahn, Oswald (Hrsg.): Strukturwandel der Bundeswehr. Betriebswirtschaftliche Hilfen zur Problemlösung. Referate und zur Verfügung gestellte Diskussionsbeiträge auf einem gleichnamigen Symposium des Lehrstuhls für Allgemeine, Bank- und Versicherungs-Betriebswirtschaftslehre in Nürnberg, 11. bis 14. April 1994. Heft 79 der Veröffentlichungen des Lehrstuhls für Allgemeine, Bank- und Versicherungs-Betriebswirtschaftslehre an der Friedrich-Alexander-Universität Erlangen-Nürnberg, Nürnberg 1994, S. 263-271.
Kieschoweit (Informationsarbeit).

Kießling, Günter:
Bündnis oder Integration? Zur Frage der Organisation gemeinsamer Verteidigung im Rahmen der Europäischen Union, in: Borgert, Heinz-Ludger; Bradley, Dermot; Zeller, Wolfram (Hrsg.): MARS. Jahrbuch für Wehrpolitik und Militärwesen, Bd. 2, Osnabrück 1996, S. 91-106.
Kießling (Integration).

Kießling, Günter:
Das Kernproblem von Militärallianzen: Die Verteilung der Lasten, in: Beyer, Horst-Tilo; Schuster, Leo; Zimmerer, Carl (Hrsg.): Neuere Entwicklungen in Betriebswirtschaftslehre und Praxis. Festschrift für Professor Dr. Oswald Hahn zum 60. Geburtstag, Frankfurt/Main 1988, S. 578-588.
Kießling (Lasten).

Kießling, Günter:
Die deutsche Repräsentation in der NATO. Sollen wir mehr Spitzendienstposten fordern?, in: Europäische Wehrkunde, 31. Jg. (1982), H. 11, S. 481-486.
Kießling (Repräsentation).

Kießling, Günter:
Dienstaufsicht als Mittel zur Steigerung der Produktivität, in: Hahn, Oswald (Hrsg.): Strukturwandel der Bundeswehr. Betriebswirtschaftliche Hilfen zur Problemlösung. Referate und zur Verfügung gestellte Diskussionsbeiträge auf einem gleichnamigen Symposium des Lehrstuhls für Allgemeine, Bank- und Versicherungs-Betriebswirtschaftslehre in Nürn-

berg, 11. bis 14. April 1994. Heft 79 der Veröffentlichungen des Lehrstuhls für Allgemeine, Bank- und Versicherungs-Betriebswirtschaftslehre an der Friedrich-Alexander-Universität Erlangen-Nürnberg, Nürnberg 1994, S. 235-243.
Kießling (Dienstaufsicht).

Kießling, Günter:
Personalführung und Innere Führung, in: Europäische Wehrkunde, 30. Jg. (1981), H. 2, S. 64-69.
Kießling (Führung).

Kießling, Günter:
Versäumter Widerspruch, Mainz 1993.
Kießling (Widerspruch).

Kießling, Günter:
Zivilcourage – eine zeitlose Forderung an den militärischen Führer, in: Schönherr, Siegfried (Hrsg.): Streitkräfte, Ökonomie und Europäische Sicherheit. Generalmajor Dipl.-Kfm. Dr. rer. pol. Johannes Gerber zum 80. Geburtstag, Dachau 1999, S. 157-167.
Kießling (Zivilcourage).

Kießling, Günter:
Zur Wirtschaftlichkeit integrierter Stäbe, in: Hahn, Oswald (Hrsg.): Der Soldat als Ökonom. Festschrift zum 70. Geburtstag von Generalmajor Dipl.-Kfm. Dr. rer. pol. Johannes Gerber, Regensburg 1989, S. 79-85.
Kießling (Stäbe).

Kievenaar, Henry A.:
AMF (L). Nato's immediate land reaction force, in: Nato's Sixteen Nations, 42. Jg. (1997), H. 1, S. 52f.
Kievenaar (AMF (L)).

Kirchhof, Ferdinand:
Deutsche Verfassungsvorgaben zur Befehlsgewalt und Wehrverwaltung in multinationalen Verbänden, in: Neue Zeitschrift für Wehrrecht, 40. Jg. (1998), H. 4, S. 152-163.
Kirchhof (Befehlsgewalt).

Kirchhoff, Günter:
Betriebswirtschaftslehre der Streitkräfte. Ausgewählte Ansätze zu einer neuen speziellen Betriebswirtschaftslehre, in: Wehrkunde, 20. Jg. (1971), H. 9, S. 470-474.
Kirchhoff (Betriebswirtschaftslehre).

Kirchhoff, Günter:
Das Phänomen Verantwortung in Militär und Wirtschaft, in: Forschungsinstitut für Militärökonomie und angewandte Konversion der Gesellschaft für Militärökonomie e.V. (Hrsg.): Wandlungsprozesse in Militär und Wirtschaft. Ökonomische Gemeinsamkeiten und Unterschiede, Berlin 1993, S. 47-67.
Kirchhoff (Verantwortung).

Kirchhoff, Günter:
Die Spannung zwischen Geldrechnen und Werterechnen in militärischen Angelegenheiten, in: Hahn, Oswald (Hrsg.): Der Soldat als Ökonom, Generalmajor Dipl.-Kfm. Dr. rer. pol. Johannes Gerber zum 70. Geburtstag, Regensburg 1989, S. 87-96.
Kirchhoff (Werterechnen).

Kirchhoff, Günter:
Führung - Führungsgrundsätze, in: Kirchhoff, Günter (Hrsg.): Handbuch zur Ökonomie der Verteidigungspolitik, Regensburg 1986, S. 292-300.
Kirchhoff (Führung).

Kirchhoff, Günter:
Militärische Wirtschaftlichkeit, in: Dichtl, Erwin; Issing, Ottmar (Hrsg.): Vahlens Großes Wirtschaftslexikon, Bd. 3, 2. Aufl., München 1994, S. 1463f.
Kirchhoff (Wirtschaftlichkeit).

Kirchhoff, Günter:
Militärökonomik, in: Kirchhoff, Günter (Hrsg.): Handbuch zur Ökonomie der Verteidigungspolitik, Regensburg 1986, S. 534-541.
Kirchhoff (Militärökonomik).

Kirchhoff, Günter:
Verantwortung. Grundlagen und Praxis, 2. Aufl., München 1983.
Kirchhoff (Grundlagen).

Kirkland, Faris R.:
Combat Leadership Styles: Empowerment versus Authoritarianism, in: Parameter, o. Jg. (1990), H. 12, S. 61-72.
Kirkland (Styles).

Klein, Klaus-Peter; Potozky, Burkhard:
Die Führung von verbundenen Luftkriegsoperationen. Nur ein Koordinationsproblem?, Jahrgangsarbeit des Verwendungslehrganges Generalstabs-/ Admiralstabsdienst der Bundeswehr, Hamburg 1993.
Klein/Potozky (Koordinationsproblem).

Klein, Paul:
Auslaufmodell Nationalarmee, in: Die politische Meinung, o. Jg. (1998), H. 340, S. 21-28.
Klein (Auslaufmodell).

Klein, Paul:
Dienstzeitbelastung der Soldaten, in: Kirchhoff, Günter (Hrsg.): Handbuch zur Ökonomie der Verteidigungspolitik, Regensburg 1986, S. 197-201.
Klein (Dienstzeitbelastung).

Klein, Paul:
Ende der Nationalarmee? Die Bundeswehr auf dem Weg zur Multinationalität, in: Information für die Truppe, 39. Jg. (1995), H. 10/11, S. 91-97.
Klein (Nationalarmee).

Klein, Paul:
Erste Schritte. Holland und Belgien im Übergang zur Freiwilligenarmee, in: Information für die Truppe, 40. Jg. (1996), H. 3, S. 30-35.
Klein (Schritte).

Klein, Paul:
Großer Rückhalt. Einstellung der Franzosen zu den Streitkräften, in: Information für die Truppe, 42. Jg. (1998), H. 2, S. 32f.
Klein (Rückhalt).

Klein, Paul:
Jedem den passenden Hut. Europas Wehrsysteme im Wandel, in: Information für die Truppe, 40. Jg. (1996), H. 4, S. 16-23.
Klein (Wandel).

Klein, Paul:
Militärische Multinationalität im Meinungsbild der deutschen Bevölkerung, Sozialwissenschaftliches Institut der Bundeswehr, Arbeitspapier 103, Strausberg 1997.
Klein (Meinungsbild).

Klein, Paul:
Probleme in multinationalen militärischen Verbänden am Beispiel der Deutsch-Französischen Brigade, Sozialwissenschaftliches Institut der Bundeswehr, Arbeitspapier 83, München 1993.
Klein (D/F).

Klein, Paul:
Streitkräfte, eine nationale Insel? Ethnische und kulturelle Minderheiten in der Bundeswehr, in: Information für die Truppe, 43. Jg. (1999), H. 5, S. 92-97.
Klein (Minderheiten).

Klein, Paul:
Vertrauen ist gut... Die Kontrolle der Streitkräfte in Frankreich und Deutschland, in: Information für die Truppe, 38. Jg. (1994), H. 5, S. 50-53.
Klein (Vertrauen).

Klein, Paul; Lippert, Ekkehard:
Die Deutsch-Französische Brigade als Beispiel für die militärische Integration Europas, Sozialwissenschaftliches Institut der Bundeswehr, Arbeitspapier 53, München 1991.
Klein/Lippert (Brigade).

Klein, Paul; Pajon, Christophe:
Frankreichs Streitkräfte im Wandel, Sozialwissenschaftliches Institut der Bundeswehr, Arbeitspapier 105, Strausberg 1997.
Klein/Pajon (Wandel).

Kleist, Peter:
Offizier im diplomatischen Dienst, in: Truppenpraxis/Wehrausbildung, 39. Jg. (1995), H. 9, S. 639-642.
Kleist (Dienst).

Klesser, Bernhard:
Die Finanzierung des Aufbaus der Bundeswehr, in: Wehrtechnische Monatshefte, 2. Jg. (1958), H. 8, S. 339-343.
Klesser (Aufbau).

Knabe, Frithjof H.:
Unter der Flagge des Gegners. Wertewandel im Umbruch in den Streitkräften – von der Nationalen Volksarmee zur Bundeswehr, Studien zur Sozialwissenschaft, Bd. 146, Dissertation, Opladen 1994.
Knabe (Wertewandel).

Knichel, Jörg F.:
Die Entwicklung des Begriffs „Führung" vom Reichsheer bis heute am Beispiel von Führungsdefinitionen, Jahrgangsarbeit des Verwendungslehrganges Generalstabs-/Admiralstabsdienst der Bundeswehr, Hamburg 1999.
Knichel (Führung).

Koch, Gero:
Probleme und Möglichkeiten der Versorgung fremdländischer Nato-Brigaden, die deutsche Divisionen im Einsatz unterstellt werden. Darstellung am Beispiel einer US Brigade, Jahrgangsarbeit des Verwendungslehrganges Generalstabs-/Admiralstabsdienst der Bundeswehr, Hamburg 1968.
Koch (Versorgung).

Koch, Gero:
Truppengattungen, in: Gerber, Johannes (Hrsg.): Landkriegführung. Operation, Taktik, Logistik, Mittel. Ein Handbuch, Osnabrück 1992, S. 721-737.
Koch (Truppengattungen).

Koelbl, Susanne; Szandar, Alexander:
Der etwas andere Krieg, in: Der Spiegel, 24.01. 2000, S. 42f.
Koelbl/Szandar (Krieg).

Koerdt, Hans:
Das Problem einer Bewertung militärischer Organisationen, in: Gerber, Johannes; Hahn, Oswald (Hrsg.): Betriebswirtschaftslehre und Streitkräfte. Referate und Diskussionsbeiträge auf der gleichnamigen wissenschaftlichen Tagung des Lehrstuhls für Allgemeine, Bank- und Versicherungs-Betriebswirtschaftslehre an der Friedrich-Alexander-Universität Erlangen-Nürnberg vom 4. bis 6. April 1979, Regensburg 1980, S. 167-193.
Koerdt (Bewertung).

Köcher, Renate; Schild, Joachim (Hrsg.):
Wertewandel in Deutschland und Frankreich, Opladen 1998.
Köcher/Schild (Wertewandel).

Kölln, Marco von:
U.S.S. Claude V. Ricketts und das Experiment einer multinationalen Besatzung, in: Militärgeschichte, 7. Jg. (1997), H. 7, S. 12-19.
Kölln (Ricketts).

Köllner, Lutz:
Economics, Defense, in: Dupuy, Trevor N. (Hrsg.): International Military and Defense Encyclopedia, Bd. 2, New York; Washington 1993, S. 796-801.
Köllner (Economics).

Köllner, Lutz:
Militär und Finanzen. Zur Finanzgeschichte und Finanzsoziologie von Militärausgaben in Deutschland vom Dreißigjährigen Krieg bis zur Gegenwart, München 1982.
Köllner (Militär).

Köllner, Lutz:
Verteidigungswirtschaft. Loses Manuskript, veröffentlicht durch die Gesellschaft für Militärökonomie e.V., München 1988.
Köllner (Verteidigungswirtschaft).

Köppl, Bruno:
Effizienz, rüstungswirtschaftliche, in: Kirchhoff, Günter (Hrsg.): Handbuch zur Ökonomie der Verteidigungspolitik, Regensburg 1986, S. 209-213.
Köppl (Effizienz).

Kohl, Klaus Dieter:
Folgerungen aus dem 2. Golfkrieg für die Führung von Streitkräften bei multinationalen Einsätzen, Jahrgangsarbeit des Verwendungslehrganges Generalstabs-/Admiralstabsdienst der Bundeswehr, Hamburg 1993.
Kohl (Golfkrieg).

Kok, B.J.M. de:
Logistic concept, in: Nato's Sixteen Nations, 41. Jg. (1996), H. 1, S. 17-19.
Kok (Concept).

Kopp, Wolfgang; Strachwitz, Karl Ernst Graf von:
Gewisse Einbußen an Effizienz. Führung des Gefechts im multinationalen Rahmen kostet Zeit – ein Beispiel, in: Truppenpraxis/Wehrausbildung, 42. Jg. (1998), H. 7/8, S. 523-527.
Kopp/Strachwitz (Einbußen).

Korndörfer, Wolfgang:
Allgemeine Betriebswirtschaftslehre, 10. Aufl., Wiesbaden 1992.
Korndörfer (ABWL).

Kosiol, Erich:
Aufbauorganisation, in: Grochla, Erwin (Hrsg.): Handwörterbuch der Organisation, Stuttgart 1973, Nachdruck, Sp. 172-191.
Kosiol (Aufbauorganisation).

Kramer, Heinz:
Gesellschaftliche Strukturen deutscher Türkeipolitik: Die Integration des türkischen/kurdischen Bevölkerungsteils im Spannungsfeld von Innen- und Außenpolitik, in: Politische Studien, 49. Jg. (1998), Sonderheft 1/1998, S. 75-91.
Kramer (Strukturen).

Krantz, Hans Georg Christian:
Führungsauslese in multinationalen Unternehmen, Neue Würzburger Studien zur Soziologie, Bd. 7, Würzburg 1987.
Krantz (Unternehmen).

Krause, Ulf von:
Der Schub der 90er Jahre für betriebswirtschaftliches Denken in der Bundeswehr, in: Schönherr, Siegfried (Hrsg.): Streitkräfte, Ökonomie und Europäische Sicherheit. Generalmajor Dipl.-Kfm. Dr. rer. pol. Johannes Gerber zum 80. Geburtstag, Dachau 1999, S. 169-184.
Krause (Schub).

Kretchik, Walter E.:
Force Protection Disparities, in: Military Review, 177. Jg. (1997), H. July/August, S. 73-78.
Kretchik (Disparities).

Krystek, U.:
Vertrauen als vernachlässigter Erfolgsfaktor der Internationalisierung, in: Krystek, U.; Zur, E. (Hrsg.): Internationalisierung. Eine Herausforderung für die Unternehmensführung, Berlin; Heidelberg 1997, S. 543-562.
Krystek (Vertrauen).

Kühr, Manfred:
Zusammenarbeit von Landstreitkräften, in: Gerber, Johannes (Hrsg.): Landkriegführung. Operation, Taktik, Logistik, Mittel. Ein Handbuch, Osnabrück 1992, S. 827-836.
Kühr (Zusammenarbeit).

Küting, Karlheinz; Schubert, Werner:
Unternehmenszusammenschlüsse, München 1981.
Küting/Schubert (Unternehmenszusammenschlüsse).

Kuhn, Friedrich:
Bei Öffnung der Streitkräfte für Frauen: Deutschland ist Schlußlicht, in: Fränkisches Volksblatt, 14.07. 1999, S. VZS 4.
Kuhn (Schlußlicht).

Kuhn, Gisbert:
Erfolgreiche Vergangenheit – Ungewisse Zukunft. 50jähriges Bestehen der Nordatlantischen Verteidigungsorganisation. Ein halbes Jahrhundert Sicherung des Friedens und der Freiheit für ihre Mitglieder. Neues strategisches Konzept, in: Bundeswehr aktuell, 19.04. 1999, S. 8f.
Kuhn (Zukunft).

Kuller, Michael; Schmidt, Jürgen:
Rüstungskooperation als Ziel einer gemeinsamen europäischen Sicherheits- und Verteidigungspolitik unter Berücksichtigung der Gestaltungsmöglichkeiten der Bundesrepublik Deutschland, Jahrgangsarbeit des Verwendungslehrganges Generalstabs-/Admiralstabsdienst der Bundeswehr, Hamburg 1994.
Kuller/Schmidt (Rüstung).

kum:
Verhandlungen über den Militärhaushalt. Tiefes Mißtrauen zwischen Politik und Militär in Schweden, in: Frankfurter Allgemeine Zeitung, 01.02. 1999, S. 8.
kum (Schweden).

Kumar, Brij Nino:
Interkulturelles Management, in: Corten, H.; Reiß, M. (Hrsg.): Handbuch Unternehmensführung, Wiesbaden 1995, S. 684-692.
Kumar (Interkulturell).

Kumar, Brij Nino:
Konzeptioneller Rahmen des internationalen Personalmanagements, in: Kumar, Brij Nino (Hrsg.): Handbuch des Internationalen Personalmanagements, München 1998, S. 1-14.
Kumar (Personalmanagement).

Kumar, Brij Nino; Steinmann, Horst:
Zum Problem des Auslandseinsatzes von Stammhaus-Mitarbeitern im Rahmen des internationalen Projektmanagements, in: Dülfer, Eberhard (Hrsg.): Projektmanagement – international, Stuttgart 1982, S. 189-223.
Kumar/Steinmann (Auslandseinsatz).

Kunich, Gary J.:
A church of their own. Russians build Orthodox chapel at Bosnian camp, in: The Stars and Stripes, 17.11. 1998, S. 3.
Kunich (Church).

Lagler, Engelbert:
Disziplin – eine zeitgemäße Forderung?, in: Truppendienst, 19. Jg. (1980), H. 6, S. 586-588.
Lagler (Disziplin).

Lames, Christian; Meiszies, Rudi:
Kampf in der grünen Hölle. Deutsch-Französische Brigade zur Kommandoausbildung in Französisch-Guyana, in: Heer, 24 Jg. (1995), H. 8, S. 26f.
Lames/Meiszies (Hölle).

Laminat, de:
Warum eine europäische Armee? Und wie?, in: Wehrwissenschaftliche Rundschau, 2. Jg. (1952), H. 11, S. 510-517.
Laminat (Armee).

Langen, Klaus-Peter:
Multinationale Marineverbände. Der deutsche Beitrag, in: Europäische Sicherheit, 41. Jg. (1992), H. 12, S. 667-669.
Langen (Marineverbände).

Langenhorst, A. R.:
Konflikte in militärischen Organisationen. Entstehungsursachen, Erscheinungsformen und Lösungsmöglichkeiten, Jahrgangsarbeit des Verwendungslehrganges Generalstabs-/ Admiralstabsdienst der Bundeswehr, Hamburg 1978.
Langenhorst (Konflikte).

LBY:
Bei Bayerns Abiturienten. Englisch steht hoch im Kurs, in: Fränkisches Volksblatt, 08.05. 1999, S. F 3.
LBY (Englisch).

Leese, Hans-Joachim von:
Triumph der Gegeneliten, in: Ostpreußenblatt, o. Jg. (1997), 11.01. 1997, o. S.
Leese (Triumph).

Leichthammer, Jörg:
Die Wahl des Wehrsystems als wirtschaftliches Problem, Dissertation Erlangen-Nürnberg, Frankfurt/Main 1976.
Leichthammer (Wahl).

Leimbacher, Urs:
Die deutsch-französische sicherheitspolitische Zusammenarbeit, in: Österreichische Militärische Zeitschrift, 28. Jg. (1990), H. 3, S. 199-206.
Leimbacher (Zusammenarbeit).

Leksell, Laurent:
Headquarter-Subsidiary Relationships in Multinational Corporations, Dissertation, Stockholm 1981.
Leksell (Multinational).

Lennartz, Ludwig:
Freiwilligenarmee. Ein Weg in die Desintegration von Streitkräften und Gesellschaft oder eine Chance für die Innere Führung, Jahrgangsarbeit des Verwendungslehrganges Generalstabs-/Admiralstabsdienst der Bundeswehr, Hamburg 1995.
Lennartz (Weg).

Leuerer, Thomas:
Die Stationierung amerikanischer Streitkräfte in Deutschland. Militärgemeinden der U.S. Army in Deutschland seit 1945 als ziviles Element der Stationierungspolitik der Vereinigten Staaten, Politik und Gesellschaft, Bd. 6, Würzburger Universitätsschriften, Dissertation, Würzburg 1997.
Leuerer (Stationierung).

Lilleyman, Phil:
Britisch Army 2000. The Future Army, in: Engineer, o. Jg. (1998), H. 4, S. 22-26.
Lilleyman (Future).

Linke, Steven R.:
Multinational Logistics, in: Army Logistician, 2. Jg. (1991), H. March/ April, S. 13-17.
Linke (Logistics).

Llobell, Bolufer Vicente:
Interoperabilidad entre GU's, in Ejército, 54. Jg. (1993), H. 646, S. 16-20, Übersetzung des Bundessprachenamtes: Die Interoperabilität von Großverbänden.
Llobell (Interoperabilidad).

Löffelholz, Josef:
Repetitorium der BWL, Wiesbaden 1975.
Löffelholz (Repetitorium).

Loew, Hans-Jörg von und zu Steinfurth:
Standardisierung, in: Kirchhoff, Günter (Hrsg.): Handbuch zur Ökonomie der Verteidigungspolitik, Regensburg 1986, S. 878-884.
Loew (Standardisierung).

Lohse, Eberhard:
Zielvorstellungen, Probleme und Techniken der Führung in der Bundeswehr, in: Deutscher Bundeswehrverband e.V. (Hrsg.): Führung in Bundeswehr und Wirtschaft, Bonn 1975, S. 33-56.
Lohse (Führung).

Lopez, Davalillo de:
La Cooperación Logistica del Ejército, in: Ejército, 55. Jg. (1994), H. 653, S. 11-12, Übersetzung des Bundessprachenamtes: Die logistische Zusammenarbeit des Heeres in Gremien der internationalen Organisation.
Lopez (Cooperacion).

Lorenz, Marco:
On se comprend bien... Deutsch-französischer Soldatenaustausch, in: Heer, 22. Jg. (1993), H. 5, S. 18f.
Lorenz (Austausch).

Lube, Erich:
NATO-Unterstellungsverhältnisse der deutschen Luftwaffe. Eine Untersuchung der sich aus der Unterstellung unter drei unterschiedlich organisierte und geführte taktische NATO-Kommandos ergebenden organisatorischen, personellen und taktischen Probleme, Jahrgangsarbeit des Verwendungslehrganges Generalstabs-/Admiralstabsdienst der Bundeswehr, Hamburg 1972.
Lube (Luftwaffe).

Lüthy, Pierre André:
Das neue italienische Verteidigungsmodell, in: Revue militaire suisse, o. Jg. (1998), H. 5, S. 34-38.
Lüthy (Verteidigungsmodell).

Lutz, Dieter S.:
Die Lagebeurteilung als Voraussetzung für Bestand und Struktur von Streikräften, in: Schönherr, Siegfried (Hrsg.): Streitkräfte, Ökonomie und Europäische Sicherheit. Generalmajor Dipl.-Kfm. Dr. rer. pol. Johannes Gerber zum 80. Geburtstag, Dachau 1999, S. 125-134.
Lutz (Lage).

Lz:
Lean Management bei der Nato. Anpassung der Kommandostruktur an neue Aufgaben, in: Neue Züricher Zeitung, 14./15.02. 1998, S. 7.
Lz (NATO).

Macdonald, Peter:
SAS im Einsatz. Die Geschichte der britischen Spezialeinheit, Stuttgart 1994.
Macdonald (SAS).

Macharzina, Klaus; Wolf, Joachim:
Die internationalen Personalfunktionen und ihre globale Koordination, in: Kumar, Brij Nino (Hrsg.): Handbuch des Internationalen Personalmanagements, München 1998, S. 49-83.
Macharzina/Wolf (Personalfunktion).

Mackenzie, Jeremy Sir:
The ACE Rapid Reaction Corps. Making it work, in: Rusi Journal, o. Jg. (1993), H. 1, S. 16-20.
Mackenzie (Corps).

Mackrell, Eilleen:
Die Unterstützung multinationaler Streitkräfte und die Entwicklung im Bereich militärischer (nachrichtendienstlicher) Angelegenheiten, in: Nato-Brief, 45. Jg. (1997), H. November/Dezember, S. 20-22.
Mackrell (Nachrichtendienst).

Madauss, Bernd-J.:
Erfahrungen mit standardisierten Kostenschätzmodellen. Das Beispiel PRICE, in: Hofmann, Hans W.; Schelle, Heinz (Hrsg.): Kosten in der Verteidigungsplanung, München 1985, S. 280-302.
Madauss (Erfahrungen).

Männel, Wolfgang:
Anlagenwirtschaft, in: Kern, Werner (Hrsg.): Handwörterbuch der Produktionswirtschaft, 2. Aufl., Stuttgart 1996, Sp.72-86.
Männel (Anlagenwirtschaft).

Männel, Wolfgang:
Entwicklungsperspektiven der Kostenrechnung, 5. Aufl., Lauf an der Pegnitz 1999.
Männel (Perspektiven).

Männel, Wolfgang:
Kostenrechnungssysteme, 5. Aufl., Lauf an der Pegnitz 1999.
Männel (Systeme).

Männel, Wolfgang:
Wirtschaftlichkeitsfragen der Anlagenerhaltung, Wiesbaden 1968.
Männel (Anlagenerhaltung).

Magenheimer:
Zum Stand der NATO-Streitkräfte in Europa-Mitte, in: Österreichische Militärische Zeitschrift, 33. Jg. (1995), H. 5, S. 563-566.
Magenheimer (Streitkräfte).

Malat, Horst:
Militärische Zusammenarbeit in Europa. Die „NATO Training Group“, in: Truppendienst, 35. Jg. (1996), H. 6, S. 296-300.
Malat (Zusammenarbeit).

Maneval, Helmut:
Allianztheorie, in: Kirchhoff, Günter (Hrsg.): Handbuch zur Ökonomie der Verteidigungspolitik, Regensburg 1986, S. 31-38.
Maneval (Allianztheorie).

Maneval, Helmut:
Überlegungen zum Wandel in der Wirtschaft und beim Militär aus ökonomischer Sicht, in: Forschungsinstitut für Militärökonomie und angewandte Konversion der Gesellschaft für Militärökonomie e.V. (Hrsg.): Wandlungsprozesse in Militär und Wirtschaft. Ökonomische Gemeinsamkeiten und Unterschiede. Vortragsveranstaltung im Reichstag zu Berlin, 12./13.03. 1993, Berlin 1993, S.10-33.
Maneval (Wirtschaft).

Mannhardt, Jürgen:
Interkulturelle Kompetenz, in: Europäische Sicherheit, 48. Jg. (1999), H. 1, S. 34-37.
Mannhardt (Kompetenz).

Marciniak, Krzysztof:
Polens Weg in die NATO. Herausforderungen, Chancen und Aufgaben, in: Führungsakademie der Bundeswehr (Hrsg.): Jahresschrift 1998, Hamburg 1999, S. 67-78.
Marciniak (Weg).

Marienfeld, Claire:
Interview mit der Wehrbeauftragten des Deutschen Bundestages, in: Blickpunkt Bundestag, o. Jg. (1999), H. 2, S. 8-10.
Marienfeld (Interview).

Marienfeld, Claire:
Politische Studien-Zeitgespräch mit der Wehrbeauftragten des Deutschen Bundestages, Claire Marienfeld, in: Politische Studien, 48. Jg. (1997), H. 354, S. 23-29.
Marienfeld (Studien).

Markmann, G.; Wagner, K.:
Interoperability Aspects of Command and Control Information Systems with Respect on International Standards and Emphasis on ATCCIS, 469. Bericht der Forschungsgesellschaft für Angewandte Naturwissenschaften e.V. / Forschungsinstitut für Funk und Mathematik, Wachtberg-Wethoven 1996.
Markmann/Wagner (Bericht).

Maroni, Alice C.:
Budget, Defense, in: Dupuy, Trevor N. (Hrsg.): International Military and Defense Encyclopedia, Bd. 1, New York; Washington 1993, S. 416-420.
Maroni (Budget).

Martin, Ernst (Hrsg.):
Eurokorps und Europäische Einigung, Bonn 1996.
Martin (Eurokorps).

Martin, Horst:
Luftwaffe heute, in: Wehrtechnik, 44. Jg. (1997), H. 5, S. 34-36.
Martin (Luftwaffe).

Martin, Mathias; Schäfer, Paul:
Die Bundeswehr als Instrument deutscher Machtprojektion, in: Blätter für deutsche und internationale Politik, o. Jg. (1994), H. 1, S. 44-55.
Martin/Schäfer (Instrument).

Mayer, Eric:
Als Reservist im Eurokorps. Ein Beitrag zur europäischen Integration, in: Information für die Truppe, 40. Jg. (1996), H. 2, S. 14-21.
Mayer (Reservist).

Mb:
Auf dem Wege nach Europa. Das Deutsch-Niederländische Korps in Münster, in: Die Bundeswehr, 40. Jg. (1995), H. 3, S. 40f.
Mb (Münster).

McCloughry, Kingston E. J.:
The Direction of War. A Critique of the Political Direction and High Command in War, New York 1958.
McCloughry (War).

McGregor, R. J. A.:
Die Grenzen und Möglichkeiten der Multinationalität, Jahrgangsarbeit des Verwendungslehrganges Generalstabs-/Admiralstabsdienst der Bundeswehr, Hamburg 1996.
McGregor (Multinationalität).

McInnes, Colin:
The Britisch Army and NATO's Rapid Reaction Corps, London Defence Studies, Bd. 15, London 1993.
McInnes (Corps).

McJoynt, Albert D.:
Combined Operations, in: Dupuy, Trevor N. (Hrsg.): International Military and Defense Encyclopedia, Bd. 2, New York; Washington 1993, S. 579-589.
McJoynt (Combined).

McJoynt, Albert D.:
Joint Operations, in: Dupuy, Trevor N. (Hrsg.): International Military and Defense Encyclopedia, Bd. 3, New York; Washington 1993, S. 1381-1388.
McJoynt (Joint).

McNally, Jeffrey A.:
Span of Control: Theories and Concepts, in: Dupuy, Trevor N. (Hrsg.): International Military and Defense Encyclopedia, Bd. 5, New York; Washington 1993, S. 2515-2517.
McNally (Span).

Meier-Dörnberg, Wilhelm:
Integration und Kontrolle. Die Europäische Verteidigungsgemeinschaft (EVG), in: Information für die Truppe, 34. Jg. (1990), H. 10, S. 56-67.
Meier-Dörnberg (EVG).

Mejlholm, Birger:
Einsatz der Dänischen Internationalen Brigade im Rahmen von VN, OSZE und NATO. Möglichkeiten und Grenzen, Jahrgangsarbeit des Verwendungslehrganges Generalstabs-/ Admiralstabsdienst der Bundeswehr, Hamburg 1995.
Mejlholm (Brigade).

Mende, Bernhard:
Multinationalität – nichts Neues für Luftstreitkräfte, in: Communication Presse Marketing GmbH CPM (Hrsg.): Multinationale Streitkräfte in der NATO. Gemeinsamkeit verbindet, Sankt Augustin 1994, S. 65-70.
Mende (Multinationalität).

Mende, Bernhard:
Multinationalität – nichts Neues für Luftstreitkräfte, in: Truppenpraxis/Wehrausbildung, 39. Jg. (1995), H. 4, S. 225-230.
Mende (Luftstreitkräfte).

Mensel, Klaus-D.:
Auf das Ergebnis darf man gespannt sein, in: Truppenpraxis/Wehrausbildung, 41. Jg. 1997), H. 7/8, S. 434-442.
Mensel (Ergebnis).

Messner, Peter:
Europa-Armee. Die Deutsch-Französische Brigade – ein Vorbild für zukünftige internationale Verbände?, in: Wehrausbildung, 35. Jg. (1992), H. 1, S. 49-52.
Messner (Brigade).

Mey, Holger H.:
Europäische Rüstungszusammenarbeit, in: Europäische Sicherheit, 45. Jg. (1996), H. 7, S. 28-30.
Mey (Rüstung).

Mey, Holger H.:
Zur Rolle und Bedeutung deutscher Landstreitkräfte, Schriftenreihe „Forum Heer", Bd. 1/97, Frankfurt/Main; Bonn 1997.
Mey (Bedeutung).

Meyer, Gerhard:
Aufgaben des integrierten Offiziers bei SHAPE, in: Truppenpraxis, 8. Jg. (1964), H. 4, S. 250-252.
Meyer (Aufgaben).

Meyer, Georg:
Möglichkeiten und Grenzen einer übernationalen Logistik. Eine Untersuchung unter besonderer Berücksichtigung der deutschen Luftwaffe, Jahrgangsarbeit des Verwendungslehrganges Generalstabs-/Admiralstabsdienst der Bundeswehr, Hamburg 1968.
Meyer (Logistik).

Meyer, Udo:
Forderung an die Führerausbildung im Heer, in: Europäische Sicherheit, 47. Jg. (1998), H. 3, S. 36-38.
Meyer (Heer).

Meyer, Wolfgang:
Streitkräfte auf dem Weg ins 21. Jahrhundert, in: Europäische Sicherheit, 45. Jg. (1996), S. 20-24.
Meyer (Streitkräfte).

Meyers, Manfred:
Grundsätze und Perspektiven der Multinationalität, in: Report Verlag (Hrsg.): Multinationalität. Wehrtechnischer Report, November 1996, Bonn; Frankfurt/Main 1996, S. 4-6.
Meyers (Grundsätze).

Meyers, Manfred; Vad, Erich:
Multinationalität der Streitkräfte. Instrument deutscher Sicherheitspolitik, in: Europäische Sicherheit, 45. Jg. (1996), H. 9, S. 33-38.
Meyers/Vad (Multinationalität).

Meyhöfer, Michael:
Unter dem Danerog. Der dänische Heeressoldat, in: Heer, 24. Jg. (1995), H. 3, S. 30f.
Meyhöfer (Danerog).

Meyhöfer, Michael:
Unter dem Union Jack. Der britische Heeressoldat, in: Heer, 23. Jg. (1994), H. 2, S. 38f.
Meyhöfer (Jack).

Meyhöfer, Michael:
Unter dem weißen Adler. Der polnische Heeressoldat, in: Heer, 24. Jg. (1995), H. 4, S. 30f.
Meyhöfer (Adler).

Meyhöfer, Michael:
Unter der Trikolore. Der französische Heeressoldat, in: Heer, 22. Jg. (1993), H. 6, S. 38f.
Meyhöfer (Trikolore).

Meyhöfer, Michael:
Unter „Stars and Stripes". Der amerikanische Heeressoldat, in: Heer, 24. Jg. (1995), H. 1, S. 30f.
Meyhöfer (Stripes).

Meyhöfer, Michael:
Unter Windmühlen. Der niederländische Heeressoldat, in: Heer, 22. Jg. (1993), H. 11, S. 38f.
Meyhöfer (Windmühlen).

Meyhöfer, Michael:
Viva España. Der spanische Heeressoldat, in: Heer, 24. Jg. (1995), H. 10, S. 30f.
Meyhöfer (Viva).

Michelis, Helmut:
Geldbörse statt Pistole, in: Bundeswehr aktuell, 26.04. 1999, S. 10.
Michelis (Geldbörse).

Mickel, Wolfgang W.:
Kulturelle Aspekte und Probleme der europäischen Integration, in: Aus Politik und Zeitgeschichte, B 10/97, 28.02. 1997, S. 14-24.
Mickel (Integration).

Milani, Antonio:
Future support of multinational Nato forces, in: Nato's Sixteen Nations, 37. Jg. (1992), H. 2, S. 45-48.
Milani (Support).

Militärgeschichtliches Forschungsamt (Hrsg.):
Verteidigung im Bündnis. Planung, Aufbau und Bewährung der Bundeswehr 1950-1972, München 1972.
Forschungsamt (Verteidigung).

Miller, David:
Anywhere, anytime. Rapid-deployment forces and their future, in: International Defense Review Special Report, 27. Jg. (1994), H. 10, S. 6-11.
Miller (Anytime).

Miller, David:
The Proposed Nato Rapid Reaction Corps, in: Nato's Sixteen Nations, 36. Jg. (1991), H. 7, S. 28-32.
Miller (Corps).

Millotat, Christian:
Das Deutsche Heer auf dem Weg in die Zukunft. Die sicherheitspolitische Lage und ihre Folgen für die Bundeswehr, in: Österreichische Militärische Zeitschrift, 36. Jg. (1998), H. 4, S. 391-396.
Millotat (Heer).

Millotat, Christian:
Das Preußisch-Deutsche Generalstabssystem – Wurzeln, Entwicklung, Fortwirken, Bonn 1998.
Millotat (Generalstabssystem).

Millotat, Christian:
Der Generalstabs-/Admiralstabsdienst in der Bundeswehr, in: Schössler, Dietmar (Hrsg.): Clausewitz-Studien, Jahresband 1997, München 1998, S. 106-122.
Millotat (Generalstabsdienst).

Millotat, Christian:
Nur wer klare Begriffe hat, kann auch führen. Das Heer in der gegenwärtigen Sicherheitslage, in: Europäische Sicherheit, 44. Jg. (1995), H. 9, S. 9-12.
Millotat (Begriffe).

Millotat, Christian:
Operatives Denken im Heer, in: Wehrtechnik, 30. Jg. (1998), H. 1, S. 37f.
Millotat (Denken).

Millotat, Christian:
Operative Überlegungen für das deutsche Heer in der gegenwärtigen Sicherheitslage, in: Österreichische Militärische Zeitung, 34. Jg. (1996), H. 1, S. 57-64.
Millotat (Überlegungen).

Millotat, Christian:
Spannungsfelder im NATO-Stabsdienst. Jeder fängt von vorne an, in: Europäische Wehrkunde, 34. Jg. (1985), H. 2, S. 91-93.
Millotat (Spannungsfelder).

Mitrofanoff, Igor:
L'eurocorps: mode d'emploi, in: Défense Nationale, 48. Jg. (1992), H. 12, S. 29-36.
Mitrofanoff (L'eurocorps).

Model, Hansgeorg:
Der deutsche Generalstabsoffizier. Seine Auswahl und Ausbildung in Reichswehr, Wehrmacht und Bundeswehr, Frankfurt/Main 1968.
Model (Generalstabsoffizier).

Möller, Hans-Peter; Schoenfeld, Hanns-Martin:
Kostenrechnung, 8. Aufl., Stuttgart 1995.
Möller/Schoenfeld (Kostenrechnung).

Mönch Publishing Group:
The World Defence Almanac 1997/98, veröffentlicht als Einzelband von Military Technology, 22. Jg. (1998), H. 1.
Mönch (Almanac).

Mönch Publishing Group:
The World Defence Almanac 1999/2000, veröffentlicht als Einzelband von Military Technology, 24. Jg. (2000), H. 1.
Mönch (Almanac 2000).

Moilanen, Jon H.:
Prairie Warrior 98. Building 21st-Century Leaders, in: Military Review, 178/179. Jg. (1998/99), H. December/January, S. 58-67.
Moilanen (Leaders).

Moltke, Helmuth von:
Auswahl aus seinen Schriften, in: Stumpf, Reinhard (Hrsg.): Kriegstheorie und Kriegsgeschichte. Carl von Clausewitz. Helmuth von Moltke, Bibliothek der Geschichte und Politik, Bd. 23, Frankfurt/Main 1993, S. 425-672.
Moltke (Schriften).

Moniac, Rüdiger:
Das unbekannte Wesen, in: Loyal, 36. Jg. (1996), H. 7/8, S. 4-7.
Moniac (Wesen).

Moniac, Rüdiger:
Europäer in Uniform, in: Die Welt, 30.12. 1995, S. 4.
Moniac (Europäer).

Moniac, Rüdiger:
Noten für Generale, in: Loyal, 39. Jg. (1999), H. 3, S. 13f.
Moniac (Generale).

Moniac, Rüdiger:
Thema des Monats: Nichts ist im Lot, in: Loyal, o. Jg. (1997), H. 3, S. 4-6.
Moniac (Lot).

Moniac, Rüdiger:
Thema des Monats: Bosnienstreit, in: Loyal, o. Jg. (1993), H. 3, S. 4-7.
Moniac (Streit).

Morsink, Henk:
Zusammenarbeit im I. Deutsch-Niederländischen Korps. Ein Vergleich zweier Unternehmenskulturen am Beispiel des deutschen und des niederländischen Heeres, Jahrgangsarbeit des Verwendungslehrganges Generalstabs-/Admiralstabsdienst der Bundeswehr, Hamburg 1995.
Morsink (Vergleich).

Most, Bruno:
Nationale Einsatzunterstützung in multinationalen Korps bzw. Kontingenten im Rahmen der Landes- und Bündnisverteidigung und außerhalb Artikel 5 NATO-Vertrag, Jahrgangsarbeit des Verwendungslehrganges Generalstabs-/Admiralstabsdienst der Bundeswehr, Hamburg 1999.
Most (Einsatzunterstützung).

Moye, Julie:
Take a look at German culture, in: Crusader, 23.04. 1999, S. 1.
Moye (Culture).

MS:
„Goede morgen" in der Eifel. Kommandierender General in neuer Rolle: Deutscher inspiziert niederländische Truppen, in: Bundeswehr aktuell, 14.04. 1998, S. 7.
MS (Eifel).

Muguet, Christian:
Zur deutsch-französischen Rüstungskooperation. Ihre Bedeutung für eine zukünftige europäische Verteidigung, in: Österreichische Militärische Zeitung, 32. Jg. (1994), H. 5, S. 489-498.
Muguet (Bedeutung).

Müller-Böling:
Qualitätsmanagement, in: in: Wittmann, Waldemar u.a. (Hrsg.): Handwörterbuch der Betriebswirtschaft, Bd. 3, 5. Aufl., Stuttgart 1993, Sp. 3625-3638.
Müller-Böling (Qualitätsmanagement).

Müller-Hillebrand, Burkhart:
Nationale Armee oder Europaarmee?, in: Wehrwissenschaftliche Rundschau, 3. Jg. (1953), H. 4, S. 165-168.
Müller-Hillebrand (Europaarmee).

Muñoz-Alonso, Alejandro:
Public opinion, parliament, and the new defence policy, in: Nato's Sixteen Nations, 42. Jg. (1997), Special Issue 1997: Defense in Spain, S. 54-56.
Muñoz-Alonso (Public).

Murphy, N. T. P.:
Logistics, NATO, in: Dupuy, Trevor N. (Hrsg.): International Military and Defense Encyclopedia, Bd. 3, New York; Washington 1993, S. 1529-1543.
Murphy (Logistics).

Nadel, Joel H.:
Specific Military Factors. Command and Control, in: Watson, Bruce W. u.a. (Hrsg.): Military Lessons of the Gulf War, London; Novato 1993, S. 135-145.
Nadel (Command).

Nagel, Rüdiger:
Soziale Herkunft von Führungskräften, in: Kieser, Alfred; Reber, Gerhard; Wunderer, Rolf (Hrsg.): Handwörterbuch der Führung, Enzyklopädie der Betriebswirtschaftslehre, Bd. X, Stuttgart 1987, Sp. 1848-1856.
Nagel (Herkunft).

Nolte, Wolfram:
Die internationale Kassenhaltung der multinationalen Unternehmung, Dissertation, Frankfurt/Main 1981.
Nolte (Multinational).

North Atlantic Treaty Organisation (NATO) Airborne Early Warning Force - NAEWF, E-3A Component, Public Information Office (Hrsg.):
Fact Sheet. The NATO Airborne Early Warning Force, Geilenkirchen 1993.
Office (NAEWF).

NATO Airborne Early Warning Force - NAEWF, E-3A Component, Public Information Office (Hrsg.):
Fact Sheet. The E-3A Component, Geilenkirchen 1994.
Office (E-3A).

NATO Airborne Early Warning Force - NAEWF, E-3A Component, Public Information Office (Hrsg.):
NATO AWACS. Demonstrating Deterrence Daily, Geilenkirchen 1997.
Office (AWACS).

NATO:
Das Strategische Konzept des Bündnisses, verabschiedet auf der Gipfelkonferenz der Staats- und Regierungschefs in Washington, DC am 23. und 24. April 1999, in: Nato-Brief, 47. Jg. (1999), H. 2, S. D 7 – D 13.
NATO (Konzept).

NATO, Office of Information and Press:
London Declaration on a Transformed North Atlantic Alliance, in: NATO Review, 38. Jg. (1991), H. 4, S. 32f.
NATO (London).

NATO, Office of Information and Press (Hrsg.):
NATO Communiqués 1996. Texts of Statements and Communiqués, Brüssel 1997.
NATO (Communiqués).

NATO, Office of Information and Press:
The Alliance's New Strategic Concept, in NATO Review, 38. Jg. (1991), H. 6, S. 25-32.
NATO (Concept).

NATO, Presse- und Informationsdienst (Hrsg.):
NATO-Handbuch, Brüssel 1995.
NATO (Handbuch).

Naumann, Klaus:
Die neue militärische Kommandostruktur der NATO, in: Nato-Brief, 46. Jg. (1998), H. 1, S. 10-14.
Naumann (NATO).

Naumann, Klaus:
Führen und gehorchen. Aufgaben und Probleme einer Armee im Frieden, in: Informationen für die Truppe, 38. Jg. (1995), H. 9, S. 16-22.
Naumann (Führen).

Naumann, Klaus:
Gespräch mit dem Vorsitzenden des Militärausschusses der NATO, in: Wehrtechnik, 29. Jg. (1997), H. 4, S. 5-10.
Naumann (Interview).

Naumann, Klaus:
Grußwort des Generalinspekteurs der Bundeswehr, General Klaus Naumann, an die Teilnehmer der Vortragsveranstaltung der Gesellschaft für Militärökonomie am 12./13. März 1993 in Berlin, in: Forschungsinstitut für Militärökonomie und angewandte Konversion der Gesellschaft für Militärökonomie e.V. (Hrsg.): Wandlungsprozesse in Militär und Wirtschaft. Ökonomische Gemeinsamkeiten und Unterschiede, Berlin 1993, S. 5f.
Naumann (Grußwort).

Naumann, Klaus:
Sicherheit in Europa. Konsequenzen für die Bundeswehr, in: Europäische Sicherheit, 44. Jg. (1995), H. 1, S. 8-14.
Naumann (Europa).

Neubauer, Helmut:
Das Eurokorps. Eine Streitkraft für Europa und die Atlantische Allianz, in: Wehrtechnik, 31. Jg. (1999), H. 1, S. 6-10.
Neubauer (Eurokorps).

Neubauer, Helmut:
Die Deutsch-Französische Brigade. Vom politischen Symbol zum einsatzfähigen Großverband, in: Martin, Ernst (Hrsg.): Eurokorps und Europäische Einigung, Bonn 1996, S. 330-350.
Neubauer (D/F).

Neubauer, Helmut:
Generalstabsdienst in einem multinationalen Verband im Einsatz, Zusammenfassung des Vortrags, gehalten während des „Forum Ulm 1997“ der Clausewitz-Gesellschaft e.V. in Ulm am 06./07.11. 1997, zusammengefaßt in: Brüggemann, Adolf: Generalstabsdienst in multinationalen Streitkräften. „Forum Ulm 1997“ der Clausewitz-Gesellschaft e.V., in: Europäische Sicherheit, 47. Jg. (1998), H. 2, S. 13f.
Neubauer (Einsatz).

Nicoll, Alexander:
Profile Manfred Bischoff, chief executive DASA. An ambitious strategist playing for high stakes, in: Financial Times, 03.01. 2000, S. 10.
Nicoll (Strategist).

Nicoll, Alexander:
Troops battle to extend the western embrace, in: Financial Times, 27/28.09. 1997, S. 5.
Nicoll (Troops).

Noll, Dieter:
Ökonomische Beurteilung von Streitkräften, Dissertation, Mannheim 1970.
Noll (Beurteilung).

Nolte, Wilhelm:
Zwischen Landesverteidigung und Machtprojektion. Deutsche Befangenheit in und mit der Bundeswehr, in: Blätter für deutsche und internationale Politik, o. Jg. (1992), H. 10, S. 1206-1215.
Nolte (Bundeswehr).

o. A.:
AR. Aufwandsbegrenzung und Rationalisierung. Ein Gesamtvorhaben der Bundeswehr, in: IAP-Dienst, o. Jg. (1995), H. 9, S. 1-15.
o. A. (Rationalisierung).

o. A.:
Bei den Amerikanern wächst der Verdruß im Bündnis, in: Frankfurter Allgemeine Zeitung, 08.02. 1999, S. 6.
o. A. (Amerikaner).

o. A.:
Berufe und ihr Ansehen. Die Allensbacher Skala 1999, in: Die Zeit, 25.03. 1999, S. 15.
o. A. (Ansehen).

o. A.:
Das Eurokorps. IAP-Dokumentation, in: IAP-Dienst, o. Jg. (1998), H. 1, S. 6-8.
o. A. (Eurokorps).

o. A.:
Der Nordatlantikrat verabschiedet das erste Standardisierungsprogramm der Nato, in: Nato-Brief, 44. Jg. (1996), H. 5, S. 28.
o. A. (Programm).

o. A.:
Die k. u. k. Armee – ein Vorläufer integrierter Streitkräfte, in: Information für die Truppe, 8. Jg. (1964), H. 3, S. 209-218.
o. A. (Vorläufer).

o. A.:
Einmalig in der Welt, in: Der Spiegel, 11.11. 1995, S. 130f., 134 und 143-147.
o. A. (Einmalig).

o. A.:
Grundwehrdienst in anderen Ländern, in: Information für die Truppe, 43. Jg. (1999), H. 5, S. 72f.
o. A. (Grundwehrdienst).

o. A.:
Heeresversorgung, in: Militärwissenschaftliche Rundschau, 2. Jg. (1936), H. 2, S. 240-247.
o. A. (Heeresversorgung).

o. A.:
IAP-Analyse: Einigung über NATO-Kommandostruktur – aber viele Probleme nicht gelöst, in: IAP o. Jg. (1998), H. 1, S. 4f.
o. A. (Probleme).

o. A.:
Übers Ziel hinaus, in: Loyal, o. Jg. (1994), H. 6, S. 24 und 42.
o. A. (Ziel).

o. A.:
Umfassende Armeereform in Großbritannien, in: IAP-Dienst, o. Jg. (1998), H. 10, S. 11.
o. A. (Armeereform).

o. A.:
Verteidigungsausgaben der NATO-Länder 1975 bis 1995, in: Nato-Brief, 44. Jg. (1996), H. 1, S. 31-33.
o. A. (Ausgaben).

Oelrich, Jürgen:
Die Konzeption der Inneren Führung, in: Brecht, Reinhold; Klein, Paul (Hrsg.): Streitkräfte in der Demokratie. Die Kontrolle des Militärs in Frankreich und in Deutschland, Militär und Sozialwissenschaften, Bd. 14, Baden-Baden 1994, S. 19-27.
Oelrich (Konzeption).

Oettle, Karl:
Zielvorstellungen, Probleme und Techniken der Führung in Streitkräften, in: Deutscher Bundeswehr-Verband e.V. (Hrsg.): Führung in Bundeswehr und Wirtschaft, Bonn 1975, S. 18-32.
Oettle (Führung).

Olboeter, Hartmut:
Eine neue Akademie für eine neue NATO, in: Nato-Brief, 47. Jg. (1999), H. 3, S. 28-30.
Olboeter (Akademie).

Olshausen, Klaus:
Eine Streitkraft für Europa und die Atlantische Allianz. Das Eurokorps in Straßburg, in: Wehrtechnik, 30. Jg. (1998), H. 1, S. 104-106.
Olshausen (Eurokorps).

Oltmanns, Karsten:
1. German/Netherlands Corps. Two nations ... One Mission, in: Report Verlag (Hrsg.): NATO at 50. The Alliance on its Way to the Future, Wehrtechnischer Report, February 1999, Bonn; Frankfurt/Main 1999, S. 77-79.
Oltmanns (Corps).

Oltmanns, Karsten:
Das 1. (GE/NL) Korps. Beispiel einer einzigartigen Integration, in: Wehrtechnik, 31. Jg. (1999), H. 1, S. 11-16.
Oltmanns (GE/NL).

Oppermann, Roland:
Der Oberbefehl im Bündniskrieg. Überlegungen zur Koalitionskriegführung am Beispiel Eisenhowers, Jahrgangsarbeit des Verwendungslehrganges Generalstabs-/Admiralstabsdienst der Bundeswehr, Hamburg 1965.
Oppermann (Oberbefehl).

Ose, Dieter:
Die neue Bundeswehr, in: BMVg, Fü S I 4 (Hrsg.): Reader Sicherheitspolitik - Die Bundeswehr vor neuen Herausforderungen, Ergänzungslieferung zu Information für die Truppe, 42. Jg. (1998), H. 12, S. 41-56.
Ose (Bundeswehr).

Ostermann, Axel:
Neue Aufgaben für den Militärattaché, in: Europäische Sicherheit, 41. Jg. (1999), H. 4, S. 6-19.
Ostermann (Aufgaben).

Ostermeyer, Reinhart:
Die neue Dimension der Multinationalität. Eine Herausforderung für die Weiterentwicklung der Generalstabs- und Admiralstabsausbildung, in: Führungsakademie der Bundeswehr (Hrsg.): Jahresschrift 1996, Hamburg 1997, S. 145-148.
Ostermeyer (Dimension).

Ostermeyer, Reinhart; Maltzan, Georg Frhr. von:
Am Puls der Zeit. Die Führungsakademie bildet seit 40 Jahren militärische Leistungseliten aus, in: Information für die Truppe, 41. Jg. (1997), H. 5, S. 4-13.
Ostermeyer/Maltzan (FüAkBw).

Ott, Ulrich:
Lean-Management. Das Zauberwort für zeitgemäße Gestaltungsphilosophie und Organisationskultur auch in der Bundeswehr? Möglichkeiten und Grenzen beim Sprung in das nächste Jahrtausend, Jahrgangsarbeit des Verwendungslehrganges Generalstabs-/Admiralstabsdienst der Bundeswehr, Hamburg 1998.
Ott (Organisationskultur).

Ottmer, Hans-Martin (Hrsg.):
Die Entwicklung Deutscher Sicherheitspolitik & Die Geschichte der Bundeswehr, 2. Aufl., Berlin; Bonn; Hamburg 1995.
Ottmer (Geschichte).

Palin, Roger H.:
Multinational Military Forces: Problems and Prospects, The International Institute for Strategic Studies (Hrsg.): Adelphi Papers, Bd. 294, London 1995.
Palin (Forces).

Palmer, J. R. M.:
Multinationalität und militärische Effizienz, Jahrgangsarbeit des Verwendungslehrganges Generalstabs-/Admiralstabsdienst der Bundeswehr, Hamburg 1993.
Palmer (Multinationalität).

Papmehl, André; Schuppert, Dana; Walsh, Ian:
Interkulturelles Management. Abschied von der Provinzialität, Wiesbaden 1994.
Papmehl/Schuppert/Walsh (Interkulturell).

Pateau, Jacques:
Arbeitswerte und Managementstile in deutschen und französischen Unternehmen: ein interkulturell vergleichender Ansatz, in: Köcher, Renate; Schild, Joachim (Hrsg.): Wertewandel in Deutschland und Frankreich, Opladen 1998, S. 151-170.
Pateau (Managementstile).

Paulus, Alexander:
Sicherheitsrisiko Kostenexplosion. Kosten- und Nutzenanalysen für Investitionsprogramme in der Verteidigungsplanung – Modelle zur Kostendämpfung, München 1981.
Paulus (Kostenexplosion).

Pausenberger, Ehrenfried:
Organisation der Internationalen Unternehmung, in: Frese, Erich (Hrsg.): Handwörterbuch der Organisation, 3. Aufl., Stuttgart 1992, Sp. 1052-1066.
Pausenberger (International).

Perlitz, Manfred:
Internationales Management, in: Wittmann, Waldemar u.a. (Hrsg.): Handwörterbuch der Betriebswirtschaft, Bd. 2, 5. Aufl., Stuttgart 1993, Sp. 1855-1871.
Perlitz (International).

Petermann, Ernst-August:
Die Multinationale Division (Central). Das neue Image der NATO, in: Barett, o. Jg. (1994), H. 4, S. 22-25.
Petermann (Central).

Pfaff, Reinhard:
Verbund Nachrichtengewinnung und Aufklärung, in: Europäische Sicherheit, 48. Jg. (1999), H. 8, S. 37-39.
Pfaff (Aufklärung).

Pfeifer, Andreas:
Zukunftsperspektiven der deutschen Rüstungsindustrie. Steuert die nationale Rüstungsindustrie dauerhaft in die Krise?, Jahrgangsarbeit des Verwendungslehrganges Generalstabs-/ Admiralstabsdienst der Bundeswehr, Hamburg 1999.
Pfeifer (Rüstung).

Pfeiffer, Johannes:
Führung, Planung, Management. Gedanken über eine „Allgemeine Führungslehre" für Politik, Staat und Wirtschaft, in: Wehrkunde, 17. Jg. (1968), H. 11, S. 621-630.
Pfeiffer (Führung).

Pfeiffer, Werner; Strubl, Christoph; Weiß, Enno:
Systemwirtschaftlichkeit. Konzeption und Methodik zur betriebswirtschaftlichen Fundierung innovationsorientierter Entscheidungen, Göttingen 1994.
Pfeiffer/Strubl/Weiß (Systemwirtschaftlichkeit).

Pfeiffer, Werner; Weiß, Enno:
Lean Management. Grundlagen der Führung und Organisation lernender Unternehmen, 2. Aufl., Berlin 1994.
Pfeiffer/Weiß (Lean).

Pfeiffer, Wolfgang:
Auslandsbetreuung, in: Burens, Peter-Claus (Hrsg.): Handbuch Auslandseinsatz, Bd. 1, Heidelberg 1984, S. 105-120.
Pfeiffer (Auslandsbetreuung).

Pflimlin, Bertrand-Louis:
Wehrpflichtarmee oder Berufsarmee. Eine heutige Frage für die Zukunft, Jahrgangsarbeit des Verwendungslehrganges Generalstabs-/Admiralstabsdienst der Bundeswehr, Hamburg 1994.
Pflimlin (Zukunft).

Pfrengle, Franz:
Weit und schnell. Eurotransitex: Die erste Übung des Eurokorps im erweiterten Aufgabenspektrum, in: Truppenpraxis/Wehrausbildung, 39. Jg. (1995), H. 10, S. 700-708.
Pfrengle (Eurotransitex).

Pfrengle, Hermann O.:
Effizienzen und Ineffizienzen internationaler Rüstungskooperationen, in: Gerber, Johannes; Hahn, Oswald (Hrsg.): Betriebswirtschaftslehre und Streitkräfte, Bd. 2, Regensburg 1983, S. 318-345.
Pfrengle (Effizienzen).

Piatt, Gregory:
National Guard unit takes historic command, in: The Stars and Stripes, 08.03. 2000, S. 4.
Piatt (Historic).

Piechota, Sven:
Bedeutung eines Management-Informationssystems für die Entscheidungsfindung in internationalen Unternehmen, in: Hichert, Rolf; Moritz, Michael (Hrsg.): Management-Informationssysteme. Praktische Anwendungen, Berlin; Heidelberg 1992, S. 59-72.
Piechota (Informationssystem).

Piehl, Ernst:
Multinationale Konzerne und internationale Gewerkschaftsbewegung, Schriftenreihe der Otto Brenner Stiftung, Bd. 2, Frankfurt/Main 1974.
Piehl (Multinational).

Podbielski, Monica; Thies, Wallace J.:
What Makes an Alliance Strong? NATO and the Warsaw Treaty Organization in Retrospect, in: Military Review, 177. Jg. (1997), H. July/ August, S. 130-135.
Podbielski/Thies (Retrospect).

Poeppel, Hans:
Gedanken zum Führungsstil, Auszug der Rede des Inspekteurs des Heeres, gehalten während der Kommandeurtagung an der Infanterieschule der Bundeswehr in Hammelburg am 15./16.10. 1979, in: Truppenpraxis, 23. Jg. (1980), H. 3, S. 189-191.
Poeppel (Führungsstil).

Pöcher, Harald R.:
„Burden Sharing" versus „Trittbrettfahrer", in: Österreichische Militärische Zeitschrift, 32. Jg. (1994), H. 2, S. 155-158.
Pöcher (Trittbrettfahrer).

Pöcher, Harald R.:
Controlling-Konzept für Streitkräfte. Ein wirtschaftswissenschaftliches Instrumentarium zur Effizienzsteigerung, in: Österreichische Militärische Zeitung, 34. Jg. (1996), H. 2, S. 179-184.
Pöcher (Controlling).

Poussineau, Christine:
Die Integration von Frauen in die französischen Streitkräfte, Jahrgangsarbeit des Verwendungslehrganges Generalstabs-/Admiralstabsdienst der Bundeswehr, Hamburg 1999.
Poussineau (Frauen).

Powell, Colin:
My American Journey, New York 1995.
Powell (Journey).

Prahalad, C. K.:
Konzept und Leistungsfähigkeit mehrdimensionaler Organisationen, in: Reber, Gerhard; Strehl, Franz (Hrsg.): Matrix-Organisation. Klassische Beiträge zu mehrdimensionalen Organisationsstrukturen, Stuttgart 1988, S. 107-125.
Prahalad (Mehrdimensional).

Pressley, Sue Anne:
Hate may have triggered attack. Soldier fatally beaten in barracks was gay, in: The Stars and Stripes, 13.08. 1999, S. 2.
Pressley (Hate).

Preußner, Uwe; Stolte, Martin:
Flexible Budgetierung in den Streitkräften. Herausforderung an den militärischen Führer? Welche Chancen, Grenzen und Risiken gibt es?, Jahrgangsarbeit des Verwendungslehrganges Generalstabs-/Admiralstabsdienst der Bundeswehr, Hamburg 1999.
Preußner/Stolte (Budgetierung).

Przemieniecki, J. S. (Hrsg.):
Acquisition of Defense Systems, Washington, DC 1993.
Przemieniecki (Acquisition).

Quack, Helmut:
Internationale Kooperationen. Ein Wegweiser für mittlere und kleinere Unternehmen, Frankfurt/Main 2000.
Quack (Kooperationen).

Quack, Helmut:
Internationales Marketing. Entwicklung einer Konzeption mit Praxisbeispielen, München 1995.
Quack (International).

Quast, Karl-Heinz:
Krisenreaktionskräfte des Heeres. Konsequenzen für die Heeresrüstung, in: Europäische Sicherheit, 44. Jg. (1995), H. 10, S. 32-40.
Quast (Rüstung).

Raab, Peter:
Multinationalität zu viert. Der Beitrag der deutschen, französischen, ukrainischen und albanischen Streitkräfte zur Stabilisierung des Friedensprozesses in Bosnien-Herzegowina im Rahmen einer internationalen Einsatzbrigade, in: Truppenpraxis/Wehrausbildung, 41. Jg. (1997), H. 7/8, S. 476-480.
Raab (Multinationalität).

Ramelsberger, Annette:
Wem ein zweiter Paß hilft – und wem nicht. Der Schlüssel zur Integration ist und bleibt das Erlernen der Sprache, in: Süddeutsche Zeitung, 12.01. 1999, S. 4.
Ramelsberger (Paß).

Red:
Die Angehörigen der Kommission, in: Bundeswehr aktuell, 26.04. 1999, S. 3.
Red (Kommission).

Reding, Kurt:
Effizienz, in: Chmielewicz, Klaus; Eichhorn, Peter (Hrsg.): Handwörterbuch der Öffentlichen Betriebswirtschaft, Stuttgart 1989, Sp. 277-282.
Reding (Effizienz).

Reeb, Hans-Joachim:
Indikator für Integration. Wehrbeauftragtengesetz und Innere Führung, in: Information für die Truppe, 41. Jg. (1997), H. 6, S. 46-55.
Reeb (Integration).

Reeß, Reiner:
Multinationalität, Mobilität, Modularität und Interoperabilität. Die FlaRak auf dem Weg in die Zukunft, in: Soldat und Technik, 41. Jg. (1998), H. 6, S. 402-407.
Reeß (Interoperabilität).

Rehkugler, Heinz:
Kostenbegriffe, Kostenarten und Kostenkategorien, in: Wittmann, Waldemar u.a. (Hrsg.): Handwörterbuch der Betriebswirtschaft, Bd. 2, 5. Aufl., Stuttgart 1993, Sp. 2320-2329.
Rehkugler (Kostenbegriffe).

Reichard, Christoph:
Betriebswirtschaftslehre der öffentlichen Verwaltung, 2. Aufl., Berlin; New York 1987.
Reichard (Verwaltung).

Reinelt, Norbert:
Europäische Rüstungskooperationen. Ein aktueller Überblick, in: Soldat und Technik, 41. Jg. (1998), H. 1, S. 68-72.
Reinelt (Überblick).

Reinhardt, Klaus:
Die neue NATO in Mitteleuropa, Interview geführt von Peter Streubel, in: Wehrtechnik, 31. Jg. (1999), H. 1, S. 24-26.
Reinhardt (NATO).

Reinhart, Rainer:
Leistungsbewußtsein, in: Kirchhoff, Günter (Hrsg.): Handbuch zur Ökonomie der Verteidigungspolitik, Regensburg 1986, S. 481-487.
Reinhart (Leistung)

Reitsma, Ruurd:
Das 1. (GE/NL) Corps. Nichts Besseres; aber etwas Besonderes, in: Report Verlag (Hrsg.): Multinationalität. Wehrtechnischer Report, November 1996, Bonn; Frankfurt/Main 1996, S. 22-27.
Reitsma (GE/NL).

Reitsma, Ruurd:
Ein großes Stück vorangekommen. Das I. Deutsch-Niederländische Korps blickt auf die ersten 100 Tage zurück, Interview zusammengefaßt in: Bundeswehr aktuell, 23.01. 1996, S. 2.
Reitsma (Vortrag)

Rendulic, Lothar:
Die Führung in Koalitionskriegen, in: Wehrkunde, 12. Jg. (1963), H. 10, S. 523-528.
Rendulic (Führung).

Report Verlag (Hrsg.):
Multinationalität. Wehrtechnischer Report, November 1996, Bonn; Frankfurt/Main 1996.
Report (Multinationalität).

Reuter, Edzard:
Globale Allianzbildung und politische Rahmenbedingungen, in: Bronder, Christoph; Pritzl, Rudolf (Hrsg.): Wegweiser für strategische Allianzen. Meilen- und Stolpersteine bei Kooperationen, Wiesbaden 1992, S. 424-429.
Reuter (Allianzbildung).

Riechmann, Friedrich:
Vergleichende Darstellung (gemessen an der HDv 10/100) der Einsatz- und Führungsgrundsätze der Stationierungsstreitkräfte in der Gefechtsart Verteidigung. Auswirkungen der Unterschiede auf den Führungsvorgang bei Operationen von multinationalen Großverbänden im Rahmen der NATO, Jahrgangsarbeit des Verwendungslehrganges Generalstabs-/Admiralstabsdienst der Bundeswehr, Hamburg 1976.
Riechmann (Darstellung).

Riscassi, Robert W.:
Doctrine for Joint Operations in a Combined Environment. A Necessity, in: Military Review, 173. Jg. (1993), H. June, S. 20-37.
Riscassi (Necessity).

Ritter, P.:
Vergleichende Darstellung der Beurteilungsverfahren für Offiziere in den Streitkräften der USA, Frankreichs und der Bundesrepublik Deutschland, Jahrgangsarbeit des Verwendungslehrganges Generalstabs-/Admiralstabsdienst der Bundeswehr, Hamburg 1977.
Ritter (Beurteilung).

Ritter, Sabine:
Die Deutsch-Französische Brigade und das Eurokorps, Diplomarbeit der Johannes Gutenberg-Universität Mainz, Fachbereich Angewandte Sprach- und Kulturwissenschaft, Germersheim 1994.
Ritter (Brigade).

Rivera, Bienvenido; Stokowski, Thomas J.; Twohig, John J.:
Structuring Division XXI, in: Military Review, 178. Jg. (1998), H. May/June, S. 25-33.
Rivera/Stokowski/Twohig (Division).

RL:
Generalstabschef mit Macht, in: Loyal, 39. Jg. (1999), H. 5, S. 21f.
RL (Generalstabschef).

Robinson, Karl W.:
Vorwort, in: Young, Thomas-Durell; Lowe, Karl H.: The Case for U.S. Participation in NATO Multinational Corps, Strategic Studies Institute des US-Army War College, Carlisle Barracks, PA 1990, S. iii.
Robinson (Case).

Rode, Friedrich:
Logistik. Auch weiterhin eine nationale Aufgabe?, in: Communication Presse Marketing GmbH CPM (Hrsg.): Multinationale Streitkräfte in der NATO, Sankt Augustin 1994, S. 118-123.
Rode (Logistik).

Roggemann, Hermann:
Führungsinformationssysteme der Zukunft, in: Europäische Sicherheit, 46. Jg. (1996), H. 5, S. 18-22.
Roggemann (Systeme).

Rose, Klaus:
Das Eurokorps. Schrittmacher der europäischen Einigung, in: Martin, Ernst (Hrsg.): Eurokorps und Europäische Einigung, Bonn 1996, S. 440-462.
Rose (Eurokorps).

Rose, Klaus:
Nur bei uns gut aufgehoben. Es geht auch hier um eine wichtige Richtungsentscheidung, in: Bayernkurier, 49. Jg. (1998), Nr. 38, 19.09. 1998, S. XIII.
Rose (Richtung).

Rosen, Claus Freiherr von:
Führung im Militär, in: Kieser, Alfred; Reber, Gerhard; Wunderer, Rolf (Hrsg.): Handwörterbuch der Führung, Enzyklopädie der Betriebswirtschaftslehre, Bd. X, Stuttgart 1987, Sp. 1448-1461.
Rosen (Führung).

Rosenbauer, Claus:
Das Führungszentrum der Bundeswehr, in: Europäische Sicherheit, 46. Jg. (1997), H. 2, S. 16-18.
Rosenbauer (FüZBw).

Rosenberger, Manfred:
Die deutsch-französische Brigade. Der Auftrag, Erfolg zu haben, in: Europäische Wehrkunde, 39. Jg. (1990), H. 9, S. 536-539.
Rosenberger (Auftrag).

Rosenstiel, Lutz von:
Menschenführung im Ausland, in: Haussmann, Helmut; Kumar, Brij Nino (Hrsg.): Handbuch der Internationalen Unternehmertätigkeit, München 1992, S. 825-835.
Rosenstiel (Ausland).

Rosich, E.:
Die Erfahrungen der französischen Streitkräfte mit weiblichen Soldaten, Jahrgangsarbeit des Verwendungslehrganges Generalstabs-/Admiralstabsdienst der Bundeswehr, Hamburg 1982.
Rosich (Erfahrungen).

Roth, Harry:
Entscheidungsorientierte Kostenrechnung in der öffentlichen Verwaltung – dargestellt am Beispiel der Deutschen Bundeswehr, Dissertation, Bonn 1987.
Roth (Kostenrechnung).

Royl, Wolfgang:
Militärische Interventionen in multinationalen Verbänden, in: Kaldrack, Gerd; Klein, Paul (Hrsg.): Die Zukunft der Streitkräfte angesichts weltweiter Abrüstungsbemühungen, Militär und Sozialwissenschaften, Bd. 9, Baden-Baden 1992, S. 99-115.
Royl (Interventionen).

Royl, Wolfgang:
Multinationale Streitkräfte als militärpädagogischer „Lernort", in: Österreichische Militärische Zeitschrift, 35. Jg. (1997), H. 3, S. 273-278.
Royl (Lernort).

Royl, Wolfgang:
Offiziere im Loyalitätskonflikt, in: Klein, Paul; Walz, Dieter (Hrsg.): Der Widerstand gegen den Nationalsozialismus und seine Bedeutung für Gesellschaft und Bundeswehr heute, Militär und Sozialwissenschaften, Bd. 16, Baden-Baden 1995, S. 95-112.
Royl (Konflikt).

Rühe, Volker:
40 Jahre Bundeswehr. Die Armee der Einheit auf dem Weg ins 21. Jahrhundert, in: Information für die Truppe, 39. Jg. (1995), H. 10/11, S. 8-19.
Rühe (Armee).

Rühe, Volker:
Bilanz und Perspektiven. Eine Bewertung des Bundesministers der Verteidigung, in: Soldat und Technik, 39. Jg. (1996), H. 1, S. 11-15.
Rühe (Perspektiven).

Rühe, Volker:
Führung ist eine unvergleichliche Herausforderung, in: Truppenpraxis/ Wehrausbildung, 41. Jg. (1997), H. 1, S. 4-8.
Rühe (Führung).

Rühle, Michael; Williams, Nick:
Partnerschaft für den Frieden. Zu neuen Ufern?, in: Europäische Sicherheit, 45. Jg. (1996), H. 4, S. 29-31.
Rühle/Williams (PfF).

Rühli, Edwin:
Zielsystem der internationalen Unternehmung, in: Macharzina, Klaus; Welge, Martin K. (Hrsg.): Handwörterbuch Export und Internationale Unternehmung, Stuttgart 1989, Sp. 2315-2331.
Rühli (Zielsystem).

Rüttinger, R.:
Unternehmenskultur. Neue Dimensionen des Erfolgs, Düsseldorf 1989.
Rüttinger (Unternehmenskultur).

Sachau, Hans-Joachim:
Multinationales Korps Nordost. Die Aufstellung eines dänisch-deutsch-polnischen Hauptquartiers der Landstreitkräfte in Stettin, in: Wehrtechnik, 31. Jg. (1999), H. 1, S. 18-21.
Sachau (Nordost).

Sadlowski, Manfred:
Handbuch der Bundeswehr und der Verteidigungsindustrie 1997, Bonn 1997.
Sadlowski (Handbuch).

Safranmüller, Andreas:
Bundesrepublik Deutschland. Multinationales Korps Nordost gegründet, in: Österreichische Militärische Zeitschrift, 36. Jg. (1998), H. 6, S. 721f.
Safranmüller (Nordost).

Sage, A. P.:
Effective/Efficient Systems, in: Singh (Hrsg.): Systems and Control Encyclopedia, Oxford 1987.
Sage (Systems).

Saint, Crosbie E.:
A CINC's View of Operational Art, in: Military Review, 170. Jg. (1990), H. September, S. 65-78.
Saint (CINC).

Saint-George, Hans-Jochem:
Französische und deutsche Disziplinarauffassungen. 4. Folge – Das Wehrdisziplinarrecht, in: Wehrkunde, 17. Jg. (1968), H. 4, S. 192-196.
Saint-George (Wehrdisziplinarrecht).

Samson, Hasso von:
Vergleich des Beurteilungssystems bei einigen unserer NATO-Partner, in: Truppenpraxis, 13. Jg. (1969), H. 11, S. 894.
Samson (Vergleich).

Sandrart, Hans Henning von:
Rollenverständnis im Bündnis. Aufgaben- und Rollenteilung?, in: Europäische Sicherheit, 44. Jg. (1995), H. 3, S. 8-10.
Sandrart (Rollenteilung).

Saracino, Peter:
ARRC at the sharp end. Nato's rapid-reaction emergency service, in: International Defense Review, 27. Jg. (1994), H. 5, S. 33-35.
Saracino (ARRC).

Sasse, Karl:
Erfordernisse internationaler Zusammenarbeit im Bereich der Luftstreitkräfte, in: Heydrich, Wolfgang; Rohde, Joachim; Tschudowsky, Frank (Hrsg.): Luftwaffe im Wandel. Aufgaben der deutschen Luftwaffe unter neuen politischen Rahmenbedingungen, Stiftung Wissenschaft und Politik, Bd. 41, Internationale Politik und Sicherheit, Baden-Baden 1995, S. 133-171.
Sasse (Luftstreitkräfte).

Sauder:
Die Problematik der Koalitionskriegsführung, Jahrgangsarbeit des Verwendungslehrganges Generalstabs-/Admiralstabsdienst der Bundeswehr, Hamburg 1968.
Sauder (Problematik).

Sauvant, Jochen:
Vergleich des deutschen und französischen Führungssystems des Heeres, Jahrgangsarbeit des Verwendungslehrganges Generalstabs-/Admiralstabsdienst der Bundeswehr, Hamburg 1994.
Sauvant (Vergleich).

Schäfer, Erich:
Die Unternehmung. Einführung in die Betriebswirtschaftslehre, 10. Aufl., Wiesbaden 1991, Nachdruck.
Schäfer (Unternehmung).

Schäffer, Werner:
NATO-Standardisierung, in: Wehrkunde, 11. Jg. (1962), H. 4, S. 212-219.
Schäffer (Standardisierung).

Schäuble, Wolfgang:
Nationale Identität und die Einheit Deutschlands, in: Europäische Sicherheit, 44. Jg. (1995), H. 4, S. 9-11.
Schäuble (Identität).

Schafer, Susanne M.:
Separate training rejected, in: The Stars and Stripes, 12.03. 1998, S. 1f.
Schafer (Training).

Schanz, G.:
Methodologie für Betriebswirte, 2. Aufl., Stuttgart 1988.
Schanz (Methodologie).

Scharping, Rudolf:
Ansichten zu militärischer Bildung, Anforderungen an den Offizier der Bundeswehr und zum Traditionsverständnis, Rede des Bundesministers der Verteidigung Rudolf Scharping, gehalten an der Führungsakademie der Bundeswehr am 17.02. 1999, in: Reader Sicherheitspolitik, o. Jg. (1999), H. 4, Teil II, S. 113-120.
Scharping (Bildung).

Scharping, Rudolf:
Die Zukunft der Bundeswehr, Festansprache des Bundesministers der Verteidigung Rudolf Scharping, gehalten anläßlich des 25jährigen Bestehens der Universität der Bundeswehr Hamburg am 11.11. 1998, in: Bundesregierung, Presse- und Informationsamt (Hrsg.): Stichworte zur Sicherheitspolitik, Nr. 11, November 1998, Bonn 1998, S. 9-13.
Scharping (Zukunft).

Scharping, Rudolf:
Wir dürfen nicht wegsehen. Der Kosovo-Krieg und Europa, Berlin 1999.
Scharping (Kosovo).

Schauer, Hartmut:
Interoperabilität. Gemeinsamkeit, Zusammenarbeit, Austauschbarkeit, in: Europäische Wehrkunde, 32. Jg. (1983), H. 3, S. 128-133.
Schauer (Interoperabilität).

Scheffler, Horst:
Gott mehr gehorchen. Der Eid des Soldaten zwischen Religion, Pädagogik und Politik, in: Klein, Paul; Walz, Dieter (Hrsg.): Der Widerstand gegen den Nationalsozialismus und seine Bedeutung für Gesellschaft und Bundeswehr heute, Militär und Sozialwissenschaften, Bd. 16, Baden-Baden 1995, S. 61-70.
Scheffler (Eid).

Scherz, Reimar:
Die Digitalisierung des Gefechtsfeldes. Der Ansatz des deutschen Heeres, in: Europäische Sicherheit, 47. Jg. (1998), H. 11, S. 14-19.
Scherz (Ansatz).

Scheuer, Gerhart:
Neue Aufgaben der Bundeswehr. Neue Aufgaben der Wehrverwaltung, Mannheim 1993.
Scheuer (Wehrverwaltung).

Schikowski, Wolfgang:
Aufwandsbegrenzung und Rationalisierung. Perspektiven und Probleme eines ehrgeizigen Vorhabens, in: Soldat und Technik, 38. Jg. (1995), H. 4, S. 206-210.
Schikowski (Vorhaben).

Schikowski, Wolfgang:
Heraus aus dem Teufelskreis, in: Truppenpraxis/Wehrausbildung, 39. Jg. (1995), H. 3, S. 152-156.
Schikowski (Teufelskreis).

Schimkus, Hilmar:
Kosten- und Leistungsverantwortung (KLV), in: Soldat und Technik, 38. Jg. (1995), H. 3, S. 135f.
Schimkus (KLV).

Schimkus, Hilmar; Walther, Klaus:
Das öffentliche Rechnungswesen als Führungsinstrument, in: Bundeswehrverwaltung, 42. Jg. (1998), H. 10, S. 220-224.
Schimkus/Walther (Führungsinstrument).

Schleicher, Michael; Straubhaar, Thomas (Hrsg.):
Wehrpflicht oder Berufsarmee? Beiträge zur Debatte aus ökonomischer Sicht, Bern; Stuttgart; Wien 1996.
Schleicher/Straubhaar (Debatte).

Schlieder, Harald:
Rita hat Anschluß gefunden. Führungsunterstützung im Eurokorps – eine überaus komplexe Aufgabe, in: Truppenpraxis/Wehrausbildung, 39. Jg. (1995), H. 11, S. 769-775.
Schlieder (Eurokorps).

Schlieder, Jörg-Peter:
Nach Eignung, Befähigung und Leistung. Das neue Beurteilungssystem der Bundeswehr, in: Truppenpraxis/Wehrausbildung, 42. Jg. (1998), H. 12, S. 787-794.
Schlieder (Eignung).

Schmalenbach, Eugen:
Kostenrechnung und Preispolitik, 8. Aufl., Köln; Opladen 1963.
Schmalenbach (Kostenrechnung).

Schmeisser, Wilhelm:
Personalführung in unterschiedlichen Kulturen. Eine Herausforderung für internationale Unternehmen, in: Zeitschrift für Führung und Organisation, 60. Jg. (1991), H. 3, S. 159-165.
Schmeisser (Herausforderung).

Schmidt, Hans-Jürgen:
Wo der Zensor waltet. Künftige Möglichkeiten des Operations-Research-Instrumentariums zur Unterstützung der Planung und Vorbereitung eines Einsatzes, in: Truppenpraxis/Wehrausbildung, 42. Jg. (1998), H. 6, S. 387-390.
Schmidt (Zensor).

Schmidt, Peter:
Alliierte Präsenz. Grundlagen und Bedingungen der transatlantischen Sicherheit. Amerikanische Präsenz und die Rolle Deutschlands in der Politik der westeuropäischen Verbündeten, Studie erstellt für das Amt für Studien und Übungen der Bundeswehr, Waldbröhl 1990.
Schmidt (Präsenz).

Schmidt-Petri, Hartmut:
Standardisierung, in: Soldat und Technik, 32. Jg. (1989), H. 3, S. 167-174.
Schmidt-Petri (Standardisierung).

Schmidtke, Hartmut:
Probleme und Möglichkeiten der Versorgung fremdländischer Nato-Brigaden, die deutschen Divisionen im Einsatz unterstellt werden. Darstellung am Beispiel einer belgischen Brigade, Jahrgangsarbeit des Verwendungslehrganges Generalstabs-/Admiralstabsdienst der Bundeswehr, Hamburg 1968.
Schmidtke (Versorgung).

Schmiedjell, Anton:
Personalauswahl – ein Fremdwort?, in: Truppendienst, 35. Jg. (1996), H. 3, S. 222-224.
Schmiedjell (Personalauswahl).

Schmitz, Stefan:
Abstieg in die zweite Liga. Das Spardiktat des Finanzministers gefährdet die Wehrpflicht und Streitkräfte-Reform. Rudolf Scharping und seine Soldaten stehen im Regen, in: Focus, o. Jg. (1999), H. 29, S. 20-23.
Schmitz (Liga).

Schmitz, Stefan:
Frauen an die Waffe, in: Focus, o. Jg. (1999), H. 29, S. 23.
Schmitz (Waffe).

Schneider, Dieter:
Investition, Finanzierung und Besteuerung, 6. Aufl., Wiesbaden 1990.
Schneider (Finanzierung).

Schneider, Ernst:
Optimale Betriebsgröße und optimale Leitungsspanne als militärisches Problem, in: Gerber, Johannes; Hahn, Oswald (Hrsg.): Betriebswirtschaftslehre und Streitkräfte. Referate und Diskussionsbeiträge auf der gleichnamigen wissenschaftlichen Tagung des Lehrstuhls

für Allgemeine, Bank- und Versicherungs-Betriebswirtschaftslehre an der Friedrich-Alexander-Universität Erlangen-Nürnberg vom 4. bis 6. April 1979, Regensburg 1980, S. 113-136.
Schneider (Betriebsgröße).

Schneider, Jörg:
Eurokorps. Anfang einer Eurowehr?, in: Barett, o. Jg. (1995), H. 1, S. 2-8.
Schneider (Eurowehr).

Schnell, Harry H.:
Multinationale Streitkräftestrukturen, in: Europäische Sicherheit, 42. Jg. (1993), H. 8, S. 417-420.
Schnell (Strukturen).

Schnell, Hugo:
Die Infrastruktur der Bundeswehr, in: Wehrkunde, 20. Jg. (1971), H. 10, S. 528-530.
Schnell (Infrastruktur).

Schnell, Jürgen:
Die sicherheitspolitische Lage Deutschlands und Konsequenzen für die Rolle und künftige Entwicklung der Streitkräfte, in: Hahn, Oswald (Hrsg.): Strukturwandel der Bundeswehr: Betriebswirtschaftliche Hilfen zur Problemlösung. Referate und zur Verfügung gestellte Diskussionsbeiträge auf einem gleichnamigen Symposium des Lehrstuhls für Allgemeine, Bank- und Versicherungs-Betriebswirtschaftslehre in Nürnberg, 11. bis 14. April 1994. Heft 79 der Veröffentlichungen des Lehrstuhls für Allgemeine, Bank- und Versicherungs-Betriebswirtschaftslehre an der Friedrich-Alexander-Universität Erlangen-Nürnberg, Nürnberg 1994, S. 34-45.
Schnell (Lage).

Schnell, Jürgen; Straub, G. A.:
Lastenteilung und Steuererhöhungen, Teilstudie C der Studienreihe „Kosten des Kosovo-Krieges" der Fakultät für Wirtschafts- und Organisationswissenschaften – Militärökonomie und Streitkräftemanagement der Universität der Bundeswehr München, Neubiberg 1999.
Schnell/Straub (Lastenteilung):

Schöllhammer, Hans:
Personalwesen in multinationalen Unternehmen, in: Gaugler, Eduard; Weber, Wolfgang (Hrsg.): Handwörterbuch des Personalwesens, 2. Aufl., Stuttgart 1992, Sp. 1863-1879.
Schöllhammer (Personalwesen).

Schönbohm, Jörg:
Zwei Armeen und ein Vaterland. Das Ende der Nationalen Volksarmee, 2. Aufl., Berlin 1992.
Schönbohm (Armeen).

Schoeneberg, Richard:
Cultural Compatibility in International Acquisitions, in: Chapman, Malcom; Gross, Adam; Burton, Fred (Hrsg.): International Business Organization, New York 1999, S. 294-306.
Schoeneberg (Cultural).

Schoenfeld, Hanns Martin:
Rechnungslegung und Bilanzierung in international tätigen Unternehmen, in: Haussmann, Helmut; Kumar, Brij Nino (Hrsg.): Handbuch der Internationalen Unternehmertätigkeit, München 1992, S. 896-912.
Schoenfeld (Rechnungslegung).

Scholz, Christian:
Matrix-Organisation, in: Frese, Erich (Hrsg.): Handwörterbuch der Organisation, 3. Aufl., Stuttgart 1992, Sp. 1302-1315.
Scholz (Matrix).

Scholz, Christian:
Organisatorische Effektivität und Effizienz, in: Frese, Erich (Hrsg.): Handwörterbuch der Organisation, 3. Aufl., Stuttgart 1992, Sp. 533-552.
Scholz (Effektivität).

Schreiber, Jürgen:
Dipl. rer. mil. – Dr. rer. mil.? Betrachtungen zum Problem Gesellschaftsstruktur und Soldatenlaufbahn, in: Wehrkunde, 15. Jg. (1966), H. 1, S. 82-85.
Schreiber (Dr. rer. mil.).

Schreiber, Wolfgang:
Die Beurteilung der Luftstreitkräfte eines Staates. Entwicklung eines möglichen Beurteilungsverfahrens, Jahrgangsarbeit des Verwendungslehrganges Generalstabs-/Admiralstabsdienst der Bundeswehr, Hamburg 1970.
Schreiber (Beurteilung).

Schrempp, Jürgen:
Geleitwort, in: Krystek, U.; Zur, E. (Hrsg.): Internationalisierung. Eine Herausforderung für die Unternehmensführung, Berlin; Heidelberg 1997, S. Vf.
Schrempp (Geleitwort).

Schrempp, Jürgen:
Industrielle und technologische Voraussetzungen einer gemeinsamen Außen- und Sicherheitspolitik, in: Europäische Sicherheit, 44. Jg. (1995), H. 4, S. 16 und 18.
Schrempp (Voraussetzungen).

Schreyögg, Georg:
Die Bedeutung der Unternehmenskultur für die Integration multinationaler Unternehmen, in: Kutschker, Michael (Hrsg.): Integration in der internationalen Unternehmung, Wiesbaden 1998, S. 27-46.
Schreyögg (Unternehmenskultur).

Schreyögg, Georg:
Die internationale Unternehmung im Spannungsfeld von Landeskultur und Unternehmenskultur, in: Marr, Rainer (Hrsg.): Euro-strategisches Personalmanagement, Sonderband der Zeitschrift für Personalforschung, Mering; München 1991, S. 17-42.
Schreyögg (Kultur).

Schroeder, H. U.:
Personalwirtschaftliche Probleme in der Bundeswehr, in: Wehrkunde, 6. Jg. (1957), H. 11, S. 90-95.
Schroeder (Probleme).

Schröder, Jens-Ole:
Die internationale Integration deutscher Streitkräfte und ihre verfassungsrechtlichen Grenzen, Dissertation, Kiel 1995.
Schröder (Integration).

Schütt, Bernd:
Sind Dienstaufsicht und Kontrolle ein Vertrauensmißbrauch? Die Führer-Geführte-Beziehung im Spannungsfeld von Selbstbestimmung und Unterordnung, Jahrgangsarbeit des Verwendungslehrganges Generalstabs-/Admiralstabsdienst der Bundeswehr, Hamburg 1996.
Schütt (Kontrolle).

Schulte, Ludwig:
Der Mensch in der Organisation, in: Wehrkunde, 21. Jg. (1972), H. 3, S. 140-143.
Schulte (Mensch).

Schultz, Marcus:
Die Auslandsentsendung von Bundeswehr und Bundesgrenzschutz zum Zwecke der Friedenswahrung und Verteidigung. Völker- und verfassungsrechtliche Analyse unter besonderer Berücksichtigung der Entscheidung des Bundesverfassungsgerichtes zum Einsatz deutscher Streitkräfte vom 12. 07. 1994, Schriften zum Staats- und Völkerrecht, Bd. 77, Dissertation, Frankfurt/Main u.a. 1998.
Schultz (Auslandsentsendung).

Schultze-Rhonhof:
Wozu noch tapfer sein?, München 1997.
Schultze-Rhonhof (Tapfer).

Schulz, Hans-Herbert:
Nationale Führungsfähigkeit bei Auslandseinsätzen. Das zukünftige Satellitenkommunikationssystem der Bundeswehr, in: Europäische Sicherheit, 45. Jg. (1996), H. 12, S. 12-18.
Schulz (Satelliten).

Schulze, Carl:
AMF Manöver, in: Barett, o. Jg. (1992), H. 4, S. 23-26.
Schulze (AMF).

Schulze, Carl:
Deutsch-Französische Brigade. Teil 1, in: Barett, o. Jg. (1995), H. 5, S. 20-26.
Schulze (D/F-Brigade).

Schulze, Carl:
Deutsch-Französische Brigade. Teil 2, in: Barett, o. Jg. (1995), H. 6, S. 20-22.
Schulze (D/F).

Schulze, Franz-Joseph:
Multinationalität bedingt Interoperabilität, in: Europäische Sicherheit, 40. Jg. (1991), H. 8, S. 446.
Schulze (Interoperabilität).

Schwarzkopf, Norman H.:
It doesn't take a Hero, New York 1992.
Schwarzkopf (Hero).

Schwede, Hermann:
Integrierte Logistik. Wesentlicher Faktor für Planung, Einsatz und Unterstützung, in: Report Verlag (Hrsg.): Materialwirtschaft der Bundeswehr, Wehrtechnischer Report, Juni 1999, Bonn; Frankfurt/Main 1999, S. 18-24.
Schwede (Logistik).

Scotti, Michael von:
Zusammenarbeit Polen und Tschechien, Zusammenfassung des Vortrags gehalten während des „Forum Ulm 1997" der Clausewitz-Gesellschaft e.V. in Ulm am 06./07.11. 1997, zusammengefaßt in: Brüggemann, Adolf: Generalstabsdienst in multinationalen Streitkräften. „Forum Ulm 1997" der Clausewitz-Gesellschaft e.V., in: Europäische Sicherheit, 47. Jg. (1998), H. 2, S. 11.
Scotti (Polen).

Sehmsdorf, Matthias:
Wehrpflicht – versus Freiwilligenarmee. Ausgewählte ökonomische Aspekte des Wehrsystems, Dissertation, München 1997.
Sehmsdorf (Wehrpflicht).

Seilinger, Dietmar:
C3I-Systeme. Entwicklungsstand und Nutzanwendungen, in: Österreichische Militärische Sicherheit, 31. Jg. (1993), H. 6, S. 532-538.
Seilinger (C3I).

Seitz, Richard:
NATO's New Troops. Overcoming Obstacles to Multinational Ground Forces, Special Report des Strategic Studies Institute des US-Army War College, Carlisle Barracks 1992.
Seitz (Obstacles).

Seland, Charles A.:
Evolution of Logistics. Supporting Nato's Multinational Corps. An Individual Study Project, United States Army War College Fellowship Program Paper, Nato Defense College, Rom 1991.
Seland (Study).

Sell, Axel:
Internationale Unternehmenskooperationen, München 1994.
Sell (International).

Seuberlich, Hans-Erich:
Betriebswirtschaftliche Probleme der Dienstzeitbelastung, in: Gerber, Johannes; Hahn, Oswald (Hrsg.): Betriebswirtschaftslehre und Streitkräfte. Referate und Diskussionsbeiträge auf der gleichnamigen wissenschaftlichen Tagung des Lehrstuhls für Allgemeine, Bank-

und Versicherungs-Betriebswirtschaftslehre an der Friedrich-Alexander-Universität Erlangen-Nürnberg vom 4. bis 6. April 1979, Regensburg 1980, S. 223-241.
Seuberlich (Probleme).

Seydack, Pawel:
Was erwartet Polen von der Mitgliedschaft in der NATO?, in: Der Mittler-Brief, 13. Jg. (1998), H. 1, S. 5-8.
Seydack (NATO).

Sieber, Eugen H.:
Die internationale Unternehmung, in: Engeleiter Hans-Joachim (Hrsg.): Gegenwartsfragen der Unternehmensführung. Festschrift zum 65. Geburtstag von Wilhelm Hasenack, Berlin 1966, S. 51-68.
Sieber (International).

Silva, John L.:
Auftragstaktik. Its Origin and Development, in: Infantry, 79. Jg. (1989), H. September/October, S. 6-9.
Silva (Auftragstaktik)

Silva, Mario da:
Die Umsetzung des Konzepts der alliierten Streitkräftekommandos, in: Nato-Brief, 46. Jg. (1998), H. 4, S. 16-19.
Silva (Konzept).

Simon, Gunnar:
Ausrüstung multinationaler Großverbände, in: Communication Presse Marketing GmbH CPM (Hrsg.): Multinationale Streitkräfte in der NATO, Sankt Augustin 1994, S. 91-96.
Simon (Ausrüstung).

Simon, Peter O.:
Überlegungen zu Einsatz und Führung von NATO Fernspähtruppen, Jahrgangsarbeit des Verwendungslehrganges Generalstabs-/Admiralstabsdienst der Bundeswehr, Hamburg 1995.
Simon (Fernspähtruppen).

Singer, Jürgen:
Das Milizsystem unter wirtschaftlichen Aspekten, Beiträge zur Wirtschaftspolitik, Bd. 65, Habilitationsschrift Erlangen-Nürnberg, Bern; Stuttgart; Wien 1997.
Singer (Milizsystem).

Singer, Jürgen:
Die Beurteilung des Milizsystems als Wehrsystem unter besonderer Berücksichtigung personalwirtschaftlicher Aspekte, in: Hahn, Oswald (Hrsg.): Personalpolitische Probleme von Sicherheitsproduzenten, Heft 51 der Veröffentlichungen des Lehrstuhls für Allgemeine, Bank- und Versicherungs-Betriebswirtschaftslehre an der Friedrich-Alexander-Universität Erlangen-Nürnberg, Nürnberg 1988, S. 59-97.
Singer (Beurteilung).

Singer, Jürgen:
Die Freiwilligenarmee und Miliz als Alternative, in: Hahn, Oswald (Hrsg.): Strukturwandel der Bundeswehr. Betriebswirtschaftliche Hilfen zur Problemlösung. Referate und zur

Verfügung gestellte Diskussionsbeiträge auf einem gleichnamigen Symposium des Lehrstuhls für Allgemeine, Bank- und Versicherungs-Betriebswirtschaftslehre in Nürnberg, 11. bis 14. April 1994. Heft 79 der Veröffentlichungen des Lehrstuhls für Allgemeine, Bank- und Versicherungs-Betriebswirtschaftslehre an der Friedrich-Alexander-Universität Erlangen-Nürnberg, Nürnberg 1994, S. 245-257.
Singer (Alternative).

Sinning, Norbert:
Verfahrensgang der Entwicklung und Beschaffung von Sanitätsmaterial (EB San Mat) am Beispiel des HF-Chirurgiegeräts, in: Wehrmedizin und Wehrpharmazie, 17. Jg. (1993), H. 2, S. 87f. und 90f.
Sinning (Chirurgiegerät).

Skinner, J. H.:
Infrastructure, in: Dupuy, Trevor N. (Hrsg.): International Military and Defense Encyclopedia, Bd. 3, New York; Washington 1993, S. 1265.
Skinner (Infrastructure).

Skinner, J. H.:
Organization, Military, in: Dupuy, Trevor N. (Hrsg.): International Military and Defense Encyclopedia, Bd. 4, New York; Washington 1993, S. 2061-2069.
Skinner (Organization).

Skinner, J. H.:
Staff, in: Dupuy, Trevor N. (Hrsg.): International Military and Defense Encyclopedia, Bd. 5, New York; Washington 1993, S. 2538f.
Skinner (Staff).

Smith, Rodney W.:
International Standardization in Army Logistics, in: Army Logistician, 5. Jg. (1993), H. September/October, S. 32-35.
Smith (Logistics).

Solana, Javier:
Der Washingtoner NATO-Gipfel: Ein kühner Schritt ins 21. Jahrhundert, in: Nato-Brief, 47. Jg. (1999), S. 3-6.
Solana (Schritt).

Solarek, Günther:
Aus dem Dienst in einem integrierten NATO-Stab, in: Truppenpraxis, 8. Jg. (1964), H. 4, S. 246-249.
Solarek (Dienst).

Solomon, Zahava:
Men and Women at War, in: Plenum Press (Hrsg.): Coping with War-Induced Stress. The Gulf War and the Isreali Response, New York 1995, S. 81-100.
Solomon (Women).

Sommer, Dirk:
Die Böblinger Brigade nicht nur für die Schau, in: Europäische Wehrkunde, 38. Jg. (1989), H. 4, S. 252.
Sommer (Brigade).

Sommer, Dirk:
Trompetenschall und Glockengeläut, in: Wehrausbildung, 32. Jg. (1989), H. 2, S. 72f.
Sommer (Böblingen).

Souchon, Lennart:
Die aktuellen geopolitischen und geostrategischen Zentren und deren Bedeutung für das Atlantische Bündnis, Zusammenfassung des Vortrags, gehalten während des Militärwissenschaftlichen Colloquiums 1999 der Clausewitz-Gesellschaft e.V. in Rostock am 06.04./01.05. 1999, zusammengefaßt in: Brüggemann, Adolf: Deutschland im Spannungsfeld zwischen kontinental und maritim bestimmtem Denken, in: Europäische Sicherheit, 48. Jg. (1999), H. 8, S. 6-11.
Souchon (Zentren).

Speker, Marcel:
Erfolgsstory in Binational. Das I. Deutsch/Niederländische Korps: „Eine der wichtigsten Einheiten des Kontinents“, in: Loyal, 39. Jg. (1999), H. 1, S. 16.
Speker (Binational).

Spranger, Tade M.:
Militärseelsorge für Moslems?, in: Bundeswehrverwaltung, 43. Jg. (1999), H. 8, S. 174f.
Spranger (Moslems).

Staerkle. R.:
Konflikthandhabung in Profit-Center- und Matrix-Organisation, in: Die Unternehmung, 32. Jg. (1978), H. 4, S. 393-411.
Staerkle (Matrix).

Stecher, Peter:
Ausbildung und Bildung in der Bundeswehr, in: Kirchhoff, Günter (Hrsg.): Handbuch zur Ökonomie der Verteidigungspolitik, Regensburg 1986, S. 60-69.
Stecher (Ausbildung).

Steiger, Rudolf:
Ohne Vertrauen ist alles nichts. Zivile und militärische Führung. Unterschiede und Gemeinsamkeiten, in: Truppenpraxis, 36. Jg. (1992), H. 4, S. 319-322.
Steiger (Führung).

Stein, Ingo:
Die Theorien der Multinationalen Unternehmung, in: Schoppe, Siegfried G. (Hrsg.): Kompendium der Internationalen Betriebswirtschaftslehre, 3. Aufl., München; Wien 1994, S. 49-151.
Stein (Theorien).

Stein, Torsten:
Rechtsformen multinationaler Verbände, in: Neue Zeitschrift für Wehrrecht, 40. Jg. (1998), H. 4, S. 143-151.
Stein (Rechtsformen).

Steinaecker, Günter von:
Das I. D/NL Korps. Eine Zwischenbilanz, in: Wehrtechnik, 29. Jg. (1997), H. 1, S. 14-16.
Steinaecker (Zwischenbilanz).

Steinaecker, Günter von:
Das Heer. Partner in multinationalen Großverbänden, in: Wehrtechnik, 30. Jg. (1998), H. 1, S. 101-103.
Steinaecker (Heer).

Steinseifer:
Probleme und Möglichkeiten der Versorgung fremdländischer Nato-Brigaden, die deutschen Divisionen im Einsatz unterstellt werden. Darstellung am Beispiel einer britischen Brigade, Jahrgangsarbeit des Verwendungslehrganges Generalstabs-/Admiralstabsdienst der Bundeswehr, Hamburg 1968.
Steinseifer (Versorgung).

Stelz, Gerhard:
Der Weg in die Multinationalität. Einbindung des deutschen Heeres in künftige Streitkräftestrukturen, in: Truppenpraxis, 37. Jg. (1993), H. 6, S. 662-666.
Stelz (Multinationalität).

Stiftung Wissenschaft und Politik, Forschungsinstitut für internationale Politik und Sicherheit (Hrsg.):
Die Auswirkungen der Stationierung alliierter Streitkräfte auf die Bundesrepublik Deutschland, SWP – AP 2748, Ebenhausen 1992.
SWP (Stationierung).

Stiftung Wissenschaft und Politik, Forschungsinstitut für internationale Politik und Sicherheit (Hrsg.):
Studienkonzeption/Sonderforschungsvorhaben „Analysen Sicherheits-/ Verteidigungspolitik IV" (SASVP IV), Teil B, Teilanalysen, SWP – S 382, Bd. 1, Umfeldkonstellation und Risiken, Ebenhausen 1993.
SWP (Umfeldkonstellation).

Stockfisch, Dieter:
Menschenführung in Frieden, Krise und Krieg, Berlin; Bonn; Hamburg 1997.
Stockfisch (Führung).

Stolze, Wilfried:
Alarm für die Stinger-Truppe in der texanischen Wüste. Größte Luftverteidigungsübung der Welt „Roving Sands 97", in: Die Bundeswehr, 42. Jg. (1997), H. 5, S. 8-11.
Stolze (Wüste).

Stolze, Wilfried:
Hierher wurde ein Volk von Pionieren geschickt. Das Taktische Ausbildungskommando der Luftwaffe in USA, in: Die Bundeswehr, 42. Jg. (1997), H. 6, S. 14f.
Stolze (USA).

Stopford, John M.; Wells, Louis T.:
Managing the Multinational Enterprise. Organization of the Firm and Ownership of the Subsidiaries, New York 1972.
Stopford/Wells (Multinational).

Stork, E.:
Die Erziehung zu wirtschaftlichem Denken und Handeln in der Bundeswehr. Darstellung und kritische Würdigung ihrer Ursachen, Absichten und Auswirkungen, Jahrgangsarbeit

des Verwendungslehrganges Generalstabs-/Admiralstabsdienst der Bundeswehr, Hamburg 1977.
Stork (Erziehung).

Strasser, Hermann:
Forderungen an die zukünftige Führungsstruktur der Bundeswehr im Lichte des erweiterten Aufgabenspektrums Deutscher Streitkräfte, Jahrgangsarbeit des Verwendungslehrganges Generalstabs-/Admiralstabs-dienst der Bundeswehr, Hamburg 1995.
Strasser (Struktur).

Streitkräfteamt (SKA) G1/2:
Als Soldat der Bundeswehr in den USA, Bonn 1993.
SKA (USA).

Streubel, Peter:
Das Heeresführungskommando (HFüKdo) – Teil I, in: Wehrtechnik, 29. Jg. (1997), H. 2, S. 35-38.
Streubel (HFüKdo).

Streubel, Peter:
Der Aufklärungsverbund im Heer, in: Soldat und Technik, 35. Jg. (1992), H. 8, S. 525-531.
Streubel (Verbund).

Streubel, Peter:
Standardisierung kostet ihren Preis. Der mühsame Weg zum GTK, in: Wehrtechnik, 28. Jg. (1996), H. 6, S. 17-20.
Streubel (Preis).

Ströbe, Rainer W.:
Einige Führungsmodelle im Überblick, in: Ströbe, Rainer W. (Hrsg.): Grundlagen der Führung, Heidelberg 1996, S. 82-107 und 112-114.
Ströbe (Überblick).

Struck, Hans-Werner:
Multinationale logistische Zusammenarbeit, in: Europäische Sicherheit, 47. Jg. (1998), H. 11, S. 32-36.
Struck (Zusammenarbeit).

Stupka, Andreas:
Multinationale Streitkräfte. Eine sicherheitspolitische Analyse, Salzburg 1997.
Stupka (Analyse).

sup:
„Boing redet den Markt schlecht" EADS-Chef Hertrich glaubt unverdrossen an den Erfolg des A3XX, in: Frankfurter Allgemeine Zeitung, 14.10. 2000, S. 16.
sup (Boing).

Swn:
Entscheidung der Vernunft. Belgien nahm nur mit Wehmut Abschied von der Wehrpflicht, in: Süddeutsche Zeitung, 12.08. 1997, S. 2.
Swn (Abschied).

Taktikzentrum des Heeres:
Im Sinne der übergeordneten Führung. Die Auswertung des Auftrages ist in der Auftragstaktik der Schlüssel zum zielgerichteten Entschluß, in: Truppenpraxis/Wehrausbildung, 42. Jg. (1998), H. 6, S. 404-407.
Taktikzentrum (Auswertung).

Theiler, Olaf:
Die NATO im Wandel. Mit neuer Strategie ins 21. Jahrhundert, in: Information für die Truppe, 43. Jg. (1999), H. 3, S. 86-93.
Theiler (Wandel).

Thiele, Ralph:
Strategische Neuorientierung. Euroatlantische Sicherheitspolitik und ihre Rückwirkungen auf Deutschland und seine Streitkräfte, in: Europäische Sicherheit, 47. Jg. (1998), H. 12, S. 19-24.
Thiele (Neuorientierung).

Thom, Norbert:
Ansätze zur Organisationsentwicklung in westlichen Streitkräften, in: Hahn, Oswald (Hrsg.): Der Soldat als Ökonom. Festschrift für Johannes Gerber zum 70. Geburtstag, Regensburg 1989.
Thom (Organisationsentwicklung).

Thom, Norbert:
Effizienz militärischer Organisationen, in: Kirchhoff, Günter (Hrsg.): Handbuch zur Ökonomie der Verteidigungspolitik, Regensburg 1986, S. 202-208.
Thom (Effizienz).

Thomas, Alexander:
Psychologische Faktoren im Zusammenhang mit der Auswahl und der Ausbildung von Soldaten für internationale Einsätze; Gutachten erstellt vom Institut für Psychologie der Universität Regensburg für das Bundesministerium der Verteidigung, veröffentlicht von BMVg P II 4 (Hrsg.) als Arbeitsberichte Psychologischer Dienst der Bundeswehr, Nr. 2/96, Bonn 1996.
Thomas (Gutachten).

Thommen, J.-P.:
Die Lehre von der Unternehmensführung, 3. Aufl., Bern 1992.
Thommen (Unternehmensführung).

Thompson, Neal:
Jewish Marine goes AWOL, claims bigotry at Aberdeen. Officials to investigate charges of harassment, in: The Stars and Stripes, 09.04. 1998, S. 1f.
Thompson (AWOL).

Tibi, Bassam:
Multikultureller Werte-Relativismus und Werte-Verlust. Demokratie zwischen Werte-Beliebigkeit und pluralistischem Werte-Konsens, in: Aus Politik und Zeitgeschichte, B 52-53/96, 20.12. 1996, S. 27-36.
Tibi (Werte-Verlust).

Timmermann, Ulrich:
Möglichkeiten und Grenzen der Freiheit des Handelns multinationaler Großverbände vor dem Hintergrund nationaler logistischer Verantwortung, Jahrgangsarbeit des Verwendungslehrganges Generalstabs-/Admiralstabsdienst der Bundeswehr, Hamburg 1999.
Timmermann (Grenzen).

Trig, Derek:
Jackson's promotion, Leserbrief, in: The Stars and Stripes, 27.08. 1999, S. 16.
Trig (Leserbrief).

Trump, Egon H.:
Die Beurteilung von Soldaten in der Bundeswehr, Heft 17 der Veröffentlichungen des Lehrstuhls für Allgemeine, Bank- und Versicherungs-Betriebswirtschaftslehre an der Friedrich-Alexander-Universität Erlangen-Nürnberg, Nürnberg 1981.
Trump (Beurteilung).

Trump, Hartmut Egon:
Zur Ausschöpfung des Reservistenpotentials der Bundeswehr. Eine personalwirtschaftlich orientierte Untersuchung, Nürnberg 1990.
Trump (Untersuchung).

Tschamon, Herbert:
Disziplin – nicht mehr zeitgemäß?, in: Truppendienst, 22. Jg. (1983), H. 3, S. 246-249.
Tschamon (Disziplin).

Turner-Collins, Richelle:
1st ID forms Bamberg battalion, in: The Stars and Stripes, 26.06. 1999, S. 3.
Turner-Collins (1st ID).

Turowski, Wolfgang:
Rationalisierung in der NATO, in: Wehrtechnik, 8. Jg. (1976), H. 5, S. 27-31.
Turowski (Rationalisierung).

Uhl, Franz E.:
Die Armee auf dem Prüfstand., in: Truppenpraxis/Wehrausbildung, 40. Jg. (1996), H. 4, S. 230-237.
Uhl (Prüfstand).

Ulbrecht, H.-J.:
Die Entwicklung und Funktion von Dienstgradsystemen in militärischen Organisationen, Jahrgangsarbeit des Verwendungslehrganges Generalstabs-/Admiralstabsdienst der Bundeswehr, Hamburg 1983.
Ulbrecht (Dienstgrad).

Ulrich, Peter; Wieland, Josef:
Unternehmensethik zwischen Idealismus und Pragmatismus, in: Ulrich, Peter; Wieland, Josef (Hrsg.): Unternehmensethik in der Praxis. Impulse aus den USA, Deutschland und der Schweiz, St. Gallener Beiträge zur Wirtschaftsethik, Bd. 19, Berlin; Stuttgart, Wien 1998, S. 9-12.
Ulrich/Wieland (Unternehmensethik).

United Nations, Department of Economic and Social Affairs (Hrsg.):
Multinational Corporations in World Development, New York 1973.
UN (Multinational).

Urbach, Fritz:
Möglichkeiten und Grenzen einer multinationalen Führerausbildung im Rahmen eines künftigen europäischen Sicherheitskonzepts, Jahrgangsarbeit des Verwendungslehrganges Generalstabs-/Admiralstabsdienst der Bundeswehr, Hamburg 1991.
Urbach (Führerausbildung).

U.S. Department of Defense, Joint Chiefs of Staff (Hrsg.):
Dictionary of Military Terms, London 1999.
US Department of Defense (Dictionary).

Uslar, Hans-Joachim:
Studium Navale. Als deutscher Offizier an der Universität der US Navy, in: Truppenpraxis, 36. Jg. (1992), H. 1, S. 69-72.
Uslar (Studium).

Vad, Erich:
Die geopolitische Position Deutschlands an der Schwelle zum 21. Jahrhundert, Zusammenfassung des Vortrags, gehalten während des Militärwissenschaftlichen Colloquiums 1999 der Clausewitz-Gesellschaft e.V. in Rostock am 30.04./01.05. 1999, zusammengefaßt in: Brüggemann, Adolf: Deutschland im Spannungsfeld zwischen kontinental und maritim bestimmtem Denken, in: Europäische Sicherheit, 48. Jg. (1999), H. 8, S. 10f.
Vad (Position).

Vad, Erich:
Innere Führung und das Berufsbild des Soldaten, in: Europäische Sicherheit, 39. Jg. (1995), H. 2, S. 44f.
Vad (Berufsbild).

Vennesson, Pascal:
Die Politische Kontrolle der Streitkräfte in Frankreich, Übersetzung von Klein, Paul, in: Brecht, Reinhold; Klein, Paul (Hrsg.): Streitkräfte in der Demokratie. Die Kontrolle des Militärs in Frankreich und in Deutschland, Militär und Sozialwissenschaften, Bd. 14, Baden-Baden 1994, S. 29-40.
Vennesson (Kontrolle).

Verlag E. S. Mittler & Sohn GmbH (Hrsg.):
1000 Stichworte zur Bundeswehr, Berlin; Bonn; Hamburg 1997.
Mittler (Stichworte).

Vetter, Michael:
Zur künftigen Rolle der NATO – Auslaufmodell oder sicherheits-politischer Schrittmacher für das 21. Jahrhundert, Jahrgangsarbeit des Verwendungslehrganges Generalstabs-/Admiralstabsdienst der Bundes-wehr, Hamburg 1996.
Vetter (Rolle)

Vinch, Chuck:
Cohen trip to focus on Kosovo, in: The Stars and Stripes, 08.07. 1999, S. 2.
Vinch (Kosovo).

Vinch, Chuck:
Humanitarian crisis on-screen. Simulation trains cheaply, cleverly, in: The Stars and Stripes, 27.04. 1999, S. 2.
Vinch (Crisis).

Vinch, Chuck:
Serbians intercepted NATO transmissions, in: The Stars and Stripes, 28.10. 1999, S. 3.
Vinch (Serbians).

Vitzthum, Wilhelm:
Lufttransport im 21. Jahrhundert, in: Europäische Sicherheit, 46. Jg. (1997), H. 7, S. 16-20.
Vitzthum (Lufttransport).

Völker, Karl-Heinz:
Probleme der Kommandostruktur einer Koalition, untersucht am Beispiel des Oberbefehlshabers Süd 1942/43, Jahrgangsarbeit des Verwendungslehrganges Generalstabs-/Admiralstabsdienst der Bundeswehr, Hamburg 1963.
Völker (Probleme).

Vogel, Winfried:
Die multinationalen Korps, in: Truppendienst, 35. Jg. (1996), H. 6, S. 476-481.
Vogel (Korps).

Volk, Rüdiger:
Möglichkeiten und Realisierbarkeit einer Arbeitsteilung, Jahrgangsarbeit des Verwendungslehrganges Generalstabs-/Admiralstabsdienst der Bundeswehr, Hamburg 1975.
Volk (Arbeitsteilung).

Vries, J.J.C.N. de:
Forderungen aus der Multinationalität für Rüstung, Logistik und Sanitätsdienst, in: Communication Presse Marketing GmbH CPM (Hrsg.): Multinationale Streitkräfte in der NATO, Sankt Augustin 1994, S. 81f.
Vries (Forderungen).

Vt:
40 Jahre Wehrbeauftragter des Deutschen Bundestages, in: Blickpunkt Bundestag, o. Jg. (1999), H. 2, S. 58.
Vt (Wehrbeauftragter).

Vuagnat, Martin:
Die Deutsch-Französische Brigade. Erfahrungen eines französischen Wehrpflichtigen und Presseberichte, in: Klein, Paul (Hrsg.): Deutsch-französische Verteidigungskooperation. Das Beispiel der Deutsch-Französischen Brigade, Militär und Sozialwissenschaften, Bd. 4, Baden-Baden 1990, S. 57-62.
Vuagnat (Erfahrungen).

Wächter, Heinz:
Probleme einer gemeinsamen Logistik im Rahmen der militärischen Integration der Nato, Jahrgangsarbeit des 12. Admiralstabslehrganges der Bundeswehr, Hamburg 1971.
Wächter (Logistik).

Wagner, Richard:
Grundlegende Unterschiede zwischen dem deutschen und dem französischen Verwaltungssystem in den Streitkräften. Praxis der realen Gestaltung in der deutsch-französischen Brigade, Jahrgangsarbeit des Verwendungslehrganges Generalstabs-/Admiralstabsdienst der Bundeswehr, Hamburg 1995.
Wagner (Verwaltung).

Walker, Michael:
Multinationalität auf dem Prüfstand. Das ACE Rapid Reaction Corps im Bosnieneinsatz, in: Report Verlag (Hrsg.): Multinationalität. Wehrtechnischer Report, November 1996, Bonn; Frankfurt/Main 1996, S. 12-17.
Walker (Prüfstand).

Walter, Bernd:
Führen durch Auftrag. Anmerkungen zu einem Prinzip, in: Allgemeine Schweizerische Militärzeitschrift, 155. Jg. (1989), H. 1, S. 19-21.
Walter (Auftrag).

Walther, Klaus:
Die Grundlagen der Kosten- und Leistungsverantwortung in der militärökonomischen Entwicklung der Bundeswehr, in: Schönherr, Siegfried (Hrsg.): Streitkräfte, Ökonomie und Europäische Sicherheit. Generalmajor Dipl.-Kfm. Dr. rer. pol. Johannes Gerber zum 80. Geburtstag, Dachau 1999, S. 227-237.
Walther (Grundlagen).

Walther, Wolfgang:
Zur Diskussion gestellt: Dienstaufsicht als Teil der Führung. Umdenken oder Rückbesinnung?, in: Truppenpraxis, 27. Jg. (1983), S. 631-641.
Walther (Teil).

Walz, Dieter:
Eid und feierliches Gelöbnis des Soldaten der Bundeswehr aus rechtlicher Sicht, in: Klein, Paul; Walz, Dieter (Hrsg.): Der Widerstand gegen den Nationalsozialismus und seine Bedeutung für Gesellschaft und Bundeswehr heute, Militär und Sozialwissenschaften, Bd. 16, Baden-Baden 1995, S. 51-60.
Walz (Eid).

Walz, Dieter:
Teilzeitarbeit und unteilbare Führungsverantwortung, in: Bundeswehrverwaltung, 40. Jg. (1996), H. 8, S. 178-180.
Walz (Verantwortung).

Wap:
Spaß am Sprachengewirr. Wie erleben Sie Multinationalität im täglichen Dienst? Interview, in: Der Keiler. Bundeswehr-Feldzeitung für Soldaten in Bosnien-Herzegovina und Kroatien, 1. Jg. (1997), H. 3, 10.02. 1997, S. 2.
Wap (Interview).

Warner, Judith:
France. The Draft's Last Day. Le jour de gloire will be spent in counseling, in: Newsweek, o. Jg. (1996), H. 24, 10.06. 1999, S. 20.
Warner (Draft).

Wassenberg, Philipp:
Das Eurokorps. Sicherheitsrechtliches Umfeld und völkerrechtliche Bedeutung eines multinationalen Großverbands, Schriften des Europa-Instituts der Universität des Saarlandes – Rechtswissenschaft, Bd. 23, Dissertation, Baden-Baden 1999.
Wassenberg (Eurokorps).

Watson, Bruce W.:
Lessons Learned and Looking to the Future, in: Watson, Bruce W. (Hrsg.): Military Lessons of the Gulf War, 2. Aufl., London; Novato 1993, S. 213-219.
Watson (Lessons).

Watson, Bruce W.:
The Effects of the War on other Nations – Japan and Germany, in: Watson, Bruce W. (Hrsg.): Military Lessons of the Gulf War, 2. Aufl., London; Novato 1993, S. 192-194.
Watson (Germany).

Weber, Horst:
Lastenteilung in Verteidigungsbündnissen, Europäische Hochschulschriften, Bd. 266, Politikwissenschaften, Reihe 31, Dissertation, München 1994.
Weber (Lastenteilung).

Weber, Joachim:
Controlling im international tätigen Unternehmen, München 1992.
Weber (International).

Weber, Kurt:
Grundbegriffe der Kostenrechnung, in: Männel, Wolfgang (Hrsg.): Handbuch Kostenrechnung, Wiesbaden 1992, S. 5-18.
Weber (Grundbegriffe).

Wehner, Bernhard:
Deutsche Soldaten mit fremdem Paß. Grenzen und Möglichkeiten des Einsatzes von Soldaten in der Bundeswehr, die nicht deutsche Staatsbürger sind, vor dem Hintergrund der weitergehenden europäischen Integration, Jahrgangsarbeit des Verwendungslehrganges Generalstabs-/Admiral-stabsdienst der Bundeswehr, Hamburg 1995.
Wehner (Paß).

Wehrbeauftragte des Deutschen Bundestages:
Deutsche Soldaten in bi- und multinationalen Verbänden, Einzelbericht der Wehrbeauftragten gemäß § 2 Abs. 2 des Gesetzes über den Wehrbeauftragten des Deutschen Bundestages an den Verteidigungsausschuß des Deutschen Bundestages vom September 1996, Bonn 1996.
Wehrbeauftragte (Einzelbericht 1996).

Wehrbeauftragte des Deutschen Bundestages:
Jahresbericht 1996 (38. Bericht), Unterrichtung durch die Wehrbeauftragte, Deutscher Bundestag, 13. Wahlperiode, Drucksache 13/7100, Bonn 11.03. 1997.
Wehrbeauftragte (Jahresbericht 1996).

Wehrbeauftragte des Deutschen Bundestages:
Jahresbericht 1997 (39. Bericht), Unterrichtung durch die Wehrbeauftragte, Deutscher Bundestag, 13. Wahlperiode, Drucksache 13/10100, Bonn 03.03. 1998.
Wehrbeauftragte (Jahresbericht 1997).

Wehrbeauftragte des Deutschen Bundestages:
Jahresbericht 1998 (40. Bericht), Unterrichtung durch die Wehrbeauftragte, Deutscher Bundestag, 14. Wahlperiode, Drucksache 14/500, Bonn 16.03. 1999.
Wehrbeauftragte (Jahresbericht 1998).

Weigold, Dieter:
Den neuen Rahmenbedingungen wird Rechnung getragen. Die Stabsoffiziersaus-, Fort- und Weiterbildung an der Führungsakademie der Bundeswehr hat sich geändert, in: Truppenpraxis/Wehrausbildung, 42. Jg. (1998), H. 9, S. 578-582.
Weigold (Rechnung).

Weik, Winfried:
Das deutsche Heer. Wandlungen – Aufgaben – Konsequenzen, in: Wehrtechnik, 27. Jg. (1995), H. 6, S. 9-11.
Weik (Heer).

Weilbach, Erich A.:
Was erwartet der Steuerzahler von der Transparenz der Bundeswehr, in: Hahn, Oswald (Hrsg.): Der Soldat als Ökonom, Generalmajor Dipl.-Kfm. Dr. rer. pol. Johannes Gerber zum 70. Geburtstag, Regensburg 1989, S. 219-225.
Weilbach (Transparenz).

Weisser, Ulrich:
Für eine Wehrtechnik mit Perspektive, in: Frankfurter Allgemeine Zeitung, 09.10. 1999, S. 12.
Weisser (Perspektive).

Welge, Martin K.:
Führung in multinationalen Unternehmen, in: Kieser, Alfred; Reber, Gerhard; Wunderer, Rolf (Hrsg.): Handwörterbuch der Führung, Enzyklopädie der Betriebswirtschaftslehre, Bd. X, Stuttgart 1987, Sp. 1532-1542.
Welge (Führung).

Welge, Martin K.:
Management in deutschen multinationalen Unternehmen. Ergebnisse einer empirischen Untersuchung, Betriebswirtschaftliche Abhandlungen, Bd. 47, Habilitationsschrift, Stuttgart 1980.
Welge (Multinational).

Wells, Mark K.:
Multinational Command. Lessons from Waterloo, in: Military Review, 171. Jg. (1991), H. July, S. 64-74.
Wells (Waterloo).

Wessels, Gert; Winzen, Günther:
Interoperabilität und Ausrüstung, in: Martin, Ernst (Hrsg.): Eurokorps und Europäische Einigung, Bonn 1996, S. 375-417.
Wessels/Winzen (Ausrüstung).

West European Union (WEU) Secretariat-General:
WEU Today, Brüssel 1997.
Secretariat (WEU).

Weyher, Hein-Peter:
Multinationalität auf See. Deutschland in multinationaler Einbindung, in: Communication Presse Marketing GmbH CPM (Hrsg.): Multinationale Streitkräfte in der NATO. Gemeinsamkeit verbindet, Sankt Augustin 1994, S. 71-74.
Weyher (See).

Whitford, Jon; Young, Thomas-Durell:
Multinational Command Authorities. The Need for Change in Nato, in: Defense Analysis, 13. Jg. (1997), H. 1. S. 35-57.
Whitford/Young (Authorities).

Wieland, J.:
Unternehmensethik als Erfolgsfaktor in globalen Kooperationen, in: Krystek, U.; Zur, E. (Hrsg.): Internationalisierung. Eine Herausforderung für die Unternehmensführung, Berlin; Heidelberg 1997, S. 527-541.
Wieland (Erfolgsfaktor).

Wienemann, Elisabeth:
Funktionsprinzip Disziplin, in: Grossmann, Heinz; Klöss, Erhard (Hrsg.): Unternehmen Bundeswehr. Zur Soziologie der Streitkräfte, Frankfurt/ Main 1974, S. 86-102.
Wienemann (Disziplin).

Wiener, Michael:
Die Total Forces, in: Loyal, 34. Jg. (1994), H. 12, S. 29f.
Wiener (Forces).

Wilde, Roy M.:
Multinational Forces – Integration for National Security, in: NATO's Sixteen Nations, 36. Jg. (1991), H. 7, S. 25-27.
Wilde (Multinational).

Wilhelmi, Hans-Jürgen:
30 Jahre NATO Defense College. Ausbildung von Stabsoffizieren und Beamten für das Bündnis, in: Truppenpraxis, 25. Jg. (1981), H. 10, S. 763-766.
Wilhelmi (College).

Williams, Ian D.:
Chancengleichheit beim britischen Heer, Jahrgangsarbeit des Verwendungslehrganges Generalstabs-/Admiralstabsdienst der Bundeswehr, Hamburg 1999.
Williams (Chancengleichheit).

Willmann, Helmut:
Das Eurokorps – einsatzbereit, in: Martin, Ernst (Hrsg.): Eurokorps und Europäische Einigung, Bonn 1996, S. 272-296.
Willmann (Eurokorps).

Willmann, Helmut:
Gedanken zur Operationsführung im Deutschen Heer. Der neue Ansatz. Herausgegeben vom Inspekteur des Heeres anläßlich der Generalstagung des Heeres 1998, Bonn 1998.
Willmann (Operationsführung).

Willmann, Helmut:
Leadership. Der militärische Führer im Einsatz – Forderungen für Erziehung und Einsatz, in: Truppendienst, 38. Jg. (1999), H. 1, S. 33-36.
Willmann (Leadership).

Willmann, Helmut:
Markenzeichen Multinationalität. Interview, geführt von Pauli, Jörg Uwe, in: Bundeswehr aktuell, 14.12. 1998, S. 9.
Willmann (Markenzeichen).

Wilmink, Marinus J.:
Multinationalität hat Zukunft. Nato-Reform am Beispiel von Landcent, Interview geführt von Forsteneichner, Günter, in: Heer, 23. Jg. (1994), H. 2, S. 28f.
Wilmink (Interview).

Wipfelder, Hans-Jürgen:
Wehrsoldgesetz, in: Kirchhoff, Günter (Hrsg.): Handbuch zur Ökonomie der Verteidigungspolitik, Regensburg 1986, S. 1097-1106.
Wipfelder (Wehrsold).

Winkler, Markus:
Disziplinarrechtliche Probleme friedenssichernder Bundeswehreinsätze, in: Neue Zeitschrift für Wehrrecht, 34. Jg. (1992), H. 4, S. 153-160.
Winkler (Probleme).

Wirth, Ekkehard:
Mitarbeiter im Auslandseinsatz. Planung und Gestaltung, Wiesbaden 1992.
Wirth (Auslandseinsatz).

Wirth, Ekkehard:
Vorbereitung auf internationale Einsätze, in: Kumar, Brij Nino (Hrsg.): Handbuch des Internationalen Personalmanagements, München 1998, S. 153-174.
Wirth (Vorbereitung).

Wißkirchen, Frank:
Ein anwendungsorientiertes Kostenmodell zur Bewertung von Streitkräftestrukturen im Rahmen von Kostenwirksamkeitsuntersuchungen, Europäische Hochschulschriften, Bd. 1445, Volks- und Betriebswirtschaft, Reihe 5, Dissertation, München 1993.
Wißkirchen (Kostenwirksamkeitsuntersuchungen).

Witt, Dieter:
Delegation, in: Kirchhoff, Günter (Hrsg.): Handbuch zur Ökonomie der Verteidigungspolitik, Regensburg 1986, S. 192-196.
Witt (Delegation).

Witt, Dieter:
Militärische Infrastruktur, in: Dichtl, Erwin; Issing, Ottmar (Hrsg.): Vahlens Großes Wirtschaftslexikon, Bd. 3, 2. Aufl., München 1994, S. 1459f.
Witt (Infrastruktur).

Witte, Eberhard:
Ablauforganisation, in: Grochla, Erwin (Hrsg.): Handwörterbuch der Organisation, Stuttgart 1973, Sp. 20-30.
Witte (Ablauforganisation).

Witte, Eberhard:
Effizienz der Führung, in: Kieser, Alfred; Reber, Gerhard; Wunderer, Rolf (Hrsg.): Handwörterbuch der Führung, Enzyklopädie der Betriebswirtschaftslehre, Bd. X, Stuttgart 1987, Sp. 163-175.
Witte (Effizienz).

Wittmann, Klaus:
Das Bündnis wandelt sich. Das neue strategische Konzept der NATO, in: Truppenpraxis, 36. Jg. (1992), H. 1, S. 10-20.
Wittmann (Konzept).

Wöckener, Holger:
Unternehmenskultur in der Großorganisation Bundeswehr in den 90er Jahren, Jahrgangsarbeit des Verwendungslehrganges Generalstabs-/Admiralstabsdienst der Bundeswehr, Hamburg 1991.
Wöckener (Unternehmenskultur).

Zhilin, Alexander:
Officers Prepared To Build a New Army, in: Moscow News, 27.07. 1997. o. S.
Zhilin (Officers).

Zimmerer, Carl:
Die Auswahl des Partners, in: Sölter, Arno; Zimmerer, Carl (Hrsg.): Handbuch der Unternehmenszusammenschlüsse, München 1972, S. 987-1000.
Zimmerer (Auswahl).

Zimmerer, Carl:
Die Bewertung des Unternehmens, in: Sölter, Arno; Zimmerer, Carl (Hrsg.): Handbuch der Unternehmenszusammenschlüsse, München 1972, S. 1001-1025.
Zimmerer (Bewertung).

Zimmerer, Carl:
Die Suche nach dem Partner, in: Sölter, Arno; Zimmerer, Carl (Hrsg.): Handbuch der Unternehmenszusammenschlüsse, München 1972, S. 973-986.
Zimmerer (Suche).

Zink, Walter:
Das einzig Beständige ist der Wandel. Die neue Arbeitsgliederung und die zukünftige Struktur des Amts für Studien und Übungen der Bundeswehr, in: Truppenpraxis/Wehrausbildung, 41. Jg. (1997), H. 1, S. 19-22.
Zink (AStudÜbBw).

Zuschlag, Karl:
Die Standardisierung des Wehrmaterials. Ihre Bedeutung im Rahmen der technischen Normung, in: Soldat und Technik, 12. Jg. (1969), H. 1, S. 3-5.
Zuschlag (Standardisierung).

Verzeichnis sonstiger Quellen

Korrespondenz

Herr **Brauer:**
Mitarbeiter des Bundesrechnungshofes, Korrespondenz vom 16.08. 1999.
Brauer (Korrespondenz).

Bezirksdirektor Betriebswirt (VWA) **Buch, Herrmann:**
Kriegsgedient, u.a. Inspektionschef und Schuladjutant der Junkerschule in Tölz, zuletzt Adjutant (II a) der 2. SS-Pz. Div. „Das Reich", Korrespondenz vom 11.03. 1998.
Buch (Korrespondenz).

Major (US) **Dixon, Timothy:**
Heeresaustauschoffizier im Heeresamt, Korrespondenz vom 06.02. 1998.
Dixon (Korrespondenz).

Generalmajor **Dunkel, Winfried:**
Amtschef Streitkräfteamt, Korrespondenz vom 17.02. 1998.
Dunkel (Korrespondenz).

Professor Dr. **Hasse, Roy:**
Sprecher Fachbereich Wirtschafts- und Organisationswissenschaften der Universität der Bundeswehr Hamburg, Korrespondenz vom 14.03. 1997.
Hasse (Korrespondenz).

Herr **Hermann, Wolfgang:**
Bundesministerium der Verteidigung, Abteilung Rüstung Rü III 1, Korrespondenz vom 09.01. 1997.
Hermann (Korrespondenz).

Herr **Hoepner:**
Bundesministerium der Verteidigung, Abteilung Führungsstab der Streitkräfte Fü S/Pers, Korrespondenz vom 04.03. 1998.
Hoepner (Korrespondenz).

Oberst i. G. **Jeschonnek, Friedrich K.**:
Heeresamt, Controllingbeauftragter, Korrespondenz vom 20.08. 2000.
Jeschonnek (Korrespondenz).

Professor. Dr. **Kirchhoff, Günter:**
Vorstandsvorsitzender der Gesellschaft für Militärökonomie e.V., Korrespondenz vom 05.08. 1996.
Kirchhoff (Korrespondenz).

Herr **Nolte, Dirk:**
Büro der Wehrbeauftragten des Deutschen Bundestages, Korrespondenz vom 10.04. 1997.
Nolte (Korrespondenz).

Herr **Weber:**
Bundesministerium der Verteidigung, Abteilung P II 4, Korrespondenz vom 09.10. 1997.
Weber (Korrespondenz).

Dr. **Wichert, Peter:**
Staatssekretär im Bundesministerium der Verteidigung, Korrespondenz vom 12.11. 1996.
Wichert (Korrespondenz).

Gespräche

Oberstleutnant (FR) **Allorant:**
Heeresverbindungsoffizier zur Infanterieschule der Bundeswehr, Gespräch geführt in Hammelburg am 22.01. 1998.
Allorant (Gespräch).

Hauptmann **Bert:**
S1-Offizier des I. Deutsch-Niederländischen Korps, Gespräch geführt in Münster im Zeitraum 18. bis 22.08. 1997.
Bert (Gespräch).

Oberstleutnant **Boden:**
Kommandeur der Support Supply Unit (SSU) des I. Deutsch-Niederländischen Korps, Gespräch geführt in Münster im Zeitraum 18. bis 22.08. 1997.
Boden (Gespräch).

Oberstleutnant **Dipp, Rainer:**
Heeresamt, Abteilung II 3 (3) TrÜbPl, Gespräch geführt in Köln am 21.10. 1997.
Dipp (Gespräch).

Regierungsdirektor **Domininghaus:**
Rechtsberater im I. Deutsch-Niederländischen Korps, Gespräch geführt in Münster im Zeitraum 18. bis 22.08. 1997.
Domininghaus (Gespräch).

Oberstleutnant i. G. (NL) **Douma:**
G1-Generalstabsoffizier des I. Deutsch-Niederländischen Korps, Gespräch geführt in Münster im Zeitraum 18. bis 22.08. 1997.
Douma (Gespräch).

Oberstleutnant **Fröhling, Hans-G.:**
Zentrum Innere Führung, Bereich 1, Gespräch geführt in Koblenz am 15.04. 1997.
Fröhling (Gespräch).

Kapitän zur See **Frorath:**
Streitkräfteamt, Abteilung II, Telefongespräch geführt am 23.04. 1998.
Frorath (Gespräch).

Adjudant (FR) **Gast:**
1. Kp/2ème Regiment Legion Etranger de Parachutistes, Gespräch geführt am 29.03. 1998.
Gast (Gespräch).

Generalmajor a. D. Dr. **Gerber, Johannes:**
Ehemals stellvertretender Kommandierender General des III. Korps, Gespräch geführt in Koblenz im April 1997.
Gerber (Gespräch).

Oberstarzt Dr. **Hanke:**
Korpsarzt des I. Deutsch-Niederländischen Korps, Gespräch geführt in Münster im Zeitraum 18. bis 22.08. 1997.
Hanke (Gespräch).

Major (NL) **Hanlipano:**
G1-Generalstabsoffizier des I. Deutsch-Niederländischen Korps, Gespräch geführt in Münster im Zeitraum 18. bis 22.08. 1997.
Hanlipano (Gespräch).

Oberstleutnant **Hedderich;** Oberstleutnant i. G. **Köhler;** Major **Spier:**
Heeresamt, Abteilung II (Ausbildung und Erziehung), Gespräch geführt in Köln am 21.10. 1997.
Hedderich/Köhler/Spier (Gespräch).

Brigadegeneral **Hofer:**
Chef des Stabes des I. Deutsch-Niederländischen Korps, Gespräch geführt in Münster im Zeitraum 18. bis 22.08. 1997.
Hofer (Gespräch).

Ministerialrat Dr. **Hoepffner, Arnd G.:**
Bundesministerium der Verteidigung, Abteilung Haushalt H II 2, Gespräch geführt in Bonn am 15.05. 1997.
Hoepffner (Gespräch).

Oberst i. G. (NL) **Jeurissen:**
G3-Generalstabsoffizier des I. Deutsch-Niederländischen Korps, Gespräch geführt in Münster im Zeitraum 18. bis 22.08. 1997.
Jeurissen (Gespräch).

Professor Dr. **Kirchhoff, Günter:**
Vorstandsvorsitzender der Gesellschaft für Militärökonomie e.V., Telefongespräch geführt am 01.07. 1999.
Kirchhoff (Gespräch).

Oberst (NL) **Koele, Berend:**
Leiter der Abteilung Budget/Finance (BudFin) des I. Deutsch-Niederländischen Korps, Gespräch geführt in Münster im Zeitraum 18. bis 22.08. 1997.
Koele (Gespräch).

Leitender Regierungsdirektor **Lebietz:**
Stellvertretender Leiter der Abteilung Budget/Finance des I. Deutsch-Niederländischen Korps, Gespräch geführt in Münster im Zeitraum 18. bis 22.08. 1997.
Lebietz (Gespräch).

Brigadegeneral **Müller, Bernd Hans Richard:**
Kommandeur Luftlandebrigade 31, Gespräch geführt in Oldenburg am 22.07. 1998.
Müller (Gespräch).

Oberstleutnant **Neuer:**
Heeresamt; Abteilung II (Ausbildung und Erziehung), Gespräch geführt in Friedrichsfeld am 15.10. 1998.
Neuer (Gespräch).

Oberstleutnant i. G. **Nordhausen:**
G1-Generalstabsoffizier Innere Führung des I. Deutsch-Niederländischen Korps, Gespräch geführt in Münster im Zeitraum 18. bis 22.08. 1997.
Nordhausen (Gespräch).

Oberstleutnant **Ostendorf, Jürgen:**
Logistikstabsoffizier des Department of Peace-keeping Operations (DPKO) der Headquarters der United Nations, Gespräch geführt in New York im Zeitraum Juli/August 1996.
Ostendorf (Gespräch).

Oberstleutnant **Pfrengle, Franz:**
Kommandeur Schweres Pionierbataillon 12, ehemals G3-General-stabsoffizier „Organisation und Ablauf" Eurokorps, Gespräch geführt in Volkach am 12.05. 1997.
Pfrengle (Gespräch).

Oberstleutnant i. G. **Schmitt:**
G2-Generalstabstabsoffizier des I. Deutsch-Niederländischen Korps, Gespräch geführt in Münster im Zeitraum 18. bis 22.08. 1997.
Schmitt (Gespräch).

Oberstleutnant i. G. **Sohst:**
Binationaler Logistikstabsoffizier des I. Deutsch-Niederländischen Korps, Gespräch geführt in Münster im Zeitraum 18. bis 22.08. 1997.
Sohst (Gespräch).

Generalmajor **Steinaecker, Günter Dr. Freiherr von:**
Stellvertretender Kommandierender General des I. Deutsch-Nieder-ländischen Korps, Gespräch geführt in Münster im Zeitraum 18. bis 22.08. 1997.
Steinaecker (Gespräch).

Oberstleutnant i. G. **Surkau:**
G6-Generalstabsoffizier des I. Deutsch-Niederländischen Korps, Gespräch geführt in Münster im Zeitraum 18. bis 22.08. 1997.
Surkau (Gespräch).

Oberstleutnant i. G. **Weißenburger:**
Chef des Stabes der Deutsch-Französischen Brigade, Telefongespräch geführt am 10.10. 1997.
Weißenburger (Gespräch).

Oberst i. G. **Wessling:**
G4-Generalstabsoffizier des I. Deutsch-Niederländischen Korps, Gespräch geführt in Münster im Zeitraum 18. bis 22.08. 1997.
Wessling (Gespräch).

Oberst i. G. **Wolleder:**
Verantwortlicher des Bereiches Studien des Amtes für Studien und Übungen der Bundeswehr, Telefongespräch geführt am 19.08. 1997.
Wolleder (Gespräch).

Sonstiges

Agreement between the Government of the Kingdom of the Netherlands and the Government of the Federal Republic of Germany on the Organization and the Activities of the 1 (German-Netherlands) Corps and the Air Operations Coordination Center, Bergen 06.10.1997.
Agreement I. D/NL Korps.

Bagger, Hartmut:
Multinationalität. Strukturmerkmal der Bundeswehr und Schlüssel für Stabilität in Europa. Manuskript des Eingangsstatements des Generalinspekteurs der Bundeswehr, gegeben anläßlich eines Pressegesprächs in Bonn, 31. Januar 1997.
Bagger (Statement).

Bond, William L.; Kern, Paul J.:
European Overview, Manuskript des Grundsatzbriefings des US-Army Digitization Offices, Washington, DC 1998.
Bond/Kern (Overview).

Brozowski, Ulrich:
Ziele des Heeres für 1996, Einzelbericht 2/96 des deutschen Verbindungsoffiziers zu den niederländischen Streitkräften, Amersfort (NL) 1996.
Brozowski (Einzelbericht).

Bundesbesoldungsgesetz (BBesG)
In der Fassung der Bekanntmachung vom 9. März 1992, BGBl. III 2032-1, in: C.H. Beck'sche Verlagsbuchhandlung München (Hrsg.): Sartorius, Bd. I, Verfassungs- und Verwaltungsgesetze der Bundesrepublik Deutschland, München 1993.
BBesG.

Bundeshaushaltsordnung (BHO)
Vom 19. August 1969, BGBl. III 63-1, in: C.H. Beck'sche Verlagsbuchhandlung München (Hrsg.): Sartorius, Bd. I, Verfassungs- und Verwaltungsgesetze der Bundesrepublik Deutschland, München 1993.
BHO.

Bundesministerium der Verteidigung (BMVg):
Aktuelles nach dem Urteil des Europäischen Gerichtshofes, Online im Internet, http//www.bundeswehr.de/bundeswehr/frauen_in_bw/nachdemur-teil.html.
BMVg (Urteil).

BMVg:
Frauen in den Streitkräften anderer Staaten, Online im Internet, http//www.bundeswehr.de/bundeswehr/frauen_in_bw/andere.html.
BMVg (Frauen).

BMVg:
Aktivitäten innerhalb der Bundeswehr zur Steigerung von Effizienz und Wirtschaftlichkeit, Online im Internet, http://www.wirtschaft.bundeswehr. de/hintergrund/effizienz.html.
BMVg (Effizienz).

BMVg:
Ausbildung von Offiziersanwärtern der Deutschen Marine in Frankreich, Online im Internet: http://www.bundeswehr.de/Streitkräfte/Marine/Ausbildung.
BMVg (Ausbildung).

BMVg, Fü H V 1:
Bearbeitungsverfahren STANAG im Heer, Bonn 1992.
BMVg (STANAG).

BMVg, Presse- und Informationsstab, Nachwuchswerbung:
Besoldung und Zulagen, Bonn 1997.
BMVg (Besoldung).

BMVg, Fü H III 1:
Das Deutsche Heer. Sicherheit durch Multinationalität. Begleitbroschüre zum Film, Bonn 1995.
BMVg (Film).

BMVg, Fü M/Z:
Die globale Dimension internationaler militärischer und militärpolitischer Zusammenarbeit, in: BMVg, Fü M/Z (Hrsg.): Zusammenstellung ausgewählter Artikel/Berichte zum Sachstand Deutsche Marine, Stand Februar 1997, Bonn 1997, S. 1-4.
BMVg (Dimension).

BMVg, Leiter Projektgruppe Marinestruktur 2005:
Die Marine auf dem Weg ins nächste Jahrhundert, Bonn 1997.
Projektgruppe (Marine).

BMVg, Fü S IV 6:
Die neue Bundeswehr. Unterrichtung der Reservisten 1996, Bonn 1996.
BMVg (Reservisten).

BMVg:
Erläuterungen und Vergleiche zum Regierungsentwurf des Verteidigungshaushalts 1998, Bonn 1997.
BMVg (Entwurf 98).

BMVg:
Erläuterungen und Vergleiche zum Regierungsentwurf des Verteidigungshaushalts 2000, Bonn 1999.
BMVg (Entwurf 2000).

BMVg, Fü H I 6:
Heeresdienstvorschrift HDv 100/100. Truppenführung (TF), Bonn 1998.
HDv 100/100.

BMVg, Fü H I 6:
Heeresdienstvorschrift HDv 100/200. Führungsunterstützung im Heer (TF/FU), Bonn 1998.
HDv 100/200.

BMVg, Fü H I 6:
Heeresdienstvorschrift HDv 100/400. Einsatzunterstützung im Heer (TF/EU), Bonn 1998.
HDv 100/400.

BMVg, Fü H I 6:
Heeresdienstvorschrift HDv 100/900. Führungsbegriffe (TF/B), Bonn 1997.
HDv 100/900.

BMVg:
Ihr Kreiswehrersatzamt informiert. Informationen für wehrübende Reservisten, Bonn 1991.
BMVg (Kreiswehrersatzamt).

BMVg:
... in die Sicherheitspolitik, Online im Internet: Microsoft Internet Explorer. BMVg Online.
Presseforum (Multinationalität).

BMVg:
... ins Presseforum. Konzept und Rahmenbedingungen der Zusammenarbeit mit Kooperationspartnern in Zentraleuropa, den baltischen Staaten und der Gemeinschaft unabhängiger Staaten, Online im Internet: Microsoft Internet Explorer. BMVg Online.
Presseforum (Zusammenarbeit).

BMVg, Fü L III 1:
Konzept für die Krisenreaktionskräfte der Luftwaffe (KonKRK Lw), Bonn 1996.
BMVg (Konzept).

BMVg:
Modernes Management in Verwaltung und Streitkräften, Online im Internet, http: //www. wirtschaft.bundeswehr.de/hintergrund/kostenmana-gement.html.
BMVg (Management).

BMVg, Presse- und Informationsstab, Referat Öffentlichkeitsarbeit:
Multinationalität. Das Eurokorps. Reihe Stichworte für die Öffentlichkeitsarbeit und Truppeninformation, Bonn 1996.
BMVg (Stichworte).

BMVg, Fü M/Z:
Operationen der Krisenreaktionskräfte, in: BMVg, Fü M/Z (Hrsg.): Zusammenstellung ausgewählter Artikel/Berichte zum Sachstand Deutsche Marine, Stand Februar 1997, Bonn 1997, S. 1-3.
BMVg (Operationen).

BMVg, Generalinspekteur der Bundeswehr:
Operative Leitlinie für Einsätze der Streitkräfte (OpLESK), Bonn 1999.
OpLESK.

BMVg:
„Innovation, Investition und Wirtschaftlichkeit in der Bundeswehr" – Rahmenvertrag, Berlin, 15. Dezember 1999, Online im Internet, http:// www.BMVg Online/Presse/Pressemitteilungen.
BMVg (Rahmenvertrag).

BMVg, Fü S III 1:
Sicherheitspolitische Tour d'Horizon, verteilt an die deutschen Teilnehmer des Deutsch-Amerikanischen-Reserveoffiziersaustausches 1998, Bonn 1998.
BMVg (Tour).

BMVg, Fü H I 2:
Sprechzettel zum Vortrag „Weisung Reservisten im Heer", verteilt an die deutschen Teilnehmer des Deutsch-Amerikanischen-Reserveoffiziersaustausches 1998, Bonn 1998.
BMVg (Sprechzettel).

BMVg, Fü H VI 1:
Standardisierungskonzept des Heeres, Bonn 1995.
BMVg (Konzept).

BMVg:
Stichworte zur Sicherheitspolitik, Online im Internet: http://www.bundes-wehr.de/Stichworte zur Sicherheitspolitik.
BMVg (Sicherheitspolitik).

BMVg, Fü S III 5:
Teilnahme der Bundeswehr an VN-Einsätzen. Sachstand, erste Erfahrungen und Perspektive, Bonn 1994.
BMVg (VN-Einsätze).

BMVg:
Von A bis Z, Online im Internet, http://www.bundeswehr.de/a_bis_z.
BMVg (A-Z).

BMVg, Inspekteur des Heeres:
Weisung „Anforderungen an den Offizier des Heeres", Bonn 1994.
InH (Weisung).

BMVg, Fü H VI 1:
Weisung „Ziele und Grundsätze der Internationalen Zusammenarbeit des Heeres", Bonn 1994.
BMVg (Zusammenarbeit).

BMVg, Fü S IV 1:
Zentrale Dienstvorschrift ZDv 1/50. Grundbegriffe zur militärischen Organisation, Unterstellungsverhältnisse, Dienstliche Anweisungen, Bonn 1996.
ZDv 1/50.

BMVg, Fü S IV 1:
Zentrale Dienstvorschrift ZDv 10/1. Hilfen für die Innere Führung, Bonn 1993.
ZDv 10/1.

BMVg, Fü H IV 1:
1. Entwurf Katalog „Gemeinsame Truppendienstliche Führung", Stand 22.11. 1994, Bonn 1994.
BMVg (Katalog).

BMVg, Fü H I 5:
4. Änderung zur Weisung für die Organisation und die Kommandostruktur des Heeres, Bonn 1998.
BMVg (Organisation).

Binational Consulting Committee (BBC):
Geschäftsordnung des BBC des I. D/NL Korps, Münster 1997.
BBC (Geschäftsordnung).

Burkhardt, Harry:
Multinationalität. Merkmale und Besonderheiten von See- und Seeluftstreitkräften in Thesenform, Thesenpapier, erstellt anläßlich des Impulsseminars zum Thema „Rechtliche Probleme von multinationalen Streitkräften", durchgeführt am Zentrum Innere Führung in Koblenz vom 28. bis 31.05. 1996.
Burkhardt (Merkmale).

Cocozza, C.:
Multinational Forces – The Italian Perspective, Manuskript des Vortrages des Commander EUROFOR, gehalten im Rahmen des in Sofia am 27./28.09. 1999 vom Political-Military Steering Committee on Partnership for Peace durchgeführten „Workshop on Development of National Defence Policy and Strategy".
Cocozza (Multinational).

CTcon:
Endbericht KLV, Vallendar 1997.
CTcon (Bericht).

Chief of Staff 1 (GE/NL) Corps:
Staff Regulations der Peacetime SOP, HQ 1 (GE/NL) Corps, Second Version, Münster 01.09. 1996.
COS (Regulations).

Commanding General 1 (GE(NL) Corps:
Commander Guidance 1998, Münster 1997.
CG (Guidance 98).

Convention between the Government of the Kingdom of the Netherlands and the Government of the Federal Republic of Germany on the General Conditions for the 1 (German-Netherlands) Corps and Corps-related units and establishments, Bergen 06.10.1997.
Convention I. D/NL Korps.

DaimlerChrysler Aerospace AG (Hrsg.):
Geschäftsbericht des Geschäftsjahres 1998, München 1999.
DaimlerChrysler Aerospace (Geschäftsbericht 98).

Dau, Klaus:
Strukturen in Bewegung. Rechtliche Aspekte der Führung in der Multinationalität, in: Truppenpraxis, o. Jg. (1999), H. 3, Online im Internet: http://www. bundeswehr.de.
Dau (Aspekte).

Dole, Bob:
Interview des ehemaligen US Senators, ausgestrahlt von CNN am 09.04. 1999.
Dole (CNN).

Eisele, Manfred:
Erfahrungen im Hauptquartier der Vereinten Nationen, Vortrag des Assistant Secretary-General for Planning and Support der United Nations, gehalten in Würzburg am 04.02. 1999.
Eisele (Vortrag).

Faust, Martin:
Eigene Unterlagen, erstellt während eines mehrmonatigen Praktikums im Finance Management and Support Service Office, Field Administration and Logistics Division, Department of Peace-keeping Operations, United Nations Headquarters, New York 1996.
Faust (UN-HQ).

Faust, Martin:
Eigene Unterlagen, erstellt während des mehrmonatigen Einsatzes als Reserveoffizier im Rahmen von IFOR und SFOR, Bosnien 1996/97.
Faust (IFOR/SFOR).

Faust, Martin:
Eigene Unterlagen, erstellt während eines mehrwöchigen Aufenthaltes an der US Naval Postgraduate School, Monterey, Kalifornien, USA 1996.
Faust (School).

Faust, Martin:
Eigene Unterlagen, erstellt während eines Besuches der WEU als Teilnehmer des 15. Manfred-Wörner-Seminars für deutsch-amerikanische Verständigung, Brüssel 1997.
Faust (Wörner).

Faust, Martin:
Eigene Unterlagen, erstellt während mehrerer Lehrgänge an der Internationalen Fernspähschule/International Long Range Reconnaissance School in den Jahren 1994 (Pfullendorf) und 1998 (Weingarten).
Faust (InFeSpähS).

Faust, Martin:
Eigene Unterlagen, erstellt während eines mehrmonatigen Einsatzes als Reserveoffizier im Eurokorps, Straßburg 1995/96.
Faust (BQG).

Faust, Martin:
Eigene Unterlagen, erstellt während eines mehrwöchigen Einsatzes als Reserveoffizier im Stab des I. D/NL. Korps 1997, Münster 1997.
Faust (D/NL).

Fleck, Dieter:
Das Wehrrecht und der Einsatz von Streitkräften in einer sich wandelnden Weltordnung, Antworten auf den Fragebogen der Internationalen Gesellschaft für Wehrrecht und Kriegsvölkerrecht für den XIII. Internationalen Kongreß in Baden/Österreich 1994, unveröffentlichte Arbeitsunterlage der Deutschen Gesellschaft für Wehrrecht und Humanitäres Völkerrecht e.V. (Hrsg.), o. O. 1993.
Fleck (Wehrrecht).

Francis, Stephanie; Peterson, Greg; Shay, Don:
Deals 2000: The Latest on Mergers & Acquisitions, Online im Internet, http://www.pwcglobal.com.
Francis/Peterson/Shay (Mergers).

Führungsakademie der Bundeswehr, Bereich Lehre (Hrsg.):
Arbeitsunterlage Nachrichtengewinnung und Aufklärung, Hamburg 1998.
FüAkBw (Aufklärung).

G2 II. (GE/US) Korps:
Aktuelles aus dem Führungsgrundgebiet 2. Entscheidung zur zukünftigen NATO-Kommandostruktur der NATO, Ulm 05.12. 1997.
G2 GE/US (NATO).

G3 Eurokorps:
Grundlagenvortrag Stab Eurokorps, Straßburg 1996.
G3 Eurokorps (Vortrag).

G3/B Ops Eurokorps:
Erfahrungsbericht / Rapport Final „Pegasus 96", Straßburg 1996.
Eurokorps (Pegasus 96).

G3 Eurokorps:
Schlußbericht Planuntersuchung COBRA 10/95 und 1. Entwurf eines Konzeptes für die mechanisierte Eingreiftruppe FIM (Force Immédiate Méchanisée), Straßburg 1996.
Eurokorps (Cobra 95).

G3 I. D/NL Korps:
Corps-Briefing, Münster 1997.
G3 D/NL (Briefing).

Gerber, Johannes:
Europäische Militärökonomie in einem sich globalisierenden Umfeld, Buch im Druck, Osnabrück 1999.
Gerber (Umfeld).

Gerber, Johannes:
Militärökonomische Überlegungen zur Entwicklung der Bundeswehr. Zehn Thesen. Manuskript des Vortrages, gehalten vor der Deutsch-Atlantischen Gesellschaft, der Gesellschaft

für Wehr- und Sicherheitspolitik e.V. Sektion Heidelberg und der Akademie für Wehrverwaltung und Wehrtechnik in Mannheim, 11.11. 1997.
Gerber (Entwicklung).

Gesetz über die Anwendung unmittelbaren Zwanges und die Ausübung besonderer Befugnisse durch Soldaten der Bundeswehr und zivile Wachpersonen (UZwbGBw)
UZwbGBw.

Gesetz über die Rechtsstellung der Soldaten (Soldatengesetz)
Neufassung vom 19. August 1975, BGBl. I S. 2273; VMBl. S. 340, zuletzt geändert durch Artikel 5 des 9. Gesetzes zur Änderung dienstrechtlicher Vorschriften vom 11. Juni 1992 BGBl. I S. 1030 (1034), in: Schnell, Karl Helmut (Hrsg.): Disziplinarrecht, Strafrecht, Beschwerderecht der Bundeswehr, 13. Aufl., Berlin; Bonn; Regensburg 1993.
SG.

Grange, David L.:
Telling the Story of America's Number One Soldiers, Manuskript des Vortrages des Kommandierenden Generals der 1. US Infanteriedivision, gehalten vor der Clausewitz-Gesellschaft e.V. in Ulm am 06.11. 1998.
Grange (Vortrag).

Grundgesetz der Bundesrepublik Deutschland (GG)
Vom 23. Mai 1949 BGBl. S. 1, zuletzt geändert durch das Gesetz zur Änderung des Grundgesetzes (Artikel 16 und 18) vom 28. Juni 1993 BGBl. I S. 1002, in; Schnell, Karl Helmut (Hrsg.): Disziplinarrecht, Strafrecht, Beschwerderecht der Bundeswehr, 13. Aufl., Berlin; Bonn; Regensburg 1993.
GG.

Hahn, Oswald:
Die Allgemeine Wehrpflicht aus wirtschaftlicher Sicht, Manuskript des Vortrages des em. Ordinarius und Lehrstuhlinhabers des Lehrstuhls für Allgemeine, Bank- und Versicherungs-Betriebswirtschaftslehre an der Friedrich-Alexander-Universität Erlangen-Nürnberg, gehalten vor der Reserveoffiziersgesellschaft in Oldenburg, 24.10. 1996.
Hahn (Wehrpflicht).

Happach, Erich:
Konzeptionelle Überlegungen zur Sicherstellung der Führungsfähigkeit, Manuskript des Vortrages des Stabsabteilungsleiters im BMVg, Abteilung Fü S VIII, gehalten vor der Deutschen Gesellschaft für Wehrtechnik e.V. in Bonn am 26.10. 1994.
Happach (Vortrag).

Heeresamt (HA):
GE/US-Zusammenarbeit mit den US-Army Battle Labs, Köln o. J.
HA (Battle Labs).

HA, Abt. I 3 (2):
Manuskript eines Vortrages zum Thema GE/US Generalstabsbesprechung und Heeresverbindungsorganisation in den USA, Köln 1998.
HA (HVOrg Ausl).

HA, Abt. II / II 3:
Nutzungskonzept für Truppenübungsplätze, Köln 1996.
HA (Nutzungskonzept).

Hoepffner, Arnd G.:
Was ist uns die Verteidigung wert?, Manuskript des Vortrages des Referatsleiters H II 2 der Haushaltsabteilung des Bundesministeriums der Verteidigung, gehalten vor der Gesellschaft für Wehr- und Sicherheitspolitik und vor dem Schweren Pionierbataillon 12 in Volkach am 16.02. 1998.
Hoepffner (Vortrag).

Jacobi, Friedrich:
Führungsschwierigkeiten an der US Naval Academy Annapolis, Einzelbericht 56/96 (M) des Militärattachéstabes USA, Washington, DC 1996.
Jacobi (Einzelbericht).

Joint Chiefs of Staff:
Joint Publication (Joint Pub) 3-0, Doctrine for Joint Operations, Washington, DC 1995.
Joint Pub 3-0.

Kapfer, Maurice:
Die Personalpolitik im französischen Heer. Anwerbung und Ausbildung, Manuskript des Vortrages des Heeresattachés bei der französischen Botschaft in Bonn, gehalten vor der Clausewitz-Gesellschaft e.V. in Ulm am 06.11. 1998.
Kapfer (Vortrag).

Klein, Paul:
Die militärische Zusammenarbeit zwischen Deutschland, Polen und der Tschechischen Republik, Manuskript des Wissenschaftlichen Direktors des Sozialwissenschaftlichen Instituts der Bundeswehr vom 11.11. 1998.
Klein (Polen).

Koele, Berend:
Deeper Integration of the BudFin Division, Briefing zum Progreß Report des I. Deutsch-Niederländischen Korps, Münster 1997.
Koele (Briefing).

Layes, Gabriel; Kammhuber, Stefan; Thomas, Alexander:
Interkulturelle Kompetenz. Ein Handbuch für internationale Einsätze der Bundeswehr, CD-Rom, o. O. 1998.
Layes/Kammhuber/Thomas (Kompetenz).

Maizière, Ulrich de:
Manuskript der Rede des General a. D., gehalten anläßlich der Beförderung der Offiziersanwärter des 66. Offiziersanwärterjahrganges zum Leutnant in Veitshöchheim am 01.07. 1999.
Maizière (Rede).

Maizière, Ulrich de:
Diskussionsbeitrag, gehalten im Rahmen der 33. Sicherheitspolitischen Informationstagung der Clausewitz-Gesellschaft e.V. an der Führungsakademie der Bundeswehr in Hamburg am 21.08. 1999.
Maizière (Diskussionsbeitrag).

McConville, Joseph; Picard, Denis:
Post-Merger Integration in the Age of Technology, Interview geführt von PricewaterhouseCooper, Online im Internet, http://www.pwcglobal.com/ extweb/newc.
McConville/Picard (Integration).

NATO Military Agency for Standardization:
Allied Administrative Publication AAP-6 (V). NATO Glossary of Terms and Definitions (English and French), Brüssel 1998.
AAP-6.

NATO:
Allied Joint Publication AJP-01 (A). Allied Joint Operations Doctrine, Brüssel 1997.
AJP-1A.

NATO:
Allied Tactical Publication 35 (A). Land Force Tactical Doctrine, Brüssel 1992.
ATP 35(A).

NATO:
Military Committee Document MC 317. Nato Force Structures for the Mid – 1990s and beyond, Brüssel 1991.
MC 317.

NATO:
Military Committee Document MC 57/3. Overall Organization of the Integrated NATO-Forces, Brüssel 1981.
MC 57/3.

Naumann, Klaus:
Lehren und Erfahrungen aus der Kosovo-Krise, Vortrag des Generals a.D., gehalten vor der Clausewitz-Gesellschaft e.V. in Hamburg am 21.08. 1999.
Naumann (Vortrag).

o. A.:
Fakultät für Wirtschafts- und Organisationswissenschaften (WOW) der Universität der Bundeswehr. Sicherheits- und Militärökonomie, Online im Internet: http://www.unibw-muenchen.de/campus/WOW/v1054/Page/first.htm.
o. A. (WOW).

Ropers, Frank:
Die Rolle der Marine im neuen Aufgabenspektrum der Bundeswehr, Manuskript des Vortrages des Amtschefs des Marineamtes der Bundeswehr, gehalten vor der Clausewitz-Gesellschaft e.V. in Rostock am 30.04. 1999.
Ropers (Rolle).

Rühe, Volker:
Bundeswehr und europäische Sicherheit. Manuskript der Rede des Bundesministers der Verteidigung, gehalten anläßlich der 35. Kommandeurtagung der Bundeswehr in München am 17.11. 1995, Online im Internet: Microsoft Internet Explorer. BMVg Online.
Rühe (Sicherheit).

Rühe, Volker:
Europäische Stabilität und der Beitrag der Bundeswehr. Manuskript der Rede des Bundesministers der Verteidigung, gehalten anläßlich der 36. Kommandeurtagung der Bundeswehr in Berlin am 5. 11. 1997 in Berlin, Online im Internet: http://www.bundeswehr.de/reden.
Rühe (Stabilität).

Sachau, Hans-Joachim:
Multinationalität in den Streitkräften, Manuskript des Vortrages des Chef des Stabes des Multinationalen Korps Nordost, gehalten im Januar 1999.
Sachau (Vortrag).

Scharping, Rudolf:
Grundlinien deutscher Sicherheitspolitik, Manuskript der Rede des Bundesministers der Verteidigung, gehalten an der Führungsakademie der Bundeswehr in Hamburg am 08.09. 1999, in: Online im Internet: http://www.bundeswehr.de/presse/reden/bm_990908. htm.
Scharping (Rede).

Schediwy, Alexander:
Informationsüberlegenheit – eine zivile wie militärische Herausforderung, Manuskript des Vortrages des Mitgliedes der Clausewitz-Gesellschaft e.V., gehalten in München am 05.05. 1999.
Schediwy (Vortrag).

Soldatenlaufbahnverordnung (SLVO)
SLVO.

Sozialdemokratische Partei Deutschlands und Bündnis 90/Die Grünen:
Aufbruch und Erneuerung – Deutschlands Weg ins 21. Jahrhundert. Koalitionsvereinbarung zwischen der Sozialdemokratischen Partei Deutschlands und Bündnis 90/Die Grünen, Bonn 20.10. 1998.
Koalitionsvereinbarung (Wehrstrukturkommission).

Stab Eurokorps, Abteilung Presse und Öffentlichkeitsarbeit (Hrsg.):
Das Eurokorps, Straßburg 1995.
Eurokorps (Eurokorps).

Steinaecker, Günter Freiherr von:
Das deutsch-niederländische Korps – Militär überwindet Grenzen, Manuskript des Vortrages des Stellvertretenden Kommandierenden Generals des I. D/NL Korps, gehalten vor der deutsch-niederländischen Gesellschaft e.V. in Ahaus am 25.04. 1995.
Steinaecker (Vortrag).

Textor, H.:
Unveröffentlichte Studie zur Reservistenkonzeption des Eurokorps, Straßburg 1995.
Textor (Studie).

United Kingdom Joint Services Command and Staff College:
United Kingdom Doctrine for Joint and Combined Operations, Joint Warfare Publication (JWP) 0-10, 3rd Study Draft, o.O. 1998.
JWP 0-10.

United Nations Headquarters:
Monthly Summery of Troop Contributions of Peace-Keeping Operations, New York 1998.
UN-HQ (Summery).

Vad, Erich:
Die geopolitische Position Deutschlands an der Schwelle zum 21. Jahrhundert, Manuskript des Vortrages des Referenten im BMVg, Abteilung Fü S III 1, gehalten vor der Clausewitz-Gesellschaft e.V. in Rostock am 01.05. 1999.
Vad (Schwelle).

Vad, Erich:
Der politisch-militärische Entscheidungsprozeß bei Auslandseinsätzen der Bundeswehr am Beispiel IFOR, Manuskript des Vortrages des Referenten im BMVg, Abteilung Fü S III 6, gehalten vor der Clausewitz-Gesellschaft e.V. in Koblenz am 03.05. 1996.
Vad (Vortrag).

Verordnung über die Regelung des militärischen Vorgesetztenverhältnisses / Vorgesetztenverordnung (VorgV)
Vom 4. Juni 1956 (BGBL. I S. 459), in der Fassung der 3. VO zur Änderung der VorgV vom 7. Oktober 1981 (BGBL. I 1975 S. 2273, 1981 S. 1129; VMBl. 1981 S. 338), in: Schnell, Karl Helmut (Hrsg.): Disziplinarrecht, Strafrecht, Beschwerderecht der Bundeswehr, 13. Aufl., Berlin; Bonn; Regensburg 1993.
VorgV.

Wehrbeschwerdeordnung (WBO)
Vom 23. Dezember 1956, in der Bekanntmachung vom 11. September 1972 BGBl. I S. 1737, 1906, zuletzt geändert durch Beteiligungsgesetz vom 16. Januar 1991 BGBl. I S. 47; VMBl. S. 70, in: Schnell, Karl Helmut (Hrsg.): Disziplinarrecht, Strafrecht, Beschwerderecht der Bundeswehr, 13. Aufl., Berlin; Bonn; Regensburg 1993.
WBO.

Wehrdisziplinarordnung (WDO)
In der Fassung der Bekanntmachung vom 4. September 1972 – BGBl. I S. 1665, zuletzt geändert durch Beteiligungsgesetz vom 16. Januar 1991 BGBl. I S. 47; VMBl. S. 70, in: Schnell, Karl Helmut (Hrsg.): Disziplinarrecht, Strafrecht, Beschwerderecht der Bundeswehr, 13. Aufl., Berlin; Bonn; Regensburg 1993.
WDO.

Wehrpflichtgesetz (WPflG)
In der Fassung der Bekanntmachung vom 13. Juni 1986 BGBl. I S. 879, zuletzt geändert durch Art.2 des Gesetzes zur Aufhebung des Heimkehrergesetzes vom 20. Dezember 1991 BGBl. I S. 2317, in: Schnell, Karl Helmut (Hrsg.): Disziplinarrecht, Strafrecht, Beschwerderecht der Bundeswehr, 13. Aufl., Berlin; Bonn; Regensburg 1993.
WPflG.

Western European Union (WEU), Eurolongterm Steering Group:
Eurolongterm Study. WEU Multi-National Task Sharing within the Petersberg Mission Spectrum. Referenz 1996-10.22, Revised Working Draft, Brüssel 1996.
WEU (Study).

Wiatr, Mariusz:
Grundsätze von Ausbildung, Erziehung und Personalauswahl für Führungsverwendungen in den polnischen Streitkräften, Manuskript des Vortrags des Dozenten und Hörsaalleiters an der polnischen Akademie für Nationale Verteidigung in Warschau, gehalten vor der Clausewitz-Gesellschaft e.V. in Ulm am 06.11. 1998.
Wiatr (Vortrag).

Zentrum Innere Führung, Bereichsleiter 4:
Ergebnisbericht über das Impulsseminar des Bereichs 4 des Zentrums Innere Führung zum Thema „Rechtliche Probleme multinationaler Streitkräfte", veranstaltet im Zentrum Innere Führung (Bereich 5) in Straußberg vom 28.05. bis 01.06. 1996, Koblenz 1996.
ZInFü (Impulsseminar).

Zentrum Innere Führung (Hrsg.):
Geiselhaft und Gefangenschaft, Arbeitspapier 4/96, Koblenz 1997.
ZInFü (Gefangenschaft).

Zentrum Innere Führung (Hrsg.):
Umgang mit Verwundung und Tod im Einsatz, Arbeitspapier 2/96, 3. Aufl., Koblenz 1997.
ZInFü (Tod).

Kolibri 360 GmbH
Ferdinand-Jühlke-Straße 7
99095 Erfurt, Deutschland
produktsicherheit@kolibri360.de

Druck:
CPI Druckdienstleistungen GmbH
im Auftrag der
Kolibri 360 GmbH
Ferdinand-Jühlke-Str. 7
99095 Erfurt